Fehlzeiten-Report 2011

B. Badura · A. Ducki · H. Schröder · J. Klose · K. Macco (Hrsg.)

# Fehlzeiten-Report 2011

## Führung und Gesundheit

### Zahlen, Daten, Analysen aus allen Branchen der Wirtschaft

Mit Beiträgen von
B. Badura · K. Bayer · M. Becker · U. Birner · K. Busch · A. Ducki ·
M. Echterhoff · C. Eilles-Matthiessen · J. Felfe · A. Förster · F. Franke ·
R. Franke · C. Gravert · S. Gregersen · E. Grofmeyer · L. Gunkel ·
D. Hanebuth · K. Heimerl · D. Hollmann · J. Jung · M. Kaminski · R. Kraemer ·
V. Kretschmer · A. Lampe · S. Lang · M. Lenze · M. Meyer · F. Netta ·
T. Neufeld · A. Orthmann · R. Otte · B. Pangert · K. Pelster · H. Pfaff ·
J. Prümper · V. Radunz · G. Resch-Becke · P. Rixgens · F. Sanders · S. Scherer ·
H. Schüpbach · M. Stallauke · B. Stieler-Lorenz · S. Vincent · B. Wahl ·
H. Weirauch · A. Zimber · K. Zok

Springer

Prof. Dr. Bernhard Badura
Universität Bielefeld
Fakultät für Gesundheitswissenschaften
Universitätsstraße 25
33615 Bielefeld

Helmut Schröder
Joachim Klose
Wissenschaftliches Institut
der AOK (WIdO)
Rosenthaler Straße 31
10178 Berlin

Prof. Dr. Antje Ducki
Beuth Hochschule für Technik Berlin
Fachbereich I: Wirtschafts- und
Gesellschaftswissenschaften
Luxemburger Straße 10
13353 Berlin

Katrin Macco
International DiaLog College and Research Institute
GmbH (IDC)
Diakonie Neuendettelsau
Wilhelm-Löhe-Straße 16
91564 Neuendettelsau

ISBN 978-3-642-21654-1   Springer-Verlag Berlin Heidelberg New York

Bibliografische Information der Deutschen Nationalbibliothek
Die Deutsche Nationalbibliothek verzeichnet diese Publikation in der Deutschen Nationalbibliografie;
detaillierte bibliografische Daten sind im Internet über http://dnb.d-nb.de abrufbar

**SpringerMedizin**
Springer-Verlag GmbH
Ein Unternehmen von Springer Science+Business Media
springer.de
© Springer-Verlag Berlin Heidelberg 2011

Planung: Renate Scheddin, Heidelberg
Projektmanagement: Hiltrud Wilbertz, Heidelberg
Titelfoto: © Yuri A. / panthermedia.net
Einbandgestaltung: deblik, Berlin
Satz: wiskom e.K., Friedrichshafen

SPIN: 80031488

Gedruckt auf säurefreiem Papier        18/2111 wi - 5 4 3 2 1 0 -

# Vorwort

In einer sich ständig verändernden Arbeitswelt bilden Mitarbeiter das wichtigste Leistungspotenzial eines Unternehmens, denn nur motivierte und leistungsbereite Mitarbeiter gelten als Garanten für einen nachhaltigen Unternehmenserfolg. In diesem Zusammenhang spielen Führungskräfte eine zentrale Rolle. Zum einen tragen sie Verantwortung für die Mitarbeiter und zwar nicht nur im Hinblick auf die Leistungen, sondern auch für ihre Gesundheit, denn nur gesunde und motivierte Mitarbeiter sind auch produktive Mitarbeiter. In dieser Hinsicht haben Führungskräfte eine gewisse Vorbildfunktion. Auf der anderen Seite hingegen sind Führungskräfte selbst großen Belastungen und Beanspruchungen ausgesetzt. Entsprechend kommt ihnen eine Doppelrolle zu: Sie müssen Verantwortung für die Leistungen und die Gesundheit der Mitarbeiter wie auch für sich selbst übernehmen.

Aus diesem Grund wurde für den vorliegenden Fehlzeiten-Report das Schwerpunktthema „Führung und Gesundheit" gewählt. Das Themengebiet wird aus verschiedenen Blickrichtungen beleuchtet: Neben personalrechtlichen Ansätzen wird aufgezeigt, welche Wirkung Führung bzw. bestimmte Führungsstile auf die Motivation und Gesundheit von Mitarbeitern haben können und welche Möglichkeiten gesundheitsgerechter Mitarbeiterführung bestehen. Des Weiteren rücken die Führungskräfte selbst und deren Gesundheit – gerade in den mittleren Hierarchieebenen – in den Mittelpunkt. Es werden Maßnahmen und Unterstützungsangebote für die Gesunderhaltung von Mitarbeitern wie auch für Führungskräfte vorgestellt. Konkrete Praxisbeispiele runden den vorliegenden Band ab.

Neben den Beiträgen zum Schwerpunktthema liefert der Fehlzeiten-Report wie in jedem Jahr aktuelle Daten und Analysen zu den krankheitsbedingten Fehlzeiten in der deutschen Wirtschaft. Er beleuchtet detailliert die Entwicklung in den einzelnen Wirtschaftszweigen und bietet einen schnellen und umfassenden Überblick über das branchenspezifische Krankheitsgeschehen. Neben ausführlichen Beschreibungen der krankheitsbedingten Fehlzeiten der 10,1 Millionen AOK-versicherten Beschäftigten in rund 1,2 Millionen Betrieben im Jahr 2010 informiert er ausführlich über die Krankenstandsentwicklung aller gesetzlich krankenversicherten Arbeitnehmer wie auch der Bundesverwaltung.

Aus Gründen der besseren Lesbarkeit wird innerhalb der Beiträge die männliche Schreibweise verwendet. Wir möchten deshalb darauf hinweisen, dass diese ausschließliche Verwendung der männlichen Form explizit als geschlechtsunabhängig verstanden werden soll.

Herzlich bedanken möchten wir uns bei allen, die zum Gelingen des Fehlzeiten-Reports 2011 beigetragen haben. Zunächst gilt unser Dank den Autorinnen und Autoren, die trotz vielfältiger anderer Verpflichtungen die Zeit gefunden haben, uns aktuelle und interessante Beiträge zur Verfügung zu stellen. Danken möchten wir auch den Kolleginnen und Kollegen im WIdO, die an der Buchproduktion beteiligt waren. Zu nennen sind hier vor allem Markus Meyer, Manuela Stallauke und Henriette Weirauch, die uns bei der Aufbereitung und Auswertung der

Daten und bei der redaktionellen Arbeit vorzüglich unterstützt haben, wie auch Patricia Over für ihre Unterstützung bei der Datenvalidierung. Unser Dank geht weiterhin an Frau Ulla Mielke für die gelungene Erstellung des Layouts und der Abbildungen sowie Frau Susanne Sollmann für das ausgezeichnete Lektorat. Nicht zuletzt gilt unser Dank den Mitarbeiterinnen und Mitarbeitern des Springer-Verlags für ihre wie immer gelungene verlegerische Betreuung.

Berlin, Bielefeld und Neuendettelsau, im Juni 2011                                      B. Badura
                                                                                          A. Ducki
                                                                                          H. Schröder
                                                                                          J. Klose
                                                                                          K. Macco

# Führung und Gesundheit: Überblick

A. DUCKI, J. FELFE

Dieser Band des Fehlzeiten-Reports ist dem Thema Führung und Gesundheit gewidmet. Führung umfasst allgemeine Managementaufgaben wie Planung, Organisation und strategische Entscheidungen sowie Aufgaben in der unmittelbaren Mitarbeiterführung, bei der es in erster Linie um die Gestaltung von Beziehungen und Kommunikationsprozessen und um die Entwicklung und Unterstützung einzelner Mitarbeiter oder Teams geht (Felfe 2009). Führung bestimmt und beeinflusst die Arbeitsabläufe, das soziale Miteinander in Unternehmen, gestaltet den Wandel und wird damit auch zum zentralen Einflussfaktor auf das Stressgeschehen (Ducki 2009). Zahlreiche Studien belegen, dass schlechte Führung Demotivation und höhere Fehlzeiten bei Mitarbeitern und damit auch schlechte Betriebsergebnisse verursacht (Gregersen et al. 2010). Gute Führung hingegen kann das Sozialkapital eines Unternehmens und damit das Betriebsergebnis positiv beeinflussen (Badura et al. 2008).

Führung und Gesundheit sind mehrfach miteinander verbunden: Gesundheit und Gesundheitsförderung müssen in Unternehmen mit übergeordneten betrieblichen Zielbereichen abgestimmt, systematisch organisiert und koordiniert werden – dies betrifft die Managementfunktion von Führung. Gleichzeitig hat die Art und Weise, *wie* Mitarbeiter geführt werden, *wie* und in *welchem* Umfang Informationen an Mitarbeiter weitergeleitet werden, *wie* Teamarbeit und *wie* einzelne Mitarbeiter gefördert und unterstützt werden,

Auswirkungen auf das Erleben und die Gesundheit der Mitarbeiter. Dies betrifft die unmittelbare Mitarbeiterführung. In dieser Funktion tragen Führungskräfte darüber hinaus durch ihre besondere Vorbildfunktion Verantwortung. Sie sind Vorbild dafür, wie mit den eigenen Belastungen und Ressourcen und der eigenen Gesundheit umgegangen wird. Und schließlich ist die Gesundheit der Führungskräfte selbst zu betrachten, denn erschöpfte oder kranke Führungskräfte bedeuten für ein Unternehmen ebenso ein Risiko wie erschöpfte und erkrankte Mitarbeiter.

Wer also betriebliches Gesundheitsmanagement als einen systematischen und nachhaltigen Prozess zur Förderung der Gesundheit und des Wohlbefindens von Beschäftigten im Betrieb verankern will (Lück et al. 2010), wer dabei Strukturen und Bedingungen so verändern will, dass Belastungen reduziert und Potenziale zur Entfaltung und Weiterentwicklung geschaffen werden, und wer Beschäftigte befähigen will, diese zu nutzen, der kommt am Thema Führung nicht vorbei.

Vor diesem Hintergrund ist es erstaunlich, dass das Thema Führung in der betrieblichen Gesundheitsförderung erst in den letzten Jahren verstärkt aufgegriffen und behandelt wurde. Gesundheitswissenschaftlich wurde es vor allem durch die Forschungsarbeiten zum Sozialkapital von Badura et al. (2008) auf die Agenda gehoben, etwa zeitgleich wurde die betriebliche Gesundheitsförderung zum Gesundheitsmanagement weiterentwickelt (Badura et al. 2009; Bamberg et al.

2011; Ulich u. Wülser 2010) und auch in der Führungsforschung wurden die Themen Gesundheit und Gesundheitsförderung verstärkt behandelt. Merkmale gesundheitsgerechter Führung wurden theoretisch hergeleitet, Analyseinstrumente entwickelt und erprobt und Konsequenzen für praktisches Führungshandeln und -verhalten herausgearbeitet (z. B. Franke et al. 2011). In der betrieblichen Praxis wurde das Thema Führung verstärkt durch die Krankenkassen und die Unfallversicherungsträger adressiert, indem die Führungsqualität zum festen Baustein von Analysen und betrieblichen Beratungen rund um die Gesundheitsförderung wurde. Zahlreiche Seminare, Leitfäden und Handlungshilfen zum Thema gesundheitsgerechtes Führen wurden für die unterschiedlichsten Branchen und Zielgruppen entwickelt und verbreitet.

Der vorliegende Fehlzeiten-Report gibt in seinem Schwerpunktteil einen Überblick über die Vielfalt der aktuellen Forschungsfragen und -erkenntnisse sowie über wissenschaftliche und betriebliche Projekte rund um das Thema Führung und Gesundheit. Er zeigt die Anforderungen und Schwierigkeiten eines gesundheitsgerechten Führungsalltags auf und greift die Frage auf, wie es um die Gesundheit der Führungskräfte selbst bestellt ist.

Der Abschnitt **Blickpunkt Mitarbeiter** ist dem Zusammenhang von Führungsverhalten und der Gesundheit der Mitarbeiter gewidmet und zeigt auf, welches Führungsverhalten positiv mit der Gesundheit der Mitarbeiter verbunden ist und welche Auswirkungen negatives Führungsverhalten haben kann.

— *Franke und Felfe* legen dar, wie sich auf der Grundlage einer systematischen Erfassung spezifischer gesundheitsbezogener Einstellungen und Verhaltensweisen konkrete Handlungsempfehlungen für den Umgang mit Mitarbeitern, die Gestaltung von Arbeitsbedingungen und die bislang kaum berücksichtigte Vorbildwirkung ableiten lassen.

— *Eilles-Matthiessen und Scherer* weisen in ihrem Beitrag auf die besondere Bedeutung eines Führungsverhaltens hin, das sich an den menschlichen Grundmotiven Bindung, Leistung, Kontrolle und Selbstwertschutz orientiert. Insbesondere das Thema Selbstwertschutz wird in Vorgesetzten-Mitarbeiter-Interaktionen oftmals unterschätzt.

— *Zok* zeigt in seiner Auswertung umfangreicher AOK-Datenbestände, dass die Arbeitszufriedenheit umso höher und die gesundheitlichen Beschwerden umso geringer sind, je besser Führungskompetenz und Vorgesetztenverhalten bewertet werden.

— Diese Ergebnisse stützt auch die Untersuchung von *Prümper und Becker*, die belegt, dass Mitarbeiter von Führungskräften, die einen freundlichen und respektvollen Umgang pflegen, sich arbeitsfähiger erleben und auch gesünder sind.

— Der Beitrag von *Vincent* stellt einen Führungsansatz vor, der die vermittelnde Rolle der Arbeitsbedingungen im Zusammenhang zwischen Führung und Wohlbefinden der Mitarbeiter fokussiert. Vorgestellt wird ein Instrument zur Erfassung gesundheits- und entwicklungsförderlichen Führungsverhaltens, mit dem die häufig postulierte Definition guter Führung „Fordern und fördern, ohne zu überfordern" messbar gemacht werden kann.

Der Abschnitt **Blickpunkt Führungskräfte** ist der Gesundheit und den Sichtweisen der Führungskräfte selbst gewidmet.

— *Rixgens und Badura* weisen in ihrem Beitrag darauf hin, dass es zwischen Führungskräften deutliche Unterschiede in Bezug auf ihre Gesundheit und ihre Arbeitsbedingungen gibt. Ausschlaggebend für diese Unterschiede scheinen unter anderem die jeweilige Unternehmenskultur und die Qualität der sozialen Beziehungen der Führungskräfte untereinander zu sein.

— *Pangert und Schüpbach* identifizieren einen weiteren Faktor zur Erklärung der Gesundheitsunterschiede von Führungskräften: Mitglieder der unteren Führungsebene zeigen stärkere emotionale Erschöpfung, unterliegen einem stärkeren Zeitdruck und geben mehr Arbeitsunterbrechungen als Stressoren an als Führungskräfte der mittleren Führungsebene. Die Autoren weisen außerdem darauf hin, dass hinter den geringeren Fehlzeiten von Führungskräften auch ein Präsentismusproblem stecken kann und betonen, dass auch Führungskräfte selbst gute Arbeitsbedingungen benötigen, um ihren Mitarbeitern ebensolche zuzugestehen.

— *Hollmann und Hanebuth* präsentieren in ihrem Überblick zum Thema Burnout-Prävention, dass nur solche Maßnahmen erfolgreich sind, die gleichzeitig auf den Ebenen Mitarbeiter, Team und Organisationsstruktur ansetzen. Sie heben hervor, wie wichtig die Unternehmenskultur als die „DNS" einer Organisation für eine erfolgreiche Prävention und Gesundheitsförderung ist.

— *Echterhoff* zeigt die Ambivalenz der Einstellungen von Führungskräften zu ihrer Rolle und Verantwortung für die Gesundheit der Mitarbeiter auf. Sie hebt hervor, dass eine gesamtgesundheitliche Ausrichtung innerhalb eines Unternehmens erforderlich ist, um nachhaltige Bedingungen für gesundheitsgerechtes Führen zu etablieren.

- *Pelster* zeigt anhand betrieblicher Beispiele Möglichkeiten auf, wie gesunde Führung in klein- und mittelständischen Unternehmen praktiziert werden kann. Dabei weist er auch darauf hin, welche Fallen und Gefahren in der Umsetzung lauern.
- *Neufeld* stellt den rechtlichen Rahmen des betrieblichen Gesundheitsmanagements dar und schlägt ein Coaching der involvierten Führungskräfte vor, um die rechtliche Handlungssicherheit zu stärken.

Der Abschnitt **Unterstützungsangebote für gesundheitsgerechte Führung** zeigt eine Reihe von Angeboten der Krankenkassen und Berufsgenossenschaften, die Führungskräfte darin unterstützen können, gesundheitsgerechtere Bedingungen zu schaffen, das eigene Verhalten zu reflektieren und die eigene Gesundheit zu verbessern.

- *Zimber und Gregersen* stellen ein Interventionsprojekt der Berufsgenossenschaft für Gesundheit und Wohlfahrtspflege (BGW) dar, in dem untersucht wurde, wie Führungskräfte für den Umgang mit der eigenen Gesundheit und für ihren Einfluss auf die Mitarbeitergesundheit sensibilisiert werden können. Im Mittelpunkt steht ein Instrument zur Analyse des Selbst- und Fremdbildes als Führungskraft.
- *Gunkel, Grofmeyer und Resch-Becke* zeigen in ihrem Beitrag verschiedene Interventionen und praktische Beispiele, mit denen Führungskräfte unterstützt werden können auch in schwierigen Situationen gesundheitsgerecht zu führen.
- *Orthmann, Gunkel und Otte* fassen die Ergebnisse einer empirischen Untersuchung über Führungskräfte in öffentlichen Verwaltungen und aus dem Dienstleistungsbereich zusammen. Als wichtigste unterstützende Maßnahmen für Führungskräfte werden neben Arbeitsgestaltung und einer verbesserten Kommunikationsstruktur die Entwicklung eines Bewusstseins für Ressourcen und die Belohnung der Ressourcennutzung innerhalb der Organisation hervorgehoben.
- In einem weiteren Beitrag der AOK Bayern stellen *Bayer, Förster, Heimerl und Grofmeyer* Praxisbeispiele für mittelständische Betriebe dar, die deutlich machen, dass sich die Fortbildungsangebote nicht nur positiv auf das Führungsverhalten, sondern auch auf die Gesundheit der Führungskräfte auswirken. Auch sie heben hervor, wie wichtig gute betriebliche Rahmenbedingungen für gesundheitsgerechtes Führen sind.
- *Stieler-Lorenz, Pfaff und Jung* führen den Begriff „Optionsstress" ein, der die Fülle von widersprüchlichen Entscheidungssituationen bzw. Entscheidungs-

dilemmata als Belastungsmerkmal aufgreift. Anhand der Ergebnisse eines Forschungsprojekts in der IT-Branche legen sie dar, welche neuen Anforderungen sich unter dem Aspekt des Optionsstresses an Führungskräfte ergeben.

Die **Beispiele aus der Unternehmenspraxis** runden das Bild durch einen Blick in den betrieblichen Führungsalltag ab.

- *Kraemer und Lenze* zeigen, wie Führungskräfte bei der REWE Group durch eine Führungskräftetoolbox zur Stärkung der Gesundheitskompetenz für das Thema Gesundheit sensibilisiert und Führungsverhalten über Wissensvermittlung positiv beeinflusst werden kann.
- *Netta* zeigt in seinem Beitrag, wie bei Bertelsmann Führungsverhalten in seiner Relevanz für die Gesundheit der Beschäftigten und den wirtschaftlichen Erfolg analysiert wird. Der Autor identifiziert insbesondere transparente Managemententscheidungen und eine partnerschaftliche Führungskultur als wichtige Gesundheitsressourcen.
- *Gravert* stellt in seinem Beitrag das umfangreiche betriebliche Gesundheitsmanagement bei der Deutschen Bahn vor und geht insbesondere auf die Rolle der Führungskräfte und den Nutzen von Führungsfeedbacks über das Arbeits- und Führungsverhalten aus der Perspektive von Vorgesetzten, Mitarbeitern und Kollegen ein.
- *Birner, Kaminski, Wahl, Lang und Franke* beschreiben die Bestandteile eines konzernweiten Health Management Systems bei der Firma Siemens, mit dem zentrale strategische Konzernvorgaben im Rahmen einer umfassenden Nachhaltigkeitspolitik realisiert und genügend Raum für die inhaltliche und kulturelle Ausgestaltung in den einzelnen Ländern der Konzernstandorte gewährleistet werden sollen.
- Abschließend präsentieren *Sanders und Lampe* am Beispiel von VW Nutzfahrzeuge, wie durch anwendungsorientierte Forschungsvorhaben zahlreiche gesundheitsförderliche Projekte in einem Großunternehmen erfolgreich pilotiert werden können. Sie betonen die besonders wichtige Funktion der Meister und zeigen, dass ein Wandel der Unternehmenskultur und ein damit verbundener konsequenter Einsatz von Personen und Zeitressourcen notwendig sind, wenn nachhaltige Veränderungen erreicht werden sollen.

Zusammen machen die Beiträge deutlich, dass gesundheitsgerechte Führung weit mehr umfasst als gesetzlich vorgegebene Arbeitssicherheitsbestimmungen einzuhalten oder Gesundheitskurse bereitzustellen. Sie lässt sich weder auf die Themen Arbeitsklima, Wertschätzung und Anerkennung noch auf die einwandfreie ergonomische Arbeitsplatzgestaltung reduzieren. Sie umfasst vielmehr die Gestaltung der Vielfalt sozialer und struktureller betrieblicher Einflussfaktoren:

Auf der Ebene der *unmittelbaren personenbezogenen Mitarbeiterführung* besteht Konsens darüber, dass ein wertschätzender und respektvoller Führungsstil (z. B. Mitarbeiterorientierung, Partizipation) die Gesundheit der Beschäftigten und ihre Arbeitszufriedenheit positiv beeinflusst. In diesem Zusammenhang ist das Konzept der transformationalen Führung einer der am meisten genutzten positiven Führungsansätze. Transformationale Führung bedeutet, durch fachliches und moralisches Vorbildverhalten Vertrauen und Respekt zu gewinnen, die Mitarbeiter durch die Vermittlung von überzeugenden Visionen und Zielen zu motivieren und zu inspirieren, sie zu innovativem Denken anzuregen und individuelle Förderung und Unterstützung anzubieten. Transformationale Führung weist positive Zusammenhänge von Führung mit Wohlbefinden und psychischer Gesundheit und negative Zusammenhänge mit Stresserleben und Burnout auf (Arnold et al. 2007; Felfe 2006; Franke u. Felfe im Druck).

Darüber hinaus weisen die Einzelbeiträge darauf hin, dass gesundheitsgerechte Führung auch bedeutet, möglichst störungs- und behinderungsfreie Arbeitsstrukturen zu schaffen, Mitarbeiter fachlich und überfachlich fortzubilden, damit sie betriebliche Veränderungen und neue Anforderungen gut bewältigen können sowie Bedingungen für eine angemessene Work-Life-Balance herzustellen.

Auf einer *übergeordneten Managementebene* impliziert gesundheitsgerechte Führung, Mitarbeiter durch offene und transparente Kommunikation von Managemententscheidungen einzubeziehen, eine ressourcenorientierte Organisationsgestaltung voranzutreiben, die einzelnen gesundheitsbezogenen Aktivitäten in einem umfassenden Gesundheitsmanagementsystem aufeinander abzustimmen und eine werteorientierte Unternehmens- und Führungskultur zu etablieren, die den Rahmen für gesundheitsgerechtes Führen sicherstellt.

Alle Einzelbeiträge des Schwerpunktthemas ergeben zusammen ein kompakt geschnürtes Anforderungspaket, dem Führungskräfte genügen sollen. Die Liste der Erwartungen ist umfänglich und anspruchsvoll: Führungskräfte sollen betriebliche Entwicklungen vorausplanen, neue Trends aufgreifen, Wandel und Wachstum genauso gestalten wie Schrumpfungsprozesse in Zeiten der Krise. Sie sollen Prozesse optimieren, Potenziale erkennen, Netzwerke knüpfen und die richtigen Entscheidungen treffen. Sie sollen überzeugend kommunizieren, *was* sie tun, *wie* sie es tun und *warum* sie es tun. Sie sollen visionär und lösungsorientiert agieren und gleichzeitig an den richtigen Stellen Geduld zeigen, um alle mitzunehmen und nicht zu überfordern. Sie müssen Unsicherheit aushalten, Kritik nicht persönlich nehmen und Vorbild im alltäglichen Verhalten sein, beispielsweise in Bezug auf das Thema Work-Life-Balance.

Auf der anderen Seite sind auch Führungskräfte trotz hoher Leistungsbereitschaft und überdurchschnittlichem Engagement selbst nicht gegen Stress immun. Sie arbeiten meist zu viel und zu lange und zahlen teilweise einen hohen Preis in Bezug auf Familie, Freizeit und Erholungsfähigkeit. Sie haben zwar geringere Fehlzeiten und mehr aufgaben- und organisationsbezogene Ressourcen als Mitarbeiter, gleichzeitig aber auch mehr Belastungen durch Arbeitsunterbrechungen, überdurchschnittlichen Zeitdruck, widersprüchliche Anforderungen von „oben" und „unten" bei gleichzeitig hohem Verantwortungsdruck. Sie sind damit selbst gesundheitlich stark beansprucht.

Für die Leser des Fehlzeiten-Reports, die alle Beiträge lesen, entsteht ein Gesamtbild, das die etwas bedrückende Frage aufwirft, ob nicht gesundheitsgerechte Führung vor allem für *die* Führungskräfte, die besonders an guter Führung interessiert sind, in Stress und Burnout münden kann. Wer dies verhindern will, muss auf oberster Managementebene sicherstellen, dass im Unternehmen die erforderlichen Bedingungen für gesundheitsförderliche Führung geschaffen werden. Hierzu einige Stichworte, die sich in den Beiträgen als zentral herausgestellt haben:

**Gesundheitsgerechte Führung braucht:**

**... eine an humanen Werten ausgerichtete Unternehmens- und Führungskultur**

Der Umgang mit dem Thema Gesundheit wird auf allen Hierarchieebenen wesentlich durch die Kultur der Organisation geprägt. Unternehmenskultur verstanden als die Gesamtheit der geteilten Grundannahmen, Werte und Normen gibt in Entscheidungssituationen Orientierung, vermittelt Sinn und beeinflusst, *wie* geführt wird, *welche* gesundheitsbezogenen Initiativen gestartet werden und *wie* Prozesse der Gesundheitsförderung organisiert und durchgeführt werden (Bamberg et al. 2011). Die Unternehmenskultur bestimmt darüber hinaus, wie miteinander umgegangen wird, wie offen zum Beispiel über Belastungen, über Krankheit, aber auch über Fehler kommuniziert werden kann und wie mit den Themen Konkurrenz und Leistung umgegangen wird. Unternehmenskultur wird durch das Verhalten und die Entscheidungen der Führungskräfte auf allen betrieblichen Ebenen geprägt. Deswegen müssen sie die Unternehmenswerte im täglichen Handeln und im Umgang mit Mitarbeitern möglichst konsistent mit Leben erfüllen. Dabei sind gerade die Führungskräfte auf den unteren Hierarchieebenen durch ihre „Sandwich-Position" besonders auf ein einheitliches Wertegerüst angewiesen. Auf den unteren Führungsebenen fällt es in Konfliktsituationen leichter, sich schützend vor die Mitarbeiter zu stellen, wenn „oben" eine entsprechende Haltung honoriert wird. Schwer wird es umgekehrt, wenn offiziell ein fürsorgliches Führungsverhalten eingefordert wird, die übergeordnete Führung jedoch bei der ersten „Überlastungsanzeige" die Sorgen bagatellisiert. In einer an den Grundprinzipien der Gesundheitsförderung ausgerichteten Unternehmenskultur zählen Mitarbeiterpartizipation und Ressourcenstärkung zu den wesentlichen Grundwerten.

#### .... verantwortungsbewusste Führungskräfte

Mit der Unternehmenskultur verbunden ist die Frage der Führungskultur und der Führungskräfteentwicklung. Hier bedarf es klarer Leitlinien und Standards, die auch bei der Beurteilung von Führungskräften maßgeblich sind. Bereits bei der Auswahl und Einstellung von Führungskräften sollte der Aspekt gesundheitsförderlicher Führung berücksichtigt werden. Durch entsprechende Weiterbildungsangebote und Coachings ist die Gesundheitskompetenz der Führungskräfte weiterzuentwickeln. Gesundheitsgerechte Führung braucht auch Kontinuität. Ständig wechselnde Manager und Führungskräfte können kein nachhaltiges Vertrauen aufbauen und keine nachhaltigen Strukturen etablieren.

#### .... Information und Reflexion

Führungskräfte müssen darüber informiert sein, welche Einflussmöglichkeiten sie auf die Gesundheit der Mitarbeiter haben und wie wichtig die Gesundheit der Mitarbeiter für ein gutes Betriebsergebnis ist. Hilfreich sind hier gut aufbereitete Materialien, Leitfäden und Online-Tools, die die zahlreichen wissenschaftlichen Erkenntnisse zum Thema Führung und Gesundheit und gesundheitsgerechte Führung zusammenfassen und praxisgerecht aufbereiten. Das entsprechende Wissen liefert die Leitplanken und Orientierungspunkte, wenn es darum geht, Führungskräfte zu qualifizieren. Um Führungsverhalten im Alltag zu verändern, reicht Wissen allein jedoch nicht aus: Es muss mit den persönlichen Erfahrungen abgeglichen und im geschützten Raum erprobt werden. Notwendig sind daher Reflexionsräume, in denen Führungskräfte selbst ihre

Belastung, ihre Zweifel und Unsicherheiten sowie die Abweichungen zwischen Anspruch und Wirklichkeit im Alltag thematisieren können. Dies kann im Betrieb oder auch außerhalb im Rahmen von Coachings, Seminaren, kollegialer Beratung oder anderen Fortbildungsveranstaltungen erfolgen. Krankenkassen, aber auch Unfallversicherungsträger und Weiterbildungsakademien sind hier wichtige Kooperationspartner, die – wie dieser Band zeigt – ein breites Unterstützungsangebot zur Verfügung stellen. Für die Teilnahme müssen in den Betrieben entsprechende finanzielle, personelle und vor allem zeitliche Ressourcen zur Verfügung gestellt werden.

#### ... genügend Zeit

„Zeit" ist heute das kostbarste Gut betrieblicher Sozialpolitik und auch gesundheitsgerechte Führung braucht Zeit. Jemandem seine Zeit zu schenken bedeutet, ihm Anerkennung und Respekt entgegenzubringen. Qualifizierte Wertschätzung bedarf der gedanklichen Auseinandersetzung mit jedem einzelnen Mitarbeiter. Konzentration und Aufmerksamkeit erfordern Zeit. Mitarbeitergespräche oder Gesundheitszirkel erfordern nicht nur, dass Mitarbeiter und Führungskräfte Zeit in die Gespräche/Zirkel selbst investieren, sondern auch in die sich daraus ergebenden Maßnahmen. Vertrauen und Verlässlichkeit können nur dort entstehen, wo über eine gewisse Zeit konsistente Erfahrungen gemacht werden können. Es ist unzumutbar, die Forderung an Führungskräfte zu richten, ihre Mitarbeiter gesundheitsbewusst zu führen, ohne die zeitlichen Spielräume für eine entsprechende Qualifizierung und für eine konsequente Umsetzung zu schaffen. Das bedeutet, dass im Führungsalltag Prioritäten gesetzt werden müssen, die auch Angaben dazu enthalten, welche Dinge nicht getan werden müssen, damit Zeit für die Auseinandersetzung mit den Belangen und Interessen der Mitarbeiter gewährt werden kann.

#### .... offene und transparente Kommunikationsprozesse

Salutogene Bedingungen können für Mitarbeiter und Führungskräfte nur entstehen, wenn das Management Informationen darüber liefert, warum bestimmte Managemententscheidungen getroffen wurden (Verstehbarkeit), in welchen Sinnkontext sie eingebunden sind (Sinnhaftigkeit) und wie die Beschäftigten die daraus resultierenden Anforderungen bewältigen können (Machbarkeit). Bezogen auf den Umgang mit dem Thema Gesundheit bedeutet dies, dass Gesundheit fester und ausdrücklicher Bestandteil betrieblicher Informations- und Kommunikationspolitik sein muss. Viele

Maßnahmen, die nicht mit dem Begriff Gesundheitsförderung überschrieben sind, haben einen Einfluss auf die Gesundheit und das Wohlbefinden der Beschäftigten. Oft ist für Beschäftigte nicht erkennbar, dass bestimmte Maßnahmen darauf ausgerichtet sind, ihre Gesundheit positiv zu beeinflussen. Wenn beispielsweise durch eine Umgestaltung von Aufgabenzuschnitten und Arbeitsabläufen Arbeit effizienter gestaltet wird, werden dadurch auch aufgabenbezogene Belastungen reduziert. Durch fachliche Qualifizierung und Weiterbildung oder durch Personalentwicklungsmaßnahmen können wichtige personale Gesundheitsressourcen durch die Schaffung von Handlungssicherheit aufgebaut und weiterentwickelt werden. Hier ist es notwendig, innerbetrieblich zu kommunizieren, welche Maßnahmen welche Bedeutung für die Gesundheit der Beschäftigten haben.

## Offene Fragen und Dilemmata

Aber auch wenn all diese Rahmenbedingungen geschaffen sind, bleibt gesundheitsgerechte Führung im betrieblichen Alltag eine Herausforderung. Wer führt, weiß, wie schwierig Führung sein kann, wenn zum Beispiel wirtschaftliche Krisen dazu zwingen, Mitarbeiter zu entlassen oder wenn unerwartete Ereignisse es notwendig machen, Prioritäten zu verschieben. Auch ist es immer wieder eine neue Herausforderung, in einer sich schnell verändernden Umwelt soziale Ausgewogenheit und Fairness zu gewährleisten und gleichzeitig Ergebnisqualität sicherzustellen. Schwierig ist es auch, Respekt dort aufrechtzuerhalten, wo Mitarbeiter selbst wiederkehrend gegen die Regeln von Respekt und Anstand verstoßen. Solche Dilemmata bestehen und müssen immer wieder aufs Neue aufgelöst werden. Hilfreich ist hier vielleicht nur die alte Erkenntnis, dass die Überwindung von Schwierigkeiten und Hindernissen und das Überschreiten eigener Grenzen die Resilienz stärken und die notwendige Voraussetzung für Wachstum sind. Ein Sprichwort, das auf Johann Wolfgang von Goethe zurückgeht, besagt: Es bildet ein Talent sich in der Stille, sich ein Charakter in dem Strom der Welt.

## Literatur

Arnold KA, Turner N, Barling J, Kelloway EK, McKee MC (2007) Transformational Leadership and Psychological Well-Being: The Mediating Role of Meaningful Work. Journal of Occupational Health Psychology 12: 193–203

Badura B, Greiner W, Rixgens P, Ueberle M, Behr M (2008) Sozialkapital – Grundlagen von Gesundheit und Unternehmenserfolg. Springer, Berlin Heidelberg New York

Badura B, Schröder H, Vetter C (2009) Fehlzeiten-Report 2008. Betriebliches Gesundheitsmanagement: Kosten und Nutzen. Springer, Berlin Heidelberg New York

Bamberg E, Ducki A, Metz A (2011) Gesundheitsförderung und Gesundheitsmanagement in der Arbeitswelt. Hogrefe, Göttingen

Ducki A (2009) Führung als Gesundheitsressource. In: Busch C, Roscher S, Ducki A, Kalytta T (2009) Stressmanagement für Teams in Service, Gewerbe und Produktion – ein ressourcenorientiertes Trainingsmanual. Springer, Berlin Heidelberg New York, S 73–82

Felfe J (2006) Validierung einer deutschen Version des „Multifactor Leadership Questionnaire" (MLQ 5 X Short) von Bass und Avolio (1995) Zeitschrift für Arbeits- und Organisationspsychologie 50, S 61–78

Felfe J (2009) Mitarbeiterführung. Hogrefe, Göttingen

Franke F, Felfe J (in press) How does transformational leadership impact employees' psychological strain? Examining differentiated effects and the moderating role of commitment. Leadership

Franke F, Vincent S, Felfe J (2011) Gesundheitsbezogene Führung. In: Bamberg E, Ducki A, Metz AM (Hrsg) Betriebliche Gesundheitsförderung – Theorien, Methoden, Projekte. Hogrefe, Göttingen

Gregersen S, Kuhnert S, Zimber A, Nienhaus A (2010) Führungsverhalten und Gesundheit – Zum Stand der Forschung. Das Gesundheitswesen

Lück P, Macco K, Stallauke M (2010) Betriebliches Gesundheitsmanagement – eine Unternehmensbefragung. In: Badura B, Schröder H, Klose J, Macco K (Hrsg) Fehlzeiten-Report 2010. Vielfalt managen: Gesundheit fördern –Potenziale nutzen. Springer, Berlin Heidelberg New York, S 37–46

Ulich E, Wülser M (2010) Gesundheitsmanagement in Unternehmen. Arbeitspsychologische Perspektiven, 4. Aufl. Gabler Verlag, Wiesbaden

# Inhaltsverzeichnis

# Teil A:

# Schwerpunktthema Führung und Gesundheit

# Kapitel 1

# Diagnose gesundheitsförderlicher Führung – Das Instrument „Health-oriented Leadership"

F. Franke, J. Felfe

**Zusammenfassung.** *Der Beitrag stellt das Instrument Health-oriented Leadership (HoL) zur Erfassung gesundheitsförderlicher Führung vor. HoL wurde als praxisorientiertes, branchenunspezifisches Instrument entwickelt. Durch die Erfassung konkreter gesundheitsbezogener Einstellungen und Verhaltensweisen ermöglicht es die Ableitung spezifischer Handlungsempfehlungen. Dabei bezieht es nicht nur die Interaktion mit Mitarbeitern und die Gestaltung gesundheitsförderlicher Arbeitsbedingungen mit ein, sondern auch die bislang kaum berücksichtigte Vorbildwirkung der Führungskraft. Dabei wird der Umgang der Führungskraft mit der eigenen Gesundheit und mit der Gesundheit der Mitarbeiter im Zusammenhang betrachtet. Die Ergebnisse einer Längsschnittstudie bestätigen diesen Zusammenhang und zeigen, dass gesundheitsförderliche Führungskräfte einen positiven Einfluss auf die Gesundheit ihrer Mitarbeiter haben.*

## 1.1 Einleitung

Die Verantwortung für den betrieblichen Gesundheitsschutz liegt in den Händen *aller* Unternehmensangehörigen. Nach § 15 des Arbeitsschutzgesetzes sind Beschäftigte verpflichtet, zunächst für ihre eigene Sicherheit und Gesundheit am Arbeitsplatz Sorge zu tragen. Darüber hinaus haben sie auch für die Gesundheit derer zu sorgen, die von ihren Handlungen oder Unterlassungen bei der Arbeit betroffen sind. Hier sind Führungskräfte besonders angesprochen, da sie nicht nur für ihre eigene Gesundheit, sondern auch für die Gesundheit ihrer Mitarbeiter verantwortlich sind.

Unter Mitarbeiterführung wird allgemein die Beeinflussung von Einstellungen und Verhalten einzelner Personen in Organisationen sowie die Steuerung und Koordination der Zusammenarbeit in und zwischen Gruppen verstanden (Felfe 2009). Mitarbeiterführung dient dem Zweck, bestimmte Ziele der Organisation zu erreichen. Dabei nimmt die Führungskraft Einfluss auf die Arbeitsbedingungen, auf die dort tätigen Personen und auf die Unternehmenskultur. Damit ist Führung grundsätzlich auch für die Gesundheit der Beschäftigten von wesentlicher Bedeutung (Franke et al. 2011).

Welche Möglichkeiten und Grenzen der personalen Führung im Handlungsfeld Gesundheit zugeschrieben werden, hängt vom jeweiligen Rollenverständnis im Kontext des betrieblichen Gesundheitsmanagements ab (Schmidt u. Wilkens 2009). Wird die Führungskraft vorrangig in der Rolle des Sicherheitsmanagers (Zimber 2006) gesehen, beschränkt sich das Führungshandeln darauf, gesetzliche Vorschriften des Arbeits- und Gesundheitsschutzes umzusetzen und einzuhalten. Hierbei stoßen die Einflussmöglichkeiten von Führung schnell an ihre Grenzen, da lediglich erreicht werden kann, dass gesetzliche Mindeststandards z. B. im Bereich der Arbeitsplatzausstattung oder im Umgang mit Gefahrenstoffen eingehalten werden. Ein erweitertes

**1**

Verständnis von Führungskräften als Ressourcenmanager (Zimber 2006) bezieht soziale, organisatorische und personale Aspekte der Arbeit als Möglichkeiten der Einflussnahme und Gestaltung mit ein. So können durch Qualifizierung und Einräumen von Handlungs- und Entscheidungsspielräumen Ressourcen entwickelt werden, die das Gesundheitsrisiko deutlich mindern. Führungskräfte sind neben ihren Rollen als Sicherheits- oder Ressourcenmanager gleichzeitig immer auch persönliche Vorbilder und beeinflussen das Erleben und Verhalten ihrer Mitarbeiter durch die Art, wie sie ihre Vorbildfunktion bzw. Rolle wahrnehmen (Felfe 2009). Wenn das persönliche Gesundheitsbewusstsein und -handeln der Führungskraft als weitere wesentliche Einflussquelle berücksichtigt wird, ergibt sich ein zusätzliches und ggf. deutlich größeres Handlungsspektrum zur Beeinflussung der Gesundheit der Mitarbeiter. Ein derart erweitertes Führungsverständnis beinhaltet somit auch aus Unternehmenssicht ein höheres Steuerungspotenzial (Schmidt u. Wilkens 2009).

Die drei genannten Rollen (Sicherheitsmanager, Ressourcenmanager und Vorbild) sind mit verschiedenen Einflussmöglichkeiten verbunden. Franke et al. (2011) unterscheiden drei zentrale Einflussmöglichkeiten von gesundheitsorientierter Führung: 1) Durch direkte Kommunikation und Interaktion mit seinen Mitarbeitern kann der Vorgesetzte unmittelbar Einfluss nehmen. Dabei sind Wertschätzung, Anerkennung und soziale Unterstützung besonders bedeutsam für das Wohlbefinden und die Gesundheit der Mitarbeiter. 2) Die direkten Vorgesetzten haben zudem Einfluss auf die Gestaltung der Arbeit und des Arbeitsumfeldes (z. B. Aufgabenverteilung, Arbeitszeitenregelungen, Zielvorgaben). Im Sinne der gesetzlichen Fürsorgepflicht heißt dies vor allem, gesundheitsförderliche Arbeitsbedingungen zu schaffen, also gesundheitliche Risiken und Belastungen am Arbeitsplatz zu minimieren und Ressourcen zur Stressbewältigung zu stärken. An dieser Einflussebene setzt auch der Ansatz gesundheits- und entwicklungsförderlicher Führung an (s. Vincent in diesem Band), der den direkten Einfluss des Führungsverhaltens auf die Anforderungen, Stressoren und Ressourcen der Mitarbeiter erfasst. 3) Die dritte und bislang am wenigsten beachtete Einflussnahme geschieht dadurch, dass die Mitarbeiter zu Gesundheitshandeln motiviert werden und die direkten Vorgesetzten dabei eine Vorbildfunktion einnehmen. Hierbei ist entscheidend, mit welchem Interesse und Engagement Vorgesetzte ihre Fürsorgepflicht wahrnehmen und wie konsequent sie Maßnahmen des Gesundheitsmanagements in ihrem Bereich umsetzen und „leben".

Wie erfolgreich Vorgesetzte bei der Förderung des Gesundheitshandelns in ihrem Bereich sind, hängt insbesondere davon ab, wie stark sie selbst auf ihre eigene Gesundheit achten und wie authentisch ihr gesundheitsförderliches Verhalten von den Mitarbeitern erlebt wird.

Zusammenfassend lässt sich festhalten, dass die direkten Führungskräfte über vielfältige Kanäle Einfluss auf Wohlbefinden und Gesundheit der Beschäftigten nehmen können. Welche wissenschaftlichen Belege gibt es bislang dafür?

## 1.2　Zum Stand der Forschung

Das wissenschaftliche Interesse am Zusammenhang von Führung und Gesundheit ist vor allem in den letzten Jahren gestiegen. Einen aktuellen Überblick geben Gregersen et al. (2010) sowie Skakon et al. (2010). Grundsätzlich weisen die Ergebnisse darauf hin, dass positives Führungsverhalten (z. B. soziale Unterstützung, Beteiligungsmöglichkeiten) sowie positive Führungsstile (z. B. transformationale Führung, Mitarbeiterorientierung) mit einer besseren Gesundheit, weniger Stresserleben und gesundheitlichen Beschwerden einhergehen. Deutlich seltener beschäftigten sich Studien laut Gregersen et al. (2010) mit negativem Führungsverhalten als Risikofaktor, z. B. Konflikte mit Vorgesetzten, beleidigendes Vorgesetztenverhalten oder passives Verhalten und Gleichgültigkeit (Laissez-faire). Sie weisen darauf hin, dass negatives Führungsverhalten mit niedrigem psychischen Befinden, geringerer Arbeitszufriedenheit und höherem Krankenstand einhergeht.

Einer der am häufigsten untersuchten positiven Führungsansätze ist das Konzept der *transformationalen Führung*. Es beinhaltet, dass Führungskräfte durch fachliches und moralisches Vorbildverhalten bei den Mitarbeitern Vertrauen und Respekt hervorrufen, sie durch die Vermittlung von überzeugenden Visionen und Zielen motivieren und inspirieren, zu innovativem Denken anregen und individuell unterstützen und fördern.

Transformationale Führung weist positive Zusammenhänge mit Wohlbefinden und psychischer Gesundheit sowie negative Zusammenhänge mit Stresserleben und Burnout auf (Felfe 2006a; Franke u. Felfe, in Druck). Zunehmend findet ein erweitertes Führungsverständnis Eingang in empirische Studien, indem auch der Einfluss vermittelnder und moderierender Prozesse von Führung auf Gesundheit untersucht wird. So zeigt sich, dass transformationale Führung positiv auf die Wahrnehmung von Rollenklarheit, Entwicklungsmöglichkeiten und Bedeutsamkeit der Arbeit einwirkt, welche wiederum mit Gesundheit und Wohlbefinden assoziiert sind (Arnold et al. 2007; Nielsen et al. 2008). Damit erstreckt sich transformationale Führung auf die drei zuvor skizzierten Einflussebenen: 1) Wertschätzung, 2) Arbeitsbedingungen und 3) generelle Glaubwürdigkeit und Vorbildfunktion. Obwohl Anerkennung, Wertschätzung und entwicklungsförderliche Arbeitsbedingungen per se als gesundheitsförderlich eingestuft werden können, bleiben sie vor allem mit Blick auf die Praxis der Gesundheitsförderung eher unspezifisch und zum Teil auch unvollständig. Die folgenden Fragen machen deutlich, an welchen Stellen gesundheitsförderliche Führung konkret ansetzen könnte und müsste.

- Welche gesundheitsspezifischen Verhaltensweisen der Führungskraft beeinflussen die Gesundheit der Mitarbeiter?
- Welche gesundheitsbezogenen Einstellungen sind relevant?
- Was müssen Führungskräfte vorleben, um als Vorbild wahrgenommen zu werden?
- Wie erkennen Vorgesetzte Anzeichen von gesundheitlichen Problemen bei ihren Mitarbeitern, gerade in hektischen Zeiten?
- Wie können sie Mitarbeiter ansprechen, bei denen sie gesundheitliche Probleme vermuten?
- Welche Unterstützungsangebote können und müssen Führungskräfte geben, welche nicht?
- Wie muss Führungskräfteentwicklung gestaltet sein, damit Vorgesetzte mit Gesundheitsthemen im Arbeitsalltag bewusster umgehen und angemessen reagieren können?
- Wie kann Gesundheitshandeln in der Vorgesetztenbewertung durch geeignete Beobachtungskriterien berücksichtigt werden?

Hinsichtlich solcher alltagsnaher Probleme sind viele der einschlägigen Führungskonzepte wie auch das der transformationalen Führung zu allgemein gehalten und bieten für die Praxis wenig konkrete Handlungsempfehlungen. Auch der Aspekt der Vorbildfunktion ist mit Blick auf das Thema Gesundheit eher unspezifisch. Zwar können Glaubwürdigkeit und Verlässlichkeit allgemein als gesundheitsförderlich eingestuft werden, da hierdurch die Unsicherheit der Mitarbeiter reduziert wird. Allerdings wurde der gesundheitsspezifischen Vorbildwirkung von Führungskräften bislang wenig Beachtung geschenkt. Entsprechend gibt es dazu kaum Studien. Die Bedeutung dieser spezifischen Vorbildwirkung wird eher durch Praxiserfahrungen und -berichte belegt und als ein entscheidender Faktor zur erfolgreichen Umsetzung von Gesundheitsmaßnah-

men benannt (z. B. Matyssek 2007). Für die Vermutung, dass das Gesundheitserleben von Führungskräften und Mitarbeitern nicht unabhängig voneinander ist, gibt es allerdings erste Hinweise (vgl. Skakon et al. 2010): Zwei Studien aus dem Sportbereich zeigen, dass Athleten Verhaltensänderungen bei ihren Trainern wahrnehmen (z. B. weniger Training, weniger soziale Unterstützung), die durch Burnout oder emotionale Erschöpfung entstehen. Dies führt wiederum bei den Athleten selbst zu Burnout (Price u. Weiss 2000; Vealey et al. 1998). Theorell und Kollegen (2001) berichten außerdem, dass die Teilnahme von Managern an einem regelmäßigen psychosozialen Training mit einer Verringerung des Stresshormons Kortisol bei ihren Mitarbeitern assoziiert war. Diese Studien weisen auf einen „Übertragungseffekt" hin, den gute, aber auch schlechte Vorbilder bewirken können.

Da bisherige Führungskonzepte bei der Ableitung konkreter gesundheitsrelevanter Handlungsanweisungen oder Maßnahmen zu wenig Orientierung bieten, bedarf es eines spezifischen Konzepts gesundheitsförderlicher Führung, das konkrete Diagnosen und Gestaltungsmöglichkeiten für gesundheitsförderliches Führungsverhalten bietet.

## 1.3 Health-oriented Leadership – Gesundheitsorientierte Führung

Das Konzept Health-oriented Leadership (HoL) zur Erfassung gesundheitsspezifischer Führung besteht aus vier Komponenten, die im Folgenden ausführlicher dargestellt werden:

- Gesundheitsorientiertes Führungsverhalten (Verhalten) sowie
- gesundheitsbezogene Achtsamkeit,
- gesundheitsbezogene Selbstwirksamkeit und
- Gesundheitsvalenz (gesundheitsbezogene Einstellungen und Wertorientierung).

Die vier Komponenten lassen sich sowohl auf die gesundheitsförderliche Mitarbeiterführung als auch auf den Umgang der Führungskräfte mit der eigenen Gesundheit (Selbstführung) beziehen. Mit Blick auf die Vorbildwirkung werden Selbstführung und Mitarbeiterführung im Zusammenhang betrachtet.

### 1.3.1 Gesundheitsorientiertes Führungsverhalten

Bisherige Führungskonzepte, die positiv mit Gesundheit assoziiert sind, sind recht allgemein formuliert. Aussa-

**1**

gen wie z. B. „Mein Vorgesetzter macht klar, wie wichtig es ist, sich 100-prozentig für eine Sache einzusetzen" oder „Mein Vorgesetzter spricht mit anderen über seine wichtigsten Überzeugungen und Werte" zur Messung transformationaler Führung (Felfe 2006b) lassen keinen klaren Bezug zu Gesundheit erkennen. Was würde daraus folgen, wenn man sie auf Gesundheit beziehen würde? Wie genau würde Führungsverhalten aussehen, das sich 100-prozentig für die Gesundheit einsetzt oder über welche Überzeugungen und Werte zum Thema Gesundheit würde der Vorgesetzte sprechen?

Um gesundheitsrelevantes Führungshandeln genauer erfassen und Handlungsempfehlungen leichter ableiten zu können, haben wir die Aussagen des HoL-Instruments konkret und gesundheitsspezifisch formuliert. Sie beziehen sich einerseits auf die direkte Interaktion und Kommunikation (z. B. „Mein Vorgesetzter fordert mich auf, ihn auf gesundheitliche Risiken an meinem Arbeitsplatz hinzuweisen", „Mein Vorgesetzter informiert regelmäßig über Sicherheitsvorschriften und Maßnahmen zur Gesundheitsprävention"). Andererseits berücksichtigen sie auch die gesundheitsförderliche Gestaltung von Arbeitsbedingungen (z. B. „Mein Vorgesetzter sorgt durch Verbesserungen in der *Arbeitsorganisation* dafür, dass meine Belastungen reduziert werden (z. B. Prioritäten setzen, für ungestörtes Arbeiten sorgen, Tagesplanung)"). Dabei waren wir bemüht, die Aussagen branchenunspezifisch zu formulieren, um eine breite Einsetzbarkeit zu gewährleisten. Aussagen wie „Mein Vorgesetzter fordert mich auf, meine Schutzausrüstung zu tragen" würden zwar im industriellen Bereich, wohl kaum aber in der Dienstleistungsbranche oder in öffentlichen Institutionen zu beantworten sein.

### 1.3.2 Gesundheitsbezogene Achtsamkeit, Selbstwirksamkeit und Gesundheitsvalenz

Aus der gesundheitspsychologischen Forschung ist bekannt, dass gesundheitsbezogene Gedanken und Emotionen steuern, wie stark Gesundheitsverhalten ausgeprägt ist (Schwarzer 2004). Präventives Gesundheitsverhalten ist dann wahrscheinlicher, wenn

- Personen motiviert sind, den eigenen Gesundheitszustand zu verändern,
- entsprechende Maßnahmen zum Schutz der Gesundheit bekannt sind,
- die Überzeugung vorhanden ist, entsprechende Maßnahmen umsetzen zu können (Selbstwirksamkeitserwartung).

Darauf basierend wird im HoL-Ansatz die reine Verhaltensmessung erweitert und um wichtige Einflussfaktoren ergänzt. Es wird angenommen, dass Gesundheitshandeln die Bereitschaft voraussetzt, sich mit der eigenen Gesundheit und gesundheitlichen Risiken bewusst auseinanderzusetzen und aufmerksam gegenüber Befindensveränderungen zu sein (gesundheitsbezogene Achtsamkeit). Gleichzeitig erscheint Gesundheitsverhalten dann wahrscheinlicher, wenn die Person gesundheitsförderliche Verhaltensweisen und Maßnahmen kennt und sich zutraut, diese anzuwenden (gesundheitsbezogene Selbstwirksamkeitserwartung). Damit Personen überhaupt bereit sind, sich mit ihrer Gesundheit kritisch auseinanderzusetzen und ihr Verhalten ggf. in gesundheitsförderlicher Weise zu verändern, muss eine gewisse Motivation gegeben sein. Es ist zu erwarten, dass hier der Stellenwert der Gesundheit im Vergleich zu anderen Werten (z. B. der Arbeit) eine wichtige emotional-motivationale Komponente darstellt (Gesundheitsvalenz).

Wir nehmen an, dass diese Einstellungen und Wertorientierungen nicht nur für den Umgang der Führungskraft mit ihrer eigenen Gesundheit (Selbstführung) wichtig sind, sondern auch für die gesundheitsorientierte Mitarbeiterführung. Entsprechend werden mit Blick auf die Mitarbeiter Achtsamkeit (z. B. „Bei meinen Mitarbeitern achte ich bewusst auf gesundheitliche Warnsignale"), gesundheitsbezogene Selbstwirksamkeit (z. B. „Wenn meine Mitarbeiter Stress bei der Arbeit haben, wissen sie, was sie dagegen unternehmen können") und Gesundheitsvalenz (z. B. „Ich bin nicht bereit, wegen der Arbeit die Gesundheit meiner Mitarbeiter zu riskieren") eingeschätzt.

### 1.3.3 Umgang der Führungskraft mit der eigenen Gesundheit

Führungskräfte werden im betrieblichen Gesundheitsmanagement häufig als Multiplikatoren geschult, die die Umsetzung von Gesundheitsmaßnahmen für Mitarbeiter unterstützen. Dabei darf nicht außer Acht gelassen werden, dass Führungskräfte selbst eine relevante Zielgruppe von Gesundheitsförderungsmaßnahmen darstellen. Führungskräfte berichten häufig hohen Zeitdruck, ständige Unterbrechungen und eine hohe Arbeitsdichte bei gleichzeitig hohem Handlungsspielraum (Regnet 2009; Wilde et al. 2009). Gerade Führungskräfte auf niedrigen und mittleren Hierarchiestufen sind ähnlichen organisatorischen und sozialen Stressoren wie ihre Mitarbeiter ausgesetzt. Da direkte Vorgesetzte den größten Einfluss auf die Gesundheit der Mitarbeiter ausüben (Schein 2004), ist die Führungskräfteentwicklung besonders gefordert, um einerseits die Gesundheit der Führungskräfte selbst und andererseits deren gesundheitsorientierte Einflussnahme auf die Mitarbeiter zu fördern.

Der Umgang der Vorgesetzten mit ihrer Gesundheit ist auch aus Mitarbeitersicht relevant. In Übereinstimmung mit den wenigen wissenschaftlichen Hinweisen vermuten wir hier einen Übertragungseffekt: Führungskräfte, die sich nicht hinreichend um die eigene Gesundheit kümmern, tun dies wahrscheinlich auch nicht in angemessener Weise bei ihren Mitarbeitern. Umgekehrt sollte ein bewusster Umgang der Führungskraft mit der eigenen Gesundheit auch einen gesundheitsförderlichen Umgang mit Mitarbeiter fördern. Wenn Vorgesetzte sich nicht mit dem eigenen Stresserleben, persönlichen Belastungsfaktoren und Ressourcen auseinandersetzen, können sie diese Aspekte bei ihren Mitarbeitern kaum angemessen einschätzen und fördern (Ducki 2009; Stadler u. Spieß 2002). Ein Vorgesetzter, der Klagen über Stress als Schwäche ansieht, wird kaum bereit sein, Stress bei seinen Mitarbeitern durch gesundheitsorientierte Führung zu vermeiden. Um den Umgang mit sich selbst und den Mitarbeitern vergleichen zu können, schätzen Führungskräfte die gesundheitsbezogenen Einstellungen und Verhaltensweisen nicht nur in Bezug auf ihre Mitarbeiter ein, sondern auch bezogen auf sich selbst. Entsprechend beinhaltet die Selbstführung Gesundheitsverhalten („Ich informiere mich regelmäßig über Sicherheitsvorschriften und Maßnahmen zur Gesundheitsprävention"), Achtsamkeit (z. B. „Ich achte bewusst auf gesundheitliche Warnsignale"), gesundheitsbezogene Selbstwirksamkeit (z. B. „Wenn ich Stress bei der Arbeit habe, weiß ich, was ich dagegen tun kann") und Gesundheitsvalenz (z. B. „Ich bin nicht bereit, wegen der Arbeit meine Gesundheit zu riskieren").

### 1.3.4 Vorbildfunktion der Führungskräfte im Gesundheitshandeln

Auf die besondere Bedeutung der Vorbildwirkung wurde bereits hingewiesen. Die Vorbildfunktion von Vorgesetzten beinhaltet sowohl präventives Arbeitsschutz- und Sozialverhalten als auch am Arbeitsplatz wahrnehmbares Ernährungs-, Bewegungs- und Entspannungsverhalten (Schmidt u. Wilkens 2009). Eine wichtige Voraussetzung dafür ist die kritische Selbstreflexion der Führungskräfte (Ducki 2009; Steinmetz 2011). Da sich Mitarbeiter an den Einstellungen und Verhaltensweisen ihrer Führungskraft orientieren (Haslam et al. 2011), dient die gesundheitsorientierte Selbstführung auch als Vorbild und Anregung für die Mitarbeiter, ihr eigenes Gesundheitsdenken und -handeln zu ändern oder zumindest zu reflektieren. Nehmen Mitarbeiter hingegen Widersprüche zwischen dem Gesundheitsverhalten der Führungskraft und dem von ihr geforderten Verhalten wahr, werden sie diese Forderungen kaum als verbindlich ansehen. Entsprechend werden im HoL-Ansatz die Selbstführung und die Mitarbeiterführung im Zusammenhang betrachtet.

Zusammenfassend wird gesundheitsorientierte Führung im HoL-Instrument als komplexes Konstrukt erfasst. Es setzt an allen drei beschriebenen Einflussebenen an: 1) Interaktion und Kommunikation, 2) Gestaltung gesundheitsförderlicher Arbeitsbedingungen und 3) Vorbildwirkung im Gesundheitshandeln. Dabei wird zwischen Selbstführung und Mitarbeiterführung unterschieden. Die Mitarbeiterführung kann entweder durch die Führungskraft (Selbsteinschätzung) oder durch die Mitarbeiter (Fremdeinschätzung) bewertet werden. In ◻ Tab. 1.1 wird der Aufbau des Instruments zusammengefasst und mit Beispielaussagen dargestellt.

**◻ Tab. 1.1** Aufbau und Beispielaussagen des Instruments Health-oriented Leadership

| | Selbstführung Führungskraft | Mitarbeiterführung | |
| | Umgang der Führungskraft mit der eigenen Gesundheit | Selbsteinschätzung durch die Führungskraft | Fremdeinschätzung durch die Mitarbeiter |
|---|---|---|---|
| Gesundheitsbezogene Achtsamkeit | Ich merke sofort, wenn mit mir gesundheitlich etwas nicht stimmt. | Ich merke sofort, wenn mit meinen Mitarbeitern gesundheitlich etwas nicht stimmt. | Mein Vorgesetzter merkt sofort, wenn mit mir gesundheitlich etwas nicht stimmt. |
| Gesundheitsvalenz | Es ist mir wichtig, die gesundheitlichen Belastungen an meinem Arbeitsplatz zu mindern und Risiken abzubauen. | Es ist mir wichtig, die gesundheitlichen Belastungen an den Arbeitsplätzen meiner Mitarbeiter zu mindern und Risiken abzubauen. | Es ist meinem Vorgesetzten wichtig, die gesundheitlichen Belastungen an meinem Arbeitsplatz zu mindern und Risiken abzubauen. |
| Gesundheitsbezogene Selbstwirksamkeit | Ich weiß, wie ich übermäßiger Belastung vorbeugen kann. | Meine Mitarbeiter wissen, wie sie übermäßiger Belastung vorbeugen können. | |
| Gesundheitsverhalten | Ich versuche, meine Belastungen zu reduzieren, indem ich die eigene Arbeitsweise optimiere (z. B. Prioritäten setzen, für ungestörtes Arbeiten sorgen, Tagesplanung). | Ich sorge durch Verbesserungen im Bereich *Arbeitsorganisation* dafür, dass die Belastungen meiner Mitarbeiter reduziert werden (z. B. Prioritäten setzen, für ungestörtes Arbeiten sorgen, Tagesplanung). | Mein Vorgesetzter sorgt durch Verbesserungen im Bereich *Arbeitsorganisation* dafür, dass meine Belastungen reduziert werden (z. B. Prioritäten setzen, für ungestörtes Arbeiten sorgen, Tagesplanung). |

Fehlzeiten-Report 2011

## 1.4 Empirische Erprobung

Die Items des Instruments wurden auf Grundlage der Forschungsliteratur sowie mit Hilfe von Experteninterviews formuliert. Das Instrument wurde in einer ersten Studie mit 203 Mitarbeitern und Führungskräften überprüft. Bei einem Teil der Befragten wurde zusätzlich Verständlichkeit, Relevanz und Nützlichkeit der Aussagen erfragt. Nach einer Revision des Instruments wurde es in zwei weiteren Befragungen mit insgesamt 934 Mitarbeitern und Führungskräften aus verschiedenen Branchen eingesetzt. Die Ergebnisse weisen insgesamt auf gute psychometrische Kennwerte hin. Für die einzelnen Skalen des Instruments zeigen sich gute bis sehr gute Reliabilitäten und die erwartete Faktorenstruktur konnte bestätigt werden. Es wurde zudem geprüft, inwieweit HoL über eines der bisher häufig eingesetzten Führungsinstrumente (transformationaler Führung) hinaus einen Beitrag zur Vorhersage von Gesundheitsmaßen leistet (inkrementelle Validität). Hierbei zeigte sich, dass HoL unabhängig von transformationaler Führung Varianz in verschiedenen Gesundheitsmaßen aufklären kann, also einen gesundheitsspezifischen, von transformationalem Handeln unabhängigen Aspekt von Führung erfasst.

## 1.5 Erste Ergebnisse: Wie gehen Führungskräfte mit der Gesundheit ihrer Mitarbeiter um?

Die Ergebnisse, die in den folgenden Abschnitten berichtet werden, beziehen sich auf 533 Mitarbeiter und Führungskräfte, die zweimal im Abstand von vier Monaten befragt wurden. Bei der ersten Befragung wurden gesundheitsförderliche Führung aus Selbst- und Fremdsicht sowie Vorbildwirkung eingeschätzt. Vier Monate später schätzten die Mitarbeiter ihre eigene Gesundheit ein. Die Stichprobe setzt sich aus 74 Führungskräften und 459 Mitarbeitern verschiedener Branchen (Finanzdienstleistung, Verwaltung, Bildungs- und Gesundheitswesen) zusammen. Während der Frauenanteil bei den Mitarbeitern bei 63 Prozent lag, waren Frauen bei den Führungskräften deutlich seltener vertreten (16 Prozent). Gut die Hälfte der Mitarbeiter war über 40 Jahre alt (51 Prozent), bei den Führungskräften waren die über 40-Jährigen mit 72 Prozent vertreten.

### 1.5.1 Gesundheitsbewusste Selbstführung und Mitarbeiterführung

Der von uns angenommene Übertragungseffekt besagt, dass Führungskräfte, die auf ihre eigene Gesund-

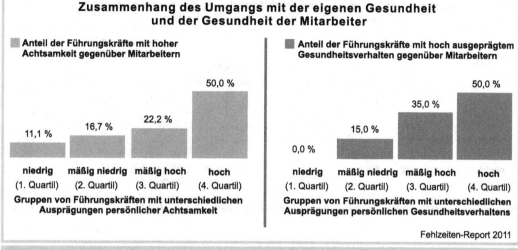

**Abb. 1.1** Häufigkeitsverteilungen des Zusammenhangs von Selbst- und Fremdführung

heit achten, auch auf die ihrer Mitarbeiter achten. In ■ Abb. 1.1 ist dargestellt, wie Führungskräfte den Umgang mit ihrer eigenen Gesundheit und der ihrer Mitarbeiter einschätzen. Dabei wird zwischen Achtsamkeit (linke Seite) und konkretem Verhalten (rechte Seite) unterschieden.

Hinsichtlich Achtsamkeit zeigt der Extremgruppenvergleich, dass jede zweite der Führungskräfte, die bewusst auf Risiken bei ihrer Arbeit achten und Überlastung rechtzeitig bemerken, sich auch mit Risiken, Stresssignalen und Überlastung bei ihren Mitarbeitern auseinandersetzt. Hingegen achten nur 11 Prozent der Führungskräfte, die sich keine Gedanken über ihre eigene Gesundheit machen, auf die Gesundheit ihrer Mitarbeiter. Diese Verteilung entspricht einer Korrelation von r = .42.

Auch im konkreten Gesundheitsverhalten findet sich ein hoher Zusammenhang von r = .57. Von den Führungskräften, die Überlastung und Fehlbeanspruchung bei ihrer Arbeit aktiv entgegenwirken, tun dies auch 50 Prozent bei ihren Mitarbeitern, während sich in der Gruppe der Vorgesetzten, deren Arbeit nicht durch gesundheitsorientiertes Handeln geprägt ist, kein einziger aktiv um die Gesundheit und die Entlastung der Mitarbeiter kümmert.

Zusammenfassend sprechen die Ergebnisse für einen deutlichen Zusammenhang zwischen gesundheitsbewusster Selbstführung und Mitarbeiterführung. Die Führungskräfte, die auf sich selbst achten, sind auch eher bereit, ihre Mitarbeiter gesundheitsförderlich zu führen. Nun ist zu prüfen, ob dies von den Mitarbeitern bestätigt wird. Wichtige Fragen sind,

– ob gesundheitsförderliche Führungskräfte tatsächlich als Vorbilder gesehen werden,
– inwieweit diese Vorbildfunktion für die Gesundheit der Mitarbeiter relevant ist, und wenn ja,
– wie diese Vorbildwirkung erklärt werden kann.

### 1.5.2 Vorbilder und ihre Wirkung auf die Gesundheit

Die Mitarbeiter wurden direkt dazu befragt, inwieweit sie ihre Vorgesetzten als Vorbilder für das Thema Gesundheit wahrnehmen („Mein Vorgesetzter versucht, mir in puncto Gesundheit ein Vorbild zu sein"). Wie erwartet, wird die gesundheitsbezogene Vorbildwirkung höher eingeschätzt, wenn die Vorgesetzten achtsam mit ihren Mitarbeitern umgehen (r = .30), ihnen die Gesundheit ihrer Mitarbeiter wichtig ist (r = .34) und sie sich ihren Mitarbeitern gegenüber gesundheitsförderlich verhalten (r = .36).

Unsere Ergebnisse zeigen weiterhin, dass sich diese Vorbildwirkung auch positiv auf die Gesundheit der Mitarbeiter auswirkt (■ Abb. 1.2). Als Gesundheitsindikatoren wurden Irritation (Mohr et al. 2005) und psychosomatische Beschwerden (Felfe u. Liepmann 2006) erfasst. Irritation beschreibt einen Erschöpfungszustand aufgrund andauernder psychischer Beanspruchung am Arbeitsplatz, während psychosomatische Beschwerden bereits körperliche Symptome wie Kopf- und Rückenschmerzen, Schlafstörungen und Herz-Kreislauf-Probleme beinhalten. Wenn Mitarbeiter ihre Führungskraft nicht als Vorbild für Gesundheit sehen, berichten sie

**1**

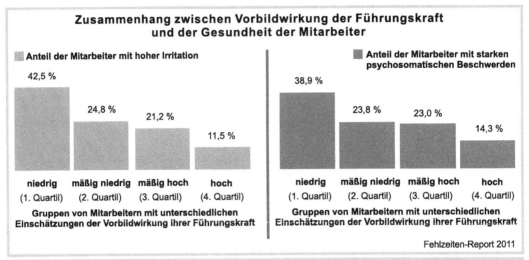

**Zusammenhang zwischen Vorbildwirkung der Führungskraft und der Gesundheit der Mitarbeiter**

Anteil der Mitarbeiter mit hoher Irritation

42,5 %
24,8 %
21,2 %
11,5 %

niedrig | mäßig niedrig | mäßig hoch | hoch
(1. Quartil) | (2. Quartil) | (3. Quartil) | (4. Quartil)

Gruppen von Mitarbeitern mit unterschiedlichen Einschätzungen der Vorbildwirkung ihrer Führungskraft

Anteil der Mitarbeiter mit starken psychosomatischen Beschwerden

38,9 %
23,8 %
23,0 %
14,3 %

niedrig | mäßig niedrig | mäßig hoch | hoch
(1. Quartil) | (2. Quartil) | (3. Quartil) | (4. Quartil)

Gruppen von Mitarbeitern mit unterschiedlichen Einschätzungen der Vorbildwirkung ihrer Führungskraft

Fehlzeiten-Report 2011

**Abb. 1.2** Häufigkeitsverteilungen des Zusammenhangs von Vorbildwirkung und Irritation bzw. psychosomatischen Beschwerden der Mitarbeiter

vier Monate später eine fast vierfach erhöhte Irritation und mehr als doppelt so viele psychosomatische Beschwerden verglichen mit Mitarbeitern, die in ihrer Führungskraft ein Vorbild sehen. Jedoch ist nicht davon auszugehen, dass sich der Gesundheitszustand in diesem Zeitraum gravierend verschlechtert hat, sondern dass bereits vier Monate früher ein negativer Zusammenhang zwischen Vorbildwirkung und Gesundheit der Mitarbeiter bestand. Allerdings ist damit zu rechnen, dass die Gesundheitsrisiken mit der Zeit zunehmen.

Wie lässt sich erklären, dass Mitarbeiter ein geringeres Gesundheitsrisiko aufweisen, wenn sie ihre Führungskräfte in Bezug auf Gesundheit als Vorbild wahrnehmen? Eine mögliche Erklärung ist, dass sich Mitarbeiter an den Einstellungen und Verhaltensweisen ihrer Vorgesetzten orientieren, um den an sie gestellten Anforderungen gerecht zu werden und an ihrem Arbeitsplatz angemessen agieren zu können (Haslam et al. 2011, siehe auch Rollenlernen: Bandura 1977). Dies führt auch dazu, dass Mitarbeiter gesundheitsförderliches Verhalten der Führungskraft annehmen und versuchen, es selbst umzusetzen.

Die Annahme, dass sich gesundheitsorientierte Führung deshalb auf die Gesundheit der Mitarbeiter auswirkt, weil sich die Mitarbeiter an ihrer Führungskraft orientieren, wird im Modell in Abb. 1.3 geprüft. Es zeigt sich, dass gesundheitsförderliche Führung das gesundheitsförderliche Verhalten der Mitarbeiter positiv beeinflusst. Gesundheitsförderliches Verhalten der Mitarbeiter bei der Arbeit führt wiederum dazu, dass sie vier Monate später weniger psychische Beanspruchung

und weniger gesundheitliche Beschwerden berichten. Das heißt, dass der gesundheitsförderliche Effekt von Führung auch durch das gesundheitsbewusste Handeln der Mitarbeiter vermittelt wird. Darin zeigt sich, dass das aktive Gesundheitshandeln der Führungskräfte tatsächlich bei den Mitarbeitern den entsprechenden Anstoß gibt, selbst aktives Gesundheitsverhalten zu zeigen.

## 1.6 Führungskräfteentwicklung – Wie kann HoL dabei eingesetzt werden?

Die Umsetzung von Gesundheitsmaßnahmen beinhaltet häufig auch Seminare und Schulungen für die Führungskräfte (vgl. Franke et al. 2011). Um die Potenziale gesundheitsförderlicher Führung optimal zu nutzen, bedarf es einer gründlichen Führungskräfteentwicklung. Oftmals gilt es zunächst die Bereitschaft der Führungskräfte zu wecken, sich mit dem Thema Gesundheit auseinanderzusetzen. Hierbei ist es hilfreich, Verknüpfungen mit Kosten und betriebswirtschaftlichen Kennziffern herzustellen, um Gesundheit auch als wichtige betriebswirtschaftliche Steuerungsgröße bewusst zu machen.

Ziel ist es, das Thema Gesundheit mit den Top-Themen (z. B. Leistungsmanagement) zu verknüpfen und Bewusstsein dafür zu schaffen, dass im betrieblichen Leistungsprozess auch die Bedingungen zu berücksichtigen sind, die das individuelle Arbeits- und Leistungsvermögen bestimmen (Schmidt u. Wilkens 2009).

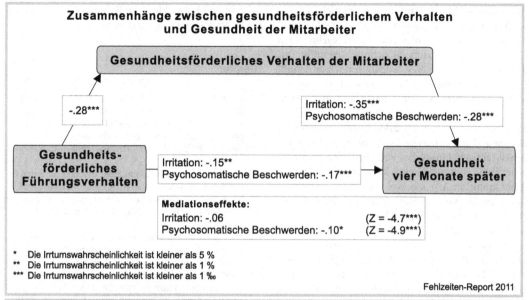

**◘ Abb. 1.3** Zusammenhang von gesundheitsorientiertem Führungsverhalten und Gesundheit der Mitarbeiter, vermittelt durch Gesundheitsverhalten der Mitarbeiter

Wenn die Bereitschaft bei den Führungskräften hergestellt ist, ist der nächste Schritt die Sensibilisierung. Gesundheitliche Befindlichkeiten, Belastungsfaktoren und Ressourcen am Arbeitsplatz bewusst zu machen gelingt leichter, wenn man zunächst bei den Führungskräften selbst ansetzt. Hierbei kann der Einsatz von Checklisten oder Fragebögen wie HoL unterstützend genutzt werden. Im Selbsttest schätzen Führungskräfte ihre Achtsamkeit und Selbstwirksamkeit ein, den Stellenwert ihrer eigenen Gesundheit im Vergleich zur Arbeit sowie ihr persönliches Gesundheitsverhalten. Die Einschätzungen können dann als Ausgangspunkt für vertiefende Analysen genutzt werden. Was sind die persönlichen Stressoren und Ressourcen? Woran erkennt man diese? Wie können die Stressoren und Ressourcen mit der Gesundheit verknüpft sein? Was kann man tun, um Stressoren zu verringern und Ressourcen zu stärken?

Hat man diese Fragen gemeinsam mit den Führungskräften bearbeitet, kann man davon ausgehend die Perspektive auf die Mitarbeiter lenken (Scherrer 2007). Auch hier kann das HoL-Instrument als Ausgangspunkt dienen. Führungskräfte können ihre gesundheitsförderliche Mitarbeiterführung einschätzen und sich mit dem eigenen Profil bzw. sogar mit den Fremdeinschätzungen der Mitarbeiter vergleichen. Auffällige Abweichungen bei einzelnen Aussagen können dann diskutiert werden und Ansatzpunkte für Veränderungen liefern. Ein

entsprechend aufgebautes Trainingskonzept ist exemplarisch bei Franke et al. (2011) dargestellt.

## 1.7 Möglichkeiten und Grenzen gesundheitsförderlicher Führung

Führungskräfte sind selbst hohen Belastungen ausgesetzt und tragen gleichzeitig Verantwortung für die Gesundheit ihrer Mitarbeiter. Daher ist es umso wichtiger, ihnen ihre Doppelrolle bewusst zu machen, für ihre eigene Gesundheit und die der Mitarbeiter zu sorgen. Vor dem Hintergrund der berichteten Ergebnisse ist dies umso wichtiger, da Gesundheitshandeln von Vorgesetzten als Vorbild für das Gesundheitshandeln der Mitarbeiter dient. Entsprechend wirken „schlechte" Vorbilder auch in zweifacher Hinsicht negativ. Es leidet nicht nur die eigene Gesundheit, sondern auch die der Mitarbeiter. Die Bedeutung der Vorbildfunktion im Gesundheitsmanagement darf also nicht unterschätzt werden.

Vorbildwirkung und aktive Motivation der Mitarbeiter zu Gesundheitshandeln sind allerdings nur dann zielführend, wenn die Führungskraft hierbei auch als authentisch wahrgenommen wird. Wenn Mitarbeiter das Gesundheitshandeln ihres Vorgesetzten eher als auferlegte Pflicht denn als echtes Interesse an ihrer Sicherheit und Gesundheit erleben, werden sie Motivationsversuche und Aufforderungen nicht als verbindlich ansehen. „Wenn mein Vorgesetzter selbst nicht die Sicherheitsregeln einhält, nicht zum regelmäßigen Gesundheitscheck geht und sich nicht bemüht, mit dem Rauchen aufzuhören, warum soll ich es dann?" Eine wahrgenommene Diskrepanz zwischen Gesagtem und Handeln kann bei den Mitarbeitern auch Druck auslösen. Wenn beispielsweise der Vorgesetzte seinen Mitarbeitern nahelegt, bei Erkältungen zu Hause zu bleiben und sich zu kurieren, sich selbst aber krank zur Arbeit schleppt. Ein solches Verhalten wird die Mitarbeiter zumindest nachdenken lassen, ob sie nicht doch lieber krank zur Arbeit gehen – sei es aus schlechtem Gewissen dem Vorgesetzten gegenüber oder aus Unsicherheit (Wird nicht eigentlich erwartet, dass wir zur Arbeit kommen?).

Des Weiteren braucht es eine Vertrauensbasis, um offen über Belastungen und Beeinträchtigungen sprechen zu können. Es kann schwierig sein, Belastungen und Stresssignale bei Mitarbeitern zu erkennen, wenn sie nicht gewillt sind, ihren Vorgesetzten (und sich selbst) gegenüber Überforderung einzugestehen. Hier ist sehr viel Einfühlungsvermögen gefordert. Da das Handlungsfeld der Führungskraft im Bereich Gesundheit schnell in den Privatbereich der Mitarbeiter hineinreicht, ist es bisweilen schwierig, heikle Themen anzusprechen.

Der Handlungsspielraum gesundheitsförderlicher Führung ist natürlich auch vom Führungsverständnis des Unternehmens abhängig. Wenn die Geschäftsleitung gesundheitsorientierte Führung lediglich als Erfüllung und Einhaltung der gesetzlichen Pflichten versteht, sind der direkten Führungskraft viele Handlungsoptionen verwehrt oder erschwert. Nur wenn die Geschäftsleitung die Einflussmöglichkeiten und Potenziale gesundheitsförderlicher Führung erkennt und unterstützt, kann sie in der Führungspraxis auch wirkungsvoll umgesetzt und gelebt werden.

Insgesamt umfasst das Konzept Health-oriented Leadership ein komplexes Führungsverständnis, das an allen drei Einflussebenen gesundheitsförderlicher Führung ansetzt und konkrete gesundheitsbezogene Einstellungen und Verhaltensweisen misst. Gleichzeitig wird auch der Umgang der Führungskraft mit der eigenen Gesundheit angesprochen, um ihrer Doppelrolle im betrieblichen Gesundheitsmanagement gerecht zu werden. Als umfassendes Diagnoseinstrument unterstützt es dabei, Wirkweisen und Bedingungen gesundheitsförderlicher Führung besser zu verstehen und liefert aus unterschiedlichen Perspektiven Ansatzpunkte für Handlungsempfehlungen. In der Praxis kann es zur Analyse und Entwicklung im Rahmen der Führungskräfteentwicklung eingesetzt werden.

## Literatur

Arnold KA, Turner N, Barling J, Kelloway EK, McKee MC (2007) Transformational leadership and psychological well-being: The mediating role of meaningful work. Journal of Occupational Health Psychology 12:193–203

Bandura A (1977) Social learning theory. Prentice-Hall, Englewood Cliffs

Ducki A (2009) Führung als Gesundheitsressource. In: Busch C, Roscher S, Ducki A, Kalytta T (Hrsg) Stressmanagement für Teams in Service, Gewerbe und Produktion – ein ressourcenorientiertes Trainingsmanual. Springer Medizin Verlag, Heidelberg, S 73–83

Felfe J (2006a) Transformationale und charismatische Führung – Stand der Forschung und aktuelle Entwicklungen. Zeitschrift für Personalpsychologie 5:163–176

Felfe J (2006b) Validierung einer deutschen Version des "Multifactor Leadership Questionnaire" (MLQ Form 5x Short). Zeitschrift für Arbeits- u Organisationspsychologie 50:61–78

Felfe J (2009) Mitarbeiterführung. Hogrefe, Göttingen

Felfe J, Liepmann D (2006) Skalendokumentation zum Instrument zur Mitarbeiterbefragung. Unveröffentlicher Bericht, FU Berlin, MLU Halle

Franke F, Felfe J (im Druck) How does transformational leadership impact employees' psychological strain? Examining differentiated effects and the moderating role of commitment. Leadership

Franke F, Vincent S, Felfe J (2011) Gesundheitsbezogene Führung. In: Bamberg E, Ducki A, Metz A-M (Hrsg) Handbuch Gesundheitsförderung und Gesundheitsmanagement in der Arbeitswelt. Hogrefe, Göttingen

Gregersen S, Kuhnert S, Zimber A, Nienhaus A (2010) Führungsverhalten und Gesundheit – Zum Stand der Forschung. Das Gesundheitswesen

Haslam SA, Reicher SD, Platow MJ (2011) The new psychology of leadership. Psychology Press, Hove, New York

Matyssek AK (2007) Führungsfaktor Gesundheit. Gabal, Offenbach

Mohr G, Rigotti T, Müller A (2005) Irritation – ein Instrument zur Erfassung psychischer Beanspruchung im Arbeitskontext. Skalen- und Itemparameter aus 15 Studien. Zeitschrift für Arbeits- u Organisationspsychologie 49:44–48

Nielsen K, Randall R, Yarker J, Brenner SO (2008) The effects of transformational leadership on followers' perceived work characteristics and psychological well-being: A longitudinal study. Work & Stress 22:16–32

Price MS, Weiss MR (2000) Relationships among coach burnout, coach behaviors, and athletes' psychological response. Sport Psychologist 14:391–409

Regnet E (2009) Der Weg in die Zukunft – Anforderungen an die Führungskraft. In: v Rosenstiel L, Regnet E, Domsch ME (Hrsg) Führung von Mitarbeitern. Schäffer-Poeschel, Stuttgart, S 36–50

Schein EH (2004) Organizational culture and leadership, 3rd edn. Jossey-Bass, San Francisco, CA

Scherrer K (2007) Versöhnung von Struktur und Kultur – die Aktivierung von Führungskräften als notwendige Voraussetzung für betriebliche Gesundheitsförderung. In: Rausch K (Hrsg) Organisation gestalten. Struktur mit Kultur versöhnen, Band zur 13. Tagung der Gesellschaft für angewandte Wirtschaftspsychologie e.V., Febr. 2007, Osnabrück. Pabst, Lengerich

Schmidt A, Wilkens U (2009). Betriebliches Gesundheitsmanagement im Aufgabenfeld von Führungskräften. In: v Rosenstiel L, Regnet E, Domsch ME (Hrsg) Führung von Mitarbeitern. Schäffer-Poeschel, Stuttgart, S 590–600

Schwarzer R (2004) Psychologie des Gesundheitsverhaltens, 3. Aufl. Hogrefe, Göttingen

Skakon J, Nielsen K, Borg V, Guzman J (2010) Are leaders' wellbeing, behaviors and style associated with the affective well-being of their employees? A systematic review of three decades of research. Work & Stress 24:107–139

Stadler P, Spieß E (2002) Gesundheitsförderliches Führen – Defizite erkennen und Fehlbelastungen der Mitarbeiter reduzieren. Arbeitsmedizin, Sozialmedizin u Umweltmedizin 7:384–390

Steinmetz B (2011) Führungskräfte. In: Bamberg E, Ducki A, Metz A-M (Hrsg) Handbuch Gesundheitsförderung und Gesundheitsmanagement in der Arbeitswelt. Hogrefe, Göttingen

Theorell T, Erndad R, Arnetz B, Weingarten AM (2001) Employee effects of an educational program for managers at an insurance company. Psychosomatic Medicine 63:724–733

Vealey RS, Armstrong L, Comar W, Greanleaf CA (1998) Influence of perceived coaching behaviors on burnout and competitive anxiety in female college athletes. Journal of Applied Sport Psychology 10:297–318

Wilde B, Dunkel W, Hinrichs S, Menz W (2009) Gesundheit als Führungsaufgabe in ergebnisorientiert gesteuerten Arbeitssystemen. In: Badura B, Schröder H, Klose J, Macco K (Hrsg) Fehlzeiten-Report 2009. Arbeit und Psyche: Belastungen reduzieren – Wohlbefinden fördern. Springer, Heidelberg

Zimber A (2006) BGW-Projekt „Führung und Gesundheit". Wie Führungskräfte zur Mitarbeitergesundheit beitragen können: Eine Pilotstudie in ausgewählten BGW-Mitgliedsbetrieben. 1. Teilprojekt: Literaturanalyse. Verfügbar unter: http://www.bgw-online.de/internet/generator/Inhalt/OnlineInhalt/Medientypen/Fachartikel/BGW-Projekt_20F_C3_BChrung_20und_20Gesundheit,property=pdfDownload.pdf [07.04.2010]

# Kapitel 2

# Bindung, Leistung, Kontrolle und Selbstwertschutz: Die Motive des Mitarbeiters als Perspektive sozial kompetenten Führungsverhaltens

C. Eilles-Matthiessen, S. Scherer

**Zusammenfassung.** *Zahlreiche Studien bestätigen den Einfluss des Vorgesetzten auf die unterstellten Mitarbeiter. Eine differenzierte Sicht auf den Einfluss- und Verantwortungsbereich von Führungskräften und dessen Grenzen wird diskutiert, auch um die Erwartungen an Führungskräfte nicht zu überfrachten. Anknüpfend an die aktuelle Diskussion um gesunde und werteorientierte Führung wird mit der motivorientierten Perspektive ein Rahmen vorgeschlagen, der Führungsverhalten aus der Perspektive der Mitarbeiter im Sinne psychologischer Grundmotive strukturiert. Demnach sind die Motive Bindung, Leistung, Kontrolle und Selbstwertschutz als zentrale, weitgehend universelle Grundmotive auch in der Vorgesetzten-Mitarbeiter-Beziehung wirksam. Eine Bedrohung oder Verletzung der Motive geht – wie am Beispiel unserer Untersuchungen zum Selbstwertmotiv gezeigt wurde – mit einem negativen Erleben der Beziehung zum Vorgesetzten einher und wirkt sich ungünstig auf Leistungs- und Gesundheitsparameter aus. Umgekehrt bietet sich mit der Berücksichtigung dieser Motive ein erheblicher, individuell und flexibel gestaltbarer Spielraum für eine konstruktive, wertschätzende und gesundheitsförderliche Gestaltung der Beziehung zum Mitarbeiter.*

## 2.1 „Der Chef ist immer schuld" – Zum Einfluss des Vorgesetztenverhaltens auf die Mitarbeiter

Die Bedeutung des Führungsverhaltens – und damit der Einfluss einer Führungskraft – für den Erfolg einer Organisation gilt als unumstritten. Dabei ist vor allem die sogenannte soziale Kompetenz von Führungskräften Gegenstand der Diskussion und Ansatzpunkt vielfältiger Maßnahmen der Führungskräfteentwicklung. Die Fähigkeit, sich in sozialen Situationen angemessen und zielführend zu verhalten, gilt zu Recht als eine der wichtigsten Schlüsselqualifikationen erfolgreicher Führungskräfte.

Dem Begriff der sozialen Kompetenz liegt allgemein die Annahme zugrunde, dass Personen soziale Situationen unterschiedlich gut bewältigen. Greif (1997) fasst Definitionsvorschläge sozialer Kompetenz dahingehend zusammen, dass sie das „erfolgreiche Realisieren von Zielen und Plänen in sozialen Interaktionssituationen" betonen. Dies verweist bereits auf ein zentrales, in der Diskussion um die soziale Kompetenz bekanntes Problem – das sogenannte Kriterienproblem. Es geht um die Frage, wann ein bestimmtes Verhalten, hier das „Realisieren von Zielen und Plänen in sozialen Interaktionssituationen" als erfolgreich bezeichnet werden kann. In der Regel werden zumindest zwei Aspekte von Erfolg unterschieden: das Erreichen der Ziele bzw. das Realisieren von Plänen einerseits und die positive Gestaltung der Beziehung zu den Gesprächspartnern andererseits. Letztlich handelt es sich bei sozialer Kompetenz also um die Fähigkeit, sich in einer sozialen Situation so zu verhalten, dass die eigenen Ziele, aber auch die Perspektive, Ziele und Bedürfnisse der Interaktionspartner berücksichtigt werden (vgl. Spitzberg u. Cupach 1989).

Hier setzt die motivorientierte Perspektive an: Sie bildet einen Bezugsrahmen, der es ermöglicht, die Perspektive des anderen – auch die der unterstellten Mitarbeiter – systematisch in die Überlegungen zur Entwicklung sozialer Kompetenz einzubeziehen.

Die Bedeutung des Vorgesetztenverhaltens in Bezug auf das Wohl der Mitarbeiter wurde in der Führungsforschung vielfach untersucht und diskutiert. Empirische Studien belegen explizit die negativen Auswirkungen von „schlechter Führung" auf die Mitarbeiter und deren Gesundheit (z. B. Sträter 2010). Im ungünstigsten Fall, d. h. wenn „schlecht" geführt wird und sich die Mitarbeiter auf zwischenmenschlicher Ebene gestresst, unter Druck oder unwohl fühlen, geht dies mit Motivationsverlust, Aggression und nicht zuletzt Krankheit auf Seiten der Mitarbeiter einher (Hershcovis et al. 2007; Orthmann 2010).

Das Bild des sozial inkompetenten Vorgesetzten ist auch – teilweise undifferenziert – Gegenstand der öffentlichen Diskussion. Schlagzeilen wie „Es ist immer der Chef schuld" (SWR 2010), „Ausfallzeiten und Fehltage steigen bei mangelnder Führungsarbeit" (VNR 2010) oder „Schlechte Chefs machen krank" (Mai 2008) und entsprechende mediale Verbreitung scheinen die Hypothese von der Verantwortung des Vorgesetzten für die Zufriedenheit, Motivation und Leistungen des Mitarbeiters zu bestätigen.

Auch auf wissenschaftlicher Seite hat diese einseitige Sichtweise – Verhalten des Vorgesetzten beeinflusst Mitarbeiterverhalten – eine lange Tradition, schließlich verfolgte die Führungsforschung lange Zeit größtenteils einen personenzentrierten Ansatz. Bei diesem Ansatz liegt das Hauptaugenmerk der Untersuchungen auf Verhaltens- und Persönlichkeitsmerkmalen von Führungskräften und deren Einfluss auf erwünschte und unerwünschte Verhaltensweisen seitens der Mitarbeiter. So wurden zum Beispiel Mitarbeiterzufriedenheit und -leistung als Reaktion auf das Verhalten der Führungskraft betrachtet. Diese Betrachtungsweise gilt inzwischen als zu einfach, sie hat einer Betrachtung von Führung als einem komplexen Prozess wechselseitiger Beeinflussung von Führungskraft und Mitarbeitern im Kontext eines sozialen Systems Platz gemacht.

Auf Seiten der Praxis ist die personenorientierte Perspektive immer noch weit verbreitet. Sie zeigt sich z. B. in der oben erwähnten öffentlichen Meinung, dass Führungskräfte in hohem Maße für das Wohl, die Zufriedenheit, die Motivation und die Leistungen ihrer Mitarbeiter verantwortlich sind. Interessanterweise wird diese Perspektive auch von den Führungskräften selbst – oft ungefragt – übernommen. Auch aus unserer eigenen Beratungstätigkeit kennen wir das Phänomen der (Über)Verantwortlichkeit vieler Führungskräfte, die sich für Wohl und Befindlichkeit aller ihrer Mitarbeiter verantwortlich fühlen, was mit hohem Druck und Selbstzweifeln einhergehen kann.

Die Klärung der Verantwortlichkeit, der eigenen Führungsrolle und deren Grenzen sind daher eine wichtige Voraussetzung für erfolgreiche Führung.

## 2.2 Grenzen der Verantwortung erkennen

Auf wissenschaftlicher Seite werden die Grenzen der Verantwortlichkeit im Konzept der sogenannten Romance of Leadership (Meindl et al. 1985; 2006) thematisiert. Nach diesem Konzept führt die Tendenz zur Romantisierung der Führungsrolle zu einer verzerrten Wahrnehmung der Einflussmöglichkeiten von Führungskräften. Dabei wird der Einfluss von Führungskräften auf den Unternehmenserfolg überschätzt, wohingegen wichtigen Kontextfaktoren zu wenig Bedeutung beigemessen wird.

Mit einer Skala in Anlehnung an die deutsche Übersetzung der Romance of Leadership Scale von Schyns et al. (2007) werden Einstellungen gegenüber der Führungsrolle erhoben, die sich auf das Maß der Verantwortungszuschreibung an die Führungskraft beziehen.

Die Skala erfasst zum Beispiel die Überzeugung, dass man die „Schuld zuerst in der Führungsetage suchen müsse", wenn es einer Organisation schlecht gehe und dass „unterm Strich" die Führungsqualität der einzige wichtige Einflussfaktor für das Funktionieren eines Unternehmens sei. Außerdem wird erhoben, inwiefern Einflussfaktoren wie zum Beispiel der wirtschaftlichen oder politischen Situation Bedeutung für den Unternehmenserfolg beigemessen wird. Menschen mit einer „romantisierten" Vorstellung von Führung bewerten den Einfluss solcher externen Bedingungen auf das Gelingen von Führungsaufgaben als unwesentlich.

In einer aktuellen empirischen Studie (Herrmann u. Felfe 2009) konnte gezeigt werden, dass Menschen, die stärker zu einer solchen „Romantisierung von Führung" neigen und damit den persönlichen Einfluss eines Vorgesetzten überschätzen, zu riskanteren Entscheidungen tendieren. Dies erklären die Autoren damit, dass Menschen in Entscheidungsprozessen – vor allem unter Zeitdruck – oftmals aufgrund der begrenzten Informationsverarbeitungskapazität nicht alle relevanten Fakten abrufen können, sondern sich auch auf kognitive Heuristiken stützen. Ein romantisiertes Rollenverständnis von Führung kann demnach in Entscheidungsprozessen (auch unbewusst) als Entscheidungshilfe dienen; dann machen Personen ihre Entscheidungen – z. B. in Bezug auf Investitionen, Strategien oder Personalfragen – weniger von objektiven Fakten abhängig als von den Erfolgsaussichten der Führungskraft. Wird der Erfolgsfaktor und die Einflussmöglichkeiten einer Führungskraft aber im Sinne des romantisierten Verständnisses überschätzt, kann dies zu riskanten Entscheidungen oder Fehlurteilen führen. Die Überschätzung des Führungseinflusses betrifft demnach vor allem die sachbezogene Dimension von Führung.

Die Aufgaben von Führungskräften können in Managementaufgaben und Mitarbeiterführung unterteilt werden. Der Begriff des Managements bezieht sich auf die Gestaltung von Prozessen und Strukturen und beinhaltet Tätigkeiten wie Planung, Organisation oder Entscheidung. Mitarbeiterführung beinhaltet dagegen die Gestaltung von Beziehungen und Kommunikationsprozessen. Typische Aufgaben aus diesem Bereich sind Zielvereinbarung, Ausbildung, Anleitung, Motivation, Kontrolle sowie Förderung, Entwicklung oder Beurteilung des Mitarbeiters. Vor dem Hintergrund dieser Unterscheidung kann angenommen werden, dass der Einfluss des Vorgesetzten im Bereich der Managementprozesse – also der Aufgabendimension von Führung – überschätzt wird, während der Einfluss auf die Dimension der Beziehungsgestaltung vielfach belegt ist. Sich dieses Einflusses bewusst zu sein und diesen als Chance für eine konstruktive, leistungsförderliche und gesundheitserhaltende Arbeitsbeziehung zu nutzen, ist ein wichtiger Aspekt sozial kompetenten Führungsverhaltens. Dies wollen wir im Folgenden näher beleuchten.

## 2.3    Verantwortung wahrnehmen

Es gibt keine einfachen Handlungsanweisungen für „optimales Führungsverhalten", da sich verschiedene Mitarbeitergruppen in ihren Ansprüchen an das Verhalten der Führungskraft signifikant unterscheiden. Allerdings fördert die vom Mitarbeiter wahrgenommene soziale Kompetenz des Vorgesetzten einheitlich deren Zufriedenheit. Mitarbeiter, die ihren Vorgesetzten als sozial kompetent wahrnehmen, sind zufriedener mit dem Vorgesetzten und zeigen auch ein höheres Maß an allgemeiner Arbeitszufriedenheit (Walter u. Kanning 2003).

Mitarbeiter öffnen sich zudem gegenüber dem Einfluss ihres Vorgesetzten umso mehr, je stärker die Führungskraft den idealen Führungs-Prototypen entspricht. Eckloff und Quaquebeke (2008) konnten zeigen, dass die Offenheit von Mitarbeitern gegenüber Führungseinfluss von der Passung des Vorgesetzten mit der Idealvorstellung einer Führungskraft seitens der Mitarbeiter abhängt. Je stärker diese Passung vorhanden ist, umso mehr können sich Mitarbeiter mit dem Vorgesetzten identifizieren, sich ihm gegenüber öffnen und im Sinne der Zielerreichung „führen lassen".

Als Zwischenfazit lässt sich demnach festhalten, dass eine Führungskraft, die den Vorstellungen von sozialer Kompetenz seitens der Mitarbeiter entspricht, erhebliche Einflussmöglichkeiten hat, die konstruktiv und im Sinne der Gesunderhaltung sowie der Aufgaben und Ziele genutzt werden können (vgl. Streicher u. Frey 2009; Wilde et al. 2009).

## 2.4    Werte als aktueller „Trend" in der Führungsdiskussion

Immer mehr Unternehmen versuchen, sich einer besseren und zeitgemäßen Führungskultur zu verschreiben und veröffentlichen Werte-Kodizes, denen sich Mitarbeiter und Vorgesetzte verpflichten (sollen).

Doch wie können wir uns eine werte-orientierte oder ethische Führung konkret vorstellen? Mit dieser Frage befasst sich eine Studie im Rahmen der Entwicklung eines Instruments zur Erfassung von ethischer Führung, dem Ethical Leadership Scale (Brown et al. 2005). Auf Basis der deutschen Übersetzung dieser Skala (ELS-D) konnte gezeigt werden, dass bei der ethischen Führung vor allem das Rollenmodell und die Mitarbeiterführung nach ethischen Prinzipien von Bedeutung sind (Rowold et al. 2009). Der Vorgesetzte soll demnach mit seinem Verhalten die praktische Umsetzung ethischer Normen wie Fairness, Verbindlichkeit oder Ehrlichkeit demonstrieren. Die Umsetzung eines solchen ethischen Führungsstils im Unternehmen geht mit höherer Mitarbeiterzufriedenheit einher und festigt die Bindung der Mitarbeiter an das Unternehmen (Rowold u. Borgmann 2009).

Ein Rahmenmodell ethischer Führung wird von Frey (1998; Frey et al. 2006; Streicher u. Frey 2010) vorgeschlagen. Basierend auf Ergebnissen der aktuellen Forschung zu Mitarbeiterführung hat Frey ein Prinzipienmodell abgeleitet, das verschiedene Führungsmodelle integriert und sich an den Wurzeln der Motivation von Menschen bei der Arbeit orientiert. Frey et al. (2006) betonen in diesem Zusammenhang das zunehmend starke Bedürfnis von Mitarbeitern, mit ihrer Arbeit nicht nur eine Pflichterfüllung zur Existenzsicherung zu leisten, sondern auch Möglichkeiten zur Selbstentfaltung am Arbeitsplatz wahrnehmen zu können. Diesen Bedürfnissen der Arbeitnehmer soll das Führen nach den folgenden Prinzipien Rechnung tragen und damit zu einem motivierenden und gesunden Arbeitsklima beitragen (vgl. Frey et al. 2006, S. 245; Streicher u. Frey 2010, S. 134):

- Prinzip der Sinn- und Visionsvermittlung
- Prinzip der Transparenz durch Information und Kommunikation
- Prinzip der Autonomie und Partizipation
- Prinzip der Passung und Eignung von persönlichen Talenten und Stärken sowie Anforderungen am Arbeitsplatz
- Prinzip der optimalen Stimulation durch Zielvereinbarung
- Prinzip der konstruktiven Rückmeldung (Lob und konstruktive Kritik)
- Prinzip der positiven Wertschätzung
- Prinzip der Fairness (Ergebnisfairness, prozedurale Fairness, informationale Fairness, interaktionale Fairness)
- Prinzip der fachlichen und sozialen Einbindung
- Prinzip der Persönlichkeitsentfaltung und der menschengerechten Arbeitsbedingungen
- Prinzip der situativen Führung und des androgynen Führungsstils
- Prinzip des guten Vorbildes der Führungsperson (menschlich und fachlich)
- Prinzip der fairen, anreizbetonten Vergütung

Solche Führungsprinzipien leisten zweifelsohne einen wertvollen Beitrag zur Konkretisierung einer an übergreifenden Werten orientierten Führung. In der Praxis könnte es Führungskräften jedoch schwerfallen, sich stetig an einem Pool von Prinzipien zu orientieren. Berkel (2005) kritisiert in diesem Zusammenhang, dass immer mehr Unternehmen einen Wertekodex immensen Ausmaßes herausgeben und versuchen, mit einer Aufstellung erwünschter Werte einen verbindlichen Anspruch an die Führungskultur festzulegen. Dabei werden Werte in Unternehmen oft analog zu Zielen behandelt, quasi quantitativ gedacht nach dem Motto „je mehr, desto besser" (Berkel 2005, S. 62), wobei ihre Ambivalenz und die Möglichkeit von Wertekonflikten unterschätzt werden. Anstatt Führungskräften immer mehr Werte im Sinne von Skills oder Kompetenzen anzutrainieren, regt Berkel eine Reflexion von Werten an, da diese – im Gegensatz zu Zielen – nicht maximierbar sind. Während erreichte Ziele „abgehakt" werden können, sollten Werte weiter bestehen, verinnerlicht

sein und als qualitatives Bezugsystem für das eigene Verhalten dienen.

Die von Berkel betonte Fähigkeit, im Handeln innezuhalten und zu reflektieren, worauf es wirklich ankommt und wo die situative Verantwortlichkeit und Grenzen der Führungsrolle liegen, verlangt Aufmerksamkeit und die Fähigkeit, situativ die Perspektive der Mitarbeiter einzunehmen. Wenn der Vorgesetzte sich auf einen Perspektivenwechsel einlässt und hinterfragt, was der Mitarbeiter vom Vorgesetzten erwartet oder braucht, kann er sich situationsgerecht und „sozial kompetent" verhalten. Doch wie erkenne ich als Führungskraft die Bedürfnisse der Mitarbeiter und wie kann ich angemessen darauf eingehen?

Hier kann die Motivperspektive als Orientierungshilfe für die Praxis dienen. Sie ist mit dem Prinzipienansatz von Frey vereinbar und soll dazu beitragen, eine Überflutung mit Anforderungen zu reduzieren.

## 2.5    Mitarbeitermotive als Rahmen sozial kompetenten Führungsverhaltens

Ein Motiv ist ein Beweggrund für Verhalten im Sinne einer leitenden, aktivierenden, richtungsgebenden Kraft (McClelland 1985). Psychisches Wohlbefinden – und damit die Voraussetzung für Lernen, Leistungsfähigkeit, Kreativität und Belastbarkeit – entsteht, wenn die wesentlichen psychischen Motive eines Menschen erfüllt und in Handlungen bzw. in der Gestaltung der unmittelbaren Alltagswelt ausreichend realisiert werden können. In der Literatur finden sich verschiedene Vorschläge, menschliche Grundmotive zu klassifizieren (z. B. Heckhausen u. Heckhausen 2007). Dabei besteht weitergehend Übereinstimmung darüber, dass zumindest die folgenden vier Motive als grundlegend für das psychische Wohlergehen betrachtet werden können: Bindung, Leistung, Kontrolle und Selbstwertschutz.

### 2.5.1    Bindung/Zugehörigkeit

Das Bindungsbedürfnis und das Bedürfnis nach sozialen Kontakten und langfristigen Beziehungen ist ein zentrales Grundbedürfnis, das den Menschen als soziales Wesen definiert. Das Bedürfnis nach Zugehörigkeit („the need to belong") gilt als universelles, evolutionär verankertes Grundbedürfnis (Baumeister u. Leary 1995; Gere u. MacDonald 2010). Aus evolutionärer Sicht besteht die Aufgabe dieses Motivs darin, Nähe und Zugehörigkeit zu Gruppen zu suchen, um durch den Schutz der Gruppe (z. B. vor Feinden oder

Raubtieren) das eigene Überleben zu sichern. Die Annahme, dass wir ein grundsätzliches Bindungs- und Zugehörigkeitsbedürfnis haben, hat einen hohen Erklärungswert für eine Reihe sozialpsychologischer Phänomene wie Konformität in Gruppen (wir wollen nicht ausgeschlossen werden) oder Vorurteile (wir wollen die Zugehörigkeit zur eigenen Gruppe stärken, indem wir Distanz zu anderen Gruppen aufbauen).

Auch in Organisationen ist das Bindungsmotiv vielfältig beobachtbar. Menschen wollen dazugehören, sei es zu ihrem Unternehmen, ihrer Abteilung oder dem Team, zu einem Verband, Verein oder Netzwerk. Eine Verletzung des Zugehörigkeitsbedürfnisses, also sozialer Ausschluss, wird meist als bedrohlich erlebt und geht mit einem typischen Reaktionsmuster von Kränkung, Traurigkeit, aber auch Wut, Empörung und Abwertung der Person/Organisation, die uns ausgeschlossen hat, einher. Sozialer Ausschluss wird als extrem belastend erlebt und kann zu psychischen und körperlichen Erkrankungen führen (Baumeister et al. 2007; Kerr u. Levine 2008). Organisationspsychologische Konzepte, die mit dem Bindungsmotiv assoziiert sind, sind zum Beispiel Loyalität oder Organizational Citizenship Behaviour, ein Konzept, das die Verbundenheit von Mitarbeitern mit ihren Kollegen – also die Bereitschaft zu Höflichkeit, Rechtschaffenheit, Unterstützung, Wohlwollen und Fairness innerhalb des Arbeitsumfeldes – beschreibt (Richards u. Schat 2010; Walumbwa et al. 2010).

## 2.5.2 Leistung

Das Leistungsmotiv ist das bislang am umfangreichsten untersuchte Motiv. Es beinhaltet die Bereitschaft, sich mit Qualitätsmaßstäben für das eigene Handeln auseinanderzusetzen und die eigenen Leistungen zu erhöhen. Leistungsmotivation kann sich auf bestimmte, abgrenzbare Lebensbereiche (Beruf, Sport) richten oder aber als generelles Kernmotiv eines Menschen alle Lebensbereiche beeinflussen. Leistungsmotivierte Menschen haben hohe Anforderungen an sich und die Ergebnisse ihrer Arbeit. Dabei gilt ein Verhalten dann als leistungsmotiviert, wenn es sich mit einem hohen Gütemaßstab (standard of excellence) misst und der Antrieb zum Handeln von der Person selbst ausgeht, sie sich also ihrem eigenen inneren Gütemaßstab verpflichtet fühlt.

Menschen, die hoch leistungsmotiviert sind, brauchen anspruchsvolle Aufgaben und die notwendigen Ressourcen, diese zu ihrer Zufriedenheit zu erfüllen. Dabei ist ein ausreichender Handlungsspielraum, der Entscheidungskompetenzen und Freiheiten bezogen auf das „Wie" der Aufgabenerfüllung erlaubt, von entscheidender Bedeutung. Auch Anerkennung für Leistung sowie ein leistungsförderliches Klima in der Organisation inklusive einer entsprechenden Anreizstruktur sind wichtig, damit sich Leistungsmotivation entfalten kann. Der Vorgesetzte hat die Aufgabe, leistungsmotivierte Mitarbeiter zu erkennen und durch entsprechende Anerkennung, Überlassung anspruchsvoller Aufgaben und angemessene Handlungsspielräume zu unterstützen. Wichtig ist auch ein Blick auf die (impliziten) Leistungsnormen in einer Arbeitsgruppe. Sind diese zu niedrig (Leistungszurückhaltung als Norm), werden hervorragende Leistungen Einzelner als Bedrohung der Gruppennorm erlebt und von der Arbeitsgruppe sanktioniert, im Extremfall durch Ausschluss, Abwertung und mobbingähnliche Handlungen. Ein leistungsförderliches Gruppenklima dagegen erlaubt Leistungen und erkennt diese an. Selbstverständlich kommt dem Vorgesetzten hier eine herausragende Rolle zu, auch was seine Vorbildfunktion betrifft. Leistungsmotivierte Mitarbeiter, die sich dauerhaft ausgebremst fühlen, werden über kurz oder lang unzufrieden, sie leiden unter „Boreout" (Vedder u. Vedder 2010) und werden früher oder später das Unternehmen verlassen.

## 2.5.3 Kontrolle/Autonomie

Kern dieses Motivs ist der Wunsch, zentrale Aspekte unseres Lebens durch das eigene Verhalten selbst beeinflussen zu können und kann daher auch als Autonomiebedürfnis beschrieben werden. Wenn wir wiederholt (von Kindheit an) die Erfahrung machen, dass wir Einfluss nehmen und wichtige Dinge selbst gestalten können, führt dies zur sogenannten Selbstwirksamkeitserwartung (perceived self-efficacy; Bandura 1977). Der Begriff steht für die Erwartung, angestrebte Handlungen aufgrund eigener Kompetenzen erfolgreich umsetzen zu können. In einem erweiterten Sinne ist Selbstwirksamkeitserwartung die Überzeugung, Einfluss nehmen und zentrale Aspekte der eigenen Lebenswelt gestalten zu können und ist ein wichtiger Aspekt psychischer Gesundheit. Verletzt wird dieses Motiv durch wiederholte Erfahrungen von Unkontrollierbarkeit und Willkür, die zu Hilflosigkeit, Ohnmacht und Depressionen führen können. Im Kontext der Vorgesetzten-Mitarbeiter-Beziehung ist eine Erfüllung des Kontrollbedürfnisses für die Bildung interpersonalen Vertrauens von zentraler Bedeutung (Whitener et al. 1998). Führungsverhalten, welches das Bedürfnis nach Kontrolle erfüllt, ist durch die Merkmale Zuverlässigkeit und Vorhersehbarkeit gekennzeichnet. Typische Verhaltensweisen von Vorgesetzten, die das Bedürfnis nach Kontrolle verletzen, sind „Launenhaftigkeit" (Verhalten, das in keiner kontingenten Beziehung zum Mitarbeiterverhalten steht), die mangelnde Regulation negativer Emotionen wie Wut oder Ärger, häufige Stimmungsschwankungen und Meinungsänderungen bis hin zu einem unvorhersehbaren Wechsel zwischen Loben und Abwerten des Mitarbeiters.

### 2.5.4  Selbstwertschutz

Das Bedürfnis, den eigenen Selbstwert zu schützen und ein positives Selbstbild aufrechtzuerhalten (Selbstwertmotiv), gilt als eines der wesentlichen menschlichen Grundbedürfnisse (z. B. Grawe 2000) und wird zumindest in den westlichen Nationen als ein zentrales Grundmotiv betrachtet (zur Frage der interkulturellen Generalisierbarkeit des Selbstwertmotivs siehe Heine et al. 1999).

Ebenso wie die Möglichkeit, das eigene Leben und die eigene Umwelt beeinflussen und gestalten zu können, sind Schutz und Aufrechterhaltung des Selbstwerts für Gesundheit und Wohlbefinden von zentraler Bedeutung. Die Stärke des Selbstwertmotivs wird in der Regel allerdings erst dann spürbar, wenn das Selbstwertgefühl aufgrund von Beleidigungen oder Abwertungen durch andere verletzt wird. In diesen Fällen reagieren wir mit intensiven Gefühlen wie Wut, Empörung und Kränkung, manchmal auch mit Traurigkeit und Rückzug.

Unsere eigenen Untersuchungen zu diesem Thema (Eilles-Matthiessen 2000; Eilles-Matthiessen u. Zapf 2000) zeigen, dass kränkende Erfahrungen durch den unmittelbaren Vorgesetzten im Unternehmensalltag häufig erlebt werden. Sie gehen mit negativen Gefühlen einher und werden oft lange in Erinnerung behalten. In einer umfangreichen Tagebuchstudie bearbeiteten 116 Personen über einen Zeitraum von sechs Wochen hinweg einmal pro Woche ein Tagebuch. Die Untersuchungsteilnehmer waren aufgefordert, in jeder Arbeitswoche das für sie persönlich wichtigste Gespräch mit dem Vorgesetzten auszuwählen und mit Hilfe eines halbstrukturierten Tagebuchs zu beschreiben. Die Analyse der so gewonnenen 693 Protokolle alltäglicher Gespräche zwischen Vorgesetzten und Mitarbeitern zeigte, dass Mitarbeiter das Verhalten ihres Vorgesetzten in etwa jedem fünften Gespräch als selbstwertbedrohlich erlebten. Überraschend dabei war, dass scheinbar unspektakuläre Situationen wie Gespräche, in denen lediglich die Vermittlung von Informationen im Vordergrund stand, häufig als selbstwertbedrohlich erlebt

wurden. Für die Praxis relevant erscheinen uns auch die folgenden Ergebnisse:

Ein Vorgesetzter, der sich aggressiv, kalt oder überheblich verhält und unkontrolliert seinen Ärger am Mitarbeiter auslässt, kann davon ausgehen, dass seine Mitarbeiter in diesen Situationen Wut, Empörung oder Kränkung erleben. Es gibt zudem Hinweise darauf, dass Mitarbeiter Kränkungen durch den Vorgesetzten eher mit verdeckten Rachestrategien (*organizational retaliation behavior*) wie Zurückhalten wichtiger Informationen oder Streuen von Gerüchten, Verschwendung von Materialien bis hin zu Diebstahl oder Krankfeiern beantworten (Bies u. Tripp 1998).

Glaubwürdigkeit und Fachkompetenz als gemeinhin positiv bewertete Merkmale einer Führungskraft verstärken die ungünstigen Wirkungen von negativem Feedback, da sie als besonders authentisch erlebt und damit eher der eigenen Person zugeschrieben werden. Für die Praxis ergibt sich daraus der Hinweis, dass gerade Führungskräfte, die als kompetent und glaubwürdig gelten, bemüht sein sollten, kritische Rückmeldungen in selbstwertachtender Weise vorzubringen.

Es gibt Hinweise darauf, dass Mitarbeiter ihre Aufmerksamkeit, also ihre sozialen „Antennen", in Gesprächen mit dem Vorgesetzten eher auf negatives, abwertendes Verhalten des Vorgesetzten als auf positive Signale hin ausrichten. Es gibt weiterhin Hinweise darauf, dass negative Situationen emotional intensiver erlebt werden als positive Situationen. Ein Vorgesetzter, der sich selbstwertverletzend verhält, richtet, was die Emotionen des Mitarbeiters betrifft, demnach mehr Schaden an, als er durch selbstwertförderliches Verhalten an Positivem bewirkt (Asymmetrieeffekt). Praktisch bedeutet dies, dass die Vorgesetzten-Mitarbeiter-Beziehung kein „Nullsummenspiel" darstellt und kränkendes Verhalten bei einer Begegnung nicht beliebig durch ein Wort der Anerkennung bei der nächsten Begegnung wieder ausgeglichen werden kann. Durch Wertschätzung und Anerkennung schafft ein Vorgesetzter jedoch einen „Puffer", der die negativen Effekte kritischer Situationen abzumildern vermag.

### 2.5.5  Motivorientiertes Führen in der Praxis

Fassen wir die bisherige Argumentation zusammen: Es gibt eine Reihe von psychischen Motiven, also grundlegenden Bedürfnissen, die überwiegend universell sind und deren Erfüllung zu Wohlbefinden und Gesundheit beiträgt. Wir postulieren hier, dass die Motive Bindung, Leistung, Kontrolle und Selbstwertschutz als grundlegende Motive auch in Organisationen wirksam sind. Die

Verletzung dieser Motive – etwa durch Ausschluss, Abwertung, Respektlosigkeit oder Erfahrungen von Willkür und Unfairness – hat destruktive Auswirkungen auf den Mitarbeiter, dessen Wohlbefinden, Gesundheit und Leistungsbereitschaft. Umgekehrt geht die Erfüllung und Realisierung der Grundmotive mit Wohlbefinden und entsprechenden positiven Konsequenzen wie Bindung an die Organisation, geringe Fluktuationsneigung, Stressresistenz etc. einher (Brandstätter u. Frey 2004; Rego et al. 2009).

Menschen unterscheiden sich im Übrigen in der Ausprägung ihrer Motive: So gibt es leistungsmotivierte Menschen und andere, bei denen das Bindungsmotiv im Vordergrund steht. Ungeachtet der individuellen Motivstruktur sind alle Motive bei den meisten Menschen vorhanden und beobachtbar.

In ◻ Tab. 2.1 geben wir einen Überblick über Verhaltensbeispiele, die die oben beschriebenen Grundmotive respektieren sowie Beispiele für motivverletzende Verhaltensweisen. Da Frey et al. (2006) mit den Prinzipien werteorientierter Führung ebenfalls die Motive der Mitarbeiter berücksichtigt, nehmen wir diese in die Tabelle mit auf. Weiterhin werden die Motive mit Situationsbeispielen aus der Praxis veranschaulicht. Bei der Formulierung der Verhaltensbeispiele haben wir darauf geachtet, dass diese möglichst konkret und beobachtbar sind (vgl. dazu Eilles-Matthiessen et al. 2007).

**◘ Tab. 2.1** Motivorientierte Führung – positive und negative Verhaltensbeispiele

| Motiv | Bezug zu Prinzipien nach Frey et al. (2006) | Erkennbar bzw. besonders relevant in folgenden Situationen | Motivverletzendes oder bedrohendes Führungsverhalten: der Vorgesetzte… | Motivschützendes bzw. förderndes Führungsverhalten: der Vorgesetzte… |
|---|---|---|---|---|
| Bindung/Zugehörigkeit | – Prinzip der fachlichen und sozialen Einbindung<br>– Prinzip des guten Vorbildes der Führungsperson (menschlich) | – Integration neuer Mitarbeiter<br>– Umgang mit Diversity<br>– Teamentwicklung<br>– Kündigung, Trennungsgespräche<br>– Übergang älterer Mitarbeiter den Ruhestand<br>– organisationale Veränderungsprozesse<br>– Nutzung von Zeitarbeit | – grenzt einzelne MA aus<br>– ignoriert bei strukturellen Veränderungen psychosoziale Prozesse im Team<br>– vermeidet oder delegiert Kündigungsgespräche<br>– erklärt MA nicht Hintergrund/Notwendigkeit der Trennung<br>– bietet älteren MA keine Möglichkeiten zur Fortbildung/Kompetenzentwicklung<br>– kommuniziert älteren MA, sie schon „abgeschrieben" zu haben<br>– macht MA leere Versprechungen, z. B. bzgl. Weiterentwicklung/Karriere<br>– äußert persönliche Unlust und Desinteresse an Zielen der Abteilung/Firma<br>– unterbindet teamförderliches Engagement seitens der MA (z. B. gemeinsames Mittagessen oder Unternehmungen) | – führt neue MA persönlich ins neue Arbeitsumfeld ein<br>– stellt neue MA den Kollegen vor<br>– geht auf Vorwissen neuer MA ein<br>– betont gemeinsame Ziele (des Teams/der Organisation)<br>– wählt Zusammensetzung von Teams sorgfältig aus<br>– achtet nicht nur auf Arbeitsergebnis, sondern auch auf Arbeitsklima<br>– gibt MA faire Rückmeldungen bzgl. Trennung/Kündigung<br>– zeigt sich transparent bezüglich organisationaler Umstrukturierungen<br>– setzt sich bei Personaleinsparungsmaßnahmen für seine MA ein<br>– bereitet ältere MA frühzeitig auf die nachberufliche Lebensphase vor |
| Leistung | – Prinzip der Sinn- und Visionsvermittlung<br>– Prinzip der Passung und Eignung von persönlichen Talenten und Stärken sowie Anforderungen am Arbeitsplatz<br>– Prinzip des Wachstums<br>– Prinzip der fairen, anreizbetonten Vergütung<br>– Prinzip des guten Vorbildes der Führungsperson (fachlich) | – Personalauswahl (intern und extern)<br>– Personalentwicklung<br>– Mitarbeitergespräche zur Zielvereinbarung und Leistungsbeurteilung<br>– Präsentation von Arbeitsergebnissen gegenüber dem Management | – äußert Desinteresse an der Arbeit/Aufgabe<br>– bezieht persönliche Stärken der MA nicht in die Aufgabenverteilung mit ein<br>– kontrolliert auch hoch motivierte und kompetente MA stark<br>– lässt MA mit zu schwierigen Aufgaben allein<br>– gibt MA keine konstruktive Rückmeldung über Arbeitsergebnisse<br>– sanktioniert MA implizit für Leistungen, z. B. durch andere Teammitglieder<br>– wertet fachliche Einwände seitens der MA als persönlichen Angriff<br>– befördert MA willkürlich<br>– befördert MA nur aus persönlichen Interessen/Sympathien<br>– macht Gründe für Belohnungen einzelner MA nicht transparent<br>– unterbindet Weiterbildungs-Maßnahmen für MA<br>– schreibt sich (auch vor Externen) Leistungen/Ergebnisse der MA selbst zu | – weckt Interesse an Zielen und Visionen<br>– setzt leistungsfördernde Teamnormen fest<br>– belohnt gute Leistung konsistent<br>– hat eine positive Grundhaltung gegenüber MA und deren Leistungsbereitschaft<br>– gewährt angemessenes Maß an Handlungsspielraum<br>– gibt MA anspruchsvolle, aber zu bewältigende Aufgaben<br>– ermöglicht die Kompetenzentwicklung von MA (z. B. durch Weiterbildungen)<br>– nimmt die eigene Vorbildfunktion ernst, zeigt hohe Eigeninitiative und Leistungsbereitschaft |

**◼ Tab. 2.1** (Fortsetzung)

| Motiv | Bezug zu Prinzipien nach Frey et al. (2006) | Erkennbar bzw. besonders relevant in folgenden Situationen | Motivverletzendes oder bedrohendes Führungsverhalten: der Vorgesetzte…. | Motivschützendes bzw. förderndes Führungsverhalten: der Vorgesetzte…. |
|---|---|---|---|---|
| Kontrolle/Autonomie | ▪ Prinzip der Autonomie und Partizipation ▪ Prinzip der optimalen Stimulation durch Zielvereinbarung ▪ Prinzip der situativen Führung und des androgynen Führungsstils ▪ Prinzip der Transparenz durch Information und Kommunikation | ▪ Bewerbung/Einstieg ins Unternehmen ▪ Leistungsbeurteilung ▪ organisationale Veränderungsprozesse ▪ Aufgabenverteilung/ Zielvereinbarungen | ▪ zeigt keine Konsistenz im Führungsverhalten, ist unberechenbar ▪ hält sich nicht an Absprachen ▪ überlässt MA aus Prinzip keine Entscheidungen ▪ lässt sich ständig neue Regeln für die MA einfallen ▪ stellt starre Regeln auf, welche Aufgaben genau wie zu erledigen sind ▪ kontrolliert ständig einzelne Arbeitsschritte ▪ sanktioniert MA, ohne Gründe für Fehler oder Probleme zu hinterfragen ▪ ist auch mit guten Argumenten nur schwer von seiner Meinung abzubringen ▪ ignoriert Verbesserungsvorschläge seitens MA ▪ gewährt keine flexiblen Arbeitszeiten ▪ schränkt den Handlungsspielraum der MA stark ein | ▪ passt den Führungsstil der Situation an ▪ lässt Entscheidungsfreiräume für MA zu ▪ bietet flexible Zeiteinteilung für komplexe Aufgaben an ▪ macht Entscheidungen des Managements für die MA transparent ▪ ist offen für Verbesserungsvorschläge ▪ fragt aktiv um Rückmeldungen/Einschätzungen der MA ▪ bietet Raum für Diskussionen zur Arbeitsgestaltung ▪ ermutigt zu offener Diskussion von Meinungsverschiedenheiten ▪ unterstützt MA in der Umsetzung neuer (guter) Ideen ▪ schätzt Informationen über Fehler oder Probleme |
| Selbstwertschutz | ▪ Prinzip der konstruktiven Rückmeldung (Lob und konstruktive Kritik) ▪ Prinzip der positiven Wertschätzung ▪ Prinzip der Fairness ▪ Prinzip der Persönlichkeitsentfaltung und menschengerechten Arbeitsbedingungen | ▪ Mitarbeitergespräche ▪ Leistungsbeurteilung ▪ Arbeitsanweisungen ▪ schwierige Gespräche ▪ Austritt aus dem Unternehmen durch Kündigung oder Eintritt in die nachberufliche Lebensphase ▪ Umgang mit Diversity | ▪ belehrt oder weist MA öffentlich zurecht (z. B. vor Kollegen oder Kunden) ▪ kritisiert MA nicht sachlich (sondern auf persönlicher Ebene) ▪ beleidigt MA durch abwertende Bemerkungen ▪ macht MA allgemeine Vorwürfe (z. B. der Inkompetenz) ▪ zeigt (verbal oder nonverbal) persönliche Antipathien gegenüber einzelnen MA ▪ bevorzugt einzelne MA offensichtlich ▪ diskriminiert einzelne MA(gruppen) offen oder verdeckt ▪ ignoriert Fragen oder Einwände von MA ▪ zieht ernsthafte Anliegen der MA ins Lächerliche ▪ bestraft Ehrlichkeit der MA in schwierigen Situationen | ▪ pflegt einen wertschätzenden Umgang ▪ wahrt auch in Krisengesprächen einen respektvollen Umgang ▪ erkennt Leistungen angemessen an ▪ spricht auch persönlichen Dank aus (z. B. für Engagement über der Norm) ▪ gibt konstruktive Rückmeldungen (macht ggf. Verbesserungsvorschläge) ▪ hört aktiv zu (macht ggf. Notizen oder stellt Rückfragen) ▪ nimmt Anliegen der MA ernst ▪ bietet in schwierigen Situationen angemessene Unterstützung an ▪ geht respektvoll und diskret mit Emotionen der MA um ▪ geht wertschätzend mit der Vielfalt der MA (bezogen auf Alter, Geschlecht, Herkunft etc.) um |

MA = Mitarbeiter
(Anmerkung: manche Prinzipien (nach Frey) sowie Verhaltensbeispiele lassen sich verschiedenen Motiven zuordnen)

## 2.6 Fazit

Zusammenfassend bestätigen zahlreiche Studien den Einfluss des Vorgesetzten auf die unterstellten Mitarbeiter. Insbesondere die negativen Auswirkungen „schlechter" Führung auf Wohlbefinden, Arbeitszufriedenheit, Bindung an das Unternehmen und Gesundheit konnten in vielen Studien gezeigt werden. Umgekehrt lassen sich Mitarbeiter, die ihren Vorgesetzten als sozial kompetent wahrnehmen, im Sinne der Zielerreichung beeinflussen und sie zeigen eine höhere Arbeitszufriedenheit sowie bessere Werte bezogen auf gesundheitsrelevante Parameter.

Die Kenntnis und Berücksichtigung grundlegender psychologischer Bedürfnisse wie das Bedürfnis nach Zugehörigkeit, Leistung, Kontrolle und Selbstwertschutz bilden einen hilfreichen Rahmen zur Einbettung sozial kompetenten Führungsverhaltens. Vor dem Hintergrund der hohen Komplexität und Dynamik des Führungsalltags erscheint uns ein solcher Rahmen hilfreich, da er überschaubar ist, für die Perspektive der Mitarbeiter sensibilisiert und in unterschiedlichen Situationen eine „Navigationshilfe" zur Reflektion, Einschätzung und Erweiterung des eigenen Führungsverhaltens sein kann. Als Rahmenmodell ist die motivorientierte Perspektive flexibel genug, um individuelle und situationsgerechte Ausgestaltungen zu erlauben und respektiert das Autonomiebedürfnis der Führungskräfte. In der Führungskräfteentwicklung lässt sich das Modell leicht vermitteln und kann, mit erfahrungsnahen Beispielen veranschaulicht, auf konkrete Fallbeispiele aus dem Alltag der Führungskräfte angewendet werden. Auch im Rahmen von anderen Beratungsformaten wie Konfliktmoderation, Teamentwicklung oder bei der Begleitung von Veränderungsprozessen in Organisationen kann die Auseinandersetzung mit grundlegenden Motiven eine schnelle Sensibilisierung für die psychosoziale Ebene in Gruppen und Organisationen erleichtern.

## Literatur

Bandura A (1977) Self-efficacy: Toward a unifying theory of behavior change. Psychological Review 84:191–215

Baumeister RF, Brewer LE, Tice DM, Twenge JM (2007) Thwarting the Need to Belong: Understanding the Interpersonal and Inner Effects of Social Exclusion. Social and Personality Psychology Compass 1:506–520

Baumeister RF, Leary MR (1995) The need to belong: Desire for interpersonal attachments as a fundamental human motivation. Psychological Bulletin 117:497–529

Berkel K (2005) Wertekonflikte als Drama – Reflexion statt Training. Wirtschaftspsychologie 4:62–70

Bies R, Tripp T (1998) Revenge in organizations: The good, the bad, and the ugly. In: Griffin R, O'Leary-Kelly A, Collins J (Hrsg) Dysfunctional Behavior in Organizations: Nonviolent Dysfunctional Behavior.). JAI Press, Stanford Connecticut, S 49–67

Brandstätter V, Frey D (2004) Motivation zu Arbeit und Leistung. In: Schuler H, Birbaumer N, Graumann CF (Hrsg) Enzyklopädie der Psychologie. Praxisgebiete Wirtschafts-, Organisations- und Arbeitspsychologie: Ser 3, Bd 3, Organisationspsychologie – Grundlagen und Personalpsychologie, Hogrefe Verl für Psychologie, Göttingen, S 295–341

Brown ME, Treviño LK, Harrison DA (2005). Ethical leadership: A social learning perspective for construct development and testing. Organizational Behavior and Human Decision Processes 97:117–134

Eilles-Matthiessen C (2000) Die Vorgesetzen-Mitarbeiter-Interaktion. Selbstwertrelevantes Verhalten des Vorgesetzten und Emotionen des Mitarbeiters – Eine Tagebuchstudie (Dissertation). Goethe-Universität, Frankfurt am Main

Eilles-Matthiessen C, Janssen N, Osterholz-Sauerlaender S, el Hage A (2007) Schlüsselqualifikationen kompakt. Ein Arbeitsbuch für Personalauswahl und Personalentwicklung. Huber, Bern

Eilles-Matthiessen C, Zapf D (2000). Die Qualität von Führung verbessern. Personalführung 12:34–41

Eckloff T, Quaquebeke N van (2008) „Ich folge Dir, wenn Du in meinen Augen eine gute Führungskraft bist, denn dann kann ich mich auch mit Dir identifizieren." Wie Einflussoffenheit von Untergebenen über Identifikationsprozesse vermittelt wird. Zeitschrift für Arbeits- u. Organisationspsychologie 52 (4):169–181

Frey D (1998) Center of Excellence. Ein Weg zu Spitzenleistungen. In: Weber PW (Hrsg) Leistungsorientiertes Management. Leistungen steigern statt Kosten senken. Campus, Frankfurt am Main, S 199–233

Frey D, Oßwald S, Peus C, Fischer P (2006) Positives Management, ethikorientierte Führung und Center of Excellence – Wie Unternehmenserfolg und Entfaltung der Mitarbeiter durch neue Unternehmens- und Führungskulturen gefördert werden können. In: Ringlstetter MJ (Hrsg) Positives Management. Zentrale Konzepte und Ideen des Positive Organizational Scholarship. Deutscher Universitätsverlag, Wiesbaden, S 237–268

Gere J, MacDonald G (2010) An Update of the Empirical Case for the Need to Belong. The Journal of Individual Psychology 66 (1):93–115

Greif S (1997) Soziale Kompetenzen. In: Frey D, Greif S (Hrsg) Sozialpsychologie. Ein Handbuch in Schlüsselbegriffen. Beltz, Weinheim

Grawe K (2000) Psychologische Therapie. Hogrefe Verlag für Psychologie, Göttingen

Heckhausen J, Heckhausen H (2007) Motivation und Handeln. Springer, Heidelberg

Heine SJ, Markus HR, Lehman DR et al (1999) Is there a universal need for positive self regard? Psychological Review 106:766–794

Herrmann D, Felfe J (2009) Romance of Leadership und die Qualität von Managemententscheidungen. Zeitschrift für Arbeits- u. Organisationspsychologie 53 (4):163–176

Hershcovis MS, Turner N, Barling J et al (2007) Predicting Workplace Aggression: A Meta-Analysis. Journal of Applied Psychology 92 (1):228–238

Kerr NL, Levine JM (2008) The Detection of Social Exclusion: Evolution and Beyond. Group Dynamics: Theory, Research, and Practice 12 (1):39–52

Mai J (2008) Beziehungsfrage – Schlechte Chefs machen krank. http://karrierebibel.de/beziehungsfrage-schlechte-chefs-machen-krank. Gesehen 20 Nov 2008

McClelland DC (1985) Human Motivation. Scott Forseman, Glenview IL

Meindl JR, Ehrlich SB, Dukerich JM (1985) The Romance of Leadership. Administrative Science Quarterly 30:78–102

Meindl JR, Ehrlich SB, Dukerich JM (2006) The Romance of Leadership. In: Levine J, Moreland R (Hrsg) Key readings in social psychology. Small groups. Psychology Press, Hove, S 401–420

Orthmann A, Gunkel L, Schwab K et al (2010) Psychische Belastungen reduzieren – Die Rolle der Führungskräfte. In: Badura B, Klose J, Macco K et al (Hrsg) Fehlzeiten-Report 2009. Arbeit und Psyche: Belastungen reduzieren – Wohlbefinden fördern. Zahlen, Daten, Analysen aus allen Branchen der Wirtschaft. Springer, Berlin Heidelberg, S 227–239

Rego A, Souto S, Cunha M Pina e (2009) Does the Need To Belong Moderate the Relationship Between Perceptions of Spirit of Camaraderie and Employees' Happiness? Journal of Occupational Health Psychology 14(2):148–164

Richards DA, Schat ACH (2010). Attachment at (Not to) Work: Applying Attachment Theory to Explain Individual Behavior in Organizations. Journal of Applied Psychology. Advance online publication.

Rowold J, Borgmann L, Heinitz K (2009) Ethische Führung – Gütekriterien einer deutschen Adaptation der Ethical Leadership Scale (ELS-D) von Brown et al (2005) Zeitschrift für Arbeits- u. Organisationspsychologie 53 (2):57–69

Rowold J, Borgmann L (2009) Zum Zusammenhang zwischen ethischer Führung, Arbeitszufriedenheit und affektivem Commitment. Wirtschaftspsychologie 11 (2):58–66

Schyns B, Meindl JR, Croon MA (2007) The Romance of Leadership Scale: Cross-cultural Testing and Refinement. Leadership 3:29–46

Spitzberg BH, Cupach WR (1989) Handbook of interpersonal competence research. Springer, New York

Sträter O (2010) Gesundes Führen. Kassel, Universität Kassel

Streicher D, Frey D (2009) Förderung des Unternehmenserfolgs und Entfaltung der Mitarbeiter durch neue Unternehmens- und Führungskulturen. In: Badura B, Klose J, Macco K et al (Hrsg) Fehlzeiten-Report 2009. Arbeit und Psyche: Belastungen reduzieren – Wohlbefinden fördern. Zahlen, Daten, Analysen aus allen Branchen der Wirtschaft. Springer, Berlin Heidelberg, S 129–136

SWR Südwestrundfunk (2010) Es ist immer der Chef schuld. http://www.sportschau.de/sp/fifawm2010/news201006/24/lippi_interview.jsp. Gesehen 24 Juni 2010

Vedder G, Vedder M (2010) Unterforderte Beschäftigte. Personal 62 (1):33–35

VNR Verlag für die Deutsche Wirtschaft AG (2010) Führungskräftecoaching: Folgen unzureichender Führungsarbeit. Ausfallzeiten und Fehltage steigen bei mangelnder Führungsarbeit. http://www.vnr.de/b2b/personal/mitarbeiterfuehrung/fuehrungskraeftecoaching-unzureichende-fuehrungsarbeit-und-die-folgen.html. Gesehen 04 Nov 2010

Walter M, Kanning UP (2003) Wahrgenommene soziale Kompetenzen von Vorgesetzten und Mitarbeiterzufriedenheit. Zeitschrift für Arbeits- u. Organisationspsychologie 47 (3):152–157

Walumbwa FO, Hartnell CA, Oke A (2010) Servant Leadership, Procedural Justice Climate, Service Climate, Employee Attitudes, and Organizational Citizenship Behavior: A Cross-Level Investigation. Journal of Applied Psychology 95 (3):517–529

Whitener EM, Brodt SE, Korsgaard MA et al (1998) Managers as initiators of trust: An exchange relationships framework for understanding managerial trustworthy behavior. Academy of Management Review 23:513–530

Wilde B, Dunkel W, Hinrichs S et al (2009) Gesundheit als Führungsaufgabe in ergebnisorientiert gesteuerten Arbeitssystemen. In: Badura B, Klose J, Macco K et al (Hrsg) Fehlzeiten-Report 2009. Arbeit und Psyche: Belastungen reduzieren – Wohlbefinden fördern. Zahlen, Daten, Analysen aus allen Branchen der Wirtschaft. Springer, Berlin Heidelberg, S 147–155

# Kapitel 3

# Führungsverhalten und Auswirkungen auf die Gesundheit der Mitarbeiter – Analyse von WIdO-Mitarbeiterbefragungen

K. Zok

**Zusammenfassung.** *Die Gesundheit von Mitarbeitern wird häufig gemeinsam mit dem Führungsverhalten von Vorgesetzten diskutiert. Aktuelle empirische Befunde aus betrieblichen Mitarbeiterbefragungen, die im Rahmen des AOK-Kompaktservice „Gesunde Unternehmen" durchgeführt worden sind, lassen deutlich erkennen, dass zwischen dem Führungsverhalten von Vorgesetzten und dem Wohlbefinden der Beschäftigten Zusammenhänge bestehen. Korrelationsanalysen zeigen einen deutlichen linearen Zusammenhang zwischen fast allen erhobenen Führungsparametern und Variablen zur Gesundheit bzw. Zufriedenheit der Beschäftigten. Je besser Führungskompetenz und Vorgesetztenverhalten bewertet werden, desto höher ist die Arbeitszufriedenheit und umso geringer sind die gesundheitlichen Beschwerden.*

## 3.1 Einleitung

In Zeiten von Wirtschaftswachstum, Globalisierung und dem demografischen Wandel wächst der Druck auf die Anpassungsfähigkeit der Unternehmen enorm. Der umfassende sektorale Wandel der Arbeitsbedingungen und -inhalte in den letzten Jahrzehnten hat zudem die Anforderungen an die Belegschaften grundlegend verändert. Es sind längst nicht mehr nur die klassischen körperlichen Beschwerden, die die Leistungsfähigkeit der Beschäftigten einschränken können. Vor allem psychische Erkrankungen und Beeinträchtigungen haben in den letzten Jahren stark zugenommen; sie schlagen sich deutlich sichtbar in den Arbeitsunfähigkeitsdaten nieder (s. Teil B „Daten und Analysen" in diesem Band). Um dieser Entwicklung entgegenzuwirken, ist es notwendig, ihre Ursachen zu beleuchten.

In diesem Zusammenhang ist auch das Thema „Führung" von Interesse: Das Verhalten und die Kompetenz von Vorgesetzten wird mit Blick auf die Gesundheit von Mitarbeitern diskutiert. Der Strukturwandel sorgt dafür, dass Mitarbeiterorientierung und damit Sozialkompetenz und die Fähigkeit zur Diagnose und Bewältigung von Problemen an der „Mensch-Mensch-Schnittstelle" generell als Teil der Aufgaben und Qualifikationen von Führungskräften immer wichtiger werden (Badura 2006). Eine Reihe von epidemiologischen Studien verweisen auf einen engen Zusammenhang zwischen Führungs- und Arbeitsqualität. Arbeitswissenschaftliche Erkenntnisse zeigen zudem, dass Führungskräften bei der gesundheitsgerechten Arbeitsgestaltung eine Schlüsselrolle zukommt. Führungskräfte üben vor allem Einfluss auf die Gestaltung der Arbeitsbedingungen und die Arbeitszufriedenheit aus (Zimber 2008). Die generelle These lautet hier: Je besser die Zusammenarbeit zwischen Vorgesetzten und Beschäftigten funktioniert, desto besser ist auch die Qualität der Arbeitsleistungen und die Gesundheit der Belegschaft. Führung wirkt so-

**3**

wohl als Ressource als auch als Stressor auf die Gesundheit und das Wohlbefinden der Mitarbeiter.

Eine Möglichkeit, arbeitsbedingte Belastungen und Ressourcen von Führung und Gesundheit gesamtbetrieblich zu analysieren besteht in der Durchführung von Mitarbeiterbefragungen. Hierzu stellt der AOK-Service „Gesunde Unternehmen" einen langjährig bewährten Fragebogen zur Verfügung, der auch für die Handlungsfelder Führung, Stress und Ressourcen abgestimmte Fragen enthält (vgl. hierzu auch Orthmann et al. 2010). Denn im Gegensatz zu den relativ gut normierbaren sicherheitstechnischen Bewertungen von Arbeitsplätzen und Tätigkeiten ist die Messung von psychischen Belastungen schwieriger, die Erhebungsmethoden sind heterogener. So werden die subjektiv empfundenen Belastungen und/oder Beanspruchungen der Beschäftigten am häufigsten durch Befragungen gemessen. „Der Hauptvorteil von Mitarbeiterbefragungen über standardisierte Fragebogen (schriftlich oder online) ist, dass mit vergleichsweise geringem Aufwand eine breite Datenbasis erreicht werden kann" (Nübling et al. 2010). Die Nachfrage nach Mitarbeiterbefragungen als Instrument der partizipativen Unternehmensführung hat in den letzten Jahren zugenommen (Ladwig 2009).

## 3.2  Instrument und Methode

Ziel des vorliegenden Beitrages ist es, anhand von Daten aus WIdO-Mitarbeiterbefragungen Erkenntnisse zum Zusammenhang zwischen Führung und Gesundheit zu gewinnen. Im Mittelpunkt stehen die Wahrnehmungen und Bewertungen der Beschäftigten, nicht die Sichtweise des Managements. Im Folgenden werden führungs- und organisationsbezogene Merkmale des Fragenkataloges und ihr Einfluss auf die Mitarbeitergesundheit untersucht. Welche Aussagen lassen sich aus führungsbezogenen Einflussfaktoren ableiten? Welche Erkenntnisse zum Einfluss von Führung auf die Gesundheit lassen sich aus den Daten der WIdO-Mitarbeiterbefragungen gewinnen? Für welche Verbesserungsmaßnahmen votieren die Befragten?

Die empirische Grundlage dieses Beitrages bilden die Ergebnisse aus Mitarbeiterbefragungen, die im Rahmen des AOK-Service „Gesunde Unternehmen" durchgeführt worden sind. Im Zeitraum 2004 bis 2009 sind insgesamt 28.223 Mitarbeiter aus 147 Betrieben verschiedener Wirtschaftsbranchen zu ihren Arbeitsbedingungen befragt worden. Die AOK-Erhebungen sind im Ansatz interventionistisch angelegt, d. h. sie erfolgen optimalerweise im Rahmen eines systematisch durchgeführten betrieblichen Gesundheitsmanagements. Im Mittelpunkt der Mitarbeiterbefragungen steht der sich anschließende Veränderungsprozess, der die Identifizierung und anschließende Verbesserung der gesundheitlichen Situation der Beschäftigten am Arbeitsplatz zum Ziel hat, und nicht das Ermitteln von statistischen Umfragewerten. Die Befragungsergebnisse werden in den jeweiligen Betrieb zurückgespiegelt (z. B. in Berichtsform) und dienen als eine wichtige Grundlage für die Entwicklung und Umsetzung von Gesundheitsförderungsmaßnahmen. Das Instrument ist modular angelegt, sodass die interessierenden Items für den WIdO-Fragebogen vom Unternehmen betriebsspezifisch zusammengestellt werden können: Aus dem weitgehend standardisierten Fragenkatalog kann entweder ein kurzer Standardfragebogen mit rd. 15 Basisfragen ausgewählt oder ein eigenes Instrument zusammengestellt werden.[1]

Auch wenn die Datenbasis selektiv und nicht repräsentativ für die Grundgesamtheit der Beschäftigten in Deutschland ist, gibt die große Stichprobe ein gutes Bild davon, wie Erwerbstätige die jeweiligen Arbeitsbedingungen beurteilen und ihre gesundheitliche Situation am Arbeitsplatz einschätzen. Es wurden Mitarbeiter in Unternehmen fast aller Wirtschaftszweige befragt, wobei der Anteil der Teilnehmer aus dem verarbeitenden Gewerbe mit 43,1 Prozent überproportional hoch war. Dieser Bias ist darin begründet, dass die Befragungen vor allem in Betrieben mit einem hohen Anteil von AOK-Versicherten durchgeführt worden sind und ein großer Anteil der AOK-Mitglieder traditionell im gewerblichen Bereich – vor allem im verarbeitenden Gewerbe – beschäftigt ist.

## 3.3  Empirische Ergebnisse

Die zunehmende Bedeutung psychischer Erkrankungen spiegelt sich auch deutlich in den Daten der WIdO-Mitarbeiterbefragungen wider (◘ Abb. 3.1). Die Beschäftigten in den untersuchten Betrieben dokumentieren eine hohe Relevanz psychischer Stressoren. An erster Stelle stehen Anforderungen wie ständige Aufmerksamkeit und Konzentration bei der Arbeit sowie Termin- bzw. Leistungsdruck; fast jeder Dritte fühlt sich durch diese Faktoren stark belastet. Auffällig ist, dass psychische Belastungen deutlich häufiger als andere angegeben

---

1   Auf eine ausführliche Beschreibung des eingesetzten Fragebogeninstrumentes wird an dieser Stelle verzichtet. Der interessierte Leser kann die Details bei Zok 2010 entnehmen.

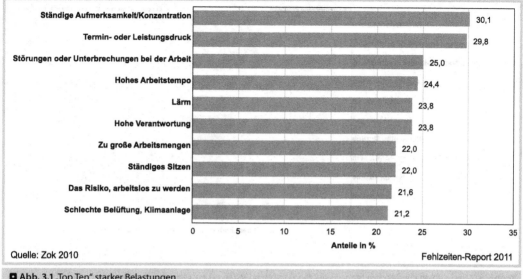

Quelle: Zok 2010                                      Fehlzeiten-Report 2011

◻ **Abb. 3.1** „Top Ten" starker Belastungen

werden. Unter den „Top Ten" der in den Mitarbeiterbefragungen genannten Belastungsfaktoren befinden sich sieben psychische Parameter, dagegen nur drei Faktoren, die körperlichen oder klimatischen Belastungsfaktoren zuzuordnen sind.

Die Mehrheit der Beschäftigten, die im Rahmen der betrieblichen Erhebungen gesundheitliche Beschwerden angegeben haben, ist der Auffassung, dass ihre Gesundheitsprobleme durch Veränderungen der Arbeitsbedingungen verringert werden könnten. Ein Viertel (24 Prozent) der Befragungsteilnehmer erkennt einen direkten Zusammenhang zwischen ihren gesundheitlichen Beschwerden und den vorliegenden Arbeitsbedingungen, jeder Zweite (50,2 Prozent) führt die Beschwerden nur zum Teil auf den Arbeitsplatz zurück. Lediglich 8,5 Prozent sehen hier eher keine Kausalität und 6,3 Prozent haben keine Meinung zu dieser Fragestellung.

Auffällig ist das Ausmaß, in dem Beschäftigte subjektiv Zusammenhänge zwischen ihren Beschwerden und dem Arbeitsplatz sehen. Insbesondere bei muskuloskelettalen Beschwerden wie Verspannungen und Rückenschmerzen sowie bei Stresssymptomen und Befindlichkeitsstörungen wie Reizbarkeit, Nervosität und Unruhe spielen aus Sicht der Befragten arbeitsbedingte Einflüsse eine Rolle. Die Mehrheit der immer oder häufig von diesen Beschwerden Betroffenen sieht hier Zusammenhänge mit dem Arbeitsplatz. ◻ Abb. 3.2 zeigt, dass die zehn häufigsten gesundheitlichen Probleme von mindestens jedem zweiten Befragten in Zusammenhang mit dem Arbeitsplatz gebracht werden.

Vor dem Hintergrund der Konsistenz dieser empirischen Befunde kommt Führung in einem Unternehmen eine besondere Aufgabe zu. Denn Arbeitsbedingungen, ihre Veränderungen, die Komplexität der Aufgaben werden in erster Linie durch die Führungskräfte vermittelt.

In den Daten der Mitarbeiterbefragungen zeigt sich deutlich, dass Führung und Vorgesetztenverhalten aus Sicht der befragten Beschäftigten eine wichtige Rolle bei der Bewältigung der benannten Belastungen spielen. Auf die Frage „Was schlagen Sie zur Verbesserung Ihrer gesundheitlichen Situation am Arbeitsplatz vor?" machen die Befragten am häufigsten Aussagen, die das Verhältnis zum Vorgesetzten und das Betriebsklima betreffen (◻ Abb. 3.3). Mehr als ein Drittel der Angaben entfällt auf Vorschläge wie „mehr Einsatz der Vorgesetzten für die Mitarbeiter" (35,5 Prozent) und „klärende Gespräche mit dem Vorgesetzten" (18,8 Prozent).

Der Themenschwerpunkt Führung und Vorgesetztenverhalten wird in der WIdO-Mitarbeiterbefragung anhand verschiedener standardisierter Einzelfragen (Items) erfasst. In der aktuellen Fragebogen-Version werden dazu 13 Beurteilungsfragen mit einem dreistufigen Antwortschema („meistens", „selten", „nie") vorgelegt. Alle Items sind bis auf eine Ausnahme positiv formuliert.

Viele der vorgelegten Führungsitems werden von den teilnehmenden Mitarbeitern zwar tendenziell positiv bewertet (◻ Tab. 3.1), dennoch zeigen die Häufigkeitsauszählungen auch Hinweise auf Defizite in der

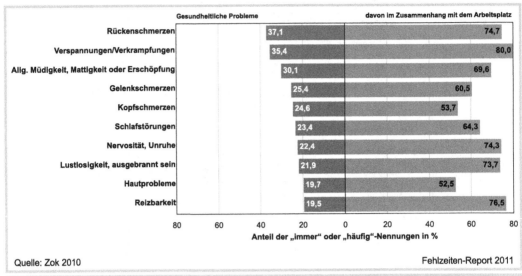

Quelle: Zok 2010                                                    Fehlzeiten-Report 2011

**☐ Abb. 3.2** Gesundheitliche Beschwerden, die auf die Tätigkeit oder den Arbeitsplatz zurückgeführt werden

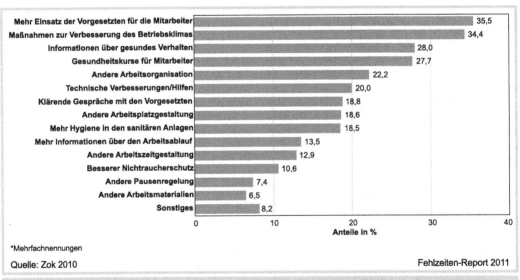

*Mehrfachnennungen

Quelle: Zok 2010                                                    Fehlzeiten-Report 2011

**☐ Abb. 3.3** Was schlagen Sie zur Verbesserung Ihrer gesundheitlichen Situation am Arbeitsplatz vor?*

Kommunikation zwischen Führungskraft und Mitarbeiter. So nehmen die Mehrheit der Befragten Verhaltensweisen wie Lob und Rückmeldung „selten" bzw. „nie" wahr (62,4 Prozent bzw. 54,5 Prozent). Ferner kritisieren immerhin zwei Fünftel (41,5 Prozent), dass ihre Meinung vom Vorgesetzten bei wichtigen Entscheidungen nicht beachtet würde. Mehr als ein Drittel der Befragten bemängelt die Arbeitsplanung durch ihre Führungskraft: Bei 36,2 Prozent werden Aufgabenbesprechun-

gen, bei 34,6 Prozent Arbeitsplanungen nur „selten" oder nie" durchgeführt. Jedem Dritten (31,2 Prozent) fehlen ausreichende und rechtzeitige Informationen des Vorgesetzten über die anstehende Arbeit. Ebenfalls jeder Dritte beklagt, dass Vorgesetzte zu wenig Zeit für eigene Anliegen (32,4 Prozent) oder für die Behebung von Schwierigkeiten einräumen (31,5 Prozent). Mehr als jeder Vierte vermisst Aufgeschlossenheit des Vorgesetzten für berufliche Probleme (28,3 Prozent) oder private

**◻ Tab. 3.1** Bewertung des Führungsverhaltens

|  | „ja"<br>(Anteile in %) | „selten" bzw. „nie"<br>(Anteile in %) |
|---|---|---|
| Ist der Umgang zwischen Vorgesetzten und Mitarbeitern kollegial? | 78,6 | 21,4 |
| Fühlen Sie sich von Ihrem Vorgesetzten gerecht behandelt? | 74,9 | 25,1 |
| Ist Ihr Vorgesetzter auf Probleme bei der Arbeit ansprechbar? | 72,7 | 28,3 |
| Nimmt Ihr Vorgesetzter auf persönliche Angelegenheiten Rücksicht? | 71,9 | 28,1 |
| Informiert Ihr Vorgesetzter Sie über Dinge, die Ihre Arbeit betreffen, rechtzeitig und ausreichend? | 68,8 | 31,2 |
| Kümmert sich Ihr Vorgesetzter um Schwierigkeiten? | 68,5 | 31,5 |
| Nimmt sich Ihr Vorgesetzter ausreichend Zeit für Ihre Anliegen? | 67,6 | 32,4 |
| Sorgt Ihr Vorgesetzter dafür, dass die Arbeit gut geplant wird? | 65,4 | 34,6 |
| Bespricht Ihr Vorgesetzter Ihre Aufgaben ausreichend mit Ihnen? | 63,8 | 36,2 |
| Beachtet Ihr Vorgesetzter Ihre Meinung bei wichtigen Entscheidungen? | 58,5 | 41,5 |
| Erkennt Ihr Vorgesetzter gute Leistungen lobend an? | 45,5 | 54,5 |
| Bekommen Sie von Ihrem Vorgesetzten Rückmeldung? | 37,6 | 62,4 |
| Fühlen Sie sich von Ihrem Vorgesetzten stark kontrolliert? | 16,8 | 83,2 |

Fehlzeiten-Report 2011

Belange (28,1 Prozent). Ein Viertel der befragten Mitarbeiter fühlt sich ungerecht behandelt (25,1 Prozent) und jeder Fünfte (21,4 Prozent) bewertet den Umgang zwischen Vorgesetzten und Kollegen als nicht kollegial. Nicht selten wird Führung mit Kontrolle verwechselt: 16,8 Prozent der Befragten fühlen sich von ihrem Vorgesetzten überprüft. Führungskräfte unterschätzen hier möglicherweise die Loyalität und das Potenzial ihrer Mitarbeiter. Die Folgen können mangelnde Kreativität, Dienst nach Vorschrift oder innere Kündigung sein – was zu Produktivitätseinbußen führt.

Für eine gesundheitsbezogene Mitarbeiterführung sind – neben der Zufriedenheit mit dem Vorgesetzten – auch Aspekte wie das Betriebsklima, die Anerkennung von Leistungen, das räumliche Arbeitsumfeld und die Mitwirkung bzw. die Beteiligung von Mitarbeitern von Bedeutung. Handlungsspielräume und die Qualität von sozialen Beziehungen beeinflussen die Gesundheit. Beide Einflüsse können in die gleiche Richtung wirken und sich dadurch in ihrer entweder salutogenen oder pathogenen Wirkung verstärken.

Der WIdO-Fragebogen erhebt diese Aspekte mit Hilfe von sechs Zufriedenheitsfragen. Die Analyse des Antwortverhaltens auf diese standardisierten Fragen zur Arbeitssituation im Betrieb zeigt, dass die relevanten Variablen im Kontext Führung und Gesundheit miteinander in Beziehung stehen (◻ Abb. 3.4). Da die entsprechenden Fragestellungen auf einer vierstufigen Antwortskala erhoben wurden, ist von einer Ordinalskalierung der Daten auszugehen; entsprechend wurde

der Rangkorrelationskoeffizient nach Spearman berechnet.[2]

Die Messergebnisse im dargestellten Pfadmodell auf der Basis der Gesamtstichprobe zeigen einige eindeutige und plausible Zusammenhänge zwischen den erhobenen Variablen zur Zufriedenheit mit themenrelevanten Aspekten. Die Zufriedenheit mit dem Vorgesetzten hat den größten Zusammenhang mit der Anerkennung und dem Betriebsklima. Der direkte Einfluss auf die Arbeitsbelastungen und das Arbeitsplatzumfeld ist vergleichsweise schwach. Der relativ hohe Zusammenhang zwischen Anerkennung und Partizipierung ist nachvollziehbar – beide Variablen verweisen auf einen mitarbeiterorientierten, motivierenden Führungsstil. Der ausgeprägte Zusammenhang zwischen Anerkennung und Arbeitsbelastungen beruht sicherlich zu einem Teil auf dem indirekten Einfluss der Führung.

Einschränkend muss darauf hingewiesen werden, dass die Daten aus den vorliegenden Mitarbeiterbefragungen Querschnittsdaten sind. Die bestehenden Korrelationen zwischen zwei Aspekten sagen noch nichts darüber aus, ob diese Korrelationen auch kausal interpretiert werden können.

Führungskräfte haben im Prozess der Organisation und Bewältigung von Arbeitsanforderungen und der Potenzialentfaltung von Ressourcen diverse Möglichkeiten der Einflussnahme. Ein Vorgesetzter, der seine

---

2   Korrelationskoeffizienten nehmen einen Wert zwischen -1 und 1 an; je deutlicher ein Wert von „0" abweicht, desto stärker ist der lineare Zusammenhang der Daten.

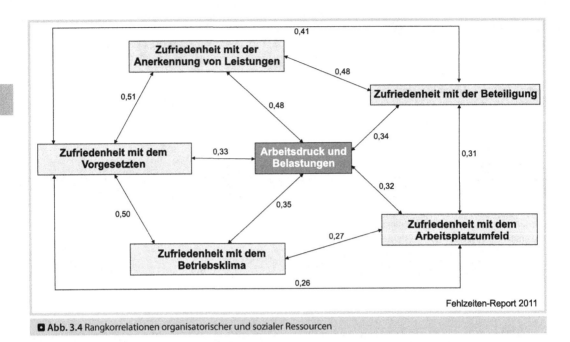

**◘ Abb. 3.4** Rangkorrelationen organisatorischer und sozialer Ressourcen

Mitarbeiter aktiv fördert, einbezieht und eigene (Verbesserungs-)Ideen entwickeln und umsetzen lässt, nimmt positiven Einfluss auf die Reduzierung von gesundheitlichen Belastungen und fördert zudem die Motivation und Produktivität seiner Beschäftigten.

Im Zentrum der WIdO-Mitarbeiterbefragungen steht die Ermittlung von gesundheitlichen Problemen bei den Beschäftigten vor Ort (Zok 2010). Im Rahmen einer gestuften, standardisierten Abfrage wird das subjektive Vorliegen einzelner Gesundheitsbeschwerden analysiert: Auf einer Liste mit 23 Items können die Mitarbeiter angeben, ob sie jeweils „immer", „häufig", „manchmal", „selten" oder „nie" von Beschwerden wie Rückenschmerzen, Nervosität, Magenschmerzen usw. betroffen sind. Insgesamt fast drei Viertel (71,7 Prozent) der Beschäftigten, denen die Liste mit gesundheitlichen Beschwerden im Rahmen einer betrieblichen Mitarbeiterbefragung vorgelegt worden ist (n = 25.872), gaben an, „immer" bzw. „häufig" unter gesundheitlichen Problemen zu leiden. Im Durchschnitt benannten die Befragten 3,4 gesundheitliche Beschwerden.

Ein deutlicher Effekt im Sinne der Zielfragestellung zeigt sich im Antwortverhalten auf die Fragen zu den verschiedenen Teilaspekten des Führungsverhaltens (◘ Tab. 3.2).

Anhand der vorliegenden Mitarbeiterbefragungsdaten stellt sich ein deutlicher Zusammenhang zwischen dem konkreten Vorliegen von einzelnen Gesundheitsproblemen und der subjektiven Bewertung von Führung dar: Sowohl der prozentuale Anteil benannter gesundheitlicher Beschwerden als auch ihre durchschnittliche Anzahl ist bei einer negativen Bewertung des erlebten Führungsverhaltens durchgängig höher als bei einer positiven Wahrnehmung.

Ferner kann anhand der Daten aus WIdO-Mitarbeiterbefragungen gezeigt werden, dass die von den befragten Beschäftigten wahrgenommenen sozialen Kompetenzen des Vorgesetzten die Zufriedenheit mit der Arbeit insgesamt fördern (◘ Tab. 3.3, vgl. hierzu auch den Beitrag von Eilles-Matthiessen u. Scherer in diesem Band). Bei allen erhobenen Aspekten zum Führungsverhalten gehen positive Vorgesetztenbewertungen auch mit einer höheren Arbeitszufriedenheit einher,

**◘ Tab. 3.2** Führungsverhalten und Häufigkeit gesundheitlicher Beschwerden

| | | Anteil mit Gesundheitsbeschwerden in % | durchschnittliche Anzahl Gesundheitsbeschwerden |
|---|---|---|---|
| Ist der Umgang zwischen Vorgesetzten und Mitarbeitern kollegial? | „ja" | 67,3 | 3,09 |
| | „selten" oder „nie" | 81,5 | 4,59 |
| Ist Ihr Vorgesetzter auf Probleme bei der Arbeit ansprechbar? | „ja" | 70,3 | 3,96 |
| | „selten" oder „nie" | 82,5 | 5,25 |
| Kümmert sich Ihr Vorgesetzter um Schwierigkeiten? | „ja" | 70,7 | 3,80 |
| | „selten" oder „nie" | 81,1 | 4,83 |
| Nimmt sich Ihr Vorgesetzter ausreichend Zeit für Ihre Anliegen? | „ja" | 69,2 | 4,40 |
| | „selten" oder „nie" | 80,2 | 5,63 |
| Informiert Ihr Vorgesetzter Sie rechtzeitig und ausreichend? | „ja" | 68,7 | 3,45 |
| | „selten" oder „nie" | 79,5 | 4,69 |
| Sorgt Ihr Vorgesetzter dafür, dass die Arbeit gut geplant wird? | „ja" | 73,6 | 5,79 |
| | „selten" oder „nie" | 83,5 | 7,25 |
| Bespricht Ihr Vorgesetzter Ihre Aufgaben ausreichend mit Ihnen? | „ja" | 71,6 | 3,10 |
| | „selten" oder „nie" | 78,3 | 3,97 |
| Bekommen Sie von Ihrem Vorgesetzten Rückmeldung? | „ja" | 63,9 | 2,37 |
| | „selten" oder „nie" | 72,0 | 3,16 |
| Erkennt Ihr Vorgesetzter gute Leistungen lobend an? | „ja" | 68,0 | 2,77 |
| | „selten" oder „nie" | 78,6 | 3,77 |
| Fühlen Sie sich von Ihrem Vorgesetzten stark kontrolliert? | „ja" | 72,1 | 3,15 |
| | „manchmal" oder „nein" | 61,3 | 1,83 |
| Beachtet Ihr Vorgesetzter Ihre Meinung? | „ja" | 65,3 | 2,07 |
| | „selten" oder „nie" | 73,1 | 2,98 |
| Nimmt Ihr Vorgesetzter Rücksicht? | „ja" | 65,0 | 2,29 |
| | „selten" oder „nie" | 79,0 | 3,72 |
| Fühlen Sie sich von Ihrem Vorgesetzten gerecht behandelt? | „ja" | 78,0 | 2,84 |
| | „selten" oder „nie" | 82,7 | 4,74 |

Fehlzeiten-Report 2011

umgekehrt ist die Zufriedenheit der Beschäftigten bei „schlechter" Führung jeweils deutlich niedriger.

In den WIdO-Mitarbeiterbefragungen lässt sich somit eine Beziehung zwischen den Antworten auf Fragen zur Wahrnehmung von Führungsverhalten und den Angaben zur Gesundheit bzw. zum Wohlbefinden der Beschäftigten ableiten. Aus ◘ Tab. 3.4 geht – in Form von Korrelationskoeffizienten – hervor, wie stark der Zusammenhang im Einzelnen ist und welche Aspekte des Führungsverhaltens für welche Aspekte gesundheitlichen Wohlbefindens wichtig sind. Alle Aspekte des erhobenen Führungsverhaltens stehen in einem linearen Zusammenhang mit dem Wohlbefinden der

befragten Mitarbeiter (Brücker 2009). Auch hier findet – aufgrund des ordinalen Messniveaus – der Korrelationskoeffizient nach Spearman Verwendung, wobei ein positiver Wert einen positiven Zusammenhang ausdrückt: Wenn also Faktoren wie der Umgang zwischen Vorgesetzten und Mitarbeitern, die Koordination, Integration und Rückmeldung positiv bewertet werden, ist auch die Zufriedenheit mit dem Vorgesetzten und mit dem Betriebsklima insgesamt hoch und die Mitarbeiter haben häufiger Erfolgserlebnisse bei der Arbeit. Gleichzeitig geben sie umso weniger gesundheitliche Beschwerden an.

**◻ Tab. 3.3** Führungsverhalten und Arbeitszufriedenheit

| | | Zufriedenheit mit der Arbeit insgesamt (Anteile in %) |
|---|---|---|
| Ist der Umgang zwischen Vorgesetzten und Mitarbeitern kollegial? | „ja" | 82,6 |
| | „selten" oder „nie" | 51,4 |
| Ist Ihr Vorgesetzter auf Probleme bei der Arbeit ansprechbar? | „ja" | 81,5 |
| | „selten" oder „nie" | 58,0 |
| Kümmert sich Ihr Vorgesetzter um Schwierigkeiten? | „ja" | 84,4 |
| | „selten" oder „nie" | 60,6 |
| Nimmt sich Ihr Vorgesetzter ausreichend Zeit für Ihre Anliegen? | „ja" | 81,8 |
| | „selten" oder „nie" | 50,4 |
| Informiert Ihr Vorgesetzter Sie rechtzeitig und ausreichend? | „ja" | 83,1 |
| | „selten" oder „nie" | 62,1 |
| Sorgt Ihr Vorgesetzter dafür, dass die Arbeit gut geplant wird? | „ja" | 82,3 |
| | „selten" oder „nie" | 57,2 |
| Bespricht Ihr Vorgesetzter Ihre Aufgaben ausreichend mit Ihnen? | „ja" | 84,0 |
| | „selten" oder „nie" | 62,2 |
| Bekommen Sie von Ihrem Vorgesetzten Rückmeldung? | „ja" | 84,2 |
| | „selten" oder „nie" | 70,0 |
| Erkennt Ihr Vorgesetzter gute Leistungen lobend an? | „ja" | 87,9 |
| | „selten" oder „nie" | 69,9 |
| Fühlen Sie sich von Ihrem Vorgesetzten stark kontrolliert? | „ja" | 47,7 |
| | „manchmal" oder „nein" | 75,0 |
| Beachtet Ihr Vorgesetzter Ihre Meinung? | „ja" | 85,9 |
| | „selten" oder „nie" | 55,1 |
| Nimmt Ihr Vorgesetzter Rücksicht? | „ja" | 81,4 |
| | „selten" oder „nie" | 56,5 |
| Fühlen Sie sich von Ihrem Vorgesetzten gerecht behandelt? | „ja" | 82,0 |
| | „selten" oder „nie" | 57,9 |

Fehlzeiten-Report 2011

## 3.4 Fazit

Gerade in wirtschaftlichen Krisenzeiten wird deutlich, wie wichtig der Erfolgsfaktor Mensch als Ressource für den Erfolg eines Unternehmens ist. Unternehmerischer Erfolg kann nur dann sichergestellt werden, wenn die personalen, sozialen und kulturellen Ressourcen einer Belegschaft effizient und effektiv genutzt werden.

Die zentrale These, wonach das gesundheitliche Wohlbefinden der Beschäftigten mit dem Vorgesetztenverhalten korreliert, lässt sich auch anhand der Mitarbeiterbefragungen im Rahmen des AOK-Kompaktservice „Gesunde Unternehmen" empirisch belegen. Zusammenfassend lässt sich die These erhärten, dass zwischen dem Führungsverhalten von Vorgesetzten und der Gesundheit bzw. dem Wohlbefinden der Beschäftigten Zusammenhänge bestehen. Der enge Zusammenhang zwischen der Bewertung der Arbeitssituation und den Führungsvariablen sowie die Beziehung zwischen Führung und Zufriedenheit und Betriebsklima weisen darauf hin, dass Führungsverhalten durch die kompetente Gestaltung der Arbeitssituation und der Arbeitsbedingungen auf die Gesundheit der Beschäftigten wirkt.

Die Ergebnisse aus Mitarbeiterbefragungen in fast 150 Betrieben dokumentieren Unterstützungsbedarf auch hinsichtlich gesundheitsgerechter Führung. Die Befragten adressieren konkrete Handlungsbedarfe in Richtung Vorgesetztenverhalten. Die Hinweise signalisieren zum einen Defizite in der Kommunikation, was mit Zeitmangel, aber auch mit Fehleinschätzung des tatsächlichen Bedarfs seitens der Führungskraft zu tun haben kann. Die Mehrheit der Befragten vermisst „Beteiligung" im doppelten Sinne: Sie wünschen sich mehr Anerkennung und Wertschätzung von (Arbeits-)Leis-

**Tab. 3.4** Zufriedenheit mit Vorgesetzten insgesamt. Zufriedenheit mit Betriebsklima. Häufigkeit von Erfolgserlebnissen bei der Arbeit. Häufigkeit gesundheitlicher Beschwerden

| | Zufriedenheit mit Vorgesetzten insgesamt | Zufriedenheit mit Betriebsklima | Häufigkeit von Erfolgserlebnissen bei der Arbeit | Häufigkeit gesundheitlicher Beschwerden |
|---|---|---|---|---|
| Ist der Umgang zwischen Vorgesetzten und Mitarbeitern kollegial? | 0.503 | 0.431 | 0.264 | -0.156 |
| Ist Ihr Vorgesetzter auf Probleme bei der Arbeit ansprechbar? | 0.531 | 0.361 | 0.250 | -0.165 |
| Kümmert sich Ihr Vorgesetzter um Schwierigkeiten? | 0.507 | 0.379 | 0.248 | -0.139 |
| Nimmt sich Ihr Vorgesetzter ausreichend Zeit für Ihre Anliegen? | 0.503 | 0.408 | 0.340 | -0.142 |
| Informiert Ihr Vorgesetzter Sie rechtzeitig und ausreichend? | 0.468 | 0.333 | 0.234 | -0.133 |
| Sorgt Ihr Vorgesetzter dafür, dass die Arbeit gut geplant wird? | 0.480 | 0.364 | 0.273 | -0.099 |
| Bespricht Ihr Vorgesetzter Ihre Aufgaben ausreichend mit Ihnen? | 0.409 | 0.370 | 0.201 | -0.132 |
| Bekommen Sie von Ihrem Vorgesetzten Rückmeldung? | 0.403 | 0.315 | 0.287 | -0.123 |
| Erkennt Ihr Vorgesetzter gute Leistungen lobend an? | 0.501 | 0.387 | 0.316 | -0.167 |
| Fühlen Sie sich von Ihrem Vorgesetzten stark kontrolliert? | -0.427 | -0.361 | -0.125 | 0.231 |
| Beachtet Ihr Vorgesetzter Ihre Meinung? | 0.536 | 0.424 | 0.340 | -0.182 |
| Nimmt Ihr Vorgesetzter Rücksicht? | 0.462 | 0.358 | 0.183 | -0.171 |
| Fühlen Sie sich von Ihrem Vorgesetzten gerecht behandelt? | 0.506 | 0.375 | 0.220 | -0.220 |

Fehlzeiten-Report 2011

tungen und fordern zudem ausreichende Informationen über die zu leistende Arbeit und das Arbeitsumfeld.

Vor dem Hintergrund der wachsenden Relevanz von Belastungsfaktoren wie Stress, Zeit- und Leistungsdruck und den langen Fehlzeiten aufgrund psychischer Erkrankungen wird es in einem Unternehmen vor allem auf die Führungskräfte ankommen, durch vorausschauendes Management und kompetente Mitarbeiterführung anfallenden Arbeitsbelastungen kreativ zu begegnen und negative Auswirkungen auf die Gesundheit der Beschäftigten zu verhindern. Gesundheit ist Führungsaufgabe.

## Literatur

Badura B (2006) Sozialkapital, Führung und Gesundheit. In: Gesundheit Berlin (Hrsg) Dokumentation 12. Kongress Armut und Gesundheit, 1./2. Dezember 2006, Berlin, S 1–8

Brücker H (2009) Aspekte des Führungsverhaltens und gesundheitlichen Wohlbefindens im sozialen Dienstleistungsbereich – Ergebnisse wirtschaftlicher Untersuchungen in Krankenhäusern. In: Badura B, Schröder H, Vetter C (Hrsg) Fehlzeiten-Report 2008. Betriebliches Gesundheitsmanagement: Kosten und Nutzen. Springer, Berlin Heidelberg New York

Ladwig DH (2009) Mitarbeiterbefragungen. In: Rosenstiel L von, Regnet E, Domsch ME (Hrsg) Führung von Mitarbeitern. Handbuch für erfolgreiches Personalmanagement. Schaeffer-Poeschel, Stuttgart

Nübling M, Stössel U, Michaelis M (2010) Messung von Führungsqualität und Belastungen am Arbeitsplatz. In: Badura B, Schröder H, Klose J, Macco K (Hrsg) Fehlzeiten-Report 2009. Arbeit und Psyche: Belastungen reduzieren – Wohlbefinden fördern. Springer, Berlin Heidelberg New York

Orthmann A, Gunkel L, Schwab K, Grofmeyer E (2010) Psychische Belastungen reduzieren – Die Rolle der Führungskräfte. In: Badura B, Schröder H, Klose J, Macco K (Hrsg) Fehlzeiten-Report 2009. Arbeit und Psyche: Belastungen reduzieren – Wohlbefinden fördern. Springer, Berlin Heidelberg New York

3

Zimber A (2008) Wie Führungskräfte zur Mitarbeitergesundheit beitragen können: Eine Pilotstudie in ausgewählten BGW-Mitgliedsbetrieben. 1. Teilprojekt: Literaturanalyse. In: Berufsgenossenschaft für Gesundheitsdienst und Wohlfahrts-

pflege (2008) Projekt „Gesundheitsfördernd Führen". Verlauf und Ergebnisse der Pilotstudie von 2004–2008, Hamburg

Zok K (2010) Gesundheitliche Beschwerden und Belastungen am Arbeitsplatz. Ergebnisse aus Beschäftigtenbefragungen. KomPart, Berlin

# Kapitel 4

# Freundliches und respektvolles Führungsverhalten und die Arbeitsfähigkeit von Beschäftigten

J. PRÜMPER, M. BECKER

**Zusammenfassung.** *In diesem Kapitel werden die Ergebnisse einer empirischen Untersuchung zum Zusammenhang zwischen freundlichem, respektvollem Verhalten von Vorgesetzten und der Arbeitsfähigkeit ihrer Mitarbeiter dargestellt. Eine Stichprobe von N = 1.275 Beschäftigten verschiedener Branchen wurde mit dem FVVB, dem Fragebogen zur Vorgesetzten-Verhaltensbeschreibung (Fittkau-Garthe u. Fittkau 1971) und dem WAI, dem Work Ability Index (vgl. Tuomi et al. 2003) befragt. Da die Arbeitsfähigkeit ein recht heterogenes Konstrukt ist, wurden neben der Betrachtung des WAI-Gesamtwertes zusätzlich die sieben Dimensionen des Work Ability Index differenziert auf ihren Zusammenhang mit der Führungsdimension „Freundliche Zuwendung und Respektierung" untersucht. Dabei sollte die Frage beantwortet werden, ob freundliches Vorgesetztenverhalten nur mit eher subjektiven Bewertungsdimensionen der Arbeitsfähigkeit in Verbindung steht oder ob auch Zusammenhänge zu objektiven Dimensionen wie ärztlich diagnostizierte Erkrankungen und der Anzahl an Fehltagen zu finden sind. Die Ergebnisse belegen positive Zusammenhänge zwischen der freundlichen Zuwendung und Respektierung durch den Vorgesetzten und den verschiedenen Dimensionen der Arbeitsfähigkeit.*

## 4.1 Einleitung

„Freundlichkeit", davon ist der schwedische Medizinprofessor Stefan Einhorn (2007) überzeugt, ist „der wichtigste der unabhängigen Faktoren […], die bestimmen, wie erfolgreich wir in unserem Leben sind" (Einhorn 2007, S. 16). Und die beiden amerikanischen Unternehmensberaterinnen Linda Kaplan Thaler und Robin Koval (2008) behaupten anhand zahlreicher Beispiele belegen zu können, „dass in Firmen, die für einen kooperativen Stil und Fair Play bekannt sind, deutlich weniger Fluktuation unter den Mitarbeitern herrscht, zudem ist die Produktivität höher" (Kaplan Thaler u. Koval 2008, vorderer Klappentext).

Freundliches und respektvolles Führungsverhalten könnte sich also lohnen – gerade auch unter dem Aspekt der Arbeitsfähigkeit. Denn nicht zuletzt aufgrund des demografischen Wandels sind der Erhalt und die Förderung der Gesundheit sowie die Reduzierung von Fehlzeiten dringende Ziele im Fokus des öffentlichen Interesses.

Vielfach haben Studien den Zusammenhang zwischen Führungsverhalten und Gesundheit aufzeigen können (z. B. Funke u. Stork 2003; Nieder 2000, Siegrist 1996). Hasselhorn und Freude (2007) kommen vor dem Hintergrund der finnischen Langzeituntersuchungen um die Arbeitsgruppe von Ilmarinen (2005) zu dem Schluss: „Kaum etwas hat so großen Einfluss auf den Erhalt und die Förderung der Arbeitsfähigkeit der Beschäftigten wie gutes Führungsverhalten" (Hasselhorn u. Freude 2007, S. 23).

Vor diesem Hintergrund wird auch die Forderung nach einem „Perspektivwechsel" verständlich, indem man sich nicht nur auf die Frage konzentriert, wie Arbeitsunfähigkeit vermieden werden kann, sondern auch und insbesondere, wie sich die Arbeitsfähigkeit erhalten und steigern lässt (vgl. Prümper u. Richenhagen 2011).

## 4.2    Führungsverhalten

„Führung" wird allgemein als „unmittelbare, absichtliche und zielbezogene Einflussnahme" definiert (von Rosenstiel 2001, S. 319). Auf den betrieblichen Kontext übertragen ist darunter zu verstehen, dass Führungspersonen auf Beschäftigte so Einfluss nehmen, dass sie von ihnen (mit-)bestimmte Ziele erreichen. In der Forschungsliteratur wird diese Einflussmöglichkeit so begründet, dass die Führungskraft „diejenige betriebliche Instanz repräsentiert, die am unmittelbarsten auf die […] gestellten Arbeitsanforderungen einwirken kann" (Schmidt 1996, S. 55). Da die Führungskraft regelmäßigen Kontakt zu ihren Untergebenen hat, besteht zudem die Möglichkeit, dass gerade sie die Fähigkeiten und Potenziale der einzelnen Beschäftigten beurteilen kann, aber auch deren Probleme, Anliegen und Erwartungen kennt. Nicht jede Führungskraft nimmt jedoch diese Möglichkeit wahr – hier sind Unterschiede im Verhalten von Führungskräften erkennbar. Führungsverhalten ergibt sich somit aus der Art und Weise, wie sich eine Führungskraft gegenüber ihren Mitarbeitern in verschiedenen Situationen und Aufgabenbereichen verhält.

### 4.2.1    Begriffsbestimmung

Theoretische Ansätze zur Beschreibung des Vorgesetztenverhaltens haben eine lange Tradition. Bereits in den 1950er Jahren entwickelte sich in den USA ein Ansatz, der von zwei wesentlichen Komponenten des Führungsverhaltens ausgeht. Dieses oft unter dem Synonym der „Ohio-Schule" zitierte Modell (vgl. Fleishman u. Harris 1962) unterteilt die Führung von Beschäftigten in die beiden Dimensionen *Aufgabenorientierung* (initiating structure) und *Mitarbeiterorientierung* (consideration). Die Aufgabenorientierung umfasst hierbei all jene Verhaltensweisen von Führungskräften, die dazu beitragen, dass die entsprechende Unternehmenseinheit die ihr gestellten Aufgaben effizient und produktiv erfüllt. Dies geschieht z. B. über die Erledigung sachbezogener Aufgaben (wie z. B. bei der Auftragsplanung, der Akquisition

oder der Qualitätssicherung). Mitarbeiterorientierung bedeutet hingegen, auf die Belange der Beschäftigten einzugehen (wie z. B. bei der Arbeitsgestaltung, der Schichtdienstplanung oder der Urlaubsgewährung) (vgl. Nieder 1998). Mitarbeiterorientierung bedeutet jedoch weit mehr als bloße Höflichkeit, es geht darum, sich um die Mitarbeiter zu „kümmern", ihnen freundliche Zuwendung und Respekt entgegenzubringen. Für ein erfolgreiches Führungsverhalten sind Aufgabenorientierung und Mitarbeiterorientierung gleichermaßen wichtig: Nach Blake und Mouton (1964) beschreibt ein ausgewogenes Verhältnis von Aufgaben- und Mitarbeiterorientierung auf hohem Niveau das „beste" Führungsverhalten. Häufig wird jedoch unterschätzt, wie wichtig die Mitarbeiterorientierung ist. Nicht nur durch die Führungskräfte selbst, sondern schon bei der Auswahl zukünftiger Führungskräfte. Hier wird die Eignung von Kandidaten oft nur nach der Sachkompetenz (also der Aufgabenorientierung) beurteilt (vgl. Nieder 2000).

### 4.2.2    Erfassung des Führungsverhaltens

Aufbauend auf dem theoretischen Ansatz der „Ohio-Schule" wurden vielfältige Messinstrumente zur Erfassung des Führungsverhaltens von Vorgesetzten entwickelt, die sowohl Aspekte der Aufgaben- als auch der Mitarbeiterorientierung berücksichtigen (vgl. Fleishman u. Harris 1962). Ein in Deutschland bekanntes Verfahren ist der FVVB – der Fragebogen zur Vorgesetzten-Verhaltens-Beschreibung von Fittkau-Garthe und Fittkau (1971). Die Entscheidung für die Verwendung des FVVB fiel hier in erster Linie vor dem Hintergrund des besonderen Interesses an dem Konstrukt „Freundlichkeit", welches in anderen, aktuelleren Verfahren zur Ermittlung des Führungsverhaltens in dieser Deutlichkeit nicht zur Sprache kommt. Der FVVB beschreibt das Verhalten des direkten Vorgesetzten aus der Sicht der Beschäftigten. Dabei beansprucht das Verfahren, weitgehend unabhängig von der spezifischen Situation und Stellung in der Betriebshierarchie und Organisationsform zu sein, woraus sich die besondere Eignung zur Analyse des Zusammenhangs zwischen Vorgesetztenverhalten und anderen Variablen begründen lässt. Der FVVB besteht aus 32 Items, die zu den fünf Skalen (1) *Freundliche Zuwendung und Respektierung*, (2) *Mitreißende arbeitsstimulierende Aktivität*, (3) *Mitbestimmung und Beteiligung ermöglichend*, (4) *Kontrolle vs. Laissez-faire* sowie (5) *einem Kombinationsfaktor aus „freundlicher Zuwendung" und „mitreißender arbeitsstimulierender Aktivität"* zusammengefasst werden.

Überprüfungen der Faktorenstruktur der FVVB-Items (vgl. Allerbeck 1977, 1978; Nachreiner 1974) bestätigten eine Zwei-Faktoren-Lösung entsprechend den klassischen Dimensionen Aufgaben- und Mitarbeiterorientierung. Dabei ließen sich die FVVB-Skalen (1) *Freundliche Zuwendung und Respektierung* und (3) *Mitbestimmung und Beteiligung ermöglichend* der Verhaltensdimension *Mitarbeiterorientierung* zuschreiben und auch die FVVB-Skalen (2) *Mitreißende arbeitsstimulierende Aktivität* sowie (4) *Kontrolle vs. Laissez-faire* konnten zu einer Verhaltensdimension zusammengefasst werden – letztere vernachlässigt jedoch die strukturierende Komponente der Aufgabenorientierung nach Fleishman und Harris (1962) und betont stattdessen mehr die „mitreißende Aktivierung" (Allerbeck 1977), weshalb eine Interpretation des zweiten Faktors als *Aufgabenorientierung* im Sinne der „Ohio-Schule" mit Vorsicht genossen werden sollte.

In der Vergangenheit wurde besonders der Zusammenhang zwischen dem Führungsverhalten des direkten Vorgesetzten und Variablen wie betriebliche Fehlzeiten und Arbeitszufriedenheit der Beschäftigten mit Hilfe des FVVB untersucht. Im Folgenden sollen diese Ergebnisse kurz dargestellt werden.

## 4.3 Führungsverhalten, Fehlzeiten und Arbeitszufriedenheit

Untersuchungen zu den Zusammenhängen zwischen dem Führungsverhalten von Vorgesetzten und Fehlzeiten einerseits und der Arbeitszufriedenheit von Beschäftigten andererseits liefern ein sehr inkonsistentes Bild. Zur Präzisierung der Konstrukte Fehlzeiten und Arbeitszufriedenheit sei vorangestellt, dass sich in der Forschungsliteratur durchgesetzt hat, die Arbeitszufriedenheit von Beschäftigten als ein subjektives Maß anzusehen, während Fehlzeiten – wenn es sich um ärztlich attestiertes, krankheitsbedingtes Fehlen handelt – als objektives Maß betrachtet werden können (z. B. Schmidt-Brasse u. Neuberger 1973). Ein auf den ersten Blick plausibel erscheinender negativer Zusammenhang zwischen Fehlzeiten und Arbeitszufriedenheit konnte jedoch in den meisten Untersuchungen nicht nachgewiesen werden (vgl. z. B. Allerbeck 1977; Schmidt-Brasse u. Neuberger 1973). Als Ursache hierfür vermuten Schmidt-Brasse und Neuberger (1973), dass alternative Konfliktverarbeitungstechniken der Beschäftigten verantwortlich sein könnten. Bevor ein Beschäftigter von der Arbeit fernbleibt, könnte er etwa versuchen – soweit es ihm möglich ist – der unfreundlichen Führungskraft aus dem Weg zu gehen. Eine detaillierte Untersuchung dieser Überlegung findet sich jedoch nicht in der Literatur.

In verschiedenen Studien wurde der Zusammenhang zwischen dem Vorgesetztenverhalten, so wie es nach der „Ohio-Schule" beschreibbar ist, und den Konstrukten Fehlzeiten und Arbeitszufriedenheit untersucht. Fleishman et al. (1955) konnten etwa einen negativen Zusammenhang zwischen der Mitarbeiterorientierung der Vorgesetzten und den Fehlzeiten der Beschäftigten belegen. Schmidt-Brasse und Neuberger (1973) fanden dagegen keine signifikanten Zusammenhänge der Mitarbeiterorientierung mit den Variablen Krankheitszeit und Krankheitshäufigkeit, jedoch geringe, signifikante Korrelationen zwischen der Aufgabenorientierung des Vorgesetzten und der Krankheitszeit sowie der Krankheitshäufigkeit der Beschäftigten. Przygodda et al. (1991) fanden wiederum Belege für einen positiven Zusammenhang zwischen der Summe der Fehltage und einem Vorgesetztenverhalten, dass durch geringe Aufgabenorientierung bei gleichzeitig geringer Mitarbeiterorientierung gekennzeichnet war (in der Originalarbeit mit „Gleichgültigkeit" benannt). Auch in einer Untersuchung von Schmidt (1996) wurde ein klarer negativer Zusammenhang zwischen der FVVB-Skala „Ermöglichen von Mitbestimmung" und den Fehlzeiten der Beschäftigten gefunden. Bei Allerbeck (1977) ließen sich jedoch keine Zusammenhänge zwischen der Mitarbeiterorientierung der Vorgesetzten und Fehlzeitenmaßen nachweisen. Bezüglich des Konstrukts der Arbeitszufriedenheit besteht hingegen Einklang in der Forschungsliteratur: Hier finden sich durchweg positive Zusammenhänge zwischen der Mitarbeiterorientierung des Vorgesetzten und der Arbeitszufriedenheit der Beschäftigten (z. B. Allerbeck 1977; Nieder 2000).

## 4.4 Arbeitsfähigkeit

### 4.4.1 Begriffsbestimmung

Im Gegensatz zur betriebspraktisch geläufigeren Arbeitsunfähigkeit beschreibt die Arbeitsfähigkeit die Leistungsfähigkeit eines Beschäftigten im Hinblick auf konkret zu benennende Arbeitsanforderungen. „Work ability is built on the balance between a person's resources and work demands. A person's resources consist of health and ability, education and competence, and values and attitudes"(Ilmarinen 2005, S. 132). Arbeitsfähigkeit bezeichnet damit „die Leistungsfähigkeit im Hinblick auf konkret zu benennende Arbeitsanforderungen, insbesondere im Hinblick auf die vor Ort zu erledigenden Arbeitsaufgaben; sie wird nicht abstrakt und allgemein als Fähigkeit zur Arbeit verstanden, sondern als Fähigkeit zu bestimmten Aufgaben in bestimmten Situationen" (Richenhagen 2009, S. 79).

Das Konzept der Arbeitsfähigkeit wurde in den 1980er Jahren in Finnland entwickelt (vgl. Ilmarinen 1999). Ihre Haupteinflussfaktoren werden im sogenannten „Haus der Arbeitsfähigkeit" zusammengefasst. Es bringt zum Ausdruck, dass Arbeitsfähigkeit ein dynamisches Gleichgewicht bedeutet, das durch Humanressourcen einerseits und Arbeitsanforderungen andererseits bestimmt wird und durch deren Zusammenwirken weiterentwickelt und gefördert, aber auch vermindert werden kann. Auf Seiten der Beschäftigten sind *Gesundheit* (im Sinne von körperlichem und psychischem Leistungsvermögen), *Kompetenz* (im Sinne von Fertigkeiten und Wissen) und *Werte* (im Sinne von Einstellungen und Motivation) die entscheidenden Faktoren, auf Seiten der *Arbeitsanforderungen* geht es um Aspekte wie Arbeitsinhalte, Arbeitsmittel, Arbeitsumgebung, soziales Arbeitsumfeld, Arbeitsorganisation und eben auch Führungsverhalten (Ilmarinen u. Tempel 2003).

Der Begriff der Arbeitsfähigkeit hängt eng mit dem Begriff der Beschäftigungsfähigkeit zusammen. Kurz gesagt ist Beschäftigungsfähigkeit andauernde Arbeitsfähigkeit, die sich in turbulenten Arbeitsmärkten, also in immer wieder verschiedenen Person-Situation-Konstellationen beweist (vgl. im Einzelnen Richenhagen 2009).

### 4.4.2 Erfassung der Arbeitsfähigkeit

Als Instrument zur Erfassung der Arbeitsfähigkeit von Beschäftigten wurde in Finnland der „Work Ability Index" (dt. „Arbeitsbewältigungs-Index") entwickelt (vgl. Tuomi et al. 2003). Im Gegensatz zu den Konstrukten Fehlzeiten und Arbeitszufriedenheit stellt der Arbeitsfähigkeitsindex ein eher heterogenes Konstrukt dar. Der WAI (dt. ABI) bildet die verschiedenen Aspekte der Arbeitsfähigkeit in sieben Dimensionen ab. Diese Dimensionen beschreiben die *Arbeitsfähigkeit zum aktuellen Zeitpunkt* (Dimension 1), die *Arbeitsfähigkeit in Relation zu den körperlichen sowie zu den psychischen Anforderungen der Arbeit* (Dimension 2), die *Anzahl aktueller, ärztlich oder selbstdiagnostizierter Krankheiten* (Dimension 3), die *durch die Erkrankungen erlebte Arbeitseinschränkung* (Dimension 4), die *Anzahl an Fehltagen* (Dimension 5), die *prognostizierte Arbeitsfähigkeit in zwei Jahren* (Dimension 6) und die *Verfügbarkeit psychischer Leistungsreserven* (Dimension 7). Der WAI-Gesamtwert berechnet sich als Summe dieser sieben Dimensionen und kann zwischen 7 und 49 Punkten liegen. Der erreichte Punktwert lässt sich nach einer von den finnischen Forschern in den 1990er-Jahren erarbeiteten Kategorisierung einstufen und je nach zugewiesener Kategorie kann das Ziel der einzuleitenden Maßnahmen abgelesen werden (◘ Tab. 4.1).

◘ **Tab. 4.1** WAI-Kategorien und Ziele von Maßnahmen

| Punktwert | Arbeitsfähigkeit | Ziel der Maßnahmen |
|---|---|---|
| 7–27 | schlecht | Arbeitsfähigkeit wiederherstellen |
| 28–36 | mäßig | Arbeitsfähigkeit verbessern |
| 37–43 | gut | Arbeitsfähigkeit unterstützen |
| 44–49 | sehr gut | Arbeitsfähigkeit erhalten |

Quelle: vgl. Ilmarinen u. Tempel 2002, S. 171

Fehlzeiten-Report 2011

## 4.5 Führungsverhalten und Arbeitsfähigkeit

Entsprechend den anfangs zitierten finnischen Veröffentlichungen zur Arbeitsfähigkeit (Ilmarinen 2005; Ilmarinen u. Tempel 2002) konnte bei Becker, Ehlbeck und Prümper (2009) ein signifikanter Zusammenhang zwischen der FVVB-Skala *Freundliche Zuwendung und Respektierung* und dem WAI-Gesamtwert nachgewiesen werden. Eine detaillierte Betrachtung der einzelnen, heterogenen Dimensionen der Arbeitsfähigkeit fand hier allerdings nicht statt. In anderen Untersuchungen zur Arbeitsfähigkeit (z. B. Prümper et al. 2011) hat sich jedoch gezeigt, dass eine differenzierte Betrachtung durchaus sinnvoll sein kann, da die einzelnen WAI-Dimensionen sowohl subjektive als auch objektivere Einflussgrößen auf die Arbeitsfähigkeit abbilden. Während die Dimensionen 1, 2, 4, 6 und 7 klar von der subjektiven Sichtweise der Beschäftigten bestimmt werden, ist davon auszugehen, dass bei den Dimensionen 3 und 5 (ärztlich diagnostizierte Krankheiten und krankheitsbedingte Fehltage) objektive(re) Maße vorliegen. Daher ist das Ziel dieser Untersuchung, den Zusammenhang zwischen dem Verhalten des Vorgesetzten – im speziellen seiner Mitarbeiterorientierung – und den einzelnen Dimensionen der Arbeitsfähigkeit zu untersuchen. Nach Becker, Ehlbeck und Prümper (2009) ist zu erwarten, dass höhere Mitarbeiterorientierung der Vorgesetzten mit höheren WAI-Gesamtwerten der Beschäftigten verbunden ist. Aber aufgrund welcher Dimensionen des WAI kommt dieses Ergebnis zustande? Sind in allen Dimensionen der Arbeitsfähigkeit Zusammenhänge festzustellen oder treten diese nur bei den subjektiven

Komponenten der Arbeitsfähigkeit auf? Wie bei den berichteten Studien zur Arbeitszufriedenheit sollten hier positive Zusammenhänge zu erwarten sein.

Auch für die objektiveren Dimensionen 3 und 5 (ärztliche Diagnosen und Fehlzeiten) ist von positiven Zusammenhängen auszugehen. Nach den oben angesprochenen Studien zum Zusammenhang zwischen der Gesundheit von Beschäftigten und dem Vorgesetztenverhalten (Funke u. Stork 2003; Nieder 2000; Siegrist 1996) sollten mit freundlichem Vorgesetztenverhalten weniger Krankheiten einher gehen. Da der WAI in Dimension 5 explizit nur krankheitsbedingte Fehltage erfasst, ist zu folgern, dass auch diese durch ein freundliches und respektvolles Führungsverhalten positiv beeinflusst werden.

## 4.6 Methode

Um herauszufinden, welche Bedeutung ein freundlicher und respektvoller Umgang von Vorgesetzten für die Arbeitsfähigkeit hat, wurden N = 1.275 Beschäftigte aus verschiedenen Branchen (insbesondere verarbeitendes Gewerbe/Bau, Handel- und Gastgewerbe, öffentlicher Dienst, Informations- und Kommunikationssektor, Dienstleistungsbereich) im Zeitraum von 2006 bis 2010 befragt. Dabei wurde sowohl der WAI (Tuomi et al. 2003) eingesetzt als auch die Subskala *Freundliche Zuwendung und Respektierung* des FVVB, bei der es um die Frage geht: „Inwieweit verhält sich die/der Vorgesetzte ihren/seinen Mitarbeiterinnen und Mitarbeitern gegenüber freundlich zugewandt und inwieweit werden sie von ihr/ihm respektiert?" (Beispielfragen: „Mein Vorgesetzter kritisiert seine unterstellten Mitarbeiter auch in Gegenwart anderer", oder „Er behandelt seine unterstellten Mitarbeiter als gleichberechtigte Partner") (Fittkau-Garthe u. Fittkau 1971).

Um „niedrige" vs. „hohe freundliche Zuwendung und Respektierung" zu trennen, wurde die Stichprobe auf der dem FVVB zugrundeliegenden fünfstufigen Likert-Skala am Skalenmittel aufgeteilt. Nach dieser Aufteilung berichten 15,2 Prozent der Befragten von einer „niedrigen" und 84,8 Prozent der Befragten von einer „hohen" freundlichen Zuwendung und Respektierung durch ihren Vorgesetzten. Der Mittelwert für „Freundliche Zuwendung und Respektierung" betrug in der untersuchten Stichprobe M = 3,9 (s = 0,86; min. = 1, max. = 5), die durchschnittliche Arbeitsfähigkeit M = 39,8 WAI-Punkte (s = 5,24; min. = 18, max. = 49).

Das Geschlechterverhältnis in der Erhebung war mit 47,2 Prozent Frauen und 52,8 Prozent Männern annähernd ausgewogen. 29,9 Prozent der Befragten waren zum Zeitpunkt der Erhebung unter 30 Jahre alt, 22,6 Prozent waren zwischen 31 und 40 Jahren, weitere 29,9 Prozent zwischen 41 und 50 Jahren und 17,6 Prozent waren älter als 50 Jahre.

Aufgrund der Verteilungscharakteristiken der abhängigen Variablen kam zur Untersuchung des Zusammenhangs zwischen „Freundlicher Zuwendung und Respektierung" und den Dimensionen der Arbeitsfähigkeit das folgende nonparametrische Vorgehen in Anlehnung an Bortz et al. (2008) zum Einsatz: Zunächst wurden generelle Häufigkeitsunterschiede zwischen den Gruppen hohe und niedrige freundliche Zuwendung und Respektierung mittels Mann-Whitney-U-Tests untersucht. Bei signifikanten Ergebnissen wurden im Anschluss Einzelvergleiche zwischen den jeweiligen Unterkategorien berechnet (Chi-Quadrat-Tests, Alpha-Fehler-Korrektur nach Bonferroni).

## 4.7 Ergebnisse

### 4.7.1 Dimension I: Führung und derzeitige Arbeitsfähigkeit

Die erste Dimension des WAI beschreibt die erlebte derzeitige Arbeitsfähigkeit der Beschäftigten im Vergleich zur besten, jemals erreichten auf einer Skala von null

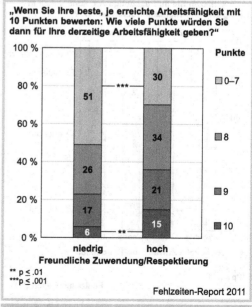

„Wenn Sie Ihre beste, je erreichte Arbeitsfähigkeit mit 10 Punkten bewerten: Wie viele Punkte würden Sie dann für Ihre derzeitige Arbeitsfähigkeit geben?"

** p ≤ .01
***p ≤ .001

Fehlzeiten-Report 2011

◘ **Abb. 4.1** Freundliche Zuwendung und Respektierung und derzeitige Arbeitsfähigkeit

**4**

bis zehn Punkten (■ Abb. 4.1). Die Werte von null bis sechs wurden dabei aufgrund geringer Häufigkeiten mit der Kategorie sieben zu einer einzigen Kategorie zusammengefasst. Für diese niedrigste Kategorie (0–7 Punkte) und für die höchste Kategorie (10 Punkte) ergeben sich jeweils hoch signifikante Unterschiede zwischen hoher und niedriger freundlicher Zuwendung und Respektierung durch den Vorgesetzten.

Zusammenfassend bedeutet dies, dass bei hoher freundlicher Zuwendung und Respektierung durch den Vorgesetzten die Beschäftigten ihre derzeitige Arbeitsfähigkeit besser einschätzen als bei niedrig erlebter freundlicher Zuwendung und Respektierung. Dementsprechend beurteilen in der erstgenannten Gruppe weniger Beschäftigte ihre allgemeine Arbeitsfähigkeit schlechter.

### 4.7.2 Dimension II: Führung und Arbeitsfähigkeit in Relation zu Arbeitsanforderungen

Die zweite WAI-Dimension erfasst in zwei Fragen, wie die Beschäftigten ihre derzeitige Arbeitsfähigkeit in Relation a) zu den körperlichen und b) zu den psychischen Arbeitsanforderungen einschätzen (■ Abb. 4.2). Die beiden Gruppen mit hoch bzw. niedrig ausgeprägter

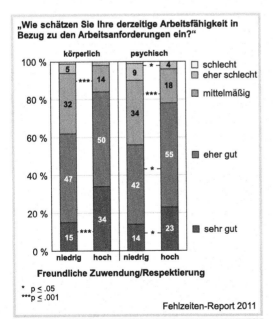

■ **Abb. 4.2** Freundliche Zuwendung und Respektierung und Arbeitsfähigkeit in Relation zu Arbeitsanforderungen

freundlicher Zuwendung und Respektierung weisen jeweils signifikante Unterschiede auf.

Zusammenfassend zeigen die Ergebnisse der zweiten Dimension, dass in den Gruppen mit hoch erlebter freundlicher Zuwendung und Respektierung jeweils mehr Beschäftigte ihre Arbeitsfähigkeit sowohl in Relation zu den körperlichen als auch den psychischen Anforderungen als „sehr gut" oder „eher gut" einschätzen als in den entsprechenden Gruppen mit niedriger Ausprägung der Führungsvariable. Entsprechend sind in diesen letztgenannten Personengruppen mehr Beschäftigte, die ihre Arbeitsfähigkeit „mittelmäßig", „eher schlecht" oder „schlecht" einschätzen.

### 4.7.3 Dimension III: Führung und Anzahl aktueller Krankheiten

Die dritte Dimension des WAI ist eine Symptomliste, die 14 Krankheitsbilder abdeckt. Diese umfassen Unfallverletzungen, Erkrankungen des Muskel-Skelett-Systems, Herz-Kreislauf-Erkrankungen, Atemwegserkrankungen, psychische Beeinträchtigungen, neurologische und sensorische Erkrankungen, Erkrankungen des Verdauungssystems, Erkrankungen im Urogenitaltrakt, Hautkrankheiten, Tumore/Krebs, Hormon-/Stoffwechselerkrankungen, Krankheiten des Blutes, angeborene Erkrankungen sowie andere Leiden oder Krankheiten.

Die Befragten geben in jeder dieser Kategorien an, ob a) eine eigene Diagnose, b) eine Diagnose vom Arzt oder c) diese Krankheit nicht vorliegt. Bei der Bestimmung des WAI-Wertes werden nur die ärztlich diagnostizierten Krankheiten betrachtet. Für jedes der 14 Krankheitsbilder wurden die beiden Führungsgruppen verglichen (■ Abb. 4.3). Für die fünf Krankheitsgruppen Muskel-Skelett-Erkrankungen, Unfallverletzungen, psychische Erkrankungen, Atemwegserkrankungen und Hautkrankheiten zeigen sich signifikante Unterschiede.

Bei den Krankheitsbildern Unfallverletzungen und Muskel-Skelett-Erkrankungen sind Unterschiede zu Ungunsten der Gruppe mit niedriger freundlicher Zuwendung und Respektierung sowohl hinsichtlich der ärztlichen Diagnose als auch der eigenen Diagnose festzustellen. Bei den Krankheitsbildern Psychische Erkrankungen, Atemwegserkrankungen und Hautkrankheiten zeigen sich dagegen nur hinsichtlich der Eigendiagnose signifikante Unterschiede zu Ungunsten der Gruppe mit niedriger freundlicher Zuwendung und Respektierung.

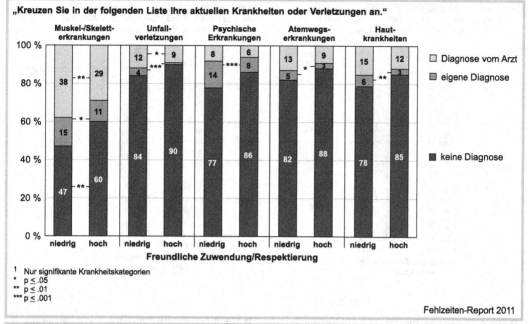

**Abb. 4.3** Freundliche Zuwendung und Respektierung und Anzahl aktueller Krankheiten (nur signifikante Krankheitskategorien)

### 4.7.4 Dimension IV: Führung und Beeinträchtigung durch Krankheiten

Die vierte WAI-Dimension erfasst, inwieweit sich die Beschäftigten durch die Krankheiten in ihrer Arbeitsleistung beeinträchtigt fühlen. Die beiden Gruppen mit hoher und niedriger freundlicher Zuwendung und Respektierung unterscheiden sich darin signifikant (**Abb. 4.4**).

Die Ergebnisse zur vierten Dimension zeigen, dass in der Gruppe der Beschäftigten mit hoher freundlicher Zuwendung und Respektierung mehr Personen angeben, keine Beeinträchtigungen zu haben, als in der Gruppe mit niedriger Ausprägung. Das umgekehrte Bild ergibt sich in den Kategorien, in denen die Beschäftigten von Beschwerden berichten: Hier sind in der Gruppe mit niedrig erlebter freundlicher Zuwendung und Respektierung anteilig mehr Personen vertreten.

### 4.7.5 Dimension V: Führung und Fehlzeiten

Die fünfte WAI-Dimension erfasst die Fehlzeiten in den vergangenen zwölf Monaten. Auch hier zeigen sich signifikante Unterschiede zwischen den Gruppen mit

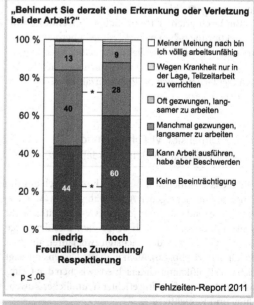

**Abb. 4.4** Freundliche Zuwendung und Respektierung und Beeinträchtigung durch Krankheiten

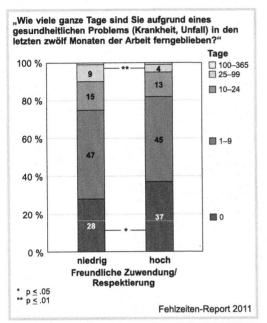

**◘ Abb. 4.5** Freundliche Zuwendung und Respektierung und Fehlzeiten

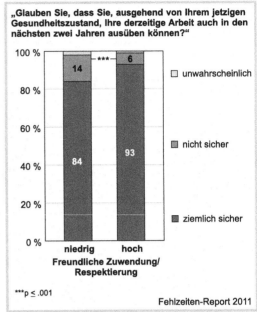

**◘ Abb. 4.6** Freundliche Zuwendung und Respektierung und Arbeitsfähigkeit in zwei Jahren

hoher und niedriger freundlicher Zuwendung und Respektierung (◘ Abb. 4.5).

Bei hoch erlebter freundlicher Zuwendung und Respektierung haben mehr Personen überhaupt keine krankheitsbedingten Fehltage als bei niedriger Ausprägung des Führungsverhaltens – dementsprechend fallen in dieser Gruppe auch die Personenzahlen mit höheren Fehltagen geringer aus.

### 4.7.6 Dimension VI: Führung und Arbeitsfähigkeit in zwei Jahren

Die sechste Dimension des WAI bezieht sich auf die Einschätzung der eigenen Arbeitsfähigkeit in zwei Jahren. Ausgehend von ihrem jetzigen Gesundheitszustand geben die Befragten an, ob sie glauben, ihre derzeitige Arbeit auch noch in den nächsten zwei Jahren ausüben zu können (◘ Abb. 4.6). Auch in dieser Dimension zeigt sich ein signifikanter Unterschied zwischen den Gruppen mit hoch und niedrig erlebter freundlicher Zuwendung und Respektierung.

In der Gruppe mit hoch erlebter freundlicher Zuwendung und Respektierung sind weniger Personen vertreten, die sich ihrer Arbeitsfähigkeit in zwei Jah-

ren „nicht sicher" sind, als in der Gruppe mit niedriger freundlicher Zuwendung und Respektierung.

### 4.7.7 Dimension VII: Führung und psychische Leistungsreserven

Die siebte Dimension des WAI umfasst drei Fragen zu den psychischen Leistungsreserven der Beschäftigten. ◘ Abb. 4.7 gibt den Wortlaut der drei Fragen wieder. In allen drei Items bestehen signifikante Unterschiede zwischen den Gruppen mit hoch und niedrig erlebter freundlicher Zuwendung und Respektierung.

Für alle drei Aussagen zeigt sich, dass in den Gruppen, die hohe freundliche Zuwendung und Respektierung seitens ihrer Vorgesetzten erleben, anteilig mehr Personen vertreten sind, die „häufig" oder „eher häufig" über psychische Leistungsreserven verfügen, als in den Gruppen mit niedriger Ausprägung. Dementsprechend sind in den Gruppen mit niedrig erlebter freundlicher Zuwendung und Respektierung anteilig mehr Personen in denjenigen Kategorien vertreten, in denen über verminderte psychische Leistungsreserven berichtet wird.

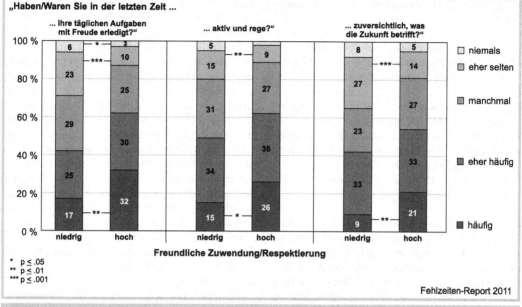

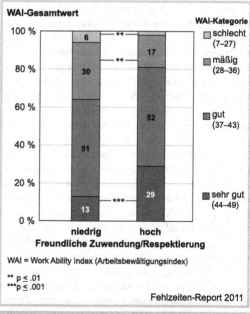

**■ Abb. 4.7** Freundliche Zuwendung und Respektierung und psychische Leistungsreserven

### 4.7.8 Führung und WAI-Gesamtwert

Der WAI-Gesamtwert fasst die vorangegangenen sieben Dimensionen zusammen. Zwischen den beiden Führungsgruppen zeigen sich hoch signifikante Unterschiede (■ Abb. 4.8).

Diese Ergebnisse zeigen, dass in der Gruppe mit hoch empfundener freundlicher Zuwendung und Respektierung durch den Vorgesetzten der Anteil der Beschäftigten mit „sehr guter" Arbeitsfähigkeit deutlich größer ist als in der Gruppe, die geringe freundliche Zuwendung berichtet. Entsprechend sind die Anteile der niedrigeren WAI-Kategorien „mäßig" und „schlecht" in dieser Gruppe deutlich größer.

### 4.8 Diskussion und Ausblick

Die Ergebnisse zeigen detailliert, wie die Freundlichkeit und Respektierung der Beschäftigten durch den Vorgesetzten mit den einzelnen Dimensionen der Arbeitsfähigkeit der Beschäftigten in Zusammenhang steht. In der Gruppe der Beschäftigten, die von ihren Führungskräften hohe freundliche Zuwendung und Respektierung erhalten, sind in allen sieben WAI-Kategorien und beim WAI-Gesamtwert anteilig mehr positive Einschätzungen der Arbeitsfähigkeitsaspekte vertreten als bei den Personen, die niedrige freundliche

**■ Abb. 4.8** Freundliche Zuwendung und Respektierung und WAI-Gesamtwert

Zuwendung und Respektierung erleben. In letzterer Gruppe ist der Anteil an Personen größer, die

- ihre generelle Arbeitsfähigkeit schlechter bewerten (Dimension 1)
- ihre Arbeitsfähigkeit hinsichtlich der Arbeitsanforderungen negativer einschätzen (Dimension 2)
- mehr ärztlich diagnostizierte, aber auch mehr selbst diagnostizierte Erkrankungen haben (Dimension 3)
- sich durch Krankheiten stärker in ihrer Arbeit beeinträchtigt fühlen (Dimension 4)
- häufiger krankheitsbedingt fehlen (Dimension 5)
- sich weniger sicher hinsichtlich ihrer zukünftigen Arbeitsfähigkeit sind (Dimension 6) und
- von weniger psychischen Leistungsreserven berichten (Dimension 7)

Im Detail sind die Ergebnisse zur Dimension 3 besonders interessant. Hier fanden sich Zusammenhänge zwischen der Führungsvariable und ärztlich diagnostizierten Erkrankungen (Unfallverletzungen, Muskel-Skelett-Erkrankungen). Eine mögliche Erklärung hierfür könnte sein, dass bei denjenigen Beschäftigten, die „unfreundlichere" Behandlung durch ihre Vorgesetzten erfahren, höhere Krankheitshäufigkeiten durch schlechtere Arbeitsbedingungen entstehen könnten. Beispielsweise wäre vorstellbar, dass gehäuft auftretende Muskel-Skelett-Erkrankungen aufgrund unergonomischer Büromöbel zustande kommen, die Führungskraft sich jedoch wegen mangelnder Mitarbeiterorientierung nicht konsequent für die Verbesserung der Situation einsetzt. Auch die signifikanten Ergebnisse in den selbstdiagnostizierten Krankheitsbildern (psychische Erkrankungen, Atemwegserkrankungen, Hautkrankheiten) erscheinen plausibel, denn es handelt sich um klassische psychosomatische Beschwerdekategorien. Die hier nicht signifikant erhöhten ärztlichen Diagnosen könnten folgendermaßen begründet sein: Neben den psychischen Erkrankungen, die oft schon aufgrund eines negativen Images „verschleppt" werden, könnten in den anderen beiden Kategorien leichtere, durch Stress geförderte Erkrankungen, die einen Arztbesuch nicht unbedingt erforderlich machen, ein gehäuftes Auftreten von Selbstdiagnosen erklären. Zu den psychosomatischen Erkrankungen aus diesen Kategorien gehören beispielsweise Bronchitis oder Neurodermitis. Es kann also durchaus angenommen werden, dass diese Personengruppen – wenn auch nicht durch eine ärztliche Diagnose bestätigt – bei der Arbeit durch derartige Erkrankungen behindert werden. Negative Auswirkungen auf die Arbeitsleistung wären eine logische Konsequenz. Diese Überlegungen, die sich thematisch dem Stichwort des „Präsentismus" zuordnen lassen, sollten in weiterführenden Untersuchungen detaillierter analysiert werden, denn hiermit könnten die inkonsistenten Befunde zum Zusammenhang zwischen Führungsverhalten und Fehlzeiten erklärbar sein.

Die vorliegende Untersuchung lieferte Hinweise dafür, dass sich Beschäftigte, deren Vorgesetzte sich ihnen gegenüber freundlich und respektvoll verhalten, arbeitsfähiger erleben und auch gesünder sind. Ebenfalls konnte ein positiver Zusammenhang des mitarbeiterorientierten Vorgesetztenverhaltens mit krankheitsbedingten Fehltagen belegt werden. Möglicherweise wird dieser letzte Zusammenhang jedoch von weiteren Variablen moderiert, etwa durch die Angst vor Arbeitsplatzverlust. So wäre z. B. vorstellbar, dass Beschäftigte, die geringe freundliche Zuwendung und Respektierung seitens ihrer Vorgesetzten erleben, zwar unzufriedener mit ihrer Arbeit sind, sich weniger arbeitsfähig erleben und unter mehr ärztlich oder selbst diagnostizierten Erkrankungen leiden, aber aufgrund der Angst von Arbeitsplatzverlust dennoch nicht mehr Fehltage aufweisen.

Derartige Fragestellungen sollten in weiterführenden Untersuchungen näher betrachtet werden. Dabei sollten auch andere Dimensionen des Führungsverhaltens sowie mögliche intervenierende Größen bei der Untersuchung von Führungsaspekten integriert werden (etwa situative Variablen, Merkmale der Organisation, der Aufgabe, der Geführten etc.). Zudem sollten Wirksamkeitsstudien zu entsprechenden Führungskräfte-Trainings und Coachings durchgeführt werden, um tiefere Erkenntnisse zum Einfluss des Führungsverhaltens auf die Arbeitsfähigkeit der Beschäftigten zu erlangen.

Zusammenfassend kann festgehalten werden, dass freundliche Zuwendung und Respektierung – oder allgemein ausgedrückt die Mitarbeiterorientierung des direkten Vorgesetzten – in positivem Zusammenhang mit den vielschichtigen Dimensionen der Arbeitsfähigkeit stehen. Daraus muss gefolgert werden, dass eine entsprechende Veränderung des Führungsverhaltens tatsächlich dazu führen kann, die Arbeitsfähigkeit der Beschäftigten zu verbessern. Die positiven Zusammenhänge zwischen Arbeitsfähigkeit und Produktivität sind bereits hinlänglich bekannt (z. B. Ilmarinen 2005).

Als praktische Konsequenz zum Erhalt und zur Förderung der Arbeitsfähigkeit empfiehlt es sich also für Unternehmen, bereits bei der Personalauswahl und -förderung von Führungs(nachwuchs)kräften auf den Aspekt „Freundlichkeit und respektvolles Verhalten" Wert zu legen und im Rahmen der Personalentwicklung ihre Führungskräfte hinsichtlich der Wichtigkeit der Mitarbeiterorientierung – insbesondere unter dem Aspekt der gesundheitsorientierten Führung – zu qualifizieren, um diese Art des Vorgesetztenverhaltens fest in die Führungskultur zu integrieren. Becker et al. (2009, S. 15) bringen diese Erkenntnis auf eine einfache Formel: „Gesundheit im Unternehmen hat weniger mit Medizin als mit Führung zu tun. Sind die Mitarbeiter krank, ist die Firma der Patient". Die Arbeitsfähigkeit wird von all den Faktoren beeinflusst, die im Haus der Arbeitsfähigkeit zusammengefasst werden. Der wichtigste Bewohner ist jedoch die Führungskraft, denn sie hat als „Gesundheitsmanager" den größten Einfluss auf den Erhalt und die Förderung der Arbeitsfähigkeit der Beschäftigten. Manchmal reicht dazu bereits ein wenig Freundlichkeit und Respekt.

## Literatur

Allerbeck M (1977) Ausgewählte Probleme der Führungsforschung. Eine empirische Studie. Universitätsverlag, München

Allerbeck M (1978) Fragebögen zur Vorgesetzten-Verhaltensbeschreibung. Probleme und Ergebnisse. Psychologie und Praxis 22 (2):69–83

Becker L, Ehrhardt J, Gora W (2009) Vorwort der Herausgeber der Buchreihe. In: Kromm W, Frank G (Hrsg) Unternehmensressource Gesundheit. Weshalb die Folgen schlechter Führung kein Arzt heilen kann. Symposion, Düsseldorf, S 15

Becker M, Ehlbeck I, Prümper J (2009) Freundlichkeit und Respekt als Motor der Arbeitsfähigkeit. In: Giesert M (Hrsg) Gesundheitsgipfel an der Zugspitze. vsa, Hamburg, S 62–74

Blake RR, Mouton JS (1964) The Managerial Grid: The Key to Leadership Excellence. Gulf, Houston

Bortz J, Lienert GA, Boehnke K (2008) Verteilungsfreie Methoden in der Biostatistik. 3., korrigierte Auflage. Springer, Berlin

Einhorn S (2007) Die Kunst, ein freundlicher Mensch zu sein. Hoffmann und Campe, Hamburg

Fittkau-Garthe H, Fittkau B (1971) FVVB – Fragebogen zur Vorgesetzten-Verhaltens-Beschreibung. Hogrefe, Göttingen

Fleishman EA, Harris EF (1962) Patterns of leadership behavior related to employee grievances and turnover. Personnel Psychology 15 (2):43–56

Fleishman EA, Harris EF, Burtt HE (1955) Leadership and supervision in industry. Ohio State University press, Ohio

Funke U, Stork J (2003) Führung und psychische Gesundheit. In: Psychische Belastungen am Arbeitsplatz. Schriftenreihe der Bundesanstalt für Arbeitsschutz und Arbeitsmedizin, Tb 135:165–180

Hasselhorn H-M, Freude G (2007) Der Work Ability Index – Ein Leitfaden. Bundesanstalt für Arbeitsschutz und Arbeitsmedizin, Dortmund

Ilmarinen J (1999) Ageing workers in the European Union – status and promotion of work ability, employability and employment. Finnish Institute of Occupational Health, Ministry of Social Affairs and Health, Ministry of Labour, Helsinki

Ilmarinen J (2005) Towards a longer worklife! Ageing and the quality of worklife in the European Union. Finnish Institute of Occupational Health, Helsinki

Ilmarinen J, Tempel J (2002) Arbeitsfähigkeit 2010. Was können wir tun, damit Sie gesund bleiben? vsa, Hamburg

Ilmarinen J, Tempel J (2003) Erhaltung, Förderung und Entwicklung der Arbeitsfähigkeit – Konzepte und Forschungsergebnisse aus Finnland. In: Badura B, Vetter C, Schellschmidt H (Hrsg) Fehlzeiten-Report 2002. Demographischer Wandel: Herausforderung für die betriebliche Personal- und Gesundheitspolitik. Zahlen, Daten, Analysen aus allen Branchen der Wirtschaft. Springer, Berlin, S 85–99

Kaplan Thaler L, Koval R (2008) The Power of Nice: Wie Sie die Welt mit Freundlichkeit erobern können. dtv, München

Nachreiner F (1974) Zur Frage der Validität von Fragebögen zur Beschreibung des Vorgesetztenverhaltens. unveröffentl. Diss. Köln

Nieder P (1998) Fehlzeiten wirksam reduzieren. Gabler, Wiesbaden

Nieder P (2000) Führung und Gesundheit. Die Rolle der Vorgesetzten im Gesundheitsmanagement. In: Brandenburg U, Susen B, Nieder P (Hrsg) Gesundheitsmanagement im Unternehmen. Grundlagen, Konzepte und Evaluation. Juventa, Weinheim, S 149–161

Prümper J, Richenhagen G (2011) Von der Arbeitsunfähigkeit zum Haus der Arbeitsfähigkeit. Der Work Ability Index und seine Anwendung. In: Seyfried B (Hrsg) Ältere Beschäftigte: Zu jung, um alt zu sein. Konzepte – Forschungsergebnisse – Instrumente. Bertelsmann, Bielefeld, S 135–146

Prümper J, Thewes K, Becker M (2011) The Effect of Job Control and Quantitative Workload on the different Dimensions of the Work Ability Index. In: Nygard C-H, Savanainen M, Lumme-Sand K et al (eds) Age management during the life course. Tampere University Press, Tampere (in press)

Przygodda M, Arentz K-P, Quast H-H et al (1991) Vorgesetztenverhalten und Fehlzeiten in Organisationen – eine Studie mit Rettungssanitätern im kommunalen Rettungsdienst. Zeitschrift für Arbeits-und Organisationspsychologie 35: 179–186

Richenhagen G (2009) Leistungsfähigkeit, Arbeitsfähigkeit, Beschäftigungsfähigkeit und ihre Bedeutung für das Age Management. In: Freude G, Falkenstein M, Zülich J (Hrsg) Förderung und Erhalt intellektueller Fähigkeiten für ältere Arbeitnehmer. INQA-Bericht 39, Dortmund, S 73–86

Rosenstiel L von (2001) Führung. In: Schuler H (Hrsg) Lehrbuch der Personalpsychologie. Hogrefe, Göttingen, S 317–347

Schmidt K-H (1996) Wahrgenommenes Vorgesetztenverhalten, Fehlzeiten und Fluktuation. Zeitschrift für Arbeits- und Organisationspsychologie 40 (2):54–62

Schmidt-Brasse U, Neuberger O (1973) Vorgesetztenverhalten, Zufriedenheit und Absentismus. Zeitschrift für experimentelle und angewandte Psychologie 20:663–683

Siegrist J (1996) Soziale Krisen und Gesundheit. Eine Theorie der Gesundheitsförderung am Beispiel von Herz-Kreislauf-Risiken im Erwerbsleben. Göttingen, Hogrefe

Tuomi K, Ilmarinen J, Jahkola A et al (2003) Arbeitsbewältigungsindex/Work Ability Index (Übersetzung der 2., revidierten Fassung). Wirtschaftsverlag NW, Bremerhaven

# Kapitel 5

# Gesundheits- und entwicklungsförderliches Führungsverhalten: ein Analyseinstrument

S. Vincent

**Zusammenfassung.** *Es besteht breiter Konsens darüber, dass Führungskräfte einen Einfluss auf die Gesundheit ihrer Mitarbeiter ausüben. Über Ausmaß und Art der Einflussnahme ist bislang jedoch wenig bekannt. Der Beitrag stellt einen neuen Führungsansatz dar, der Erkenntnisse aus der Stress- und der Führungsforschung miteinander verknüpft. Dieser integrative Ansatz dient als Grundlage für die Entwicklung eines Instruments zur Erfassung gesundheits- und entwicklungsförderlichen Führungsverhaltens. Anhand der neu entwickelten Gesundheits- und Entwicklungsförderlichen FührungsverhaltensAnalyse (GEFA) wurden 1.278 Beschäftigte zum Verhalten ihres direkten Vorgesetzten befragt. Zudem wurde das transformationale Führungsverhalten erfasst und Indikatoren für die Gesundheit der Mitarbeiter erhoben. Es konnten gesundheitsrelevante Verhaltensweisen der Führungskräfte identifiziert und differenzierte Erkenntnisse über das Zusammenspiel zwischen Führung und Gesundheit der Beschäftigten gewonnen werden. Aus den Ergebnissen wurde ein Modell gesundheits- und entwicklungsförderlicher Führung abgeleitet. Ferner konnte gezeigt werden, dass die GEFA sämtliche Befindensindikatoren besser vorhersagt als die transformationale Führung. Daraus wurden Ansatzpunkte für führungsbezogene Gesundheitsförderungsmaßnahmen abgeleitet, bei denen die Führungskraft als (Mit-)Gestalterin der Arbeitsaufgaben und Arbeitsbedingungen im Fokus steht.*

## 5.1    Einführung

Sowohl in der betrieblichen Gesundheitsförderung als auch in der wissenschaftlichen Forschung rückt das Thema Mitarbeiterführung als gesundheitsrelevanter Faktor in den letzten Jahren zunehmend ins Zentrum der Aufmerksamkeit (Gregersen et al. 2010). In den meisten Studien wurde diese Beziehung anhand wissenschaftlich etablierter Führungskonzepte erfasst. Es wird jedoch kritisiert, die in der Wissenschaft dominierenden Führungstheorien seien zu undifferenziert und kaum für die Praxis nutzbar (Brücker 2009). Da diese Theorien ursprünglich nicht im Hinblick auf die Gesundheit der Mitarbeiter entwickelt wurden, ist der Erkenntnisgewinn begrenzt und die Ableitung von konkreten Maßnahmen zur Gesundheitsförderung der Mitarbeiter schwierig. In der Praxis werden deshalb häufig „selbst gestrickte" Führungsfragebögen eingesetzt, die zwar praxisrelevant sind, den Anforderungen wissenschaftlicher Güte jedoch nicht gerecht werden.

Ein zentrales Ziel war deshalb, ein Instrument zu entwickeln, das die wissenschaftlichen Gütekriterien erfüllt und gleichzeitig den Anforderungen in der Praxis gerecht wird. Anhand der Gesundheits- und Entwicklungsförderlichen FührungsverhaltensAnalyse (GEFA) sollen Erkenntnisse darüber gewonnen werden, welche Verhaltensweisen von Führungskräften einen Effekt auf die Gesundheit und das Wohlbefinden der Mitarbeiter haben und wie bzw. durch welches Verhalten die Gesundheit und die Entwicklung der Mitarbeiter durch ihre Führungskraft gefördert werden kann.

„Die Frage, in welcher Weise das Führungsverhalten auf die Gesundheit Einfluss nimmt, konnte jedoch noch nicht befriedigend geklärt werden".

## 5.2 Führung und Gesundheit der Mitarbeiter: Stand der Forschung

In etwa 100 Jahren Führungsforschung wurde vor allem der Einfluss des Führungsverhaltens auf die Leistung, Motivation und Arbeitszufriedenheit der Beschäftigten untersucht (vgl. Judge u. Piccolo 2004). In den letzten Jahren zeichnet sich jedoch ein zunehmendes Interesse daran ab, welchen Einfluss das Führungsverhalten auf die Gesundheit und das Wohlbefinden der Mitarbeiter hat. Eine Metaanalyse (Kuoppala et al. 2008) und zwei aktuelle Überblicksartikel (Skakon et al. 2010; Gregersen et al. 2010) zu diesem Thema fassen die bisherigen Forschungsergebnisse systematisch zusammen.

Das am häufigsten untersuchte Führungskonzept im Zusammenhang mit der Gesundheit und dem Wohlbefinden der Mitarbeiter ist die *transformationale Führung*. Bei diesem Führungskonzept werden hohe moralische und ethische Standards verfolgt, attraktive Visionen formuliert, die Mitarbeiter intellektuell stimuliert und ihre individuellen Bedürfnisse berücksichtigt.

Die Befunde sprechen dafür, dass transformationale Führung negativ mit Burnout-Indikatoren zusammenhängt (z. B. Cole u. Bedeian 2007; Corrigan et al. 2002; Densten 2005; Dubinsky et al. 1995; Hetland et al. 2007; Stordeur et al. 2001). Ebenfalls negative Zusammenhänge finden sich mit arbeitsbezogenem Stresserleben (z. B. Dubinsky et al. 1995; Liu et al. 2009; Rowold u. Heinitz 2008; Sosik u. Godshalk 2000), depressiven Symptomen (z. B. Munir et al. 2009) und psychosomatischen Beschwerden, wobei dieser Zusammenhang sehr gering ausgeprägt ist (Liu et al. 2009; Rowold u. Heinitz 2008). Positive Zusammenhänge bestehen mit dem subjektivem Wohlbefinden (z. B. Arnold et al. 2007; Nielsen et al. 2008a; Nielsen et al. 2008b).

Zusammenfassend ist eine empirische Evidenz dafür festzustellen, dass bedeutsame Zusammenhänge zwischen Führung und der Gesundheit der Mitarbeiter bestehen. Allerdings sind die Zusammenhänge niedrig bis moderat und variieren zum Teil recht stark. Aus den Ergebnissen lässt sich nur schwer ableiten, was gesundheitsförderliche Führung genau ausmacht, mittels welcher Mechanismen das Führungsverhalten wirkt und welche konkreten Maßnahmen zur Gesundheitsförderung abgeleitet werden können (Franke et al. in Druck). Gregersen et al. (2010) kommen in ihrem Überblicksartikel zu Führung und Gesundheit zu folgendem Schluss:

## 5.3 Die Rolle der Arbeitsaufgaben und der Arbeitsbedingungen

Die aktuelle Herausforderung der Wissenschaft besteht darin, die Beziehung zwischen dem Führungsverhalten und der Gesundheit der Mitarbeiter zu klären, um gezielte Ansatzpunkte für die Gesundheitsförderung durch die Führungskraft in der Praxis zu liefern.

Ursprünglich wurde von einer **direkten** Beziehung zwischen Führung und Wohlbefinden der Mitarbeiter ausgegangen. Neuere Studien verweisen jedoch auf einen **indirekten** Zusammenhang, der durch Arbeitsmerkmale vermittelt wird. In einer Längsschnittstudie konnte gezeigt werden, dass die transformationale Führung einen Einfluss auf Merkmale der Arbeitsaufgabe und der Arbeitsbedingungen – wie Rollenklarheit, Bedeutsamkeit der Aufgabe und Weiterentwicklungsmöglichkeiten – ausübt und darüber indirekt auf das Wohlbefinden der Mitarbeiter wirkt (Nielsen et al. 2008a) (◘ Abb. 5.1). Ein direkter Einfluss von transformationaler Führung auf das Wohlbefinden der Mitarbeiter konnte nicht nachgewiesen werden. Dieses Ergebnis verdeutlicht, dass die Merkmale der Arbeitsaufgabe und Arbeitsbedingungen bei der Beschreibung der Beziehung zwischen Führungsverhalten und dem Wohlbefinden der Mitarbeiter eine zentrale Rolle spielen.

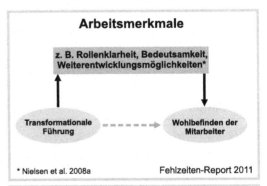

◘ **Abb. 5.1** Indirekter Einfluss des Führungsverhaltens auf das Wohlbefinden der Mitarbeiter mit Arbeitsmerkmalen als vermittelnde Variable (Mediator)

Zahlreiche Publikationen heben den Einfluss des Führungsverhaltens auf Arbeitsmerkmale und die damit verbundenen Auswirkungen auf das Wohlbefinden der Mitarbeiter hervor (z. B. Ducki 2009; Gregersen u. Zimber 2008; Spieß u. Stadler 2007; Stadler 2009; Wieland et al. 2009; Wilde et al. 2009). Dieser Fokus impliziert eine stärkere Verzahnung zwischen Forschung zu Führung und Wohlbefinden auf der einen Seite und Forschung zu Arbeitsbedingungen und Wohlbefinden auf der anderen Seite. Ziel bei der Entwicklung des Instruments war es deshalb, eine Verbindung zwischen Stress- und Führungsforschung im Hinblick auf die Gesundheit der Mitarbeiter herzustellen und den Einfluss des Führungsverhaltens auf die Arbeitsaufgabe und Arbeitsbedingungen der Mitarbeiter in differenzierter Form zu berücksichtigen.

## 5.4 Theoretische Grundlagen des Instruments

Es existiert eine Vielzahl von Modellen zu Arbeit und Gesundheit, in denen die Betrachtung der Arbeitsaufgaben und Arbeitsbedingungen eine zentrale Rolle spielt (für einen Überblick s. Zapf u. Semmer 2004). In Anlehnung an eine handlungsregulationstheoretische Klassifikation von Tätigkeitsmerkmalen werden die Arbeitsmerkmale im zugrunde gelegten theoretischen Rahmenmodell des Instruments in *Anforderungen*, *Stressoren* und *Ressourcen* eingeteilt. Laut Bamberg et al. (2003) sind Anforderungen entscheidend dafür, ob die Arbeitstätigkeit Entwicklungsmöglichkeiten bietet, d. h. ob Möglichkeiten gegeben sind, Wissen und Kompetenzen umzusetzen und zu erweitern. Stressoren sind potenziell stressauslösend und beeinträchtigen die Erschließung neuer Handlungsbereiche. Ressourcen sind entscheidend für die Frage, ob Anforderungen erfüllt und Belastungen bewältigt werden können.

Führungskräfte spielen bei der Ausformung der Konstellation von Anforderungen, Stressoren und Ressourcen eine zentrale Rolle:

Hohe Arbeitsanforderungen im Sinne komplexer Denk- und Planungserfordernisse werden als bedeutsame Quelle von Gesundheit betrachtet, da sie Lern- und Entwicklungspotenziale in sich bergen. Die Kernvariable der Anforderungen bildet die Komplexität (Zapf u. Semmer 2004). Durch die Delegation von komplexen Aufgaben kann die Führungskraft die Mitarbeiter fordern und ihre Kompetenzen entwickeln.

Als Stressoren werden all jene Arbeitselemente definiert, die mit erhöhter Wahrscheinlichkeit zu einer Stressreaktion beim arbeitenden Menschen führen (Greif 1991). Sowohl durch die Delegation von zu schwierigen Aufgaben, die die Fähigkeiten des Mitarbeiters übersteigen, als auch durch die Übertragung von zu vielen Aufgaben, die ihn unter Zeitdruck setzen,

kann die Führungskraft die Entstehung von Stress bei den Mitarbeitern begünstigen.

Ressourcenkonzepte, die die Beantwortung der Frage anstreben, was Personen befähigt, trotz zahlreicher Anforderungen und Belastungen gesund zu bleiben, stehen zunehmend im Zentrum des Forschungsinteresses (Ducki 2000). In Anlehnung an den Grundgedanken des *Salutogenesekonzepts* (Antonovsky 1987) liegt der Fokus des neu entwickelten Instruments auf ressourcenbezogenem Führungsverhalten. Dadurch soll geklärt werden, welche Verhaltensweisen der Führungskraft einen positiven Effekt auf die Gesundheit der Mitarbeiter haben.

Situative Ressourcen lassen sich als aufgabenbezogene, soziale und organisationale Bedingungen mit gesundheitsschützendem und -förderndem Charakter beschreiben, die Handlungs- und Bewältigungsmöglichkeiten eröffnen, um mit stressrelevanten Bedingungen besser umgehen zu können (Udris et al. 1992). Die Führungskraft verfügt über vielfältige Möglichkeiten, die Ressourcen der Mitarbeiter positiv zu beeinflussen und ihnen damit die Bewältigung der Aufgaben zu erleichtern: indem sie beispielsweise Handlungsspielräume ermöglicht, Ziele erläutert oder Aufgaben und Verantwortlichkeiten klärt. Neben den aufgabenbezogenen Ressourcen hat die Führungskraft einen erheblichen Einfluss auf soziale Ressourcen im Arbeitskontext, wie z. B. Lob und Anerkennung von Leistungen, ein angemessener Umgang mit Konflikten, die Förderung der Zusammenarbeit der Mitarbeiter oder die Fürsorge im Hinblick auf das Wohlbefinden der Mitarbeiter.

Anhand der Gesundheits- und Entwicklungsförderlichen FührungsverhaltensAnalyse wird der **direkte** Einfluss des Führungsverhaltens auf die Anforderungen, Stressoren und Ressourcen der Mitarbeiter erfasst (◘ Abb. 5.2).

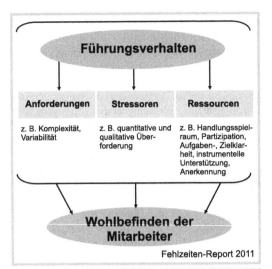

**Führungsverhalten**

| Anforderungen | Stressoren | Ressourcen |
|---|---|---|
| z. B. Komplexität, Variabilität | z. B. quantitative und qualitative Überforderung | z. B. Handlungsspielraum, Partizipation, Aufgaben-, Zielklarheit, instrumentelle Unterstützung, Anerkennung |

**Wohlbefinden der Mitarbeiter**

Fehlzeiten-Report 2011

◻ **Abb. 5.2** Theoretisches Rahmenmodell der Gesundheits- und Entwicklungsförderlichen FührungsverhaltensAnalyse (GEFA)

## 5.5 Darstellung der Untersuchung

Im Rahmen eines Forschungsprojektes an der Universität Hamburg wurden Mitarbeiter befragt, die einer direkten Führungskraft unterstellt sind. Zusätzlich wurden Indikatoren für das Wohlbefinden der Beschäftigten erhoben.

### 5.5.1 Stichprobe

Insgesamt haben sich 1.278 Beschäftigte an der Online-Befragung beteiligt. Die Mehrheit der Befragten (ca. 75 Prozent) ist im Bereich Informations- und Kommunikationstechnologie beschäftigt. Das Durchschnittsalter der Befragten betrug 40 Jahre. Der Frauenanteil in der Stichprobe lag bei 44 Prozent. Die durchschnittliche wöchentliche Arbeitszeit betrug 40 Stunden pro Woche. Ca. 20 Prozent der Befragten verfügten über Führungsverantwortung.

### 5.5.2 Untersuchungsinstrumente

Zur Messung des Führungsverhaltens wurde die Kurzversion der Gesundheits- und Entwicklungsförderlichen FührungsverhaltensAnalyse eingesetzt, die sehr zufriedenstellende psychometrische Kennwerte aufweist (Vincent, in Vorbereitung). Zudem wurden die fünf Subskalen der transformationalen Führung aus dem Multifactor Leadership Questionnaire (MLQ 5x, 20 Items) (Bass u. Avolio 1995; Felfe 2006) eingesetzt, um einen Vergleich der Instrumente zu ermöglichen.

Als Indikatoren für das Wohlbefinden wurden folgende Variablen abgefragt:
- **Irritation**: 8 Items (Mohr et al. 2005)
  Beispielitem: Wenn ich müde von der Arbeit nach Hause komme, bin ich ziemlich nervös.
- **Emotionale Erschöpfung**: 9 Items (Enzmann u. Kleiber 1989)
  Beispielitem: Durch meine Arbeit fühle ich mich ausgebrannt.
- **Psychosomatische Beschwerden**: 9 Items (Mohr u. Müller 2004)
  Beispielitem: Haben Sie Kopfschmerzen?
- **Work Ability**: 3 Items aus dem Work Ability Index (Ilmarinen et al. 1997)
  Beispielitem: Waren Sie in letzter Zeit aktiv und rege?
- **Berufliche Selbstwirksamkeitserwartung**: 6 Items (Rigotti et al. 2008)
  Beispielitem: Beruflichen Schwierigkeiten sehe ich gelassen entgegen, weil ich mich immer auf meine Fähigkeiten verlassen kann.

## 5.6 Ergebnisse

### 5.6.1 Deskriptive Statistiken

Die Kurzversion der Gesundheits- und Entwicklungsförderlichen FührungsverhaltensAnalyse besteht aus 14 Skalen und 35 Items. Die Kennwerte der Skalen und Beispielitems sind in ◻ Tab. 5.1 aufgeführt.

### 5.6.2 Zusammenhänge

Alle Skalen der GEFA weisen substanzielle und signifikante Zusammenhänge mit dem Befinden auf.

Für *Irritation* ergeben sich Zusammenhänge von bis zu r = .31; Korrelationen ≥ .30 zeigen quantitative und qualitative Überforderung.

Für *emotionale Erschöpfung* ergeben sich Zusammenhänge von bis zu r = .42; Korrelationen ≤ -.30 zeigen Klarheit/Transparenz, Anerkennung/Feedback und Integrität/Fairness. Quantitative und qualitative Überforderung korrelieren positiv zu r = .42 und r = .33.

Für *psychosomatische Beschwerden* ergeben sich Zusammenhänge von bis zu r = .23; Korrelationen ≥ .20 zeigen quantitative und qualitative Überforderung.

◻ **Tab. 5.1** Führungsskalen, Beispielitems, Itemanzahl, Mittelwerte (M), Standardabweichungen (s), interne Konsistenzen (Cronbachs α), Variationsbreite der Trennschärfen (rit)

| Skalen | Beispielitems: Meine Führungskraft… | Item-Anzahl | M | s | α | $r_{it}$ |
|---|---|---|---|---|---|---|
| Quantitative Überforderung | …setzt mich häufig unter Zeitdruck. | 3 | 2.07 | 0,98 | .86 | .72–.75 |
| Qualitative Überforderung | …überträgt mir zu viel Verantwortung. | 3 | 1.58 | 0,65 | .81 | .60–.74 |
| Komplexität/Variabilität | … überträgt mir Aufgaben, die den Einsatz von vielfältigen Fähigkeiten und Fertigkeiten erfordern. | 3 | 3.53 | 0.92 | .86 | .60–.78 |
| Handlungsspielraum | …überträgt mir weitgehend die Planung, Ausführung und Kontrolle meiner Arbeit. | 2 | 4.14 | 0.84 | .80 | .67 |
| Partizipation | …beteiligt mich bei der Gestaltung von Veränderungen. | 3 | 3.56 | 0.92 | .84 | .65–.76 |
| Instrumentelle Unterstützung/Information | …unterstützt mich im Arbeitsprozess, wenn ich Schwierigkeiten habe. | 3 | 3.64 | 0.91 | .82 | .64–.70 |
| Klarheit/Transparenz | …erläutert die zu erreichenden Ziele nachvollziehbar. | 3 | 3.61 | 0.93 | .84 | .59–.79 |
| Anerkennung/Feedback | …lässt mich wissen, wie gut ich meine Arbeit mache. | 2 | 3.38 | 1.04 | .85 | .71 |
| Konfliktmanagement | …sucht bei Konflikten mit den Beteiligten nach Lösungen. | 2 | 3.69 | 1.02 | .77 | .63 |
| Kooperation | …ermutigt die Mitarbeiter, sich gegenseitig zu unterstützen. | 2 | 3.80 | 1.02 | .92 | .86 |
| Karriereunterstützung | …fördert mein berufliches Vorankommen. | 2 | 2.60 | 1.11 | .86 | .76 |
| Integrität/Fairness | …hält sich an Absprachen und Vereinbarungen. | 3 | 4.07 | 0.89 | .83 | .58–.75 |
| Vertrauen in die Fähigkeiten der Mitarbeiter | …zeigt Vertrauen in meine Fähigkeiten und Handlungen. | 2 | 4.17 | 0.83 | .84 | .73 |
| Fürsorge | …ermutigt mich, eine gute Balance zwischen Berufs- und Privatleben zu finden. | 2 | 3.21 | 1.14 | .85 | .74 |

*Anmerkungen:* N = 1.278; fünfstufige Antwortskala
trifft nicht zu (1), trifft wenig zu (2), trifft etwas zu (3), trifft überwiegend zu (4), trifft völlig zu (5)

Fehlzeiten-Report 2011

Für *Work Ability* ergeben sich Zusammenhänge von bis zu r = .36; Korrelationen ≥ .30 zeigen Komplexität/Variabilität, Partizipation, Klarheit/Transparenz, Unterstützung/Information, Handlungsspielraum, Kooperation, Anerkennung/Feedback, Integrität/Fairness und Vertrauen in die Fähigkeiten der Mitarbeiter.

Bei der *beruflichen Selbstwirksamkeitserwartung* betragen die Zusammenhänge bis zu r = .39; Korrelationen ≥ .30 zeigen Komplexität/Variabilität, Vertrauen in die Fähigkeiten der Mitarbeiter, Partizipation, Handlungsspielraum, Integrität/Fairness. Qualitative Überforderung korreliert negativ zu r = -.35.

Die transformationalen Führungsskalen zeigen einen Zusammenhang von bis zu r = .35 mit Work Ability. Mit emotionaler Erschöpfung beträgt der Zusammenhang

bis zu r = -.29, mit der beruflichen Selbstwirksamkeit bis zu r = .28, mit der Irritation bis zu r = -.17 und mit den psychosomatischen Beschwerden bis zu r = -.12.

### 5.6.3 Führungsfaktoren

Um zu überprüfen, welche Faktoren den 14 Skalen auf einer übergeordneten Ebene zugrunde liegen, wurden die Skalen anhand einer explorativen Faktorenanalyse gebündelt. Es ergeben sich drei Faktoren höherer Ordnung (◻ Tab. 5.2). Der erste Faktor enthält mehrere ressourcenbezogene Skalen, die die Mitarbeiter zum einen dabei unterstützen, ihre Aufgaben zu bewältigen und zum anderen das soziale Miteinander fördern; wie

| Skalen | Faktor I | Faktor II | Faktor III |
|---|---|---|---|
| **◻ Tab. 5.2** Hauptkomponentenanalyse auf Skalenebene mit orthogonaler Varimax-Rotation | | | |
| Anerkennung/Feedback | .80 | | |
| Fürsorge | .78 | | |
| Konfliktmanagement | .77 | | |
| Unterstützung/Information | .76 | | |
| Klarheit/Transparenz | .76 | | |
| Karriereunterstützung | .73 | | |
| Kooperation | .72 | | |
| Integrität/Fairness | .72 | | |
| Handlungsspielraum | | .85 | |
| Komplexität/Variabilität | | .76 | |
| Vertrauen in die Fähigkeiten der Mitarbeiter | | .74 | |
| Partizipation | .46 | .71 | |
| Qualitative Überforderung | | | .87 |
| Quantitative Überforderung | | | .78 |
| Varianzanteil | 37 % | 22 % | 13 % |

Anmerkung. Ladungen < .40 sind nicht angezeigt

Fehlzeiten-Report 2011

z. B. Unterstützung/Information, Klarheit/Transparenz, Anerkennung/Feedback, Konfliktmanagement, Kooperation, Fürsorge. Dieser Faktor wird als *unterstützungsorientierte Führung* bezeichnet.

Der zweite Faktor beinhaltet Skalen, die es den Mitarbeitern ermöglichen, die eigenen Fähigkeiten einzubringen und zu entfalten; wie Komplexität/Variabilität, Handlungsspielraum, Partizipation, Vertrauen in die Fähigkeiten der Mitarbeiter. Dieser Faktor wird als *entwicklungsorientierte Führung* bezeichnet.

Der dritte Faktor umfasst die beiden Skalen quantitative und qualitative Überforderung. Hier wird von *überfordernder Führung* gesprochen.

## 5.6.4 Gruppenvergleiche

Es wurde angenommen, dass die Mitarbeiter von Führungskräften, die ein stark überforderndes Führungsverhalten, ein wenig unterstützungsorientiertes und ein wenig entwicklungsorientiertes Führungsverhalten zeigen, die stärksten Befindensbeeinträchtigungen aufweisen. Analog sollten die Mitarbeiter, deren Führungskräfte sie wenig überfordern und eine hohe

Unterstützungs- und hohe Entwicklungsorientierung zeigen, das beste Befinden aufweisen.

Zur Überprüfung dieser Annahme wurden die Führungsfaktoren medianhalbiert. Aus der kombinierten Ausprägung der drei Führungsfaktoren ergeben sich acht Gruppen. Die Mittelwerte der Befindensindikatoren werden nach den Gruppen aufgeschlüsselt in ◻ Tab. 5.3 dargestellt.

Hypothesenkonform weisen die Mitarbeiter, bei denen das Führungsverhalten durch eine hohe Überforderung, geringe Entwicklungsorientierung und geringe Unterstützungsorientierung gekennzeichnet ist, die höchsten Mittelwerte in sämtlichen Indikatoren für Gesundheitsbeeinträchtigung bzw. den geringsten Mittelwert mit den Positivindikatoren Work Ability und der beruflichen Selbstwirksamkeitserwartung auf. Ebenfalls hypothesenkonform zeigt sich, dass bei den Mitarbeitern mit den niedrigsten Mittelwerten bei Irritation, emotionaler Erschöpfung und psychosomatischen Beschwerden die überfordernde Führung gering und die entwicklungs- sowie unterstützungsorientierte Führung hoch ausgeprägt sind. Bei der Work Ability und der beruflichen Selbstwirksamkeitserwartung verhält es sich genau umgekehrt.

Die Mittelwertunterschiede der Extremgruppen (1 und 8) sind hochsignifikant und weisen große Effekte auf. Aus diesen Ergebnissen lässt sich ein **Modell gesundheits- und entwicklungsförderlicher Führung** ableiten (◻ Abb. 5.3).

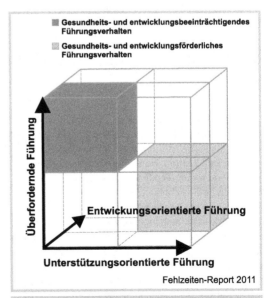

**◻ Abb. 5.3** Modell gesundheits- und entwicklungsförderlicher Führung

◧ **Tab. 5.3** Gruppenmittelwerte nach Mediansplit der Führungsfaktoren

| Gruppe | N | Irritation | | Emotionale Erschöpfung | | Psychosomatische Beschwerden | | Work Ability | | Berufliche Selbstwirksamkeitserwartung | |
|---|---|---|---|---|---|---|---|---|---|---|---|
| | | M | s | M | s | M | s | M | s | M | s |
| 1 | 364 | 3.46 | 1.32 | 2.97 | 1.30 | 2.55 | 0,82 | 3,13 | 0,70 | 3,77 | 0,96 |
| 2 | 63 | 3.02 | 1.30 | 2.26 | 1.11 | 2.28 | 0,82 | 3,51 | 0,61 | 4,19 | 1,05 |
| 3 | 74 | 3.18 | 1.25 | 2.41 | 1.11 | 2.23 | 0,68 | 3,55 | 0,66 | 4,57 | 0,91 |
| 4 | 135 | 3.07 | 1.20 | 2.12 | 1.00 | 2.28 | 0,75 | 3,68 | 0,64 | 4,49 | 0,78 |
| 5 | 147 | 2.61 | 1.14 | 2.07 | 1.10 | 2.08 | 0,73 | 3,38 | 0,72 | 4,05 | 1,24 |
| 6 | 77 | 2.61 | 1.20 | 1.84 | 0.93 | 2.09 | 0,70 | 3,60 | 0,66 | 4,17 | 1,21 |
| 7 | 67 | 2.64 | 1.08 | 1.98 | 1.10 | 2.22 | 0,74 | 3,50 | 0,72 | 4,60 | 0,86 |
| 8 | 351 | 2.58 | 1.11 | 1.72 | 0.80 | 2.04 | 0,70 | 3,83 | 0,62 | 4,70 | 0,81 |
| g* | | 0.68 | | 1.15 | | 0.67 | | -1.1 | | -1.1 | |

Anmerkungen:

Gruppe 1: Überfordernde F.: hoch; Entwicklungsorientierte F.: niedrig; Unterstützungsorientierte F.: niedrig

Gruppe 2: Überfordernde F.: hoch; Entwicklungsorientierte F.: niedrig; Unterstützungsorientierte F.: hoch

Gruppe 3: Überfordernde F.: hoch; Entwicklungsorientierte F.: hoch; Unterstützungsorientierte F.: niedrig

Gruppe 4: Überfordernde F.: hoch; Entwicklungsorientierte F.: hoch; Unterstützungsorientierte F.: hoch

Gruppe 5: Überfordernde F.: niedrig; Entwicklungsorientierte F.: niedrig; Unterstützungsorientierte F.: niedrig

Gruppe 6: Überfordernde F.: niedrig; Entwicklungsorientierte F.: niedrig; Unterstützungsorientierte F.: hoch

Gruppe 7: Überfordernde F.: niedrig; Entwicklungsorientierte F.: hoch; Unterstützungsorientierte F.: niedrig

Gruppe 8: Überfordernde F.: niedrig; Entwicklungsorientierte F.: hoch; Unterstützungsorientierte F.: hoch

* Effektstärke „Hedges g" nach Hedges u. Olkin (1985) für die Mittelwertunterschiede der Extremgruppen 1 und 8; Effektgrößen von 0,20 gelten als klein, von 0,50 als mittel und von 0,80 als groß (Bortz u. Döring 2006, S. 606).

## 5.6.5 Vorhersage des Befindens durch die GEFA

Eine zentrale Hypothese, die es zu untersuchen galt, war, dass die Gesundheits- und Entwicklungsförderliche FührungsverhaltensAnalyse mehr Varianz in den Befindensindikatoren aufklärt, d. h. das Befinden besser vorhersagen kann als die transformationalen Führungsskalen aus dem MLQ, die in den bisherigen Untersuchungen am häufigsten im Hinblick auf das Wohlbefinden der Mitarbeiter erfasst wurden.

Zur Untersuchung dieser Hypothesen wurden hierarchische Regressionsanalysen durchgeführt (◧ Tab. 5.4). Anhand dieses statistischen Verfahrens lässt sich die Vorhersagekraft des Führungsverhaltens messen. Als Kontrollvariablen wurden Geschlecht, Alter, Berufserfahrung und Arbeitsstunden pro Woche eingesetzt. In

◧ **Tab. 5.4** Varianzaufklärung der hierarchischen Regressionsanalysen (Angaben in Prozent)

| | Irritation | Emotionale Erschöpfung | Psychosomatische Beschwerden | Work Ability | Berufliche Selbstwirksamkeitserwartung |
|---|---|---|---|---|---|
| **Schritt 1** | | | | | |
| Kontrollvariablen (korr. $\Delta R^2$) | 6 | 6 | 3 | 0 | 4 |
| **Schritt 2** | | | | | |
| a) MLQ (korr. $\Delta R^2$) | 4 | 14 | 4 | 17 | 7 |
| b) GEFA (korr. $\Delta R^2$) | 14 | 26 | 9 | 25 | 18 |
| **Schritt 3** | | | | | |
| a) MLQ (unter Kontrolle von GEFA) (korr. $\Delta R^2$) | 0 | 0 | 0 | 0 | 0 |
| b) GEFA (unter Kontrolle von MLQ) (korr. $\Delta R^2$) | 10 | 12 | 5 | 8 | 11 |

einem zweiten Schritt wurden jeweils die transformationale Führung (2a) und die GEFA (2b) aufgenommen. Hier zeigt sich in sämtlichen Befindensindikatoren eine höhere Varianzaufklärung für die GEFA. Um zu überprüfen, ob die GEFA über die transformationale Führung hinaus Varianz aufklärt, wurden in einem dritten Schritt zunächst der MLQ aufgenommen und als letztes die GEFA integriert. Es zeigt sich, dass die Gesundheits- und entwicklungsförderliche FührungsverhaltensAnalyse im Vergleich zur transformationalen Führung in sämtlichen Befindensindikatoren einen substanziellen zusätzlichen Beitrag zur Varianzaufklärung leistet. Diese zusätzliche Varianzaufklärung beträgt zwischen 5 Prozent und 12 Prozent (Schritt 3b). Die transformationale Führung klärt im Vergleich zur GEFA hingegen keine zusätzliche Varianz auf (Schritt 3a). Dies bedeutet, dass anhand des neuen Instruments GEFA das Befinden der Mitarbeiter durch das Führungsverhalten besser vorhergesagt werden kann als durch die transformationale Führung.

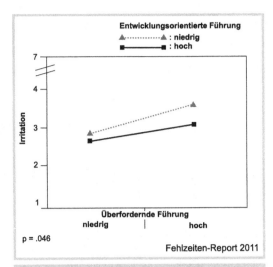

◧ **Abb. 5.4** Moderatoreffekt von entwicklungsorientierter Führung auf den Zusammenhang zwischen überfordernder Führung und Irritation der Beschäftigten

### 5.6.6    Wechselwirkungen zwischen verschiedenen Führungsverhaltensweisen

Es wird vermutet, dass nicht nur einzelne Verhaltensweisen der Führungskraft für sich genommen eine wichtige Rolle für das Befinden der Mitarbeiter spielen, sondern dass durch gleichzeitiges Auftreten verschiedener Verhaltensweisen unterschiedliche Effekte erzielt werden, aus denen sich praktische Implikationen ableiten lassen.

Die Analyse der Kombination der drei ermittelten Führungsfaktoren soll Aufschluss darüber geben, welche Relevanz das Zusammenspiel der Verhaltensweisen hat. Um dies zu untersuchen, wurden Moderatoranalysen mit den Führungsfaktoren und den Befindensindikatoren durchgeführt. Es zeigte sich ein signifikanter Moderatoreffekt für die entwicklungsorientierte Führung auf den Zusammenhang zwischen überfordernder Führung und Irritation. Der Anstieg für die Irritation ist nicht so stark, wenn die entwicklungsorientierte Führung hoch ausgeprägt ist. Demnach übt die überfordernde Führung einen weniger negativen Effekt auf die Irritation der Mitarbeiter aus, wenn die entwicklungsorientierte Führung gleichzeitig hoch ausgeprägt ist. Das heißt konkret: Wenn die Führungskraft ihren Mitarbeitern Aufgaben delegiert, an denen sie wachsen können, ihnen ausreichend Handlungsspielraum und Einflussmöglichkeiten einräumt und Vertrauen in ihre Fähigkeiten zeigt, wirkt sich dies mindernd auf den negativen Effekt von überfordernder Führung auf

die Irritation der Mitarbeiter aus. In ◧ Abb. 5.4 ist dies grafisch veranschaulicht.

Ein weiterer signifikanter Moderatoreffekt zeigt sich für die unterstützungsorientierte Führung auf den Zusammenhang zwischen überfordernder Führung und psychosomatischen Beschwerden. Die psychosomatischen Beschwerden steigen im Falle überfordernder Führung weniger stark an, wenn gleichzeitig unterstützungsorientiertes Führungsverhalten gezeigt wird. Das bedeutet: Wenn Führungskräfte die Mitarbeiter bei ihrer Aufgabenbewältigung unterstützen, Ziele und Aufgaben klar kommunizieren und die Kooperation unter den Mitarbeitern fördern, geht das überfordernde Führungsverhalten weniger stark mit psychosomatischen Beschwerden einher (◧ Abb. 5.5).

Auch in Bezug auf die positiven Befindensindikatoren zeigen sich signifikante Moderatoreffekte. Die unterstützungsorientierte Führung moderiert den Zusammenhang zwischen entwicklungsorientierter Führung und beruflicher Selbstwirksamkeitserwartung. Die berufliche Selbstwirksamkeitserwartung steigt im Falle hoher Entwicklungsorientierung signifikant stärker an, wenn gleichzeitig die unterstützungsorientierte Führung hoch ausgeprägt ist. Das heißt: Die Delegation von komplexen Aufgaben, die Bereitstellung von Handlungsspielraum und Partizipation haben einen noch positiveren Effekt, wenn die Führungskraft gleichzeitig durch angemessene Information, Transparenz von Zielen und Klärung von Aufgaben sowie Anerkennung von Leistungen unterstützend einwirkt (◧ Abb. 5.6).

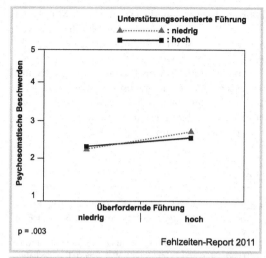

p = .003

Fehlzeiten-Report 2011

**▣ Abb. 5.5** Moderatoreffekt von unterstützungsorientierter Führung auf den Zusammenhang zwischen überfordernder Führung und psychosomatischen Beschwerden der Beschäftigten

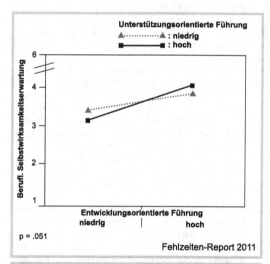

p = .051

Fehlzeiten-Report 2011

**▣ Abb. 5.6** Moderatoreffekt von unterstützungsorientierter Führung auf den Zusammenhang zwischen entwicklungsorientierter Führung und beruflicher Selbstwirksamkeitserwartung der Beschäftigten

### 5.6.7    Methodische Einschränkungen

Bei der Interpretation der Effekte muss berücksichtigt werden, dass die Daten auf Selbstberichten und einem Querschnittdesign beruhen. Es ist deshalb nicht möglich, Aussagen zu kausalen Beziehungen zwischen Füh-

rung und der Gesundheit der Beschäftigten zu machen. Für weitere Forschung bieten sich daher prospektive Längsschnittstudien und auch Fremdbeurteilungen an.

### 5.7    Fazit

Wie eingangs erwähnt, rückt das Thema Mitarbeiterführung als gesundheitsrelevanter Faktor in den letzten Jahren sowohl in der Praxis als auch in der wissenschaftlichen Forschung immer stärker in den Mittelpunkt. Die Kritik am praktischen Nutzen wissenschaftlicher Führungstheorien für die Erfassung des Führungseinflusses auf die Gesundheit der Mitarbeiter gab den Anstoß, ein Instrument zur Messung gesundheits- und entwicklungsförderlichen Führungsverhaltens zu entwickeln, das die wissenschaftlichen Gütekriterien erfüllt und gleichzeitig die Ableitung von gezielten praktischen Implikationen zur Gesundheitsförderung ermöglicht.

Aus der Literatur ist ersichtlich, dass Führungskräfte häufig ihren Einfluss auf die Gesundheit ihrer Mitarbeiter – was ihre Gestaltungsmöglichkeiten der Arbeitstätigkeit und die daraus resultierende Unter- bzw. Überforderung betrifft – unterschätzen (Steers u. Mowday 1981; Stadler u. Strobel 2000). Ferner sehen sie sich nur in geringem Ausmaß für die Verwirklichung einer lern- und gesundheitsförderlichen Arbeitssituation und damit für die Reduzierung von Belastungen und Förderung von Ressourcen ihrer Mitarbeiter verantwortlich (Spieß u. Stadler 2007). Dies ist insbesondere problematisch, wenn es um die Umsetzung von Maßnahmen aus stressbezogenen Arbeitsanalysen geht, da sich Führungskräfte ihrer Verantwortung bei der Umsetzung häufig nicht bewusst sind. Durch den Einsatz der Gesundheits- und Entwicklungsförderlichen FührungsverhaltensAnalyse soll die Führungskraft stärker für ihre Rolle als (Mit-) Gestalterin der Arbeitsaufgabe und Arbeitsbedingungen ihrer Mitarbeiter, den daraus resultierenden Einflussmöglichkeiten sowie ihrer Mitverantwortung für das Wohlbefinden und die Entwicklung der Mitarbeiter sensibilisiert werden.

Des Weiteren fehlt Führungskräften häufig das Wissen über belastungs- und gesundheitsrelevante Prozesse und Umsetzungsstrategien zur Gesundheitsförderung – vor allem in Bezug auf psychische Gesundheitsaspekte (Schulte u. Bamberg 2002; Stadler u. Spieß 2005). Sie sind in der Regel auch keine arbeitswissenschaftlichen Experten. Vor diesem Hintergrund spielt die Vermittlung arbeitspsychologischer Kenntnisse und die Ableitung von Handlungsstrategien zur Belastungsoptimierung und Gesundheitsförderung eine zentrale Rolle.

Die Gestaltung der Arbeitsaufgaben und -bedingungen ist ein wesentlicher Bestandteil der Personalarbeit und -entwicklung (Ulich 2006). Gerade der direkte Vorgesetzte ist aufgrund seines engen Kontakts mit den Mitarbeitern am besten in der Lage, diese gemäß ihren Leistungsvoraussetzungen und Qualifikationen einzusetzen und arbeitsbezogene Ressourcen zu fördern, die die Mitarbeiter bei der Bewältigung von Arbeitsanforderungen unterstützen und die Wirkung potenziell stressauslösender Einflüsse reduzieren können (Stadler u. Spieß 2002). Die in der Praxis häufig postulierte Definition guter Führung: „fordern und fördern, ohne zu überfordern", kann nun anhand dieses Instruments messbar gemacht werden. Durch die Erweiterung ihres Wissens und ihrer Handlungskompetenzen werden Führungskräfte dabei unterstützt, gesundheits- und entwicklungsförderlicher zu handeln. Mit diesem Instrument wird das Ziel verfolgt, den Führungskräften möglichst viele konkrete handlungsorientierte Empfehlungen zu geben, wie sie die Gesundheit ihrer Mitarbeiter fördern und deren Potenzial entwickeln können.

Aus einem Überblick über führungsbezogene Gesundheitsförderungsmaßnahmen geht hervor, dass die meisten führungsbezogenen Interventionen bei den sozialen Kompetenzen – z. B. eine durch Wertschätzung und Interesse geprägte Kommunikation mit den Mitarbeitern – ansetzen (Franke et al. in Druck). In einer der wenigen Interventionsstudien mit Kontrollgruppendesign, in denen der Einfluss der Führungskraft auf die Charakteristika der Arbeitsaufgabe und Arbeitsbedingungen erfasst wurde, unterstreichen die Autoren, wie wichtig es ist, Führungskräfte hinsichtlich einer gesundheitsförderlichen Arbeitsgestaltung zu beteiligen und zu trainieren (Kawakami et al. 1997). Neben personenbezogenen Gesundheitsförderungsmaßnahmen, die an den sozialen Kompetenzen der Führungskraft ansetzen, eröffnet dieses Instrument ein zusätzliches Interventionsfeld mit einer bedingungsbezogenen Komponente. Den Führungskräften wird vermittelt, wie sie die Arbeitstätigkeit und Arbeitsbedingungen der Mitarbeiter gesundheitsförderlich gestalten können und welchen Einfluss dies auf deren Gesundheit hat. Vor dem Hintergrund dieser Zielsetzung ist die Evaluation von Führungskräftetrainings ein zentrales Einsatzfeld für das Instrument. Durch die Erfassung vielfältiger Verhaltensweisen lassen sich differenzierte Effekte aufdecken und Implikationen für konkrete Verhaltensänderungen ableiten.

Abschließend lässt sich festhalten, dass die differenzierte Erfassung des Führungseinflusses auf verschiedene Merkmale der Arbeitsaufgabe und Arbeitsbedingungen neue Einblicke in die Beziehung zwischen Führungsverhalten und Gesundheit der Mitarbeiter eröffnet. Ferner ermöglicht dieses Verfahren ein verhaltens- und ressourcenorientiertes Feedback an die Führungskräfte sowie die Ableitung von konkreten Handlungsempfehlungen. Das Instrument verbindet wissenschaftlichen und praktischen Nutzen und liefert einen vielversprechenden Beitrag zur präventiven und prospektiven Arbeitsgestaltung und Gesundheitsförderung durch die Führungskraft.

## Literatur

Antonovsky A (1987) Unraveling the mystery of health: How people manage stress and stay well. Jossey-Bass, San Francisco

Arnold KA, Turner N, Barling J et al (2007) Transformational Leadership and Psychological Well-Being: The Mediating Role of Meaningful Work. Journal of Occupational Health Psychology 12(3):193–203

Bamberg E, Busch C, Ducki A (2003) Stress- und Ressourcenmanagement. Strategien und Methoden für die neue Arbeitswelt. Huber, Bern

Bass BM, Avolio B (1995) MLQ Multifactor Leadership Questionnaire: Technical report. Mind Garden, Redwood City, CA

Bortz J, Döring N (2006) Forschungsmethoden und Evaluation für Human- und Sozialwissenschaftler. Springer, Berlin Heidelberg

Brücker H (2009) Aspekte des Führungsverhaltens und gesundheitliches Wohlbefinden im sozialen Dienstleistungsbereich – Ergebnisse empirischer Untersuchungen in Krankenhäusern. In: Badura B, Schröder H, Vetter C (Hrsg) Fehlzeiten-Report 2008. Betriebliches Gesundheitsmanagement: Kosten und Nutzen – Zahlen, Daten, Analysen aus allen Branchen der Wirtschaft. Springer, Heidelberg, S 43–53

Cole MS, Bedeian AG (2007) Leadership consensus as a cross-level contextual moderator of the emotional exhaustion-work commitment relationship. Leadership Quarterly 18:447–462

Corrigan PW, Diwan S, Campion J et al (2002) Transformational leadership and the mental health team. Administration and Policy in Mental Health 30(2):97–108

Densten IL (2005) The relationship between visioning behaviours of leaders and follower burnout. British Journal of Management 16:105–118

Dubinsky AJ, Yammarino, FJ, Jolson MA et al (1995) Transformational leadership: An initial investigation in sales management. Journal of Personal Selling and Sales Management 15(2):17–31

Ducki A (2000) Diagnose gesundheitsförderlicher Arbeit: eine Gesamtstrategie zur betrieblichen Gesundheitsanalyse. Vdf Hochschulverlag an der ETH, Zürich

Ducki A (2009) Führung als Gesundheitsressource. In: Busch C, Roscher S, Ducki A (Hrsg) Stressmanagement für Teams in Service, Gewerbe und Produktion – ein ressourcenorientiertes Trainingsmanual. Springer, Heidelberg, S 73–83

Enzmann D, Kleiber D (1989) Helfer-Leiden: Streß und Burnout in psychosozialen Berufen. Asanger, Heidelberg

Felfe J (2006) Validierung einer deutschen Version des „Multi-factor Leadership Questionnaire" (MLQ 5 X Short) von Bass und Avolio (1995). Zeitschrift für Arbeits- und Organisationspsychologie 50:61–78

Franke F, Vincent S, Felfe J (2011) Gesundheitsbezogene Führung. In: Bamberg E, Ducki A, Metz A-M (Hrsg) Handbuch Betriebliche Gesundheitsförderung und Gesundheitsmanagement in der Arbeitswelt. Hogrefe, Göttingen (im Druck)

Gregersen S, Kuhnert S, Zimber A et al (2010) Führungsverhalten und Gesundheit – Zum Stand der Forschung. Das Gesundheitswesen. https://www.thieme-connect.de/ejournals/pdf/gesu/doi/10.1055/s-0029-1246180.pdf. Gesehen 15 Nov 2010

Gregersen S, Zimber A (2008) Projekt Gesundheitsfördernd Führen. Verlauf und Ergebnisse der Pilotstudie von 2004–2008. Berufsgenossenschaft für Gesundheitsdienst und Wohlfahrtspflege – BGW (Hrsg). http://www.bgw-online.de/internet/generator/Inhalt/OnlineInhalt/Medientypen/Fachartikel/Projekt-Gesundheitsfoerdernd-fuehren,property=pdfDownload.pdf. Gesehen 15 Nov 2010

Greif S (1991) Stress in der Arbeit – Einführung und Grundbegriffe. In: Greif S, Bamberg E, Semmer N (Hrsg) Psychischer Stress am Arbeitsplatz. Hogrefe, Göttingen, S 1–28

Hedges LV, Olkin I (1985) Statistical methods for meta-analysis. Academic Press, Orlando, FL

Hetland H, Sandal GM, Johnsen TB (2007) Burnout in the information technology sector: Does leadership matter? European Journal of Work and Organizational Psychology 16(1):58–75

Ilmarinen J, Tuomi K, Klockars M (1997) Changes in the work ability of active employees over an 11-year period. Scandinavian Journal of Work, Environment & Health 23(1):49–57

Judge TA, Piccolo RF (2004) Transformational and transactional leadership: A Meta-analytic test of their relative validity. Journal of Applied Psychology 89(5):755–768

Kawakami N, Shunichi A, Kawashima M et al (1997) Effects of work-related stress reduction on depressive symptoms among Japanese blue-collar workers. Scandinavian Journal of Work, Environment and Health 23:54–59

Kuoppala J, Lamminpää A, Liira J (2008) Leadership, job well-being, and health effects – A systematic review and a meta-analysis. Journal of Occupational and Environmental Medicine 50(8):904–915

Liu J, Siu O-L, Shi K (2009) Transformational leadership and employee well-being: The mediating role of trust in the leader and self-efficacy. Applied Psychology: An International Review

Mohr G, Rigotti T, Müller A (2005) Irritation – ein Instrument zur Erfassung psychischer Beanspruchung im Arbeitskontext. Skalen- und Itemparameter aus 15 Studien. Zeitschrift für Arbeits- und Organisationspsychologie 49(1):44–48

Mohr G, Müller A (2004) Psychosomatische Beschwerden im nichtklinischen Kontext. In: Glöckner-Rist A (Hrsg) ZUMA-Informationssystem. Elektronisches Handbuch sozialwissenschaftlicher Erhebungsinstrumente. ZIS Version 8.00. Zentrum für Umfragen, Methoden und Analysen, Mannheim

Munir F, Nielsen K, Gomes Carneiro I (2009) Transformational leadership and depressive symptoms: A prospective study. Journal of Affective Disorders 120(1):235–239

Nielsen K, Randall R, Yarker J et al (2008a) The effects of transformational leadership on followers' perceived work characteristics and psychological well-being: A longitudinal study. Work & Stress, 22:16–32

Nielsen K, Yarker J, Brenner S-O et al (2008b) The importance of transformational leadership style for well-being of employees working with older people. Journal of Advanced Nursing 63:465–475

Rigotti T, Schyns B, Mohr G (2008) A short version of the occupational self-efficacy scale: Structural and construct validity across five countries. Journal of Career Assessment 16(2):238–255

Rowold J, Heinitz K (2008) Führungsstile als Stressbarrieren: Zum Zusammenhang zwischen transformationaler, transaktionaler, mitarbeiter- und aufgabenorientierter Führung und Indikatoren von Stress bei Mitarbeitern. Zeitschrift für Personalpsychologie 7:129–140

Schulte M, Bamberg E (2002) Ansatzpunkte und Nutzen betrieblicher Gesundheitsförderung aus Sicht von Führungskräften. Gruppendynamik und Organisationsberatung 33:369–384

Skakon J, Nielsen K, Borg V et al (2010) Are leaders' well-being, behaviours and style associated with the affective well-being of their employees? A systematic review of three decades of research. Work & Stress 24 (2):107–139

Sosik JJ, Godshalk VM (2000) Leadership styles, mentoring functions received, and job-related stress: A conceptual model and a preliminary study. Journal of Organizational Behavior 21:365–390

Spieß, E, Stadler P (2007) Gesundheitsförderliches Führen – Defizite erkennen und Fehlbelastungen der Mitarbeiter reduzieren. In: Weber A, Hörmann G (Hrsg) Psychosoziale Gesundheit im Beruf. Gentner-Verlag, Stuttgart, S 255–264

Stadler P (2009) Führungsverhalten und Gesundheit. In: Giesert M (Hrsg) Führung und Gesundheit: Gesundheitsgipfel an der Zugspitze. VSA Verlag, Hamburg, S 39–49

Stadler P, Spieß E (2002) Führungsverhalten und soziale Unterstützung am Arbeitsplatz: Möglichkeiten und Wege zur Beanspruchungsoptimierung. ErgoMed – Zeitschrift für angewandte Arbeitsmedizin, Arbeitshygiene und Umweltmedizin 1:2–8

Stadler P, Spieß E (2005) Gesundheitsförderliches Führen – Defizite erkennen und Fehlbelastungen der Mitarbeiter reduzieren. Arbeitsmedizin, Sozialmedizin, Umweltmedizin 40(7):384–390

Stadler P, Strobel G (2000) Personalpflege oder Personalverschleiß – Der Einfluss von Führungsverhalten auf psychische Belastungen von Mitarbeitern. Die BG – Fachzeitschrift für Arbeitssicherheit, Gesundheitsschutz und Unfallversicherung 7:396–401

Steers RM, Mowday RT (1981) Employee turnover and post-decision accommodation processes. Research in Organizational Behavior 3:235–281

Stordeur S, D'hoore W, Vandenberghe C (2001) Leadership, organizational stress, and emotional exhaustion among hospital nursing staff. Journal of Advanced Nursing 35(4):533–542

Udris I, Kraft U, Mussmann C et al (1992) Arbeiten und gesund bleiben: Theoretische Überlegungen zu einem Ressourcenkonzept. Psychosozial 15(7):7–22

Ulich E (2006) Lern- und Entwicklungspotenziale in der Arbeit: Beiträge der Arbeits- und Organisationspsychologie. In: Sonntag K (Hrsg) Personalentwicklung in Organisationen, 3. überarb. und erw. Aufl. Hogrefe, Göttingen, S 138–176

Vincent S (in Vorbereitung) Assessment of health and development promoting leadership behaviour: An integrative approach

Wieland R, Winizuk S, Hammes M (2009) Führung und Arbeitsgestaltung – Warum gute Führung allein nicht gesund macht. Arbeit 18(4):282–297

Wilde B, Hinrichs S, Bahamondes Pavez C et al (2009) Führungskräfte und ihre Verantwortung für die Gesundheit ihrer Mitarbeiter. Wirtschaftspsychologie 2:74–89

Zapf D, Semmer, N (2004) Stress und Gesundheit in Organisationen. In: Schuler H (Hrsg) Enzyklopädie der Psychologie: Organisationspsychologie, Bd 3. Hogrefe, Göttingen, S 1007–1112

5

# Kapitel 6

# Arbeitsbedingungen, Sozialkapital und gesundheitliches Wohlbefinden – Differenzen in den Einschätzungen von Führungskräften und Mitarbeitern

P. Rixgens, B. Badura

**Zusammenfassung.** *Der vorliegende Beitrag beschäftigt sich mit den Arbeitsbedingungen, dem betrieblichen Sozialkapital und der Gesundheit von Führungskräften des mittleren Managements. Konkret geht es um die Beantwortung der Frage, wie Vorgesetzte im Unterschied zu ihren Mitarbeitern die strukturellen Rahmen- und Arbeitsbedingungen, das Sozialkapital und das eigene gesundheitliche Wohlbefinden einschätzen und bewerten. Als Datengrundlage dienen hierzu die Ergebnisse aus Mitarbeiterbefragungen, die in insgesamt neun verschiedenen Produktions- und Dienstleistungsunternehmen durchgeführt worden sind. Die Ergebnisse der 3.506 Datensätze zeigen, dass die Gesundheit der Beschäftigten durch das betriebliche Sozialkapital beeinflusst wird. Führungskräfte verfügen generell über mehr betriebliches Sozialkapital und haben ein besseres gesundheitliches Wohlbefinden als die Mitarbeiter. Die Resultate zeigen zudem, dass es auch zwischen den einzelnen Führungskräften deutliche Unterschiede gibt: Während ein Teil der Führungskräfte die Arbeitsbedingungen und das Sozialkapital gut einschätzen und außerdem eine gute Gesundheit haben, ist ein anderer Teil der Vorgesetzten mit ihrer Arbeitssituation unzufriedener und gesundheitlich deutlich stärker belastet.*

## 6.1 Hintergrund und Fragestellung

Die bisher einflussreichsten Arbeiten zum Thema Organisation und Gesundheit sind die nach dem Londoner Regierungsbezirk Whitehall benannten Studien von Michael Marmot und Kollegen. Seit 1967 wurden dort in einer Langzeitstudie tausende Regierungsangestellte wiederholt auf ihren Gesundheitszustand untersucht. Das zentrale Ergebnis lautet: Der Rang innerhalb einer Hierarchie entscheidet über das Mortalitätsrisiko. Je höher der Rang in der Verwaltung, umso höher die Lebenserwartung. Dieser Zusammenhang bleibt auch erhalten bei einer Kontrolle für Alter, Geschlecht und einer Reihe medizinischer Risikofaktoren. Die von Marmot und Kollegen zur Analyse der Ministerialorganisation als zentral erachteten Konzepte sind Hierarchie,

Rang und Kontrolle: „The nature of the hierarchy is less control the lower you go" (Marmot 2005, S. 129). Ausgehend von dieser Prämisse entwickelte sich an der London University ein ambitionierter Ansatz zur Erforschung der Zusammenhänge zwischen Gesellschaft, Morbidität und Sterblichkeit. Auch nach Einbeziehung weiterer sozialwissenschaftlicher Konzepte wie „soziale Ungleichheit", „Bildung" und „soziale Beziehungen" blieb es beim Kontrolltheorem als zentraler Kategorie zur Vorhersage von Krankheit und Sterblichkeit (Marmot 2005, S. 2 f.) und dem Versuch einer weitreichenden Generalisierung der Ergebnisse der Whitehall-Studien. Marmot verweist auf die „exquisitely stratified nature" der Ministerialorganisation und unterstellt die Verallgemeinbarkeit der dort gefundenen Zusammenhänge für weite Teile der Arbeitswelt (Marmot 2005, S. 40).

Eine solch großzügige Interpretation der eigenen Forschungsergebnisse, zudem abgeleitet aus einer monokausalen Modellkonstruktion zur Erklärung hochkomplexer Zusammenhänge, weckt zwangsläufig Zweifel und Widerspruch.

Die Reduzierung von Großorganisationen mit Tausenden von Mitgliedern und weitgespannten Aufgaben in Kategorien wie Hierarchie, Rang und Kontrolle werden bei Organisationsforschern auf wenig Begeisterung stoßen. Selbstverständlich ist die Steuerung von Organisationen durch Vorgaben aus der Hierarchie eines ihrer Merkmale. Steuerung geschieht aber auch durch weitere Instrumente, denen heute eine große, für den Organisationserfolg oft entscheidende Bedeutung beigemessen wird, z. B. Steuerung durch Qualifizierung, materielle Anreize, Kultur und Kommunikation innerhalb selbstorganisierter Projekte, Gruppen und sozialer Netzwerke. Auf eine Analyse dieser Formen indirekter Steuerung wurde in der Whitehall-Studie verzichtet. Auch die Frage nach dem Einfluss der Branche und der Eigentümerstruktur, nach Unterschieden zwischen öffentlicher Dienstleistungserbringung und privater Güterproduktion blieben unbeantwortet. Schließlich weckt die Interpretation der Untersuchungsdaten Zweifel. Die Konzepte „Kontrolle" und „Status" werden in ihrer Bedeutung gleichgesetzt. Status, die Einflussgröße, der hier eine überragende Bedeutung zukommt, wird gemessen über Einkommen, Bildung und berufliches Ansehen. Dass diese drei Größen wesentlich sind für die Vorhersage von Lebensqualität und -dauer gilt heute als unbestritten. Lassen sie sich aber so ohne weiteres auf das Status- oder Kontrollkonzept reduzieren? Und meinen nicht „Status" – verstanden als berufliche Position – und „Kontrolle" – verstanden als Verfügungsmacht – zwei völlig verschiedene Dinge?

Das unbestreitbare Verdienst der Forscher um Michael Marmot liegt in ihrer fundierten Kritik am Lebensstil- bzw. Risikofaktorenkonzept der Sozialmedizin und in der Betonung der Bedeutung sozialer Ungleichheit für Morbidität und Mortalität. Von einer angemessenen Erforschung der Zusammenhänge zwischen Arbeitswelt und Gesundheit sind wir damit aber noch weit entfernt, auch von einer soliden Grundlage zur Entwicklung einer Public-Health-Strategie für diesen Bereich der Gesellschaft. Die folgenden Überlegungen und Analysen sollen dazu einige Anregungen geben.

Ein angemessenes Verständnis von Organisationen, ihrer Strukturen, Prozesse und Ziele ist unverzichtbar für die Erforschung der komplexen Zusammenhänge zwischen Arbeitswelt und Gesundheit. Organisationen sind – so die hier vertretene Auffassung – Institutionen zielorientierter Kooperation. Produktion von Gütern oder Erstellung von z. B. Verwaltungsdienstleistungen setzt dreierlei voraus: technisch-räumliche Ausstattung, qualifizierte Mitarbeiter und vertrauensvolle Zusammenarbeit. Zielorientierte Kooperation ist das wesentliche Merkmal jeder Form der Organisation. Zur Findung von Zielen und zur entsprechenden Steuerung kooperativer Arbeitsprozesse sind Führungsleistungen zu erbringen. Steuerung durch Vorgaben aus der Hierarchie und durch direkte Kontrolle einzelner Arbeitsprozesse ist dabei nur eine Form der Führung. In modernen Organisationen wird sie immer häufiger ergänzt oder ersetzt durch Steuerung mit Hilfe von vorbildlichem Verhalten der Führungskräfte, durch materielle Anreize und durch Entwicklung und Pflege gemeinsamer Überzeugungen, Werte und Regeln (Kultur), im Rahmen flacher Hierarchien und informeller (selbstorganisierter) Koordination.

Wenn wir unterstellen dürfen, dass die wesentlichen Herausforderungen und Gesundheitsrisiken in der Arbeitswelt heute nicht mehr an der Schnittstelle Mensch-Maschine liegen, sondern an der Schnittstelle Mensch-Mensch, dann bildet Kooperation das Grundproblem. Wodurch wird sie erleichtert oder erschwert? Wann scheitert oder gelingt Kooperation? Warum wird sie gesucht oder vermieden? Welche Nebenwirkungen ergeben sich für Befinden und Gesundheit der Beteiligten? Dies sind aus unserer Sicht zentrale Problemstellungen. Ihre wissenschaftliche Bearbeitung dient der Evidenzbasierung betrieblicher Gesundheitspolitik.

Kooperation unter Menschen ist offenbar biologisch angelegt, bedarf aber einer ergänzenden Ausgestaltung zur Entstehung gemeinsamer Gedanken, Gefühle und Ziele sowie akzeptierter Spielregeln des Miteinanders. Dieses „Mehr" gegenüber der biologischen Ausstattung wird gemeinhin als Kultur bezeichnet. Das Sprachvermögen z. B. gilt als angeboren, die Entwicklung spezifischer Regeln der Semantik und Grammatik als Kulturprodukt. Für Soziologen wird Gesellschaft, verstanden als relativ friedfertige Form menschlichen Zusammenlebens, ermöglicht durch gemeinsame Überzeugungen, Werte und Regeln: als moralische und geistige Ordnung. Zum Verständnis moderner Gesellschaft haben sich in den Sozialwissenschaften noch zwei weitere Konzepte durchgesetzt: das auf Thomas Hobbes („Leviathan", 1970) zurückgehende Modell des staatlichen Gewaltmonopols und das auf Adam Smith („Wohlstand der Nationen", 2003) zurückgehende Modell des Marktes.

Im Hobbes'schen Modell von Gesellschaft wird Kooperation im Zweifelsfalle durch Hierarchie und Gesetz erzwungen (Staat). Im Smith'schen Modell von Gesellschaft wird Kooperation durch materielle, vornehmlich finanzielle Anreize und Wettbewerb angeregt (Markt).

Im gemeinschaftlichen Modell von Gesellschaft beruht Kooperation auf dem Umfang des Sozialkapitals: auf „intrinsischer Motivation", auf emotionalen Bindungen oder gemeinsamen Überzeugungen, Ideen und Zielen sowie auf vereinbarten Regeln (selbstorganisierte soziale Netzwerke).

Dass die Steuerung von Organisationen und der in ihnen ablaufenden Prozess der Kooperation vor allem durch finanzielle Anreize angeregt wird, ist Kernbestand betriebswirtschaftlichen Denkens. In der soziologischen Klassik wird demgegenüber die Bedeutung zwischenmenschlicher Beziehungen und kultureller Einflüsse betont. Der im Folgenden vertretene Sozialkapitalansatz dient der Operationalisierung dieses dritten Erklärungsmodells.

Unterscheiden sich Führungskräfte und Mitarbeiter in ihrem Sozialkapital? Welchen Einfluss hat das auf ihre Gesundheit? Inwieweit lassen sich Unterschiede im Gesundheitszustand der Führungskräfte auf Unterschiede ihres Sozialkapitals zurückführen? Diesen Fragen will der folgende Beitrag nachgehen.

## 6.2    Erhebungsinstrument

Die hier dargestellten Daten wurden im Rahmen eines umfangreichen empirischen Forschungsprojekts an der Fakultät für Gesundheitswissenschaften der Universität Bielefeld in zunächst fünf Unternehmen erhoben (Badura et al. 2008). Der eigens für dieses Projekt konzipierte Fragebogen kam nach Abschluss des Projekts in vier weiteren Betrieben zum Einsatz. Der standardisierte Fragebogen beinhaltet neben den hier analysierten Fragen zu den Arbeitsbedingungen, dem gesundheitlichen Wohlbefinden und zum Sozialkapital auch einige wenige weitere Items, beispielsweise zur Produktivität der Beschäftigten, zu Mobbing und Commitment, die in diesem Beitrag nicht berücksichtigt werden[1]. Alle relevanten Sachverhalte wurden durch eine Vielzahl von Fragen unter anderem auch deshalb möglichst differenziert erhoben, um die notwendige Reliabilität zu sichern. Beispielsweise wurde das gesundheitliche Wohlbefinden der Beschäftigten durch 16 Items, das Netzwerkkapital durch insgesamt 14 Items, das Führungskapital durch 20 Fragen und das Wertekapital durch 23 Items sowie die immateriellen Arbeitsbedingungen (wie z. B.

Handlungsspielraum, Partizipationsmöglichkeiten und Sinnhaftigkeit der Aufgabe) durch 17 Fragen erfasst. Alle Einschätzungen erfolgten auf fünfstufigen Likert-Skalen mit Quasi-Intervallniveau. Die Überprüfung der theoretischen Konzeptualisierung erfolgte durch Faktorenanalysen, die Güte der Indexbildung wurde schließlich durch Alpha-Reliabilitätsanalysen empirisch ermittelt. Mittlerweile wurde das Erhebungsinstrument weiterentwickelt und die insgesamt 64 Fragen zum Sozialkapital zu einem Index zusammengefasst und auf 30 Fragen gekürzt (Rixgens 2009). Dieser „Bielefelder Sozialkapital-Index" (BISI) ist somit erheblich benutzerfreundlicher und anwendungsorientierter geworden und diente als Grundlage der Analyse der hier vorgestellten Daten.

## 6.3    Datenbasis und Stichprobe

Bislang wurde der Fragebogen in insgesamt sieben Unternehmen aus dem produzierenden Gewerbe (z. B. Metallverarbeitung, Maschinenbau und Orthopädietechnik) und in zwei aus dem Dienstleistungsbereich (Bankensektor und öffentlicher Dienst) eingesetzt. Die hier untersuchten Unternehmen gehören nicht nur unterschiedlichen Branchen an, sondern unterscheiden sich auch im Hinblick auf weitere Strukturmerkmale, wie beispielsweise die Betriebsgröße bzw. die Anzahl der Mitarbeiter. So beschäftigt der kleinste Betrieb nur insgesamt 90 Beschäftigte, während das größte Unternehmen fast 2.000 Mitarbeiter hat. Befragt wurden insgesamt über 8.000 Beschäftigte, von denen 3.506 Personen den Fragebogen ausgefüllt haben; dies entspricht einer Rücklaufquote von etwa 40 Prozent.

Von den 3.506 Beschäftigten haben insgesamt 458 Personen (13,4 Prozent) eine Führungsposition im Bereich des mittleren Managements inne und übernehmen Personalverantwortung. 2.971 Beschäftigte (86,6 Prozent) sind als Mitarbeiter ohne Führungsfunktion im Unternehmen tätig und 77 der Befragten haben keine Angabe zu ihrer beruflichen Position im Betrieb gemacht. Betrachtet man die Gruppe der Vorgesetzten genauer, fällt zunächst auf, dass die Anzahl der weiblichen Führungskräfte in den hier befragten Unternehmen mit 13,2 Prozent (n = 59) relativ gering ist. Aber auch in der Gruppe der Mitarbeiter sind die Frauen mit 37,5 Prozent (n = 1.070) deutlich in der Unterzahl. Dieser Befund ist aber durch den generell geringeren Frauenanteil im industriellen Bereich durchaus erklärbar.

Der große Teil der Vorgesetzten in dieser Untersuchung lebt zudem in festen partnerschaftlichen

---

1   Auf eine detaillierte Beschreibung des eingesetzten Fragebogeninstruments bzw. des methodischen Hintergrunds der Untersuchung wird an dieser Stelle verzichtet. Der interessierte Leser kann die Details bei Badura et al. 2008 und Rixgens 2009 entnehmen.

Verhältnissen (90,6 Prozent) und muss sich um erziehungspflichtige Kinder kümmern (56,6 Prozent). Demgegenüber sind die Mitarbeiter seltener fest liiert (79,9 Prozent) und haben auch weniger oft Kinder (41,5 Prozent). Es gibt nur vergleichsweise wenige Personen in dieser Stichprobe (14,2 Prozent), die schon in jungen Jahren (bis 35 Jahre) eine verantwortungsvolle Position als Führungskraft übernommen haben. Die meisten Vorgesetzten sind zwischen 36 und 45 Jahren alt (41,7 Prozent) oder bereits älter als 45 Jahre (44,1 Prozent).

Erwähnenswert ist vor allem auch das hohe schulische Bildungsniveau der Befragten: Auffällig ist hier insbesondere, dass ebenso wie die Vorgesetzten auch viele Mitarbeiter in diesem Sample über einen hohen schulischen Bildungsabschluss verfügen und das Fachabitur oder Abitur haben (Mitarbeiter: 36,5 Prozent, Vorgesetzte: 47,1 Prozent). Schließlich zeigen unsere Daten, dass sich Teilzeitarbeit auf der Führungsebene bislang eher selten findet: Nur 3,7 Prozent der hier befragten Vorgesetzten gehen einer Teilzeitbeschäftigung nach.

## 6.4 Unterschiede zwischen Vorgesetzten und Mitarbeitern

Zur Beantwortung der ersten Frage, ob und wie sich Führungskräfte bei der Beurteilung der Arbeitsbedingungen, des Sozialkapitals und des gesundheitlichen Wohlbefindens von den Mitarbeitern unterscheiden, wurden einfache Varianzanalysen berechnet. Die diesbezüglichen Ergebnisse sind in ◘ Tab. 6.1 dargestellt. Die Gesamtmittelwerte, die für die verschiedenen Arbeitsbedingungen (A1 bis A11) für die gesamte Stichprobe ermittelt wurden (Spalte 2), zeigen zunächst, dass die hier befragten Beschäftigten insgesamt betrachtet offenbar überdurchschnittlich gute Arbeitsbedingungen besitzen. Gemessen am jeweiligen Skalenmittelpunkt haben die Belegschaften beispielsweise einen hohen Handlungsspielraum (Arithmetischer Mittelwert (AM = 3,64), gute Partizipationsmöglichkeiten (AM = 3,11) und sind zudem eher selten von fachlicher (AM = 2,01) bzw. zeitlicher (AM = 3,06) Überforderung betroffen. Auch fällt die Zufriedenheit mit der persönlichen finanziellen Situation ebenso überdurchschnittlich gut aus (AM = 3,21) wie die Zufriedenheit mit den organisatorischen Rahmenbedingungen (AM = 3,32).

Im Hinblick auf die beiden unterschiedlichen Positionen ergibt sich insgesamt betrachtet ein sehr einheitliches Bild: Die hier untersuchten Führungskräfte (Spalte 3), die zumeist aus dem mittleren Management

stammen und als Bereichs- oder Abteilungsleitungen für ihr Unternehmen tätig sind, schätzen unseren Untersuchungsbefunden zufolge ihre Arbeitsbedingungen sehr viel besser ein als die Mitarbeiter (Spalte 4). Das zeigt sich zum einen beispielsweise in der höheren Zufriedenheit der Vorgesetzten mit der Höhe des Entgelts (A2 = 3,43) bzw. der persönlichen finanziellen Situation (A1 = 3,48). Das zeigt sich zum anderen aber auch bei inhaltlichen Aspekten der Arbeit wie besseren Partizipationsmöglichkeiten (A3 = 3,64), einem höheren Handlungsspielraum (A9 = 4,24), wenig fachlicher Überforderung (A4 = 1,90) und in einer hohen Klarheit der Aufgabe (A8 = 4,22) sowie durch eine größere Zufriedenheit mit den organisatorischen Rahmenbedingungen (A11 = 3,55). Diese Rahmen- und Arbeitsbedingungen werden – wie auch die Signifikanzwerte in Spalte 5 zeigen – von den Mitarbeitern sehr viel schlechter eingeschätzt; sie sind zum Beispiel häufiger von fachlicher Überforderung betroffen, haben einen geringeren Handlungsspielraum und weniger Möglichkeiten zur Partizipation. Eine Ausnahme gibt es jedoch bezüglich der zeitlichen Aspekte: Die durchschnittliche Zahl der Über- bzw. Mehrarbeitsstunden ist bei den Führungskräften in dieser Stichprobe deutlich höher (A5 = 3,10) als bei den Mitarbeitern (A5 = 2,19), was bei den Vorgesetzten nicht nur zu einer stärkeren zeitlichen Belastung führt (A6 = 3,26), sondern sich auch in einer schlechteren Work-Life-Balance (A7 = 3,68) dieser Gruppe niederschlägt. Die Mitarbeiter sind demgegenüber zeitlich weniger stark eingebunden (A5 = 2,19) und entsprechend geringer belastet (A6 = 3,03). Unter diesen zeitlichen Bedingungen schaffen es die Mitarbeiter infolgedessen auch viel besser, das Familienleben mit dem Beruf zu vereinbaren (A7 = 3,88).

Zur Überprüfung der Frage, ob sich die beiden Statusgruppen auch bei der Einschätzung des Sozialkapitals voneinander unterscheiden, wurde der „Bielefelder Sozialkapital-Index" (BISI) eingesetzt. Der BISI beinhaltet drei zentrale Elemente: 1. das Führungskapital, das die Intensität und die Qualität der vertikalen Beziehungen zwischen Vorgesetzten und Mitarbeitern kennzeichnet; 2. das Netzwerkkapital, das sich auf die Qualität und Quantität horizontaler sozialer Beziehungen zwischen den Mitarbeitern gleichen Rangs bezieht; und 3. das Wertekapital, das sich vor allem auf gemeinsam geteilte Überzeugungen, kollektive Wertvorstellungen bzw. normative Verhaltenserwartungen sowie deren praktische Umsetzung im betrieblichen Alltag bezieht. Die entsprechenden varianzanalytischen Ergebnisse des betrieblichen Sozialkapitals (B1–B3) finden sich in der ◘ Tab. 6.1. Bei der Betrachtung der Gesamtmittelwerte in der Spalte 2 zu den drei verschiedenen Elementen

◻ **Tab. 6.1** Positionsspezifische Mittelwertdifferenzen bei Arbeitsbedingungen, Sozialkapital und Gesundheit

|  |  | Insge-samt | Vorge-setzte | Mitar-beiter | Signifi-kanz |
|---|---|---|---|---|---|
| A1 | Zufriedenheit mit der persönlichen finanziellen Situation? (1–5;3) | 3,21 | 3,48 | 3,17 | ,000 |
| A2 | Zufriedenheit mit Höhe der Bezahlung im Verhältnis zur Leistung? (1–5;3) | 3,30 | 3,43 | 3,29 | ,003 |
| A3 | Partizipationsmöglichkeiten (1–5;3) | 3,11 | 3,64 | 3,03 | ,000 |
| A4 | Fachliche Überforderung (1–5;3) | 2,01 | 1,90 | 2,03 | ,000 |
| A5 | Zahl Mehrarbeitsstunden pro Monat? (0–7;3,5) | 2,31 | 3,10 | 2,19 | ,000 |
| A6 | Zeitliche Überforderung (1–5;3) | 3,06 | 3,26 | 3,03 | ,000 |
| A7 | Ausmaß Work-Life-Balance (1–5;3) | 3,85 | 3,68 | 3,88 | ,000 |
| A8 | Klarheit der Aufgabe (1–5;3) | 4,06 | 4,22 | 4,03 | ,000 |
| A9 | Handlungsspielraum (1–5;3) | 3,64 | 4,24 | 3,55 | ,000 |
| A10 | Sinnhaftigkeit der Aufgabe (1–5;3) | 3,71 | 4,11 | 3,64 | ,000 |
| A11 | Zufriedenheit mit organisatorischen Rahmenbedingungen insgesamt (1–5;3) | 3,32 | 3,55 | 3,29 | ,000 |
| B1 | Führungskapital (1–5;3) | 3,67 | 3,80 | 3,64 | ,001 |
| B1.1 | Vorgesetzter steht zu dem, was er sagt (1–5;3) | 3,81 | 3,94 | 3,79 | ,002 |
| B1.1 | Vorgesetzter behandelt alle seine Mitarbeiter fair und gerecht (1–5;3) | 3,73 | 3,86 | 3,71 | ,010 |
| B2 | Netzwerkkapital (1–5;3) | 3,66 | 3,85 | 3,63 | ,000 |
| B2.1 | In meinem Kollegenkreis fühle ich mich insgesamt sehr wohl (1–5;3) | 4,00 | 4,16 | 3,98 | ,000 |
| B2.2 | Bei uns in der Abteilung hilft und unterstützt man sich gegenseitig (1–5;3) | 3,87 | 4,04 | 3,84 | ,000 |
| B3 | Wertekapital (1–5;3) | 3,24 | 3,43 | 3,21 | ,000 |
| B3.1 | Fast alle Beschäftigten setzen sich mit Engagement für die Ziele des Unternehmens ein (1–5;3) | 3,49 | 3,60 | 3,47 | ,008 |
| B3.2 | Bei uns werden alle Beschäftigten gleich behandelt (1–5;3) | 2,96 | 3,20 | 2,92 | ,000 |
| C1 | Ausmaß des Selbstwertgefühls (1–5;3) | 4,12 | 4,22 | 4,10 | ,000 |
| C2 | Güte des körperlichen Gesundheitszustands (1–6;3,5) | 4,01 | 4,11 | 3,99 | ,013 |
| C3 | Ausmaß des Wohlbefindens (1–5;3) | 3,80 | 3,97 | 3,77 | ,000 |
| C4 | Depressive Verstimmungen (1–5;3) | 2,11 | 2,00 | 2,13 | ,009 |
| C5 | Intensität psychosomatischer Krankheitsbeschwerden (1–5;3) | 1,93 | 1,82 | 1,95 | ,000 |
| C6 | Trinkgewohnheiten (1–5;3) | 2,49 | 2,74 | 2,46 | ,000 |
| C7 | Rauchgewohnheiten (1–4;2,5) | 2,05 | 1,92 | 2,07 | ,007 |
| C8 | Zahl der Fehltage im vergangenen Jahr (0–7;3,5) | 1,31 | 1,08 | 1,36 | ,000 |

Fehlzeiten-Report 2011

des Sozialkapitals fällt zunächst einmal auf, dass alle drei Aspekte – gemessen am Skalenmittelpunkt – überdurchschnittlich gut ausfallen. So zeichnen sich die sozialen Beziehungen zwischen Vorgesetzten und Mitarbeitern in den untersuchten Betrieben (Führungskapital = 3,67) beispielsweise durch ein vergleichsweise gutes Vertrauensverhältnis und gute Kommunikationsstrukturen aus. Betrachtet man die Einschätzung der beiden unterschiedlichen Positionen, zeigt sich, dass die Vorgesetzten das Führungskapital, für das sie selbst

maßgeblich mit verantwortlich sind, deutlich besser bewerten (AM = 3,80) als die Mitarbeiter (AM = 3,64). Die einzelnen Items des Führungskapitals (B1.1 und B1.2) zeigen beispielhaft, dass die Beschäftigten diesbezüglich deutlich skeptischer sind. Sie schätzen die Fairness und Gerechtigkeit ihres Vorgesetzten sowie das Vertrauensverhältnis zu ihm sehr viel defensiver ein. Die varianzanalytischen Werte für die Alpha-Irrtumswahrscheinlichkeiten weisen auf signifikante

Unterschiede in der Beurteilung des Führungskapitals zwischen den beiden Positionen hin.

Auch deuten die berechneten Mittelwerte zum Netzwerkkapital auf überdurchschnittlich gute soziale Beziehungen in den untersuchten Betrieben hin (AM = 3,66). Die für die beiden Positionen ermittelten Werte zeigen, dass die Vorgesetzten in dieser Stichprobe die Güte der horizontalen Beziehungen zu den eigenen Arbeitskollegen signifikant besser beurteilen (AM = 3,85) als die Mitarbeiter (AM = 3,63). Das zeigt sich u. a. auch an der gegenseitigen Unterstützung im Team und daran, dass die Kollegen sich auch in menschlicher Hinsicht gut verstehen; bezüglich beider Aspekte (B2.2 und B2.2) kommen die Führungskräfte zu einer positiveren Einschätzung als die Mitarbeiter.

Die varianzanalytischen Ergebnisse machen deutlich, dass die Bewertung des in den Unternehmen vorhandenen Wertekapitals (B3) dagegen nur leicht über dem Skalenmittelpunkt liegt (AM = 3,24) und deshalb quantitativ und qualitativ insgesamt etwas schwächer als das Netzwerk- und das Führungskapital bewertet wird. Die Vorgesetzten beurteilen neben dem Netzwerk- und Führungskapital aber auch das Wertekapital (AM = 3,43) wiederum besser als die Mitarbeiter (AM = 3,21). Das betrifft beispielsweise sowohl solche Aspekte, die sich auf die Gleichbehandlung aller Mitarbeiter im Betrieb beziehen (B3.2), als auch auf das Engagement der Belegschaft, sich für die Ziele des Unternehmens einzusetzen (B3.1).

Die Ergebnisse zeigen, dass es sich bei den hier untersuchten Unternehmen um Betriebe handelt, die insgesamt über ein relativ hohes Sozialkapital verfügen. Mit Ausnahme des Wertekapitals liegen alle empirisch gefundenen Mittelwerte mehr oder weniger deutlich über dem theoretischen Skalenmittel von 3. Ganz besonders positive Einschätzungen kommen dabei für die sozialen Beziehungen zwischen den Beschäftigten und damit für das Netzwerkkapital zustande: Die Kollegialität, das Zusammengehörigkeitsgefühl und der sozial-kommunikative Umgang untereinander scheinen diesen Ergebnissen zufolge in den untersuchten Firmen überdurchschnittlich gut zu sein. Aber auch für das Führungskapital wurden vergleichsweise positive Einschätzungen abgegeben. Das gute Verhältnis der Beschäftigten zu ihren direkten Vorgesetzten spiegelt sich beispielsweise durch einen zumeist authentischen, wertschätzenden und fürsorglichen Umgang der Führungskräfte mit ihren Mitarbeitern wider. Die Einschätzung des betrieblichen Wertekapitals fällt dagegen etwas defensiver aus. Das kollektive Denken und Handeln im gesamten Betrieb, wie beispielsweise bezüglich der Gleichbehandlung aller Mitarbeiter oder der Geschlossenheit und Verbundenheit der gesamten Belegschaft, wird insgesamt etwas skeptischer bewertet als das Netzwerk- und Führungskapital. Darüber hinaus hat sich auch bei der Analyse des Sozialkapitals die große Perspektivendivergenz zwischen den beiden Statusgruppen gezeigt. Bezüglich aller drei Elemente des Sozialkapitals kommen die Führungskräfte in dieser Stichprobe zu einer signifikant besseren Einschätzung als die Mitarbeiter.

Die Faktoren C1 bis C8 zeigen die Befunde zum gesundheitlichen Wohlbefinden. Gemäß den berechneten Mittelwerten haben die hier Befragten einen überdurchschnittlich guten Gesundheitszustand. Jedoch gibt es auch bezüglich aller analysierten Aspekte zum Wohlbefinden signifikante Unterschiede zwischen den beiden Statusgruppen. Die Vorgesetzten sind dem eigenen Empfinden nach seltener von psychosomatischen Beschwerden (C5), wie beispielsweise Kopf-, Magen- und Rückenschmerzen betroffen (AM = 1,82) als die Mitarbeiter (AM = 1,95). Zudem schätzen sie auch die Güte ihres eigenen Gesundheitszustands (C2) deutlich besser ein (AM = 4,11) als die Vergleichsgruppe (AM = 3,99). Gemäß den vorliegenden Daten verfügen die Personen mit Führungsverantwortung aber nicht nur über einen besseren physischen Gesundheitszustand, sondern weisen auch im Hinblick auf die psychische Gesundheit die besseren Werte auf. Von depressiven Verstimmungen (C4) sind Vorgesetzte demnach eher selten betroffen (AM = 2,00); vorübergehende Stimmungstiefs, die von Antriebslosigkeit und Lustlosigkeit gekennzeichnet sind, erleben vor allem solche Personen, die in nicht leitender Funktion tätig sind, in deutlich stärkerem Maße (AM = 2,13). Die Gesundheit der hier befragten Führungskräfte ist zudem durch ein hohes Selbstwertgefühl (C1 = 4,22) und überdurchschnittlich gutes gesundheitliches Wohlbefinden (C3 = 3,97) gekennzeichnet. Bei den Mitarbeitern geht dagegen ein vergleichsweise geringeres Selbstwertgefühl (AM = 4,10) mit einem signifikant schlechteren allgemeinen Wohlbefinden (AM = 3,77) einher.

Für Gesundheit und Krankheit sind die Lebensführung und somit auch das Gesundheitsverhalten des Einzelnen von Bedeutung. Im Rahmen unserer Untersuchung haben wir diesbezüglich nach den individuellen Trink- und Rauchgewohnheiten (C6 und C7) gefragt. Bezüglich des Tabakkonsums konnte für die Gruppe der Mitarbeiter ein höherer Wert ermittelt werden (AM = 2,07) als für die Führungskräfte (AM = 1,92). Was jedoch die Trinkgewohnheiten betrifft, so haben die Führungskräfte einen höheren Alkoholkonsum (AM = 2,74) als die Mitarbeiter (AM = 2,46). Fehlzeiten im Betrieb sind schließlich nicht nur aus gesundheitswissenschaftlicher Perspektive interessant, sondern auch aus wirtschaftlichen Gründen für jedes Unternehmen von besonderem Interesse. Die Zeiten extrem geringer Krankenstände sind wohl vorüber, denn die Fehlzeiten sind seit 2007 leicht, aber kontinuierlich gestiegen. Medienberichten zufolge waren Arbeitnehmer in Deutschland im ersten Quartal 2010 im Durchschnitt etwa vier Tage krank (Stapelfeldt 2010). Wie die Tabelle zeigt, liegen unsere Befragten mit durchschnittlich 1,31 Tagen deutlich darunter, wobei die Mitarbeiter häufiger nicht zur Arbeit gegangen sind (1,36 Tage) als die Führungskräfte (1,08 Tage) unseres Samples.

In Ergänzung zu dieser ersten Analyse haben wir die vorliegenden Daten auch dahingehend ausgewertet, ob auch das Geschlecht und das Alter der Führungskräfte bzw. Mitarbeiter in den beiden Gruppen zu unterschiedlichen Ergebnissen führt. Unabhängig von der beruflichen Position schätzen die Männer in dieser Stichprobe ihren eigenen Gesundheitszustand besser ein als die Frauen. Die weiblichen Führungskräfte und Mitarbeiter sind von physischen und psychischen Krankheitssymptomen häufiger betroffen und sie haben auch ein schlechteres allgemeines gesundheitliches Wohlbefinden als die männlichen Kollegen. Zudem hat auch das Lebensalter einen signifikanten Einfluss auf den Gesundheitszustand. Führungskräfte und Mitarbeiter sind (unabhängig von der beruflichen Position) in jungen Jahren nach eigenen Angaben sehr viel seltener von psychosomatischen Krankheitsbeschwerden betroffen, verfügen über eine besseres gesundheitliches Wohlbefinden und haben auch weniger krankheitsbedingte Fehltage als die älteren Beschäftigten. Ältere Arbeitnehmer berichten demgegenüber häufiger über depressive Verstimmungen, einen schlechteren körperlichen Gesundheitszustand, mehr Fehlzeiten und eine schlechtere Work-Life-Balance. Aufgrund der vorliegenden Befunde können wir zusammenfassend konstatieren, dass die Führungskräfte in den hier untersuchten neun Betrieben nicht nur die Arbeitsbedingungen und das betriebliche Sozialkapital besser bewerten als die Mitarbeiter, sondern über eine überdurchschnittlich gute Gesundheit und ein hohes Wohlbefinden verfügen.

## 6.5     Unterschiede zwischen Vorgesetzten

Im zweiten Teil der Analyse soll nunmehr der Frage nachgegangen werden, ob sich die insgesamt 458 Führungskräfte dieses Samples anhand einer bestimmten Kombination betrieblicher Bedingungen in verschiedene Teilgruppen zusammenfassen lassen. Zur Klärung dieser Frage wurde eine Clusteranalyse angewendet.

Ziel dieser Analyse war es, die Vorgesetzten anhand der bereits vorgestellten Faktoren so zu Gruppen bzw. „Clustern" zusammenzufassen, dass die Gruppen auf der einen Seite große Gemeinsamkeiten aufweisen und deshalb untereinander möglichst homogen sind. Auf der anderen Seite sollen sich die gebildeten Cluster aber möglichst stark unterscheiden und deshalb untereinander möglichst heterogen sein.

Die Clusteranalyse basiert auf den bereits bekannten elf Faktoren zu den Arbeitsbedingungen und den drei Aspekten des betrieblichen Sozialkapitals sowie auf den acht verschiedenen Dimensionen des gesundheitlichen Wohlbefindens.

Das Ergebnis dieser statistischen Auswertung ist in ◘ Tab. 6.2 dargestellt und zeigt, dass sich die Vorgesetzten hinsichtlich der 22 genannten Aspekte in zwei verschiedene Cluster gruppieren lassen. Bei den 182 Führungskräften, die dem ersten Cluster zugeordnet werden konnten, fällt auf, dass diese Leitungskräfte nahezu bei allen hier analysierten betrieblichen Aspekten bessere Werte aufweisen als die 126 Vorgesetzten des zweiten Clusters.

Die erste Gruppe verfügt demzufolge über eine große Zufriedenheit mit den Arbeits- und Rahmenbedingungen insgesamt; das betrifft zum einen die inhaltlichen Bereiche der Tätigkeit, wie einen großen Handlungsspielraum, hohe Partizipationsmöglichkeiten und eindeutige Aufgabenklarheit. Das betrifft zum anderen aber auch die zeitlichen Aspekte der Arbeit. Auffallend ist in diesem Zusammenhang insbesondere, dass die Vorgesetzten dieses ersten Clusters zwar etwas mehr Überstunden im Monat leisten als die Kollegen der Vergleichsgruppe, sich aber dennoch weniger stark durch diese Mehrarbeit belastet fühlen und zudem eine deutlich bessere Work-Life-Balance haben als die Führungskräfte der zweiten Gruppe. Neben diesen Besonderheiten im Hinblick auf die Arbeitsbedingungen unterscheiden sich die beiden Cluster aber auch bezüglich des betrieblichen Sozialkapitals. Sowohl was die Güte der sozialen Beziehungen zu den Vorgesetzten (Führungskapital) und zwischen den Mitarbeitern (Netzwerkkapital) betrifft als auch in Bezug auf das Wertekapital, kommen die Vorgesetzten des ersten Clusters zu einer sehr viel positiveren Einschätzung des Sozialkapitals als die Führungskräfte des zweiten Clusters. Die größere Unzufriedenheit mit den strukturellen Arbeitsbedingungen des jeweiligen Unternehmens und die deutlich schlechtere Einschätzung des betrieblichen Sozialkapitals gehen in dieser zweiten Gruppe mit einem eher weniger guten Gesundheitszustand einher. Diese Vorgesetzten sind sehr viel häufiger von psychosomatischen Gesundheitsbeschwerden und depressiven

**⊡ Tab. 6.2** Clusteranalyse der Vorgesetzten

| | | Insge-samt | Cluster 1 (n = 182) | Cluster 2 (n = 126) |
|---|---|---|---|---|
| A1 | Zufriedenheit mit der persönlichen finanziellen Situation? (1–5;3) | 3,21 | 3,65 | 3,17 |
| A2 | Zufriedenheit mit Höhe der Bezahlung im Verhältnis zur Leistung? (1–5;3) | 3,30 | 3,76 | 3,11 |
| A3 | Partizipationsmöglichkeiten (1–5;3) | 3,11 | 4,03 | 3,13 |
| A4 | Fachliche Überforderung (1–5;3) | 2,01 | 1,63 | 2,23 |
| A5 | Zahl Mehrarbeitsstunden pro Monat? (0–7;3,5) | 2,31 | 3,25 | 3,20 |
| A6 | Zeitliche Überforderung (1–5;3) | 3,06 | 3,18 | 3,49 |
| A7 | Ausmaß Work-Life-Balance (1–5;3) | 3,85 | 3,85 | 3,32 |
| A8 | Klarheit der Aufgabe (1–5;3) | 4,06 | 4,46 | 3,86 |
| A9 | Handlungsspielraum (1–5;3) | 3,64 | 4,52 | 3,88 |
| A10 | Sinnhaftigkeit der Aufgabe (1–5;3) | 3,71 | 4,39 | 3,71 |
| A11 | Zufriedenheit mit organisatorischen Rahmenbedingungen insgesamt (1–5;3) | 3,32 | 3,86 | 3,15 |
| B1 | Führungskapital (1–5;3) | 3,67 | 4,12 | 3,28 |
| B1.1 | Vorgesetzter steht zu dem, was er sagt (1–5;3) | 3,81 | 4,29 | 3,45 |
| B1.2 | Vorgesetzter behandelt alle seine Mitarbeiter fair und gerecht (1–5;3) | 3,73 | 4,19 | 3,37 |
| B2 | Netzwerkkapital (1–5;3) | 3,66 | 4,31 | 3,37 |
| B2.1 | In meinem Kollegenkreis fühle ich mich insgesamt sehr wohl (1–5;3) | 4,00 | 4,55 | 3,68 |
| B2.2 | Bei uns in der Abteilung hilft und unterstützt man sich gegenseitig (1–5;3) | 3,87 | 4,36 | 3,51 |
| B3 | Wertekapital (1–5;3) | 3,24 | 3,75 | 2,91 |
| B3.1 | Fast alle Beschäftigten setzen sich mit Engagement für die Ziele des Unternehmens ein (1–5;3) | 3,49 | 3,94 | 3,21 |
| B3.2 | Bei uns werden alle Beschäftigten gleich behandelt (1–5;3) | 2,96 | 3,57 | 2,67 |
| C1 | Ausmaß des Selbstwertgefühls (1–5;3) | 4,12 | 4,40 | 3,98 |
| C2 | Güte des körperlichen Gesundheitszustands (1–6;3,5) | 4,01 | 4,42 | 3,69 |
| C3 | Ausmaß des Wohlbefindens (1–5;3) | 3,80 | 4,31 | 3,48 |
| C4 | Depressive Verstimmungen (1–5;3) | 2,11 | 1,61 | 2,56 |
| C5 | Intensität psychosomatischer Krankheitsbeschwerden (1–5;3) | 1,93 | 1,55 | 2,27 |
| C6 | Trinkgewohnheiten (1–5;3) | 2,49 | 2,76 | 2,71 |
| C7 | Rauchgewohnheiten (1–4;2,5) | 2,05 | 1,75 | 2,11 |
| C8 | Zahl der Fehltage im vergangenen Jahr (0–7;3,5) | 1,31 | 0,68 | 1,58 |

Fehlzeiten-Report 2011

Verstimmungen betroffen als die Vergleichsgruppe. Auch schätzen sie das eigene Selbstwertgefühl und Wohlbefinden schlechter ein, was sich zudem in deutlich höheren Fehlzeiten dieser Gruppe niederschlägt. Im Hinblick auf ein gesundheitsbewusstes Verhalten unterscheiden sich die beiden Gruppen schließlich nur bezüglich des Tabakkonsums; die Führungskräfte des zweiten Clusters rauchen eindeutig häufiger als die Kollegen der ersten Gruppe. Was den Alkoholkonsum betrifft, so unterscheiden sich beide Vorgesetztengruppen kaum voneinander.

Insgesamt betrachtet haben wir es in diesem Sample also mit zwei unterschiedlichen Typen von Führungskräften zu tun: In der einen Gruppe haben wir äußerst zufriedene Vorgesetzten zu einer Gruppe zusammenfassen können. Neben einer hohen Bewertung der organisatorischen Rahmen- und Arbeitsbedingungen lässt sich diese Gruppe zudem durch äußerst gute soziale Beziehungen, eine weit überdurchschnittliche Bewertung der Unternehmenskultur sowie eine außerordentlich gute Gesundheit kennzeichnen. Demgegenüber finden sich in der anderen Gruppe die eher kritischen Führungskräfte, nämlich vor allem solche Vorgesetzten, die mit den Arbeitsbedingungen im Unternehmen eher unzufrieden sind und auch bezüglich des betrieblichen Sozialkapitals nur zu einer unterdurchschnittlichen Bewertung kommen. Ebenso schätzen die Führungskräfte dieses Clusters ihr eigenes physisches und psychisches Wohlbefinden eher schlechter ein.

## 6.6    Diskussion und Fazit

Anhand der Daten von insgesamt 458 Führungskräften des mittleren Managements und 2.971 Mitarbeitern aus neun verschiedenen Unternehmen konnten wir zeigen, dass die Gesundheit der Belegschaft neben anderen Faktoren (z. B. berufsspezifische, biologische, persönliche Aspekte) durch das betriebliche Sozialkapital beeinflusst wird. Zudem hat sich herausgestellt, dass Führungskräfte generell über mehr betriebliches Sozialkapital verfügen als ihre Mitarbeiter. Im Hinblick auf die strukturellen Arbeitsbedingungen, das Sozialkapital und auch bezüglich des eigenen gesundheitlichen Wohlbefindens unterscheiden sich beide Statusgruppen deutlich voneinander. Bei den Führungskräften geht eine eher hohe Zufriedenheit mit den Arbeitsbedingungen mit einem starken Sozialkapital und insbesondere auch mit einem überdurchschnittlich guten Gesundheitszustand einher. Genau entgegengesetzt stellt sich die Situation im Kreise der Mitarbeiter dar: Hier führt eine defensivere Bewertung der Arbeitsbedingungen und des betrieblichen Sozialkapitals zu einem eher schlechteren gesundheitlichen Wohlbefinden der Beschäftigten. Dieses Fazit gilt mit einer Ausnahme für alle hier analysierten Aspekte, denn die Führungskräfte sind zeitlich deutlich stärker in ihre Arbeit eingebunden als die Mitarbeiter. Diese hohe zeitliche Belastung führt dazu, dass die Führungskräfte dieses Samples sehr viel größere Probleme haben, den Beruf mit dem Familienleben zu vereinbaren als andere. Diese Problematik ist aber weitgehend bekannt, denn die Work-Life-Balance ist auch in der Praxis ein zunehmend populäres Thema (Stock-Homburg u. Bauer 2007).

Unsere Daten haben zum anderen aber auch gezeigt, dass diese erhöhte zeitliche Belastung nicht unbedingt mit einem schlechteren Gesundheitszustand einhergehen muss; im Gegenteil, die hier befragten Führungskräfte verfügen über eine ausgesprochene gute Gesundheit. Viele Top-Manager, aber auch Führungskräfte aus dem oberen und mittleren Management, haben u. a. eine vergleichsweise hohe Verantwortung, eine Vielzahl an Aufgabenbereichen, starken Zeitdruck und zeichnen sich zudem häufig durch ein überdurchschnittlich hohes berufliches Engagement aus (Stock-Homburg u. Bauer 2007). Diese Arbeitsanforderungen, die als stark belastend und stressauslösend gelten, haben wohl auch dazu geführt, dass Führungskräfte vor allem als Risikogruppe für stressbedingte Erkrankungen gelten. Es gibt einige Untersuchungen zum Thema, die diese These aber nicht bestätigen; im Gegenteil, hier wird Vorgesetzten z. B. ein günstiger Vitalitätszustand und gute Arbeitsfähigkeit bescheinigt (Freude 2007; Renz

et al. 2004) sowie keine besonders große Anfälligkeit für Herz-Kreislauf-Erkrankungen und vegetative Störungen attestiert (Kromm u. Frank 2009; Pfeiffer et al. 2001). Diese Untersuchungen, die sich zumeist auf die Analyse biologisch-medizinischer Daten stützen, kommen im Kern zu ähnlichen Ergebnissen wie die Auswertung der hier analysierten Daten zum subjektiv erhobenen Gesundheitszustand der Befragten. Denn auch die Führungskräfte dieses Samples kommen bei der Einschätzung ihres eigenen persönlichen Gesundheitszustands sowohl im Hinblick auf das physische als auch psychische Wohlbefinden – trotz einer stärkeren zeitlichen Belastung – zu einem positiveren Fazit als die Mitarbeiter.

Unsere Ergebnisse zeigen, dass Führungskräfte über mehr Sozialkapital verfügen als die Mitarbeiter. Wie wir mittlerweile wissen, wird die Gesundheit der Beschäftigten in starkem Maße von „weichen" Faktoren wie dem betrieblichen Sozialkapital im Unternehmen beeinflusst. Hohe Belastungen und Beanspruchungen bei der Arbeit und die berufliche Position allein können wohl nicht allein als Erklärung für schlechtere oder bessere individuelle Gesundheit herangezogen werden. Unseren Befunden zufolge sind es daneben vor allem die guten sozialen Beziehungen zwischen den Beschäftigten und Führungskräften sowie insbesondere die kollektiv geteilten Werte und Normen in Form einer profilierten Unternehmenskultur, die nicht nur das alltägliche Verhalten und Erleben der Beschäftigten im Betrieb weitgehend bestimmen, sondern auch für das gesundheitliche Wohlbefinden der Belegschaft mit ausschlaggebend sind.

Dass Gesundheit nicht nur von der Position abhängt, wird schließlich ebenso dadurch belegt, dass das Sozialkapital und damit der Gesundheitszustand auch innerhalb der Gruppe der Vorgesetzten variiert und es zwei Typen von Führungskräften gibt: Zum einen solche Leitungskräfte, die einen sehr positiven Blick auf das betriebliche Geschehen haben und die sich auch durch die genannten zeitlichen Aspekte kaum gesundheitlich belastet fühlen. Es gibt auf der anderen Seite aber auch Führungskräfte, die die betrieblichen Bedingungen und das Sozialkapital sehr viel kritischer bewerten und denen der Zeitdruck und die hohen Arbeitsanforderungen durchaus auch gesundheitlich zu schaffen machen.

Bei der Interpretation der vorliegenden Ergebnisse ist schließlich zu bedenken, dass der Geltungsbereich unserer Befunde nicht zuletzt auch aufgrund der hohen Selektivität unserer anfallenden Stichprobe zunächst nur auf die teilnehmenden Betriebe begrenzt ist. Für die Zukunft ergibt sich aus dieser beschränkten Verallgemeinerbarkeit ein dringender zusätzlicher Forschungsbedarf – insbesondere was die betriebliche Größe, ökonomische Basis und die wirtschaftliche Branche der Unternehmen betrifft. So muss aufgrund unserer beschränkten Ergebnisse offen bleiben, ob die hohe Zufriedenheit und das gute gesundheitliche Wohlbefinden von Führungskräften beispielsweise für die Vorgesetzten sozialer Unternehmen oder von Großbetrieben mit wirtschaftlicher Basis an der Börse genauso gut ist wie für Führungskräfte in kleinen und mittelständischen Familienunternehmen. Die vorgestellten Ergebnisse sind für die hier untersuchten Betriebe allein schon aufgrund des durchweg hohen Rücklaufs weitgehend repräsentativ, auf andere Unternehmen aber nur unter Vorbehalt übertragbar.

## Literatur

Alpers GN (2009) Beanspruchungen, Ressourcen und Gesundheit von Mittleren Führungskräften. Dissertation. Fakultät für Wirtschaftswissenschaften der Universität Fridericiana zu Karlsruhe

Badura B (2006) Social Capital, Social Inequality, and the Healthy Organization. In: Noack H, Kahr-Gottlieb D Promoting the Public's Health, The EUPHA 2005 Conference Book, S 53–60

Badura B (2007) Grundlagen präventiver Gesundheitspolitik – Das Sozialkapital von Organisationen. In: Kirch W, Badura B Prävention. Beiträge des Nationalen Präventionskongresses. Dresden, 24.–27.10.2007. Springer, Berlin Heidelberg New York

Badura B, Greiner W, Rixgens P et al (2008) Sozialkapital. Grundlagen von Gesundheit und Wettbewerbsfähigkeit. Springer, Berlin Heidelberg New York

Badura B, Walter U, Hehlmann T (2010) Betriebliche Gesundheitspolitik. Der Weg zur gesunden Organisation. 2. Aufl. Springer, Berlin Heidelberg New York

Basel N (2010) Managergesundheit. Stress-Herzinfarkt nur Mythos. http://www.manager-magazin.de/unternehmen/artikel/0,2828,708657,00.html#ref=rss. Gesehen 13 Aug 2010

Baum M, Pfeiffer W, Ciré L, Kentner M (2002) Der Alkoholkonsum bei Führungskräften im Vergleich zur Normalbevölkerung. Arbeitsmedizin, Sozialmedizin, Umweltmedizin 37:559–562

Freude G (2007) Vitalität und Arbeitsfähigkeit von Führungskräften. Arbeitsmedizin, Sozialmedizin, Umweltmedizin 42:544–553

Hobbes T (1970) Leviathan – Erster und zweiter Teil. Reclam, Stuttgart

Kromm W, Frank G (2009) Unternehmensressource Gesundheit. Symposion, Düsseldorf

Marmot M (2005) Status Syndrome: How Your Social Standing Directly Affects Your Health. Bloomsbury Publishing, London

Pfeiffer W, Scholl J, Renz E, Cire L, Ketner M (2001) Wie gesund sind Führungskräfte? Eine Querschnittstudie zum kardiovaskulären Risikofaktorenprofil von Managern. Arbeitsmedizin, Sozialmedizin, Umweltmedizin 36:126–131

Renz E, Pfeiffer W, Pitzer M, Blumrich M, Kentner M (2004) Wie fit sind Führungskräfte? – Eine Querschnittstudie zur körperlichen Aktivität und Leistungsfähigkeit von Managern. Arbeitsmedizin, Sozialmedizin, Umweltmedizin 10:508–513

Rixgens P (2009) Betriebliches Sozialkapital, Arbeitsqualität und Gesundheit der Beschäftigten – Variiert das Bielefelder Sozialkapital-Modell nach beruflicher Position, Alter und Geschlecht? In: Badura B, Schröder H, Vetter C (Hrsg) Fehlzeiten-Report 2008. Betriebliches Gesundheitsmanagement: Kosten und Nutzen. Springer, Berlin Heidelberg New York

Rixgens P (2010) Messung von Sozialkapital im Betrieb durch den »Bielefelder Sozialkapital-Index« (BISI). In: Badura B, Macco K, Klose J, Schröder H (Hrsg) Fehlzeiten-Report 2009. Arbeit und Psyche: Belastungen reduzieren – Wohlbefinden fördern. Springer, Berlin Heidelberg New York

Rixgens P, Badura B, Behr M (2008) Sozialkapital und gesundheitliches Wohlbefinden aus der Sicht von Frauen und Männern – Erste Ergebnisse einer Mitarbeiterbefragung in Produktionsbetrieben. In: Badura B, Schröder H, Vetter C (Hrsg) Fehlzeiten-Report 2007. Arbeit, Geschlecht und Gesundheit. Geschlechterperspektive im betrieblichen Gesundheitsmanagement. Springer, Berlin Heidelberg New York

Smith A (2003) Wohlstand der Nationen. dtv, München

Stapelfeldt W (2010) Fehlzeiten-Statistik weist ein 5-Jahres-Hoch aus. http://www.finanzwirtschafter.de/5668-fehlzeiten-statistik-weist-ein-5-jahres-hoch-aus/. Gesehen 18 Aug 2010

Stock-Homburg R, Bauer EM (2007) Work-Life-Balance im Topmanagement. Aus Politik und Zeitgeschichte (APuZ) 34:25–32

# Kapitel 7

# Arbeitsbedingungen und Gesundheit von Führungskräften auf mittlerer und unterer Hierarchieebene

B. PANGERT, H. SCHÜPBACH

**Zusammenfassung.** *Verschiedene Studien weisen auf einen Zusammenhang zwischen Führungshandeln und der Gesundheit von Beschäftigten hin. Doch bei der Realisierung gesundheitsförderlichen Führungshandelns stehen Führungskräfte vor mehreren Herausforderungen. Vor diesem Hintergrund analysiert der Beitrag die Arbeits- und Gesundheitssituation von Führungskräften der unteren und mittleren Führungsebene. Grundlage hierfür ist eine Fragebogenstudie, die 221 Führungskräfte einbezieht. Erfragt wurden die Gesundheitsindikatoren Absentismus, Präsentismus, Irritation sowie emotionale Erschöpfung. In Hinblick auf die Arbeitsbedingungen wurde eine Reihe von Stressoren und Ressourcen betrachtet. Dabei werden zum einen die jeweiligen absoluten Ausprägungen berichtet und zum anderen die Arbeitsbedingungen zwischen verschiedenen Unternehmen sowie Hierarchieebenen verglichen. Des Weiteren werden die Zusammenhänge zwischen Arbeitsbedingungen und Gesundheitsindikatoren analysiert. Abschließend werden insbesondere die praktischen Schlussfolgerungen der Ergebnisse in den Fokus der Diskussion gestellt.*

## 7.1 Einleitung

Führung und Gesundheit, das Schwerpunktthema dieses Fehlzeiten-Reports, lässt sich aus zweierlei Perspektiven betrachten: Es fragt sich zum einen, welche Rolle das Führungshandeln für die Gesundheit der Geführten spielt und zum anderen, welche Auswirkungen die Führungstätigkeit auf die Gesundheit des Führenden hat. Verschiedene Studien weisen auf einen Zusammenhang zwischen Führung und der Gesundheit der Beschäftigten hin (vgl. für einen Überblick Kuoppala et al. 2008). So finden zum Beispiel Nyberg et al. (2009) in einer Studie bei über 3.000 Beschäftigten einen Zusammenhang zwischen der Wahrnehmung des Führungshandelns durch Beschäftigte und dem Auftreten von ischämischen Herzerkrankungen im Zeitraum von

zehn Jahren nach der Erfassung der Wahrnehmung des Führungshandelns. Je positiver dieses wahrgenommen wurde, desto geringer zeigt sich die Wahrscheinlichkeit einer ischämischen Herzerkrankung. Der Zusammenhang ist umso stärker, je länger die Beschäftigten am entsprechenden Arbeitsplatz verbleiben. Gemäß diesem und anderen Befunden spielt Führung also eine Rolle für die Gesundheit der Beschäftigten, weshalb Führungskräfte als verantwortlich für die Gesundheit ihrer Mitarbeiter betrachtet werden. Die Möglichkeiten von Führungskräften, die Beschäftigtengesundheit zu beeinflussen, lassen sich wie folgt beschreiben: mitarbeiterorientiert-unterstützendes Führungshandeln, die Gestaltung gesundheitsförderlicher Arbeitsbedingungen sowie das Engagement für die betriebliche Gesundheitsförderung (Pangert 2010). Dabei stehen Führungskräfte aus arbeitspsychologischer Sicht vor großen Herausforderungen: Moderne Arbeitswelten sind häufig durch sogenannte *indirekte Steuerung* gekennzeichnet. Peters et al. (2010) sprechen von indirekter Steuerung „immer dann, wenn weisungsgebundene Beschäftigte sich zu ihrer Rechtfertigung nicht mehr allein auf ihre tatsächlich geleistete Arbeit (ihre Anstrengung; ihren zeitlichen Aufwand; das Sich-Mühe-gegeben-Haben) berufen können, sondern in erster Linie Ergebnisse vorweisen müssen, die in der Regel betriebswirtschaftlich – durch Kennziffern – definiert sind" (ebd., S. 179 f.). Mit dieser Übertragung betriebswirtschaftlicher Verantwortung auf Beschäftigte gewinnt auch die Eigenverantwortung der Beschäftigten für ihre Gesundheit eine stärkere Bedeutung, wie das Phänomen der *interessierten Selbstgefährdung* (Peters et al. 2010) zeigt: Wenn Beschäftigte unter Bedingungen indirekter Steuerung ein eigenes Interesse an betriebswirtschaftlichen Ergebnissen entwickeln, kann dies zugleich zu einem Verhalten führen, das die eigene Gesundheit gefährdet. Dabei erscheint es plötzlich nicht mehr so klar, welche Verantwortung in diesem Zusammenhang den Führungskräften zukommt. Sind sie jetzt verantwortlich dafür, Beschäftigte vor sich selbst zu schützen? Oder nicht eher dafür, Bedingungen zu schaffen, unter denen Beschäftigte auch hinsichtlich der eigenen Gesundheit eigenverantwortlich handeln können und sie dabei zu unterstützen? Und wie kann dies konkret aussehen? Als wir uns in unserem Beitrag im Fehlzeiten-Report 2009 (Wilde et al. 2009) schwerpunktmäßig mit dieser Problematik befasst haben, sind wir auch der Frage nachgegangen, wie die Bedingungen gestaltet sind, unter denen Führungskräfte ihrer Verantwortung für die Beschäftigtengesundheit nachkommen und gesundheitsförderlich führen sollen. Dabei zeigt sich, dass sich Führungskräfte mit Bedingungen konfrontiert sehen, die dem gesundheitsförderlichen Führen wenig zuträglich sind, wie z. B. einem geringen Stellenwert des Themas Gesundheit im Unternehmen.

Doch wie geht es Führungskräften eigentlich selbst in dieser u. a. durch die genannten Herausforderungen gekennzeichneten Position? In diesem Beitrag ist von Interesse, wie Führungskräfte ihre eigenen Arbeitsbedingungen erleben und welche Folgen ihrer Beanspruchung sie berichten. Im Vordergrund stehen dabei Führungskräfte der unteren und mittleren Hierarchieebene, die sich in einer sogenannten Sandwich-Position befinden.

Die empirische Basis des Beitrags bilden Befunde aus dem Forschungs- und Gestaltungsprojekt „PARGEMA – partizipatives Gesundheitsmanagement", an dem sechs Institute aus Wissenschaft und Praxis sowie eine Reihe von Unternehmen beteiligt waren. Das Projekt wurde vom BMBF im Rahmen des Förderschwerpunkts „Präventiver Arbeits- und Gesundheitsschutz" (Projektträger im DLR: Arbeitsgestaltung und Dienstleistungen) gefördert (s. dazu Kratzer et al. 2010, www. pargema.de).

## 7.2 Die Stichprobe der befragten Führungskräfte

Die empirische Datenbasis dieses Beitrags bezieht sich auf eine Stichprobe von Führungskräften, die im Rahmen des PARGEMA-Projekts anhand eines standardisierten Fragebogens befragt wurden. Die Führungskräfte entstammen drei Kooperationsunternehmen aus dem Industrie- und Finanzdienstleistungsbereich. Insgesamt wurden in den drei Unternehmen 408 untere und mittlere Führungskräfte mittels Fragebogen angesprochen. 221 Führungskräfte davon nahmen an der Befragung teil, was einem Gesamtrücklauf von 54 Prozent entspricht. 94 der antwortenden Führungskräfte (43 Prozent) kommen aus einem Industrieunternehmen, die restlichen 127 Führungskräfte (57 Prozent) aus dem Finanzdienstleistungssektor. 61 Führungskräfte (28 Prozent) gehören der unteren Führungskräfteebene an, 157 der mittleren (71 Prozent, übrige Angaben fehlen). Darüber hinaus lässt sich die Stichprobe wie folgt beschreiben: Sie umfasst 47 weibliche (21 Prozent) und 173 männliche Führungskräfte (78 Prozent, übrige Angaben fehlen). Die Altersverteilung der Führungskräfte stellt sich folgendermaßen dar: 68 Führungskräfte (31 Prozent) sind 40 Jahre alt oder jünger, 113 Führungskräfte (51 Prozent) sind zwischen 41 und 50 Jahren alt, die übrigen 40 (18 Prozent) sind 51 Jahre alt oder älter. Die durchschnittliche Führungserfahrung beträgt 10,5 Jahre.

## 7.3 Die Gesundheit von unteren und mittleren Führungskräften

Wie geht es Führungskräften der unteren und mittleren Führungsebene gesundheitlich? Dies ist eine der Fragen, denen wir im Rahmen des Projekts PARGEMA nachgegangen sind. Bestehende Ergebnisse zum Gesundheitszustand von Führungskräften lassen auf den ersten Blick unterschiedliche Ableitungen zu, die insbesondere von den gewählten Kriterien abzuhängen scheinen. Das häufig verwendete Kriterium Krankenstand deutet auf einen vergleichsweise guten Gesundheitszustand von Führungskräften hin, da dieser bei ihnen sehr gering ist

(z. B. Büssing u. Glaser 1998). Eine Studie des Karlsruher Instituts für Arbeits- und Sozialhygiene bei Führungskräften hingegen zeigt, dass 85 Prozent an vegetativen Beschwerden oder Befindensstörungen an Herz, Kreislauf und Magen/Darm leiden (Klemusch 1998 nach Stadler u. Spieß 2003). Die Daten der PARGEMA-Befragung ergeben folgendes Bild der Gesundheit von Führungskräften: Die Betroffenen geben – wie in der Studie von Büssing und Glaser (1998) – einen sehr geringen Krankenstand an. Gemäß ihren Angaben waren sie in den vergangenen zwölf Monaten an durchschnittlich 4,8 Tagen wegen Krankheit abwesend. Dabei ist zu beachten, dass zwar viele Unternehmen den Krankenstand als Indikator für die Beschäftigtengesundheit verwenden. Um ein umfassendes Bild vom Gesundheitszustand der Beschäftigten zu erhalten, sollte darüber hinaus aber auch der Präsentismus betrachtet werden. Präsentismus beschreibt das Phänomen, trotz Krankheit zur Arbeit zu gehen. Interessant ist dieser auch deshalb, weil die betriebswirtschaftlichen Kosten von Präsentismus für Unternehmen höher als die Kosten für Absentismus geschätzt werden (Fissler u. Krause 2010). Bei der Frage zum Thema Präsentismus wurden die Führungskräfte danach gefragt, an wie vielen Tagen sie in den vergangenen zwölf Monaten trotz Krankheit anwesend waren. Durchschnittlich wurden auf diese Frage 8,3 Tage (mit relativ großer Streuung) angegeben – ein Ergebnis, das die Absentismuszahlen in anderem Licht erscheinen lässt. Führungskräfte scheinen also nicht besonders selten krank zu sein, sondern vielmehr häufig trotz Krankheit zur Arbeit zu gehen. Damit in Einklang stehen die Irritationswerte der befragten Führungskräfte. Irritation beschreibt „subjektiv wahrgenommene *emotionale* und *kognitive* Beanspruchungen im Kontext der Erwerbsarbeit" (Mohr et al. 2005a, S. 44, Hervorhebung im Original). Die Werte der entsprechenden Skala reichen von 1 (trifft überhaupt nicht zu) bis 7 (trifft fast völlig zu), ein Beispielitem lautet: „Es fällt mir schwer, nach der Arbeit abzuschalten". Der Mittelwert der befragten Führungskräftestichprobe von 3,5 ist gegenüber dem von Mohr et al. (2005b) für die Normstichprobe angegebenen Wert von 3,1 signifikant erhöht (p < .05). Die hohen Irritationswerte deuten auf fehlende kurzfristige Erholung hin, gleichzeitig erschweren hohe Irritationswerte eine gelungene Erholung, wodurch die Gefahr eines Teufelskreises besteht. Die Angaben zum Krankenstand und Präsentismus bestätigen dieses Bild: Es scheint, dass die Führungskräfte sich bei Krankheiten nicht angemessen erholen, sondern direkt oder zu früh an den Arbeitsplatz zurückkehren. Die große Gefahr besteht darin, dass sich Folgeerkrankungen wesentlich schwerer und länger zeigen können, wie dies z. B. bei

psychischen Erkrankungen der Fall ist. Erste Indizien hierfür finden sich bei Betrachtung der emotionalen Erschöpfung der befragten Führungskräfte. Bei emotionaler Erschöpfung handelt es sich um eine der drei Komponenten des Burnout-Syndroms. Die Erfassung der emotionalen Erschöpfung wurde in dieser Studie mit der von Büssing und Glaser (1998) für Führungskräfte modifizierten deutschen Fassung des Maslach Burnout Inventory (MBI-D) von Büssing und Perrar (1992) vorgenommen. Die Skala reicht von 1 (nie) bis 6 (sehr oft), ein Beispielitem lautet: „Ich fühle mich durch meine Arbeit ausgebrannt". Der hier bei der Stichprobe von unteren und mittleren Führungskräften beobachtete Mittelwert von 2,94 ist gegenüber dem bei Büssing und Glaser (1998) für obere Führungskräfte angegebenen Mittelwert von 2,59 erhöht. Als Burnout-gefährdet lassen sich nach Büssing und Glaser (1998) diejenigen Führungskräfte bezeichnen, die Mittelwerte größer oder gleich 4 aufweisen. In der betrachteten Stichprobe von unteren und mittleren Führungskräften trifft dies auf 14 Prozent der Führungskräfte zu.

## 7.4 Die Arbeitsbedingungen von unteren und mittleren Führungskräften

Laut Arbeitskräfteerhebung des Statistischen Bundesamtes im Jahr 2007 geben 17 Prozent der befragten Führungskräfte an, bei der Arbeit psychischen Belastungen ausgesetzt zu sein, die sich negativ auf das Wohlbefinden und damit auf die Arbeitsfähigkeit auswirken. Im Vergleich zu den betrachteten Berufsgruppen weisen lediglich Wissenschaftler höhere Werte auf (19 Prozent). Insgesamt gibt jeder achte Erwerbstätige (12 Prozent) an, bei der Arbeit psychischen Belastungen ausgesetzt zu sein, die sich negativ auf sein Wohlbefinden und damit auf die Arbeitsfähigkeit auswirken. Doch wie sehen die Arbeitsbedingungen von Führungskräften, die zu dieser Beanspruchungskonstellation führen, konkret aus?

Entsprechend verschiedenen Wirkungsmodellen zum Zusammenhang von Arbeitsbedingungen und Gesundheit differenzieren wir bei der Analyse der Arbeitssituation der Führungskräfte in der PARGEMA-Befragung nach Arbeitsbedingungsfaktoren, bei denen davon ausgegangen wird, dass sie in negativem Zusammenhang mit der Gesundheit stehen (Stressoren) und Arbeitsbedingungsfaktoren, bei denen eine positive Auswirkung auf die Gesundheit vermutet wird (Ressourcen). Als Stressoren wurden Zeitdruck, Unsicherheit, arbeitsorganisatorische Probleme, Arbeitsunterbrechungen, emotionale Dissonanz, soziale Stressoren und kognitive Widersprüche in der Tätigkeit erhoben. Als Ressourcen wurden Handlungs-, Entscheidungs- und Gestaltungsspielräume sowie soziale Unterstützung durch Vorgesetzte, Kollegen und Beschäftigte erhoben. Die verwendeten Items wurden weitestgehend aus bewährten Instrumenten entnommen. Die Items wurden alle auf fünfstufigen Rating-Skalen beantwortet. Die Skalierung ist so gestaltet, dass hohe Werte einer hohen Ausprägung der Stressoren bzw. Ressourcen entsprechen.

◨ Abb. 7.1 zeigt die Ergebnisse im Vergleich für die drei Unternehmen. Dabei wird zum einen deutlich, dass sich über die verschiedenen Unternehmen (Markierung

Unternehmen A (N = 127): dunkelgrau, Unternehmen B (N = 25): mittelgrau, Unternehmen C (N = 69): hellgrau) ein ähnliches Stressoren- und Ressourcenmuster findet. Die Führungstätigkeit scheint also über verschiedene Unternehmen unterschiedlicher Branchen hinweg mit ähnlichen Stressoren und Ressourcen verbunden zu sein. Bei den Stressoren stechen insbesondere Zeitdruck und Arbeitsunterbrechungen hervor. Bei den Ressourcen zeigt sich insgesamt eine positive Bewertung von Tätigkeitsspielräumen und sozialer Unterstützung. Die soziale Unterstützung durch die Beschäftigten wird dabei besonders ausgeprägt wahrgenommen.

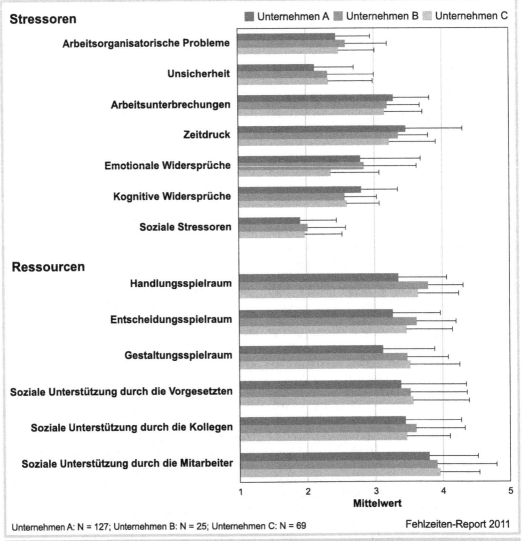

◨ Abb. 7.1 Mittelwerte und Standardabweichungen der Stressoren und Ressourcen in den drei Unternehmen

Innerhalb der Unternehmen ist insbesondere der Vergleich der Arbeitsbedingungen auf verschiedenen Führungsebenen interessant, der hier am Beispiel eines Industrieunternehmens (N = 69) dargestellt werden soll. In ◘ Abb. 7.2 finden sich die Ausprägung der Stressoren und Ressourcen, wie sie von Führungskräften der unteren (N = 32, dunkelgrauer Balken) und der mittleren (N = 37, mittelgrauer Balken) Führungsebene wahrgenommen wird. Auch wenn sich wiederum in beiden Gruppen ein ähnliches Stressoren- und Ressourcenmuster zeigt, finden sich gleichzeitig auch systematische Unterschiede in der Ausprägung der Stressoren und

Ressourcen. Die Ressourcen sind häufig auf der unteren Führungsebene geringer, die Stressoren oft stärker ausgeprägt als auf der mittleren Führungsebene. Statistisch signifikante Unterschiede (t-Test, zweiseitig, p < .05) zeigen sich bei den Aspekten Unsicherheit, Arbeitsunterbrechungen, kognitive Widersprüche, Handlungs-, Entscheidungs- und Gestaltungsspielraum sowie soziale Unterstützung durch den Vorgesetzten.

Entsprechende Unterschiede finden sich auch in den Werten von Irritation und emotionaler Erschöpfung. Die untere Führungsebene weist hier im Vergleich zur mittleren Führungsebene jeweils tendenziell höhere

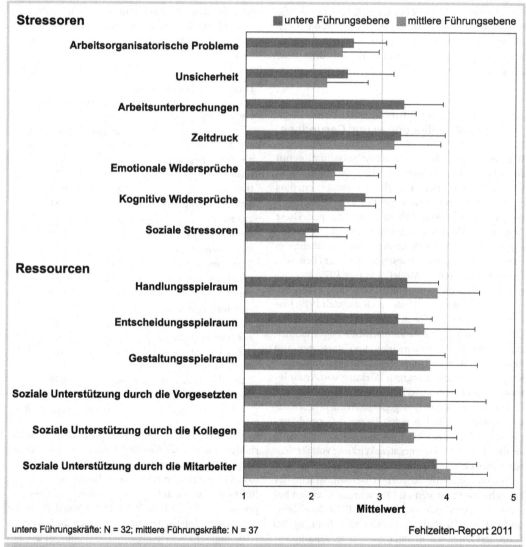

◘ Abb. 7.2 Mittelwerte und Standardabweichungen der Stressoren und Ressourcen von unteren und mittleren Führungskräften eines Industrieunternehmens

Werte auf, bei emotionaler Erschöpfung ist der Unterschied signifikant (t-Test, zweiseitig, p < .05).

Bei unteren Führungskräften scheint die oft beschriebene Sandwich-Position von unteren und mittleren Führungskräften also am deutlichsten zum Vorschein zu kommen – mit den entsprechenden gesundheitlichen Konsequenzen. Die Möglichkeiten, bei der Festlegung der Vorgaben „von oben" mitzubestimmen, sind gering. Gleichzeitig ist man direkt mit der Realität des Produktionsablaufs und den Erwartungen der Beschäftigten konfrontiert. So ist es naheliegend, dass bestimmte kognitive Widersprüche bei dieser Tätigkeit eine zentrale Belastung darstellen. So geben zum Beispiel 41 Prozent der unteren Führungskräfte an, dass sie an ihrem Arbeitsplatz oft Dinge, die ihnen wichtig sind, nicht umsetzen können, während dies nur 16 Prozent ihrer Kollegen der mittleren Führungsebene von sich sagen.

## 7.5 Zum Zusammenhang von Arbeitsbedingungen und Gesundheit

Wie genau hängt die berichtete Arbeitssituation mit den betrachteten Gesundheitsindikatoren zusammen? Wie bereits beschrieben, ist davon auszugehen, dass die erfragten Stressoren negativ und die Ressourcen positiv mit der Gesundheit zusammenhängen. Diese Annahme findet sich in verschiedenen arbeitspsychologischen Wirkungsmodellen zum Zusammenhang von Arbeitsbedingungen und Gesundheit wieder (Beispiele: Job-Demand-Control-Modell, Karasek 1979; Job-Demand-Control-Support-Modell, Johnson u. Hall 1988; Konzept Anforderung/Belastung, Oesterreich 1999; Job-Demand-Resources-Modell, Bakker u. Demerouti 2007). Dabei treffen die Modelle unterschiedliche Annahmen zum genauen Zusammenwirken von Stressoren und Ressourcen. Während im Konzept Anforderung/Belastung von einer unabhängigen Wirkung von Anforderungen (Ressourcen) und Belastungen (Stressoren) auf Gesundheitsindikatoren ausgegangen wird, nehmen das Job-Demand-Control- bzw. Job-Demand-Control-Support-Modell und das Job-Demand-Resources-Modell an, dass Ressourcen die negative Wirkung von Stressoren puffern können (Interaktionshypothese).

Nachfolgend soll aufgezeigt werden, welche der betrachteten Stressoren und Ressourcen in einem besonders engen Zusammenhang mit Befindensbeeinträchtigungen (Irritation, emotionale Erschöpfung) bei Führungskräften stehen und inwiefern der Zusammenhang von Stressoren und Befindensbeeinträchtigungen von den erfragten Ressourcen moderiert wird.

In ◘ Tab. 7.1 sind die bivariaten Korrelationen zwischen den Stressoren und Ressourcen einerseits und Irritation und emotionaler Erschöpfung andererseits dargestellt. Alle Korrelationen sind signifikant (p < .05, zweiseitig) und weisen das erwartete Vorzeichen auf. Stressoren stehen in positivem Zusammenhang mit Befindensbeeinträchtigungen, Ressourcen in negativem Zusammenhang. Stärker ausgeprägte Stressoren gehen also mit höheren Befindensbeeinträchtigungen, stärker ausgeprägte Ressourcen mit geringeren Befindensbeeinträchtigungen einher. Dabei sind die Zusammenhänge zwischen Stressoren und Befindensbeeinträchtigungen insgesamt höher als diejenigen zwischen Ressourcen und Befindensbeeinträchtigungen. Die höchsten Zusammenhänge finden sich mit Zeitdruck, emotionalen und kognitiven Widersprüchen sowie sozialen Stressoren.

◘ **Tab. 7.1** Bivariate Korrelationen zwischen Stressoren und Ressourcen sowie Irritation und emotionaler Erschöpfung

| | Irritation | Emotionale Erschöpfung |
|---|---|---|
| Arbeitsorganisatorische Probleme | 0,23 | 0,22 |
| Unsicherheit | 0,25 | 0,29 |
| Arbeitsunterbrechungen | 0,31 | 0,34 |
| Zeitdruck | 0,40 | 0,46 |
| Emotionale Widersprüche | 0,51 | 0,49 |
| Kognitive Widersprüche | 0,56 | 0,57 |
| Soziale Stressoren | 0,44 | 0,37 |
| Handlungsspielraum | -0,26 | -0,37 |
| Entscheidungsspielraum | -0,27 | -0,37 |
| Gestaltungsspielraum | -0,17 | -0,29 |
| Soziale Unterstützung durch die Vorgesetzten | -0,31 | -0,36 |
| Soziale Unterstützung durch die Kollegen | -0,17 | -0,20 |
| Soziale Unterstützung durch die Mitarbeiter | -0,17 | -0,26 |

Fehlzeiten-Report 2011

Um zu überprüfen, inwiefern die verschiedenen Variablen auch unter Kontrolle der übrigen Aspekte der Arbeitssituation (also den anderen Stressoren bzw. Ressourcen) in relevantem Zusammenhang mit Befindensbeeinträchtigungen stehen, wurden Regressionsanalysen berechnet. Dabei wurden für die regressionsanalytischen Berechnungen die Variablen Handlungs-, Entscheidungs- und Gestaltungsspielraum zu einer Variable **Tätigkeitsspielraum**, die Variablen soziale Unterstützung durch Vorgesetzte, Kollegen und

Mitarbeiter zu einer Variable **soziale Unterstützung** zusammengefasst.

Insgesamt können die erfragten Stressoren sowie Tätigkeitsspielraum und soziale Unterstützung gemeinsam 42 Prozent der Varianz der Irritation und 45 Prozent der Varianz der emotionalen Erschöpfung aufklären. Die entsprechenden Modelle sind jeweils signifikant ($p < .05$). Unter allen einbezogenen Variablen leisten Zeitdruck, emotionale und kognitive Widersprüche sowie soziale Stressoren einen eigenständigen signifikanten Beitrag zur Varianzaufklärung der Irritation ($p < .05$). Die vier genannten Stressoren leisten gemeinsam bereits 42 Prozent Varianzaufklärung. Zur Varianzaufklärung von emotionaler Erschöpfung trägt neben Zeitdruck, emotionalen und kognitiven Widersprüchen auch soziale Unterstützung einen eigenständigen signifikanten Beitrag bei ($p < .05$). In diesem Fall leisten die drei Stressoren sowie soziale Unterstützung gemeinsam bereits einen Aufklärungsbeitrag von 43 Prozent. Sowohl bei der Aufklärung der Varianz in der Irritation als auch der Varianz in der emotionalen Erschöpfung zeigen kognitive Widersprüche den höchsten eigenständigen Anteil an Varianzaufklärung. Das Konzept der kognitiven Widersprüche wurde in Anlehnung an das Konzept der emotionalen Widersprüche in die Untersuchung der Arbeitsbedingungen von Führungskräften integriert. Auf der Grundlage der Theorie der kognitiven Dissonanz (Festinger 1957) werden dabei Widersprüche zwischen verschiedenen Kognitionen (Wahrnehmungen, Gedanken, Meinungen, Einstellungen, Wünsche oder Absichten) sowie zwischen Kognitionen und Verhalten betrachtet. In den konkreten Inhalten der entsprechenden Skala geht es um die Konfrontation mit widersprüchlichen Anforderungen, d. h. um Tätigkeiten, die den persönlichen Werten widersprechen oder als unnötig erlebt werden. Weiterhin wird z. B. danach gefragt, inwiefern man Mitarbeitern gegenüber Dinge vertreten muss, die gegen die eigene Meinung verstoßen; Gesundheitsrisiken in Kauf genommen werden müssen, um vorgegebene Ziele zu erreichen und am Ende eines Tages das Gefühl besteht, nicht genug getan zu haben, obwohl man sich sehr angestrengt hat.

Unter allen betrachteten Stressoren stehen insgesamt besonders Zeitdruck, emotionale und kognitive Widersprüche sowie soziale Stressoren in engerem Zusammenhang mit Befindensbeeinträchtigungen. Die Ressourcen Tätigkeitsspielraum und soziale Unterstützung hingegen spielen bei den direkten Zusammenhängen eine untergeordnete Rolle. Inwiefern aber puffern sie die Zusammenhänge zwischen Stressoren und Befindensbeeinträchtigungen? Zur Beantwortung dieser Frage

wurden jeweils zusätzlich zu den vier Variablen, die sich als besonders relevant für die Varianzaufklärung von Irritation und emotionaler Erschöpfung zeigten, die Interaktionsterme der in den vier Variablen enthaltenen Stressoren und sozialer Unterstützung bzw. Tätigkeitsspielräumen betrachtet. Im Falle der Irritation waren vier Stressoren relevant für die Vorhersage, dementsprechend wurden acht Interaktionsterme betrachtet (je mit sozialer Unterstützung und Tätigkeitsspielräumen). Keiner der Interaktionsterme mit Tätigkeitsspielräumen ist statistisch bedeutsam für die Varianzaufklärung von Irritation, Tätigkeitsspielräume zeigen sich also nicht als Puffer im Zusammenhang der vier betrachteten Stressoren mit Irritation. Hingegen werden die Interaktionsterme von emotionalen bzw. kognitiven Widersprüchen und sozialer Unterstützung signifikant ($p < .05$). Dabei zeigt sich die erwartete Interaktion von emotionalen Widersprüchen und sozialer Unterstützung: Bei hoher sozialer Unterstützung gibt es einen geringeren Zusammenhang zwischen emotionalen Widersprüchen und Irritation als bei niedriger sozialer Unterstützung. In unerwarteter Weise kommt die Interaktion von kognitiven Widersprüchen und sozialer Unterstützung zum Ausdruck: Bei hoher sozialer Unterstützung gibt es einen höheren Zusammenhang zwischen kognitiven Widersprüchen und Irritation als bei niedriger sozialer Unterstützung. Weitere Studien sollten dieses Zusammenspiel näher betrachten. Möglicherweise sind die kognitiven Widersprüche insbesondere dann relevant für das Befinden, wenn sie trotz der Unterstützung durch andere nicht aufgelöst werden können.

Im Falle der emotionalen Erschöpfung waren drei Stressoren relevant für die Vorhersage, dementsprechend wurden hier sechs Interaktionsterme betrachtet. Dabei zeigt sich keiner der Interaktionsterme als statistisch bedeutsam für die Varianzaufklärung von emotionaler Erschöpfung. Die Zusammenhänge zwischen den drei betrachteten Stressoren und emotionaler Erschöpfung werden demnach nicht von Tätigkeitsspielräumen und sozialer Unterstützung moderiert.

## 7.6  Schlussfolgerungen

Die bestehenden Forschungsbefunde bestätigen, dass Führungskräfte eine wichtige Rolle für die Gesundheit der Beschäftigten spielen. Es ergibt deshalb durchaus Sinn, ihnen diesbezüglich Verantwortung zuzuschreiben. Gleichzeitig muss aber auch danach gefragt werden, über welche Ressourcen sie verfügen, um dieser Verantwortung gerecht werden zu können. Dabei erscheint gemäß unseren Befunden ein Blick auf die

Arbeitsbedingungen und die Gesundheit der Führungskräfte selbst durchaus lohnend. Schließlich stellt sich die Frage, inwiefern Führungskräfte selbst gute Arbeitsbedingungen haben müssen, um ihren Beschäftigten ebensolche zuzugestehen. Wichtig und interessant erscheinen in diesem Zusammenhang insbesondere die Tätigkeitsspielräume der Führungskräfte. Bereits vor über 20 Jahren fasste Spector die Befunde aus 88 Studien zur wahrgenommenen Kontrolle von Beschäftigten im Sinne von Autonomie und Partizipation bei der Arbeit zusammen. In den metaanalytischen Ergebnissen zeigt sich, dass hoch ausgeprägte Kontrolle mit einem hohen Ausmaß an Arbeitszufriedenheit, Commitment, Involvement, Leistung und Motivation einhergeht und gleichzeitig mit einer geringen Ausprägung von physischen Beschwerden, emotionalem Distress, Rollenstress, Absentismus, Turnover-Intentionen sowie Turnover (Spector 1986). Die positive Wirkung von Tätigkeitsspielräumen spiegelt sich in unseren Daten zwar in den negativen Zusammenhängen mit Befindensbeeinträchtigungen wider, zeigt sich allerdings nicht mehr, wenn die Stressoren und die soziale Unterstützung berücksichtigt werden. Auch finden sich keine Puffereffekte der Tätigkeitsspielräume. Dies wiederum entspricht häufigen Befunden zum Job-Demand-Control-Modell (Karasek 1979). Während die von Karasek postulierten Haupteffekte von Belastungen und Entscheidungsspielräumen auf Stress relativ gut repliziert sind, kann die Interaktionshypothese nicht in allen Studien bestätigt werden (vgl. Häusser et al. 2010). Denkbar ist u. a., dass die Tätigkeitsspielräume zwar theoretisch vorhanden, aber praktisch nicht ausreichend genutzt werden können (z. B. bedingt durch die Unternehmenskultur), und so nicht als Puffer wirksam werden oder in Relation zu den Stressoren nicht ausreichend ausgeprägt sind. Die Befunde müssen also keinesfalls bedeuten, dass Tätigkeitsspielräume nicht relevant für die Gesundheit von Führungskräften sind. Zum einen wäre eine solche Schlussfolgerung auf Basis der angeführten Befunde aufgrund des querschnittlichen Designs dieser Studie ohnehin unzulässig, zum anderen sind auch andere Zusammenhänge als die hier untersuchten denkbar. So wird der Tätigkeitsspielraum z. B. häufig stärker mit positiven Gesundheitsindikatoren wie Freizeitverhalten (vgl. das Konzept Anforderung/Belastung; Oesterreich 1999) oder Motivation (vgl. die Wirkung von Ressourcen im Job-Demand-Resources-Modell; Bakker u. Demerouti 2007) in Verbindung gebracht. In unsere Betrachtung haben wir dagegen lediglich zwei negative Gesundheitsindikatoren (Befindensbeeinträchtigungen) einbezogen. Des Weiteren wird bei Ressourcen im Allgemeinen neben der direkten Wirkung und der

Pufferwirkung ein dritter Wirkungsweg angenommen: indirekte Wirkungen auf die Gesundheit, indem sie dem Entstehen von Belastungen entgegenwirken bzw. dem Belastungsabbau dienen (Ulich u. Wülser 2005). Ein solcher indirekter Zusammenhang zwischen Tätigkeitsspielräumen und Befindensbeeinträchtigungen, der über Stressoren vermittelt wird, wurde an den vorliegenden Daten jedoch nicht geprüft und lässt sich im querschnittlichen Design auch nicht angemessen nachweisen. Die Zusammenhänge zwischen Tätigkeitsspielräumen und Stressoren aber geben einen Hinweis darauf, dass auch hier ein solcher indirekter Zusammenhang vorliegen könnte. So stehen insbesondere Handlungs- und Entscheidungsspielraum in negativem Zusammenhang mit Zeitdruck, emotionalen und kognitiven Widersprüchen. Denkbar ist also, dass diese Spielräume Führungskräften die Möglichkeit geben, ihre Arbeitsbedingungen so zu gestalten, dass weniger Zeitdruck und Widersprüche auftreten.

Tätigkeitsspielräume können damit ein möglicher Ansatzpunkt sein, um die Gesundheit von Führungskräften zu fördern. Gleichzeitig bieten angemessene Tätigkeitsspielräume Führungskräften bessere Möglichkeiten, gesundheitsförderliche Arbeitsbedingungen für die Beschäftigten zu schaffen. Diese Möglichkeiten zu nutzen, erfordert natürlich entsprechende Kompetenzen aller Beteiligten sowie eine betriebliche Kultur, die deren Nutzung fördert.

Auch soziale Unterstützung kann, wie viele andere Studien bestätigen, ein wichtiger Ansatzpunkt in der Gesundheitsförderung sein. Ihre Bedeutung für die Gesundheit von Führungskräften wird in den berichteten Ergebnissen deutlich, wenngleich ihre Interaktion mit kognitiven Widersprüchen noch weiter untersucht werden sollte.

Gleichzeitig ist auf die Widersprüche in der Tätigkeit von Führungskräften zu fokussieren. Diese stehen neben dem Zeitdruck in besonders starkem Zusammenhang mit Befindensbeeinträchtigungen. An dieser Stelle ist gemeinsam über verschiedene Führungsebenen hinweg zu diskutieren, welche Widersprüche nur als solche wahrgenommen werden und welche tatsächlich bestehen und wie man diese gegebenenfalls auflösen kann. Ziel muss hier sein, arbeitsbezogene Anforderungen mit den Bedingungen für deren Bewältigung so aufeinander abzustimmen, dass die untere Führungsebene und deren Beschäftigte nicht die Aufgabe erhalten, hier Unvereinbares zusammenzubringen.

## Literatur

Bakker AB, Demerouti E (2007) The Job Demands-Resources model: state of the art. Journal of Managerial Psychology 22 (3):309–328

Büssing A, Glaser J (1998) Managerial Stress und Burnout – A Collaborative International Study (CISMS). Berichte aus dem Lehrstuhl für Psychologie der TU München, München

Büssing A, Perrar KM (1992) Die Messung von Burnout: Untersuchung einer deutschen Fassung des Maslach Burnout Inventory (MBI-D). Diagnostica 38 (4):328–353

Festinger L (1957) A theory of cognitive dissonance. Stanford University Press, Standford

Fissler ER, Krause R (2010) Absentismus, Präsentismus und Produktivität. In: Badura B, Walter U, Hehlmann T (Hrsg) Betriebliche Gesundheitspolitik. Der Weg zur gesunden Organisation. Springer, Heidelberg

Häusser JA, Mojzisch A, Niesel M, Schulz-Hardt S (2010) Ten years on: a review of recent research on the JobDemand-Control (-Support) model and psychological well-being. Work & Stress 24 (1):1–35

Johnson JV, Hall EM (1988) Job strain, workplace social support, and cardiovascular disease: A cross-sectional study of a random sample of the Swedish working population. American Journal of Public Health 78 (1):336–342

Karasek RA (1979) Job Demands, Job Decision Latitude, and Mental Strain: Implications for Job Redesign. Administrative Science Quarterly 24 (2):285–308

Kratzer N, Dunkel W, Becker K, Hinrichs S, Peters K (2010) PARGEMA – Partizipatives Gesundheitsmanagement. Innovationsspiralen bei neuen Organisations- und Steuerungsformen. Abschlussbericht des Projekts, München

Kuoppala J, Lamminpää A, Liira J, Vainio H (2008) Leadership, job well-being, and health effects: A systematic review and a meta-analysis. Journal of Occupational & Environmental Medicine 50 (8):904–915

Mohr G, Rigotti T, Müller A (2005a) Irritation – ein Instrument zur Erfassung psychischer Beanspruchung im Arbeitskontext.

Zeitschrift für Arbeits- und Organisationspsychologie 49 (1):44–48

Mohr G, Rigotti T, Müller A (2005b) Normwerte der Skala Irritation – zwei Dimensionen psychischer Beanspruchung. Diagnostica 51 (1):12–20

Nyberg A, Alfredsson L, Theorell T, Westerlund H, Vahtera J, Kivimäki M (2009) Managerial leadership and ischaemic heart disease among employees: the Swedish WOLF study. Occupational and Environmental Medicine 66 (9):51–55

Oesterreich R (1999) Konzepte zu Arbeitsbedingungen und Gesundheit – Fünf Erklärungsmodelle im Vergleich. In: Oesterreich R, Volpert W (Hrsg) Psychologie gesundheitsgerechter Arbeitsbedingungen. Konzepte, Ergebnisse und Werkzeuge zur Arbeitsgestaltung. Huber, Bern

Pangert B (2010) Prädiktoren gesundheitsförderlichen Führungshandelns. Unveröffentlichte Dissertation, Albert-Ludwigs-Universität Freiburg

Peters K, Dorsemagen C, Krause A, Stadlinger J (2010) Indirekte Steuerung und interessierte Selbstgefährdung. Theoretische Grundannahmen, Befunde einer Fallstudie und Interventionen zum Umgang mit psychischen Belastungen durch Veränderungen in der Unternehmenssteuerung. In: Kratzer N, Dunkel W, Becker K, Hinrichs S, Peters K (Hrsg) PARGEMA – Partizipatives Gesundheitsmanagement. Innovationsspiralen bei neuen Organisations- und Steuerungsformen. Abschlussbericht des Projekts, München, S 177–209

Spector PE (1986) Perceived control by employees: A meta-analysis of studies concerning autonomy and participation at work. Human Relations 39 (11):1005–1016

Stadler P, Spieß E (2003) Psychosoziale Gefährdung am Arbeitsplatz. Verlag für neue Wissenschaft, Dortmund

Ulich E, Wülser M (2005) Gesundheitsmanagement in Unternehmen. Gabler, Wiesbaden

Wilde B, Dunkel W, Hinrichs S, Menz W (2009) Gesundheit als Führungsaufgabe in ergebnisorientiert gesteuerten Arbeitssystemen. In: Badura B, Schröder H, Klose J, Macco K (Hrsg) Fehlzeiten-Report 2009. Arbeit und Psyche: Belastungen reduzieren – Wohlbefinden fördern. Springer, Heidelberg, S 147–155

# Kapitel 8

# Burnout-Prävention bei Managern – Romantik oder Realität in Unternehmen?

D. Hollmann, D. Hanebuth

**Zusammenfassung.** *Das „Phänomen" Burnout ist bei Managern hinlänglich bekannt. Dennoch können wenige Unternehmen nachweisen, die damit verbundenen Aufgaben konsequent und nachhaltig anzugehen. Im Folgenden diskutieren wir anhand wissenschaftlicher Befunde Zusammenhänge zwischen Verhältnissen am Arbeitsplatz von Managern und den Wirkungen auf ihre Gesundheit. Einerseits zeigen wir Hindernisse bei der Umsetzung geeigneter Maßnahmen auf, andererseits zeigen wir aber auch ein Beispiel für einen gelungenen Top-down-Prozess. In unserer Schlussfolgerung hinterfragen wir die Unternehmensverhältnisse kritisch und beleuchten dabei ebenso die Rolle der Wissenschaft.*

## 8.1 Burnout im Fokus der Wissenschaft

Burnout – dieser Begriff ist und bleibt präsent. Aber wie wichtig ist er eigentlich?

Eine aktuelle bevölkerungsbasierte Studie aus Finnland hat sehr deutlich den Zusammenhang zwischen Schweregraden von Burnout in den Jahren 2000 und 2001 und der Erwerbsfähigkeit vier Jahre später gezeigt (Ahola et al. 2009). Unabhängig von Alter, Familienstand, beruflicher Stellung und psychischen oder körperlichen Vorerkrankungen stieg mit einer Burnout-Diagnose zum ersten Messzeitpunkt das Risiko einer Erwerbsunfähigkeit vier Jahre später um ca. 50 Prozent. Was die Studie nicht sagt: Erwerbsunfähigkeit, genau wie ein Herzinfarkt, ist häufig nur der vorläufige Endpunkt eines langen Leidensweges.

In Deutschland haben die Fälle von Frühverrentung aufgrund psychischer Erkrankungen in den vergangenen Jahren ebenfalls stark zugenommen, ebenso die Anzahl der Fälle von Arbeitsunfähigkeit aufgrund der gleichen Diagnose in den Statistiken der Krankenkassen (s. Teil B in diesem Band). Dies sind deutliche Hinweise darauf, dass dem Thema Burnout mehr Aufmerksamkeit geschenkt werden muss. Gute Möglichkeiten dafür finden sich unter anderem bei der Gestaltung von Arbeit und Führungsqualität.

### 8.1.1 Arbeitszufriedenheit und Führungsqualität

Burnout steht in deutlichem Zusammenhang mit der Arbeitszufriedenheit. Faragher et al. (2005) haben in ihrem Review mittels einer Metaanalyse von 485 wissenschaftlichen Studien mit mehr als 250.000 Personen eine mittlere Korrelation von $r = 0.478$ errechnet. Anders ausgedrückt bedeutet das: Ein Burnout wird zu über 20 Prozent durch mangelnde Arbeitszufriedenheit erklärt. Zusammenhänge dieser Größenordnung sind in den Arbeitswissenschaften selten. Da Arbeitszufriedenheit zu den am besten dokumentierten Gebieten der Arbeits- und Organisationspsychologie gehört, sparen wir an dieser Stelle die hinreichend geführte Diskussion über Zusammenhänge zwischen Führungsqualität und Arbeitszufriedenheit aus. Beeindruckender sind Resultate einer Studie über den Zusammenhang zwischen Führungsqualitäten von Führungskräften und dem Auftreten ischämischer Herzkrankheiten bei insgesamt 3.122 männlichen geführten Mitarbeitern (Nyberg et al. 2009). In den Jahren 1992 bis 1995 wurde das Verhalten von Führungskräften mit nur zehn Fragen durch die Mitarbeiter bewertet (◘ Abb. 8.1). In den folgenden zehn Jahren wurden insgesamt 74 Klinikeinweisungen mit Diagnosen einer ischämischen Herzkrankheit wie Herzrhythmusstörung, akutem Myokardinfarkt, Tod infolge einer ischämischen Herzkrankheit oder sonstige akute oder subakute Formen von ischämischen Herzkrankheiten registriert.

| 1 | Mein Vorgesetzter gibt mir die Informationen, die ich benötige. |
| 2 | Mein Vorgesetzter ist gut darin, Veränderungen durchzusetzen und umzusetzen. |
| 3 | Mein Vorgesetzter erklärt Ziele und Teilziele für unsere Arbeit so, dass ich verstehe, was sie für meinen speziellen Aufgabenbereich genau bedeuten. |
| 4 | Ich weiß genau, was mein Vorgesetzter von mir erwartet. |
| 5 | Mein Vorgesetzter zeigt Interesse daran, wie ich Dinge wahrnehme und wie ich fühle. |
| 6 | Ich habe für meinen Verantwortungsbereich genügend Umsetzungskompetenz. |
| 7 | Mein Vorgesetzter nimmt sich Zeit für die berufliche Weiterentwicklung der Mitarbeiter. |
| 8 | Mein Vorgesetzter ermuntert mich dazu, mich an der Planung meiner Arbeit mit zu beteiligen. |
| 9 | Mein Vorgesetzter lobt mich, wenn ich etwas gut gemacht habe. |
| 10 | Mein Vorgesetzter kritisiert mich, wenn ich etwas nicht gut gemacht habe. |

Quelle: Nyberg et al. 2009          Fehlzeiten-Report 2011

◘ Abb. 8.1 Führungsskala in der Schwedischen WOLF-Studie

Das Risiko einer der oben beschriebenen Diagnosen sank deutlich mit zunehmender Führungsqualität des Vorgesetzten. Auch nach Kontrolle weiterer Einfluss-

größen wie Ausbildungsstand, sozioökonomischem Status, eigenem Vorgesetztenstatus, Rauchen, körperlicher Aktivität, Body-Mass-Index, Blutdruck, Blutfetten, Fibrinogenwerten und Diabetes blieb dieser Zusammenhang stabil. Führungsqualität ist also deutlich gesundheitswirksam.

Seit Beginn der Industrialisierung hat der Arbeitsschutz eine langsame, aber erfolgreiche Entwicklung durchlaufen. Die Leistungen der Gesundheits- und Arbeitswissenschaften haben einen wichtigen Beitrag dazu geleistet, dass Arbeit nicht krank machen muss. Arbeitgeber profitieren direkt davon, weil so Fehlzeiten reduziert werden. Heute geht es zunehmend um psychische Belastungen und psychosomatische Erkrankungen. Depressions- und Burnout-Prävention sind nichts anderes als Arbeitsschutz und Unternehmen sind nachdrücklich dazu aufgefordert, diese Aufgabe konsequent anzugehen.

## 8.2 Die Kluft zwischen Wissenschaft und moderner Unternehmenspraxis

Das Wissen und die Erfahrungen der Wissenschaft gelangen nur langsam in den Fokus von Unternehmen und können dort nicht immer gleich in wirksame Programme, hier zu Prävention von Burnout, umgesetzt werden. Konkurrierende Konzepte und unklare Begrifflichkeiten sind dabei nur ein Hindernis, das es zu überwinden gilt.

### 8.2.1 Definitionsprobleme

Die Wissenschaft hat bis heute, nach fast 40 Jahren Burnout-Forschung, noch keinen hinreichenden Beitrag dazu geleistet, eine praxistaugliche und allgemein akzeptierte Arbeitsdefinition von Burnout zur Verfügung zu stellen (Schaufeli u. Taris 2005). Nach wie vor gibt es ein nicht zielführendes Nebeneinander von „Konzepten". Unter Wissenschaftlern mag diese Situation vielleicht begründbar sein. Einem Verantwortlichen im Unternehmen, der vor der Frage steht, welches „Burnout-Konzept" auf seine Manager am besten übertragbar ist, wird man das jedoch kaum plausibel machen können. Umsetzungsbarrieren sind daher kaum vermeidbar.

Pragmatische Lösungen finden wir hingegen im medizinischen Bereich, denn dort sitzt ein Patient mit einem potenziellen Burnout real vor einem Arzt mit Diagnoseauftrag. Einen ausgezeichneten Überblick über angemessene Vorgehensweisen gibt von Känel (2008).

### 8.2.2    Ist das Stigma Burnout unüberwindbar?

Umsetzungsbarrieren gibt es nicht nur aufgrund einer verwirrenden Definitionsvielfalt, in deren Folge eine Vielzahl wissenschaftlicher Instrumente den Anspruch erheben, Burnout bei potenziell Betroffenen zu identifizieren. Eine weitere Barriere findet sich auch in der Stigmatisierung dieser Krankheit. Erst seit kurzer Zeit wird in wissenschaftlichen Journalen zum Thema Umsetzungsbarrieren publiziert. Eine neue Studie von Cherniack et al. zeichnet ein wenig erfreuliches Bild. Zielsetzung war die Akquise von Unternehmen mit der Bereitschaft („readiness") zur Implementierung von Gesundheitsförderungsmaßnahmen und die Validierung einer Checkliste zur Beschreibung von Unternehmen mit „Bedarf und Bereitschaft" (Cherniack u. Lahiri 2010; Cherniack et al. 2010). Die ca. 1.200 kontaktierten Unternehmen haben zahlreiche Gründe für Absagen angeführt. Kostendruck und Angst vor unentdeckten Problemen sind nur zwei der häufigsten und ernüchternden Antworten.

In der Arbeit von Cherniack und Mitarbeitern ging es um das gesamte Unternehmen und um breit angelegte Maßnahmen zur Gesundheitsförderung für alle Mitarbeiter. Der vorliegende Fehlzeiten-Report widmet sich gezielt den Führungskräften. An dieser Stelle sollen anonym Ansprechpartner aus drei großen deutschen Konzernen mit Milliardenumsatz zitiert werden, die wir um ihre Einschätzung hinsichtlich eines Burnout- und Depressionsscreenings gebeten haben. Alle drei Manager sind verantwortlich für das Gesundheitsmanagement und/oder die Führungskräfteentwicklung an den Konzernstandorten und haben uns in langen Vorgesprächen ihre Bedenken hinsichtlich der Durchführung eines solchen Burnout- und Depressionsscreenings bei Führungskräften mitgeteilt (◘ Abb. 8.2). Die Gespräche wurden 2010 geführt und die Ergebnisse sollten sicher nicht verallgemeinert werden. Abseits jeder „Burnout-Präventionsromantik" setzen diese drei Aussagen jedoch einen klaren Kontrapunkt und erinnern an die kostenbestimmte und kompetitive Realität in Unternehmen. Dies sind Anforderungen, mit denen Führungskräfte heute konfrontiert sind.

### 8.2.3    Forschung und Unternehmenspraxis: eine erste Annäherung

Viel zu selten beteiligen sich Wissenschaftler offen, standhaft und lösungsorientiert an der Klärung der Frage „Was kann man tun, um Burnout zu verhindern?". Eine mutige Ausnahme ist Susan Michies knappe Be-

---

> **Gesundheitsmanager 1:**
>
> „Ihr Tool gefällt mir. Habe ich verstanden. Wir haben aber ein Problem. In Ihrem Tool kommt das Wort "Burnout" vor. Das dürfen wir hier auf keinen Fall sagen, weil wir es sonst durch kein Gremium bekommen. Können Sie das nicht einfach anders nennen?"

> **Gesundheitsmanager 2:**
> „Unsere Topmanager definieren sich hier selbst als die "besten Pferde im Stall". Die akzeptieren bei sich keine Schwächen. Was glauben Sie, was die mir erzählen, wenn ich sage, wir wollen eine Burnout- und Depressions-Früherkennung implementieren? Die erwarten von ihren Teams bedingungslosen Einsatz."

> **Gesundheitsmanager 3:**
> „Der Betriebsrat ist dafür. Glatt durchgewunken. Jetzt hat plötzlich der Vorstand kalte Füße bekommen. Die haben Sorge, dass was Schlechtes rauskommt."

Fehlzeiten-Report 2011

◘ **Abb. 8.2** Bedenken von Gesundheitsverantwortlichen zur Durchführung eines Burnout-Screenings

---

merkung, die wir hier ins Deutsche übersetzen (Michie 2002) (◘ Abb. 8.3):

> **„Aus historischer Sicht war bisher die typische Antwort von Arbeitgebern auf Stress am Arbeitsplatz, den Betroffenen die Schuld zuzuweisen. Man kann zunehmend beobachten, dass Arbeitgeber eine teilweise gesetzlich geregelte Pflicht haben, dafür zu sorgen, dass Mitarbeiter nicht krank werden."**

Quelle: Michie 2002, S. 67    Fehlzeiten-Report 2011

◘ **Abb. 8.3** Zitat Michie 2002

Michie weist auch auf zwei weitere Aspekte hin: die einerseits immer mehr verschwindende Grenze zwischen Belastungen im Arbeitskontext und im privaten Bereich. Andererseits zeigt sie die Notwendigkeit einer simultanen Lösungsarbeit an der „Wurzel des Übels" sowohl auf persönlicher Ebene (Person arbeitet am persönlichen Stressmanagement) als auch auf organisationaler Ebene (das Unternehmen geht die Stressoren an) auf. Hierbei sind Gender-Fragestellungen wichtig: Die Wechselwirkung aus Geschlechts-, Arbeits- und familiären Rollen ist ein bedeutsamer Belastungsfaktor und beeinflusst damit das Risiko eines Burnouts. Fachpersonen in Unternehmen müssen diesen „Gesundheitsfaktor" konsequent in das betriebliche Gesundheitsmanagement integrieren.

Dass es wirksame Ansätze zur Verbesserung der Arbeitsbedingungen gibt, wird von Michie und Williams in einem Review eindrücklich dokumentiert und motivierend interpretiert (Michie und Williams 2003). Psychische Erkrankungen und Fehlzeiten sind vornehmlich mit langen Arbeitszeiten, Überlastung durch Arbeitsmenge und Arbeitstempo sowie deren Effekte auf das Privatleben verknüpft. Gelungene Interventionen sind kombinierte Ansätze aus Personal- und Organisationsentwicklung und adressieren soziale Unterstützung, partizipative Führungsstile, Feedback-Kultur und die Kommunikation an sich.

Wer jetzt müde lächelt und der Meinung ist, man habe das alles schon einmal gehört, sei aufgefordert, sich umzusehen und zu prüfen, ob genau diese Gesundheitsfaktoren im eigenen Arbeitsumfeld genau so gepflegt werden. Das Resümee von Michie und Williams lautet nämlich: Praktisch alle nachgewiesenen organisationalen Gesundheitsfaktoren sind zugänglich und veränderbar.

## 8.3  Probleme in der Praxis

Dennoch ist eine Umsetzung in der Unternehmenspraxis häufig mit weiteren Hürden versehen. Probleme in der Praxis entstehen durch den sorglosen Umgang von Führungskräften mit ihrer eigenen Gesundheit und fehlender Interventionstiefe bei den Unternehmen. Dass die Gesundheit ihrer Führungskräfte den Unternehmen gleichgültig ist, kann hier aber nicht behauptet werden und zeigt sich an den vielen Angeboten von Führungskräfte-Checkups vor allem in größeren Unternehmen.

### 8.3.1  Wie gehen Manager mit ihrer eigenen Gesundheit um?

Es gibt nicht viele Daten, die über den Gesundheitszustand von Führungskräften Aufschluss geben (Bank-One-Studie; Prevent; Skolamed). Wie zu erwarten, zeigen Führungskräfte keine besonderen Auffälligkeiten. Das ist auch nicht verwunderlich, decken sich diese Erkenntnisse doch mit den Untersuchungen verschiedener Bevölkerungsgruppen und ihrem Gesundheitsverhalten. Gesundheit korreliert mit gesellschaftlichem Status und Ausbildung. Führungskräfte sind in der Regel besser ausgebildet und verfügen über besseren Zugang zum Gesundheitssystem.

Risiken zeigen sich zumeist in der hohen Arbeitsbelastung, die wenig Zeit für Erholung lässt. Eine Studie der Unternehmensberatung Kienbaum besagt, dass es nur wenigen Führungskräften gelingt abzuschalten. Das Arbeitsleben ist vielen Fach- und Führungskräften auch in der Freizeit kognitiv präsent. Führungskräfte mit der höchsten Wochenarbeitsbelastung nehmen die wenigsten Urlaubstage im Jahr und häufig fehlt auch die Zeit für die tägliche Pause. Weniger als ein Drittel der befragten Führungskräfte nimmt sich diese Zeit. Moderne Kommunikationsmedien tragen ihren Anteil dazu bei: Laptop, Blackberry und Handy ermöglichen eine umfassende Erreichbarkeit. 85 Prozent der deutschen Manager, so ein Ergebnis der Studie, sind per Handy im Urlaub erreichbar. Inwieweit diese Erreichbarkeit einer sachlichen Notwendigkeit entspringt, müssen sich die Führungskräfte selbst beantworten. In vielen Fällen wird der Mythos der „umfassenden Erreichbarkeit" von den Betroffenen selbst geschaffen und unhinterfragt in der Organisation gelebt (Kienbaum Management Consultants 2003). Einige Unternehmen wie die Deutsche Telekom AG haben darauf reagiert und sorgen dafür, dass das Handy am Wochenende ausgeschaltet bleibt.

### 8.3.2  Wertschätzung gesunder Führungskräfte

Allerdings ist den Unternehmen die Gesundheit ihrer Führungskräfte etwas wert. Das zeigen die vor allem in größeren Unternehmen häufig angebotenen Gesundheitsuntersuchungen für Führungskräfte. Diese gehen meist weit über das hinaus, was Krankenversicherungen ihren Versicherten anbieten und verschaffen den Empfängern dieser Leistungen und dem Arbeitgeber zumindest teilweise die Sicherheit, dass schwerwiegende Erkrankungen früh erkannt werden. So kann hoffentlich vermieden werden, dass Führungskräfte über einen längeren Zeitraum ausfallen.

Die Führungskräfte selbst sehen in den Angeboten ihres Arbeitgebers einen Fürsorgeakt und schätzen die Angebote aufgrund verschiedener Aspekte (Hollmann u. Lühmann 2006):

- Gesundheitliche Bestandsaufnahme: Erkennen von schweren Erkrankungen und Risikokonstellationen.
- Ein deutlicheres Bild von sich selbst gewinnen – als Grundlage für die Änderung der Lebensweise zum Positiven.
- Eine Gelegenheit, eine Zweitmeinung zu Erkrankungen und Behandlungsmöglichen einzuholen.

- Erhalt einer funktionellen Beschreibung des körperlichen Leistungsvermögens.
- Erreichen einer inneren Entlastung dadurch, dass Verantwortung für die Gesunderhaltung teilweise an die Firma abgeben werden kann.
- Einig sind sich Führungskräfte darin, dass sie die Angebote des Unternehmens als sinnvoll beurteilen.

Werden auf der anderen Seite Unternehmen nach den Zielen von Gesundheits-Check-up-Programmen für Führungskräfte gefragt, standen die Förderung eines gesunden Lebensstils, die Prävention von schweren Krankheiten, aber auch die Umsetzung einer fürsorglichen Unternehmenskultur im Vordergrund.

Dies zeigt sich auch bei der Auswahl der Komponenten für die Untersuchungen. Dabei wird vor allem darauf geachtet, dass die Programme für die Zielgruppe attraktiv sind, wissenschaftliche Wirksamkeitsnachweise existieren und wie häufig und gefährlich die Zielerkrankung ist.

### 8.3.3  Falsche Interventionsrichtung und fehlende Interventionstiefe

Oft versuchen Unternehmen lediglich „reaktiv" die Symptome zu bekämpfen, gestalten aber nicht proaktiv die eigene Organisation. Einen Familienservice oder Entspannungsoasen anzubieten, ist sicherlich für den einen oder anderen Mitarbeiter hilfreich, löst aber das Grundproblem nicht. Man kann weiter Vollgas geben, die Insassen sind ja angeschnallt und die Airbags aktiviert.

Unternehmen bedienen sich verschiedener Wege, um ihren Mitarbeitern einen „sorgenfreien" Arbeits- oder Alltag zu bereiten. Ein gutes Employee-Assistance-Programm kann in puncto Service sicher einiges bieten: schnellen Zugang zu Therapie, Beratung in schwierigen Lebenslagen wie Schulden, Ehekrisen, Versorgung von Familienangehörigen. Ein gutes Leistungspaket, das alle Lebenssphären der Mitarbeiter abdeckt und sicherlich zu Recht darauf aufbaut, dass Probleme nicht allein am Arbeitsplatz entstehen. Es löst aber nicht die Spannungen, die aus Teamstrukturen oder durch Mängel in der Arbeitsorganisation entstehen.

Relativ neu sind Angebote, die unter dem Begriff „Resilienztraining" angeboten werden. Auch sie zielen darauf ab, das Individuum zu stärken und mit den organisationalen Problemen so umzugehen, dass sie es nicht krank machen, sondern es wie eine Impfung gegen Stress, Überforderung und Führungsmängel im-

munizieren. Dies ist sicherlich eine gute Sache, doch als alleinige Maßnahme ohne eine begleitende Organisationsentwicklung auf Dauer ebenfalls nicht sinnvoll.

Gute Praxis geht darüber hinaus und Unternehmen, die dies erkannt haben, wählen Ansätze, die über die individuellen Dienstleistungsangebote hinausgehen.

Gerade im Zusammenhang mit psychischen Belastungen ist die Organisationsstruktur in starkem Maße mitentscheidend für den Erfolg von Maßnahmen. Sicherheit, Anerkennung der Leistungen, Selbstbestätigung, Zugehörigkeit, Möglichkeiten der Selbstentfaltung und Identitätsbildung sind prägende Faktoren des Arbeitsalltags. Ob sie fehlen oder nur unterentwickelt sind, ist häufig eine Frage der Unternehmenskultur und der Werte, die die Organisation prägen.

Einige Unternehmen, die dies erkannt haben, setzen daher auf alle drei Ebenen – Mitarbeiter, Team und Organisationsstruktur – Maßnahmen auf, um mentale Belastungen zu reduzieren.

Um Veränderungen in der Unternehmenskultur, der DNS einer Organisation, einzuleiten, reicht guter Wille allein nicht aus. Und auch das Vorhandensein eines geeigneten Analyseinstrumentariums bringt noch lange keinen Wandel.

Auch wenn ein Unternehmen über ein Befragungsinstrument verfügt, das Belastungen aller Art erfasst, ist dennoch eine Diskussion und Meinungsbildung im Unternehmen über das notwendig, was „normal" ist bzw. das was „krank" macht. Wo beginnt die Interventionsschwelle? Welche Resultate leiten zu Gestaltungsprozessen über? Auch hier stellt sich wieder die Frage: Wer wird adressiert? Idealerweise werden in solchen Prozessen alle Gestaltungswege offen gehalten und unliebsame oder vermeintlich schwierige Wege wie die Veränderung der Führungskultur nicht zur Tabuzone erklärt.

### 8.4  Vernunft zahlt sich aus

Seit 2006 begleitet die sciencetransfer GmbH die Manager eines internationalen Pharmakonzerns in der Schweiz mit kontinuierlichen Burnout-Screenings. Das Forschungsprojekt wurde an der ETH Zürich begonnen und wird am Swiss TPH Basel weitergeführt (Veröffentlichung in Arbeit). Eine erste Voranalyse zum Zusammenhang zwischen sozialer Unterstützung durch Vorgesetze und arbeitsbezogenem Burnout hat die Bertelsmann-Stiftung publiziert (Hübner u. Hollmann 2010).

Das jährliche Burnout-Screening mit definiertem Nachsorge-Angebot kostet das Unternehmen 50.000

Schweizer Franken. Pro Manager sind das ca. 300 € pro Jahr. Im Gegensatz zu anderen Unternehmen haben die dortigen Verantwortlichen im Gesundheitsmanagement das Vorgehen mit nur zwei (vernünftigen) Argumenten durch alle Gremien gebracht und fest in der Unternehmenskultur verankert.

- 50.000 Schweizer Franken haben sich bereits amortisiert, wenn nur ein einziger Topmanager NICHT für zwei Monate wegen eines Burnouts ausfällt.
- Das Unternehmen will „The Employer of Choice" für die qualifiziertesten Experten sein und betrachtet das als bedeutsamen Wettbewerbsvorteil. Ein attraktives Gesundheitsmanagement gehöre fest dazu.

Die Erfahrung in diesem Projekt hat gezeigt, dass ein Top-down-Prozess in Gang kommt, wenn Führungskräfte der obersten Führungsebene das Thema Burnout entstigmatisieren und bei sich selbst erste aktive Schritte wagen. Damit ist das gemeint, was Manager können und können sollten: den Ursachen auf den Grund gehen und kontinuierliche Verbesserungsprozesse auch im Bereich Gesundheit und Burnout managen – bei sich selbst und bei den eigenen Mitarbeitern.

Entscheidend bei der Implementierung war ein partnerschaftliches Vorgehen. Sowohl die Wissenschaftler und die Unternehmensvertreter haben das mittlerweile fünf Jahre andauernde Monitoring als offenen Lernprozess verstanden, der Fehler und Rückschläge zulässt. Die Gründe hierfür sind einleuchtend. Eine Anwendung wissenschaftlicher Erkenntnisse im Unternehmenskontext erfordert viel Übersetzungsarbeit. Obwohl fast alle Manager des besagten Unternehmens einen hohen wissenschaftlichen Ausbildungsstand und ein großes Interesse an den Themen Burnout und Depression haben, bleibt es eine kontinuierliche Aufgabe, die Ergebnisse den einzelnen Teilnehmern verständlich und nicht stigmatisierend zurück zu melden. Die Unternehmensleitung fordert zusammengefasste Ergebnisse mit klaren Ansatzpunkten für Interventionen. Nicht immer wird hier über Details diskutiert. Wichtigstes Ergebnis dieses Dialoges war zum Beispiel, dass alle Beteiligten eine Metapher aus dem Sport für sich angenommen und auf die Themen Burnout und Depression übertragen haben: Wenn der Nationaltrainer einen verletzten Top-Spieler zur Regeneration auf die Bank setzt, wird kaum jemand dem Trainer einen Vorwurf machen. Denn der Spieler soll gesund werden und auch zukünftig Tore schießen. Ihn aufs Feld zu schicken wäre kurzfristig gedacht. Dieses Denken ist im Umgang von Unternehmen mit ihren Top-Playern selten. Das Unternehmen schult seine Manager regelmäßig in gesundheitsorientiertem Führen und bedient sich dabei bei den jährlichen Befragungsergebnissen. Seitdem erhalten die Führungskräfte nicht nur bessere Bewertungen in sozial unterstützendem Führen, die Erholungsqualität der Mitarbeiter im privaten Bereich ist gestiegen und die Häufigkeit und Intensität körperlicher Aktivität ist (ab dem dritten Jahr des Monitorings) „im grünen Bereich". Die Quote von Managern mit Burnout-Werten im „roten Bereich" ist seit drei Jahren zwar gleich geblieben. Der Konsens ist jedoch, dass das realistisch betrachtet unter den deutlich gestiegenen Anforderungen der letzten Jahre ein vorläufig gutes Ergebnis ist. Das Reduzieren der Anforderungen und das Senken der Quote hoch belasteter Manager bleiben aber als Zielvereinbarung bestehen.

Und es gibt weitere Hoffnung. Eine aktuelle Umfrage von SWOP.exchange in Zusammenarbeit mit der Bertelsmann-Stiftung unter MBA-Studenten hat gezeigt: Mehr als zwei Drittel der Master-of-Business-Administration-(MBA-)Studenten in Deutschland wünschen sich eine Reform ihrer Hochschulausbildung. Die Führungskräfte von morgen wollen vor allem lernen, wie sie ihre Führungskompetenz verbessern können.

Für 84 Prozent wird der Erwerb von Führungskompetenz als Ergänzung der fachlichen Spezialisierung als wichtig oder sehr wichtig eingestuft (SWOP Medien und Konferenzen GmbH, 2010) (◘ Abb. 8.4).

## 8.5 Schlussfolgerungen

Die Sicht eines Wissenschaftlers auf Burnout bei Managern wird sich selten problemlos in die Unternehmensrealität übertragen lassen. Allerdings lässt sich die Kluft aus „was sein müsste" und „was realistisch machbar ist" überwinden. Gefordert ist ein offener Dialog, in dem Experten von beiden Seiten Interesse an der anderen zeigen. Solange Vertreter aus der Wissenschaft sich nicht intensiv mit den Praxisanforderungen auseinandersetzen, werden sie auf berechtigten Widerstand der Manager stoßen. Hier ist die wissenschaftliche Gemeinde gefordert: Haben Professoren und deren Absolventen hinreichende Praxiskenntnisse, um sich an aktuellen und kommenden Aufgaben konstruktiv zu beteiligen?

Andererseits scheinen sich Entscheider in modernen Unternehmen noch immer nicht ausreichend mit der Thematik zu befassen. Wie sonst lassen sich die Zahlen zu Burnout- und Depressionsfällen begründen? Wenn ein Vorstand sich nicht mit der Burnout-Thematik befassen will, ist es dann polemisch zu behaupten, dass das größte Risiko für Manager-Burnout in seinem Unternehmen bereits identifiziert ist? Wenn ein Manager bei sich selbst jedes Anzeichen für eine Erschöpfung

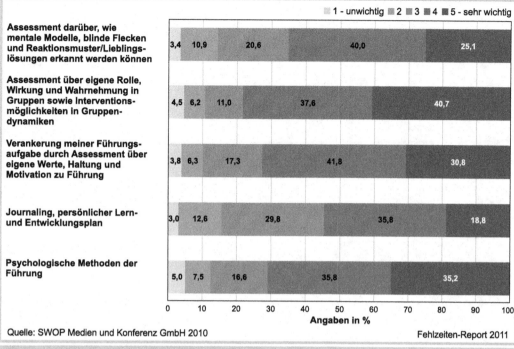

■ **Abb. 8.4** Wie bewerten Sie folgende mögliche Angebote im Bereich Führung & Leadership?

ignoriert, wie hoch wird dann die Wahrscheinlichkeit sein, dass er sich gegenüber seinen Mitarbeitern wohlwollender verhält?

Die Zusammenhänge zwischen Führung und Gesundheit sollten in der Ausbildung von Führungskräften eine Rolle spielen. Kommt bereits hier dieser Aspekt zu kurz, können Unternehmen in ihren Führungskräfteentwicklungsprogrammen diesen Mangel später häufig nicht mehr ausgleichen.

Gute Führung macht zwar nicht gesund, aber sie kann Krankheit verhindern. „Gesunde Führung" muss also kein Widerspruch in sich sein. Viele gute Beispiele zeigen, dass dies möglich ist.

## Literatur

Ahola K, Gould R, Virtanen M, Honkonen T, Aromaa A, Lonnqvist J (2009) Occupational burnout as a predictor of disability pension: a population-based cohort study. Occupational & Environmental Medicine 66(5):284–290; discussion 282–283

Cherniack M, Lahiri S (2010) Barriers to implementation of workplace health interventions: an economic perspective. Journal of Occupational & Environmental Medicine 52(9):934–942

Cherniack M, Morse T, Henning R, Seidner A, Punnett L (2010) Health promotion site selection blues: barriers to parti-cipation and implementation. Journal of Occupational & Environmental Medicine 52(6):626–634

Faragher EB, Cass M, Cooper CL (2005) The relationship between job satisfaction and health: a meta-analysis. Occupational & Environmental Medicine 62(2):105–112

Hollmann D, Lühmann D (2006) Die persönliche Gesundheitsbilanz. Check up für Führungskräfte. Gütersloh

Hübner O, Hollmann D (2010) Unterstützen lernen. Personal 9:44–46

von Känel R (2008) Das Burnout-Syndrom: eine medizinische Perspektive. Praxis 97(10):477–487

Kienbaum Management Consultants (2003) Zeitmanagement und Worklife Balance internationaler Top-Manager. Kienbaum HR Studies, Berlin

Michie S (2002) Causes and management of stress at work. Occupational & Environmental Medicine 59(1):67–72

Michie S, Williams S (2003) Reducing work related psychological ill health and sickness absence: a systematic literature review. Journal of Occupational & Environmental Medicine 60(1):3–9

Nyberg A, Alfredsson L, Theorell T, Westerlund H, Vahtera J, Kivimaki M (2009) Managerial leadership and ischaemic heart disease among employees: the Swedish WOLF study. Occupational & Environmental Medicine 66(1):51–55

Schaufeli W, Taris T (2005) The conceptualization and measurement of burnout: Common ground and worlds apart. Work & Stress 19(3):256–262

SWOP Medien und Konferenzen GmbH (2010) Was (zukünftige) Führungskräfte von Hochschulen und Arbeitgebern erwarten. SWOP Medien und Konferenzen, Berlin

# Kapitel 9

# Führungskräfte tragen Verantwortung – auch für die Gesundheit der Beschäftigten?!
## Eine empirische Untersuchung zur Selbsteinschätzung von Führungskräften hinsichtlich ihrer gesundheitsrelevanten Einflussmöglichkeiten im Betrieb

M. Echterhoff

**Zusammenfassung.** *Diese im Rahmen einer Dissertation durchgeführte qualitative Studie beschäftigte sich mit den subjektiven Sichtweisen von Führungskräften bezogen auf ihre Rolle für die Gesundheit von Mitarbeitern. Die Ergebnisse machten u. a. deutlich, dass es sehr ambivalente Einstellungen gegenüber dieser Verantwortung gibt. Beispielsweise nahmen Führungskräfte aller Hierarchieebenen für sich selbst einen sehr großen Einfluss auf das Betriebsklima wahr, gleichzeitig wichen jedoch viele der Frage nach der Verantwortung für die Gesundheit der Beschäftigten aus oder lehnten eine solche Verantwortung sogar ab. Die Aussagen der Führungskräfte erbrachten interessante Erkenntnisse über den Umgang mit der Thematik „Gesundheit im Betrieb", deren Berücksichtigung wertvolle Hinweise für die erfolgreiche Einführung und Durchführung betrieblicher Gesundheitsförderung liefert.*

## 9.1 Einleitung

Seit den 90er Jahren hat sich die betriebliche Gesundheitsförderung als wichtiger Bestandteil unternehmerischen Handelns etabliert. Obwohl die Anzahl der Maßnahmen betrieblicher Gesundheitsförderung steigt, sind es immer noch relativ wenige Unternehmen, die sich systematisch mit der Gesundheit ihrer Mitarbeiter beschäftigen (MDS 2010). Vor allem in KMU (klein- und mittelständischen Unternehmen) ist die Anzahl der Projekte zur betrieblichen Gesundheitsförderung nach wie vor gering (vgl. MDS 2009). Damit aber die betriebliche Gesundheitsförderung die Verbreitung findet, die sowohl den Menschen als auch den Betrieben den Nutzen einbringt, den man bei einem erfolgreich eingeführten Gesundheitsmanagement in Unterneh-

men vorfindet (vgl. AOK-Bundesverband 2007), müssen Ansätze und Vorgehensweisen entwickelt werden, mit deren Hilfe das gelingt.

Von erheblicher Bedeutung für die Einführung und Umsetzung eines betrieblichen Gesundheitsmanagements ist die Einstellung der Verantwortlichen im Betrieb. Ihre Haltung gegenüber Konzepten der Gesundheitsförderung ist neben ihrer anerkannten Schlüsselrolle für die Gesundheit der Mitarbeiter entscheidend. Ihr Verhalten kann förderlich, aber auch hinderlich für die Einführung und Umsetzung betrieblicher Gesundheitsförderung sein (vgl. Badura et al. 1997; Badura et al. 1999; Pfaff u. Slesina 2001; Lenhardt 2003). Außerdem wird die Entscheidung, ob in einem Unternehmen Gesundheitsförderung als Thema systematisch bearbeitet wird, in der Regel „Top-down" getroffen. Somit gilt es, zunächst die Akzeptanz der Unternehmensleitung (z. B. Geschäftsführung, Betriebsleitung) zu gewinnen. Aber auch alle anderen Führungskräfte sind wichtige Personen, deren Verhalten auf die Gesundheit der Beschäftigten Einfluss nimmt. Um diese Personengruppen adäquat erreichen zu können, ist es erforderlich, sich mit ihren Sichtweisen auseinander zu setzen.

## 9.2 Stand der Forschung und Fragestellung

Führungskräfte haben einen großen Einfluss auf die Gesundheit der Beschäftigten. Diese Aussage ist mittlerweile hinreichend wissenschaftlich belegt (vgl. Nieder 2000; Pfaff u. Slesina 2001; Münch et al. 2004; Stadler u. Spieß 2004; Badura et al. 2008). Es ist somit unstrittig, dass sie in Abhängigkeit von der Hierarchieebene und der Funktion einen mehr oder weniger großen Einfluss auf die gesundheitsrelevanten Bedingungen im Betrieb haben. Wie aber sehen sie selbst diese Verantwortung? Nehmen sie diese wahr oder wird sie verdrängt oder sogar verleugnet?

Bisher gab es noch keine Untersuchung, die sich damit befasst hat, wie Führungskräfte selbst ihren Einfluss auf die Gesundheit ihrer Beschäftigten wahrnehmen bzw. beschreiben. In dieser Studie wurden deshalb explorativ die subjektiven Sichtweisen Führungsverantwortlicher erhoben. Im Rahmen leitfadengestützter, qualitativer Interviews mit Führungskräften aus verschiedenen Unternehmen und auf verschiedenen Hierarchieebenen (vom Geschäftsführer bis zum Teamleiter bzw. Vorarbeiter) wurden sie nach ihren persönlichen Einstellungen befragt. Es ging vor allem darum, wie sie selbst ihren Einfluss auf die psychischen und physischen Arbeitsbedingungen der Beschäftigten wahrnehmen. Eine wichtige Aufgabe war es dabei, herauszufinden, wie weit sich diese Sichtweisen mit den für die Gesundheit der Mitarbeiter wissenschaftlich als bedeutsam identifizierten Bereichen und Aufgaben überschneiden. Spieß und Stadler (2007) haben in ihrem Vier-Ebenen-Modell herausgearbeitet, auf welchen betrieblichen Ebenen der Einfluss von Führungskräften auf die Gesundheit der Beschäftigten wirksam ist.

Die vier Ebenen sind:
1. ziel- und aufgabenorientiert führen
2. mitarbeiterorientiert führen
3. Arbeits- und Organisationsprozesse gestalten
4. gesundheitsförderliche Führungs- und Unternehmenskultur schaffen

In Anlehnung an dieses Modell wurde der Interviewleitfaden entwickelt und die Interviews ausgewertet.

Ein weiteres Modell, das hier relevant ist und vor dessen Hintergrund die Führungskräfteaussagen ausgewertet wurden, ist die Selbstwirksamkeitstheorie von Bandura (1977). Im Mittelpunkt dieser Theorie steht die Selbstwirksamkeitserwartung (auch Kompetenzerwartung genannt), also die Überzeugung, die persönliche Fähigkeit zu besitzen, Einfluss auf das Ergebnis zu nehmen. Dieser Ansatz ist insofern anwendbar, als man davon ausgehen kann, dass Führungskräfte, die sich selbst einen hohen Einfluss im betrieblichen Umfeld z. B. durch ihre hierarchische Macht zuschreiben, auch einen hohen Einfluss auf die Beschäftigtengesundheit antizipieren.

Weitergehendes Ziel dieser explorativen Untersuchung sollte es sein, eine Basis für die Entwicklung von Konzepten und Vorgehensweisen zu schaffen, mit deren Hilfe Führungskräfte von der Notwendigkeit betrieblicher Gesundheitsförderung bzw. der Einführung eines betrieblichen Gesundheitsmanagements überzeugt werden können.

## 9.3 Methodisches Vorgehen

Die Führungskräfte, die in dieser Befragung interviewt wurden, sollten alle betrieblichen Hierarchieebenen abdecken. Das bedeutete für die meisten Betriebe, dass insgesamt drei Personen pro Betrieb befragt wurden. Lediglich in einem Betrieb gab es vier Führungsebenen. Insgesamt wurden 21 leitfadengestützte Interviews in sechs Betrieben durchgeführt und 19 Interviews ausgewertet. Die Auswahl der Unternehmen wurde vor allem dadurch bestimmt, dass hier ein sehr unterschiedlicher Status im Bereich der betrieblichen Gesundheitsförderung vorliegen sollte. Es wurden Unternehmen ausgewählt, die schon ein betriebliches Gesundheitsmanagement etabliert hatten und kontrastierend dazu Unternehmen, in denen bisher überhaupt keine Aktivitäten im Bereich der Gesundheitsförderung durchgeführt wurden. Darüber hinaus wurde nach Branchen differenziert: ein Unternehmen der Ernährungsbranche, zwei Dienstleitungsbetriebe, ein metallverarbeitendes Unternehmen, ein holzverarbeitendes Unternehmen und ein Montagebetrieb.

Die Sichtweisen der Führungskräfte wurden im Rahmen von Experteninterviews erhoben.

Die Auswertung erfolgte in Form einer Kategorisierung in Anlehnung an die Qualitative Inhaltsanalyse nach Mayring (vgl. Mayring 2002; Mayring 2003; Mayring u. Gläser-Zikuda 2005).

## 9.4  Wichtige Ergebnisse der Befragung

Die Führungskräfte wurden zunächst dazu befragt, welchen Belastungen sie sich ausgesetzt sehen und wie sie mit ihrer eigenen Gesundheit umgehen. Die Ergebnisse machten deutlich, dass die Unternehmensverantwortlichen sozialen Aspekten eine große Bedeutung zuschreiben. Sie sahen für sich persönlich die familiären Bindungen als Ausgleich zur Arbeit; ein gutes Betriebsklima beschrieben sie nicht nur als wichtig für den Erfolg des Unternehmens, sondern auch für die eigene Gesundheit. Dabei gibt es hier eine große Übereinstimmung in den Aussagen der Befragten.

Wenn man die Führungskräfteaussagen mit der Definition von Gesundheit der WHO vergleicht, so sind die Sichtweisen relativ nah an dem Ansatz des „körperlichen, geistigen und sozialen Wohlbefindens" der WHO (1946). Die Differenzierung von körperlicher und geistiger Gesundheit bzw. körperlichem und geistigem Wohlbefinden ist in allen Ausführungen der hier befragten Führungskräfte erkennbar. Aber auch der soziale Aspekt wird als wichtig beschrieben.

Bei der Frage nach ihren persönlichen Aktivitäten gaben fast alle Führungskräfte an, dass sie sich zum Ausgleich zur Arbeit in ihrer Freizeit bewegen – sei es durch Joggen, Fahrrad fahren oder Tanzen. Sie hatten insgesamt für sich selbst eine Reihe von Verhaltens- und Vorgehensweisen entwickelt, die eigene Gesundheit zu schützen und zu erhalten. Der größte Anteil der Maßnahmen ist jedoch als verhaltenspräventiv zu bewerten und bezog sich vorrangig auf das Freizeitverhalten. Immerhin ein Viertel dieser Führungskräfte beschrieb allerdings bewusste Pausen und Entspannung als Ausgleich zur Arbeit als sehr wichtig.

Nur wenige machten Angaben dazu, wie sie im Rahmen der beruflichen Tätigkeit im Sinne der eigenen Gesundheit handeln. Dabei nannten sie Berufserfahrung, die Einstellungen zur Aufgabe als Führungskraft, aber vor allem ein gutes Zeitmanagement als förderlich im Umgang mit den betrieblichen Herausforderungen.

Deutlich wurde bei den Ergebnissen, dass die Führungskräfte die Verantwortung für Gesundheit individualisieren – sowohl bezogen auf ihr Freizeitverhalten als auch bezogen auf ihre persönlichen Strategien im betrieblichen Umfeld. Sie benennen keine betrieblichen Maßnahmen, mit denen sie ihre eigene Gesundheit fördern oder erhalten. Besonders deutlich wurde das bei den Führungskräften der mittleren Führungsebene, die sogar versuchen, die Belastungen der Beschäftigten abzupuffern, indem sie betriebliche Vorgaben nicht vollständig umsetzen. Das geht zu Lasten ihrer eigenen Gesundheit und ist ebenfalls als individuelle Strategie im Umgang mit hohen Anforderungen zu bewerten. Man greift hier nicht auf betriebliche und organisatorische Handlungsmöglichkeiten zurück.

In den Interviews gab es eine Reihe von Ausführungen, die deutlich werden ließen, dass die Führungskräfte zumindest zeitweise an ihre gesundheitlichen Grenzen geraten. Nur vier Führungskräfte erklärten, dass sie sich den Herausforderungen ihrer Aufgabe in allen Situationen gewachsen fühlten. Als psychische Belastungen für sich selbst beschrieben die Führungskräfte zum Beispiel Zeitdruck, Leistungsdruck, vielfältige und unvorhersehbare Herausforderungen, Anforderungen, die nicht erfüllbar sind, Fremdbestimmtheit, Konflikte. Zu der beruflichen Beanspruchung kommt die geringe Freizeit, die von einzelnen beschrieben wurde. Insbesondere Führungskräfte der ersten und zweiten Hierarchieebenen machten Äußerungen, die darauf schließen lassen, dass es in diesen Ebenen keine ausgewogene Work-Life-Balance gibt.

Die Ausgleichsaktivitäten, die die Befragten beschrieben, sahen sie mehrheitlich als Kompensation ihrer psychischen Belastung. Die Wahrnehmung der eigenen Beanspruchung durch körperliche Belastungen dagegen wurde – bezogen auf Bürotätigkeiten – als sehr gering eingestuft. Es gilt jedoch als erwiesen, dass insbesondere der Mangel an Bewegung durch einseitige Tätigkeiten – der auch im Büroalltag bei reinen Schreibtischtätigkeiten auftritt – eine wesentliche Ursache für die Krankheitsgruppe der Muskel-Skelett-Erkrankungen ist (Blair 2000). Entscheidend für die Ausprägung einer Erkrankung ist dabei vielfach die Kombination von psychischen und physischen Beanspruchungen. Statistisch ist belegt, dass Skeletterkrankungen auch bei Bürotätigkeiten zur zweithäufigsten Diagnose gehören (Badura et al. 2010).

Um abschätzen zu können, welchen Einfluss sich die Vorgesetzten auf die Gesundheit der Beschäftigten zuschreiben, wurden sie zum einen nach ihren Aktivitäten bezogen auf das Betriebklima gefragt. In einem anderen Frageblock wurden sie gebeten, ihren direkten Einfluss auf die Beschäftigtengesundheit einzuschätzen. Die meisten Vorgesetzten stellten für sich persönlich einen großen Einfluss auf das Betriebsklima fest und beschrieben sehr detailliert, wie sie diesen Einfluss ausüben. Sie sahen es sogar als wichtige Führungsaufgabe an, für ein gutes Betriebsklima zu sorgen. Als Mittel zur Umsetzung dieser Aufgabe wurden u. a. Besprechungen, aber auch Vorbildfunktion und „Stellung beziehen" bei Fehlverhalten der Mitarbeiter benannt. Insgesamt beschrieben die hier befragten Führungskräfte – bezogen auf das Betriebsklima – eine Reihe als gesundheitsförderlich einzustufender Verhaltensweisen,

z. B. „vernünftiger, sachlicher Umgang, Eingreifen bei Konflikten, Konflikten vorbeugen durch Aufzeigen klarer Grenzen, Vertrauen schaffen, Kontakt halten – auch mal privat ansprechbar sein, Anerkennung vermitteln, Lob, Zuhören, Einfühlungsvermögen, Veränderungen im Team beobachten" usw. In Anbetracht dieser Aufzählung und der zuvor benannten Aufgabenwahrnehmung war es erstaunlich, dass ein großer Teil dieser Vorgesetzten ablehnend oder ausweichend reagierte, wenn die Verantwortung für und der Einfluss auf die Beschäftigtengesundheit direkt abgefragt wurden: Sie erklärten einerseits, dass das Betriebsklima und die sozialen Bedingungen sehr wichtig für das Wohlfühlen und die Gesundheit am Arbeitsplatz seien. Andererseits reagierten sie ablehnend oder mit teilweise sehr undifferenzierten Beschreibungen, wenn es darum ging, darzulegen, ob und wie sie ihren Einfluss auf die **Mitarbeitergesundheit** wahrnehmen.

Sehr ambivalent waren vor allem die Aussagen der Geschäftsführer und Betriebsleiter. Keiner schrieb sich einen großen Einfluss auf die Beschäftigtengesundheit zu, aber alle sahen sich als Gestalter der Unternehmenskultur, der sie auch einen hohen Einfluss auf die Gesundheit der Beschäftigten zuordneten. Sie nahmen für sich selbst eine große Selbstwirksamkeit bezogen auf das gesamte Unternehmen wahr, aber gleichzeitig nur einen geringen Einfluss auf die Beschäftigten.

Ein weiterer Schwerpunkt in den Interviews war das Selbstverständnis der Führungskräfte. Sie wurden u. a. gebeten, ihre Führungsrolle zu beschreiben. Die Aussagen der Führungskräfte dazu wiesen – bezogen auf die Wahrnehmung ihrer Rolle – etliche Bezüge zu dem Vier-Ebenen-Modell von Spieß und Stadler (2007) auf (◘ Tab. 9.1). Gleichzeitig wurde aber auch deutlich, dass es in dem Modell einige als gesundheitsförderlich einzustufende Handlungsansätze gibt, die von den Befragten ausgeblendet bzw. nicht wahrgenommen wurden. Es gab in den Interviews z. B. keine einzige Aussage zur Fehlerbehandlung bzw. zu einer Fehlerkultur. Dennoch wurde deutlich, dass die befragten Führungskräfte durchaus, zumindest bezogen auf bestimmte Handlungsfelder, ein gesundheitsförderliches Selbstverständnis besitzen.

Geht man die vier Ebenen von Spieß und Stadler (2007) durch, so waren die häufigsten Nennungen zur Beschreibung der eigenen Rolle und Aufgaben: Zielvereinbarungen treffen, Mitarbeiter einbinden und beteiligen, Aktivieren und Ermutigen, Vorbild sein, Wertschätzen, die Zusammenarbeit gestalten und ein Vertrauensklima schaffen. Dabei konnte bezogen auf das Selbstverständnis der Vorgesetzten kein systematischer Unterschied zwischen den Unternehmen festgestellt werden, in denen betriebliche Gesundheitsför-

**◘ Tab. 9.1** Abgleich der Führungskräfteaussagen zur Führungsrolle mit dem Vier-Ebenen-Modell gesundheitsförderlichen Führens

| 1. Ziel- und aufgabenorientiert führen | |
| --- | --- |
| Ziele setzen/vereinbaren | 10 Nennungen |
| Rückmeldung geben | 4 Nennungen |
| Umsetzung kontrollieren | 7 Nennungen |
| **2. Mitarbeiterorientiert führen** | |
| Einbinden und beteiligen | 8 Nennungen |
| Persönliche Lebenssituation der Mitarbeiter berücksichtigen | 3 Nennungen |
| Sozial und organisatorisch unterstützen | 2 Nennungen |
| Aktivieren und ermutigen | 10 Nennungen |
| Vorbild sein | 8 Nennungen |
| Wertschätzen | 10 Nennungen |
| Mitarbeiter weiterbilden und entwickeln | 0 Nennungen |
| **3. Arbeits- und Organisationsprozesse gestalten** | |
| Für Transparenz und Informationsfluss sorgen | 5 Nennungen |
| Arbeitsbedingungen gestalten | 0 Nennungen |
| Organisationale Abläufe gestalten | 0 Nennungen |
| Zusammenarbeit gestalten | 12 Nennungen |
| **4. Gesundheitsförderliche Führungs- und Unternehmenskultur schaffen** | |
| Gesundheitsbewusstsein schaffen | 1 Nennung |
| Kooperatives Handeln fördern | 7 Nennungen |
| Fehler zugestehen und aus Fehlern lernen | 0 Nennungen |
| Vertrauensklima schaffen | 10 Nennungen |
| | Fehlzeiten-Report 2011 |

derung schon seit längerer Zeit implementiert war, und Unternehmen, die sich bisher nicht mit dieser Thematik auseinandergesetzt hatten.

Wenn man die Führungskräfte, die für sich selbst einen hohen Einfluss auf die Gesundheit der Beschäftigten wahrnehmen, mit denen vergleicht, die keinen oder nur einen geringen Einfluss auf die Beschäftigtengesundheit beschreiben, wird deutlich, dass die Wahrnehmung eines hohen Einflusses auf die Beschäftigtengesundheit durchgängig einhergeht mit der Wahrnehmung eines hohen Einflusses auf das Betriebsklima und die Unternehmenskultur. Die Vorgesetzten, die sich hier insgesamt eine hohe Bedeutung zuordneten, gehörten mehrheitlich zur zweiten Führungsebene und immerhin fünf dieser sieben Führungskräfte hatten an einem Seminar zum Thema Führung und Gesundheit teilgenommen. Es war ein wichtiger Bestandteil dieser Seminare, zu reflektieren, wodurch Führungskräfte Einfluss auf die Beschäftigtengesundheit nehmen und wie groß dieser Einfluss auf die Gesundheit eingeschätzt werden kann. Es ist möglich, dass die relativ hohe Einschätzung des Einflusses auf die Beschäftigtengesundheit gerade dieser Vorgesetzten eine Folge der Seminare war. Diese Annahme wurde dadurch bestätigt, dass die einzige Führungskraft eines dieser Unternehmen, die angab, hier einen recht niedrigen Einfluss auf die Beschäftigtengesundheit zu haben, nicht an dem Seminar teilgenommen hatte. Dieses Ergebnis weist darauf hin, dass es möglich ist, im Rahmen von Seminaren eine Sensibilisierung für das Thema betriebliche Gesundheitsförderung zu erreichen, auch wenn diese Resultate nicht als signifikant gelten dürfen.

Ähnlich wie bei den Aussagen der Führungskräfte auf die Frage nach dem Einfluss auf die Gesundheit der Beschäftigten machten eine Reihe von Führungskräften bezogen auf die Verantwortung für den Unfallschutz sehr ambivalente und ausweichende Angaben. Obwohl dieses Thema in den Betrieben gesetzlich verankert ist, wird bei den Äußerungen einiger Führungskräfte deutlich, dass sie auch hier die Verantwortung in letzter Konsequenz an die Beschäftigten oder an andere Instanzen und Personen abgeben. Das kam sogar in Unternehmen vor, in denen diese Verantwortung explizit auf die befragten Führungskräfte delegiert war. Die Vorgesetzten in gewerblichen Bereichen gaben zwar an, dass sie ein Fehlverhalten ansprechen würden, aber in letzter Konsequenz wurde es den Mitarbeitern selbst überlassen, wie sie sich verhalten, wenn *keine* kurzfristigen Folgen, wie z. B. bei einem Unfall, zu erwarten waren. Ob sich die Beschäftigten durch falsches Verhalten, wie z. B. falsches Heben und Tragen, dauerhaft schädigen, wurde ihnen von den Führungskräften als persönliche Entscheidung zugeordnet.

Auffällig – bezogen auf den Arbeitsschutz – war zudem, dass für Bürobereiche verantwortliche Führungskräfte nur sehr schlecht über die Regelungen des Arbeitsschutzes im eigenen Unternehmen informiert waren und ihre eigene Verantwortung für den Arbeitsschutz auch nur bedingt wahrnahmen. Das erklärt sich u. a. dadurch, dass auch sie die Bedeutung des Arbeitsschutzes stark auf den Unfallschutz reduzieren und für ihre eigenen Bereiche keine großen Gefahrenpotenziale erkennen. Die Führungskräfte der gewerblichen Bereiche kannten sich bezogen auf die betrieblichen Regelungen gut bzw. besser aus. Jedoch gab es in beiden Bereichen immer wieder Äußerungen, die deutlich machten, dass einige Führungskräfte versuchen, sich der Verantwortung für den Unfallschutz zu entziehen.

Als Anlass für die Umsetzung von Gesundheitsförderung wurde häufig Krankheit und ihre Vermeidung angegeben – auch in den Unternehmen, in denen betriebliche Gesundheitsförderung schon länger ein Thema war. Bezogen auf die Handlungs- und Vorgehensweisen hatten aber die Führungskräfte der Unternehmen, die betriebliche Gesundheitsförderung schon länger durchführten, ein anderes, umfassenderes Verständnis entwickelt. Sie beschrieben z. B. Verhaltens- und Verhältnisprävention[1] als wichtige und gleichwertige Aufgaben. Entsprechend hatten Führungskräfte, die sich zuvor nicht mit betrieblicher Gesundheitsförderung auseinandergesetzt hatten, auch im Hinblick auf die betriebliche Gesundheitsförderung eine auf Verhaltensprävention reduzierte Sichtweise.

Um einschätzen zu können, welche Unterstützung Führungskräfte im Umgang mit dem Thema Gesundheit im Betrieb brauchen, wurden sie gefragt, welche Bedingungen verändert werden müssten, um den Anforderungen des Gesundheitsschutzes und der Gesundheitsförderung gerecht zu werden. Auch hier unterschieden sich die Antworten der Führungskräfte in Abhängigkeit vom Stand der betrieblichen Gesundheitsförderung im Unternehmen. Insgesamt waren die Antworten sehr heterogen und beschrieben in der Regel das, was die Führungskräfte als Mangel in ihrem Betrieb wahrnahmen: Verringerung der Arbeitsdichte, Verbesserung der technischen Ausstattung, eine verbesserte arbeitssicherheitstechnische Ausstattung an den Maschinen, bessere Arbeitsstühle, eine verbesserte Klimaanlage, eine Kantine usw. waren Wünsche der Führungskräfte. Diese Antworten machen deutlich, dass hier ein defizitorientiertes Verständnis vorherrscht, was den Umgang mit Aufgaben im Rahmen betrieblicher Gesundheitsförderung betrifft. Diese Aussagen zeigen, dass Gesundheitsförderung dann ein Thema wird, wenn es darum geht, Mängel zu beheben.

In dem Unternehmen, in dem es bereits gelungen war, ein betriebliches Gesundheitsmanagement dauerhaft zu implementieren, gab es durchgängig Aussagen dazu, dass man neben den Ressourcen, die durch das Gesundheitsmanagement geschaffen werden konnten, auch einen funktionierenden Mechanismus geschaffen

---

1  Verhaltensprävention beschreibt Aktivitäten, deren Intention es ist, das Verhalten der Mitarbeiter zu verändern oder eine bessere Belastungsverarbeitung zu erreichen. Um dieses Ziel zu erreichen werden Kurse, Informationsveranstaltungen und Seminare durchgeführt. Verhältnisprävention ist auf strukturelle, organisatorische und Umgebungsveränderungen im Betrieb ausgerichtet (vgl. Präventionsbericht 2010).

hatte, mit dem Defizite zeitnah aufgedeckt und Probleme kurzfristig gelöst werden.

## 9.5 Schlussfolgerungen und Hinweise für die Einführung betrieblicher Gesundheitsförderung

Vor allem in den Medien wird der fitte und aktive Mensch gepriesen. Bewegung, Entspannung und gesunde Ernährung seien die Säulen der Prävention. Ganz nach diesem Motto beschrieben die hier befragten Führungskräfte, wie sie ihre eigene Gesundheit fördern und schützen. Dabei findet „Gesundheitsförderung" hauptsächlich in der Freizeit statt und ist kein Bestandteil des betrieblichen Alltags. In den Aussagen der befragten Führungskräfte wurde die Zweiteilung zwischen beruflichem Alltag und Freizeit sehr deutlich. Arbeit ist tendenziell belastend und die Gesundheit wird außerhalb der Arbeitswelt gepflegt. Gesundheit ist Privatsache, Gesundheitsförderung im Betrieb wird häufig gleichgesetzt mit Kursen zu den Themen: Ernährung, Entspannung, Raucherentwöhnung und Bewegung, nur dass diese dann im Betrieb angeboten werden.

In den Unternehmen, in denen Gesundheitsförderung (in Form von Verhaltens- *und* Verhältnisprävention) schon seit längerem ein Thema ist, hatten sich die Sichtweisen der befragten Vorgesetzten jedoch verändert. Hier hatte man ein umfassenderes Bild entwickelt, wie ein gesundheitsförderndes Unternehmen gestaltet werden kann. Das Verständnis im Sinne einer gesundheitsförderlichen Umwelt (WHO 1946) wurde erfolgreich in den betrieblichen Alltag integriert. Dieser Unterschied in den Sichtweisen lässt den Schluss zu, dass es möglich ist, mit einem betrieblichen Gesundheitsmanagement einen positiven Einfluss auf die Lebenswelt im Betrieb zu nehmen. An diesen positiven Beispielen wird aber auch deutlich, dass es nicht nur notwendig, sondern möglich ist, die Führungsverantwortlichen davon zu überzeugen, dass die Trennung zwischen Arbeitswelt und Prävention zugunsten des ressourcenorientierten Ansatzes der Gesundheitsförderung aufgehoben werden muss. Maßnahmen zur Überzeugung der Führungskräfte sollten deshalb deutlich machen, dass betriebliche Gesundheitsförderung nur dann erfolgreich sein kann, wenn die Mitarbeiterinnen und Mitarbeiter beteiligt werden und man neben der Reduktion körperlicher und psychischer Belastungen den Ansatz der Ressourcenerweiterung verfolgt.

Die Ergebnisse machen deutlich, dass dabei verschiedene Hemmnisse überwunden werden müssen. Denn trotz der vorgefundenen hohen Selbstwirksam-

keitswahrnehmung der Führungskräfte – insbesondere der ersten Ebenen – sahen viele für sich selbst nur einen geringen Einfluss auf die Gesundheit der Beschäftigten. In den Interviews gab es dabei jedoch nur wenige Hinweise darauf, warum sich ein großer Teil der Führungskräfte die Verantwortung für die Beschäftigtengesundheit kaum oder nur in geringem Maße zuschreibt. Es gab einzelne Aussagen, die darauf schließen lassen, dass die Verantwortung – auch bezogen auf den Arbeitsschutz – als bedrohlich empfunden wird. Es lässt sich aber auch ableiten, dass es die Führungsspanne sein könnte, die dazu führt, den Einfluss auf die Gesundheit der Beschäftigten als gering einzuschätzen. Geschäftsführer und Betriebsleiter, die für mehrere hundert Mitarbeiter verantwortlich waren, gaben an, nur einen geringen Einfluss auf die Gesundheit der Beschäftigten zu haben. Diejenigen, die einen engen Kontakt zu den Beschäftigten hatten, weil sie nur für eine kleinere Gruppe verantwortlich waren, schätzten ihren Einfluss jedoch höher ein.

Eine weitere Betrachtung, die die Führungskräfte in ihrer Wahrnehmung unterstützt, dass sie nur einen geringen Einfluss auf die Gesundheit der Beschäftigten haben, ist, dass Krankheiten als schicksalhaft empfunden werden. Auch wenn ein Mensch dauerhaft gesundheitlichen Risiken ausgesetzt ist, heißt das nicht, dass er deshalb krank wird; der umgekehrte Fall, dass bei einem Menschen z. B. eine ernste Erkrankung entsteht, obwohl dieser sich offensichtlich gesundheitsförderlich verhalten hatte, sind Wahrnehmungen, die dazu führen, dass der Einfluss auf die Gesundheit an sich als gering eingestuft wird. An diesen Hypothesen weiter zu forschen wäre sicher sehr interessant.

Insgesamt wurde durch diese explorative Untersuchung deutlich, dass sich die Gesundheitsförderung zunächst vor allem an die Führungskräfte selbst richten muss. Projekte zur Förderung der Führungskräftegesundheit, die auch das Ziel haben, die eigene Betroffenheit der Vorgesetzten dafür einzusetzen, dass sie die betriebliche Gesundheitsförderung auch für die Beschäftigten als wichtig anerkennen, funktionieren aber nicht, wenn es dabei nur um die Verhaltensprävention der Führungskräfte selbst geht. Sie werden dadurch wahrscheinlich nur in ihrer Sichtweise bestärkt, dass jeder selbst für seine Gesundheit verantwortlich ist.

Ansätze der Gesundheitsförderung bei Führungskräften sind dann erfolgreich, wenn es gelingt, die Notwendigkeit eines verhältnisorientierten Gesundheitsmanagements deutlich zu machen. Hier geht es darum zu erkennen, dass nicht nur die individuelle Verantwortung des einzelnen, sondern eine gesamtgesundheitliche Ausrichtung innerhalb eines Unternehmens erforderlich ist.

## Literatur

AOK-Bundesverband (2007) Wirtschaftlicher Nutzen von Betrieblicher Gesundheitsförderung aus Sicht von Unternehmen. Dokumentation einer Befragung in 212 Partnerunternehmen. Bonn

Badura B, Münch E, Ritter W (1997) Partnerschaftliche Unternehmenskultur und betriebliche Gesundheitspolitik. Verlag Bertelsmann Stiftung, Gütersloh

Badura B, Ritter W, Scherf M (1999) Betriebliches Gesundheitsmanagement – ein Leitfaden für die Praxis. Edition Sigma® Rainer Bohn Verlag, Berlin

Badura B, Ritter W, Scherf M (2008) Sozialkapital. Grundlagen von Gesundheit und Unternehmenserfolg. Springer-Verlag, Berlin Heidelberg

Badura B, Schröder H, Klose J, Macco K (2010) Fehlzeiten-Report 2009. Springer-Verlag, Berlin Heidelberg

Bandura A (1977) Self-efficacy: Toward a unifying theory of behavioural change. Psychological Review 84:191–215

Blair SN (2000) Physical Inactivity: The major Public Health problem of the next millennium. In: Avela J, Komi PV, Komulainen J (Hrsg) Proceedings, 5th Annual Congress of the European College of Sport Science. Jyväskylä, 8

Lenhardt U (2003) Der Beitrag von Trägern der gesetzlichen Unfallversicherung und der gesetzlichen Krankenversicherung zur Entwicklung einer zeitgemäßen betrieblichen Gesundheitspolitik – Probleme und Entwicklungspotenziale. Expertise für die Expertenkommission „Betriebliche Gesundheitspolitik" der Bertelsmann Stiftung und der Hans-Böckler-Stiftung

Medizinischer Dienst des Spitzenverbandes Bund der Krankenkassen e.V. (MDS) (2009) Präventionsbericht 2009. Leistungen der gesetzlichen Krankenversicherung: Primärprävention und betriebliche Gesundheitsförderung. Berichtsjahr 2008

Medizinischer Dienst des Spitzenverbandes Bund der Krankenkassen e.V. (MDS) (2010) Präventionsbericht 2010. Leistungen der gesetzlichen Krankenversicherung: Primärprävention und betriebliche Gesundheitsförderung. Berichtsjahr 2009

Mayring P (2002) Einführung in die Qualitative Sozialforschung. Beltz Verlag, Weinheim und Basel

Mayring P (2003) Qualitative Inhaltsanalyse. Grundlagen und Techniken. Beltz Verlag, Weinheim und Basel

Mayring P, Gläser-Zikuda M (2005) Die Praxis der Qualitativen Inhaltsanalyse. Beltz Verlag, Weinheim und Basel

Münch E, Walter U, Badura B (2004) Führungsaufgabe Gesundheitsmanagement. 2. unv. Auflage. Edition Sigma, Berlin

Nieder P (2000) Führung und Gesundheit – Die Rolle der Vorgesetzten im Gesundheitsmanagement. In: Brandenburg U, Nieder P, Susen B (Hrsg) Gesundheitsmanagement im Unternehmen – Grundlagen, Konzepte und Evaluation. Juventa Verlag, Weinheim, München, S 149–161

Pfaff H, Slesina W (2001) Effektive betriebliche Gesundheitsförderung. Juventa Verlag, Weinheim

Spieß E, Stadler P (2007) Gesundheitsförderliches Führen – Defizite erkennen und Fehlbelastungen der Mitarbeiter reduzieren. In: Weber A, Hörmann G (Hrsg) Psychosoziale Gesundheit im Beruf. Stuttgart, S 255–274

Stadler P, Spieß E (2004) Mitarbeiterorientiertes Führen und soziale Unterstützung am Arbeitsplatz. Grundzüge und Beispiele eines Informations- und Handlungskonzepts. Bundesanstalt für Arbeitsschutz und Arbeitsmedizin, Dortmund

WHO (1946) Verfassung der Weltgesundheitsorganisation, New York 1946, URL: http://www.api.or.at/akis/download/who-doc/who%20verfassung%201946.pdf. Gesehen 04 März 2011

# Kapitel 10

# Führung und Gesundheit in klein- und mittelständischen Unternehmen

K. Pelster

**Zusammenfassung.** *Anders als in Großunternehmen, in denen es häufig eine Vielzahl an Führungskräften mit individuellen Führungsstilen gibt, ist die Kultur in klein- und mittelständischen Unternehmen (KMU) deutlich stärker vom Einfluss des Geschäftsführers bzw. des Inhabers geprägt. Diese besonderen Rahmenbedingungen wirken sich auch auf die Einführung und Verstetigung von Programmen der Gesundheitsförderung aus. Authentische Beispiele aus der Praxis machen deutlich, welche Fallen auf dem Weg zur gesunden Führung in klein- und mittelständischen Unternehmen auftreten können. Darüber hinaus zeigen sie, wie Führungskräfte mit ihrer Einstellung und ihrem Handeln das Verhalten ihrer Mitarbeiter positiv beeinflussen und die Gesundheit ihrer Beschäftigten aktiv fördern können.*

## 10.1 Einführung

Schaut man sich in Buchhandlungen die Bücher an, die sich mit dem Thema Führung beschäftigen, so wird man von der Vielzahl der Angebote schier erschlagen. Von „Führung für Mündige" bis hin zu Ratgebern wie „Sofortwissen kompakt. Erfolg als Führungskraft: Führungswissen in 50 × 2 Minuten" reichen die Titel. Mittlerweile findet sich unter den Veröffentlichungen auch eine steigende Anzahl an Titeln, die die Themen Gesundheit und Führung miteinander verbinden. Doch können diese Bücher tatsächlich konkrete Tipps und Hinweise für „gesunde Führung" geben? Lässt sich das Führungsverhalten gesünder gestalten, indem man Punkte auf einer Checkliste abhakt, und lässt sich dieser Erfolg dann auch messen? Sicher fällt es schwer, auf diese Fragen eine eindeutige Antwort zu geben. Dies ist insbesondere dann der Fall, wenn klein- und mittelständische Unternehmen in den Blickwinkel rücken, die in

der Regel nicht über eigene Ressourcen für Personalentwicklung verfügen und deren Kultur stark vom Einfluss des Unternehmers bzw. Inhabers geprägt wird.

Der Anteil der klein- und mittelständischen Unternehmen an der Gesamtzahl der Unternehmen in Deutschland fällt je nach Quelle unterschiedlich aus. Laut Definition des Instituts für Mittelstandsforschung in Bonn (2010) hat ein Kleinunternehmen bis zu neun Beschäftigte bei einem Umsatz von bis zu 1 Mio. Euro pro Jahr und ein mittelständisches Unternehmen hat 10–499 Beschäftigte bei einem Jahresumsatz von nicht mehr als 50 Mio. Euro. Legt man diese Definition zugrunde, sind 99,7 Prozent aller Unternehmen in Deutschland klein- und mittelständische Unternehmen. Sie beschäftigen rund 80 Prozent aller sozialversicherungspflichtigen Arbeitnehmer und bilden mit rund 1,4 Mio. jungen Leuten rund 83 Prozent aller Auszubildenden aus. Auch in der aktuellen Phase nach der Wirtschaftskrise sind es vor allem kleine und mittelständische Unternehmen, die neue Arbeitsplätze schaffen und die durch ihre flexiblen Strukturen häufig Innovationsmotor sind.

Im Hinblick auf dieses enorme Potenzial, das klein- und mittelständische Unternehmen bieten, wundert es, dass die Kriterien gesunder Führung in KMU bislang nur selten Gegenstand von Veröffentlichungen gewesen sind.

## 10.2 Die Arbeitswelt in KMU als Handlungsfeld betrieblicher Gesundheitsförderung

Um die Voraussetzungen zur Umsetzung betrieblicher Gesundheitsförderung und damit für gesundes Führen in KMU zu beschreiben, ist es zunächst notwendig, die Eigenschaften von klein- und mittelständischen Unternehmen näher zu beleuchten. Bei diesen Firmen handelt es sich häufig um Familienbetriebe, in denen persönliche Kontakte und der kollegiale Austausch über die Arbeitsbeziehung hinausgehen. Hieraus bildet sich ein transparentes System, in dem neben wirtschaftlichen Aspekten auch soziale Gegebenheiten wie die Stärken und Schwächen einzelner Mitarbeiter sichtbar werden. Der Betrieb wird hierdurch zum Ort sozialer Kontrolle. Auch der Umgang mit einer dauerhaft empfundenen Unsicherheit zeichnet klein- und mittelständische Unternehmen aus. Kurzfristige Anpassungen an Herausforderungen wie spezielle Kundenwünsche, Lieferprobleme oder der Ausfall von Mitarbeitern sind an der Tagesordnung und müssen flexibel gelöst werden. Die hierzu notwendige Fähigkeit, mit ungeplanten Ereignissen umgehen zu können, führt häufig dazu, dass auf Regelungen verzichtet wird, da sie im täglichen Chaos ohnehin nicht einzuhalten wären (DNBGF 2008).

Welche dieser Voraussetzungen erleichtern nun die Umsetzung gesundheitsbezogener Themen und welche sind dafür eher hinderlich? Als förderliche Bedingungen gelten nach Meggeneder (2005) die flachen Hierarchien in KMU, eine gute Informationspolitik zum Unternehmen und zum Umfeld sowie die hohe berufliche Autonomie der Beschäftigten. In Kleinunternehmen kommt dazu, dass die Arbeitsbedingungen der Beschäftigten und der Betriebsinhaber häufig dieselben sind. Demgegenüber werden als hemmende Faktoren immer wieder die knappen zeitlichen und finanziellen Ressourcen sowie die fehlende Sichtbarkeit des Nutzens von Investitionen in die Mitarbeitergesundheit genannt (Meggeneder 2005; Bechmann et al. 2010).

## 10.3 Potenziale gesunder Führung in KMU

Wenn es darum geht, Gesundheitsaspekte zu thematisieren, rückt in KMU zwangsläufig das Thema Führung in den Mittelpunkt. Ganz gleich, ob es um die Gestaltung von Arbeitsplätzen, die Organisation der Arbeit oder die Vermittlung und Verstetigung gesundheitsbezogener Verhaltensweisen geht – die Führung und ihr Verständnis von Gesundheit ist die entscheidende Stellgröße. Meggeneder (2010) spricht in diesem Zusammenhang vom Einfluss der Führungskultur, die es ermöglicht oder verhindert, Gesundheitsförderung zu etablieren. Anders als in Großunternehmen, in denen es häufig eine Vielzahl an Führungskräften mit individuellen Führungsstilen gibt, ist die Kultur in klein- und mittelständischen Unternehmen deutlich stärker vom Einfluss des Geschäftsführers geprägt (Meggeneder 2005). Dieser bestimmt durch sein tägliches Handeln den Umgang miteinander, die Regeln des Zusammenarbeitens und damit die Kultur im Unternehmen. Übertragen auf die Umsetzung von Gesundheitsförderung bedeutet das: Das Gesundheitsverständnis des Inhabers und sein eigenes Handeln bestimmen die Gesundheitskultur im Betrieb.

Ein weiterer Aspekt kommt verstärkend hinzu: Vor dem Hintergrund des demografischen Wandels und der damit einhergehenden längeren Arbeitstätigkeit (Stichwort „Rente mit 67") wird es in Zukunft noch stärker darauf ankommen, die Arbeitsfähigkeit der Beschäftigten zu erhalten. Gesundes Arbeiten bis zum Alter von 67 ist nur möglich, wenn die Voraussetzungen hierzu geschaffen werden – sowohl auf Seite der Beschäftigten als auch seitens der Unternehmen. Ilmarinen (2002) weist in diesem Zusammenhang der Führung den größten Einfluss auf den Erhalt der Arbeitsfähigkeit zu, noch vor Faktoren der Arbeitsplatzergonomie und der individuellen Gesundheitsförderung.

Die Frage, welchem Führungsstil eine ressourcenstärkende Wirkung zugeschrieben wird und durch welchen Stil Fehlzeiten gefördert werden, wurde intensiv erforscht und beschrieben. Die Forschung stimmt darin überein, dass einem mitarbeiterorientierten Führungsverhalten fehlzeitenreduzierende Wirkung zugeschrieben werden kann, während eine reine Aufgabenorientierung im Umgang mit den Mitarbeitern häufig zu einem Anstieg der Fehlzeiten führt (Schmidt 1996; Wegge u. von Rosenstiel 2004). Eine mitarbeiterorientierte Führung wirkt sich nach Einschätzung von Schmidt (1996) positiv auf die Beschäftigten aus, da sie ihnen Mitbestimmung und Beteiligung ermöglicht. Je weniger Beteiligung und Mitbestimmung zugelassen werden, desto höher sind die Fehlzeiten.

## 10.4 Gesunde Führung in KMU – Beispiele aus der Praxis

Die Erfahrung zeigt, dass der Einfluss der Führungskultur stets der entscheidende Faktor für den Umsetzungserfolg bei der Einführung und vor allem bei der Verstetigung von Programmen der Gesundheitsförderung ist. Anhand der folgenden Beispiele, die sich auf eigene Erkenntnisse und Erlebnisse aus Projekten zur betrieblichen Gesundheitsförderung in kleinen und mittelständischen Unternehmen stützen, werden daher Aspekte der Führungskulturen in diesen Unternehmen beschrieben. Dabei erhebt die Beschreibung keinen Anspruch auf Vollständigkeit. Vielmehr geht es darum, Potenziale und Ansatzpunkte für das Führungsverhalten in klein- und mittelständischen Unternehmen aufzuzeigen. Die Beispiele umfassen daher sowohl Beschreibungen von positivem und als gesundheitsförderlich empfundenem Führungsverhalten als auch negative Erfahrungen. Dabei werden bei der Beurteilung der Erfolge neben statistisch nachgewiesenen Fehlzeitenquoten auch Einschätzungen der Mitarbeiter herangezogen. Denn im direkten Gespräch mit den Mitarbeitern wird deutlich, wie die Führung empfunden wird, ob sich die Beschäftigten im Unternehmen wohl fühlen und ob sie mit Stolz von ihrer Arbeit und den eigenen Entwicklungsmöglichkeiten sprechen.

### 10.4.1 „Der Besen" – Die Führungskraft als Kulturgestalter

Im Rahmen einer Betriebsbegehung in einem mittelständischen metallverarbeitenden Unternehmen fiel in einer Werkstatt auf, dass an einem nicht besetzten Arbeitsplatz ein Besen stand. Auf die Frage nach dem nicht anwesenden Mitarbeiter und der Bedeutung des Besens antwortete der verantwortliche Vorgesetzte: „Das müssen Sie verstehen, der Mitarbeiter ist zurzeit krank. Wenn er wiederkommt, muss er erst einmal die Halle fegen. Das haben seine Kollegen während seiner Abwesenheit ja auch für ihn getan!" Die Wirkung dieser Handlung auf den erkrankten Mitarbeiter, aber auch auf die anwesenden Kollegen ist eindeutig. Der erkrankte Beschäftigte wird sich nach seiner Genesung Gedanken darüber machen, was ihn erwartet. Der Besen und die damit verbundene Aufgabe wird seine Freude über die Genesung sicher trüben. Für die Kollegen ist das Signal ebenfalls deutlich: „Seht her, wer bei uns krank ist, bürdet seinen Kollegen in der Zwischenzeit mehr Arbeit auf. Das gilt es hinterher wiedergutzumachen." Häufig sind sich die Führungskräfte der Signale ihres Handelns nicht bewusst. Dass das Signal des Besens hier eine gesundheitsfördernde Wirkung entfaltet hat, darf bezweifelt werden.

### 10.4.2 „Stress habe nur ich!" – Die (über)fürsorgliche Führungskraft

Auch scheinbar gut gemeinte Handlungen können missverstanden werden, wenn ihr Sinn und Zweck nicht entsprechend transparent kommuniziert werden. In einer Buchbinderei fiel auf, dass der Geschäftsführer in regelmäßigen Abständen sein Büro verließ, an die Bindemaschinen ging, sich den Zählerstand anschaute und ohne ein Wort zu sagen wieder im Büro verschwand. Buchbindereien stehen bei der Bücherproduktion am Ende der Produktionskette. Durch die feststehenden Liefertermine sind die Zeitpläne sehr straff gestaltet. Als der Geschäftsführer auf den Grund seines Verhaltens angesprochen wurde, erklärte er: „Ich muss immer über den Produktionsfortschritt auf dem Laufenden sein. Zeitdruck ist bei mir an der Tagesordnung. Allerdings bekommen die Mitarbeiter nichts davon mit – das landet alles allein bei mir!" Dem Geschäftsführer waren die Auswirkungen seines Handelns auf die Beschäftigten nicht bewusst. Sie klagten darüber, dass ihr Chef immer sehr hektisch in der Halle auftauche, einen kurzen Blick auf die Maschinen werfe und dann schnell wieder an seinen Schreibtisch eile. Bei ihnen entstehe dadurch das Gefühl, sie seien nicht schnell genug. Das ursprünglich gut gemeinte Verhalten des Geschäftsführers entfaltete also die entgegengesetzte Wirkung.

### 10.4.3 „Diese Ergebnisse können wir nicht präsentieren!" – Die inkonsequente Führungskraft

In einem mittelständischen Möbelhaus wurde zum geplanten Start eines umfangreichen Gesundheitsförderungsprogramms eine Mitarbeiterumfrage durchgeführt. Die Beschäftigten füllten mit großem Einsatz einen zehnseitigen Fragebogen aus und investierten bei den offenen Fragen viel Zeit in die Beschreibung möglicher Optimierungspotenziale. Die Ergebnisse der Befragung waren insbesondere im Hinblick auf die Beurteilung des Führungsverhaltens im Unternehmen unterdurchschnittlich. Den Führungskräften wurde u. a. bescheinigt, die Mitarbeiter zu wenig einzubeziehen und zu wenig Anerkennung für gute Leistungen auszusprechen. Bei der Vorstellung der Befragungsergebnisse öffnete der Geschäftsführer jedoch die Schublade seines

Schreibtisches, legte die Befragungsergebnisse hinein und sagte: „Das können wir bei uns im Unternehmen nicht präsentieren!" Die Wirkung seines Handelns war fatal. Die Beschäftigten fühlten sich nicht ernst genommen und sahen ihre in der Befragung abgegebene Einschätzung bestätigt. Letztlich sanken ihr Engagement und ihre Motivation zunehmend.

### 10.4.4 „Ich muss hier auch arbeiten – da achte ich doch selbstverständlich auf gesunde Arbeitsbedingungen" – Die achtsame Führungskraft

In einem Kleinbetrieb des grafischen Gewerbes mit acht Beschäftigten fielen bei der Besichtigung der Arbeitsplätze die unterschiedlichen Arbeitshöhen auf, an denen gearbeitet werden konnte. Die Mitarbeiter selbst waren unterschiedlich groß, sodass jeder Beschäftigte bei Tätigkeiten, die im Stehen verrichtet werden, die zu seiner Körpergröße passende Arbeitshöhe wählen konnte. Der Geschäftsführer antwortete auf die Frage nach dem Grund für die Vielzahl der Arbeitshöhen: „Ich arbeite selbst oft mit und da ich besonders groß bin, ist es doch logisch, dass ich die Arbeitshöhe an meine Größe anpasse. Wenn ich das für mich in Anspruch nehme, können das meine Mitarbeiter selbstverständlich auch." Diese Einstellung des Inhabers ist für die Gestaltung gesundheitsgerechter Arbeitsbedingungen von großem Vorteil. Als Geschäftsführer kann er die als belastend empfundenen Bedingungen direkt abstellen. Durch die gemeinsame Arbeit von Chef und Mitarbeitern ist darüber hinaus ein direkter Austausch gewährleistet. Anregungen und Vorschläge der Beschäftigten erreichen den Chef ebenso schnell wie Informationen zum laufenden Geschäft an die Beschäftigten weitergegeben werden.

### 10.4.5 „Meine Mitarbeiter sollen ihre Ideen verwirklichen können – ich gebe ihnen den Raum dafür!" – Die Führungskraft als Coach und Entwickler

Dass gute und gesunde Führung in mittelständischen Unternehmen zu einem positiven Betriebsklima führt und damit auch zur Attraktivität des Arbeitgebers beiträgt, zeigt das Beispiel einer Düsseldorfer Bäckerei. Der Inhaber des Traditionsunternehmens geht hier mit gutem Beispiel voran: In der Stadt ist er regelmäßig mit dem Fahrrad unterwegs und Präventionsangebote für die Beschäftigten zum Thema Rückengesundheit und

Hygiene gehören in seiner Firma zum Standardangebot. Die Mitarbeiter genießen ein Höchstmaß an Eigenverantwortung. So können sie neue Produktideen selbst entwickeln, die ins Sortiment aufgenommen werden, wenn sie sich im Verkauf durchsetzen. Darüber hinaus kalkuliert die Belegschaft bei Personalbedarf selbst, ob sich die Einstellung eines neuen Mitarbeiters lohnt und bei der Neueinstellung entscheidet sie über den neuen Kollegen oder die neue Kollegin mit. Nicht zuletzt aufgrund dieses mitarbeiterorientierten Führungsstils sind die Produkte der Bäckerei stadtbekannt und beliebt. Zudem stehen die Ausbildungsplätzen bei potenziellen Auszubildenden hoch im Kurs.

## 10.5 Kriterien gesunder Führung in klein- und mittelständischen Unternehmen

In den oben beschriebenen Beispielen werden einige Aspekte deutlich, die als Kriterien guter und gesunder Führung in kleinen und mittelständischen Unternehmen bezeichnet werden können.

### Vorbild sein

Ein entscheidendes Kriterium für gesunde Führung ist das Verhalten der Führungskraft selbst. Als Vorbild für die Beschäftigten steht die Führungskraft in klein- und mittelständischen Unternehmen unter besonderer Beobachtung. Ihr Verhalten, ihre Einstellungen und ihre Ideale prägen die Kultur des gesamten Unternehmens. Diese unmittelbare Wirkung auf die Unternehmenskultur zeichnet die klein- und mittelständischen Firmen besonders aus. Anders als in Großunternehmen ist die Führungskultur direkt für alle Beschäftigten erlebbar. Damit wird selbstverständlich auch die Einstellung der Unternehmensleitung zum Thema Gesundheit spürbar. Stehen die Führungskräfte den Gesundheitsthemen positiv gegenüber und leben sie gesundes Verhalten vor, werden diese Aspekte als gewünschtes Verhalten auch von den Beschäftigten angenommen. Dabei geht es weniger um große Gesten als um kleine Verhaltensweisen im Alltag, wie zum Beispiel das Benutzen der Treppe anstelle des Aufzugs oder Obst, das bei Besprechungen auf dem Tisch steht.

### Leistungen anerkennen

Anerkennungen für gute Leistungen sind ein weiterer wichtiger Aspekt gesunder Führung. Entgegen der weitverbreiteten Meinung geht es hierbei nicht nur um die monetäre Form der Anerkennung wie beispielsweise durch Gehaltserhöhungen. Ein Lob nach guter

Arbeit oder das gemeinsame Feiern einer erfolgreichen Auftragsabwicklung sind genauso wichtig. Wird das Verhältnis von Leistung und Belohnung von den Beschäftigten als gestört empfunden, steigt nach Siegrist (2009) aufgrund des erlebten Stressempfindens längerfristig „das Risiko stressassoziierter Krankheitsmanifestationen" an. Auch Siegrist führt neben der monetären Vergütung ausdrücklich nicht-materielle Aspekte wie Arbeitsplatzsicherheit, beruflichen Aufstieg sowie Anerkennung und Wertschätzung als Aspekte der Belohnung auf. Matyssek (2010) unterscheidet zudem zwei Aspekte der Anerkennung. So sei zum einen das Lob für die Leistung (zeitnah, konkret, mit Begründung und Emotionen) von zentraler Bedeutung. Zum anderen gehöre die Wertschätzung der Person (durch grüßen, gratulieren, nachfragen, danke sagen und Zeit nehmen) zum Konzept der Anerkennung.

### Beteiligung und Mitbestimmung ermöglichen

Ein wichtiges Kriterium der Gesundheitsförderung ist die ausgeprägte Partizipationsorientierung. Gesunde Führung schafft den Arbeitnehmern Möglichkeiten der Beteiligung und macht das Prinzip Mitarbeiterpartizipation zu einem Kern ihres täglichen Führungshandelns. Damit übernimmt gesunde Führung die Vorgehensweise, die auch im Change Management eine elementare Bedingung für das Gelingen von Veränderungsprozessen darstellt, indem sie Betroffene zu Beteiligten macht (Berner 2010). Für die praktische Umsetzung der Partizipationsorientierung bieten sich unterschiedliche Wege an. So sind die klassischen, in Großbetrieben erprobten Instrumente wie Gesundheitszirkel oder Arbeitssituationsanalysen mittlerweile auch an die Bedürfnisse und Voraussetzungen klein- und mittelständischer Unternehmen angepasst. Doch auch weniger systematische Formen, wie das einmal im Monat durchgeführte „Frühstück mit dem Chef" mit einer wechselnden Gruppe von Mitarbeitern oder die Durchführung von „Promischichten", bei denen der Chef sich am eigenen Leib einen Eindruck von den Arbeitsbedingungen machen und Anregungen für Verbesserungen der Arbeitsplatzgestaltung oder Arbeitsabläufen geben kann, sind hierfür probate Instrumente. Unabhängig davon, welcher Weg in der Praxis gewählt wird, empfiehlt es sich, die Anregungen der Beschäftigten aufzunehmen und ihnen die Möglichkeit zu geben, Lösungswege für praktische Problemstellungen zu entwickeln. Interessanterweise zeigt sich häufig, dass über die Beteiligungsorientierung der Gesundheitsförderung der Einstieg in eine systematische Personal- und Organisationsentwicklung erfolgt. Je nach Voraussetzungen und Bereitschaft der Beschäftigten kann dies bis zur

Übertragung von Verantwortung für die Neuentwicklung von Produkten und die Einstellung neuer Mitarbeiter führen (▶ Abschn. 10.4.5).

### Transparenz schaffen, Sinn vermitteln und Unterstützung bieten

Neben der Anerkennung guter Leistungen sind Transparenz, Sinnhaftigkeit und Unterstützung weitere wichtige Kriterien gesunder Führung. Die Beschäftigten erwarten Orientierung für ihr tägliches Handeln. Sie müssen sich auf Entscheidungen verlassen können, Arbeitsaufträge verstehen und den Sinn der Aufgaben nachvollziehen können. Nach dem Salutogenesekonzept von Antonovsky sind drei Aspekte dafür verantwortlich, dass es gelingt, die vorhandenen Ressourcen zur Gesunderhaltung und zur Förderung des Wohlbefindens einzusetzen (Bengel et al. 1999). Zu dieser von Antonovsky als Kohärenzgefühl bezeichneten Grundhaltung gehören das Gefühl der Verstehbarkeit, das Gefühl der Handhabbarkeit bzw. Bewältigbarkeit sowie das Gefühl der Sinnhaftigkeit bzw. Bedeutsamkeit. Das Modell der Salutogenese leistet hiermit einen guten Ansatz für gesunde Führung. Auch für Führungskräfte in klein- und mittelständischen Unternehmen lassen sich die Kriterien des Kohärenzgefühls als Checkliste für das eigene Führungshandeln nutzen. Ein erster Schritt zu gesunder Führung kann demnach zum Beispiel darin bestehen, zu überprüfen, ob die Beschäftigten die gegebenen Arbeitsanweisungen verstehen, ob darin ein Sinn zu erkennen ist und ob sie mit den vorhandenen Mitteln in der vorgegebenen Zeit umgesetzt werden können.

## 10.6    Resümee

Klein- und mittelständische Unternehmen als Orte gesunder Arbeit rücken zunehmend in den Fokus von Forschung und Beratung. In der Forschung wird dabei häufig untersucht, mit welchen Argumenten die Unternehmensleitung von der Sinnhaftigkeit und vom Nutzen der Gesundheitsförderung überzeugt werden kann und welche Instrumente geeignet sind, die Gesundheit der Beschäftigten zu fördern. Deutlich seltener liegt der Fokus der Betrachtung auf Aspekten gesunder Führung in KMU. Dabei zeigen die Erfahrungen aus der praktischen Arbeit mit klein- und mittelständischen Unternehmen einen deutlichen Zusammenhang zwischen einem gesunden Führungsstil und der Bereitschaft, die Gesundheit der Beschäftigten aktiv zu fördern. Für eine steigende Anzahl an Unternehmern ist es mittlerweile selbstverständlich, einen mitarbeiterorientierten Führungsstil umzusetzen und damit das Führungsverhalten als Instrument der Gesundheitsförderung zu erkennen und bewusst einzusetzen. Natürlich gelten die oben beschriebenen Aspekte auch für Führungskräfte in größeren Unternehmen. Die unmittelbare Auswirkung gesunder Führung auf die Gesamtorganisation ist allerdings im klein- und Mittelbetrieb deutlich höher einzuschätzen als in Großunternehmen.

Vor dem Hintergrund des sich abzeichnenden Fachkräftemangels im Zuge der demografischen Entwicklung wird bereits von einem Arbeitnehmermarkt gesprochen, auf dem sich Unternehmen künftig bei potenziellen Arbeitskräften bewerben und nicht mehr umgekehrt. Aufgrund der größeren Flexibilität dürften klein- und mittelständische Unternehmen sich schnell auf diese veränderten Voraussetzungen einstellen können. Doch auch sie werden nur dann langfristig Erfolg haben, wenn sie ihren neuen Mitarbeitern Möglichkeiten der Entfaltung geben, ihnen Anerkennung und Wertschätzung entgegenbringen und ihnen eine sinnhafte Tätigkeit bieten. Die oben beschriebenen Elemente gesunder Führung dürften zunehmend zu einem wichtigen Kriterium für die wettbewerbsfähige Positionierung auf dem Arbeitsmarkt werden und damit aus Arbeitnehmersicht auch zu einem entscheidenden Faktor für die Wahl des Arbeitgebers.

## Literatur

Bechmann S, Jäckle R, Lück P, Herdegen R (2010) Motive und Hemmnisse für Betriebliches Gesundheitsmanagement. iga-Report 20. http://www.iga-info.de/fileadmin/Veroeffentlichungen/iga-Reporte_Projektberichte/iga_report_20_Umfrage_BGM_KMU_final.pdf

Bengel J, Strittmatter R, Willmann H (1999) Was erhält den Menschen gesund? Antonovskys Modell der Salutogenese – Diskussionsstand und Stellenwert. Forschung und Praxis der Gesundheitsförderung Bd. 6. Bundeszentrale für gesundheitliche Aufklärung (BzgA). BzgA, Köln

Berner W (2010) „Change!" – 15 Fallstudien zu Sanierung, Turnaround, Prozessoptimierung, Reorganisation und Kulturveränderung. Schäffer-Poeschel, Stuttgart

Deutsches Netzwerk für Betriebliche Gesundheitsförderung (DNBGF) (2008) Wirtschaftlich erfolgreich durch gute Arbeit. Betriebliche Gesundheitsförderung in KMU-Netzwerken. Eigenverlag

Ilmarinen J (2002) Arbeit alleine erhält die Arbeitsfähigkeit nicht. In: Giesert M (Hrsg) 6. Workshop Betriebliche Gesundheitsförderung: Arbeitsfähigkeit 2010 – Was können wir tun, damit Sie gesund bleiben? DGB Bildungswerk e. V., Düsseldorf, S 2–16

Institut für Mittelstandsforschung Bonn (2010) KMU-Definition des IfM Bonn. http://www.ifm-bonn.org/index.php?id=67. Gesehen 25 Nov 2010

Matyssek A K (2010) Führung und Gesundheit. Ein praktischer Ratgeber zur Förderung der psychosozialen Gesundheit im Betrieb. Books in Demand, Norderstedt

Meggeneder O (2005) Chancen von BGF in kleinen und mittleren Unternehmen. Führungsverhalten als salutogener Faktor. In: Meggeneder O, Pelster K, Sochert R (Hrsg) Betriebliche Gesundheitsförderung in kleinen und mittleren Unternehmen. Hans Huber, Bern, S 201–208

Meggeneder O (2010) „...zu teuer und zu aufwändig" – Herausforderungen für die betriebliche Gesundheitsförderung in kleinen und mittleren Unternehmen. In: Faller G (Hrsg) Lehrbuch Betriebliche Gesundheitsförderung. Hans Huber, Bern, S 243–251

Schmidt K-H (1996) Wahrgenommenes Vorgesetztenverhalten, Fehlzeiten und Fluktuation. Zeitschrift für Arbeits- und Organisationspsychologie 40:54–62

Siegrist J (2009) Gratifikationskrisen als psychosoziale Voraussetzungen. Arbeitsmedizin Sozialmedizin Umweltmedizin, 11:574–579

Wegge J, von Rosenstiel L (2004) Führung. In: Schuler H (Hrsg) Lehrbuch Organisationspsychologie. Hans Huber, Bern, S 475–512

# Kapitel 11

# Führung und Gesundheit – Betriebliches Gesundheitsmanagement aus rechtlicher Sicht

T. Neufeld

**Zusammenfassung.** *Betriebliches Gesundheitsmanagement ist eine sehr junge juristische Disziplin, die sich zudem durch ihre rechtliche Komplexität und mangelnde Systematik auszeichnet. Dies stellt beratende Juristen vor zahlreiche Herausforderungen und offene Fragen. In der Betriebspraxis des Gesundheitsmanagements sehen sich die Führungskräfte mit diesen Herausforderungen konfrontiert. Sie müssen sach- und interessengerechte Lösungen im Rahmen des BGM finden. Dieser Beitrag nähert sich dem betrieblichen Gesundheitsmanagement daher aus der Sicht der Führungskraft und erörtert ausgewählte rechtliche Problematiken, die sich Führungskräften im Zusammenhang mit der Gesundheit ihrer Mitarbeiter stellen. Insbesondere wird der Frage nachgegangen, ob und inwieweit Führungskräfte im Rahmen des arbeitgeberseitigen Direktionsrechts Einfluss auf die Gesundheit ihrer Mitarbeiter nehmen können und zu welchen (Arbeitsschutz-)Maßnahmen sie gesetzlich verpflichtet sind. Umgekehrt muss die Führungskraft wissen, ob und in welchem Umfang der Arbeitnehmer aufgrund seines Arbeitsvertrages zu gesundheitsfördernden Maßnahmen verpflichtet ist. Abgerundet wird der Beitrag durch eine Darstellung datenschutzrechtlicher Fragestellungen, die sich im Zusammenhang mit der Gesundheit von Mitarbeitern stets stellen, weil Gesundheitsdaten als besonders sensible Daten einem erweiterten gesetzlichen Schutz unterliegen.*

## 11.1 Betriebliches Gesundheitsmanagement als juristische Disziplin

Betriebliches Gesundheitsmanagement (BGM) ist bislang keine eigenständige juristische Disziplin. Vielmehr beschreibt BGM ein interdisziplinäres Zusammenwirken, in dem die Rechtswissenschaft und -praxis Teilaspekte darstellen. Nähert man sich dem Begriff des BGM von dieser juristischen Seite, so wird man schnell feststellen, dass er dogmatisch schwer zu fassen ist. Es existiert schon keine Legaldefinition von BGM, mit welcher der Gesetzgeber dessen Inhalt verortet oder zumindest umrissen hätte. Versteht man BGM als Zusammenfassung aller Maßnahmen, durch die Risiken für die Gesundheit der Beschäftigten erkannt und ver-

ändert werden sowie Fähigkeiten und Bedingungen der Arbeitsorganisation gefördert werden, welche die Beschäftigungsfähigkeit und Gesundheit der Mitarbeiter unterstützen, so wird die Vielzahl der unterschiedlichen rechtlichen Ansatzpunkte, deren Synchronisierungsbedarf sowie das zwischen ihnen bestehende Konfliktpotenzial vorstellbar. So findet BGM im juristischen Sinne unter Einbeziehung und Umsetzung u. a. folgender rechtlicher Grundlagen statt: Arbeitsschutzgesetz, Arbeitsschutzrichtlinien, Arbeitssicherheitsgesetz, Arbeitszeitgesetz, Regelungen zur Prävention im System der gesundheitlichen Versorgung (Sozialgesetzbuch V und Sozialgesetzbuch IX), Bundesdatenschutzgesetz, Tarifvertragsgesetz, Betriebsverfassungsgesetz, Gendiagnostikgesetz, Bürgerliches Gesetzbuch sowie dem

Grundgesetz. BGM ist daher nicht nur interdisziplinär, sondern auch im juristischen Teilbereich äußerst vielschichtig und keine einheitliche Materie.

## 11.2 Der arbeitsrechtliche Gesundheitsbegriff

Eine allgemeine Definition des Gesundheitsbegriffs existiert im Arbeitsrecht nicht. In der Strafvorschrift (und damit keiner arbeitsrechtlichen Vorschrift im engeren Sinne) des § 23 Arbeitszeitgesetz (ArbZG) wird unter Gesundheit der intakte körperliche, geistige und seelische Zustand eines Arbeitnehmers verstanden (Müller-Glöge et al. 2011). Weiter fasst hingegen die Weltgesundheitsorganisation (WHO) den Gesundheitsbegriff, die in ihrer Verfassung vom 25. Juni 2009 Gesundheit als einen *Zustand des vollständigen körperlichen, geistigen und sozialen Wohlergehens und nicht nur das Fehlen von Krankheit oder Gebrechen* definiert. Der Gesundheitsbegriff in diesem Sinne definiert sich also nicht nur negativ über das Fehlen von Krankheit, sondern verlangt positiv ein körperliches, geistiges und sogar soziales Wohlbefinden.

Enger wird hingegen der Begriff des Gesundheitsschutzes in § 87 Absatz 1 Nr. 7 BetrVG (Mitbestimmungsrecht des Betriebsrates) zu verstehen sein. Da der Begriff gesetzestechnisch im Zusammenhang mit der Verhütung von Arbeitsunfällen und Berufskrankheiten genannt wird, bezieht er sich allein auf die Materie des staatlichen Arbeitsschutz- und Unfallverhütungsrechts (Richardi 2010) und hat damit trotz eines Paradigmenwechsels des Arbeitsschutzrechts hin zur Prävention eindeutig repressive Wurzeln und dort auch noch den Schwerpunkt.

Im Zusammenhang mit BGM ist es auch in der Rechtspraxis erforderlich, den Gesundheitsbegriff weiter zu fassen. BGM umfasst nicht nur den „klassischen" Bereich des Arbeitsschutzrechts, sondern ist als ganzheitlicher Ansatz zu verstehen. Daher bietet es sich zunächst an, auf den weiten Gesundheitsbegriff der WHO zurückzugreifen, der im Unterschied zum Gesundheitsbegriff des § 23 ArbZG gerade auch das soziale Wohlbefinden umfasst. BGM hat stets eine soziale Komponente, da die Gesundheit des einzelnen Arbeitnehmers immer auch soziale Auswirkungen hat, sowohl innerbetrieblich als auch im Leben außerhalb des Betriebes. So führt etwa eine hohe Krankheitsrate auf Dauer fast immer zu Spannungen im betrieblichen Klima, da die Kollegen des erkrankten Arbeitnehmers dessen Fehlen durch Mehrarbeit kompensieren müssen und dadurch Konflikte entstehen können. Die WHO-

Definition kann für die rechtliche Einordnung von BGM allerdings nur ein Ausgangspunkt sein. Verschiedene BGM-relevante Rechtsnormen – beispielsweise im Betriebsverfassungsrecht, im Sozialrecht oder im Kündigungsrecht – haben unterschiedliche Normzwecke und Rechtsfolgen und verlangen nach einem jeweils angepassten juristischen Gesundheitsbegriff.

## 11.3 Betriebliches Gesundheitsmanagement und Führungskräfte

### 11.3.1 Definition Führungskraft

Unter dem gesetzlich nicht geregelten Begriff der Führungskraft wird aus rechtlicher Sicht gemeinhin eine Person verstanden, die eine Führungs- bzw. Leitungsposition in der privaten Wirtschaft oder aber in der öffentlichen Verwaltung bekleidet und die auf dieser Grundlage berechtigt, aber auch verpflichtet ist, weitreichende Entscheidungen zu treffen bzw. verantwortlich vorzubereiten. Diese Definition umfasst nicht nur die Organpersonen in Kapitalgesellschaften, d. h. Geschäftsführer einer Gesellschaft mit beschränkter Haftung (GmbH) oder Vorstandsmitglieder einer Aktiengesellschaft (AG), sondern auch leitende Angestellte im Sinne des Betriebsverfassungsgesetzes (BetrVG) oder des Kündigungsschutzgesetzes (KSchG) sowie sämtliche Mitarbeiter in der Unternehmenshierarchie, die unmittelbare Personal- oder Führungsverantwortung haben, also das arbeitsrechtliche Weisungsrecht (Direktionsrecht) des Arbeitgebers gegenüber anderen Mitarbeitern des Unternehmens ausüben. Rechtlich ist diesen Führungskräften ihre Arbeitgebernähe gemein; sie stehen im Lager des Arbeitgebers und üben dessen Stellung und Rechte gegenüber Mitarbeitern des Unternehmens aus. Diese funktional sowie rechtlich herausgehobene Stellung bringt für die Führungskraft auch eine gesteigerte juristische Verantwortung mit sich, die bis zur persönlichen Haftung für Verstöße gegen Arbeitsschutzrecht reichen kann. Demgegenüber sind Führungskräfte in der Regel nicht mit Arbeitnehmerprivilegien ausgestattet, beispielsweise im Betriebsverfassungs- oder Kündigungsschutzrecht, im Arbeitszeitrecht sowie bei der innerbetrieblichen Haftungsprivilegierung.

### 11.3.2 Herausforderung für Führungskräfte im BGM

Die eingangs beschriebene Vielschichtigkeit des BGM sowie der rechtliche Pflichtenkanon stellen Führungskräfte im Unternehmen vor große Herausforderungen. Insbesondere müssen Führungskräfte für eine sichere Arbeitsumgebung sorgen, damit ihnen unterstellte Arbeitnehmer durch die Arbeit keinen Schaden erleiden (Arbeitsschutzbezug der Führung). In der täglichen Führungspraxis spielt aber auch die Verbesserung der Gesundheit der Beschäftigten am Arbeitsplatz eine immer wichtigere Rolle; im BGM ist sie notwendig. Die Führungskräfte des Unternehmens nehmen durch ihr tägliches Handeln direkt oder indirekt Einfluss auf die Gesundheit und die Motivation ihrer Mitarbeiter und damit mittelbar auf den wirtschaftlichen Erfolg des Unternehmens. Zugleich aber unterliegen sie selbst Vorgaben mit Auswirkungen auf ihre Gesundheit und ihre Leistungsfähigkeit, sei es durch höhergestellte Führungskräfte, Aufsichtsräte oder durch Gesellschafter/ Aktionäre. Führungskräfte sind folglich sowohl Betroffene als auch wichtige und verantwortliche Partner beim BGM. Ein BGM muss daher die Verantwortlichkeit und die Rolle der Führungskräfte ausdrücklich definieren (z. B. durch eine unternehmensinterne Richtlinie). Zum einen ist es erforderlich, dass die Führungskräfte über die Zielsetzung, Vorgehensweise und Maßnahmen sowie ihre Aufgaben im Rahmen des BGM informiert und geschult werden und bei der Wahrnehmung ihrer diesbezüglichen Aufgaben unterstützt werden. Ihre Rolle und ihre Pflichten können Führungskräfte im Rahmen des BGM aber nur finden und ausfüllen, wenn sie die rechtlichen Grundlagen, insbesondere die rechtlichen Grenzen ihrer Vorgesetztenfunktion und -rolle im Unternehmen kennen. Dies ist umso schwieriger, weil – wie eingangs dargestellt – eine konsolidierte Pflichtendefinition aus einer einzigen gesetzlichen Regelung nicht existiert, sondern die einzelnen Facetten und Bereiche eines BGM unterschiedliche Rechtsgrundlagen haben, deren Kenntnis auch bei erfahrenen Führungskräften nicht vorausgesetzt werden kann. Dazu kommt, dass BGM in seiner Gesamtheit eine noch junge juristische Disziplin ist, sodass die sich stellenden Rechtsfragen bisher nur rudimentär bearbeitet worden sind und vielfach unterschiedliche Auffassungen über Rechtsfragen im BGM eines Unternehmens bestehen.

Zwar sind die Maßnahmen innerhalb des BGM regelmäßig freiwillig und fußen auf der Wahrung der Selbstbestimmung der Beschäftigten über ihre Gesundheit, die beachtet und gefördert werden muss. Die Wahrung und Förderung der Selbstbestimmung der Beschäftigten setzt jedoch die Kenntnis über die Weite und den Umfang dieses juristisch definierten Selbstbestimmungsrechts voraus. Des Weiteren endet die Rolle der Führungskraft nicht an den selbst gesetzten Grenzen des BGM. Vielmehr setzt ein BGM als ganzheitliches und nachhaltiges System voraus, dass seine Paradigmen auch in die originäre Abwicklung des Arbeitsverhältnisses als gegenseitiges (synallagmatisches) Austauschverhältnis von Leistung und Gegenleistung Einzug erhalten, sodass die Führungskraft auch in diesen Bereichen eine profunde Kenntnis der Rechte und Pflichten aus den Arbeitsverträgen der Mitarbeiter sowie relevanter Betriebsvereinbarungen oder Tarifverträge haben muss.

Dieser Beitrag zeigt zusammenfassend wichtige gesundheitsrelevante arbeitsrechtliche Aspekte der Ausübung von Vorgesetztenfunktionen durch die Führungskräfte des Unternehmens und gibt Hinweise zum rechtssicheren und verantwortungsvollen Umgang mit der Führungsverantwortung im BGM.

## 11.4 Arbeitgeberseitiges Direktionsrecht

Es fragt sich zunächst, wie Führungskräfte ihre Mitarbeiter – aus rechtlicher Sicht – führen können. Hier kommt dem Direktionsrecht eine wesentliche Bedeutung zu.

Arbeitsrechtlich ist das Arbeitsverhältnis eine gegenseitige Austauschbeziehung von Leistung und Gegenleistung, in welcher der Arbeitnehmer seine persönlichen Dienste als Arbeitsleistung zur Verfügung stellt. Im Gegenzug erhält er vom Arbeitgeber das für die Dienstleistung vereinbarte Entgelt, regelmäßig in Form von fixer und variabler Vergütung (Müller-Glöge et al. 2011). Aufgrund seines jedem Arbeitsvertrag inhärenten Direktions- oder Weisungsrechts ist es dem Arbeitgeber möglich, einseitig die Art und Weise der dem Arbeitnehmer während des Arbeitsverhältnisses obliegenden Pflichten zu konkretisieren. Das Weisungsrecht wird durch den Arbeitgeber selbst (falls dieser eine natürliche Person ist) ausgeübt, bei juristischen Personen insbesondere aber durch die Führungskräfte.

Die individualarbeitsrechtlichen Grundsätze zur Ausübung des Direktionsrechts ergeben sich aus § 106 Gewerbeordnung (GewO). Danach kann der Arbeitgeber Inhalt, Ort und Zeit der Arbeitsleistung nach billigem Ermessen näher bestimmen, soweit diese Arbeitsbedingungen nicht durch den Arbeitsvertrag, Bestimmungen einer Betriebsvereinbarung bzw. eines anwendbaren Tarifvertrages oder durch gesetzliche Vorschriften festgelegt sind. Gemäß § 106 Satz 2 GewO erstreckt sich das Direktionsrecht auch auf Ordnung und Verhalten des Arbeitnehmers im Betrieb. Die Reichweite des Direktionsrechts richtet sich zunächst nach den arbeitsvertraglichen Vorgaben: Je mehr und präziser der Arbeitsvertrag die Pflichten des Arbeitnehmers regelt, desto weniger kann der Arbeitgeber einseitig im Wege seines Direktionsrechts die Pflichten des Arbeitnehmers bestimmen (Rebmann 2009). Das Direktionsrecht berechtigt den Arbeitgeber also nur, die in einem Arbeitsvertrag umschriebene Arbeitspflicht nach Zeit, Ort und Art näher zu bestimmen, nicht aber, sich einseitig über Bestimmungen des Arbeitsvertrages hinwegzusetzen. Daher ist das Direktionsrecht für den Arbeitgeber zwar scheinbar eine schwache Rechtsquelle im Arbeitsverhältnis, jedoch hat es in der Praxis eine enorme Bedeutung, weil die meisten Arbeitsverträge insbesondere die Art der Arbeit sowie die Ordnung und das Verhalten der Arbeitnehmer nur grob umschreiben und daher das Direktionsrecht die einzige Rechtsquelle ist, das Arbeitsverhältnis in der tagtäglichen Arbeit praktisch zu vollziehen und zu steuern.

Innerhalb des durch den Arbeitsvertrag vorgegebenen Rahmens muss das Direktionsrecht allerdings nach billigem Ermessen ausgeübt werden, d. h. die Interessen von Arbeitgeber und Arbeitnehmer abwägend. Im Rahmen dieser Abwägung sind insbesondere die Grundrechte des Arbeitnehmers zu beachten. Darüber hinaus hat der Arbeitgeber gemäß § 106 Satz 3 GewO bei der Ermessensausübung speziell auf Behinderungen des Arbeitnehmers Rücksicht zu nehmen. Außerdem ist die Ausübung des Direktionsrechts stets rechtswidrig, wenn sie im Widerspruch zu gesetzlichen Vorschriften steht. So dürfen etwa Weisungen des Arbeitgebers nicht gegen Unfallverhütungsvorschriften, das Arbeitszeitgesetz, das Jugendarbeitsschutzgesetz oder sonstige arbeitsschutzrechtliche Normen verstoßen.

## 11.5 Haupt- und Nebenpflichten des Arbeitgebers/der Führungskraft

Hauptleistungspflicht des Arbeitgebers im Arbeitsverhältnis ist die Gewährung der vereinbarten Vergütung, also regelmäßig die Zahlung des Arbeitsentgelts (s. o.). Im Unterschied zur Vergütungspflicht stellt die Beschäftigungspflicht (also die Pflicht den Arbeitnehmer auch tatsächlich vertragsgemäß zu beschäftigen) keine Hauptleistungspflicht des Arbeitgebers aus dem Arbeitsvertrag dar; hierbei handelt es sich lediglich um eine Nebenpflicht (Müller-Glöge et al. 2011). Der Begriff der arbeitsvertraglichen Nebenpflichten des Arbeitgebers wird als Gegenbegriff zu den Hauptleistungspflichten verwendet. Gegenüber den Hauptleistungspflichten, die nach ihrer Art und Verknüpfung den Typus des betreffenden Schuldverhältnisses kennzeichnen (z. B. Kaufvertrag, Werkvertrag, Arbeitsvertrag), sind Nebenpflichten die sonstigen Pflichten der jeweiligen Vertragspartei

innerhalb des Schuldverhältnisses, die allerdings nicht das Wesen des Vertragstyps bestimmen. Da das Arbeitsverhältnis durch die Erbringung der Arbeitsleistung gegen Vergütung gekennzeichnet wird, stellt allein die Vergütungszahlungspflicht die Hauptleistungspflicht des Arbeitgebers dar, während die sonstigen Pflichten Nebenpflichten darstellen (Kramer 2007).

Die Nebenpflichten sind im Arbeitsverhältnis – im Vergleich zu sonstigen Schuldverhältnissen – allerdings besonders umfangreich und intensiv. Dies hängt damit zusammen, dass nicht, wie z. B. beim Kaufvertrag, ein einmaliger Leistungsaustausch, sondern eine regelmäßig auf längere Zeit angelegte Dauerschuldbeziehung eingegangen wird, innerhalb derer der Arbeitnehmer in die Betriebsorganisation des Arbeitgebers eingegliedert wird. Aus diesem dauerhaften Kontakt ergeben sich Nebenpflichten, die in Umfang und Intensität über das hinausgehen, was im Allgemeinen von Parteien eines Schuldverhältnisses gefordert wird. Nebenpflichten des Arbeitgebers können sich aus unterschiedlichen arbeitsrechtlichen Rechtsquellen ergeben und sind in vielen Fällen ausdrücklich gesetzlich geregelt. Daneben kommen als normative Rechtsquellen auch Tarifverträge oder Betriebsvereinbarungen in Betracht. Schließlich können Nebenpflichten auch im Arbeitsvertrag festgelegt werden (Müller-Glöge et al. 2011).

Eine wichtige Nebenpflicht des Arbeitgebers im Arbeitsverhältnis ist die sogenannte Fürsorgepflicht, der nach klassischem (einige Stimmen sagen, überholtem) juristischem Verständnis die Treuepflicht des Arbeitnehmers gegenübersteht (Richardi et al. 2009). Zu den anerkannten Fürsorgepflichten des Arbeitgebers zählen etwa der Umgang mit den Personalakten des Arbeitnehmers, der Schutz des Arbeitnehmers in seiner Person sowie der von ihm in den Betrieb eingebrachten Sachen (Edenfeld 2009). Ein Arbeitsverhältnis verpflichtet daher nicht nur zur Arbeit und zur Beschäftigung gegen Entgelt, sondern auch zur gegenseitiger Rücksichtnahme und Interessenförderung, § 241 Absatz 2 BGB, die den Arbeitgeber konkret zur Rücksichtnahme auf das Wohl und das berechtigte Interesse des Arbeitnehmers verpflichtet (BAG, Urt. v. 12.9.2006 – 9 AZR 271/06). Da die Fassung des § 241 Absatz 2 BGB allgemein ist und lediglich die Parteien des Arbeitsverhältnisses zur Rücksicht auf die Rechte, Rechtsgüter und Interessen des anderen Teils verpflichtet, ist die Bestimmung der arbeitsrechtlichen Fürsorgepflicht und ihrer ganzen Reichweite im konkreten Einzelfall oft schwierig. Ergeben sich Fürsorgepflichten oder deren Reichweite nicht aus einem Gesetz (z. B. dem Arbeitsschutzgesetz, s. u.), so muss deren Reichweite nach der Rechtsprechung des BAG, insbesondere nach den in den grundgesetzlichen Grundrechten zum Ausdruck kommenden Wertentscheidungen, ermittelt werden (BAG, Urt. v. 12.9.2006 – 9 AZR 271/06).

## 11.6 Arbeitsschutzmaßnahmen des Arbeitgebers

Die Fürsorgepflicht des Arbeitgebers wird insbesondere durch die staatlichen Regeln zum Arbeitsschutz konkretisiert (Rebmann et al. 2009). Die Pflichten des Arbeitgebers zum Schutz der Gesundheit der Arbeitnehmer am Arbeitsplatz sind schwerpunktmäßig in den Vorschriften des Arbeitsschutzrechts geregelt. Zentrale Rechtsquelle ist das Arbeitsschutzgesetz (ArbSchG), das durch eine Vielzahl von Nebengesetzen und Verordnungen (bspw. die Arbeitsstättenverordnung – ArbStättV) ergänzt wird. Nach § 3 Absatz 1 ArbSchG ist der Arbeitgeber verpflichtet, die jeweils erforderlichen Maßnahmen des Arbeitsschutzes unter Berücksichtigung derjenigen Umstände zu treffen, welche die Sicherheit und Gesundheit der Beschäftigten bei der Arbeit beeinflussen. Der allgemeine präventive Gesundheitsschutz der Arbeitnehmer ist Teil dieser Verpflichtung. Der Arbeitgeber hat deshalb Maßnahmen zu ergreifen, um die Arbeitnehmer vor Krankheiten zu schützen, soweit ihm dies möglich und zumutbar ist (Schmidt u. Nowara 2009). Die Pflicht des Arbeitgebers zum präventiven Gesundheitsschutz erfasst demnach auch den Schutz der Arbeitnehmer während ihrer Arbeitstätigkeit vor solchen Krankheiten, die besonders leicht übertragen werden können oder die mit erheblichen Gesundheitsrisiken verbunden sind („Arbeitsbedingte Gesundheitsgefahr"), § 2 Absatz 1 ArbSchG (Schmidt u. Nowara 2009). Explizit schreibt § 3 Absatz 2 ArbSchG vor, welche Maßnahmen der Arbeitgeber zur Sicherstellung der Arbeitssicherheit zu treffen hat. Insbesondere ist er verpflichtet, die hierfür erforderlichen Mittel bereitzustellen und für eine handlungsfähige Arbeitsorganisation zu sorgen. § 4 ArbSchG beschreibt ergänzend allgemeine Grundsätze für die Auswahl und Gestaltung der Maßnahmen des Arbeitsschutzes. § 4 Nr. 7 ArbSchG in Verbindung mit § 15 Absatz 1 ArbSchG ermächtigt den Arbeitgeber, dem Beschäftigten „geeignete Anweisungen" zur Umsetzung der Maßnahmen zu erteilen und konkretisiert damit dessen arbeitsvertragliches Weisungsrecht. § 5 ArbStättV verpflichtet den Arbeitgeber zum betrieblichen Nichtraucherschutz. Ergänzend zur Information der Mitarbeiter und zur Erteilung konkreter Weisungen muss der Arbeitgeber im Rahmen seiner Arbeitsorganisation Maßnahmen ergreifen, um die Umsetzung der Anweisungen sicherzustellen, z. B. durch die Einführung von Berichtspflichten (Däubler et al. 2010). Mögliche organisatorische Maßnahmen sind hierbei auch die Einrichtung eines betriebsärztlichen Dienstes oder eine Einbindung der Fachkräfte für Arbeitssicherheit. § 11 ArbSchG sowie § 3 Absatz 1 der Verordnung zur arbeitsmedizinischen Vorsorge (ArbMedVV) verpflichten den Arbeitgeber dazu, unter besonderen Umständen eigene Angebote für arbeitsmedizinische Untersuchungen der Mitarbeiter vorzuhalten.

## 11.7 Pflichten des Arbeitnehmers im Hinblick auf seine Gesundheit

Eine Pflicht des Arbeitnehmers zu gesundheitsförderndem Verhalten wird in der Regel aus der Treuepflicht des Arbeitnehmers abgeleitet (Richardi et al. 2009). Das Bestehen einer solchen Pflicht ist nicht nur für die Abwicklung des Arbeitsverhältnisses relevant, sondern auch für eine etwaige Sanktionierung von Mitarbeiterverhalten durch Führungskräfte im Rahmen des BGM. Gesundheitsschädigendes Verhalten kommt nur dann als Grund für eine arbeitsrechtliche Sanktionierung (von der Abmahnung bis hin zur Kündigung) in Betracht, wenn man eine arbeitsvertragliche Verpflichtung des Arbeitnehmers anerkennt, sein Verhalten und seine Lebensweise auf die Erhaltung, Förderung oder Wiederherstellung seiner Gesundheit auszurichten (Schäfer 1992).

Grundsätzlich ist der Arbeitnehmer keinen Einschränkungen seines Privatlebens durch arbeitsvertragliche Bindungen ausgesetzt. Nur ausnahmsweise kann die private Lebensführung eines Arbeitnehmers Auswirkungen auf sein Arbeitsverhältnis haben, beispielsweise wenn massiver Alkoholkonsum zu einer Reduzierung der Arbeitsleistung führt oder die Leistung von Arbeit unmöglich ist, weil deren objektive Voraussetzung durch ein Verhalten des Arbeitnehmers nicht mehr gegeben ist, beispielsweise wenn ein LKW-Fahrer seinen Führerschein verloren hat. Ansonsten schützen den Arbeitnehmer sein grundgesetzlich geschütztes Recht auf freie Entfaltung seiner Persönlichkeit im Sinne einer allgemeinen Handlungsfreiheit sowie das aus Artikel 1 Absatz 1 in Verbindung mit Artikel 2 Absatz 1 Grundgesetz (GG) resultierende allgemeine Persönlichkeitsrecht vor Eingriffen durch den Arbeitgeber in seine private Lebensführung (BAG, Urt. v. 27.3.2003 – 2 AZR 51/02). Korrespondierend bestehen Treuepflichten des Arbeitnehmers als Nebenpflichten aus dem Arbeitsverhältnis grundsätzlich nur insoweit, als sie die Durchführung des Arbeitsverhältnisses sichern und

Störungen desselben abzuwehren geeignet sind. Diese Treuepflichten, die nicht in grundgesetzlich geschützte Rechtsposition des Arbeitnehmers eingreifen können, gebieten diesem lediglich, seine Verpflichtungen aus dem Arbeitsverhältnis so zu erfüllen, seine Rechte so auszuüben und die im Zusammenhang mit dem Arbeitsverhältnis stehenden Interessen des Arbeitgebers so zu wahren, wie dies von ihm unter Berücksichtigung seiner Stellung im Betrieb, seiner eigenen Interessen und der Interessen der anderen Arbeitnehmer des Betriebs billigerweise verlangt werden kann (Richardi et al. 2009). Eine zu weite Definition dieser Treuepflichten und ein daraus resultierender Pflichtenkatalog zu gesundheitsförderndem Verhalten würden substanzielle Eingriffe in den Bereich der privaten Lebensführung des Arbeitnehmers bedeuten. Unter dieser Maßgabe ist es daher unproblematisch, wenn der Arbeitgeber für seine Arbeitnehmer allgemeine Maßstäbe für ein gesundheitsförderndes oder gesundheitsschädliches Verhalten festlegt (Schäfer 1992), die sich nicht auf den Arbeitsbereich beschränken. So wird ein Arbeitgeber seinen Arbeitnehmern grundsätzlich nicht verbieten können, in ihrer Freizeit zu rauchen.

Ist hingegen die Ausführung der Arbeitsleistung betroffen, so kann der Arbeitgeber den Arbeitnehmer anweisen, diese möglichst gesundheitsschonend auszuführen (z. B. durch die Anweisung, bestimmte Lasten nicht ohne technische Hilfsmittel zu bewegen). Zudem kann der Arbeitgeber vom Arbeitnehmer verlangen, dass er sich tarifvertraglich oder gesetzlich vorgeschriebenen ärztlichen Gesundheitsuntersuchungen unterzieht (z. B. im Lebensmittel- oder Personenbeförderungsbereich). Verweigert der Arbeitnehmer diese tarifvertraglich oder gesetzlich angeordneten Untersuchungen, so verletzt er eine vertragliche Nebenpflicht, was arbeitsrechtlich durch die Abmahnung und bei beharrlicher Verweigerung gegebenenfalls auch durch Kündigung sanktioniert werden kann (LAG Düsseldorf, Urt. v. 31.5.1996 – 15 Sa 180/95). Fordert der Arbeitgeber allerdings über gesetzlich geregelte Untersuchungspflichten hinausgehende ärztliche Untersuchungen seiner Arbeitnehmer, muss er hierfür nach der Rechtsprechung des BAG ein (das Interesse des Arbeitnehmers überwiegendes) berechtigtes Interesse vortragen können, das eine solche Anordnung rechtfertigt (BAG, Urt. v. 6.11.1997 – 2 AZR 801/96). Das berechtigte Interesse muss in einem besonderen Verhältnis zur Arbeitsleistung stehen und der Arbeitgeber darf im Hinblick auf die Untersuchungsergebnisse auch nur solche Ergebnisse abfragen, die speziell den Bereich der Arbeitsleistung erfassen. Eine allgemeine und umfassende Erhebung zum Gesundheitszustand

eines Mitarbeiters kann der Arbeitgeber ohne besonderen Anlass nicht wirksam anordnen.

Auch sonstige Maßnahmen zur allgemeinen Gesunderhaltung ohne konkreten Bezug zur Arbeitsleistung sind als rechtlich problematisch anzusehen. Kann der Arbeitgeber etwa mithilfe einer Betriebsvereinbarung mit dem Betriebsrat seine Arbeitnehmer dazu anhalten, das in der Kantine angebotene gesunde Essen zu verzehren, in dem er für jeden Arbeitnehmer einen Pflichtbeitrag zum Kantinenessen erhebt? Mit dieser Frage hatte sich das BAG im Jahre 2000 (Urt. v. 11.07.2000 – 1 AZR 551/99) zu beschäftigen und kam zu dem Ergebnis, dass eine indirekte Druckausübung auf die Arbeitnehmer durch Erhebung eines Pauschalbeitrages zur Bereitstellung eines gesunden Kantinenessens nicht erlaubt ist. Dem Arbeitnehmer sei es aufgrund des grundrechtlichen Schutzes aus Artikel 2 Absatz 1 GG nicht zuzumuten, sich einen pauschalen Betrag für das Kantinenessen von seinem Arbeitslohn abziehen zu lassen, wenn er dort Mahlzeiten nicht in Anspruch nehme. Aus dieser Entscheidung kann gefolgert werden, dass die Grenzen jeden arbeitgeberischen Handelns und damit auch eines BGM dort liegen, wo es um Fragen der allgemeinen Lebensführung des Arbeitnehmers geht. Dies gilt z. B. auch für vom Arbeitgeber geförderte sportliche Aktivitäten; eine verpflichtende Teilnahme am Betriebssport (und sei es auch in moderner Form wie Yoga) ist regelmäßig nicht mit der allgemeinen Handlungsfreiheit und dem allgemeinen Persönlichkeitsrecht des Arbeitnehmers aus dem Grundgesetz vereinbar. Denkbar und erforderlich ist hier allerdings die Schaffung von Anreizen zur Teilnahme an BGM durch Incentive-Systeme, die bei Teilnahme entgeltliche oder unentgeltliche Boni vorsehen.

## 11.8 Datenschutzrechtliche Anforderungen an ein Betriebliches Gesundheitsmanagement

Führungskräfte haben im Rahmen eines BGM insbesondere auch datenschutzrechtliche Bestimmungen zu beachten.

### 11.8.1 Aktuelle Rechtslage

Das Bundesdatenschutzgesetz (BDSG) lässt gemäß § 3 Absatz 9 BDSG sogenannten Gesundheitsdaten von Mitarbeitern als besonders sensible Daten einen besonderen Schutz zuteilwerden, der sich insbesondere aus der erhöhten Gefahr für das informationelle

Selbstbestimmungsrecht (Art. 1 Absatz 1 und Art. 2 Absatz 1 GG) der Arbeitnehmer begründet. Gesundheitsdaten sind solche Daten, die der Arbeitgeber unter Beachtung des Persönlichkeitsrechts des Bewerbers/Arbeitnehmers und des § 8 Absatz 1 des Allgemeinen Gleichbehandlungsgesetzes (AGG) aus objektiver Sicht zur Ausübung seiner Arbeitgeberfunktion bzw. zur Vornahme sachgerechter Personalentscheidungen benötigt und die er außerhalb des Anwendungsbereichs des BDSG auch erheben oder verarbeiten dürfte (Gola u. Schomerus 2010). Zu den Gesundheitsdaten zählen somit alle Angaben, die einen regelwidrigen Zustand der körperlichen und geistigen Funktionen beschreiben, und die mit ihm in näherem Zusammenhang stehen, wie Angaben zur Behandlung, zu Medikamenten oder Arztbesuchen bis hin zur völligen Genesung (Iraschko-Luscher u. Kiekenbeck 2009).

Ein praktisches Beispiel für die Erfassung, Verarbeitung und die Speicherung von Gesundheitsdaten ist die Durchführung von Kranken- oder Rückkehrgesprächen, die durch Vorgesetzte mit den Beschäftigten nach deren Krankheitsrückkehr geführt werden. Oftmals erkundigen sich Vorgesetzte dabei nach den Krankheitsgründen und halten diese schriftlich fest, um die erfassten Daten an die Personalabteilung weiterzuleiten, mit dem Ziel, die Daten in der Personalakte zu speichern. Zwar ist es grundsätzlich zulässig, dass Arbeitgeber mit Mitarbeitern nach krankheitsbedingter Abwesenheit ein Rückkehrgespräch führen (Iraschko-Luscher u. Kiekenbeck 2009). Dabei darf nach dem Grund der Erkrankung aber nur gefragt werden, wenn der Arbeitgeber diesen kennen muss, um zu beurteilen, ob von dem Mitarbeiter eine Ansteckungsgefahr ausgeht, wenn es gilt, Gefahren zu beseitigen, die zu Erkrankungen von Mitarbeitern geführt haben, oder um festzustellen, ob ein Arbeitnehmer noch den Anforderungen seines Arbeitsplatzes gewachsen ist bzw. um ihm einen sogenannten leidensgerechten Arbeitsplatz zuweisen zu können oder um ihm gesundheitliche Wiedereingliederungsmaßnahmen anzubieten (ähnlich Richardi et al. 2009). Regelmäßig liegen solche Gründe bei der Durchführung von Krankenrückkehrgesprächen nicht vor. In der Folge sind die Datenerhebungen, d. h. insbesondere die Erhebung von Gesundheitsdaten im Rahmen solcher Krankenrückkehrgespräche, zumindest teilweise rechtswidrig. Zudem werden typischerweise Mitarbeiter vor der Durchführung solcher Krankenrückkehrgespräche nicht datenschutzrechtlich belehrt. Vorgesetzte müssen den Mitarbeitern bei diesem Anlass aber aus datenschutzrechtlichen Gründen sagen, zu welchen Angaben sie verpflichtet sind. Ferner müssen die Mitarbeiter darüber belehrt werden, was mit den aus den Rückkehrgesprächen gewonnenen Daten geschieht. In der Regel ist es auch nicht zulässig, Daten aus Krankenrückkehrgesprächen formularmäßig festzuhalten, die Formulare an die Personalabteilung weiterzuleiten und diese Daten elektronisch in den Personalakten zu speichern: Die Speicherung von Krankheitsgründen in Personalakten stellt einen erheblichen datenschutzrechtlichen Verstoß dar (Iraschko-Luscher u. Kiekenbeck 2009). Dies gilt umso mehr, wenn solche Daten über Krankheitsgründe zwischen einzelnen Gesellschaften eines Konzerns transferiert werden, da es kein konzernrechtliches Datenschutzprivileg gibt (Liedtke 2010) und ein Datentransfer zu einer anderen Konzerngesellschaft damit rechtlich keinen geringeren Anforderungen unterliegt als der zu einer konzernfremden Gesellschaft.

Das Beispiel der Rückkehrgespräche verdeutlicht, auf welchem schmalen Grat sich die Führungskräfte in Gesundheitsangelegenheiten ihrer Mitarbeiter bewegen. Ein BGM muss daher immer datenschutzrechtlich geprüft und abgesichert werden. Insbesondere muss gegenüber den Arbeitnehmern deutlich gemacht werden, ob und zu welchem Zweck ihre Daten gesammelt werden, ob diese weitergegebenen werden und wie der Arbeitgeber diese verarbeitet.

## 11.8.2  Ausblick zum Datenschutz

Nach dem am 25. August 2010 veröffentlichten Regierungsentwurf zu einem neuen Beschäftigtendatenschutzgesetz soll der Umgang mit Gesundheitsdaten verstärkt gesetzlich geregelt werden. So sieht der Gesetzesentwurf strengere Voraussetzungen für die Datenerhebung ohne Kenntnisse der Beschäftigten vor und will somit den Persönlichkeitsschutz und insbesondere das informationelle Selbstbestimmungsrecht der Arbeitnehmer stärken. Dies würde wohl auch die datenschutzrechtlichen Anforderungen an ein BGM steigern, das systembedingt nicht ohne eine Datenerhebung auskommt.

Zu welchem Zeitpunkt das neue Beschäftigtendatenschutzgesetz in Kraft tritt, ist derzeit aber noch nicht absehbar. Aufgrund von Änderungsvorschlägen des Bundesrates ist es wahrscheinlich, dass es zu einer Änderung des Gesetzesentwurfs kommt, der anschließend das Gesetzgebungsverfahren durchlaufen muss. Der derzeit bestehende Entwurf des Gesetzes sieht zudem vor, dass dieses erst sechs Monate nach seiner Verkündung in Kraft tritt. Den Unternehmen bliebe also genügend Zeit, ihr BGM an die geänderten datenschutzrechtlichen Anforderungen anzupassen.

## 11.9 Fazit

Ein BGM stellt Führungskräfte vor vielfältige rechtliche Herausforderungen. Diese sind allerdings beherrschbar und sollten Unternehmen nicht davon abhalten, ein BGM einzuführen oder zu betreiben. Ein rechtliches Coaching der involvierten Führungskräfte ist wesentlicher Baustein der BGM-Planung und versetzt die Führungskraft erst in die Lage, das BGM erfolgreich umzusetzen. Die Glaubwürdigkeit des BGM hängt ganz wesentlich hiermit zusammen.

## Literatur

Däubler W, Hjort JP, Schubert M et al (2010) Arbeitsrecht. Handkommentar, 2. Aufl. Nomos, Baden-Baden

Edenfeld S (2009) Die Fürsorgepflicht des Arbeitgebers bei Auslandseinsätzen, NZA:938–942

Gola P, Schomerus R (2010) BDSG Kommentar, 10. Aufl. C. H. Beck, München

Iraschko-Luscher S, Kiekenbeck P (2009) Welche Krankheiten darf der Arbeitgeber von seinen Mitarbeitern abfragen? NZA:1239–1242

Kramer EA (2007) In: Rebmann K, Säcker FJ, Rixecker R (Hrsg) Münchener Kommentar zum BGB, Bd 2, 5. Aufl. C.H. Beck, München

Liedtke W (2010) In: Kilian W, Heussen B (Hrsg) Computerrecht, 28. Ergänzungslieferung, C. H. Beck, München

Müller-Glöge R, Preis U, Schmidt I (2011) Erfurter Kommentar zum Arbeitsrecht, 11. Aufl. C. H. Beck, München

Rebmann K, Säcker FJ, Rixecker R (2009) Münchener Kommentar zum BGB, Bd 4, 5. Aufl. C. H. Beck, München

Richardi R (2010) Betriebsverfassungsgesetz mit Wahlordnung, 12. Aufl. C. H. Beck, München

Richardi R, Wlotzke O, Wißmann H et al (2009) Münchener Handbuch zum Arbeitsrecht, Bd 1, 3. Aufl. C. H. Beck, München

Schäfer H (1992) Pflicht zu gesundheitsförderlichem Verhalten? NZA:529–534

Schmidt K, Nowara F (2009) Arbeitsrechtliche Aspekte der Pandemievorsorge und -bekämpfung, DB:1817–1822

# Kapitel 12

# Gesundheitsfördernd führen – Ein Projekt der Berufsgenossenschaft für Gesundheitsdienst und Wohlfahrtspflege (BGW)

A. ZIMBER, S. GREGERSEN

**Zusammenfassung.** *Welchen Einfluss haben Führungskräfte auf die Gesundheit der Mitarbeiter? Dies ist eine Fragestellung, die stark polarisiert. Einseitige Schuldzuschreibungen sind für die Diskussion jedoch nicht hilfreich. Denn auf die Mitarbeitergesundheit haben zahlreiche Faktoren innerhalb der Arbeit, der Person und der Freizeit Einfluss. Betrachtet man den Zusammenhang zwischen Führung und Gesundheit aus der Perspektive der Führungskräfte, sollte es vor allem darum gehen, mögliche Gestaltungsspielräume aufzuzeigen und zu nutzen.*

## 12.1 Der Beitrag der Führungskräfte zur Mitarbeitergesundheit

### 12.1.1 Anspruch und Erkenntnislage

Projekte aus dem Arbeits- und Gesundheitsschutz und aus der betrieblichen Gesundheitsförderung weisen die Unterstützung durch das Management als zentralen Erfolgsfaktor aus (s. Münch et al. 2003; Elke u. Zimolong 2000; Stadler et al. 2000). Inzwischen existiert auch ein umfangreiches Wissen darüber, *wie* Führungskräfte ihren Gesundheitsaufgaben in der Praxis nachkommen können (s. hierzu Bamberg et al. 1999; Berger et al. 2006; Brandenburg et al. 2000; Franke et al. im Druck; Gregersen u. Zimber 2007; Mattysek 2003; Stadler u. Spieß 2002; Ulich u. Wülser 2005; Wilde et al. 2010; Zapf u. Dormann 2001). Ansätze zum gesundheitsgerechten Management bestehen unter anderem in

- der Sensibilisierung der Führungskräfte für die eigene Gesundheit und jene ihrer Mitarbeiter,
- der Entwicklung gesundheitsbezogener Führungsgrundsätze und -leitlinien,
- der Einführung einer offenen und dialogischen Unternehmenskultur,
- Führungskräfteschulungen zum gesundheitsgerechten Umgang mit Mitarbeitern,
- der Initiierung und Unterstützung betrieblicher Angebote zur Verhaltens- und Verhältnisprävention.

### 12.1.2 Betriebliche Realität

Leider zeigt sich in der Praxis immer wieder, dass der Arbeits- und Gesundheitsschutz vom Management eher als nachrangige Aufgabe wahrgenommen wird. Dieser untergeordnete Stellenwert spiegelt sich in den Ergebnissen verschiedener empirischer Erhebungen wider: Zum Beispiel stimmten bei einer Umfrage in Betrieben aus unterschiedlichen Branchen (GeFüGe-NRW 2005) Führungskräfte, Betriebsräte und Berater übereinstimmend folgenden Aussagen zu:

- Führungskräfte sehen Gesundheitsmanagement eher als lästige Zusatzaufgabe.
- Führungskräfte wissen zu wenig über den Gesundheitszustand ihrer Mitarbeiter.
- Führungskräfte achten selbst nicht auf ihre Gesundheit und sind deshalb auch keine Vorbilder.

Allerdings lassen die Daten aus der zitierten Studie auch eine Trendwende erkennen: Nach Einschätzung der Mehrheit der Befragten wird das Thema Gesundheit in der Unternehmensentwicklung an Bedeutung gewinnen. Als Betrieb könne man nur nachhaltig erfolgreich sein, wenn man die Gesundheit der Mitarbeiter fördere. Den Führungskräften wird hierbei ein starker Einfluss auf die Gesundheit und das Gesundheitsverhalten ihrer Mitarbeiter zugesprochen. Zu dieser Entwicklung tragen maßgeblich die zunehmende Arbeitsverdichtung und die damit verbundenen psychischen Belastungen sowie der zunehmende Anteil älterer Arbeitnehmer in den Betrieben bei.

In einer Untersuchung von Ruppert und Gerstberger (zit. nach Stadler u. Spieß 2003) sollten Vorgesetzte angeben, worin sie die Hauptfaktoren für Erkrankungen ihrer Mitarbeiter sehen. Nach ihrer Einschätzung hatten medizinische Faktoren (degenerative Erkrankungen, körperliche Überbeanspruchung), persönliches Verhalten (im privaten Umfeld, z. B. Bau eines Eigenheims) sowie private Probleme (z. B. Sucht) ein weit höheres Gewicht am Zustandekommen von Erkrankungen und Fehlzeiten als betriebliche Einflussfaktoren, die zum Teil von den Vorgesetzten selbst gesteuert werden können.

In einem Projekt der Firma Storck (Matyssek 2003) stuften die Führungskräfte den Einfluss von Gesprächen auf die Gesundheit der Mitarbeiter als ausgesprochen gering ein. Die Studienergebnisse haben dieser Einschätzung widersprochen: In jenen Abteilungen, in denen mitarbeiterorientiert geführt wurde, wo zum Beispiel Zeit aufgewendet wurde, um zu informieren, wo sich Mitarbeiter anerkannt und gerecht behandelt fühlten, war der Krankenstand am niedrigsten. Auch hier zeigt sich, dass Führungskräfte häufig ihre Einflussmöglichkeiten unterschätzen. Die Führungskräfte sahen entsprechend wenig Handlungsmöglichkeiten, den Gesundheitszustand ihrer Mitarbeiter zu fördern. Nur wenige Vorgesetzte erkannten in der Arbeitsgestaltung und im Vorgesetztenverhalten wichtige Faktoren

für Belastungen und daraus resultierende Fehlzeiten der Mitarbeiter.

In der Gesamtschau wird deutlich, dass viele Führungskräfte die Förderung der Gesundheit nicht als eine zentrale Führungsaufgabe ansehen.

## 12.2 Welches Führungsverhalten ist gesundheitsförderlich? Ergebnisse einer Literaturübersicht

Welchen Einfluss das Führungsverhalten auf die Mitarbeitergesundheit hat, ist aktuell verstärkt Gegenstand wissenschaftlicher Forschung. Allerdings gab es dazu bislang keine einheitlichen Ergebnisse. Unklar war zum Beispiel, wie weit der Einfluss von Führungskräften geht und was genau die einzelne Führungskraft unternehmen kann, die Gesundheit der Mitarbeiter zu fördern.

Um dies herauszufinden, führte die Berufsgenossenschaft für Gesundheitsdienst und Wohlfahrtspflege (BGW) im Jahre 2009 eine umfangreiche Literaturstudie durch (Gregersen et al. 2011). Die Sichtung der durch Datenbankrecherchen gefundenen Studien, Reviews und Metaanalysen aus den Jahren 1990 bis 2009 schuf größere Klarheit: Die Ergebnisse bestätigen die Bedeutung von Führung auf Gesundheit als einen Einflussfaktor neben anderen (s. auch Skakon et al. 2010). Die Befunde bestätigen, dass Führungsverhalten sowohl als Ressource als auch als Stressor wirken kann (◘ Tab. 12.1).

Besonders häufig wurde die Wirkung sozialer Unterstützung durch Vorgesetzte als potenzielle Ressource untersucht und überwiegend bestätigt. Auch bestimmte Führungskonzepte, u. a. ein mitarbeiterorientiertes Führungsverhalten, transformationale und zu einem geringeren Anteil auch transaktionale Führung, erwiesen sich nach Studienergebnissen als gesundheitsförderlich. Mitarbeiterorientierte Führungskräfte begegnen ihren Mitarbeitern mit Wertschätzung, Achtung und Offenheit, sind bereit zu zweiseitiger Kommunikation und zeigen Einsatz und Sorge für den Einzelnen. Unter transformationaler Führung versteht man ein Führungsverhalten, das folgende sechs Dimensionen abdeckt: Charisma, Einfluss durch Vorbildlichkeit, Einfluss durch Verhalten, Motivation durch begeisternde Visionen, Förderung des kreativen und unabhängigen Denkens, individuelle Unterstützung und Förderung. Eine transaktionale Führung umfasst drei Dimensionen: leistungsorientierte Belohnung, Führung durch aktive Kontrolle sowie Führung durch Eingreifen im Ausnahmefall.

**▣ Tab. 12.1** Ergebnisse der Literaturstudie

| Untersuchter Einflussfaktor | Unter-sucht in | Besteht ein statis-tischer Zusam-menhang? | Untersuchte Merkmale/Wirkung |
|---|---|---|---|
| **Risikofaktoren/Stressoren (gesundheitsbeeinträchtigend)** | | | |
| Soziale Stressoren (bedingt durch Vorgesetztenverhalten)/unzureichendes Konfliktmanagement | 4 Publi-kationen | ja, in allen Studien | negative Wirkung auf Anwesenheit bzw. Krankenstand, Arbeitszufriedenheit, psychische Gesundheit |
| **Ressourcen (gesundheitsförderlich)** | | | |
| Mitbestimmungs- und Beteiligungsmög-lichkeiten/Anerkennung und Wertschät-zung/Gerechtigkeit/Kommunikationsmög-lichkeiten/soziale Unterstützung durch Vorgesetzte | 22 Publi-kationen | ja, außer einer | positive Wirkung auf Anwesenheit bzw. Krankenstand, psychische und physische Gesundheit, Arbeitsfähigkeit, Burnout, Arbeitszufriedenheit |
| **Konzept der transformationalen, transaktionalen und Laissez-faire-Führung** | | | |
| Transformationale Führung | 12 Publi-kationen | ja, in allen Studien | positive Wirkung auf psychische Gesundheit bzw. Befindensbeeinträchti-gungen, Arbeitszufriedenheit |
| Transaktionale Führung<br>— leistungsorientierte Belohnung | 8 Publi-kationen | ja, außer einer (uneinheitliche Ergebnisse)* | positive Wirkung auf Stress bzw. Burn-out und Arbeitszufriedenheit |
| — Kontrolle (aktiv und im Ausnahmefall) | s. o. | s. o. | negative Wirkung auf Stress |
| Laissez-faire-Führung | 5 Publi-kationen | ja, außer einer (uneinheitliche Ergebnisse)* | negative Wirkung auf Stress |
| **Konzept der Aufgaben-/Mitarbeiterorientierung** | | | |
| Mitarbeiterorientierung (MO) und Aufga-benorientierung (AO) | 8 Publi-kationen | ja, in allen Studien | positive Wirkung von MO auf Arbeits-zufriedenheit, Stress, Burnout und Fehlzeiten |
| | | Ausnahme: Aufga-beorientierung bei zwei Studien | negative Wirkung von hoher AO gekop-pelt mit geringer MO auf gesundheitli-che Beschwerden (z. B. Burnout) |
| | | (uneinheitliche Ergebnisse)* | |
| **Sonstige Aspekte von Führung (Zusammengefasst Zufriedenheit mit Führung (F))** | | | |
| Zufriedenheit mit der Führung/ Supervisor's Attitude (Einstellung von Füh-rungskräften)/Vorgesetzen und Führungs-verhalten allgemein/Kommunikation und Beziehung/Beziehung zum Vorgesetzten | 13 Publi-kationen | ja, außer einer | geringe Zufriedenheit mit Führung: negative Wirkung auf Ängstlichkeit, Depression und Stress |
| | | | hohe Zufriedenheit mit Führung: positive Wirkung auf psychisches Wohl-befinden, Arbeitsfähigkeit |

\* bei uneinheitlichen Ergebnissen konnte häufig keine Wirkung nachgewiesen werden.

Fehlzeiten-Report 2011

Nicht eindeutig sind dagegen die Aussagen zum Einfluss des aufgabenorientierten Führungsverhaltens. Die Führungskraft übernimmt dabei die Strukturierung, Definition und Klärung des Ziels und des Weges zum Ziel, aktiviert und motiviert den Geführten zu Leistungen und kontrolliert diese. Es bleibt offen, ob die Aufgabenorientierung, um nicht gesundheitsgefährdend zu wirken, mit einer hohen Mitarbeiterorientierung kombiniert werden sollte oder ob sie gesundheitlich neutral wirkt.

Eine häufig negative Wirkung auf die Gesundheit der Mitarbeiter hat dagegen die Laissez-faire-Führung, ein passiver, ineffizienter Verhaltensstil. Dieser Stil ist außer durch Passivität durch einen weitgehenden Verzicht auf Führung und Einfluss gekennzeichnet.

Zudem beeinflussen weitere Faktoren die Gesundheit. Dabei scheinen beispielsweise die Persönlichkeitseigenschaften der Geführten eine Rolle zu spielen. Zudem wirkt Führung nicht ausschließlich direkt auf die Gesundheit, sondern auch vermittelt über die Arbeitsbedingungen oder die Arbeitszufriedenheit. Diese Zusammenhänge werden aktuell in einer Längsschnittstudie der BGW untersucht.

## 12.3 Das BGW-Interventionsprojekt

### 12.3.1 Zielsetzung

Führungskräften kommen sowohl Aufgaben im traditionellen Arbeitsschutz (Reduzierung vermeidbarer Belastungen) als auch bei der Gesundheitsförderung im weiteren Sinne (Förderung von Ressourcen) zu. Dieses Rollenverständnis entspricht dem „erweiterten Präventionsauftrag" der Berufsgenossenschaften, der den traditionellen Arbeitsschutz um die Gesundheitsförderung ergänzt (s. dazu Gregersen u. Zeh 2001). Im Rahmen dieses erweiterten Präventionsauftrags wurden zahlreiche Angebote zum betrieblichen Gesundheitsmanagement entwickelt, jedoch gibt es kaum spezifische Angebote für Führungskräfte. Am häufigsten wird in diesem Zusammenhang auf Qualifizierungsmaßnahmen verwiesen mit dem Ziel, die Führungskräfte für den Umgang mit der eigenen Gesundheit und für Zusammenhänge zwischen Arbeit und Gesundheit und die damit zusammenhängenden Gestaltungsspielräume zu sensibilisieren.

Ziel des hier vorgestellten Projektes war es, ein Instrument zur Selbst- und Fremdeinschätzung als innovative Interventionsmaßnahme zu entwickeln. Mit dieser Intervention sollten gesundheitsbezogene Führungsstrukturen und Verhaltensweisen des Leitungspersonals aus unterschiedlichen Perspektiven möglichst ohne externe Unterstützung zuverlässig erfasst werden (Gregersen u. Zimber 2007). Vor dem oben beschriebenen Hintergrund stellte sich die BGW die Aufgabe, Führungskräfte stärker für den Einfluss der Mitarbeiterführung auf die Mitarbeitergesundheit zu sensibilisieren, ihre Einflussmöglichkeiten aufzuzeigen und sie bei der Wahrnehmung dieser Aufgabe zu unterstützen.

Im Rahmen des Projektes wurden die Merkmale einer gesundheitsfördernden Führung mithilfe eines standardisierten Messinstruments aus unterschiedlichen Perspektiven erfasst und anhand eines Führungs-Feedbacks rückgekoppelt, der gesundheitsbezogene Handlungsbedarf abgebildet und daraus geeignete Maßnahmen zur Verbesserung gesundheitsbezogener Führungsstrukturen und Verhaltensweisen abgeleitet.

### 12.3.2 Interventionsansatz: Selbst- und Fremdeinschätzung

Das systematische Feedback für Führungskräfte wird allgemein als ein Instrument zur Optimierung des Managements angesehen. Es dient insbesondere dazu, die Wirkungen des Führungsverhaltens auf die subjektive Erlebnisebene der Mitarbeiter aufzuzeigen (Domsch 1999). Wie Ergebnisse z. B. zur Rundum-Beurteilung oder dem 360°-Feedback zeigen (s. Borg 2000), sind solche Analysen aussagekräftiger, wenn der gleiche Sachverhalt aus unterschiedlichen Perspektiven eingeschätzt wird.

Für die Beschreibung der Führungsqualität gilt dies in besonderer Weise, gehen doch gerade hier die Einschätzungen in der Praxis deutlich auseinander: So bekunden Führungskräfte auf Nachfrage für sich selbst in der Regel gute bis sehr gute Führungsfähigkeiten, während ihre Mitarbeiter ihnen diese Kompetenzen häufig nicht bescheinigen. In den meisten Untersuchungen kommen sie in den Einschätzungen ihrer Mitarbeiter sogar ziemlich schlecht weg (z. B. Hatzmann et al. 1997). Diese Diskrepanz kann ebenso als Selbstüberschätzung wie auch als Fremdunterschätzung interpretiert werden. Beide sind häufig Ausdruck eines verloren gegangenen Bezugs zwischen den Führungskräften und ihren Mitarbeitern und Ursache für Missverständnisse zwischen den Interessengruppen.

Eine Analyse des Selbst- und Fremdbildes dient demnach nicht nur zur realistischen Einschätzung der betrieblichen Führungssituation, sondern auch als Grundlage für die Definition eines wirkungsvollen Führungs-Sollbildes. Anhand des ermittelten Fremdbildes kann nämlich die Führungskraft

- ihre eigenen Leistungen und ihre Akzeptanz bei den Mitarbeiter besser einschätzen,
- ihre Stärken und Schwächen neu definieren und ihren künftigen Entwicklungsbedarf formulieren,
- ihr eigenes Führungsverhalten den Bedürfnissen und Erwartungen der Mitarbeiter anpassen.

Bei der Methode der Selbst- und Fremdeinschätzung werden Selbst- und Fremdbild direkt gegenübergestellt und anschließend Übereinstimmungen und Abweichungen interpretiert. Ein Feedback-Gespräch unter vier Augen mit einer unabhängigen Person, z. B. einem externen Berater, wird als wirksamer betrachtet als das Selbststudium oder auch ein Gruppenfeedback (Harss et al. 1999). Eine anonyme Fremdeinschätzung schützt die Befragten einerseits vor Zurückverfolgung ihrer Daten und möglichen Sanktionen, birgt anderseits aber auch die Gefahr, dass das Instrument für andere Zwecke, z. B. eine „Abrechnung" mit der Führungskraft, missbraucht wird. Um mit dieser Methode verwertbare Informationen zu erhalten, ist ein offenes, vertrauensvolles und angstfreies Betriebsklima, das auch konstruktive Kritik zulässt, unabdingbare Voraussetzung.

### 12.3.3 Entwicklung eines Instruments zur Selbst- und Fremdeinschätzung

Zu diesem Zweck wurde ein Fragebogen zur Selbst- und Fremdeinschätzung entwickelt und in vier Einrichtungen praktisch erprobt. Inhaltliche Grundlage hierfür war eine Literaturanalyse (Zimber 2006), bei der vier zentrale Handlungsfelder gesundheitsfördernder Führung herausgearbeitet wurden (◘ Abb. 12.1).

**1. Gesundheit zum Ziel und Thema machen**

» Mitarbeiterorientierung im Unternehmen
» Gesundheitsförderung als Unternehmensziel
» Strukturen des Gesundheitsschutzes

**2. Für Gesundheit und Sicherheit sorgen**

» Gesundheitsfragen aktiv aufgreifen
» Vorbildfunktion der Führungskräfte
» Gesundheitsthemen bei Dienstbesprechungen
» Betriebliche Angebote zum Gesundheitsschutz
» Transfersicherung bei Gesundheitsthemen

**3. Arbeitstätigkeiten gesundheitsfördernd gestalten**

» Zuweisung von Aufgaben und Verantwortlichkeiten
» Gesundheitsgerechte Arbeitsumgebung
» Effiziente Arbeitsorganisation
» Mitarbeiterorientierung bei der Gestaltung der Arbeitsabläufe

**4. Mitarbeiter motivierend und partizipativ führen**

» Beteiligung der Mitarbeiter an Entscheidungen
» Anerkennung und Wertschätzung
» Umgang mit Kritik und Konflikten
» Ansprache bei persönlichen Problemen

Quelle: Gregersen u. Zimber 2007

Fehlzeiten-Report 2011

◘ **Abb. 12.1** Gesundheitsbezogene Aufgaben von Führungskräften (s. Gregersen u. Zimber 2007)

Diese vier Handlungsfelder wurden durch die in der Literatur aufgeführten Anforderungen weiter konkretisiert. Als Beispiel hierzu sei die Unterdimension „Gesundheitsthemen bei Dienstbesprechungen" aufgeführt: Dienstbesprechungen und andere institutio-

nalisierte Kommunikationsformen eignen sich gut, um arbeitsplatzbezogene Gesundheitsgefährdungen und gesundheitsgerechtes Arbeiten zu thematisieren und als festen Bestandteil in die Arbeitsroutine aufzunehmen, Vorschläge der Mitarbeiter zu sammeln und bei der Arbeitsorganisation und -gestaltung aufzugreifen (vgl. Gregersen u. Zimber 2007). Die aufgeführten Anforderungen wurden als Fragen formuliert, und zwar so, dass hiermit eine Selbst- und Fremdeinschätzung ermöglicht wurde. Zur Beantwortung der Fragen wurde einheitlich eine vierstufige Skalierung zwischen 0 = „trifft nicht zu" bis 3 = „trifft voll und ganz zu" gewählt. Dieses Vorgehen sei wiederum an der gleichen Beispiel-Dimension verdeutlicht (◘ Abb. 12.2).

*Fragen zur Selbsteinschätzung:*
» Thematisieren Sie auf Dienstbesprechungen belastende Arbeitsbedingungen, die Gesundheit und Wohlbefinden der Mitarbeiter betreffen?
» Motivieren Sie Ihre Mitarbeiter, Vorschläge zur Verbesserung der Arbeitsbedingungen einzubringen?
» Greifen Sie Verbesserungsvorschläge der Mitarbeiter auf bzw. leiten Sie diese an die zuständige Stelle weiter?

*Fragen zur Fremdeinschätzung:*
» Thematisiert Ihr Vorgesetzter auf Dienstbesprechungen belastende Arbeitsbedingungen, die Gesundheit und Wohlbefinden der Mitarbeiter betreffen?
» Motiviert Sie Ihr Vorgesetzter, Vorschläge zur Verbesserung der Arbeitsbedingungen einzubringen?
» Greift Ihr Vorgesetzter Verbesserungsvorschläge der Mitarbeiter auf bzw. leitet diese an die zuständige Stelle weiter?

Fehlzeiten-Report 2011

◘ **Abb. 12.2** Fragen aus dem Instrument zur Selbst- und Fremdeinschätzung (Auszug)

Bis auf wenige Ausnahmen konnten die Fragen aus der Perspektive der Selbst- und der Fremdeinschätzung formuliert werden, sodass sie einen direkten Vergleich erlauben und in der Auswertung einander gegenübergestellt werden können. Insgesamt wurden vier inhaltlich weitgehend deckungsgleiche Fassungen mit 53 bis 58 Fragen vorgelegt:

1. ein Fragebogen für Leitungskräfte der oberen Führungsebene (z. B. Geschäftsführung, Pflegedirektion) als Selbsteinschätzung;
2. ein Fragebogen für Leitungskräfte der mittleren Führungsebene (z. B. Stationsleitung, Hauswirtschaftsleitung) als Selbsteinschätzung;

3. ein Fragebogen für Leitungskräfte der mittleren Führungsebene als Fremdeinschätzung der oberen Führungsebene sowie
4. ein Mitarbeiterfragebogen als Fremdeinschätzung des direkten Vorgesetzten.

Als Stichprobe zur Überprüfung der Gütekriterien des Befragungsinstruments dienten Beschäftigte aus zwei Betrieben der Gesundheitsbranche, die für eine Pilotstudie gewonnen werden konnten. Insgesamt 123 Personen beantworteten den Fragebogen als Selbst- oder Fremdeinschätzung. Um die Veränderungssensitivität des Instruments zu messen, wurde die Erhebung wiederholt; 108 Personen nahmen hieran teil. Die internen Konsistenzen als Maß für die Reliabilität der verwendeten Skalen und die Kriteriumsvalidität, zu deren Bestimmung der Arbeitsbeschreibungsbogen (ABB) von Neuberger und Allerbeck (1978) herangezogen wurde, fielen insgesamt zufriedenstellend aus. Bei einer Bestimmung der Faktorenstruktur konnten bei beiden Erhebungen zwei unabhängige Faktoren mit einer Varianzaufklärung von 48 bzw. 29 Prozent identifiziert werden. Fragen, die auf dem ersten Faktor luden, beziehen sich auf das Führungsverhalten des direkten Vorgesetzten. Zum zweiten Faktor gehören Fragen zur Mitarbeiterorientierung und zum Gesundheitsschutz im Unternehmen.

### 12.3.4 Durchführung und Interpretation der Selbst- und Fremdeinschätzungen

Die Fremdeinschätzungen der Vorgesetzten werden in einer anonymen Befragung erhoben. Grenzen der Anonymität sind dagegen bei den Selbsteinschätzungen der Führungskräfte gegeben, da diese den Fremdeinschätzungen sinnvoll zugeordnet werden sollen. Allerdings werden auch diese Daten nicht vor dem Betrieb, sondern nur im persönlichen Rückmeldegespräch offengelegt; somit bleibt die Anonymität für die jeweilige Führungskraft erhalten und wird nur gegenüber dem externen Berater aufgehoben.

Die Ergebnisse werden in Form von Einrichtungsprofilen aufbereitet. Die Einschätzungen zu den oben beschriebenen Dimensionen werden zum Vergleich direkt gegenübergestellt (◘ Abb. 12.3). So können Stärken und Schwächen gesundheitsbezogener Führungsstrukturen und -verhaltensweisen sichtbar gemacht und aus der Dateninterpretation geeignete Maßnahmen abgeleitet werden.

Aus dem Beispiel-Profil gehen mehrere Auffälligkeiten hervor. Die größte Diskrepanz zwischen Leitungen und Mitarbeitern zeigt sich bei der Einschätzung der Transfersicherung bei Gesundheitsthemen. In diesem Bereich ergibt sich für die Beispieleinrichtung ein besonderer Handlungsbedarf.

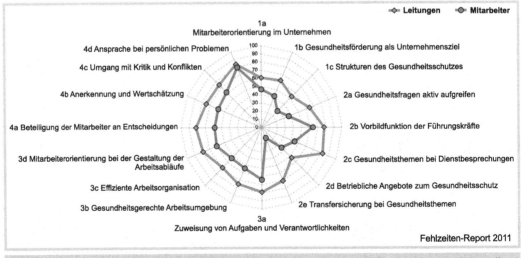

◘ Abb. 12.3 Einrichtungsprofil mit Selbst- und Fremdeinschätzungen der Leitungen und der Mitarbeiter (eigene Darstellung)

## 12.3.5 Projektdurchführung und Erfahrungen

Die Durchführung des Projektes erfolgte in vier süddeutschen BGW-Mitgliedsbetrieben unterschiedlicher Größe und Betriebsstruktur. Es beteiligten sich ein Krankenhaus mit ca. 400 Betten und weit über 200 Mitarbeitern im Pflegedienst, ein ambulanter Pflegedienst mit knapp 30 Beschäftigten sowie zwei Altenpflegeheime mit ca. 160 bzw. 60 Beschäftigten. Alle vier Betriebe sind kirchlichen Trägern (Agaplesion gAG, Caritas, Ev. Heimstiftung) angeschlossen.

Die Dauer der Umsetzung war im Wesentlichen abhängig von der Betriebsgröße; sie schwankte in den beteiligten Einrichtungen zwischen 9 und 18 Monaten (◘ Tab. 12.2).

◘ **Tab. 12.2** Zeitlicher Ablauf des Interventionsprojektes

| Zeitraum | Projektschritt |
|---|---|
| 1. Monat | Vorstellung des Projektes im erweiterten Leitungsgremium |
| 2. Monat | Informationsveranstaltung für die vom Projekt betroffenen Mitarbeiter und Führungskräfte |
| 2./4. Monat | Durchführung und Auswertung der 1. Befragung |
| 3./5. Monat | Präsentation und Diskussion der Ergebnisse im erweiterten Leitungsgremium; Vorstellung der Maßnahmenempfehlungen, Auswahl und Planung geeigneter Maßnahmen |
| 3./6. Monat | Präsentation und Diskussion der Ergebnisse mit den beteiligten Mitarbeitern, Vorstellung der geplanten Maßnahmen |
| 4.–6. Monat | Umsetzung der Maßnahmen |
| 7./11. Monat | Durchführung der 2. Befragung |
| 8./13. Monat | Präsentation und Diskussion der Ergebnisse sowie Auswertung der Projekterfahrungen im erweiterten Leitungsgremium und mit den beteiligten Mitarbeitern |

Fehlzeiten-Report 2011

Zur Umsetzung des Projektes wurde in jeder Einrichtung ein Steuerkreis eingerichtet, in dem die unterschiedlichen Funktions- und Hierarchieebenen berücksichtigt waren. Die Steuerkreise hatten eine Größe von sechs bis zwölf Personen. Die Aufgaben dieses Gremiums bestanden darin, die Befragung zu planen und zu organisieren, die Ergebnisse auszuwerten und gemeinsam Maßnahmen abzuleiten. Ein Projektkoordinator, der aus der Einrichtung stammte, übernahm interne Organisationsaufgaben. Darüber hinaus wurden die Mitarbeiter im Rahmen von Informationsveranstaltungen über die Ziele und das Vorgehen im Projekt informiert. Die Er-

gebnisse der Selbst- und Fremdeinschätzungen wurden im Steuerkreis sowie in der Informationsveranstaltung in anonymisierter Form präsentiert und diskutiert. Die beteiligten Führungskräfte erhielten eine Rückmeldung ihrer persönlichen Ergebnisse durch einen neutralen externen Berater.

Aus den Befragungsergebnissen wurden im Steuerkreis Maßnahmen abgeleitet. Abweichend von den meisten Gesundheitsförderungsansätzen sollten die Maßnahmen vor allem bei der Zielgruppe der Führungskräfte ansetzen und so indirekt auf die Gesundheit der Mitarbeiter wirken. Beispiele für im Projekt durchgeführte Maßnahmen sind:

— *Entwicklung von Führungsgrundsätzen*: Im Rahmen eines Workshops wurden Handlungsrichtlinien für gesundheitsförderndes Führen entwickelt, die in betriebsweit gültige Führungsgrundsätze einfließen sollten.

— *Führungsverständnis vermitteln*: Hierzu führte der externer Berater einen Workshop durch, an dem Führungskräfte, Mitarbeitervertretung und der Sicherheitsbeauftragte teilnahmen. Folgende Themen wurden im Workshop behandelt: Umgang mit der Sandwich-Position auf der mittleren Führungsebene, Durchführung von Mitarbeitergesprächen, kollegiale Beratung von Führungskräften.

— *Regelmäßige Durchführung von kollegialen Beratungen*: Die Führungskräfte vereinbarten, sich kontinuierlich im Abstand von ca. sechs Wochen gegenseitig zu aktuellen Führungsthemen zu beraten.

— *Führungsaufgaben im Gesundheitsschutz vermitteln*: Die in das Projekt eingebundene Vertreterin der BGW richtete einen Workshop aus, der die Gesundheitsschutzaufgaben von Vorgesetzten zum Thema hatte. Der Fokus lag auf der Gefährdungsbeurteilung mit dem Schwerpunkt „psychische Belastungen".

— *Einführung von Teambesprechungen zu belastenden Arbeitssituationen*: Die Mitarbeitervertretung und der Sicherheitsbeauftragte setzten die im Workshop vermittelte Methode im Rahmen einer Dienstbesprechung um. Gemeinsam mit dem Team wurden geeignete Maßnahmen festgelegt (z. B. Belastungen aufgrund von mangelnder/unzureichender Informationsweitergabe, nicht funktionierende Heizungen in den Dienstautos etc.).

In den letzten Sitzungen wertete der Steuerkreis die Erfahrungen, die die Mitglieder im Projekt sammeln konnten, mit Hilfe einer strukturierten Erfolgskontrolle aus. Die Bilanz des Projektes fiel aus der Sicht der Beteiligten überwiegend positiv aus: Weitgehend gute Erfahrungen wurden zu den gesundheits- und führungsbezogenen Projektinhalten, zur Projektdurchführung und den Wirkungen des Projektes auf das Betriebsklima und die Unternehmenskultur berichtet. Nach Einschätzung der Steuerkreismitglieder kam insbesondere „weichen" Faktoren, wie z. B. Anerkennung und Wertschätzung für die Gesundheit der Mitarbeiter, eine große Bedeutung zu. Zum Teil kritisch wurde dagegen der langfristige Nutzen der im Projekt erzielten Ergebnisse bewertet. Vereinzelt wurde auch die Befürchtung geäußert, Aufwand und Ertrag stünden in keinem angemessenen Verhältnis und der unmittelbare Nutzen für die Mitarbeiter sei fraglich. Dies wurde insbesondere mit der geringen Resonanz begründet, die das Projekt bei den Mitarbeitern fand.

Aufgrund dieser Rückmeldungen ist bei der künftigen Umsetzung dieses Ansatzes besonderes Augenmerk zu richten auf:

- *den Durchdringungsgrad des Projektes*: Zwar liegt sein Schwerpunkt auf der Sensibilisierung der Führungskräfte, doch hängt sein Erfolg auch davon ab, inwieweit die Basis für die Projektziele erreicht werden kann. In einer der Piloteinrichtungen hatte das Projekt zum Teil eine eher geringe Reichweite, was den langfristigen Nutzen in Frage stellt.
- *die Nachhaltigkeit der Maßnahmen*: Um die gewonnenen Impulse über den Projektzeitraum hinaus zu erhalten, müssen die Zuständigkeiten und Verantwortlichkeiten für die beschlossenen Maßnahmen auf lange Sicht geklärt und von den Akteuren übernommen werden (Bemerkungen einzelner Mitglieder: „Die Baustellen bleiben offen"; „Die entscheidenden Schritte kommen erst noch").
- *die Evaluation der Maßnahmenwirkungen*: Hier erwies sich der Zeitraum für die Veränderungsmessung als zu knapp, um Aussagen über mittel- bis langfristige Effekte treffen zu können. Die Wirkung der Veränderungen entfaltet sich vermutlich erst nach einigen Monaten bis wenigen Jahren.

chen sensibilisiert werden und dadurch ihre Grundsätze und ihr Verhalten neu ausrichten. Die Projektbeteiligten sahen die mit den Befragungen gesammelten Informationen als eine gute Grundlage zur Situationsanalyse und zur Ermittlung des betrieblichen Handlungsbedarfs an. Über die Einschätzung der Führungsqualität hinaus kann die Selbst- und Fremdeinschätzung als Türöffner für einen betrieblichen Veränderungsprozess herangezogen werden. Die Projekterfahrungen zeigen aber ebenfalls, dass diese Einschätzungen lediglich als Diskussionsgrundlage dienen, denn sie sind in hohem Maße interpretationsbedürftig und abhängig vom jeweiligen Unternehmenskontext.

Die teilnehmenden Einrichtungen haben sehr unterschiedlich von diesem Verfahren profitiert: Aus der Perspektive der Berater wurden nachhaltige Impulse gesetzt, die zum Teil personelle Veränderungen auf der Führungsebene zur Konsequenz hatten. Es erfordert von allen Beteiligten, insbesondere von den Führungskräften, viel Mut, Kritikwürdiges anzusprechen und aufdecken zu wollen, und darüber hinaus die Bereitschaft zur kritischen Selbstreflexion. Die anonyme Befragung und die anonymisierte Ergebnisdarstellung können die mit der Methode verbundenen Risiken zwar reduzieren, doch nicht gänzlich aufheben. Die individuelle Rückmeldung der Ergebnisse an die Führungskräfte, d. h. die persönliche Form des Feedbacks, erhöht die Compliance und Akzeptanz der Ergebnisse und ermöglicht darüber hinaus eine gemeinsame Problemidentifikation und Zielfindung. Sie birgt jedoch auch Gefahren, sobald die Ergebnisse nicht konstruktiv aufgenommen werden und die jeweilige Führungskraft zum Beispiel gekränkt auf die Rückmeldungen reagiert.

Dieser Interventionsansatz ist daher ohne externe Begleitung nicht umsetzbar. Auch sollten vor der Initiierung des Ansatzes die Voraussetzungen und mögliche Konsequenzen für den Betrieb sorgfältig abgestimmt werden.

## 12.4  Fazit und Ausblick

Die Erfahrungen bei der Umsetzung dieses Ansatzes in vier Betrieben haben gezeigt, dass das Führungsfeedback, praktiziert als Gegenüberstellung der Ergebnisse der Selbst- und Fremdeinschätzung, sehr lohnend sein kann. Zugleich handelt es sich dabei aber um ein sehr sensibles Thema. Chancen und Stärken dieser Methode liegen insbesondere darin, dass Diskrepanzen zwischen den Führungskräften und ihren Mitarbeitern benannt und Missverständnisse abgebaut werden. Darüber hinaus können Führungskräfte für ihre Stärken und Schwä-

## Literatur

Badura B, Ritter W, Scherf M (1999) Betriebliches Gesundheitsmanagement. Edition Sigma, Berlin

Bamberg E, Ducki A, Metz AM (1999) Handbuch betriebliche Gesundheitsförderung. Hogrefe, Göttingen

Berger G, Kämmer K, Zimber A (2006) Erfolgsfaktor Gesundheit. Handbuch zum betrieblichen Gesundheitsmanagement. Teil 1: Mitarbeiterorientierte Führung und Organisation. Vincentz, Hannover

Borg I (2000) Führungsinstrument Mitarbeiterbefragung. Hogrefe, Göttingen

Brandenburg U, Nieder P, Susen B (2000) Gesundheitsmanagement im Unternehmen: Grundlagen, Konzepte und Evaluation. Juventa, Weinheim

Domsch ME (1999) Vorgesetztenbeurteilung. In: Rosenstiel L von, Regnet E, Domsch ME (Hrsg) Führung von Mitarbeitern. Handbuch für erfolgreiches Personalmanagement, 4. Aufl. Schäffer-Poeschel, Stuttgart, S 491–502

Elke G, Zimolong B (2000) Erfolg im Arbeits- und Gesundheitsschutz durch ein ganzheitliches Management (GAMAGS). In: Badura B, Litsch M, Vetter C (Hrsg) Fehlzeiten-Report 1999. Psychische Belastung am Arbeitsplatz. Springer, Berlin Heidelberg, S 114–128

Franke F, Vincent S, Felfe J (2011) Gesundheitsbezogene Führung. In: Bamberg E, Ducki A, Metz AM (Hrsg) Gesundheitsförderung und Gesundheitsmanagement in der Arbeitswelt. Hogrefe, Göttingen (im Druck)

GeFüGe-NRW (2005) Gesundheitsförderung als integrative Führungsaufgabe zur Gestaltung der Arbeit in Betrieben in NRW (GeFüGe-NRW). Im Internet unter: www.gefuege-nrw.de

Gregersen S, Zeh A (2001) Vom traditionellen Arbeitsschutz zum erweiterten Präventionsauftrag. Report Psychologie 26:659–660

Gregersen S, Zimber A (2007). Projektbericht „Gesundheitsfördernd Führen". www.bgw-online.de

Gregersen S, Kuhnert S, Zimber A, Nienhaus A (2010) Führungsverhalten und Gesundheit: Status Quo der Forschung. In: Nienhaus A (Hrsg) Gefährdungsprofile, 2. Aufl. ecomed Medizin, S 378–401

Gregersen S, Kuhnert S, Zimber A, Nienhaus A (2011) Führungsverhalten und Gesundheit – zum Stand der Forschung. Das Gesundheitswesen 1-2011:73:3–12

Harss C, Maier K, Weill P (1999) Empfehlungen für ein 360°-Feedback. Personalwirtschaft 9/99:85–87

Hatzmann J, Sternecker P, Wollsching-Strobel P (1997) Eigen- und Fremdbild der deutschen Führungskräfte: Was Führungskräfte wirklich können müssen. Gablers Magazin 5/97:28–31

Matyssek AK (2003) Chefsache: Gesundes Team – gesunde Bilanz. Ein Leitfaden zur gesundheitsgerechten Mitarbeiterführung. Universum, Wiesbaden

Münch E, Walter U, Badura B (2003) Führungsaufgabe Gesundheitsmanagement. Ein Modellprojekt im öffentlichen Sektor. Edition Sigma, Berlin

Neuberger O, Allerbeck M (1978) Messung und Analyse von Arbeitszufriedenheit – Erfahrungen mit dem Arbeitsbeschreibungsbogen (ABB). Huber, Bern

Skakon J, Nielson K, Borg V, Guzman J (2010) Are leaders' wellbeing behaviours and style associated with the affective wellbeing of their employees? A systematic review of three decades of research. Work & Stress 24 (2):107–139

Stadler P, Spieß E (2002) Mitarbeiterorientiertes Führen und soziale Unterstützung am Arbeitsplatz. Zusammenfassung des Ergebnisberichts zum Projekt „Psychosoziale Gefährdung am Arbeitsplatz. Optimierung der Beanspruchung durch die Entwicklung von Gestaltungskriterien bezüglich Führungsverhalten und soziale Unterstützung am Arbeitsplatz". BAuA, Dortmund

Stadler P, Strobel G, Hoyos C Graf (2000) Psychische Belastung von Mitarbeitern – die Rolle des Führungsverhaltens. ErgoMed 24:136–142

Ulich E, Wülser M (2005) Gesundheitsmanagement in Unternehmen. Arbeitspsychologische Perspektiven, 2. Aufl. Gabler, Wiesbaden

Wilde B, Dunkel W, Hinrichs S, Menz W (2010) Gesundheit als Führungsaufgabe in ergebnisorientiert gestalteten Arbeitssystemen. In: Badura B, Schröder H, Klose J, Macco K (Hrsg) Fehlzeiten-Report 2009. Arbeit und Psyche: Belastungen reduzieren – Wohlbefinden fördern. Springer, Berlin Heidelberg, S 147–155

Zapf D, Dormann C (2001) Gesundheit und Arbeitsschutz. In: Schuler H (Hrsg) Lehrbuch der Personalpsychologie. Hogrefe, Göttingen, S 559–587

Zimber A (2006) Wie Führungskräfte zur Mitarbeitergesundheit beitragen können: Eine Pilotstudie in ausgewählten BGW-Mitgliedsbetrieben. 1. Teilprojekt: Literaturanalyse. www.bgw-online.de

Zimolong B (2001) Management des Arbeits- und Gesundheitsschutzes: Die erfolgreichen Strategien der Unternehmen. Gabler, Frankfurt

# Kapitel 13

# Handlungsfelder und Interventionen zur Entwicklung gesundheitsrelevanter Führungskompetenz in der betrieblichen Praxis

L. Gunkel, E. Grofmeyer, G. Resch-Becke

**Zusammenfassung.** *Führungskräfte haben einen erheblichen Einfluss auf die Arbeitszufriedenheit, die Motivation, das psychische und körperliche Befinden und die Gesundheit ihrer Mitarbeiter und damit auf Fehlzeiten und Lebensqualität. Aufgrund dessen entwickelte die AOK Bayern seit dem Jahr 2000 Analyseinstrumente und Maßnahmen für die betriebliche Praxis, die in einer Vielzahl von Betrieben eingesetzt und erprobt werden. Der Beitrag präsentiert zuerst die wichtigsten Instrumente zur Gesundheitsgerechten Mitarbeiterführung und stellt im Anschluss die gemachten Erfahrungen empirisch dar. Anschließend werden anhand dreier exemplarischer Handlungsfelder „guter" Führung die Ergebnisse aus betrieblichen Interventionen dargestellt: In Ergänzung zur klassischen Belastungsanalyse wird auf Basis betrieblicher Ergebnisse die Perspektive „Ressourcen" erläutert. Einen differenzierten Blick auf Fragen der An- und Abwesenheit liefert die Auseinandersetzung mit „Mitarbeitermotiven". Workshops zu anspruchsvollen Gesprächssituationen vermitteln den Führungskräften Handlungssicherheit. Abschließend werden Ergebnisse zur Evaluation und Nachhaltigkeit präsentiert. Die dargestellten Erfahrungen zeigen: Gesundheitsgerechte Mitarbeiterführung ist notwendig und realisierbar.*

## 13.1 Einleitung

Moderne Unternehmensstrategien sind darauf ausgerichtet, die Verbesserung der Gesundheit am Arbeitsplatz, die Optimierung der Arbeitsorganisation und Arbeitsumgebung sowie die Förderung der aktiven Einbeziehung aller Beteiligten zu unterstützen. Das betriebliche Gesundheitsmanagement (BGM) zielt auf eine gesunde Gestaltung der Arbeit und die Förderung eines gesundheitsbewussten Verhaltens der Beschäftigten ab und verspricht dadurch höhere Arbeitszufriedenheit, einen geringeren Krankenstand und weniger Krankheitskosten (Sockoll et al. 2008). BGM findet zunehmend auch in kleineren und mittleren Unternehmen (KMU) Beachtung, sodass sich die Angebote der AOK

Bayern einer großen Akzeptanz und Nachfrage erfreuen (◨ Abb. 13.1)[1].

Führungskräfte haben auf unterschiedliche Weise einen nicht unerheblichen Einfluss auf die Arbeitszufriedenheit, die Motivation, das psychische und körperliche Befinden und die Gesundheit ihrer Mitarbeiter und damit auf Fehlzeiten und Lebensqualität. Vegetative Funktionsstörungen (Schlafschwierigkeiten, Nervosität, Gereiztheit etc.), psychosomatische Erkrankungen und motivationsbedingte Probleme können Folge misslungener Mitarbeiter-Vorgesetzten-Kommunikation sein

---

[1] Die Zahl der intensiven Projekte zum betrieblichen Gesundheitsmanagement, die die AOK Bayern in Zusammenarbeit mit ihren Partnerbetrieben durchführt, ist von knapp 400 im Jahre 2000 auf 819 im Jahre 2010 gestiegen.

(Orthmann et al. 2010). Einerseits geben Vorgesetzte durch ihr eigenes Verhalten den Mitarbeitern eine Orientierung. Sie nehmen Einfluss auf Arbeitsbedingungen (Zeit- und Leistungsdruck, Entscheidungs- und Handlungsspielraum, Unterstützung, sozialer Umgang, Konflikt- und Problembewältigung) und beeinflussen durch ihr Führungsverhalten und ihren Führungsstil die Arbeitszufriedenheit und das Befinden der Mitarbeiter. Andererseits wird das Handeln der Vorgesetzten stark durch die konkreten betrieblichen Bedingungen beeinflusst (von Rosenstiel 2007; Semmer u. Udris 2007). Wegen der großen Bedeutung von Führung hat die AOK Bayern seit dem Jahr 2000 Analyseinstrumente und Maßnahmen für die betriebliche Praxis entwickelt. In den folgenden Jahren wurden diese in einer Vielzahl von Betrieben eingesetzt, erprobt und kontinuierlich weiterentwickelt. Dabei wird das komplexe Feld der Kommunikation und Führung im Unternehmen bearbeitet, soweit es sich auf die Gesundheit der Mitarbeiter beziehungsweise die Entwicklung von Krankheiten und Fehlzeiten bezieht.

---

**Ziele von Projekten zur gesundheitsgerechten Mitarbeiterführung**

● Die Sensibilisierung von Führungskräften für den Einfluss ihres Führungsverhaltens auf die Gesundheit, Arbeitszufriedenheit, Motivation und Anwesenheit ihrer Mitarbeiter

● Die Verbesserung des Führungsverhaltens und der Kommunikation mit den Mitarbeitern

● Die Unterstützung des Betriebes bei der Entwicklung einer gesundheitsförderlichen Führungskultur

Fehlzeiten-Report 2011

---

◘ **Abb. 13.1** Ziele Gesundheitsgerechter Mitarbeiterführung der AOK Bayern

Insbesondere in KMU sind jedoch die Kenntnisse der Zusammenhänge von Führung und Gesundheit lückenhaft. Gerade die Führungskräfte der unteren Führungsebene, die den direkten Kontakt zu den Beschäftigten haben, sind noch immer in vielen gewerblichen Betrieben wenig zum Thema Führung geschult. Die praktische Bedeutung der Zusammenhänge von Gesundheit und Führung und deren Auswirkungen im jeweiligen Betrieb werden in den Analysen sichtbar. Auf dieser Basis werden konkrete und praktikable Veränderungen im Führungsverständnis und Führungshandeln erarbeitet. In der Umsetzung im Betrieb zeigt sich für die Führungskräfte selbst und

für die Entscheidungsträger, dass die Gestaltung von Führung und Gesundheit positive Konsequenzen für eine effektive Arbeitsorganisation und letztlich für den Erfolg des Unternehmens hat (Badura et al. 2008). Fast in jedem Projekt wird die „theoretische" Erkenntnis der Bedeutung des Humankapitals für den Unternehmenserfolg für die Beteiligten praktisch erlebbar. Auf Basis der Erfahrungen der AOK Bayern stellen wir im Folgenden Analyseinstrumente und Maßnahmen zur Gesundheitsgerechten Mitarbeiterführung vor. Neben einer empirischen Darstellung der bisher von der AOK Bayern durchgeführten Interventionen werden wir auch exemplarische Handlungsfelder „guter" Führung präsentieren.

## 13.2 Betriebliche Interventionen für Gesundheitsgerechte Mitarbeiterführung (GMF)

### 13.2.1 Thematisierung von Führung im Unternehmen

Die dokumentierten Projekterfahrungen der BGM-Berater geben Aufschluss darüber, in welchen Phasen des BGM „Führung" thematisiert und diskutiert wird:

– im Rahmen der BGM-Beratungsgespräche, z. B. zu Beginn oder während des BGM-Prozesses, bei der Vorstellung möglicher Handlungsfelder und beim Vorliegen einschlägiger Probleme im Unternehmen

– bei der Präsentation von Arbeitsunfähigkeitsanalysen, z. B. wenn bei hohen AU-Fallzahlen und einer hohen AU-Quote der Einfluss der Führungskräfte auf Anwesenheit, Gesundheit oder Motivation diskutiert wird, bei der Diskussion um die ICD-Hauptgruppe 5 (Psychische Belastungen und Verhaltensstörungen) oder in Bezug auf „Krankenrückkehrgespräche"

– im Arbeitskreis Gesundheit (AKG), z. B. bei der Diskussion um Erwartungen und Ziele

– im Nachgang zu regulären Gesundheitszirkeln und Mitarbeiterbefragungen mit entsprechenden Ergebnissen

– nach Vorträgen zum Thema Stressmanagement, Mobbing oder Burnout.

Die anhaltende fachspezifische und öffentliche Debatte um den Einfluss der Führungskräfte erleichtert die sachgerechte Diskussion im Unternehmen und reduziert die Hemmschwelle, sich des Themas anzunehmen.

## 13.2.2 Analyseinstrumente und Maßnahmen

Im Folgenden werden bewährte Methoden im Zusammenhang mit den Besonderheiten des Problemfeldes „Führungshandeln und Mitarbeitergesundheit" dargestellt. Im Vordergrund stehen die Spezifika, die für erfolgreiche Interventionen zu diesem Problemfeld relevant sind.

### (1) Projektberatung Führung

Zu Beginn des Prozesses zur GMF steht die Projektberatung. Seit dem Jahr 2000 führten die BGM-Berater der AOK Bayern 418 GMF-Beratungen durch. In dieser Phase werden die Führungssituation reflektiert, Ziele festgelegt, GMF-Instrumente vorgestellt und die weiteren Projektschritte geplant. Der Beratungsprozess findet im Arbeitskreis Gesundheit oder bei kleineren Unternehmen mit den betrieblichen Entscheidern, den Arbeitnehmervertretern und den Akteuren des Arbeits- und Gesundheitsschutzes statt. Wenn eine Personalentwicklungsabteilung vorhanden ist, ist sie auf jeden Fall einzubeziehen. Häufig übernimmt diese dann eine Steuerungsfunktion (◧ Abb. 13.2).

Fehlzeiten-Report 2011

**◧ Abb. 13.2** Analyseinstrumente und Maßnahmen der AOK Bayern

### (2) Mitarbeiterbefragung

Um Zusammenhänge zwischen Führung und Gesundheit im Unternehmen zu erheben, wurden die Fragen zu Führung, Betriebsklima und Zusammenarbeit aus dem WIdO-Kompaktservice[2] gezielt bei allgemeinen Mitarbeiterbefragungen eingesetzt. Zusätzlich wurde

der Fragebogen SALSA[3] ganz oder in Teilen (Fragen zu sozialen Ressourcen) verwandt. Auf diese Weise werden betriebsspezifische Ergebnisse ermittelt, die geeignet sind, die Führungskräfte für die Zusammenhänge von Führung und Gesundheit zu sensibilisieren. Spezifische Mitarbeiterbefragungen ausschließlich zur Frage Gesundheitsgerechter Mitarbeiterführung werden nur vereinzelt durchgeführt. ◧ Abb. 13.3 zeigt beispielhaft die Ergebnisse einer Befragung in einem Dienstleistungsunternehmen[4]. Dabei wurden die gesundheitlichen Belastungen (WIdO Kompaktservice) sowie Ressourcen untersucht (Udris u. Rimann 1999).

Insbesondere bei den sozialen Ressourcen sind die Betriebsergebnisse positiver als für die Vergleichsgruppe der Salsa-Befragung (◧ Abb. 13.3). Dabei ist die soziale Unterstützung durch Kollegen signifikant ausgeprägter[5]. Im Hinblick auf die soziale Unterstützung durch Vorgesetzte gibt es bei grundsätzlich positivem Durchschnitt eine hohe Streuung. Dies gilt auch für mitarbeiterorientiertes Vorgesetztenverhalten.

Um die Ergebnisse noch deutlicher herauszuarbeiten, wird die Stichprobe im Hinblick auf die Variable „mitarbeiterorientiertes Vorgesetztenverhalten" dichotomisiert (das entsprechende Vorgesetztenverhalten wird hoch beziehungsweise niedrig eingeschätzt) und mit den Selbsteinschätzungen der gesundheitlichen Beschwerden korreliert. Mitarbeiter, die nach eigener Bewertung von ihren Vorgesetzten mitarbeiterorientiert geführt werden, schätzen sich insgesamt gesünder ein. Bei sechs gesundheitlichen Beschwerden ergeben sich signifikante Unterschiede (◧ Abb. 13.4).

Auf der Basis dieser Ergebnisse wird die Bedeutung Gesundheitsgerechter Mitarbeiterführung im Unternehmen deutlich sichtbar. Im konkreten Fall führt dies dazu, dass die Unternehmensleitung den sozialen Ressourcen stärkere Beachtung schenkt und in das Fortbildungsangebot für die Führungskräfte Seminarmodule zur Gesundheitsgerechten Mitarbeiterführung integriert.

---

2   Kompaktservice Mitarbeiterbefragung des Wissenschaftlichen Instituts der AOK (WIdO)

3   SALSA = Salutogenetische Subjektive Arbeitsanalyse (Udris u. Rimann 1999).

4   Von den 335 Mitarbeitern haben 182 (= 54 %) teilgenommen.

5   Skala von 1–5, Signifikanz der Mittelwertdifferenzen; je höher der Wert, umso ausgeprägter die Ressourcen.

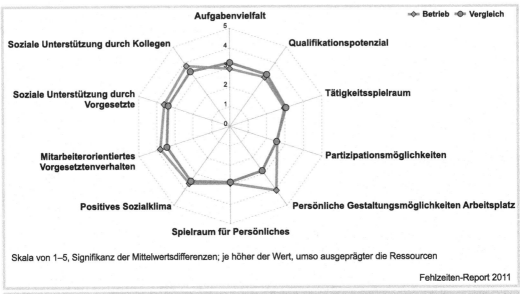

Skala von 1–5, Signifikanz der Mittelwertsdifferenzen; je höher der Wert, umso ausgeprägter die Ressourcen

Fehlzeiten-Report 2011

◻ **Abb. 13.3** Ressourcen – Ergebnisse einer Unternehmensbefragung

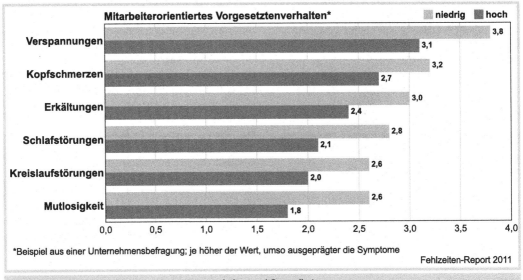

*Beispiel aus einer Unternehmensbefragung; je höher der Wert, umso ausgeprägter die Symptome

Fehlzeiten-Report 2011

◻ **Abb. 13.4** Mitarbeiterorientiertes Vorgesetztenverhalten und Gesundheit

### (3) Gesundheitszirkel Führung

Das Instrument des Gesundheitszirkels (Resch u. Gunkel 2004) wurde für die Analyse von Führung und Zusammenarbeit in konkreten Arbeitsteams weiterentwickelt. Zur Analyse von Kommunikation und Zusammenarbeit zwischen Beschäftigten und Vorgesetzten hat sich ein „zweistufiges" Vorgehen bewährt, um

die Thematik sensibel und ergebnisorientiert angehen und praktische Verbesserungen erreichen zu können. Hierbei werden in einer ersten Arbeitsphase getrennte Zirkelsitzungen mit Mitarbeitern und Vorgesetzten durchgeführt. In einer zweiten Arbeitsphase werden die Ergebnisse aufeinander bezogen und anschließend gemeinsam Handlungspläne erarbeitet. Darüber hinaus gibt es Führungskräftezirkel, in denen Führungskräfte einer Ebene ihre Arbeitsbelastungen und die ihnen verfügbaren Ressourcen analysieren. Auf dieser Basis werden gemeinsam Handlungsalternativen für das eigene Führungshandeln und Verbesserungsvorschläge bezüglich der Arbeits- und betrieblichen Rahmenbedingungen entwickelt[6].

### (4) Workshop „Gesundheitsgerechte Mitarbeiterführung"

Dieser Workshop richtet sich an Führungskräfte. Er sensibilisiert für die Zusammenhänge von Führungsverhalten und Gesundheit. Zudem wird konkretes Handwerkszeug für die betriebliche Führungspraxis erarbeitet.

Grundlegende Themen sind u. a. (s. Gunkel 2002):
- Zusammenhänge zwischen Führungshandeln und Gesundheit bzw. Anwesenheit einerseits und Krankheit bzw. Abwesenheit der Mitarbeiter andererseits
- Zusammenhänge von Führung – Mitarbeitergesundheit – Motivation und Leistungsfähigkeit
- Reflexion der Belastungssituation und der betrieblichen Ressourcen der Beschäftigten
- Direkte und indirekte Einflüsse des Führungsalltags auf Gesundheit und Abwesenheit

Die eigenständige Erarbeitung der Zusammenhänge und die Entwicklung alltagstauglicher Lösungen für das eigene Führungshandeln stehen im Vordergrund.

Aufgrund der betrieblichen Anforderungen haben sich inzwischen verschiedene Workshoptypen herausgebildet, die zusätzlich zum Basisworkshop auf unterschiedliche Führungsaspekte eingehen (u. a. Vorgesetzten-Mitarbeiter-Kommunikation, schwierige Gesprächssituationen, z. B. Kritikgespräche).

### (5) Modularer Workshop „Fit zum Führen"

Die eigene Gesundheit der Führungskräfte wird mit dem modularen Workshop-Angebot „Fit zum Führen" thematisiert. Die flexibel kombinierbaren Module Ernährung, Bewegung, Stressmanagement, mentale Fitness und Work-Life-Balance geben Anregungen, die eigene Gesundheit zu erhalten oder zu verbessern. Sie thematisieren aber auch das gesundheitsbezogene Führungsverhalten in Bezug auf die Vorbildfunktion von Vorgesetzten.

Es zeigt sich eine Interdependenz der Aspekte Mitarbeiterführung und der eigenen Gesundheit des Führenden: Die Sensibilisierung für die eigene Gesundheit stärkt die Wahrnehmung der Gesundheitssituation der Mitarbeiter und die Bereitschaft, hier unterstützend aktiv zu werden. Auf diese Weise entwickelt sich eine ganzheitliche Gesundheitskompetenz, die integraler Teil des Führungsverständnisses wird.

## 13.3 Empirische Darstellung der Interventionen

### 13.3.1 Art und Volumen der betrieblichen Interventionen

Die Analyse von Art und Volumen der betrieblichen Interventionen und Maßnahmen seit dem Jahr 2000 zeigt, dass im Anschluss an die 418 Projektberatungen zur GMF 119 Vorträge gehalten und 337 GMF-Projekte durchgeführt wurden. Zu den Projekten zählten 71 Gesundheitszirkel und 266 halb- oder ganztägige Workshops. Der Einstieg findet häufig im Rahmen eines Vortrages statt, um die Teilnehmer für das Thema zu sensibilisieren. Im Anschluss daran werden Workshops zur Vertiefung angeboten. Darüber hinaus ist „Führung" zunehmend Thema in regulären Gesundheitszirkeln und bei allgemeinen Mitarbeiterbefragungen. Hier werden ergänzend zu anderen Maßnahmen ebenfalls Vorträge und Workshops zu GMF eingesetzt.

Das Thema GMF hat sich in den letzten zehn Jahren nicht nur quantitativ, sondern auch inhaltlich entwickelt. Im Untersuchungszeitraum sind insgesamt 888 GMF-Aktivitäten durchgeführt worden. Zu Beginn standen die Projektberatungen im Fokus. Die Nachfrage nach konkreten Handlungsansätzen folgte zeitversetzt. Die Themenpalette der GMF-Workshops wurde um Themen wie Schichtarbeit, Motivation, Konflikte, Mobbing, neuropsychologische Erkenntnisse zur Zufriedenheit, Betriebsklima etc. erweitert. Zudem ist seit 2009 der Workshop „Fit zum Führen" hinzugekommen.

### 13.3.2 Interventionen nach Betriebsgrößen

Um GMF-Angebote zu realisieren, müssen einige Voraussetzungen geschaffen werden. So fällt es Kleinunternehmen oft aus zeitlichen und organisatorischen Gründen schwer, bei laufender Produktion eine Freistellung der Führungskräfte zu gewährleisten. Auch fehlende

---

6   Siehe hierzu das Beispiel „Evaluierter Gesundheitszirkel mit Industriemeistern" im Beitrag Bayer et al. in diesem Band.

◘ **Tab. 13.1** GMF-Aktivitäten nach Beschäftigtenklassen

| Beschäftigte im Unternehmen | 1–49 | 50–99 | 100–249 | 250–499 | 500–1499 | > 1500 | Summe |
|---|---|---|---|---|---|---|---|
| Projektberatungen | 42 | 29 | 102 | 114 | 76 | 55 | 418 |
| Vortrag zu GMF | 14 | 18 | 27 | 25 | 21 | 14 | 119 |
| Gesundheitszirkel | 0 | 15 | 11 | 9 | 25 | 11 | 71 |
| Workshops | 17 | 43 | 93 | 63 | 38 | 12 | 266 |
| Summe | 73 | 105 | 233 | 211 | 160 | 92 | 874 |

Fehlzeiten-Report 2011

Räumlichkeiten werden als Hemmnis genannt[7]. Die Analyse der GMF-Aktivitäten nach Betriebsgrößen zeigt, dass insbesondere in Unternehmen mit 100–249 bzw. von 250–499 Beschäftigten GMF-Projekte durchgeführt werden. Die meisten Workshops sind von KMU eingesetzt worden (◘ Tab. 13.1).

◘ Abb. 13.5 zeigt, ähnlich einer Gauß'schen Verteilungskurve, dass insbesondere KMU mit 100–249 Mitarbeitern ein hohes Interesse an einer intensiven Bearbeitung des Themas GMF haben. Vorträge werden von allen Betriebsgrößen nachgefragt, Gesundheitszirkel hingegen vorzugsweise in Unternehmen mit 500–1499 Mitarbeitern. Die betrieblichen Organisationsstrukturen erlauben dort eher eine Freistellung der Führungskräfte für diese zeitaufwändige Zirkelarbeit mit mindestens vier Sitzungen.

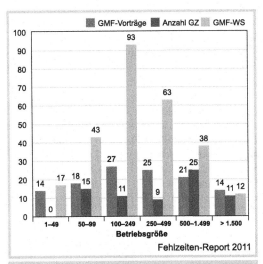

◘ **Abb. 13.5** Ausgewählte GMF-Instrumente nach Betriebsgrößen

### 13.3.3 Interventionen nach Branchen

Das Thema GMF wird nicht von allen Branchen gleichermaßen nachgefragt (◘ Abb. 13.6). So kann festgestellt werden, dass bisher insbesondere das verarbeitende Gewerbe und die Metallindustrie Angebote wahrnehmen. Auch das Gesundheits- und Sozialwesen und die öffentliche Verwaltung sind an GMF-Interventionsmaßnahmen sehr interessiert.

◘ **Abb. 13.6** GMF-Aktivitäten nach Branchen

Eine differenzierte Betrachtung dieser Branchen bezogen auf den Einsatz verschiedener GMF-Instrumente zeigt zudem, dass auch in den Branchen „Banken und Versicherungen, Dienstleistungen" sowie dem „Handel" viele Workshops durchgeführt wurden (◘ Tab. 13.2).

---

7   Zu den grundlegenden Voraussetzungen erfolgreicher BGF in KMU siehe Gieseke et al. (2002).

**◼ Tab. 13.2** GMF-Aktivitäten nach Branchen und Instrumenten (auffällige Häufungen sind fett gedruckt)

|   | Wirtschaftszweig (WZ) | Branchen-kennung | WZ-Nr. | Vorträge | Workshops | Gesundheits-zirkel |
|---|---|---|---|---|---|---|
| 1 | Banken und Versicherungen, Dienstleistungen | I J K S | 55–68, 94 | 15 | 26 | 1 |
| 2 | Baugewerbe | F | 41–43 | 7 | 7 | 0 |
| 3 | Gesundheits- und Sozialwesen | Q | 86–88 | 20 | **63** | 19 |
| 4 | Öffentliche Verwaltung, Erziehung und Unterricht | O P U | 84, 85, 99 | **35** | 25 | 13 |
| 5 | Verarbeitendes Gewerbe, Metallindustrie | G | 10–33 | **35** | **97** | 30 |
| 6 | Handel | C | 45–47 | 5 | 20 | 3 |
| 7 | Verkehr und Transport | H | 49–53 | 0 | 2 | 0 |
| 8 | Energie, Wasser, Entsorgung und Bergbau | B D | 5–9, 35–38 | 6 | 7 | 0 |
| 9 | Land- und Forstwirtschaft, Garten- und Landschaftsbau | A N | 1–3, 81 | 3 | 11 | 8 |

## 13.4 Exemplarische Handlungsfelder „guter" Führung

Auf der Basis der vorliegenden umfangreichen Dokumentation der Analysen und Maßnahmen werden exemplarische Handlungsfelder gesundheitsgerechter Führung ausgewertet und die mit den Führungskräften erarbeiteten „guten" Lösungen für ihr alltägliches Führungshandeln dargestellt.

### 13.4.1 Perspektive „Ressourcen" – Bedeutung und praktische Umsetzung

Ressourcen sind alle Faktoren in der Organisation, der sozialen Gruppe und der Person, die sowohl die (Arbeits-)Anforderung bewältigen helfen als auch die Gesundheit fördern. Dabei wird zwischen Bewältigungs- und Gesundheitsressourcen unterschieden. Bewältigungsressourcen, auch Schutz- oder Protektivfaktoren genannt, helfen die Belastungen positiv zu bewältigen und vermeiden daher Krankheit (vgl. Antonovsky 1979). Unter Gesundheitsressourcen werden Merkmale verstanden, die unabhängig von spezifischen Belastungen Gesundheit fördern und die Widerstandsfähigkeit einer Person erhöhen (Faltermeier 2005), beispielsweise körperliche Fitness. Um die positiven Wirkungen von Ressourcen entfalten zu können, ist

deren Nutzung oder Mobilisierung durch die Person erforderlich[8].

Neben der klassischen Analyse der arbeitsbedingten gesundheitlichen Belastungen gewinnt die Identifikation und die Weiterentwicklung gesundheitsförderlicher Ressourcen im Unternehmen bzw. durch die Führungskraft in den Projekten der AOK Bayern in den letzten Jahren stark an Bedeutung. In Betrieben mit einem aktiven Arbeitsschutz werden die arbeitsbedingten Belastungen aus der Sicht der betrieblichen Gesundheitsexperten, wie z. B. der Fachkraft für Arbeitssicherheit oder dem Betriebsarzt, zum Teil seit Jahren analysiert und Verbesserungen umgesetzt. Trotz intensiver Bemühungen sind nicht alle gesundheitlichen Belastungen zu verhindern. Die praktischen Erfahrungen der AOK Bayern zeigen zudem, dass die psychischen bzw. psychosozialen Belastungen nicht immer thematisiert werden. In Branchen mit wenig Gestaltungsspielraum oder schwierigen Rahmenbedingungen und insbesondere bei psychischen und psychosozialen Belastungen bietet die Stärkung der Ressourcen eine wichtige Strategie im BGM bzw. der GMF.

Der Ansatz, die gesundheitlichen Ressourcen im Unternehmen zu stärken, wird nur selten systematisch bearbeitet. Dabei ist gerade dieser Aspekt von entschei-

---

8  Eigene Definition auf der Basis von Richter u. Hacker (1998), Rimann u. Udris (1993), Faltermeier (2005, S. 157), Antonovsky (1979), Fuchs (2006).

dender Bedeutung, um die Gesundheit, Leistungsfähigkeit und Motivation der Mitarbeiter zu erhalten. In der Arbeitswissenschaft wird grundsätzlich zwischen Belastungen (Gesamtheit der erfassbaren äußeren Einflüsse) und Beanspruchungen (Auswirkung der Belastungen auf den Menschen in Abhängigkeit von seinen individuellen Voraussetzungen) unterschieden. Ressourcen sind zwischengeschaltete Variablen, die dazu beitragen, dass gesundheitliche Belastungen abgemildert bzw. gefiltert werden (Richter 2000; Harrach 2000) (□ Abb. 13.7).

**□ Abb. 13.7** Erweitertes Belastungs-Beanspruchungs-Modell

Zusätzlich werden Ressourcen nach ihrer Wirkung unterschieden: externe, d. h. auf die äußeren Bedingungen und die Organisation bezogene Ressourcen (Verhältnisprävention) und interne, d. h. auf die persönliche Veränderungsfähigkeit bezogene Ressourcen (Verhaltensprävention) (□ Abb. 13.8).

In allen von der AOK Bayern eingesetzten Instrumenten und Tools zur Gesundheitsgerechten Mitarbeiterführung kann die Ressourcenanalyse eingesetzt werden. Im Folgenden werden wesentliche Ergebnisse der Ressourcenanalyse durch Beschäftigte und Führungskräfte in Gesundheitszirkeln und Workshops zur GMF zusammengefasst.

Die Mitarbeiter bzw. Führungskräfte reflektieren die bestehende Ist-Situation und werden sich über ihren eigenen Einfluss hinsichtlich der Stärkung der materiellen, organisationalen oder sozialen Ressourcen bewusst.

Im Sinne von **materiellen Ressourcen** nennen die Teilnehmer an den Maßnahmen zur Gesundheitsgerechten Mitarbeiterführung häufig:

- Gute Werkzeuge
- Gute Qualität des Arbeitsmaterials (z. B. Verpackungsmaterial wenig störanfällig – wenig Stand- und Reparaturzeiten an den Maschinen)
- Arbeitshilfen und Arbeitsgeräte (z. B. Stehhilfen, Hebehilfen)
- Ergonomisch gestalteter Arbeitsplatz
- Persönliche Schutzausrüstung (Arbeitskleidung, Arbeitsschuhe, Gehörschutz)
- Angenehme Arbeitsumgebung (z. B. Licht, Be- und Entlüftung, Lärmschutz, Sauberkeit)

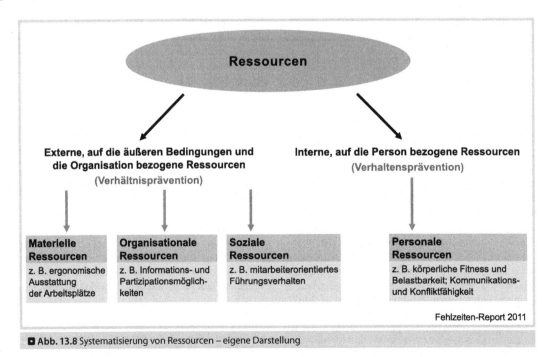

**□ Abb. 13.8** Systematisierung von Ressourcen – eigene Darstellung

Die Verbesserung der materiellen Ressourcen ist ein Dauerthema im Qualitätsmanagement oder im kontinuierlichen Verbesserungsprozess.

Bei den **organisationalen Ressourcen** werden die Merkmale der Organisation und die Merkmale der Arbeitsaufgabe unterschieden.

Merkmale der Organisation sind aus Sicht der Führungskräfte und der Beschäftigten auch im an- und ungelernten Bereich häufig folgende Faktoren:

- Angemessener Handlungs- und Entscheidungsspielraum ohne überfordert zu werden, z. B. selbständige Arbeitseinteilung, Einbindung hinsichtlich Arbeitszielen, Zeitelastizität, Überstundenabbau
- Informations- und Partizipationsmöglichkeiten, z. B. Einbindung in Planungen oder bei der Gestaltung von Aufgaben und Arbeitsabläufen
- Gute Organisation der Abläufe im Unternehmen, z. B. gute Terminplanung, Arbeitseinteilung, Personaleinsatz, klare Aufgaben bzw. Rollen, Schichtplan- und Pausengestaltung, regelmäßige und effektive Gruppenbesprechungen (auch zur rechtzeitigen Besprechung von Problemen zusammen mit der Führungskraft)
- Geeignete Führungsinstrumente und geschultes Führungspersonal: Die Führungskräfte insbesondere in den unteren Führungsebenen sollten nicht nur fachlich sondern auch hinsichtlich Personalführung (Mitarbeiterkommunikation, Besprechungsmoderation usw.) geschult sein.

Hinsichtlich der **Arbeitsaufgabe** wird häufig genannt:
- Aufgabenvielfalt (Abwechslung, Maschinen- und somit Belastungswechsel)
- Ganzheitlichkeit der Aufgabe, z. B. eine Sache von Anfang bis zum Ende begleiten zu können (in gewerblichen Bereichen natürlich nicht immer möglich)
- Sinnhaftigkeit der Aufgaben und Abläufe, d. h. sie werden vom Mitarbeiter als sinnvoll, wichtig und nachvollziehbar erlebt
- Qualifikationspotenzial und Verantwortung der Tätigkeit: Viele Beschäftigte werden durch die Möglichkeit motiviert, Neues dazuzulernen bzw. sich weiterzuentwickeln.

Besondere Bedeutung wird den **sozialen Ressourcen** beigemessen (Rimann u. Udris 1993; Udris u. Rimann 1999; Fuchs 2006). Sowohl soziale Ressourcen innerhalb der Organisation, aber auch sozio-kulturelle Ressourcen (nach Faltermeier 2005) sowie das private Umfeld werden häufig als unterstützend erlebt. Im Rahmen des

BGM haben Unternehmen einen großen Einfluss auf die positive Gestaltung der sozialen Ressourcen:
- Positives Sozial- und Arbeitsklima: Ein positives Betriebsklima wird als sehr unterstützend und motivierend empfunden. In den Projekten wird immer wieder berichtet, dass ein vertrauensvolles Verhältnis der Führungskräfte zu den Mitarbeitern die Kommunikation und Zufriedenheit verbessert und Basis für die Motivation zur Beteiligung bildet. Die Mitarbeiter erleben die Führungskraft als „Berater" und wenden sich bei beruflichen, aber auch privaten bzw. gesundheitlichen Problemen gerne an den Vorgesetzten. Der Arbeitgeber kann zur Verbesserung des Betriebsklimas einen großen Beitrag leisten, indem er Angebote wie Gesundheitskurse, Weihnachtsfeiern, Betriebsausflüge oder gemeinsame Unternehmungen und Aktivitäten unterstützt und fördert.
- Soziale Unterstützung durch Kollegen und Führungskräfte sowie das private Umfeld: Freundliche, interessierte, hilfsbereite und zuverlässige Kollegen und Vorgesetzte können die Belastungen in Stresssituationen puffern. Gute Teamarbeit wird unabhängig von Branchen oder Ausbildungsniveau durch Führungskräfte und Mitarbeiter als Ressource genannt. Des Weiteren berichten Beschäftigte häufig davon, dass es Ihnen hilft, die Belastungen abzubauen, wenn sie im Gespräch mit Ihrer Familie oder Freunden darüber sprechen können.
- Mitarbeiterorientiertes Vorgesetztenverhalten: Aus Sicht der Beschäftigten sollte der Vorgesetzte regelmäßig Feedback über die Arbeitsleistung oder das Sozialverhalten geben. Erwartet wird auch, dass er Lob und Anerkennung zeigt und sich für die Aufgaben und Fragen der Beschäftigten interessiert. Mitarbeiter nennen bei der Ressourcenanalyse häufig Gerechtigkeit und Gleichbehandlung, eine gute Beziehung zum Vorgesetzten, das Gefühl gefördert zu werden, aber auch das Eingehen auf ihre Wünsche.

Unter **personalen Ressourcen** versteht man sowohl physische Faktoren wie auch psychische oder mentale Ressourcen, die helfen, die Anforderungen zu bewältigen bzw. widerstandsfähiger zu werden.

Als wichtige physische Ressourcen werden die körperliche Fitness und Belastbarkeit sowie die Fähigkeit zur Entspannung genannt. Gelegentlich wird „ein gutes Körpergefühl" thematisiert, das auch dazu beiträgt, (Über-)Belastungen im Sinne einer Burnout-Prävention wahrzunehmen.

Zu den psychischen oder mentalen Ressourcen zählen:

- Kommunikations- oder Konfliktfähigkeit: Vorgesetzte können dies durch Schulungen und ein gutes Vorbild fördern.
- Emotionale Intelligenz im Sinne eines adäquaten Umgangs mit negativ bewerteten Gefühlen wie z. B. Ärger.
- Qualifikation, Wissen, Fähigkeiten und Erfahrungen, soweit sie im Rahmen der Tätigkeit eingesetzt werden können. Die Aufgabe der Führungskraft besteht darin, die Mitarbeiter entsprechend einzusetzen bzw. zu fördern.
- Realistische Einschätzung der Arbeitssituation, z. B. der Ziele oder Erfolgsaussichten. So führen beispielsweise in der Altenpflege Alltagssituationen, die zu Zielen und Vorstellungen einer „guten Pflege" als widersprüchlich erlebt werden, zu starken psychischen Belastungen der Beschäftigten.
- Gutes Zeit- und Aufgabenmanagement und beispielsweise die Fähigkeit Hilfsmittel zur Priorisierung oder Aufgabenstrukturierung zu nutzen.

Die Kenntnis und das Bewusstsein der Führungskräfte, auf welche Ressourcen jeder Mitarbeiter zurückgreifen kann bzw. wie viel Unterstützung er durch die Organisation, die Kollegen oder Führungskräfte erfährt, liefert einen entscheidenden Beitrag zur gesundheitsförderlichen Gestaltung von Führungshandeln.

## 13.4.2 „Mitarbeitermotive" und deren Konsequenzen für Führungshandeln

Die Auseinandersetzung mit dem Thema Gesundheit und Fehlzeiten ist für viele Führungskräfte zu Beginn der Reflexion über Führung und Gesundheit wichtig. Die Auswertung von Arbeitsunfähigkeitszeiten und deren Darstellung in Prozentzahlen und Grafiken signalisiert Objektivität. Die hinter den Daten stehenden Einflussfaktoren und Ursachenzusammenhänge aber bleiben zunächst verschlossen. Die interpretative Lücke wird von vielen Führungskräften durch Rückgriff auf eigene Erfahrungen, Einstellungen und Empfindungen geschlossen: Sie übertragen das eigene Verständnis von Gesundheit und Krankheit unbefragt auf die Mitarbeiter. Mit einer spezifischen Übungseinheit[9] soll die Sen-

sibilität für den differenzierten und komplexen Zusammenhang zwischen Gesundheit/Krankheit einerseits und Anwesenheit/Fehlzeiten andererseits geschärft werden. Die unstreitig „schwere" Erkrankung, die unabhängig von Einstellungen und Motivationen den sofortigen Arztbesuch notwendig macht, ist nicht das Problem. Die betrieblichen Diskussionen entzünden sich an den häufig anzutreffenden „leichteren" Erkrankungen wie beispielsweise Rückenschmerzen, Kopfschmerzen, grippale Infekte bis hin zu gesundheitlichen Einschränkungen, die „nicht sichtbar" oder für den Außenstehenden nicht erlebbar sind. Diese bilden den Ausgangspunkt der Reflexion. Grundlage hierfür ist, dass Beschäftigte, die eine „leichtere Beeinträchtigung" haben, entscheiden müssen, ob sie trotzdem noch arbeitsfähig sind oder ob sie aufgrund dieser gesundheitlichen Beeinträchtigung ihrer Arbeit nicht mehr nachgehen können. Aufgabe der Führungskräfte ist es dann, die Hintergründe und Motive zu reflektieren (◘ Abb. 13.9). Die visualisierten Ergebnisse beider Fragestellungen werden verglichen und daraus Handlungskonsequenzen für die Führungskraft bzw. die Organisation abgeleitet.

## 13.4.3 Handlungssicherheit in anspruchsvollen Gesprächssituationen

Im Führungsalltag entstehen immer wieder schwierige oder kritische Situationen, die das Gespräch mit dem Mitarbeiter erforderlich machen, insbesondere bei leistungsbezogenen Problemen, Fehlern, Fehlverhalten oder Konflikten. Hat die Führungskraft nicht die notwendige Erfahrung oder Handlungssicherheit, kann dies dazu führen, dass solche wichtigen Gespräche aufgeschoben oder gar nicht geführt werden. Die Folge ist, dass sich das Problem wiederholt oder verschärft. Andererseits sind auch in der Praxis langjähriger Führungskräfte immer wieder „Führungsfehler" zu beobachten. Hiermit sind Verhaltensweisen der Führungskraft gemeint, die nicht zur Problemlösung beitragen, sondern das Problem eher verschärfen und/oder negative Nebenwirkungen wie Demotivation, Kränkungen u. a. bei dem Mitarbeiter erzeugen. Die angemessene Reaktion der Führungskraft auf Fehler oder Fehlverhalten („Kritikgespräch"), die zu einer Verbesserung des Verhaltens führt, ist eine notwendige, häufig erforderliche, aber sehr anspruchsvolle Gesprächssituation (◘ Abb. 13.10).

Viele Führungskräfte unterschätzen die Fallstricke und die Vielfalt der negativen Nebenwirkungen, obwohl sie im offenen Dialog von vielen misslungenen oder nicht zufriedenstellenden Beispielen berichten können.

---

9 Entwickelt auf der Basis einer Idee von H. G. Abt (2000) Führung und Gesundheit, Unveröffentlichte Teilnehmer-Unterlagen Seminar „Führung und Gesundheit" der AOK Bayern vom 23.–24.10.2000, Hersbruck.

---

**Übung „Mitarbeitermotive" – Gruppe „Motive für Arbeit"**

Denken Sie sich folgende Situation:

Einer Ihrer Mitarbeiter hat Beschwerden und fühlt sich so unwohl, dass er überlegt, ob er heute zur Arbeit geht oder nicht. Er tendiert grundsätzlich **zum Arbeiten** und überlegt, welche persönlichen Motive für eine Entscheidung zur Arbeit sprechen.

**Übung „Mitarbeitermotive" – Gruppe „Motive für Erholung"**

Denken Sie sich folgende Situation:

Einer Ihrer Mitarbeiter hat Beschwerden und fühlt sich so unwohl, dass er überlegt, ob er heute zur Arbeit geht oder nicht. Er tendiert grundsätzlich **zum Arbeiten** und überlegt, welche persönlichen Motive für eine Entscheidung zur Erholung (zu Hause bleiben, zum Arzt gehen) sprechen.

**Motiv-Kategorien können sein:**

Gesundheit – Finanzen (Verdienst) – Tätigkeit – Betrieb – Kollegen – Vorgesetzte – außerbetriebliche Motive

Fehlzeiten-Report 2011

◧ **Abb. 13.9** Übung zu Mitarbeitermotiven in gesundheitlichen Entscheidungssituationen

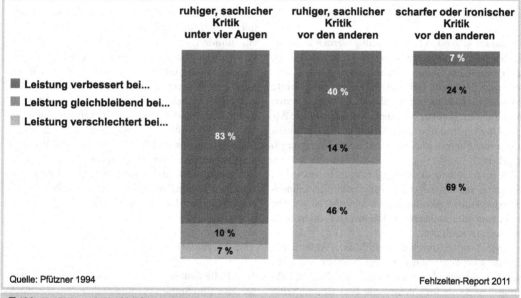

Quelle: Pfützner 1994                                    Fehlzeiten-Report 2011

◧ **Abb. 13.10** Wie wirkt Kritik? (Pfützner 1994)

Das Workshopmodul „Gesundheitsgerechte Mitarbeiterkommunikation" hat daher zum Ziel, für die Anforderungen und insbesondere die psychologischen und sozialen Aspekte des Kritikgesprächs zu sensibilisieren, konstruktives Zielverhalten zu vermitteln und Handlungssicherheit zu ermöglichen. Das Zielverhalten bei Kritikgesprächen sollte nicht öffentlich, persönlich oder verletzend sein, sondern unter vier Augen stattfinden, sachlich und angemessen sowie schonend, helfend und ermutigend sein.

Ausgangspunkt der gemeinsamen Arbeit sind die konkreten Praxiserfahrungen der Führungskräfte.

Deren Bearbeitung klärt offene Fragen, konkretisiert das konstruktive Verhalten sowie den Umgang mit Problemen innerhalb des Gesprächs, für die bisher keine zufriedenstellenden Lösungen gefunden wurden (◧ Abb. 13.11). Dies ermöglicht der jeweiligen Führungskraft, unabhängig vom Stand der Kenntnisse und den bisherigen Erfahrungen, die eigenen Kompetenzen adäquat weiterzuentwickeln. Der dadurch initiierte vertiefte Erfahrungsaustausch schafft die Basis für eine offene, kollegiale Beratung auch über den Workshop hinaus. Junge, neue Führungskräfte erarbeiten sich die „Basics", „alte Hasen" feilen an einer zufriedenstellenden

Performance bei besonders schwierigen oder heiklen Gesprächssituationen.

Auch die Reichweite solcher Gespräche, der Umgang mit in der Sache nicht erfolgreichen Gesprächen und Konsequenzen aus „veränderungsresistenten" Problemen werden thematisiert.

---

**Fragestellungen zum Kritikgespräch:**

1. **Ziel des Gesprächs (optional)**

2. **Was ist bei dem Gespräch zu beachten (Vorbereitung, Inhalt, Aufbau)?**

3. **Welche Stolpersteine und Schwierigkeiten können auftreten?**

4. **Welche Lösungen haben wir hierfür?**

Fehlzeiten-Report 2011

◻ **Abb. 13.11** Fragestellungen zum Kritikgespräch

---

Im darauf folgenden Rollentraining werden am konkreten Beispiel Gesprächssequenzen geübt. Ziel ist es, die erarbeiteten Handlungsweisen in die Praxis umzusetzen. Die nicht aktiv beteiligten Führungskräfte beobachten das Geschehen anhand von vorgegebenen Kriterien. Im Feedback werden abschließend alle Aspekte der konstruktiven Realisierung des Zielverhaltens zusammengetragen und bei Bedarf weitere Anregungen gegeben.

Je nach Umfang der Vorerfahrungen, betrieblichen Situation und bisherigen Führungskultur der teilnehmenden Führungskräfte werden diese Arbeitsschritte in einem oder mehreren aufeinander aufbauenden Workshops realisiert.

Insbesondere durch den modularen Aufbau, der die zwischenzeitlichen Praxiserfahrungen und Umsetzungswiderstände einbezieht, ist es möglich, die Führungskompetenz im Umgang mit Fehlern und Kritik nachhaltig zu verbessern.

## 13.5 Evaluation und Nachhaltigkeit der Interventionen zur Gesundheitsgerechten Mitarbeiterführung

### 13.5.1 Evaluationsinstrumente

Zur Evaluation der Ergebnisse und Maßnahmen sind diverse Evaluationsinstrumente verfügbar. Die Ergebnisse der Gesundheitszirkel und der Workshops werden im Arbeitskreis Gesundheit (AKG) vorgestellt, um nachfolgende Interventionen zu beschließen. Gespräche zur Erfolgskontrolle und zum Stand der Maßnahmenumsetzung werden regelmäßig im Sinne eines Monitorings im Arbeitskreis Gesundheit geführt. Darüber hinaus werden „Re-Zirkel" und Folge-Workshops durchgeführt. Als weiteres Evaluationsinstrument im engeren Sinne wird der „Fragebogen Ergebnismessung" bei umfangreicheren Projekten regelmäßig eingesetzt (Winter u. Singer 2008).

### 13.5.2 Ergebnismessung in Projekten zur Gesundheitsgerechten Mitarbeiterführung

Die wichtigsten Nutzeneffekte aus Sicht der Unternehmen werden mittels Fragebogen detailliert erhoben. Derzeit liegen 70 Fragebögen zu GMF-Projekten vor. Die Frage nach der Zufriedenheit des Unternehmens mit der Unterstützung der AOK im Projektverlauf zeigt eine hundertprozentige Zufriedenheit. Bezüglich des Projektergebnisses äußerten 95,2 Prozent der Befragten, dass sie mit der GMF-Intervention „sehr zufrieden" waren, 4,8 Prozent „zufrieden". Die wichtigsten Nutzenkategorien bei GMF-Projekten sind Gesundheitskompetenz und -verhalten, Kommunikation, Betriebsklima und Arbeitszufriedenheit, die Entwicklung von BGM-Strukturen und BGM-Prozessen, die Verringerung psychischer Belastungen, die Optimierung der Betriebsorganisation und verbesserte Mitwirkungsmöglichkeiten. Diesen Bereichen ist ein „sehr hoher Nutzen" bescheinigt worden (◻ Abb. 13.12).

### 13.5.3 Evaluation

Durch die Evaluation der Projekte kann die Nachhaltigkeit im Sinne kontinuierlicher Weiterentwicklung gesundheitsgerechter Führungskompetenz im Arbeitsalltag gesichert werden. Die zentralen Punkte hierbei sind:

- Modularer Aufbau mit der damit verbundenen Möglichkeit, die Umsetzung der bisher erworbenen Erkenntnisse zu reflektieren
- Spezielle Termine zur Abfrage und Sicherung des Umsetzungsstandes im Arbeitskreis Gesundheit oder mit den verantwortlichen Leitungskräften
- Fragebogen „Ergebnismessung"
- Gelegentlich wiederholte Mitarbeiterbefragung

Insbesondere der modulare Aufbau ermöglicht eine kontinuierliche Weiterentwicklung.

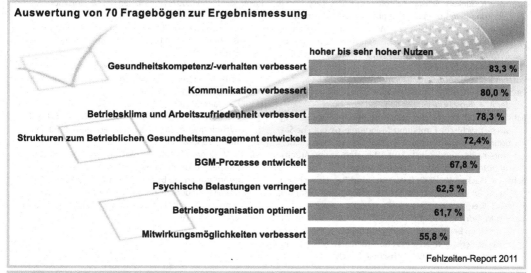

**Auswertung von 70 Fragebögen zur Ergebnismessung**

hoher bis sehr hoher Nutzen

| | |
|---|---|
| Gesundheitskompetenz/-verhalten verbessert | 83,3 % |
| Kommunikation verbessert | 80,0 % |
| Betriebsklima und Arbeitszufriedenheit verbessert | 78,3 % |
| Strukturen zum Betrieblichen Gesundheitsmanagement entwickelt | 72,4% |
| BGM-Prozesse entwickelt | 67,8 % |
| Psychische Belastungen verringert | 62,5 % |
| Betriebsorganisation optimiert | 61,7 % |
| Mitwirkungsmöglichkeiten verbessert | 55,8 % |

Fehlzeiten-Report 2011

◘ **Abb. 13.12** Nutzen von GMF-Projekten aus Sicht der Unternehmen

## 13.6    Fazit

Die Führungskultur eines Unternehmens bestimmt, in welchem Maße Aufgaben der Personalführung als wichtige Aufgaben gesehen werden, welche Führungsinstrumente den Vorgesetzten zur Verfügung stehen und ob und in welchem Umfang Vorgesetzte für Personalführungsaufgaben qualifiziert werden. Darüber hinaus erleben sich Vorgesetzte oft eingezwängt zwischen den Anforderungen des Unternehmens, die sie zu vermitteln haben, den Wünschen der Mitarbeiter und den eigenen Sachaufgaben. Diese und andere betriebliche Bedingungen markieren die Möglichkeiten und Grenzen, innerhalb derer Führungshandeln unabhängig von der Person der Führungskraft überhaupt möglich ist.

Die Analysen der AOK Bayern belegen, dass Kommunikation und Führung einen hohen Stellenwert für Gesundheit und Fehlzeiten haben. Das konkrete Führungsverhalten und eine unzureichend funktionierende Kommunikation werden besonders häufig als Belastungsfaktoren genannt.

Ziel entsprechender Aktivitäten zur Gesundheitsgerechten Mitarbeiterführung und Kommunikation ist es einerseits, den Blick auf die Situation der Vorgesetzten und ihrer Möglichkeiten und Grenzen zur Personalführung im Betrieb zu lenken, und andererseits Führungskräfte für ihren Einfluss auf Gesundheit zu sensibilisieren sowie Unterstützung bei der Weiterentwicklung der Führungs- und Kommunikationskultur zu leisten. Es kommt zu einer Verbesserung der Kommunikation und Kooperation zwischen Vorgesetzten und Mitarbeitern und zwischen den Mitarbeitern selbst. Das Betriebsklima als Resultat von Organisation und Führung verbessert sich. Insgesamt zeigen die Analysen und Maßnahmen in den Betrieben, dass gesundheitsrelevante Führungskompetenz (gesunde Mitarbeiter durch gesunde Führung) notwendig und auch im betrieblichen Kontext entwickelbar ist.

## Literatur

Antonovsky A (1979) Health, stress, and coping. Jossey-Bass, San Francisco

Badura B, Greiner W, Rixgens P, Ueberle M, Behr M (2008) Sozialkapital – Grundlagen von Gesundheit und Unternehmenserfolg. Springer, Berlin Heidelberg New York Tokio

Faltermeier T (2005) Gesundheitspsychologie. Kohlhammer, Stuttgart

Fuchs T (2006) Was ist gute Arbeit? – Anforderungen aus der Sicht von Erwerbstätigen. inifes Forschungsbericht an die Bundesanstalt für Arbeitsschutz und Arbeitsmedizin. Stadtbergen, Eigendruck

Gieseke O, Wildeboer G, Tören I von, Romaus A (2002) Betriebliche Gesundheitsförderung in Klein- und Mittelbetrieben. Ein Modellprojekt der AOK Bayern. Ulenspiegel, Andechs

Gunkel L (2002) Führungshandeln und Gesundheit im Betrieb. In: Sauer H (Hrsg) Betriebliches und persönliches Gesundheitsmanagement. Deutscher Sparkassen Verlag, Stuttgart, S 399–424

Harrach A (2000) Arbeitswissenschaftliche Psychosomatik – arbeitsbedingte psychische und psychosomatische Störungen. In: Teske U, Witte B (Hrsg) Prävention arbeitsbedingter Erkrankungen. Band 2: Gesundheitliche Auswirkungen und Erkrankungsschwerpunkte. VSA 2000, Hamburg, S 51–103

Orthmann A, Gunkel L, Schwab K, Grofmeyer E (2010) Psychische Belastungen reduzieren – Die Rolle der Führungskräfte. In: Badura B, Schröder H, Klose J, Macco K (Hrsg) Fehlzeiten-Report 2009. Arbeit und Psyche: Belastungen reduzieren – Wohlbefinden fördern. Springer, Berlin Heidelberg New York Tokio, S 227–239

Pfützner R (1994) Kooperativ führen. Bachem, Köln

Resch G, Gunkel L (2004) Der Gesundheitszirkel. Eine Information der AOK. Broschüre wdv-Verlag, Bad Homburg

Richter G (2000) Psychische Belastung und Beanspruchung. Stress, psychische Ermüdung, Monotonie, psychische Sättigung. Wirtschaftsverlag NW 2000, Bremerhaven, Schriftenreihe der Bundesanstalt für Arbeitsschutz und Arbeitsmedizin, Fa 26, 3. überarbeitete Auflage

Richter P, Hacker W (1998) Belastung und Beanspruchung. Stress, Ermüdung und Burnout im Arbeitsleben. Asanger, Heidelberg

Rimann M, Udris I (1993) Belastungen und Gesundheitsressourcen im Berufs- und Privatbereich. Forschungsprojekt SALUTE, Bericht Nr. 3. Institut für Arbeitspsychologie, Eidgenössische Technische Hochschule Zürich

Rosenstiel L von (2007) Grundlagen der Organisationspsychologie. Schäffer Poeschel, Stuttgart, S 374–472

Semmer N, Udris I (2007) Bedeutung und Wirkung von Arbeit. In: Schuler H (Hrsg) Lehrbuch Organisationspsychologie. Stuttgart, S 157–195

Sockoll I, Kramer I, Bödeker W (2008) Wirksamkeit und Nutzen betrieblicher Gesundheitsförderung und Prävention. In: iga Report 13, Dresden, S 5–7

Udris I, Rimann, M (1999) SAA und SALSA: Zwei Fragebögen zur subjektiven Arbeitsanalyse. In: Dunckel H (Hrsg) Handbuch psychologischer Arbeitsanalyseverfahren. MTO Band 14, Zürich, S 397–419

Winter W, Singer C (2008) Erfolgsfaktoren Betrieblicher Gesundheitsförderung – Eine Bilanz aus Sicht bayerischer Unternehmen. In: Badura B, Schröder H, Vetter C (Hrsg) Fehlzeiten-Report 2008. Betriebliches Gesundheitsmanagement: Kosten und Nutzen. Springer, Berlin Heidelberg New York, S 163–170

13

# Kapitel 14

# Ressourcen als Schlüssel für Führung und Gesundheit im Betrieb

A. Orthmann, L. Gunkel, R. Otte

**Zusammenfassung.** *Führungskräften kommt in vielen betrieblichen Prozessen eine besondere Rolle zu. Sie tragen die Verantwortung für betriebliche Ziele und den Erfolg ihres Arbeitsbereiches, gestalten Veränderungsprozesse und Unternehmenskultur und sind mitverantwortlich für Leistungsfähigkeit, Arbeitszufriedenheit und Gesundheit ihrer Mitarbeiter. Doch wie beurteilen Führungskräfte ihre eigene Gesundheit, die Relevanz arbeitsbezogener Belastungen und die Tragweite der subjektiv zur Verfügung stehenden Ressourcen? Wie erleben sie insbesondere den für die Gesundheit so wesentlichen Aspekt der sozialen Unterstützung in ihrem Führungsalltag? Der Beitrag fasst die Ergebnisse einer empirischen Untersuchung an 268 Führungskräften mehrerer Unternehmen zusammen, die größtenteils aus der Branche öffentliche Verwaltungen und Dienstleistungen stammen und Projekte zum betrieblichen Gesundheitsmanagement in Kooperation mit der AOK Bayern durchführen. Untersucht wurde der Zusammenhang zwischen Faktoren psychischer Belastungen, sozialer Ressourcen, Arbeitszufriedenheit und gesundheitlichen Beschwerden. Die in der Praxis gewonnenen Erfahrungen, resultierende Maßnahmen und deren Erfolgsfaktoren sowie betriebliche Potenziale werden am Beispiel zweier beteiligter Unternehmen exemplarisch dargestellt.*

## 14.1 Führungskräfte im Fokus

Die Erkenntnisse der Führungsforschung machen es notwendig, auch die Bedingungen für „gute" Führung sowie das aus den organisationskulturellen Rahmenbedingungen mitgeprägte Belastungs- und Beanspruchungserleben der Führungskräfte selbst in den Fokus von Untersuchungen zu nehmen. In der wissenschaftlichen Literatur werden soziale Ressourcen wie eine gegenseitige kollegiale Unterstützung, ein positives Arbeitsklima oder eine mitarbeiterorientierte Führungskultur neben den personalen Ressourcen (wie Optimismus, Selbstvertrauen, berufliche Qualifikation, soziale Fähigkeiten) als die Faktoren beschrieben, die die stärksten gesunderhaltenden bzw. salutogenetischen Wirkungen entfalten können (Rimann u. Udris 1993;

Stadler u. Spieß 2002; Semmer u. Udris 2007; Otte u. Kastner 2011). Soziale Unterstützung am Arbeitsplatz wie die Unterstützung durch Kollegen und Vorgesetzte, können wesentliche Ressourcen darstellen, die positiven Einfluss auf die Bewältigung von Stress ausüben. Doch wie es in der betrieblichen Praxis im Hinblick auf soziale Unterstützung von und zwischen Führungskräften häufig aussieht, beleuchten die folgenden Thesen. Durch die Sandwichposition von Führungskräften, die sich durch einen Erwartungsdruck von oben und von unten und das oft beschriebene „sitzen zwischen den Stühlen" auszeichnet, sind im Verhalten von Vorgesetzten häufig Stresssymptome wie Gereiztheit und emotionale Unausgeglichenheit festzustellen. Mitunter gehen damit leistungsbezogene Versagensängste einher, geprägt durch Schwierigkeiten Entscheidungen zu treffen. Führungskräfte erhalten und suchen sich aus ihrem Rollenverständnis heraus oft wenig Unterstützung, weil es innerbetrieblich als persönliche Schwäche und Inkompetenz ausgelegt werden könnte, Rat und Hilfe zu suchen. Die Anforderungen, die sich durch die damit verbundenen Balanceakte ergeben, können die Führungsrolle psychisch belastend machen. Zudem sind Führungskräfte im eigentlichen Sinne oft nicht Teil eines Teams, sondern eher ein Teil einer lockeren Verbindung konkurrierender Einzelkämpfer (Hunziger u. Kesting 2004; Dieckhoff u. Hoffmann 2005). Wenn auch Interventionskonzepte zur betrieblichen Gesundheitsförderung zunehmend die Führungskräfte im Blick haben, steht bei einer Mitarbeiterbefragung meistens die gesamte Belegschaft im Zentrum der Analyse. Differenzierungen der Befragungsergebnisse werden in der betrieblichen Praxis häufig nur für Abteilungsbereiche erstellt, in der Regel mit den Zielen Vergleichbarkeit und Identifizierung der sich daraus ableitbaren Maßnahmen und Aktivitäten. Häufig wird davon abgesehen, die Befragungsaspekte aus der Perspektive unterschiedlicher Hierarchieebenen zu differenzieren, sodass eine spezifische Betrachtung der Belastungssituation bei Führungskräften in den meisten Fällen nicht möglich ist. Die Fragen, was Führungskräfte trotz belastender Arbeitssituationen gesund erhält, welche Ressourcen sie mobilisieren, wie sie ihre Arbeitszufriedenheit einschätzen und welche gesundheitlichen Beschwerden sie wahrnehmen, stehen im Zentrum der im Folgenden dargestellten Untersuchung. Die Ergebnisse unterstreichen, dass es einen Bedarf für die Entwicklung geeigneter Unterstützungsangebote für Führungskräfte gibt, und weisen auf Themenfelder der Personal- und Organisationsentwicklung sowie des betrieblichen Gesundheitsmanagements hin.

## 14.2 Methodisches Vorgehen und Ergebnisse der Studie

Die Befragungen fanden im Jahr 2008 in insgesamt sechs Betrieben statt, wobei 93 Prozent der Befragungsteilnehmer aus drei Organisationen der Branche öffentliche Verwaltungen und Dienstleistungen stammen. Insgesamt haben 268 Führungskräfte (Meister, Techniker, Ingenieure, Sachgebiets- und Abteilungsleiter) teilgenommen, etwa zwei Drittel davon sind Männer (◘ Abb. 14.1). Für die Teilnahme an der Befragung ist die Tätigkeit als Führungskraft, d. h. direkte Mitarbeiterverantwortung, Voraussetzung. Die Stichprobe ist von einer eher heterogenen Struktur unterschiedlicher Hierarchie- und Führungsebenen geprägt.

Die Befragungen wurden mithilfe eines Fragebogens durchgeführt, der aufgrund der oben beschriebenen Fragestellungen Inhalte und Fragen dreier im Bereich der betrieblichen Gesundheitsförderung eingesetzter Fragebogen kombiniert (◘ Tab. 14.1). Die Skalierung erfolgte in einheitlichen Viererskalen; wenn erforderlich, wurden die ursprünglichen Skalen entsprechend umgewandelt.

Die Datenanalysen basieren auf Zusammenhängen zwischen den Konstrukten „psychische" und „soziale

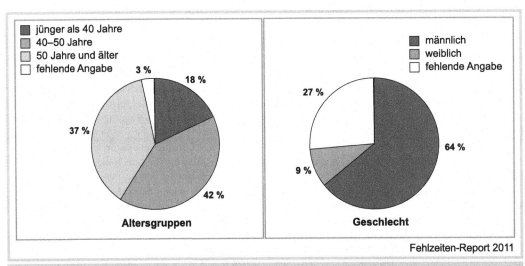

◘ Abb. 14.1 Stichprobe nach Altersgruppen und Geschlecht

Fehlzeiten-Report 2011

◻ **Tab. 14.1** Verwendete Quellen zur Konstruktion des Fragebogens

| Instrument/Fragebogen | Merkmalsbereiche/Inhalte | Quelle |
|---|---|---|
| WIdO-Fragebogen | Arbeitsbelastungen<br>Arbeitszufriedenheit<br>Gesundheitliche Beschwerden | Vetter u. Redmann (2005)<br>Zok (2010) |
| COPSOQ-Fragebogen –<br>Copenhagen Psychosocial Questionnaire | Arbeitszufriedenheit<br>Gesundheitliche Beschwerden | Nübling et. al (2005) |
| SALSA-Fragebogen –<br>Salutogenetische Subjektive Arbeits-<br>analyse | Arbeitsbelastungen<br>Soziale Ressourcen | Rimann u. Udris (1993, 1999) |

Fehlzeiten-Report 2011

Belastungen", „soziale Ressourcen" sowie „Arbeitszufriedenheit" und „gesundheitliche Beschwerden" und den Beziehungen zwischen ihnen. Die theoretischen Konstrukte ergeben sich aus explorativen Faktorenanalysen über thematische Bereiche (z. B. psychische Belastungen) des Fragebogens. Die verwendeten Skalen erreichen in der Regel ausreichende Reliabilitätswerte Cronbach's $\alpha \geq 0{,}60$ (dieser relativ geringe Wert ist auf die z. T. geringe Anzahl der Items zurückzuführen). Im Hinblick auf die Items des SALSA-Fragebogens zu sozialen Belastungen und Ressourcen im Betrieb wird auf die wissenschaftlichen Untersuchungen und Publikationen von Rimann und Udris (1993; 1999) hingewiesen. Die Anwendung der SALSA-Skalen bei der Zielgruppe der Führungskräfte ist bisher nicht explizit untersucht und beschrieben worden. Eine Spezifizierung des Instrumentes für diese Zielgruppe ist aus heutiger Sicht sinnvoll. Für den Merkmalsbereich „Arbeitszufriedenheit" und die diesbezüglich verwendeten Items des COPSOQ-Fragebogen sei auf die Ergebnisse der Erprobungsstudie (Nübling et al. 2005) und die deutsche COPSOQ-Website[1] hingewiesen.

## 14.2.1 Arbeits- und soziale Belastungen

Das breite Feld möglicher Arbeitsbelastungen *von Führungskräften* wird in der Studie auf einen Teilbereich begrenzt (vgl. Oppolzer 2010). Die im Fragebogen verwendeten Items beziehen sich u. a. auf psychische Belastungen durch die Arbeitsaufgabe, die Arbeitsorganisation, die Tätigkeitsbedingungen sowie auf soziale Belastungen (WIdO-Fragebogen, ◻ Tab. 14.1). Belastungen aufgrund von Umgebungsbedingungen und körperlichen Belastungen werden nicht erhoben. Die Faktorenanalyse der sogenannten „psychischen Belastungen" ergibt drei inhaltlich interpretierbare Faktoren (◻ Tab. 14.2). Die stärksten Belastungen äußern die Führungskräfte im Hinblick auf „leistungsbezogene Aspekte ihrer Tätigkeit" wie Verantwortung und hohe Arbeitsmengen (◻ Abb. 14.2). Dies weist auf die bei Führungskräften noch häufig zu findende Verschiebung der Arbeitsverteilung zugunsten von Sach- und Fachaufgaben anstelle von Personen- und Beziehungsaufgaben hin. Hier wären eine Klärung des Rollenverständnisses und des Aufgabenbereiches der Führungskräfte selbst mit dem Ziel der Konzentration auf die wesentlichen Führungsaufgaben sowie ein effektives Zeit- und Aufgabenmanagement sinnvolle Maßnahmen.

Die Merkmalsbereiche „belastendes Arbeitsklima" und „belastendes Vorgesetztenverhalten" ergeben sich aus der faktorenanalytischen Untersuchung der Items aus dem SALSA-Fragebogen (◻ Tab. 14.4). Etwa ein Fünftel der befragten Führungskräfte geben an, dass Spannungen am Arbeitsplatz und das Ausbaden von Fehlern anderer wesentliche soziale Belastungen für sie darstellen. Als fast ebenso arbeitsbelastend werden Anweisungen durch die eigenen Vorgesetzten eingeschätzt. So zeichnet sich die Tätigkeit von Führungskräften durch eine Vielzahl unsicherer Aspekte aus, die insbesondere in der Zusammenarbeit mit Mitarbeitern und durch die Führungsaufgabe selbst entstehen. Ein kompetenter Umgang mit Fehlern, das zielführende Delegieren von Arbeitsaufgaben sowie hohe emotionale Kompetenzen auf Seiten der Führungskräfte im Umgang mit Konflikten und Kritik sind wesentliche Fähigkeiten die es zu entwickeln gilt, um soziale Belastungen im Führungshandeln zu reduzieren. Diesbezügliche Potenziale lassen sich z. B. durch kontinuierliche Trainingsmaßnahmen im Rahmen einer Führungskräfteentwicklung fördern. Die Möglichkeit einer offenen und vertrauensvollen Auseinandersetzung der Führungskräfte untereinander und auch mit ihren eigenen Vorgesetzten stellt eine weitere wichtige Entwicklungsperspektive dar.

---

1 www.copsoq.de

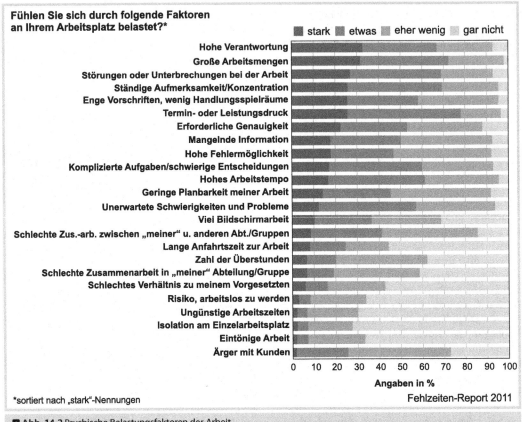

**Fühlen Sie sich durch folgende Faktoren an Ihrem Arbeitsplatz belastet?***

stark ■ etwas ■ eher wenig ■ gar nicht

- Hohe Verantwortung
- Große Arbeitsmengen
- Störungen oder Unterbrechungen bei der Arbeit
- Ständige Aufmerksamkeit/Konzentration
- Enge Vorschriften, wenig Handlungsspielräume
- Termin- oder Leistungsdruck
- Erforderliche Genauigkeit
- Mangelnde Information
- Hohe Fehlermöglichkeit
- Komplizierte Aufgaben/schwierige Entscheidungen
- Hohes Arbeitstempo
- Geringe Planbarkeit meiner Arbeit
- Unerwartete Schwierigkeiten und Probleme
- Viel Bildschirmarbeit
- Schlechte Zus.-arb. zwischen „meiner" u. anderen Abt./Gruppen
- Lange Anfahrtszeit zur Arbeit
- Zahl der Überstunden
- Schlechte Zusammenarbeit in „meiner" Abteilung/Gruppe
- Schlechtes Verhältnis zu meinem Vorgesetzten
- Risiko, arbeitslos zu werden
- Ungünstige Arbeitszeiten
- Isolation am Einzelarbeitsplatz
- Eintönige Arbeit
- Ärger mit Kunden

0 10 20 30 40 50 60 70 80 90 100

**Angaben in %**

Fehlzeiten-Report 2011

*sortiert nach „stark"-Nennungen

◘ **Abb. 14.2** Psychische Belastungsfaktoren der Arbeit

**14**

## 14.2.2 Arbeitszufriedenheit und soziale Ressourcen

Zu ihrer Arbeitszufriedenheit befragt, geben mehr als 50 Prozent der Führungskräfte eine hohe Zufriedenheit mit dem Aspekt „Sicherheit vor Kündigung" an. Dies spiegelt wahrscheinlich eine Besonderheit der Branche öffentliche Verwaltungen und Dienstleistungen wider und ergänzt das Ergebnis der Belastungsanalyse, wo bereits das Risiko arbeitslos zu werden als gering eingeschätzt wird. Ein großer Teil der befragten Führungskräfte zeigt sich zufrieden mit der Arbeitszeitregelung (45,1 Prozent), den räumlichen Verhältnissen und dem Umfeld des Arbeitsplatzes (40,3 Prozent), der Möglichkeit selbständig zu arbeiten (39,6 Prozent), der Art und dem Inhalt der Tätigkeit (39,6 Prozent) und den Möglichkeiten sich weiterzubilden und hinzuzulernen (38,8 Prozent). Nach der Hauptkomponentenanalyse wird eine Drei-Faktoren-Lösung gewählt (◘ Tab. 14.3). Die größte Zufriedenheit ergibt sich bezüglich „tätig-keitsbezogener Aspekte", die die Art und den Inhalt

der Tätigkeit selbst und die Möglichkeiten die eigenen Fähigkeiten anzuwenden betreffen.

Soziale Ressourcen spielen bei der Bewältigung von Arbeitsanforderungen und Belastungen eine wichtige Rolle. Die zugrunde gelegten Items (SALSA-Fragebogen) der „sozialen Belastungen und Ressourcen" werden ebenfalls faktorenanalytisch untersucht. Neben den bereits genannten „sozialen Belastungen" (belastendes Arbeitsklima und Vorgesetztenverhalten) ergeben sich zwei Faktoren, die die sozialen Ressourcen „Mitarbeiterorientiertes Vorgesetztenverhalten" und „Positives Arbeitsklima" beschreiben (◘ Tab. 14.4). Die sozialen Ressourcen werden von den befragten Führungskräften z. T. sehr positiv eingeschätzt (Antwortkategorie: (1) fast nie/trifft überhaupt nicht zu – (4) fast immer/trifft völlig zu; SALSA-Skalen sind umgekehrt skaliert). Ausschlaggebend hierfür zeigt sich ein leichter Zugang zum eigenen Vorgesetzten (83,2 Prozent) und dessen Beachtung und Interesse an der eigenen Person (84 Prozent). Deutlich weniger zutreffend werden dagegen die Hilfe bei der Erledigung von Arbeitsaufgaben (56,3 Pro-

◼ **Tab. 14.2** Überblick über die varimax-rotierte Faktorenmatrix zu „psychische Arbeitsbelastungen"

| Konstrukte | Cronbach's Alpha | Items (Fühlen Sie sich durch folgende Faktoren an Ihrem Arbeitsplatz belastet...?) | Faktor-ladung |
|---|---|---|---|
| Belastungen durch leistungsbezogene Tätigkeitsaspekte | 0,90 | Termin und Leistungsdruck | 0,75 |
| | | Hohes Arbeitstempo | 0,78 |
| | | Große Arbeitsmengen | 0,72 |
| | | Ständige Aufmerksamkeit/Konzentration | 0,79 |
| | | Hohe Verantwortung | 0,74 |
| | | Komplizierte Aufgaben/schwierige Entscheidungen | 0,77 |
| | | Die erforderliche Genauigkeit | 0,73 |
| | | Hohe Fehlermöglichkeit | 0,69 |
| | | Unerwartete Schwierigkeiten und Probleme | 0,53 |
| | | Planbarkeit der Arbeit | 0,51 |
| | | Die Zahl der Überstunden | 0,50 |
| Belastungen durch mangelnde Kooperation | 0,69 | Enge Vorschriften, wenig Handlungsspielräume | 0,66 |
| | | Mangelnde Information | 0,62 |
| | | Ärger mit Kunden | 0,32 |
| | | Schlechte Zusammenarbeit in der Abteilung/Gruppe | 0,61 |
| | | Schlechte Zusammenarbeit zwischen meiner Abteilung/Gruppe und anderen Abteilungen/Gruppen | 0,73 |
| | | Schlechtes Verhältnis zu den Vorgesetzten | 0,64 |
| Belastungen durch Tätigkeitsbedingungen | 0,61 | Eintönige Arbeit | 0,53 |
| | | Viel Bildschirmarbeit | 0,68 |
| | | Isolation am Einzelarbeitsplatz | 0,72 |
| | | Lange Anfahrtszeit zur Arbeit | 0,47 |
| | | Ungünstige Arbeitszeiten | 0,49 |

Fehlzeiten-Report 2011

◼ **Tab. 14.3** Überblick über die varimax-rotierte Faktorenmatrix zu „Arbeitszufriedenheit"

| Konstrukte | Cronbach's Alpha | Items (Wie zufrieden sind Sie mit folgenden Aspekten Ihrer Tätigkeit als Führungskraft...?) | Faktor-ladung |
|---|---|---|---|
| Tätigkeitsbezogene Aspekte der Arbeitszufriedenheit | 0,88 | Art und Inhalt der Tätigkeit | 0,72 |
| | | Räumliche Verhältnisse am Arbeitsplatz | 0,46 |
| | | Möglichkeit die eigenen Fähigkeiten einzusetzen | 0,78 |
| | | Möglichkeit selbständig zu arbeiten | 0,73 |
| | | Möglichkeit sich weiterzubilden | 0,56 |
| | | Sicherheit vor Kündigung | 0,34 |
| | | Mitwirkungsmöglichkeiten | 0,56 |
| | | Die Art und Weise, wie Ihre Fähigkeiten genutzt werden | 0,66 |
| | | Die Herausforderungen und Fertigkeiten, die Ihre Arbeit beinhaltet | 0,77 |
| | | Ihre Arbeit insgesamt, unter Berücksichtigung aller Umstände | 0,54 |
| Einkommens- und entwicklungsbezogene Aspekte der Arbeitszufriedenheit | 0,80 | Einkommen | 0,72 |
| | | Sozialleistungen/-einrichtungen | 0,65 |
| | | Aufstiegsmöglichkeiten | 0,76 |
| | | Anerkennung der Leistung | 0,53 |
| | | Unternehmensziele | 0,51 |
| | | Ansehen der Firma | 0,49 |
| | | Berufsperspektiven | 0,68 |
| Soziale Aspekte der Arbeitszufriedenheit | 0,79 | Betriebsklima | 0,72 |
| | | Vorgesetzte | 0,73 |
| | | Leute und Zusammenarbeit | 0,67 |
| | | Führung der Organisationseinheit | 0,63 |

Fehlzeiten-Report 2011

**◻ Tab. 14.4** Überblick über die varimax-rotierte Faktorenmatrix zu „soziale Belastungen und Ressourcen"

| Konstrukte | Cronbach's Alpha | Items (Fragen zur Arbeitssituation: Kreuzen Sie bitte die für Sie zutreffende Stufe an.) | Faktor-ladung |
|---|---|---|---|
| Mitarbeiterorientiertes Vorgesetztenverhalten | 0,84 | Der Vorgesetzte lässt einen wissen, wie gut man seine Arbeit getan hat. | 0,72 |
| | | Der Vorgesetzte hilft mir bei der Erledigung der Aufgaben. | 0,77 |
| | | Das gegenseitige Vertrauen ist bei uns so groß, dass wir offen über alles, auch über persönliche Sachen, reden können. | 0,60 |
| | | Der Vorgesetzte ist daran interessiert, dass es seinen Mitarbeitern gut geht. | 0,63 |
| | | Der Vorgesetzte behandelt einen unfair. | -0,44 |
| | | Man hat leicht Zugang zum Vorgesetzten. | 0,67 |
| | | Der Vorgesetzte schenkt dem, was ich sage, Beachtung. | 0,60 |
| Belastendes Vorgesetzten-verhalten | 0,77 | Wenn ein Fehler passiert, findet der Vorgesetzte ihn immer zuerst bei uns. | 0,81 |
| | | Der Vorgesetzte erschwert einem das Arbeiten durch seine Anweisungen. | 0,81 |
| | | Der Vorgesetzte behandelt einen unfair. | 0,55 |
| | | Der Vorgesetzte schenkt dem, was ich sage, Beachtung. | -0,40 |
| Positives Arbeitsklima | 0,79 | Die Leute, mit denen ich zusammenarbeite, sind freundlich. | 0,42 |
| | | Die Leute, die mit mir zusammenarbeiten, helfen mir bei der Aufgabenerledigung. | 0,76 |
| | | Die Leute, mit denen ich zusammenarbeite, interessieren sich für mich persönlich. | 0,74 |
| Belastendes Arbeitsklima | 0,65 | Man muss mit Leuten zusammenarbeiten, die keinen Spaß verstehen. | 0,79 |
| | | Es gibt häufig Spannungen am Arbeitsplatz. | 0,60 |
| | | Die Leute, mit denen ich zusammenarbeite, sind freundlich. | -0,69 |
| | | Man muss ausbaden, was die anderen falsch machen. | 0,45 |

Fehlzeiten-Report 2011

**14**

zent) und das Feedback (48,4 Prozent) über die eigene Arbeit eingeschätzt. Das Sozial- bzw. Arbeitsklima wird von fast allen Befragten (94,8 Prozent) als „freundlich" angegeben, gekennzeichnet durch gegenseitige Hilfe (81,4 Prozent) und einem persönlichen Vertrauensverhältnis (64,2 Prozent) mit gegenseitigem Interesse (66,8 Prozent). Aus der Perspektive eines ressourcenorientierten Ansatzes sind gerade die positiv erlebten Bedingungen von Führungstätigkeiten, insbesondere die sozialen Ressourcen und alle Aspekte, die Arbeitszufriedenheit auszulösen vermögen, wesentliche Faktoren, die sich wertzuschätzen und weiterzuentwickeln lohnen. Die Wahrnehmung und Kommunikation unterstützender Aspekte kann z. B. bei der Bildung horizontaler Netzwerkstrukturen innerhalb der Führungsebene, aber auch im Hinblick auf die Gestaltung der Beziehungsebene zum eigenen Vorgesetzten hilfreich sein. Die Führungskraft selbst kann durch die Fokussierung auf *soziale* Ressourcen eine Zunahme der persönlichen Zufriedenheit erfahren und *soziale* Unterstützung erleben.

Die positive Erlebensqualität schafft ihrerseits Raum für die Wahrnehmung, mobilisiert die Nutzung vorhandener Ressourcen und kann im Rahmen kollegialer Supervision für Führungskräfte und im individuellen Coaching genutzt werden.

### 14.2.3 Zusammenhänge zwischen Arbeitsbelastungen, Arbeitszufriedenheit und sozialen Ressourcen

Die Korrelationsanalysen zeigen, dass erwartungsgemäß hohe psychische Belastungen mit mehr oder weniger geringer Zufriedenheit einhergehen (◻ Tab. 14.5). Hochsignifikante negative Zusammenhänge ergeben sich zwischen den psychischen Belastungen wegen „mangelnder Kooperation in der Tätigkeit" und den drei Faktoren der Arbeitszufriedenheit, wobei der stärkste negative Zusammenhang dann besteht, wenn die sozialen Aspekte in der Tätigkeit besonders hoch

**◼ Tab. 14.5** Korrelationsmatrix der Faktoren: „psychische und soziale Belastungen" und „Arbeitszufriedenheit"

|  |  | Aspekte der Arbeitszufriedenheit | | |
|  |  | FAK4 | FAK5 | FAK6 |
|  |  | tätigkeitsbezogen | materiell | sozial |
|---|---|---|---|---|
| Psychische Belastungen | FAK1 | -0,034 | -0,068 | -0,063 |
|  | Leistungsbezogene Tätigkeitsaspekte | N = 254 | N = 249 | N = 256 |
|  | FAK2 | -0,556** | –0,489** | -0,656** |
|  | Mangelnde Kooperation in der Tätigkeit | N = 260 | N = 256 | N = 263 |
|  | FAK3 | -0,509** | –0,270** | -0,327** |
|  | Bedingungen der Tätigkeit | N = 262 | N = 257 | N = 265 |
| Soziale Belastungen SALSA | SALSA 4 | 0,509** | 0,469** | 0,647** |
|  | Belastendes Vorgesetzten-verhalten | N = 261 | N = 256 | N = 264 |
|  | SALSA 6 | 0,391** | 0,428** | 0,614** |
|  | Belastendes Arbeitsklima | N = 261 | N = 256 | N = 264 |

** Signifikanzniveau $p \leq 0,01$ 2-seitig, unterschiedlich wegen „missing data"
Es werden die Korrelationen hervorgehoben, die mindestens 20 % gemeinsamer Varianz aufklären.

Fehlzeiten-Report 2011

**◼ Tab. 14.6** Korrelationsmatrix der Faktoren: „soziale Ressourcen" und „Arbeitszufriedenheit"

|  | Aspekte der Arbeitszufriedenheit | | |
|  | FAK4 | FAK5 | FAK6 |
|  | tätigkeitsbezogen | materiell | sozial |
|---|---|---|---|
| SALSA 3 |  |  |  |
| Mitarbeiterorientiertes Vorgesetztenverhalten | -0,472** | -0,499** | -0,692** |
| SALSA 5 |  |  |  |
| Positives Arbeitsklima | -0,367** | -0,307** | -0,458** |

** Die Korrelation ist auf dem Niveau von $p \leq 0,01$ (2-seitig); N = 258–266
SALSA-Skalen sind umgekehrt skaliert

Fehlzeiten-Report 2011

eingeschätzt werden, aber in der täglichen Praxis immer wieder die mangelnde Kooperation mit anderen erfahren wird. Belastende leistungsbezogene Tätigkeitsaspekte (Items mit hohen Ladungen sind u. a. „Termin- und Leistungsdruck", „große Arbeitsmengen") weisen keinen Zusammenhang mit den Aspekten der Arbeitszufriedenheit auf.

Wie erwartet, besteht bei hoch positiv eingeschätzten sozialen Ressourcen durch Vorgesetzte und einem positiven Arbeitsklima mit Unterstützung durch Mitarbeiter eine hohe Arbeitszufriedenheit (◼ Tab. 14.6). Ein mitarbeiterorientiertes Vorgesetztenverhalten weist die stärksten Zusammenhänge mit der Arbeitszufriedenheit der befragten Führungskräfte auf.

### 14.2.4 Arbeitsbelastungen, soziale Ressourcen und gesundheitliche Beschwerden

Im Rahmen eines zweiten Analyseschrittes wird der Frage nachgegangen, ob es zwischen den untersuchten belastenden Aspekten der Arbeit und gesundheitlichen Beschwerden einen Zusammenhang gibt. Es werden sieben statistisch und inhaltlich bedeutsame Faktoren extrahiert (◼ Tab. 14.7). Insbesondere mit den „emotionalen Stresssymptomen/Burnout" finden sich statistisch gesicherte Zusammenhänge mit den „sozialen Belastungen". Mehr als 30 Prozent der Befragten sehen einen Zusammenhang ihrer Beschwerden wie Reizbarkeit, Nervosität/Unruhe, Lustlosigkeit/Ausgebranntsein, allgemeine Müdigkeit/Mattigkeit oder Erschöpfung und Schlafstörungen mit ihrer Tätigkeit als Führungskraft (◼ Abb. 14.3).

Deutlich wird, dass das im betrieblichen Kontext der teilnehmenden Führungskräfte wahrgenommene

◻ **Tab. 14.7** Überblick über die varimax-rotierte Faktorenmatrix zu „gesundheitliche Beschwerden"

| Konstrukte | Cronbach's Alpha | Items (Wie oft haben Sie die folgenden Beschwerden...?) | Faktorladung |
|---|---|---|---|
| Emotionale Stresssymptome/ Burnout | 0,90 | Nervosität, Unruhe | 0,58 |
| | | Reizbarkeit | 0,58 |
| | | Schlafstörungen | 0,52 |
| | | Allgemeine Müdigkeit, Mattigkeit oder Erschöpfung | 0,70 |
| | | Lustlosigkeit, ausgebrannt sein | 0,82 |
| | | Mutlosigkeit, Traurigkeit, Bedrückung | 0,72 |
| | | Emotionale Erschöpfung | 0,78 |
| | | Körperliche Erschöpfung | 0,56 |
| | | Gedanken wie „ich kann nicht mehr" | 0,60 |
| Herz-/Kreislaufbeschwerden | 0,75 | Kreislaufstörungen | 0,71 |
| | | Herzbeschwerden | 0,79 |
| | | Venenerkrankung | 0,51 |
| | | Schwindelgefühle | 0,69 |
| | | Atemnot | 0,53 |
| Kognitive Stresssymptome | 0,77 | Konzentrationsprobleme | 0,59 |
| | | Schwierigkeiten, klar zu denken | 0,69 |
| | | Schwierigkeiten, sich zu erinnern | 0,77 |
| | | Schwierigkeiten, Entscheidungen zu treffen | 0,56 |
| Somatische Beschwerden | 0,77 | Appetitlosigkeit, Übelkeit | 0,74 |
| | | Kopfschmerzen | 0,56 |
| Beschwerden des Bewegungsapparates | 0,68 | Rückenschmerzen | 0,84 |
| | | Gelenkschmerzen | 0,68 |
| | | Verspannungen, Verkrampfungen | 0,60 |
| Erkältungssymptome | 0,65 | Erkältungen | 0,81 |
| | | Reizhusten | 0,67 |
| | | Anfälligkeit für eine Erkrankung | 0,57 |
| Augen- und Hautbeschwerden | 0,48 | Reizung der Augen | 0,77 |
| | | Hautprobleme (Jucken, trockene Hautstellen, Ekzeme) | 0,57 |

Fehlzeiten-Report 2011

**14**

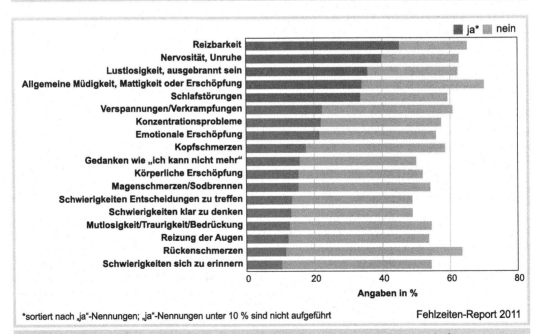

*sortiert nach „ja"-Nennungen; „ja"-Nennungen unter 10 % sind nicht aufgeführt    Fehlzeiten-Report 2011

◻ **Abb. 14.3** Zusammenhang zwischen gesundheitlichen Beschwerden und der Tätigkeit als Führungskraft

soziale Miteinander und die eigene Befindlichkeit in signifikanten Zusammenhängen stehen (vgl. ◘ Tab. 14.8 und ◘ Abb. 14.4). Ein hohes „mitarbeiterorientiertes

Vorgesetztenverhalten" geht mit seltener wahrgenommenen „emotionalen Stresssymptomen/Burnout" und „somatischen Beschwerden" einher. Umgekehrt ist ein

◘ **Tab. 14.8** Korrelationsmatrix der Faktoren „soziale Belastungen und Ressourcen" und „gesundheitliche Beschwerden"

|  | G1 Emotionale Stresssymptome/ Burnout | G2 Herz-/ Kreislaufbeschwerden | G3 Kognitive Stresssymptome | G4 Somatische Beschwerden | G5 Beschwerden des Bewegungsapparates | G6 Erkältungssymptome | G7 Augen- und Hautbeschwerden |
|---|---|---|---|---|---|---|---|
| **SALSA 3** | | | | | | | |
| Mitarbeiterorientiertes Vorgesetztenverhalten | ,391** | ,141* | 0,119 | ,267** | ,186** | 0,116 | ,251** |
| **SALSA 4** | | | | | | | |
| Belastendes Vorgesetztenverhalten | -,398** | -,169** | -,232** | -,339** | -,230** | -,213** | -,238** |
| **SALSA 5** | | | | | | | |
| Positives Arbeitsklima | ,271** | 0,053 | ,231** | ,205** | ,191** | ,130* | ,224** |
| **SALSA 6** | | | | | | | |
| Belastendes Arbeitsklima | -,391** | -,146* | -,270** | -,315** | -,186** | -,211** | -,234** |

** Die Korrelation ist auf dem Niveau von p ≤ 0,01 2-seitig signifikant; *p ≤ 0,05; N = 238–257
SALSA-Skalen sind umgekehrt skaliert

Fehlzeiten-Report 2011

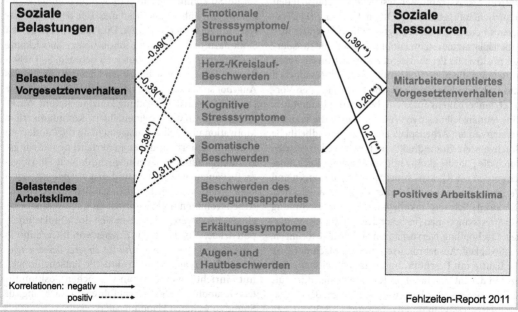

◘ **Abb. 14.4** Soziale Belastungen und Ressourcen und ihre Zusammenhänge mit gesundheitlichen Beschwerden

„belastendes Vorgesetztenverhalten" sowie ein „belastendes Arbeitsklima" mit häufigeren Beschwerden in Richtung Burnout und somatischen Beschwerden assoziiert (die Vorzeichen der Korrelationskoeffizienten ergeben sich durch die umgekehrte Skalierung der SALSA-Skalen im Vergleich zu den Skalen der gesundheitlichen Beschwerden; bei „sozialen Belastungen" bedeuten geringe Werte eine niedrige Belastungsausprägung; bei „sozialen Ressourcen" bedeuten geringe Werte eine niedrige Ausprägung der Ressourcen; bei „gesundheitlichen Beschwerden" bedeuten geringe Werte eine hohe Belastungsausprägung).

## 14.2.5 Fazit der empirischen Untersuchung

Die stärksten psychischen Belastungen äußern die Führungskräfte im Hinblick auf leistungsbezogene Aspekte ihrer Tätigkeit wie Verantwortung, hohe Arbeitsmengen und Termin- oder Leistungsdruck. Interessanterweise lassen sich in der Auswertung der Gesamtstichprobe beim Faktor „leistungsbezogene Aspekte der Tätigkeit" keine Zusammenhänge zu Arbeitszufriedenheit und lediglich tendenzielle Zusammenhänge zu gesundheitlichen Beschwerden finden. In Gruppenvergleichen (durch leistungsbezogene Aspekte hoch bzw. kaum belastete Führungskräfte) lassen sich dagegen statistisch gesicherte Effekte im Hinblick auf eine Burnout-Symptomatik mit emotionalen und kognitiven Stresssymptomen feststellen (Details zu den empirischen Ergebnissen s. Otte u. Kastner 2011). Insgesamt beurteilen die befragten Führungskräfte ihre Arbeitsplatzsituation im Hinblick auf soziale Ressourcen positiv. Die Ergebnisse der Korrelationsanalysen weisen auf die hohe Bedeutung sozialer Ressourcen und insbesondere eines mitarbeiterorientierten Vorgesetztenverhaltens für die Arbeitszufriedenheit hin. Eine tendenziell positive Wirkung haben die sozialen Ressourcen am Arbeitsplatz auch auf gesundheitliche Beschwerden. Gesundheitliche Beschwerden werden durch die Führungskräfte mit Schwerpunkt Rückenbeschwerden wie Rückenschmerzen, Verspannungen und Verkrampfungen und Gelenkschmerzen angegeben. Der zweite Schwerpunkt liegt auf der Wahrnehmung von Stresssymptomen (insbesondere Müdigkeit, Mattigkeit, Erschöpfung, Nervosität, Unruhe, Schlafstörungen, Lustlosigkeit, Ausgebranntsein und Kopfschmerzen), die häufig mit Erschöpfungszuständen einhergehen bzw. in der Interpretation in Richtung einer Burnout-Symptomatik eingeschätzt werden können. Bei den genannten Stresssymptomen sehen mehr als 30 Prozent

der Befragten einen Zusammenhang mit ihrer Tätigkeit als Führungskraft.

## 14.3 Reflexion betrieblicher Erfahrungen

Die Führungskräftebefragung wurde für die drei beteiligten größeren Betriebe separat ausgewertet und präsentiert. Die Ergebnisse (betriebsbezogene vs. Gesamtbefragung) wurden mit den betrieblichen Verantwortlichen diskutiert, die weitere Erarbeitung möglicher Handlungsansätze oblag den Unternehmen selbst. In zeitlichem Abstand wurden in zwei Betrieben die Erfahrungen mit der Untersuchung und die innerbetriebliche Weiterarbeit mit den Ergebnissen in leitfadengestützten Interviews evaluiert. Die Erkenntnisse dieser Evaluation werden im Folgenden dargestellt.

Aus Sicht der betrieblichen Verantwortlichen werden die Idee der Führungskräftebefragung und das methodische Herangehen positiv bewertet. Die Entscheider sehen sich in der Einschätzung der Bedeutung sozialer Kompetenzen von Führungskräften als ein entscheidender Erfolgsfaktor für das Unternehmen bestätigt. Die Aspekte psychische Belastungen, Arbeitszufriedenheit und gesundheitliche Beschwerden werden als wichtige Kenngrößen für die Person der Führungskraft selbst gesehen. Rückblickend wird berichtet, dass die Präsentation der Studienergebnisse z. T. für Überraschung und Betroffenheit auf Seiten der beteiligten Führungskräfte sorgte. So konnte die subjektiv wahrgenommene Belastung von Führungskräften mit Hilfe der Datenanalyse zum Ausdruck kommen. Dies führte im positiven Sinne dazu, dies zum Anlass für die weitere Entwicklung von Unterstützungsangeboten zu nehmen. So fließen die Studienergebnisse bei einem Unternehmen in das Angebot spezifischer Maßnahmen für Führungskräfte ein. Die Personalentwicklung konzipierte fünf Workshopmodule in den Themenfeldern Kommunikation, Motivation und Selbstmanagement. In die Pilotierung werden etablierte und weniger erfahrene Führungskräfte eingebunden, was ermöglicht, dass die Führungskräfte voneinander lernen und sich Netzwerke entwickeln. Wenn auch die bestehenden Belastungen durch Arbeitsvolumen und Zeitdruck als nicht veränderbar eingeschätzt werden, ergeben sich doch Entlastungspotenziale, z. B. durch das Erleben von Integration in die Führungsriege (*„man fühlt sich jetzt besser eingebunden"*). Organisationsstrukturelle Entscheidungen mit Einrichtung einer verantwortlichen Position für das Gesundheitsmanagement führen im Nachgang zur Studie zu weiteren Handlungsperspektiven.

In einem zweiten Unternehmen wird die Befragung als Initiative gesehen, die Themen Führung, Führungskompetenzen und Feedbackkultur im Unternehmen als relevantes Thema zu identifizieren. Die Sensibilisierung der oberen Führungsebenen für die genannten Themen ist erreicht, die Wertigkeit sozialer Führungskompetenzen ist erhöht. Darüber hinaus wird versucht, die Inhalte in den Führungsalltag der einzelnen Abteilungen zu transportieren. Personelle Veränderungen in der Führungsspitze, betriebsstrukturelle Gründe und die Zwänge des Führungsalltages haben hier noch nicht zu systematisch geplanten Konsequenzen geführt. Bisher waren einzelne Aktivitäten (Verbesserung der Feedback-Kultur in einer Abteilung, Stresszirkel in einer anderen, Workshops der Leitungsebene) die Folge. Die Weiterentwicklung steht aber erneut auf der Tagesordnung.

Die Evaluation zeigt deutlich, dass einige Erfolgsfaktoren zu beachten sind, wenn man im Unternehmen Führungsressourcen thematisieren und die Gesundheit von Führungskräften verbessern will:

— Gute Planung und Information aller Beteiligten, um eine hohe Rücklaufquote bei der Befragung zu erreichen. Die Sicherstellung von Vertraulichkeit ist hierzu Voraussetzung.

— Zeitnahe Rückmeldung der Ergebnisse an die beteiligten Führungskräfte. Elektronische Verfahren der Befragung können dies durchaus weiter verbessern.

— Vorbehaltlose und aktive Rückendeckung und Unterstützung der obersten Führung, die als „Leuchtturm" strahlt und das Thema positiv belegt und damit die Akzeptanz auch unterer Führungsebenen und die Umsetzung entsprechender Handlungskonsequenzen fördert.

— Zeitnahe Herausarbeitung betrieblicher Handlungsfelder als Konsequenz aus den Ergebnissen der Befragung. Idealerweise werden diese bereits zusammen mit den Ergebnissen präsentiert.

— Intensive Bearbeitung der Ergebnisse durch die Führungskräfte, z. B. in Workshops zu den Fragen *„Was bedeuten diese Ergebnisse für mich/für meinen Verantwortungsbereich?" „Welche Konsequenzen sind für mich/meinen Verantwortungsbereich zu ziehen?"*

— Beauftragung eines verantwortlichen „Kümmerers", der bereit und auch zeitlich in der Lage ist, an der Bearbeitung der Ergebnisse „dranzubleiben" und den Arbeitsprozess stringent zu planen.

— Möglichst Einbindung externer Experten in den weiteren Arbeitsprozess, die einerseits Fachkompetenz einbringen, aber andererseits auch als „Erinnerer"

wirken und dadurch den Prozess der Umsetzung betrieblicher Interventionen weiter befördern.

## 14.4 Betriebliche Potenziale und Handlungsperspektiven

Die Ergebnisse der Untersuchung weisen auf den Bedarf an spezifischer Unterstützung von Führungskräften und die Entwicklung präventiver Ansätze zur Entwicklung von Führungsressourcen in der betrieblichen Gesundheitsförderung und der Personalentwicklung hin. Die Sensibilisierung der Führungskräfte für gesundheitsbezogene Fragestellungen, insbesondere für die Ursachen psychovegetativer Befindlichkeitsstörungen und die Entstehung von Stress bis hin zum Burnout-Syndrom ist sinnvoll.

Im Folgenden sind stichwortartig die Bereiche und Aktivitäten aufgeführt, die sich im Sinne der Unterstützung von Führungskräften zu entwickeln lohnen:

— Gesundheitscoaching für Führungskräfte (vgl. Brandenburg u. Marschall 1999). Sensibilisierung der Führungskräfte im Hinblick auf die Möglichkeiten ihrer Einflussnahme auf die Aspekte Arbeitszufriedenheit und Gesundheit. Dabei den Blickpunkt auf die Entwicklung personaler Ressourcen und Kompetenzen richten.

— Schulungsmaßnahmen und Trainings im Umgang mit Konflikten und Stress, z. B. Entspannungs- und Konfliktmoderationstrainings für Führungskräfte, Work-Life-Balance-Konzepte, Umgang mit emotionalen Anforderungen in Zusammenarbeit mit Mitarbeitern und Kunden, Coping-Strategien entwickeln und anwenden (vgl. Kastner 2004; Otte u. Kastner 2011).

— Modell der gegenseitigen Unterstützung von Führungskräften u. a. im Sinne eines unterstützenden Netzwerkes (z. B. kollegiale Beratung) und das Angebot von Coaching und Supervision für Führungskräfte im Unternehmen (Dieckhoff u. Hoffmann 2005).

— Sensibilisierung im Hinblick auf die eigene Rolle als Führungskraft mit Förderung der Selbstmanagementkompetenzen. Zeit- und Arbeitsdruck relativieren lernen und ein effektives Zeit- und Aufgabenmanagement umsetzen.

— Führungsschulungen sind im weitesten Sinne eine Hilfe zur Belastungsbewältigung. Dabei werden soziale Fähigkeiten weiterentwickelt, z. B. die Fähigkeit, soziale Unterstützung zu geben und zu nehmen bzw. Konflikte besser zu bewältigen. Die Qualifizierungsmethodik auf ressourcenorientierte Ansätze hin erweitern.

- Arbeitsgestaltung und Gestaltung von Organisationsstrukturen im Sinne der Entwicklung von Transparenz und Partizipation sowie einer verbesserten Kommunikationsstruktur zwischen Führungskräften. Entwicklung eines Bewusstseins von Ressourcenförderung und Belohnung der Ressourcennutzung innerhalb der Organisation (Netzwerke gründen und attraktiv machen).

Für eine erfolgreiche Umsetzung von Maßnahmen und Aktivitäten für Führungskräfte ist insbesondere die Unterstützung durch das obere Management ein wesentlicher Faktor. Hier wird die Entscheidung für eine Führungskräftebefragung und die resultierenden Prozesse getroffen. Die Befragung kann, wie in der vorgestellten Untersuchung gezeigt, separat erfolgen oder im Rahmen einer allgemeinen Mitarbeiterbefragung mit der Möglichkeit, die Ergebnisse für die Gruppe der Führungskräfte zu differenzieren. Eine fundierte Belastungs- und Ressourcenanalyse dient insgesamt als gute Ausgangsbasis für alle weiteren Unterstützungsprozesse zu Führung und Gesundheit im Unternehmen. Auf der Managementebene können sowohl der belastungs- als auch der ressourcenorientierte Blickwinkel in Verbindung mit den Ergebnissen einer differenzierten Mitarbeiterbefragung Handlungsperspektiven für eine systematische Gesundheitsförderung für Führungskräfte und Mitarbeiter aufzeigen.

## Literatur

Brandenburg U, Marschall B (1999) „Gesundheitscoaching" für Führungskräfte. In: Badura B, Litsch M, Vetter C (Hrsg) Fehlzeiten-Report 1999. Psychische Belastungen am Arbeitsplatz. Springer, Berlin Heidelberg New York, S 254–267

Dieckhoff K, Hoffmann T (2005) Gute Mitarbeiterführung – Psychische Fehlbelastung vermeiden. Initiative Neue Qualität der Arbeit (INQA) (Hrsg) Wirtschaftsverlag NW, Bremerhaven

Hunziger A, Kesting M (2004) „Work-Life-Balance" von Führungskräften – Ergebnisse einer internationalen Befragung von Top-Managern 2002/2003. In: Badura B, Schellschmidt H, Vetter C (Hrsg) Fehlzeiten-Report 2003. Wettbewerbsfaktor Work-Life-Balance. Springer, Berlin Heidelberg New York, S 75–87

Kastner M (2004) Work Life Balance als Zukunftsthema. In: Kastner M (Hrsg) Die Zukunft der Work Life Balance. Wie lassen sich Beruf und Familie, Arbeit und Freizeit miteinander vereinbaren? Asanger Verlag, Kröning, S 1–65

Nübling M, Stößel U, Hasselhorn HM, Michaelis M, Hofmann F (2005) Methoden zur Erfassung psychischer Belastungen. Erprobung eines Messinstrumentes (COPSOQ). Schriftenreihe der Bundesanstalt für Arbeitsschutz und Arbeitsmedizin, Fb 1058. Wirtschaftsverlag NW, Bremerhaven. http://www.copsoq.de

Oppolzer A (2010) Psychische Belastungsrisiken aus Sicht der Arbeitswissenschaft und Ansätze für die Prävention. In: Badura B, Schröder H, Klose J, Macco K (Hrsg) Fehlzeiten-Report 2009. Arbeit und Psyche: Belastungen reduzieren – Wohlbefinden fördern. Springer, Berlin Heidelberg New York, S 13–22

Otte R, Kastner M (2011) Empirische Ergebnisse und Zukunftsaspekte des betrieblichen Gesundheitsmanagement (im Druck)

Rimann M, Udris I (1993) Belastungen und Gesundheitsressourcen im Berufs- und Privatbereich. Eine quantitative Studie. Forschungsprojekt Salute, Bericht Nr. 3. Institut für Arbeitspsychologie, ETH Zürich

Semmer N, Udris I (2007) Bedeutung und Wirkung von Arbeit. In: Schuler H (Hrsg) Lehrbuch Organisationspsychologie. Stuttgart, S 157–195

Stadler P, Spieß E (2002) Mitarbeiterorientiertes Führen und soziale Unterstützung am Arbeitsplatz. Schriftenreihe der Bundesanstalt für Arbeitsschutz und Arbeitsmedizin. Dortmund

Udris I, Rimann M (1999) SAA und SALSA: Zwei Fragebögen zur subjektiven Arbeitsanalyse. In: Dunckel H (Hrsg) Handbuch psychologischer Arbeitsanalyseverfahren. MTO Band 14, Zürich, S 397–419

Vetter C, Redmann A (2005) Arbeit und Gesundheit – Ergebnisse aus Mitarbeiterbefragungen in mehr als 150 Betrieben. Wissenschaftliches Institut der AOK, Bonn

Zok K (2010) Gesundheitliche Beschwerden und Belastungen am Arbeitsplatz. Ergebnisse aus Beschäftigtenbefragungen. KomPart Verlagsgesellschaft mbH & Co. KG, Berlin

# Kapitel 15

# Erfolgreiche Implementierung gesundheitsgerechter Mitarbeiterführung in mittelständischen Unternehmen

K. Bayer, A. Förster, K. Heimerl, E. Grofmeyer

**Zusammenfassung.** *Die in diesem Beitrag vorgestellten Projekte wurden überwiegend in mittelständischen Betrieben aus den Branchenbereichen Spielzeugherstellung, Luft- und Raumfahrzeugbau, Baugewerbe und Versandhandel durchgeführt. Je nach gewählter Zielsetzung standen die führungsbedingten Belastungen der unteren und mittleren Führungsebene oder die Auseinandersetzung mit dem eigenen Führungsverhalten und dessen Auswirkungen im Mittelpunkt der Maßnahmen. Unabhängig vom Einsatz verschiedener BGM-Tools (Gesundheitszirkel, Workshops) zeigt sich, wie bedeutsam die betrieblichen Rahmenbedingungen sind, um die Lösungs- und Verbesserungsvorschläge nachhaltig umsetzen zu können.*

## 15.1 Einleitung

Durch ihr besonderes Aufgaben- und Anforderungsspektrum sind Führungskräfte spezifischen Gesundheitsbelastungen ausgesetzt. Dabei werden die psychischen Stressoren deutlich stärker empfunden als die körperlichen (Brandenburger u. Marschall 1999). So klagen bspw. nach einer internationalen Befragung aus den Jahren 2002/2003 mehr als die Hälfte der Führungskräfte regelmäßig über Befindlichkeitsstörungen wie Rückenschmerzen, Schlafstörungen und Herzstolpern (Hunziger u. Kesting 2004). Oft signalisieren erste hohe Krankenstände bei Führungskräften und Mitarbeitern einen akuten Handlungsbedarf im betrieblichen Gesundheitsmanagement (BGM). Daraus ergibt sich für die Krankenkassen ein wichtiges Handlungsfeld für betriebliche Interventionen. So führt die AOK Bayern in BGM-Projekten zielgruppenorientierte Maßnahmen für Führungskräfte durch. Je nach Ausgangslage kann

dabei der inhaltliche Schwerpunkt bei der Analyse von Problemen und Belastungen von Führungskräften, aber auch in der Sensibilisierung und Stärkung gesundheitsgerechten Führungsverhaltens liegen. Eine erfolgreiche Intervention folgt dabei immer einem bestimmten Schema: Am Anfang steht eine Ausgangssituation, die von der Unternehmensleitung als problematisch bewertet wird. Auf Basis einer vertiefenden Analyse der Situation werden geeignete Maßnahmen ausgewählt. Nach der Intervention wird mit zeitlichem Abstand bewertet, inwieweit die durchgeführten Maßnahmen erfolgreich waren.

Im Folgenden werden vier Beispiele aus der Praxis beschrieben, wie die AOK Bayern erfolgreiche BGM-Maßnahmen in verschiedenen Unternehmen implementiert hat. Sie zeigen, wie bei verschiedenen Ausgangsituationen passende Methoden zum Einsatz kamen und welche Ergebnisse daraus resultierten. Es werden sowohl verhaltens- als auch verhältnisbezogene Maßnahmen vorgestellt.

## 15.2 Bandleiter setzen auf psychische Gesundheit

### 15.2.1 Ausgangssituation

In einem mittelständischen Unternehmen der Spielwarenindustrie bildete die Analyse der Arbeitsunfähigkeitsdaten über mehrere Jahre die zentrale Grundlage für die Planung von Gesundheitsangeboten für die Mitarbeiter. Umfangreiche, vor kurzem vollzogene Umstrukturierungen im Unternehmen hatten eine Vergrößerung der Führungsspanne zur Folge. Im Rahmen des BGM-Projekts wurde zusätzlich ein Steuerkreis eingerichtet. Dieser sollte weitgehend eigenverantwortlich die BGM-Prozesse im Unternehmen steuern. In der Startphase konzentrierten sich die Interventionen auf die ergonomischen Bedingungen am Arbeitsplatz. Während durchgeführte Maßnahmen und Angebote zur Verbesserung der ergonomischen Situation erste positive Auswirkungen zeigten (z. B. weniger artikulierte Rücken- und Gelenkbeschwerden, Rückgang der AU-Fälle in der Diagnosegruppe Muskel- und Skeletterkrankungen), stieg im Projektverlauf die Zahl der psychisch bedingten Erkrankungsfälle und das Volumen der Arbeitsunfähigkeitstage kontinuierlich an (◘ Abb. 15.1). Daraufhin entschieden die Gesundheitsakteure im Steuerkreis, das Thema zu vertiefen.

Von betriebsärztlicher Seite wurde bestätigt, dass sich immer mehr Mitarbeiter wegen psychischer Probleme in ärztlicher Behandlung befanden und offener über ihre psychischen Beschwerden mit dem Betriebsarzt sprachen. Die Betriebsräte berichteten von einer Zunahme von (Beratungs-)Gesprächen, in denen ratsuchende Mitarbeiter über psychische Belastungen am Arbeitsplatz klagten und dies auf unkorrektes und inkompetentes Vorgesetztenverhalten zurückführten. Die Arbeitnehmervertreter sahen die Ursache in den massiv gestiegenen Leistungsanforderungen an die Mitarbeiter und Führungskräfte. Von Seiten der Arbeitssicherheit wurde darauf hingewiesen, dass die Unerfahrenheit der neu eingesetzten Bandleiter sich teilweise ungünstig auf Motivation und Betriebsklima auswirkt. Übereinstimmend wurde ein objektiver Anstieg krankheitsbedingter Ausfälle bei den Bandführern beobachtet. Nach extern moderierten Besprechungen und Brainstormings wurde im Steuerkreis gemeinsam ein Überblick über das komplexe Feld potenzieller Auslöser für seelische Belastungen und Erkrankungen erarbeitet. Dadurch relativierte sich die Annahme, mit einfachen und isolierten betrieblichen Interventionen der problematisierten Entwicklung nachhaltig entgegenwirken zu können.

### 15.2.2 Analyse

Um gezielte Maßnahmen ergreifen zu können, musste zunächst die Ist-Situation analysiert werden. Bei einer Abfrage der Belastungserfahrungen zeigte sich, dass sich bei den Workshop-Teilnehmern ein hoher Mitteilungs-

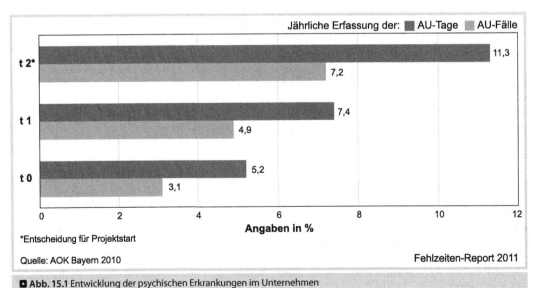

*Entscheidung für Projektstart

Quelle: AOK Bayern 2010                                                 Fehlzeiten-Report 2011

◘ Abb. 15.1 Entwicklung der psychischen Erkrankungen im Unternehmen und Klärungsbedarf angestaut hatte. Zudem waren einige Teilnehmer erst seit kurzer Zeit in der Führungsrolle und fühlten sich unzureichend vorbereitet. Für die neuen Vorgesetzten waren das Aufgabenspektrum und der Umfang an Entscheidungskompetenzen nicht klar genug definiert und erreichte bei dieser Gruppe den höchsten subjektiven Belastungswert. In der Gesamtwertung lagen die Spitzenwerte der Arbeitsbelastungen in den Kategorien Zeit- und Termindruck, häufige Störungen/Unterbrechungen bei der Arbeit, wenig Zeit für Mitarbeiter, Schlichtung/Moderation von Mitarbeiterkonflikten, unklare Führungsrolle und nach der Arbeit nicht abschalten können (◘ Abb. 15.2).

In einer weiteren gemeinsamen Abfrage nannten die Teilnehmer betriebliche Rahmenbedingungen, die zur Unterstützung eines vorbildlichen Umgangs mit psychischen Belastungen seitens der Führungskräfte noch verbessert werden müssten. Als dringend wurde ein betriebliches Schulungsangebot zum kompetenteren Umgang der Bandleiter mit Konflikten identifiziert. Gleichzeitig wurde angeregt, für den gesamten Betrieb ein bis zwei Konfliktmoderatoren auszubilden, die alle Leitungsebenen bei schwierigen Konfliktlösungen professionell unterstützen. Zur Klärung der Rolle der Bandleiter (Aufgabenspektrum und Entscheidungsbefugnisse) sollte die betreffende Arbeitspatz-/Stellenbeschreibung aktualisiert und präzisiert werden.

### 15.2.3 Implementierung

Im Steuerkreis wurde ein abgestuftes Maßnahmenpaket entwickelt, in dessen Zentrum die Vorgesetzten der unteren Führungsebene als Vorbilder und Multiplikatoren

gesehen wurden. Ausgangspunkt war die gemeinsame Überzeugung, dass Führungskräfte

– einen erheblichen Einfluss sowohl auf Wohlbefinden und Motivation der Mitarbeiter als auch auf die Qualität des Teamklimas („Teamgeist") haben;
– gleichzeitig aber über geringe bis keine Fortbildungserfahrungen zum gesundheitsgerechten Führungsverhalten verfügen;
– selbst mit der Zunahme psychischer Belastungsfaktoren wie Termin- und Leistungsdruck, Übernahme neuer Aufgaben u. ä. konfrontiert sind;
– durch ihre Vorbild- und Multiplikatorenrolle gefordert sind, den Mitarbeitern durch beispielgebendes Verhalten Orientierung im Umgang mit betrieblichen Stressoren zu geben.

Den inhaltlichen Schwerpunkt zur Sensibilisierung des Führungsverhaltens bildeten die beiden ausgewählten Themenblöcke:

– Einfluss der Vorgesetzten auf Gesundheit und Fehlzeiten ihrer Mitarbeiter,
– Grundlagen der Kommunikation.

In einem ersten Schritt wurden die Mitarbeiter im Rahmen einer Betriebsversammlung über die Krankenstandsentwicklung der zurückliegenden Jahre informiert, Dabei wurde auch auf die erkennbare Verschiebung der Krankheitsarten eingegangen. Neben der Ermunterung, sich auch bei psychischen Problemstellungen an die bewährten betrieblichen Ansprechpartner (Betriebsarzt, Betriebsrat) zu wenden, wurde auf das Schulungsangebot zur gesundheitsgerechten Mitarbeiterführung hingewiesen.

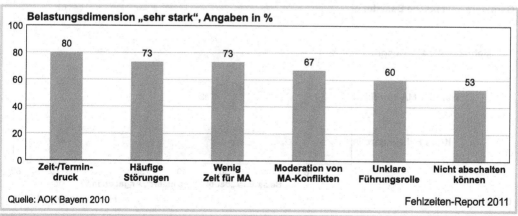

**Belastungsdimension „sehr stark", Angaben in %**

| Zeit-/Termin-druck | Häufige Störungen | Wenig Zeit für MA | Moderation von MA-Konflikten | Unklare Führungsrolle | Nicht abschalten können |
|---|---|---|---|---|---|
| 80 | 73 | 73 | 67 | 60 | 53 |

Quelle: AOK Bayern 2010

Fehlzeiten-Report 2011

◘ Abb. 15.2 Führungsspezifische Belastungen

Für einen eintägigen Impuls-Workshop wurden die Bandleiter ausgewählt. Sie sollten zum einen Gelegenheit erhalten, ihre spezifischen Gesundheitsbelastungen als Führungskraft zu thematisieren, ihr persönliches Gesundheitsverhalten im betrieblichen Kontext zu reflektieren und dieses in Verbindung zu ihrer Vorbildfunktion als direkte Vorgesetzte zu setzen.

Der Umgang der Vorgesetzten mit den eigenen psychischen Belastungen wird von den Mitarbeitern unmittelbar erlebt und bewertet. Das Belastungsverhalten der direkten Führungskraft gibt wichtige beispielgebende Impulse für den Umgang der Mitarbeiter mit belastenden Situationen. Die Führungskräfte reflektierten in Kleingruppen, wie sie selbst mit den von ihnen genannten Belastungsaspekten im Arbeitsalltag umgehen (Coping-Kompetenzen). Die Zusammenführung aller positiven Verhaltensweisen zur Belastungsbewältigung im Plenum verdeutlichte die Vielfalt und Bandbreite der Bewältigungsmöglichkeiten und inspirierte die Führungskräfte, neue Reaktionsweisen in ihrem Arbeitskontext auszuprobieren.

Um kompetenter mit der eigenen Stressbelastung umgehen zu können, regten die Workshop-Teilnehmer die Konzeption eines „Schnupper"-Angebots an, in dem verschiedene Entspannungsverfahren vorgestellt werden. Eine anschließende Abfrage zeigte, welche Methode favorisiert wurde und in einen Kurs münden sollte. Besonderen Zuspruch fand der Vorschlag eines Teilnehmers, sich für die Arbeitspausen zukünftig mit einem Bandleiter-Kollegen zu verabreden, um akute Belastungserfahrungen zeitnah austauschen zu können.

### 15.2.4 Bewertung der Intervention

Knapp vier Monate nach Durchführung der Workshops wurden mit den Bandleitern im Rahmen einer ebenfalls extern moderierten Besprechung die Umsetzungserfahrungen in der eigenen Führungspraxis bilanziert. Die Teilnehmer fühlten sich mehrheitlich in ihrer Führungsrolle deutlich sicherer, seit die überarbeitete Arbeitsplatzbeschreibung mit allen Mitarbeitern besprochen worden war und damit viele Irritationen auf beiden Seiten entfallen sind. In diesem Zusammenhang wurde auch auf den Rückgang an konflikthaften Auseinandersetzungen zwischen Mitarbeitern hingewiesen. Der „eingesparte" Zeitaufwand zur Konfliktklärung konnte jetzt für Mitarbeitergespräche genutzt werden. Trotz unveränderter Aufgabendichte bewertete ein Großteil der Bandleiter die individuell empfundene psychische Belastung als geringer als vor der durchgeführten Maßnahme. Für den zwischenzeitlich organisierten Stressbewältigungskurs hatten sich alle Workshop-Teilnehmer angemeldet. Die befragten Betriebsräte bestätigten, dass das Arbeitsklima im Fertigungsbereich durch sensibleres Führungsverhalten entspannter war (◘ Abb. 15.3).

## 15.3 Bauleiter und Poliere stärken ihre Gesundheitsressourcen

### 15.3.1 Ausgangssituation

Im Rahmen von jeweils vierstündigen Workshops haben drei bayerische Bauunternehmen mit ca. 40 bis 220

15

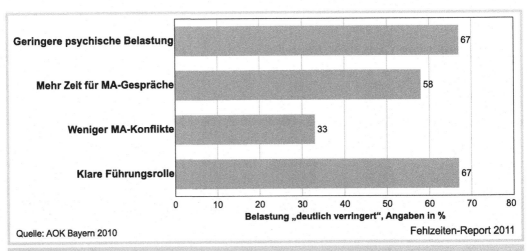

Quelle: AOK Bayern 2010

Belastung „deutlich verringert", Angaben in %

Fehlzeiten-Report 2011

◘ **Abb. 15.3** Verbesserte Führungspraxis

Mitarbeitern ihre Poliere, Bauleiter und Vorarbeiter für „mehr Gesundheit im Baugewerbe" sensibilisiert. Die Maßnahme hatte die Verknüpfung von gesundheitsgerechter Mitarbeiterführung und Kompetenzen zur Reduktion arbeitsbedingter körperlicher Erkrankungen zum Ziel. Vorausgegangen war jeweils die Präsentation der AU-Daten, die in allen Bauunternehmen über mehrere Jahre eine überdurchschnittliche Häufigkeit der Krankheiten des Muskel-Skelett-Systems und des Bindegewebes (ICD 13) zeigte. Darüber hinaus häuften sich über die Jahre die AU-Fälle und immer mehr Mitarbeiter waren von Arbeitsunfähigkeit betroffen (Anstieg der AU-Quote). Diese Kombination von AU-Daten gab bei allen Bauunternehmen den Hauptausschlag dafür, die Poliere, Bauleiter und Vorarbeiter im Rahmen von Workshops zur gesundheitsgerechten Mitarbeiterführung in ihrer Führungsverantwortung zu stärken und sensibler im Umgang mit ihren Mitarbeitern für ein gesundheitsgerechteres Arbeiten zu machen.

Thematisiert wurden im Workshop vor allem Probleme wie körperliche Belastungen, Stress, Termindruck, Überstunden, Witterung und lange Arbeitszeiten, die als typisch für die Baubranche anzusehen sind (Förster o. J.). Darüber hinaus sind auch Arbeitsbelastungen wie Fachkräftemangel, geistige Belastung, stressige Arbeitszeiten, Überforderung sowie unregelmäßige Pausen als „nervlich belastend" angesprochen worden. Insgesamt sahen sich die Workshop-Teilnehmer einem umfassenden Belastungs-Mix aus körperlichen und psychischen Anforderungen ausgesetzt.

### 15.3.2 Analyse

Bei den AOK-Workshops, die die Führungskräfte zum Thema „gesunde Mitarbeiter durch gesunde Führung" sensibilisierten, wurde auch gezielt nach Ressourcen im Unternehmen gefragt, die sich positiv auf die Gesundheit der Mitarbeiter auswirken. Nach gründlicher Recherche wurden folgende Aspekte genannt:
- Anerkennung,
- gutes Betriebsklima,
- gegenseitiger Respekt,
- gute Zusammenarbeit und
- hochwertige Schutzkleidung.

Die externe Moderatorin trug zunächst beispielhaft Erkenntnisse zum Umgang mit Belastungen (Belastungsreduzierung) und dem Verständnis von Ressourcen (Ressourcenstärkung) vor. Darauf aufbauend konnten die Führungskräfte betrieblich erlebte Ressourcen detailliert ergänzen:

- erlebte berufliche Perspektive,
- gemeinsame Freizeitveranstaltungen (z. B. Eisstockschießen und Hebefeiern),
- sicherer Arbeitsplatz,
- das ganze Jahr durchgehende Beschäftigung,
- Hebehilfe (Kran),
- moderne Schalungen und
- regelmäßige Mitarbeiter-Schulungen.

Dabei wurde den Teilnehmern bewusst, dass dem Erkennen und „Leben" von Ressourcen im Betrieb bisher zu wenig Aufmerksamkeit entgegengebracht wurde. Aus dieser Erkenntnis ergab sich bereits eine erste Konsequenz für das in die Zukunft gerichtete eigene Handeln: Die Vorgesetzten wollen dem Ressourcenthema zukünftig bei Besprechungen und im Einzelgespräch mehr Zeit einräumen. Ein Polier drückte es so aus: „Über Gutes reden wir ja wohl alle lieber als über die immer wieder zu lösenden Probleme und das Nichtmachbare!" Darin sehen Führungskräfte somit für sich selbst und auch für ihre Mitarbeiter eine gute Möglichkeit, mehr Zufriedenheit am Arbeitsplatz zu erlangen.

### 15.3.3 Implementierung

Als Konsequenzen für eine bessere Arbeitsorganisation und gesundheitsgerechtere Arbeitsbedingungen wurden folgende Verbesserungsmöglichkeiten erarbeitet:
- klare Zuständigkeiten
- Überstundenabbau
- Erholungsphasen einhalten
- Zusammenarbeit zwischen Chef und Arbeiter optimieren sowie
- häufigeres Besprechen von Problemen und Abläufen (Kommunikation) in regelmäßigeren Sitzungen

Ein besonderes Anliegen war es den Geschäftsleitungen, dass die Führungskräfte aus den Workshops etwas „Praktisches und Erlebbares mitnehmen sollen". Für die Sport- und Bewegungsfachkraft der AOK, der als Co-Moderator alle Workshops unterstützt hat, war dies eine sehr gute Gelegenheit, um das Thema „Gesunder Rücken am Bau" mit Empfehlungen für die Führungskräfte zu ergänzen (◻ Abb. 15.4).

Die Empfehlungen des Workshops stellen auch die Stärkung der Gesundheitskompetenz der Führungskräfte in Selbstreflexion als bewussten Umgang mit den eigenen Kräften in den Mittelpunkt. Darüber hinaus wurden die Führungskräfte durch das eigene Erleben von gesundheitsgerechtem Verhalten in die Lage versetzt, als Verantwortliche für dieses Thema sensibler

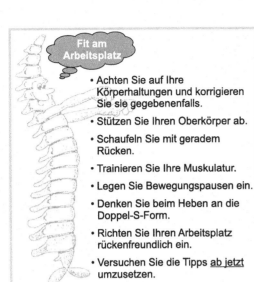

**■ Abb. 15.4** Empfehlungen zu mehr Rückengesundheit im Bauhandwerk

auf die Gesundheitssituation ihrer Mitarbeiter zu achten. Anhand einer Checkliste mit einfachen Fragen wie z. B.

— Richten die Mitarbeiter ihren Arbeitsplatz rückengerecht ein?
— Stützen sie ihren Oberkörper ab?
— Legen sie das Werkzeug erhöht ab?
— Arbeiten sie mit geradem Rücken und ohne Verdrehung der Wirbelsäule?
— Bücken sie sich rückengerecht?

können die Führungskräfte ihr eigenes Verhalten und das ihrer Mitarbeiter regelmäßig überprüfen, im Rahmen ihrer Führungsverantwortung gegensteuern und somit langfristig zu einem rückengerechten Verhalten am Arbeitsplatz und mehr Gesundheit im Baugewerbe beitragen.

### 15.3.4 Bewertung der Intervention

Alle Teilnehmer haben sich in den Workshops sehr offen mit dem Thema Gesundheit auseinandergesetzt und in angeleiteter Gruppenarbeit zu folgenden Fragen ausgetauscht: Was sollte hinsichtlich Arbeitsorganisation und Arbeitsbedingungen stärker beachtet werden? (Konsequenzen für das Bauunternehmen) und welches Verhalten sollte verändert oder stärker betont werden?

(Konsequenzen für das eigene Handeln). Die entsprechenden Diskussionsergebnisse wurden protokollarisch festgehalten und in anschließenden Gesprächen mit der jeweiligen Geschäftsführung bilanziert. Dabei wurde deutlich, dass sich die Workshops für die Geschäftsführer bereits dadurch ausgezahlt haben, dass ihre Führungskräfte in einen Erfahrungsaustausch zu gesundheitsrelevanten Themen getreten sind. Darüber hinaus boten die Protokollergebnisse Hinweise dazu, wie der Informationsfluss verbessert werden kann (häufigere Sitzungen mit „Stichpunkt-Protokoll"), die Bauleitung noch besser unterstützen kann (Termine konkretisieren, mit entsprechender Absprache der dazugehörigen Arbeitsabläufe), die Zuständigkeiten transparenter werden (klarer, genauer und detaillierter anweisen!) und bei Überlastung Arbeiten rechtzeitig und selbständig weitergeleitet werden (vorausschauend planen: rechtzeitige Materialbestellung und ausreichende Vorlaufzeiten einplanen). Da dies immer wieder auftretende „Baustellen" sind, wird an der Umsetzung kontinuierlich gemeinsam mit den Mitarbeitern aller Ebenen gearbeitet.

### 15.4 Neue Teamleiter „lernen" gesundheitsgerecht führen

#### 15.4.1 Ausgangssituation

Kurz vor Beginn des Projekts hatte der expandierende Versandgroßhandel mit Bekleidungswaren eine zusätzliche Führungsebene installiert und entschieden, die Führungsmannschaft auf ihre neue Aufgabe systematisch vorzubereiten. Das zentrale Anliegen war es, die neuen Teamleiter für ihre Aufgabe als Führungskraft zu sensibilisieren und ihre Fertigkeiten im Umgang mit den Führungsinstrumenten – vor allem den Gesprächen mit den Mitarbeitern – zu stärken.

#### 15.4.2 Analyse

Bereits lange vor der Fokussierung auf die neuen Führungskräfte hatte das Unternehmen größten Wert auf die Einbindung der Führungsebenen in alle BGM-Aktivitäten gelegt:

— Etablierung eines Arbeitskreises Gesundheit (AKG) als Steuerungs- und Planungsgremium
— Präsentation der jährlichen AU-Daten (mit diesem Monitoring-Instrument wird der BGM-Prozess kontinuierlich begleitet);

– Information der Gruppen- und Teamleiter über das Projekt, die Ziele und Vorgehensweisen im BGM und den Ablauf eines Gesundheitszirkels (GZ);
– Diskussion der im GZ eruierten Belastungsmomente und entwickelten Verbesserungsideen mit allen Führungsebenen hinsichtlich ihrer Praktikabilität und zu erwartenden Effektivität;
– Konkrete Umsetzung im Arbeitsumfeld der Mitarbeiter;
– Evaluationsgespräche mit den GZ-Teilnehmern, den Führungskräften und dem Management (Bewertung des Umsetzungsstandes, Identifikation des Nachsteuerungsbedarfs).

Durch die Expansion im Logistikbereich hatte sich die Zahl der gewerblichen Mitarbeiter fast verdreifacht, sodass die Anforderungen an Organisation, Steuerung und Führung entsprechend gewachsen waren. Dies führte zu der Entscheidung, eine neue Teamleiterebene zwischen den Gruppenleitungen und der Belegschaft einzurichten.

### 15.4.3 Implementierung

Das Problem war, dass die neuen, intern rekrutierten Teamleiter über keinerlei praktische Führungserfahrung verfügten. Um ihnen mehr Verhaltenssicherheit bei ihren fachlichen und disziplinarischen Führungsaufgaben zu ermöglichen, wurden 21 Teamleiter sowie vier Gruppenleiter geschult. In einem Modulpaket wurden den neuen Teamleitern in zwei Gruppen die folgenden Themenbereiche nähergebracht:

#### „Fehlzeiten-/Gesundheitsmanagement"

Das erste Modul beinhaltete die Einflussfaktoren auf die Gesundheit, Informationen zu den Bedingungen, Voraussetzungen und Zielen eines erfolgreichen BGM und Projektmanagements, ferner die rechtlichen Quellen, aus denen sich der verpflichtende Einsatz zum Schutz der Gesundheit in den Betrieben ergibt. Außerdem wurden die organisationalen, sozialen und persönlichen Ressourcen herausgearbeitet, die als gesundheitsstärkende Faktoren in der Arbeitswelt wirken.

#### „Führungsgrundlagen /-stile"

Das zweite Modul beschäftigte sich mit persönlichen Stärken und Schwächen im Führungsalltag, der persönlichen Bereitschaft, Verantwortung für die gesundheitlichen Rahmenbedingungen der Belegschaft zu übernehmen, dem persönlichen Führungsstil, den Erwartungen der Mitarbeiter, den Aspekten einer werteorientierten Führung und den Erkenntnissen der Neurobiologie zur Motivationssteigerung. Hier wurde vor allem die Erkenntnis gestärkt, dass „die bindenden Kräfte sozialer Beziehungen und sinnstiftender Überzeugungen und Werte und die von ihnen ausgehenden Einflüsse auf Kognition, Emotion, Motivation und Verhalten als soziale Gesundheitspotenziale von allergrößter Bedeutung" sind (Badura et al. 1999). Im Sinne des „sozialpsychologischen Grundmodells" von Badura wurde die Einsicht vermittelt, dass Arbeitsverhalten als ein ganzheitlich zu begreifendes, gleichermaßen physisches, psychisches und soziales Geschehen zu sehen ist.

#### „Gesundheitsförderliche Kommunikation"

In diesem Abschnitt wurden grundlegende Aspekte der zwischenmenschlichen Kommunikation, die Bedeutung nonverbaler Kommunikation und bestimmter Gesprächshaltungen im Umgang mit den Mitarbeitern, die Einwirkung äußerer Rahmenbedingungen auf ein förderliches Gesprächsverhalten sowie die verschiedenen Formen von Mitarbeitergesprächen (wie Team-/Gruppengespräche, Feedback-Gespräche, Kritikgespräche) behandelt. In Rollenspielen – anknüpfend an die realen Alltagssituationen – konnten die Teilnehmer erproben, was es heißt, einen fürsorglichen Dialog zu pflegen und zu erkennen, welche positive Wirkung eine derartige Haltung auf den Gesprächsverlauf nehmen kann.

#### Lösungsansätze für die Zukunft

Im Workshop wurden die neuen Teamleiter nach ihrer Einschätzung gefragt, welche Erwartungshaltungen ihre Mitarbeiter an ihre neuen Führungskräfte haben könnten. Diese Ergebnisse konnten die Teilnehmer dann mit den Nennungen aus den beiden vorausgegangenen Gesundheitszirkeln abgleichen. Während die GZ-Teilnehmer einer guten Mitarbeiterführung die zweithöchste Bewertung gaben, hatten die Führungskräfte diesen Aspekt deutlich geringer bewertet. Vor dem Hintergrund der gewachsenen Mitarbeiteranzahl und der gestiegenen Arbeitsvolumina sollten die kritischen Punkte im Verhalten der bisherigen Führungsriege in folgender Richtung korrigiert werden:

- mehr Verlässlichkeit der Führungskräfte bzgl. einer zeitnahen Klärung von Fragen und Problemfällen im logistischen Prozess;
- verstärkte Dialoge mit den Mitarbeitern;
- mehr Besprechungen und Informationen in den Abteilungen;
- Vermittlung eines besseren Verständnisses für interne Abläufe durch die Gruppen- und Teamleiter;
- durchgängig freundlicher und respektvoller Umgang auch in stressigen Phasen;
- den Mitarbeitern bei guter Leistung deutlicheres Lob und Anerkennung zollen.

### 15.4.4 Bewertung der Intervention

Im Rahmen eines Evaluationsgespräches hoben die Mitglieder des AKG die verbesserte Kommunikation zwischen den Mitarbeitern untereinander und den Führungskräften hervor. Als weiterer wichtiger Nutzen des BGM-Projektes wurde die Verbesserung des Betriebsklimas und damit der Arbeitszufriedenheit bei der Belegschaft genannt. Hinzu kam, dass trotz der vielen neuen Mitarbeiter und der Veränderungen in der Organisation eine Stabilisierung des Krankenstandes zu beobachten war (◘ Abb. 15.5).

Für die zukünftige Arbeit wurde vereinbart, die neue Führungsmannschaft nach der Schulungsinitiative mit einem Coaching-Angebot in die Praxis zu entlassen, d. h. sie können sich jederzeit bei der Personalbetreuung/-entwicklung Rat und Unterstützung holen. Zusätzlich wurde ein Workshop geplant, um die bisherigen Erfahrungen auszutauschen und zu bewerten. Die Un-

ternehmensführung stellte im Rahmen eines Bilanzierungsgesprächs fest, dass sich der beharrliche Weg in Richtung BGM bewährt hat. Durch die Kontinuität über mehrere Jahre ist es gelungen, für den Themenbereich Führung und Gesundheit zu sensibilisieren, Führungskräfte für ein Gesundheitsmanagement zu begeistern und durch eine bessere und offenere Kommunikation das Engagement der Mitarbeiter, das Betriebsklima und die Arbeitszufriedenheit zu steigern.

## 15.5 Evaluierter Gesundheitszirkel mit Industriemeistern

### 15.5.1 Ausgangssituation

Im nachfolgend vorgestellten Projektbetrieb wurden alle Maßnahmen des BGM ausnahmslos im Arbeitskreis Gesundheit (AKG) gesteuert. Ein regelmäßiges Monitoring, in dem Arbeitsunfähigkeitsdaten der AOK Bayern mit eigenen Krankenstandsanalysen verglichen werden, gehörte ebenso dazu wie Angebote zur Bewegung, Ernährung und Stressbewältigung. Dass Führungskräfte einen großen Einfluss auf die Gesundheit, Zufriedenheit und Motivation ihrer Mitarbeiter haben, war im Unternehmen bekannt. Dies wurde durch partnerschaftliche und wertschätzende Führung gelebt, jedoch vernachlässigten Führungskräfte ihre eigene Gesundheit. Nach dem Motto „Erst die anderen – dann ich!" oder „Erst der Job, dann komm' ich!" rückten die Wünsche der Führungskräfte ins Abseits.

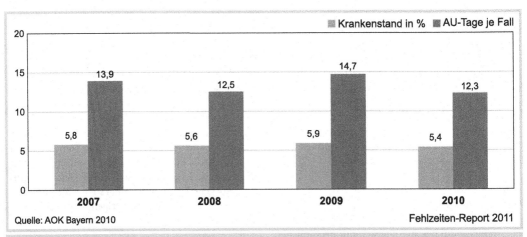

◘ Abb. 15.5 Krankenstand und Erkrankungsdauer

## 15.5.2 Analyse

Als Zielgruppe wurden die Produktionsmeister ausgewählt, da diese aufgrund der zunehmenden Arbeitsverdichtung enormen Belastungen ausgesetzt sind. Die zwölf beteiligten Meister sind für 45 bis 350 Mitarbeiter zuständig. Obwohl es in den großen Abteilungen Unterstützung durch Schichtleiter, Schichtführer und Gruppenleiter gibt, wurden die Verantwortung für so große Unternehmensbereiche und der damit verbundene Druck als gewaltig und gesundheitsbelastend eingestuft. Ausgangspunkt und Ziel der Analyse waren zunächst die Beantwortung folgender Fragestellungen:

- Welche führungsbedingten Belastungen nehmen Einfluss auf meine Gesundheit?
- Welche Folgen und Auswirkungen ergeben sich aufgrund dieser Belastungen?
- Welche Lösungen und Verbesserungsmöglichkeiten gibt es?

Die Aufgabe der Teilnehmer lag demnach darin, die vorhandenen Belastungsfaktoren und Probleme im Arbeitsumfeld in einem Gesundheitszirkel genauer zu analysieren sowie arbeitsplatznahe und realistisch umsetzbare Vorschläge zur Verbesserung der Belastungen zu entwickeln. Um eine konstruktive Arbeit im Gesundheitszirkel zu gewährleisten, hatten Geschäfts- und Produktionsleiter eine störungsfreie Mitarbeit durch eine entsprechende Vertreterregelung arrangiert.

## 15.5.3 Implementierung

Schon die Planung eines Gesundheitszirkels (GZ) (Resch u. Gunkel 2004) mit Produktionsmeistern war eine Hürde, die es zu überspringen galt. Verschiedene Faktoren wie die ständige Erreichbarkeit/Rufbereitschaft und ein voller Terminkalender erschwerten die Organisation der GZ-Termine. Dennoch wurden vier GZ-Sitzungen von je zwei Stunden geplant und innerhalb von fünf Wochen durchgeführt. Im Vorfeld hatte eine Informationsveranstaltung zur Durchführung, Organisation und zum Vorgehen des GZ stattgefunden. Im Anschluss wurden die Ergebnisse von den GZ-Teilnehmern im AKG mit Beteiligung aller verantwortlichen Vorgesetzten präsentiert. Bei der Ergebnispräsentation galt es nicht nur Probleme, Belastungen und deren Lösungen vorzustellen, sondern auch Beschlüsse zu fassen und Verantwortliche im Sinne von „Kümmerern" zu benennen.

*Ergebnisse des Gesundheitszirkels*

### Der Umgang mit zunehmendem Zeitdruck
„Der Tag müsste 30 Stunden haben, dann könnte ich einen guten Job machen!" oder „Der Tag hat 24 Stunden, und wenn das nicht reicht, machen wir Überstunden!" Diese und ähnliche Äußerungen wurden häufig genannt. Zeitdruck und Zeitnot gehören angeblich zum Job einer Führungskraft und häufig bleibt nicht genügend Zeit, um Arbeiten ordentlich abzuschließen. Obwohl delegieren auch als Erleichterung für die Führungskräfte gesehen wird, fürchteten einige Meister den Kontrollverlust. Dadurch, dass die Vorteile des Delegierens im Gesundheitszirkel thematisiert wurde, wird es mittlerweile vermehrt als Führungsinstrument genutzt. Zudem sind engagierte Mitarbeiter als Gruppensprecher eingesetzt worden, die Probleme in der Gruppe selbständig lösen und den Führungskräften etwas mehr „Luft" verschaffen.

### Arbeitszeiten gibt es nicht – oder doch?
Fast alle Meister haben bereits die sogenannte „Urkunde" erhalten: eine Ermahnung, und im Wiederholungsfall eine Abmahnung, die bei einer Überschreitung der täglichen Zehn-Stunden-Grenze ausgesprochen wird. Normalerweise liegt die Wochenarbeitszeit bei maximal 50 Stunden. Die gesetzliche Arbeitszeitregelung sieht maximal einen Zehn-Stunden-Arbeitstag vor, wobei die betriebliche Vorgabe bei acht Stunden Arbeitszeit täglich liegt. Für Meister entsteht dabei oft ein Konflikt, da bei Einhaltung dieser Arbeitszeiten der Aufsichts- und Fürsorgepflicht für Mitarbeiter und Fremdfirmen nicht nachgekommen werden kann. Bei der Betreuung von Fremdfirmen entstehen bei Beachtung der Arbeitszeiten zusätzliche Kosten, da diese Mitarbeiter nach Ablauf der Zehn-Stunden-Arbeitszeit des Meisters nach Hause geschickt werden müssten und erst an einem weiteren Anreisetag ihre Arbeit beenden können. Hier wollten die Meister ihre Aufgaben erledigen, ohne von Zeitgrenzen eingeengt zu werden. Einige „stempelten aus", blieben aber im Betrieb, um absehbar endende Arbeiten zu begleiten. Da gesetzliche Vorgaben eingehalten werden müssen, wurde die Einhaltung des Arbeitszeitgesetzes erneut als unumgänglich postuliert. Ausnahmen sind lediglich bei Rufbereitschaft und aus triftigem Grund möglich, der allerdings vom Vorgesetzten genehmigt werden muss.

### Top-Projekte = Projektarbeit „on top"
Die Meister sind ständig in Projekte eingebunden. Projektleiter sind jedoch oftmals Newcomer, die zwar mit akademischem Abschluss Projekte durchführen

können, das Wissen über die Fertigung und wichtige innerbetriebliche Abläufe aber bei den Meistern erfragen müssen. Da viele Projekte durchgeführt wurden, gab es auch viele Projektleiter. Der ständige Wechsel kostete Kraft, da „man bei seinen Erklärungen immer wieder von vorne anfängt!" Zukünftig soll diese Belastung reduziert werden, denn innerbetriebliche Fortbildungen und Seminare sollen den Newcomern vor Beginn der Projektarbeit das nötige Wissen über die Fertigung vermitteln. Um nicht ständig neue Projektleiter zu begleiten, soll zudem das bereits bewährte Modell der Patenschaften, bei denen noch unerfahrene Kollegen hospitieren können, reaktiviert werden.

### Bürokratismus

Zunehmender Bürokratismus verstärkte den Zeitdruck und war vielen Führungskräften lästig, besonders dann, wenn etwas unnötig erfasst werden musste. So mussten bereits im Vormonat die voraussichtlichen Überstunden der Mitarbeiter schriftlich gemeldet werden. Regelmäßig mussten diese Überstunden dann nachgemeldet, rückgemeldet, erhöht oder reduziert werden. Auch Überstunden für Samstagsarbeit mussten bis donnerstags um 9.00 Uhr im System eingegeben sein. Dieser Aufwand entfällt zukünftig, da ein neues, produktives Meldesystem den Mehrarbeits-Workflow erfasst. Auch die Urlaubsplanung war eher müßig, da bis Ende Februar eines Jahres die Urlaubsplanung aller Mitarbeiter für das ganze Jahr erfolgt sein musste. Zahlreiche Änderungswünsche führten dazu, dass mehrmals im Jahr umgeplant werden musste. Da die Urlaubsliste in erster Linie dem Mitarbeiter als Planungsgrundlage dienen sollte, wird in Zukunft auf den frühen Termin am Anfang des Jahres verzichtet.

### 15.5.4 Bewertung der Intervention

Die vorgenommenen Maßnahmen wurden im Rahmen einer Arbeitskreissitzung ausgewertet. Dabei ging es um den Stand der Umsetzung und um die Ergebnismessung, die mittels eines Fragebogens durchgeführt wurde. Die Projektaktivitäten wurden drei Monate nach der Präsentation der Ergebnisse bewertet – solch lange Zeiträume sind grundsätzlich nötig, um die verabredeten Interventionen umsetzen zu können. Ein großer Teil der beschlossenen Verbesserungsvorschläge wurde bereits sehr zeitnah umgesetzt.

### Stand der Umsetzung

Nach der Vorstellung der Ergebnisse wurde im AKG mit Beteiligung der GZ-Teilnehmer der Stand der Abarbeitung erfasst. Für die Umsetzung waren die sogenannten „Kümmerer" verantwortlich. Von den 60 aufgelisteten Beschlüssen waren 55 umgesetzt. Die restlichen Punkte waren wegen Umstrukturierungsmaßnahmen nicht zu realisieren bzw. aufgrund von Organisationsveränderungen hinfällig. Der jeweilige Stand der Umsetzung wurde vom AKG überprüft und das Ergebnis in Abteilungsbesprechungen, über das „schwarze Brett" sowie über das Intranet der Firma an die Mitarbeiter kommuniziert.

### Fragebogen Ergebnismessung

Seit 2004 erhebt die AOK Bayern mittels eines Fragebogens Daten zur Wirkung der BGF in Unternehmen (◘ Abb. 15.6). Dabei werden insbesondere auch die Erfolgsfaktoren betrachtet, die Einfluss auf den Nutzen haben. Das Instrument soll in der Lage sein, Wirkungen der komplexen, gleichermaßen auf Verhalten und Verhältnisse abzielenden BGF abzubilden (Winter u. Singer 2008). Auch in diesem Projekt wurde der standardisierte Fragebogen eingesetzt, um gesundheitliche und wirtschaftliche Nutzeneffekte aus Unternehmenssicht zu belegen. Die Auswertung ergab, dass die Befragten mit dem Projektergebnis „sehr zufrieden" waren.

Erzielte Verbesserungen („sehr hoher Nutzen" bzw. „hoher Nutzen") in den Kategorien waren:

- Gesundheitskompetenz, Gesundheitsverhalten
- psychische Belastungen
- Betriebsklima
- Arbeitszufriedenheit
- Kommunikation
- Mitwirkungsmöglichkeiten
- Betriebsorganisation
- Gesundheitskompetenz, Gesundheitsverhalten, psychische Belastungen

### Erfolgsfaktoren

Das Projekt wurde von allen direkt Beteiligten, aber auch von den Mitgliedern des Arbeitskreises Gesundheit als Erfolg gewertet. Ausschlaggebend für diesen Erfolg war der hohe Umsetzungsstand. Die Befürchtungen der Meister, dass viele Protokolle geschrieben würden, die niemand beachtet und schon gar niemand umsetzen würde, haben sich nicht bewahrheitet. Dank der „Kümmerer" war der Umsetzungsstand überraschend positiv. Als wesentliche Erfolgsfaktoren sind zu nennen:

| Nr. | Nutzenkategorie | sehr hoher Nutzen | hoher Nutzen | mittlerer Nutzen | geringer Nutzen | wurde im Projekt nicht bearbeitet | zur Zeit noch nicht bewertbar |
|---|---|---|---|---|---|---|---|
| | **Betriebliche Leistungsfähigkeit erhöht** | | | | | ☐ 5 | ☐ 6 |
| 3 | Betriebsorganisation optimiert z. B. Schnittstellen, Aufgabenüberschneidungen, Ausstattung mit Arbeitsmitteln, Bearbeitungszeiten | ☐ 1 | ☒ 2 | ☐ 3 | ☐ 4 | ☐ 5 | ☐ 6 |
| | **Betriebliches Gesundheitsmanagement (BGM) entwickelt** | | | | | ☐ 5 | ☐ 6 |
| 5 | BGM-Strukturen entwickelt z. B. dauerhaftes Steuerungsgremium eingerichtet, Zuständigkeiten festgelegt, Ressourcen (Personal, Zeit, Finanzen) bereitgestellt | ☒ 1 | ☐ 2 | ☐ 3 | ☐ 4 | ☐ 5 | ☐ 6 |
| 6 | BGM-Prozesse entwickelt z. B. regelmäßige Analysen, Ableitung von Maßnahmen, Ergebniskontrollen | ☐ 1 | ☒ 2 | ☐ 3 | ☐ 4 | ☐ 5 | ☐ 6 |
| | **Arbeitsbedingungen, Arbeitsumfeld verbessert** | | | | | ☐ 5 | ☐ 6 |
| 9 | Psychische Belastungen verringert z. B. Arbeitsunterbrechungen, Über-/Unterforderung, Zeit- und Termindruck | ☐ 1 | ☒ 2 | ☐ 3 | ☐ 4 | ☐ 5 | ☐ 6 |
| | **Arbeitsmotivation erhöht** | | | | | ☐ 5 | ☐ 6 |
| 12 | Kommunikation verbessert z. B. zwischen Mitarbeitern, zwischen Mitarbeitern und Führungskräften | ☒ 1 | ☐ 2 | ☐ 3 | ☐ 4 | ☐ 5 | ☐ 6 |
| 13 | Betriebsklima und Arbeitszufriedenheit verbessert, z. B. berufliche Entwicklung, Wertschätzung, Handlungsspielraum | ☐ 1 | ☒ 2 | ☐ 3 | ☐ 4 | ☐ 5 | ☐ 6 |
| 14 | Mitwirkmöglichkeiten verbessert z.B. Mitarbeiterbeteiligung, Vorschlagswesen | ☐ 1 | ☒ 2 | ☐ 3 | ☐ 4 | ☐ 5 | ☐ 6 |
| | **Gesundheitskompetenz der MitarbeiterInnen gefördert** | | | | | ☐ 5 | ☐ 6 |
| 15 | Gesundheitskompetenz / Gesundheitsverhalten verbessert; z. B. im Bereich Bewegung, Ernährung oder Suchtverhalten | ☒ 1 | ☐ 2 | ☐ 3 | ☐ 4 | ☐ 5 | ☐ 6 |

Quelle: AOK Bayern 2010                    Fehlzeiten-Report 2011

**◻ Abb. 15.6** Fragebogen zur Ergebnismessung im BGF-Projekt (Auszug)

- eine vorausgegangene Analyse, um die Zielgruppen zu bestimmen und entsprechende Instrumente zu wählen;
- die Bereitschaft des Unternehmens ein solches Projekt mitzugestalten und gewünschten Veränderungsmaßnahmen offen gegenüberzustehen;
- Meister als Experten ihrer speziellen Situation einzubeziehen;
- eine neutrale Moderation durch die AOK Bayern, die sich positiv auf die konstruktive Auseinandersetzung und Beteiligung ausgewirkt hat.

Voraussetzungen für die Wirksamkeit des Projektes waren:
- ein maßgeschneidertes Angebot für die Meister im Unternehmen,
- eine aktive Unterstützung durch die Unternehmensleitung und eine vertrauensvolle und wertschätzende Haltung gegenüber den Meistern und
- die aktive Beteiligung der Meister.

Bereits bestehende Strukturen eines systematischen BGM wie z. B. ein Arbeitskreis unterstützen eine offene und konstruktive Diskussion des Themas „Gesundheit" im Unternehmen. Das Projekt zeigte ein gestiegenes Verständnis für die Belange der Meister. Die Zusammenarbeit unter den Meistern, aber auch mit den Bereichsleitern hat sich deutlich verbessert. Insbesondere die „weichen" Faktoren wie innerbetriebliche Kommunikation, Betriebsklima, Arbeitszufriedenheit und Einflussnahme haben enorm an Bedeutung gewonnen.

## 15.6  Schlussfolgerungen

Die in diesem Beitrag vorgestellten Praxisbeispiele zeigen, dass die Angebote der AOK zur gesundheitsgerechten Mitarbeiterführung einen wesentlichen Beitrag zur Sensibilisierung und Kompetenzstärkung bei Führungskräften leisten können und sich positiv auf die eigene wie auf die Gesundheit der zu führenden Mitarbeiter auswirken.

Basis für den Erfolg war bei allen Projekten eine fundierte Analyse der bestehenden Gesundheitsbelastungen, die einherging mit der Ermunterung der Geschäftsführung, alle gesundheitsrelevanten Themen anzusprechen. Verbindliche Konzepte erhöhen die Transparenz des Vorgehens und schaffen Planungssicherheit bei allen Beteiligten. Ein eindeutiges Bekenntnis der Unternehmensleitungen zu den BGF-Aktivitäten ist für die Projekterfolge ebenso wichtig wie die klare Festlegung, wer für die Umsetzung von Verbesserungsvorschlägen verantwortlich ist. Die größten Effekte konnten dort festgestellt werden, wo parallel zu den verhaltenspräventiven Angeboten auch Maßnahmen zur Verbesserung der Arbeitsumgebung (verhältnispräventiver Ansatz) durchgeführt wurden.

## Literatur

Badura B, Ritter W, Scherf M (1999) Betriebliches Gesundheitsmanagement. edition sigma, S 28

Brandenburger U, Marschall B (1999) „Gesundheitscoaching" für Führungskräfte. In: Badura B, Litsch M, Vetter C (Hrsg) Fehlzeiten-Report 1999. Psychische Belastungen am Arbeitsplatz. Springer, Berlin Heidelberg New York, S 254–267

Förster A (o. J.) Produktionsfaktor Gesundheit in der Bauwirtschaft. 6 Praxisbeispiele zur Verhütung arbeitsbedingter Gesundheitsgefahren. Herausgeber: AOK-Bundesverband

Hunziger A, Kesting M (2004) „Work-Life-Balance" von Führungskräften. In: Badura B, Schellschmidt H, Vetter C (Hrsg) Fehlzeiten-Report 2003. Wettbewerbsfaktor Work-Life-Balance. Springer, Berlin Heidelberg New York, S 75–87

Resch G, Gunkel L (2004) Der Gesundheitszirkel. Eine Information der AOK. Broschüre wdv-Verlag, Bad Homburg

Winter W, Singer C (2008) Erfolgsfaktoren Betrieblicher Gesundheitsförderung – Eine Bilanz aus Sicht bayerischer Unternehmen. In: Badura B, Schröder H, Vetter C (Hrsg) Fehlzeiten-Report 2008. Betriebliches Gesundheitsmanagement: Kosten und Nutzen. Springer, Berlin Heidelberg New York, S 163–170

15

# Kapitel 16

# Gesundheitsförderliche Prozessoptimierung zur Reduzierung psychischer Beanspruchungen/ Stress in der ITK[1]-Branche – Konsequenzen für die Führung

B. STIELER-LORENZ, J. JUNG, H. PFAFF

**Zusammenfassung.** *Der Beitrag berichtet über Ergebnisse des BMBF-Verbundprojektes „PräKoNeT – Vorsprung durch gesunde Arbeit", das 2007 bis 2010 in fünf Unternehmen der ITK-Branche realisiert wurde. Im Fokus des Projektes stand die Identifikation von Disbalancen zwischen psychischen Belastungen und der Wahrnehmung von psychischen Beanspruchungen und Stress in wissensbasierten Arbeitsprozessen. Die Wiederherstellung der Balance zwischen Belastungen und Beanspruchungen erfolgte prozessorientiert durch ein flexibles Ressourcenmanagement, das mit einem Wandel in der Orientierung und im Verhalten der Führung verbunden ist. Es kamen quantitative und qualitative sozialwissenschaftliche Methoden zum Einsatz. Dabei konnte nachgewiesen werden, dass die Reduzierung von psychischen Beanspruchungen/Stress und die damit verbundene gesundheitsförderliche Prozessoptimierung sowohl eine beteiligungs- und vertrauensorientierte Führung als auch eine hohe Mitwirkungsbereitschaft der Mitarbeiter voraussetzt.*
*Der Beitrag skizziert theoretische Überlegungen zu den Ursachen der wachsenden psychischen Beanspruchungen, und er beschreibt die Methoden, Ergebnisse und den praktischen Nutzen der Integration des Gesundheitsmanagements in die Unternehmensprozesse im Rahmen des Projekts „PräKoNeT". Der Fokus liegt dabei auf den Konsequenzen für die Führung.*

## 16.1 Wandel der Arbeitswelt zur Wissensarbeit – Konsequenzen für die Führung

### 16.1.1 Neue Disbalancen in der Wissensarbeit – Ursachen für zunehmende Stresswahrnehmung

Digitalisierung, Globalisierung und leistungsorientierte Ökonomisierung mit ausgeprägter Kennzahlenorientierung prägen den Wandel der Arbeit beim Übergang von der Industrie- in die Wissensgesellschaft. Das hat zu Disbalancen insbesondere zwischen den wachsenden psychischen Belastungen durch die Arbeit und den Beanspruchungen der individuellen, sozialen, organisationalen und gesellschaftlichen Ressourcen geführt, die den Menschen zur Bewältigung ihrer Arbeitsaufgaben zur Verfügung stehen.

In vielen Forschungsarbeiten der letzten Jahre wurde nachgewiesen, dass die psychischen Fehl- und Überbeanspruchungen der menschlichen Ressourcen die Gesundheit und Leistungsfähigkeit der Wissensarbeiter beeinträchtigen (Becke et al. 2010). Der von den Krankenkassen berichtete kontinuierliche Anstieg der

---

1 Die Informations- und Telekommunikationsbranche (ITK) gilt als Vorreiter der digitalisierten Wissensarbeit, die inzwischen in der gesamten Wirtschaft und Gesellschaft ihren Platz gefunden hat.

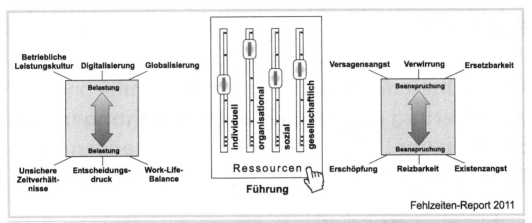

**◘ Abb. 16.1** Ausgleich von Disbalancen durch flexibles Ressourcenmanagement in der Wissensgesellschaft

psychischen Erkrankungen (Macco u. Schmidt 2009; Techniker Krankenkasse 2009 u. a.) belegt, dass innovative, den Erfordernissen der Wissensarbeit adäquate Maßnahmen betrieblicher Gesundheitsförderung als integrativer Bestandteil der Führungsarbeit in den Unternehmen erforderlich sind.

Warum entstehen mit dem Wandel zur Wissensarbeit neue Disbalancen, vorwiegend in Hinblick auf psychische Anforderungen, die die Leistungsfähigkeit und Gesundheit der Menschen beeinträchtigen und neue Anforderungen sowohl an die Ressourcensteuerung als auch an die Führung stellen?

Wissensarbeit ist dadurch charakterisiert, dass ihr Input aus einer wechselnden und wachsenden Vielzahl von Daten, Informationen und Wissen besteht, die im Arbeitsprozess verarbeitet, ggf. mit materiellen Produkten kombiniert werden und dann im Ergebnis zu neuem Wissen und teilweise auch zu neuen wissensintensiven Produkten führen. Wissensarbeit unterscheidet sich von eher standardisierten tradierten Arbeitsprozessen vor allem darin, dass sie in der Regel dynamisch unstrukturiert ist. Aus der Fülle und Komplexität von Daten, Informationen und Wissen muss – bei großer Entwicklungsdynamik in Wirtschaft, Technologie und Gesellschaft und den sich damit verändernden Möglichkeiten und Bewertungen – immer wieder neu entschieden werden, wie bei der Arbeit weiter vorzugehen ist und welche individuellen Bestimmungsleistungen, auch in der Zusammenarbeit in Teams, zu welchem Zeitpunkt zu erbringen sind. Der Wissensarbeiter muss die ihm übertragenen Aufgaben immer wieder nach Inhalten, Prioritäten, Machbarkeiten und erforderlichem Zeitaufwand, Kooperationserfordernissen etc. strukturieren und hierzu Entscheidungen treffen. Standardisiertes

Vorgehen ist nur bedingt möglich. Dabei erhöht die Digitalisierung und Virtualisierung das Tempo und die Komplexität der Entscheidungserfordernisse. Damit verbunden ist ein höherer Grad an Selbstorganisation und Eigenverantwortung der Arbeitnehmer. Dies erfordert eine dementsprechend veränderte Führung wissensbasierter Arbeitsprozesse (Pfaff et al. 2010; Stieler-Lorenz 2000; Stieler-Lorenz 1996).

Zunehmende Entscheidungsherausforderungen im Strukturierungs- und Ausführungsprozess der Arbeit sind durch quantitativ und qualitativ wachsende Optionen charakterisiert. Dadurch entstehen neue Belastungen, die mit dem Begriff „Optionslast" (Pfaff et al. 2010) charakterisiert werden. Die vom Menschen wahrgenommene Beanspruchung der ihm zur Verfügung stehenden persönlichen, organisationalen, sozialen wie auch gesellschaftlichen Ressourcen ist jedoch intraindividuell und interindividuell dynamisch und situativ unterschiedlich. Wenn diese Ressourcen nicht ausreichen, um mit der Quantität und Qualität der Optionslast entsprechend umgehen zu können, wird „Optionsstress" wahrgenommen (◘ Abb. 16.1) (Pfaff et al. 2010). Optionsstress ist eine Sonderform der Beanspruchung durch Arbeit. Optionsstress ist die negative Seite des Entscheidungsspielraums. Entscheidungsspielraum wird zur Belastung, wenn er ausgeschöpft ist durch zu viele und zu komplexe Entscheidungsmöglichkeiten, das Tempo der Entscheidungserfordernisse und die gegebenen Handlungsbefugnisse in Widerspruch zu den Entscheidungsmöglichkeiten geraten.

## 16.1.2 Empirisch belegte Beispiele für Disbalancen mit Optionsstresswirkungen

Empirische Studien im Rahmen des BMBF-Projektes „PräKoNeT",[2] (Stieler-Lorenz u. Lautenbach 2010a; Stieler-Lorenz u. Lautenbach 2010b), aber auch andere Untersuchungen (Gerlmaier 2009; Boes et al. 2010), weisen nach, dass die neuen Disbalancen durch psychische Belastungs-/Beanspruchungsveränderungen zu Optionsstress führen, ohne bisher als „Optionsstress" bezeichnet zu werden.

Optionsstress ist eine typische Folge von Belastungs-Beanspruchungs-Disbalancen in der Wissensarbeit. Optionsstress zeigt sich in einer Fülle von widersprüchlichen Entscheidungssituationen, deren Bewältigung entsprechende Konsequenzen für die Leistung und Gesundheit der Mitarbeiter in den Unternehmen hat. Optionsstress stellt die Führung in den Unternehmen vor neue und wachsende Herausforderungen. Das betrifft vor allem das Management der individuellen, sozialen und organisationalen Ressourcen in Verbindung mit einem adäquaten Führungsverhalten.

Dazu einige Beispiele aus den Untersuchungen:

(1) *Wachsende Komplexität der Arbeitsaufgaben versus begrenzte zeitliche und materielle Ausführungsbedingungen,* die sich in Überforderungssignalen, verbunden mit psychischer Sättigung und psychischer Übermüdung bis hin zum Burnout äußert. Die Reaktionen der Mitarbeiter auf entsprechende Vorgaben der Führung sind Wege, um dem Entscheidungsdruck zwischen Vorgaben und Realisierungsmöglichkeiten zu entsprechen. Die gewählten Optionen reichen von der selbstorganisierten Ausdehnung der Arbeitszeit bis zur Resignation und Erschöpfung. *Führungs-Herausforderung:* Vertrauensorientierte Regulierung des Verhältnisses von Arbeitszeit und Controlling, z. B. beteiligungsorientierte dynamische Gestaltung von Arbeitszeit und Arbeitszeitkontierung, systematische feedbackorientierte Kommunikation zur Entscheidungsfindung.

2  Verbundprojekt PräKoNeT – Präventionskompetenz durch gezielte Vernetzung der Akteure www.praekonet.de, Teilvorhaben „Ganzheitliche Innovationsstrategien in den ITK-Unternehmen durch Integration der Betrieblichen Gesundheitsförderung", Förderkennzeichen 01FM07006, Core Business Development GmbH (Konsortialführerin) zusammen mit der Universität zu Köln (Institut für Medizinsoziologie, Versorgungsforschung und Rehabilitationswissenschaft (IMVR)) und der Universität Duisburg-Essen (Lehrstuhl für Medizin-Management) gemeinsam mit den Valuepartnern: Technicker Krankenkasse, AOK (Institut für Betriebliche Gesundheitsförderung), BKK-Bundesverband, verdi innotec sowie Unternehmen und Arbeitskreisen/Fachausschüssen des BITKOM e.V.

(2) *Das System der permanenten Bewährung* (Boes et al. 2010) *versus unzureichende Zeiten zur Wissensgenerierung und zum Wissensaustausch* innerhalb und außerhalb der Arbeitszeit. Das führt zur Optionslast der Arbeitnehmer ob, wann und wo sie Lernzeiten in Anspruch nehmen können. Dies hat entscheidenden Einfluss auf die psychische Beanspruchungssituation der Arbeitnehmer und dadurch auf ihre Leistungs- und Innovationsfähigkeit. *Führungs-Herausforderung:* Gewährleistung eines optimalen Umgangs mit Wissen durch gezielte und beteiligungsorientierte Gestaltung des Wissensmanagements, Entwicklung einer auf Wissenstransfer orientierten Unternehmenskultur, in Verbindung mit Lernzeitenkonten etc., um Optionsstress bei den Mitarbeitern zu vermeiden.

(3) *Hohe Konzentrationsanforderungen versus Arbeitsunterbrechungen.* Diese den meisten Arbeitsprozessen der Wissensarbeit immanente widersprüchliche Situation führt zu einem ständigen Entscheidungsdruck, welche Arbeit man wann fortsetzt und welche Prioritäten den Unterbrechungen (oder Unterbrechern) im Verhältnis zu den übertragenen Aufgaben zugeordnet werden müssen. Der Zwang, Prioritäten zu setzen, ist eine Form der Optionslast. Diese wird zum Optionsstress für die Akteure, wenn deren Entscheidungsspielraum zu groß und zu komplex oder aber zu begrenzt ist, oder/und nicht mit den ihnen übertragenen Handlungsbefugnissen übereinstimmt. *Führungs-Herausforderung:* Entwicklung eines Störungsbewusstseins im Unternehmen als Merkmal vertrauensvoller Unternehmenskultur. Erarbeitung eines gemeinsamen Verständnisses für störungsfreie Arbeitszeiten und den Umgang damit. *Feedbackorientierte Kommunikation zwischen Führungskräften und Arbeitnehmern, insbesondere wenn folgenreiche Veränderungen in der Prioritätensetzung der Aufgabenerfüllung notwendig sind.*

(4) *Arbeitsverdichtung und Ausdehnung der Arbeitszeit versus Bedürfnisse und Erfordernisse für das Leben „außerhalb der Arbeit".* Die Optionslast steigt bei einem beanspruchenden sozialen Umfeld, z. B. in der Familie, durch politische oder auch ehrenamtliche Verpflichtungen etc. und führt zum Entscheidungsdruck z. B. für oder gegen Familie und Freunde oder Arbeit. Damit verbunden sind zu geringe Erholungszeiten mit einer Abnahme der Erholungskompetenz bei zunehmender Erschöpfung. Überforderungserleben mit Stresssymptomen führen zu Verhaltensänderungen der Betroffenen, die durch Reizbarkeit, inneren Rückzug, Kommunikationsstörungen, sin-

kender Leistungsfähigkeit und Innovationsbereitschaft gekennzeichnet sind.

*Führungs-Herausforderung:* Thematisierung und beteiligungsorientierte Gestaltung einer umfassenden, nicht nur auf die Vereinbarkeit von Arbeit und Kinderbetreuung reduzierten, Work-Life-Balance als Bestandteil vertrauensorientierter Unternehmenskultur.

Alle bisherigen Untersuchungen zur steigenden psychischen Beanspruchung belegen:

Nur wenn zwischen den psychischen Belastungen und dem Einsatz der persönlichen und externen, vor allem betrieblichen Ressourcen immer wieder eine neue Balance hergestellt wird, kann der Mensch die wachsenden psychischen Beanspruchungen in der dynamischen digitalen und globalisierten Arbeitswelt bewältigen, ohne gesundheitlich Schaden zu nehmen und seine Leistungsfähigkeit zu vermindern. Die Optimierung des Verhältnisses von Optionslast und Beanspruchung und so die Verhinderung von Optionsstress ist dabei eine Kernaufgabe von Arbeits- und Organisationsgestaltung aber auch von Personalentwicklung der Führungskräfte wie auch der Mitarbeiter.

## 16.1.3 Konsequenzen für die Führung

Eine Balance zwischen psychischen Belastungen (z. B. Optionslast) und psychischen Beanspruchungen (z. B. Optionsstress) ist unter den beschriebenen Einflüssen in der grundsätzlich veränderten Arbeits- und Lebenswelt der Wissensgesellschaft a priori nicht gegeben. Zum einen ist der Mensch mit seinen biologisch-konstitutionellen, aber auch mit seinen qualifikatorischen und sozialen Voraussetzungen dem hohen Tempo der Veränderungen in einer globalisierten, digitalisierten Wirtschaft und Gesellschaft (noch) nicht gewachsen. Zum anderen arbeiten und leben die Menschen noch unter Bedingungen und Regularien, aber auch Erwartungen und Wertesystemen, die weitgehend (noch) nicht der Wissensgesellschaft entsprechen, sondern aus der Industriegesellschaft stammen[3].

Die ständige Wiederherstellung der Balance zwischen Belastung und Beanspruchung erfordert eine grundsätzlich neue Qualität des Managements der personalen, sozialen, organisationalen und ggf. auch gesellschaftlichen Ressourcen. Dabei ist es unabdingbar notwendig, dass sich die Führungsarbeit von der gegenwärtigen Kontroll- und Kennzahlenorientierung hin zu einer Führung des Vertrauens und der Beteiligung der Mitarbeiter wandelt, wenn negative Folgen von Disbalancen in Form von psychischer Überbeanspruchung bei den Mitarbeitern und auch Führungskräften verhindert werden sollen. Unabdingbar notwendig ist dieser Wandel des Führungsverhaltens deshalb, weil psychische Überforderung nur dann identifizierbar und veränderbar ist, wenn es gelingt, durch entsprechendes Führungsverhalten die Betroffenen dazu zu bringen, ihre Wahrnehmungen und Erfahrungen zu verbalisieren. Da psychische Beanspruchungen intra-, aber auch interindividuell – z. B. in Teams – wahrgenommen werden, ist die Inanspruchnahme einer externen Beratung im Sinne von „Ich kenne Ihre Stressoren und trainiere jetzt mit Ihnen, wie Sie damit umgehen sollen" eine begrenzte, eher pathogenetische Vorgehensweise, die an den gesundheitlichen Folgen der psychischen Beanspruchung ansetzt. Um den „Stress bei den Wurzeln zu packen", müssen Mitarbeiter und Führungskräfte jedoch gemeinsam herausfinden, in welchen Prozessen und Bedingungen die Ursachen für die Entstehung von Stress im Unternehmen liegen und wie sie damit umgehen können. An diesen Ursachen anzusetzen und dabei die Mitarbeiterpotenziale und -erfahrungen einzubeziehen, bietet im Sinne eines salutogenetischen Ansatzes die Möglichkeit, Überbeanspruchungen zu reduzieren oder prospektiv durch ein entsprechend strategisches Ressourcenmanagement ganz zu vermeiden. In der Praxis müssen bereits bei der Entwicklung und dem Einsatz von Innovationen deren Wirkungen auf die Gesundheit immer mitbedacht werden. Dies ist eine wichtige Voraussetzung für das Führen in der Wissensgesellschaft.

Dieses salutogenetische Vorgehen erfordert ein Umdenken der Führung wie der Mitarbeiter, aber auch der Fachkräfte für betriebliche Gesundheitsförderung. Neben der sicher weiter notwendigen Unterstützung und Therapie der bereits durch Überbeanspruchung geschädigten oder gefährdeten Mitarbeiter und Führungskräfte geht es nunmehr darum, in betrieblichen Situationen und Prozessen die Stresserzeugungspotenziale, insbesondere zum Optionsstress, zu identifizieren und so zu verändern, dass die Balance zwischen Belastungen und Beanspruchungen kontinuierlich wiederhergestellt und gesichert wird. Eine beteiligungs- und vertrauensorientierte Führung ist hier der Schlüssel zur Veränderung.

Die gesundheitsförderliche Prozessoptimierung setzt vor allem eine neue Qualität der Kommunikation vo-

---

3  „Wir arbeiten in Strukturen von gestern, mit Methoden von heute, an Strategien von morgen – vorwiegend mit Menschen, die in den Kulturen von vorgestern die Strukturen von gestern gebaut haben und das Übermorgen innerhalb des Unternehmens nicht mehr erleben werden." (Bleicher 1991)

raus, die feedbackorientiert im Sinne von dialogorientierter Vertrauensarbeit unter dafür gestalteten Bedingungen im Sinne von „Vertrauensräumen" stattfindet (Hartkemeyer u. Hartkemeyer 2005; Schnauffer et al. 2004; Becke et al. 2010). Die von diesen Erkenntnissen ausgehende und in fünf Unternehmen aus der Informations- und Telekommunikationsbranche nachhaltig umgesetzte Herangehensweise wird im Folgenden anhand der Erfahrungen aus dem BMBF-Projekt „PräKoNeT" aggregiert vorgestellt (s. dazu auch Stieler-Lorenz u. Lautenbach 2010b; Jung et al. 2010a).

## 16.2 Stressreduzierung durch innovative gesundheitsförderliche Prozessgestaltung

### 16.2.1 Der Health-Innovation-Cycle und die vorgeschalteten und begleitenden Analysen

Der Entwicklung des Health-Innovation-Cycle (HIC) als ein zentrales Ergebnis des Forschungsprojektes „PräKoNeT" liegt ein salutogenetischer Ansatz zugrunde (Antonovsky 1997). Das Vorgehen nach dem HIC ist auch in anderen Unternehmen und Branchen als nur in der ITK-Branche einsetzbar.

Das Ziel des HIC besteht darin, dass Führungskräfte und Mitarbeiter gemeinsam im Unternehmen identifizierte Disbalancen zwischen psychischen Anforderungen und Ressourcenbeanspruchung frühzeitig erkennen, reduzieren oder prospektiv verhindern. Damit soll die Gesundheits- und Leistungsfähigkeit der Menschen erhalten bleiben.

Der HIC basiert auf den unter ▶ Abschn. 16.1 dargelegten Erkenntnissen zur Diagnose und Wiederherstellung von Disbalancen zwischen psychischen Belastungen und Beanspruchungen im Unternehmen. Er beinhaltet bereits auch die Initiierung und Gestaltung von Veränderungsprozessen. Wegen dieses ganzheitlichen und umsetzungsorientierten Herangehens umfasst der HIC einen Zeitraum von etwa sechs Monaten. Er besteht aus vier aufeinander aufbauenden, je eintägigen „Health-Factories" (HF). Diese haben unterschiedliche zielführende Schwerpunkte – von der Stressidentifikation bis zur Bewertung der Nachhaltigkeit der umgesetzten Maßnahmen zur Beseitigung der Disbalancen. Die für die HF ausgewählten Mitarbeitergruppen (z. B. Softwareentwickler) umfassen bis zu je zehn Teilnehmer. Es werden maximal drei Mitarbeitergruppen parallel einbezogen. In ◘ Abb. 16.2 ist der gesamte HIC grafisch dargestellt.

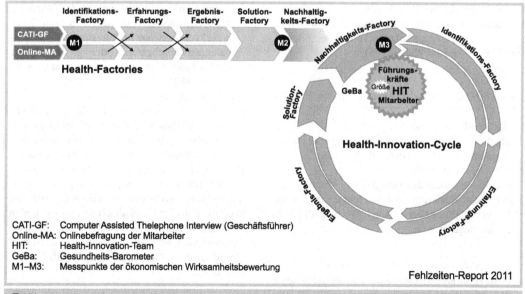

CATI-GF:  Computer Assisted Thelephone Interview (Geschäftsführer)
Online-MA:  Onlinebefragung der Mitarbeiter
HIT:  Health-Innovation-Team
GeBa:  Gesundheits-Barometer
M1–M3:  Messpunkte der ökonomischen Wirksamkeitsbewertung

Fehlzeiten-Report 2011

◘ **Abb. 16.2** Der Health-Innovation-Cycle (HIC)

## 16.2.2  Das Vorgehen im Health-Innovation-Cycle (HIC)

Dem HIC vorgeschaltet sind CAT-Interviews[4] mit 522 Geschäftsführern aus der ITK-Branche und die Online-Befragungen aller Mitarbeiter der fünf beteiligten ITK-Projektunternehmen (s. dazu ▶ Abschn. 16.2.3). Außerdem erfolgten an drei verschiedenen Messpunkten des HIC ökonomische Wirksamkeitsbewertungen (s. dazu ▶ Abschn. 16.3).

Entscheidend für das Gelingen des Interventionsprozesses ist, dass die Führungskräfte parallel zu den Mitarbeitergruppen in die Health-Factories einbezogen werden. Auch sie durchlaufen zunächst drei aufeinander aufbauende Health-Factories. Ab der vierten Health-Factory, der Solution-Factory, werden Mitarbeiter und Führungskräfte zusammengeführt, um von den Ergebnissen ihrer jeweiligen Health-Factories ausgehend gemeinsame Entscheidungen zur gesundheitsförderlichen Prozessoptimierung zu treffen (◻ Abb. 16.2).

Der gesamte HIC wird mithilfe neuer feedbackorientierter Moderationsmethoden der Wissenskommunikation dialogbegleitet. Diese Methoden ermöglichen es, die von den Einzelnen erlebten und wahrgenommenen psychischen Beanspruchungen/Stress durch Explizierung des Erfahrungswissens zu verbalisieren (Keindl u. Stieler-Lorenz 2005). Dies erfolgt nicht nur in den Health-Factories selbst. Vermittelt durch die Moderatoren geben sich bereits im Prozessverlauf des HIC die Health-Factory-Gruppen der Führungskräfte und der Mitarbeiter nach jeder Health-Factory gegenseitig ein Feedback über die jeweiligen Ergebnisse. Als Basis werden die jeweils vorher durch die Gruppen autorisierten „Wissensentstehungsprotokolle" verwendet (Stieler-Lorenz, basierend auf Willke 1998).[5]

### Gegenstand und Ziele der Health-Factories

1. Die Identifikations-Factory
   Identifikation der Stressoren und möglicher Handlungsschwerpunkte zu deren Reduzierung.
2. Die Erfahrungs-Factory
   Erfahrungsaustausch zu möglichen Lösungswegen der Stressreduzierung im Unternehmen und deren Bewertung (Prioritätensetzung/Machbarkeit) durch die jeweilige Gruppe.

3. Die Ergebnis-Factory
   Präsentation und Beratung erarbeiteter realisierbarer Lösungen zur Stressreduzierung im Unternehmen und Schlussfolgerungen für deren praktische Umsetzung im Unternehmen.
4. Die Solution-Factory
   a. Ergebniserarbeitung
      Konsensbildung zum Vorgehen der Stressreduzierung zwischen Führungskräften und Mitarbeitern. Im Ergebnis dessen: Abschluss von Vereinbarungen für die gemeinsame Umsetzung der erarbeiteten Vorschläge zur gesundheitsförderlichen Prozessoptimierung im Unternehmen.
   b. Bildung des Health-Innovation-Teams (HIT)
      Zur Solution-Factory gehört auch die Bildung eines Health-Innovation-Teams (HIT) der Mitarbeiter, das die Disbalancen von Belastung und Beanspruchung der Ressourcen, insbesondere das Stresserleben der Mitarbeiter, kontinuierlich weiter beobachtet und kommuniziert. Nach bestimmten miteinander vereinbarten vertrauensbasierten Regeln erfolgt die Rückmeldung der Erkenntnisse an die Führungskräfte. Die Führungskräfte haben ihrerseits auch die Möglichkeit, das HIT zu konsultieren und/oder mit ihm gemeinsam Innovationen und Prozessoptimierungen im Unternehmen zu planen und zu realisieren, die grundsätzlich der Vermeidung neuer Disbalancen zwischen Belastungen und Beanspruchungen dienen sollen. Je nach Tragweite der Erkenntnisse des Health-Innovation-Teams werden mit Zustimmung der Führungskräfte zielführende einzelne Health-Factories zu den identifizierten neuen Stresspotenzialen (Disbalancen) durchgeführt oder ggf. der gesamte Health-Innovation-Cycle erneut in Gang gesetzt (◻ Abb. 16.2).
5. Die Nachhaltigkeits-Factory
   Drei bis sechs Monate nach der Health-Solution-Factory werden die bis dahin erreichten Ergebnisse von Mitarbeitern und Führungskräften gemeinsam bewertet, Erfolge kommuniziert, Hemmnisse identifiziert und Impulse zur Weiterführung der gesundheitsförderlichen Prozessoptimierung und der damit verbundenen Stressreduzierung gegeben. Die Ergebnisse aus der Nachhaltigkeits-Factory werden nicht nur zur Aufgabe des in die Führungsarbeit integrierten Gesundheitsmanagements, sondern auch Grundlage der weiteren Arbeit des Health-Innovation-Teams.

---

4   CATI = Computer Assisted Telephone Interview.
5   Willke (1998) beschreibt den Einsatz sogenannter MicroArt-Protokolle. Davon ausgehend wurde für das Projekt das Template für Wissensentstehungsprotokolle weiterentwickelt.

Im Projekt „PräKoNeT" kamen sowohl quantitative als auch qualitative Methoden zum Einsatz, die in ggf. modifizierter Form auch in anderen Unternehmen/ Branchen für den Gesundheitsförderungs-Prozess geeignet sind.

Im Folgenden wird der Schwerpunkt auf die Forschungs- und Umsetzungsergebnisse des Projektes zum Thema Führung bei der Wiederherstellung der Balance zwischen psychischer Belastung und Beanspruchung und damit auf die Reduzierung von Stress in den Unternehmen gelegt.

### 16.2.3 Identifikation der gesundheitsförderlichen Bedingungen und des Führungsverhaltens im Verlauf des Projektes „PräKoNeT"

Im Rahmen des Projektes „PräKoNet" wurde zum einen ein Erhebungsinstrument entwickelt welches dazu diente die Verbreitung von betrieblichem Gesundheitsmanagement zu erfassen (Pfaff et al. 2008; Jung et al. 2010a, b, c; Jung et al. 2009a). Darüber hinaus war es das Ziel, spezifische Belastungen und Ressourcen der Branche zu analysieren (Jung et al. 2010d; Jung et al. 2009b).

Ausgehend von der Befragung der Geschäftsführer wurden fünf Unternehmen unterschiedlicher Reife der Gesundheitsförderung für die weitere Zusammenarbeit im Projekt ausgewählt. In allen fünf Betrieben wurden unternehmensweite Online-Befragungen der Belegschaften durchgeführt. Dabei ging es insbesondere um die Identifizierung der durch die Mitarbeiter wahrgenommenen Belastungen und der Ressourcen, die für eine gesundheitsförderliche Organisationsentwicklung im jeweiligen Unternehmen genutzt werden können.

Bei beiden Befragungen wurde der Führungsstil im Unternehmen erfasst. Dabei wurde zum einen die Form der Entscheidungsfindung im Unternehmen bewertet (in Anlehnung an Tannenbaum u. Schmidt 1958). Es wurde erhoben, ob im Unternehmen ein eher autoritärer oder ein mitarbeiterorientierter Führungsstil vorherrscht. Zum anderen wurde ein Instrument zur Erhebung des transformationalen Führungsstils eingesetzt (Podsakoff et al. 1990; Heinitz u. Rowold 2007). Dabei wurde erfasst, ob im Unternehmen ein Führungsstil vorherrscht, bei dem die Führenden inspirieren, intellektuelle Anreize bieten und hohe Aufmerksamkeit gegenüber ihren Mitarbeitern zeigen.

Die deskriptiven Analysen von 336 Mitarbeitern, die an der Online-Befragung teilnahmen (Rücklauf etwa 58 %), ergaben, dass die Belegschaften das Vorgehen im Unternehmen bei Grundlagenentscheidungen ähnlich bewerteten wie die befragten Geschäftsführer. Bei der Einschätzung, ob im Unternehmen ein transformationaler Führungsstil gepflegt wird, zeigten sich dagegen deutliche Unterschiede. So bewerteten etwa 50 Prozent der Mitarbeiter die Aussage, dass die Führungskraft durch ihre Pläne für die Zukunft inspiriert, mit „oft" oder „immer", wohingegen es bei den Geschäftsführern etwa 70 Prozent waren. Ein ähnliches Bild ergab sich bei der Aussage, dass die Führungskräfte ein „Wir-Gefühl" und Teamgeist entwickeln: Hier waren es 58 Prozent der Mitarbeiter vs. 82 Prozent der Führungskräfte. Auffallend groß war der Unterschied bei der Aussage, dass die Führungskräfte Rücksicht auf persönliche Gefühle nehmen. Hier gaben lediglich 10 Prozent der Mitarbeiter an, dies sei „oft" oder „immer" der Fall, während etwa 80 Prozent der Geschäftsführer dieser Ansicht waren. Auch die Aussage, dass die Führungskräfte durch beispielhaftes Verhalten führen, wurde recht unterschiedlich bewertet. 78,6 Prozent der Führungskräfte aber nur 58,5 Prozent der Mitarbeiter fanden, dass die Führungskräfte durch beispielhaftes Verhalten führen.

Die Auswertung der umfangreichen Online-Befragungen in allen Projektunternehmen ergab entscheidende Hinweise auf Arbeitsprozesse und Arbeitsbedingungen, insbesondere auch auf Arbeitsbeziehungen zwischen den Mitarbeitern sowie zwischen Führungskräften und Mitarbeitern, die Stresspotenziale beinhalten. Beim Vergleich der einbezogenen ITK-Unternehmen werden ähnliche Tendenzen bei den Potenzialen, Ressourcen und speziell bei den Beanspruchungen der Mitarbeiter deutlich (nähere Informationen finden sich bei Stieler-Lorenz et al. 2010b und 2010c[6]).

Die quantitativen Ergebnisse der Online-Befragung hatten Einfluss auf die inhaltliche Gestaltung der anschließenden qualitativen Arbeit in den Health-Factories sowohl der Führungskräfte als auch der Mitarbeiter im Rahmen des Health-Innovation-Cycle (HIC) (▶ Abschn. 16.2.3). Teilweise wurden Erkenntnisse aus der Online-Befragung auch als „Trigger" benutzt, um solche Stressoren zu kommunizieren, die die Mitarbeiter in den Health-Factories nicht von sich aus artikulierten. Grundsätzlich wurden den Teilnehmern an den Health-Factories die Ergebnisse der Online-Befragung aber erst nach der Erarbeitung ihres spezifischen Erfahrungswissens mitgeteilt, damit ihre Aussagen nicht durch diese beeinflusst wurden.

Bei der Auswertung bestimmter Items der Online-Befragungen und bei den Ergebnissen aus der qualita-

---

6   Siehe dazu auch www.praekonet.de und den Projekt-Film „Den Stress bei den Wurzeln packen" auf www.praekonet.de.

tiven Arbeit in den Health-Factories zeigten sich vor allem hinsichtlich der Ressourcen, die in den Beziehungen zwischen den Führungskräften und den Mitarbeitern liegen, Unterschiede zwischen den fünf Unternehmen. Dabei scheint es einen positiven Zusammenhang zwischen den bereits zu Projektbeginn in unterschiedlicher Ausprägung vorhandenen Ressourcen durch mitarbeiterorientierte Führungsstile und den Ergebnissen der Interventionsprozesse zu geben.

Insgesamt kann man einschätzen, dass die Ergebnisse der quantitativen Analysen durch die qualitative Arbeit in den Health-Factories tendenziell bestätigt wurden. Darüber hinaus lieferten die Health-Factories, insbesondere hinsichtlich der Ursachen für psychische Überbeanspruchungen und den Möglichkeiten diese zu beseitigen, entscheidende Hinweise.

## 16.3 Nutzen des innovativen Vorgehens mit dem HIC in Bezug auf das Gesundheitsmanagement

Die im BMBF-Projekt „PräKoNeT" erarbeiteten neuen Erkenntnisse sind sowohl für die Forschung als auch für die breite Praxis wichtig und weiterführend. Generell ist festzustellen: Die Methodik eignet sich sowohl dazu, mittels quantitativer Befragungen den Stand des betrieblichen Gesundheitsmanagements und der damit verbundenen Ressourcen bei den Führungskräften zu ermitteln als auch die Ressourcen- und Belastungssituation der Mitarbeiter zu erheben (Pfaff et al. 2008; Jung et al. 2010a–d; Jung et al. 2009a, b).

Der Erfolg für die gesundheitsförderliche Prozessoptimierung wird dadurch erarbeitet, dass Führungskräfte wie Mitarbeiter im gesamten Prozess aktiv analysierend und gestaltend beteiligt sind und die Methoden zur Explizierung und Verbalisierung des Erfahrungswissens zum Stresserleben eingesetzt werden. Durch Transformation der gewonnenen Projektergebnisse und -erfahrungen sollen die Methoden der Wissenskommunikation durch die Core Business Development GmbH für die weitere Nutzung im Gesundheitsmanagement aufbereitet und publiziert werden.

Die ökonomische Wirksamkeitsanalyse wurde für das Projekt und seine spezifische Zielgruppe der Softwareentwickler entwickelt. Dazu bewerteten zum einen die Führungskräfte die Produktivität der Softwareentwickler subjektiv auf Basis eines eigens entwickelten Fragebogens, um Aufschluss über Früheffekte hinsichtlich Produktivitätssteigerungen von Arbeitseinheiten zu erhalten. Zum anderen generierten Wissenschaftler und Führungskräfte gemeinsam unternehmensspezifische

ökonomische Kennzahlen, die die Produktivität von Arbeitseinheiten erfassen. Dadurch konnten subjektiv wahrgenommene Produktivitätsveränderungen einer Arbeitseinheit parallel zur Entwicklung der ökonomischen Kennzahlen in einem „Vorher-Nachher-Vergleich" betrachtet werden um erkennbare Effekte besser interpretieren zu können (Stieler-Lorenz 2010).

## 16.4 Schlussfolgerungen

Das grundlegend Neue des Interventionsvorgehens mit den Inhalten und Methoden des Health-Innovation-Cycle lässt sich wie folgt zusammenfassen: Es ist auf andere Unternehmen und Branchen übertragbar:

- Ausgangspunkt für die Reduzierung psychischer Beanspruchung (Stress) sind die von Mitarbeitern und Führungskräften erlebten und verbal explizierten Beanspruchungen durch die neuen Anforderungen der Wissensarbeit.
- Mitarbeiter und Führungskräfte arbeiten gemeinsam an der Wiederherstellung der Balance zwischen Belastung und Beanspruchung durch Nutzung und Weiterentwicklung der zur Verfügung stehenden Ressourcen wie z. B. die Personal-und Organisationsentwicklung.
- Die dabei erarbeiteten Veränderungen führen zu einer zunehmenden Identifikation der Beteiligten mit den neuen Herausforderungen der Wissensarbeit und dem Umgang damit.
- Das Bewusstsein für die Gefahren des Entstehens von Disbalancen, auch in Form von Stresserleben der Mitarbeiter und Führungskräfte, und für Handlungsmöglichkeiten zu seiner Vermeidung/Reduzierung wird gefördert.
- Die Führungskräfte erleben, dass ihre beteiligungsorientierte und vertrauensbasierte Zusammenarbeit mit den Mitarbeitern und die dafür investierte Zeit sich "auszahlt", indem sie positive Auswirkungen auf die Innovativität und Produktivität ihrer Unternehmensprozesse hat.

Folgende Haupt-Stressoren identifizierten alle fünf ITK-Unternehmen, jedoch mit unterschiedlicher Gewichtung und inhaltlichen Schwerpunkten:

1. Mängel im Umgang mit Wissen und in der Kommunikation
2. Häufige Arbeitsunterbrechungen bei hohen Konzentrationsanforderungen
3. Probleme bei der Arbeitszeitgestaltung und der Arbeitszeitkontierung

4. Hohe Entwicklungsdynamik der Arbeit bei unzureichenden Lernzeiten

Es wurde deutlich, dass die wesentlichen Disbalancen zwischen Belastung und Beanspruchung ihre Ursachen in den gelebten Arbeitsprozessen selbst haben. Diese Erkenntnis motivierte Mitarbeiter und Führungskräfte, entsprechende Lösungen zur Reduzierung der Disbalancen selbst zu erarbeiten und in den Unternehmen erfolgreich umzusetzen (Stieler-Lorenz 2010c).

In der Vielzahl der Ideen und konkreten Vorschläge zu einer stressreduzierenden Prozessoptimierung, die die Mitarbeiter im Rahmen dieses innovativen Gesundheitsmanagements einzubringen und umzusetzen bereit sind, erkannten die Führungskräfte nicht nur, wie gesundheitliche Folgeerscheinungen von psychischer Überbeanspruchung und Stress reduziert werden können, sondern vor allem auch das darin liegende Potenzial für mehr Effizienz und Qualität der betrieblichen Prozesse. Die Führungskräfte erkannten, dass die Ergebnisse ihres veränderten Führungsverhaltens zur Gesundheitsförderung sich letztlich auch in höherer Arbeitszufriedenheit, Motivation und Beteiligungsbereitschaft der Mitarbeiter niederschlagen.[7]

Diese positiven Erfahrungen mit einem beteiligungsorientierten, vertrauensbasierten Führungsverhalten[8] bei der gesundheitsförderlichen Optimierung wissensbasierter betrieblicher Prozesse und dem daraus resultierenden Nutzen für Mitarbeiter, Führungskräfte und des gesamten Unternehmens sollten für Lehre, Weiterbildung und Führungskräftetraining aufgearbeitet und praxisorientiert vermittelt werden.

## Literatur

Antonovsky, A (1997) Salutogenese. Zur Entmystifizierung der Gesundheit. Deutsche Gesellschaft für Verhaltenstherapie (dgvt), Tübingen

Becke G, Klatt R, Schmidt B, Stieler-Lorenz B, Uske H (2010) Innovation durch Prävention – Gesundheitsförderliche Gestaltung von Wissensarbeit. Wirtschaftsverlag NW, Bremerhaven

Bleicher K (1991) Das Konzept Integriertes Management. Frankfurt New York

Boes A, Kämpf T, Roller K, Trinks K (2010) „Handle, bevor dein Körper für dich handelt". Eine neue Belastungskonstellation in der IT-Industrie und die Notwendigkeit nachhaltiger Gesundheitsförderung. Abstract, Wirtschaftspsychologie 12 (3):20–28

Gerlmaier A (2009) Gesundbleiben bei Projektarbeit: Gesund bleiben ein Arbeitsleben lang? In: Roth I (2009) Leben und Arbeiten in der IT-Branche – Ein Reader. ver.di – Vereinte Dienstleistungsgewerkschaft, Berlin, S 43–51

Hartkemeyer J, Hartkemeyer M (2005) Die Kunst des Dialogs – Kreative Kommunikation entdecken. Klett-Cotta, Stuttgart

Heinitz K, Rowold J (2007) Gütekriterien einer deutschen Adaptation des Transformational Leadership Inventory (TLI) von Podsakoff. Zeitschrift für Arbeits- und Organisationspsychologie 51(1):1–15

Jung J, Nitzsche A, Pfaff H (2009a). Präventionsreife in der deutschen ITK-Branche. Tagungsbandbeitrag. In: Henning K, Leisten I, Hees F (Hrsg). Innovationsfähigkeit stärken - Wettbewerbsfähigkeit erhalten. Präventiver Arbeits- und Gesundheitsschutz als Treiber. Tagungsband zur 2. Jahrestagung des BMBF Förderschwerpunkts. Aachen 4. und 5. Dezember 2008. Aachen: Wissenschaftsverlag Mainz. S 312–325

Jung J, Nitzsche A, Pfaff H (2009b) Diagnostik der Präventionsreife in Unternehmen der deutschen ITK-Branche – Das Teilprojekt PräDiag des Verbundprojektes PräKoNet. Berlin: Tagungsband der BMBF-Tagung 2009, Berlin

Jung J, Nitzsche A, Pfaff H (2010a) Das Konzept der „Gesundheitsförderungsreife" und dessen Anwendung in wissensbasierten Unternehmen. In: Becke G, Klatt R, Schmidt B, Stieler-Lorenz B, Uske H (Hrsg) Innovation durch Prävention. Gesundheitsförderliche Gestaltung von Wissensarbeit. Wirtschaftsverlag NW, Bremerhaven, S 251–270

Jung J, Nitzsche A, Pfaff H (2010b) Diagnostik der Präventionsreife in Unternehmen der deutschen ITK-Branche – Das Teilprojekt PräDiag des Verbundprojektes PräKoNet. In: Innovationsfähigkeit sichert Zukunft. Beiträge zum 2. Zukunftsforum Innovationsfähigkeit des BMBF. Dunker & Humblot, Berlin, S 217–221

Jung J, Nitzsche A, Neumann M, Wirtz M, Kowalski C, Wasem J, Stieler-Lorenz B, Pfaff H (2010c). The Worksite Health Promotion Capacity Instrument (WHPCI): development, validation and approaches for categorization of companies into levels of capacity. BMC Public Health 10:1

Jung J, Kowalski C, Pfaff, H (2010d) Betriebliches Gesundheitsmanagement und alternde Belegschaften – eine Untersuchung in der deutschen Informationstechnologie und Kommunikations-(ITK-)Branche. In: Badura B, Schröder H, Klose J, Macco K (Hrsg) Fehlzeiten-Report 2010. Vielfalt managen: Gesundheit fördern – Potenziale nutzen. Springer, Berlin Heidelberg New York, S 175–182

Keindl K, Stieler-Lorenz B (2005) Vom Erfahrungswissen zum Handeln: Die Kommunikationsmethode „Wissen durch Erfahrungsgeschichten". In: Reimann G (Hrsg.) Erfahrungswissen erzählbar machen – Narrative Ansätze für Wirtschaft

---

7    Konkrete Beispiele des von den Führungskräften erkannten Nutzens finden sich bei Stieler-Lorenz (2010) und nicht zuletzt auf der Website www.praekonet.de, in den Filmen „Den Stress bei den Wurzeln packen" und „Blitzlichter zum Projektnutzen", aber auch in den anderen auf der Website bereitgestellten Filmdokumentationen, Bildern und Texten zum Projekt.

8    Grundsätzliche Analogien zum vorliegenden Beitrag, der die Problematik insbesondere auf die Wissensarbeit überträgt, findet man in einer Vielzahl der Analysen im Fehlzeiten-Report 2009 – Arbeit und Psyche: Belastungen reduzieren, Wohlbefinden fördern.

und Schule. Berlin, Bremen, Miami, Riga, Viernheim, Wien, Zagreb. PABST Science PUBLISHERS, Lengerich

Macco K, Schmidt J (2009) Krankheitsbedingte Fehlzeiten in der deutschen Wirtschaft im Jahre 2008. In: Fehlzeiten-Report 2009. Arbeit und Psyche: Belastungen reduzieren – Wohlbefinden fördern. Springer, Berlin Heidelberg New York, S 275 ff

Nitzsche A, Jung J, Pfaff H (2009) Work-Life-Balance – was das Unternehmen tun kann. In: Kowalski H (Hrsg) Arbeit, Familie und Gesundheit. Themenband VII. CW Haarfeld GmbH, Essen, S 29–40

Orthmann A, Gunkel L, Schwab K, Grofmeyer E (2009) Psychische Belastung reduzieren – die Rolle der Führungskräfte. In: Badura B, Schröder H, Klose J, Macco K (Hrsg) Fehlzeiten-Report 2009. Arbeit und Psyche: Belastungen reduzieren – Wohlbefinden fördern. Springer, Berlin Heidelberg New York, S 227 ff

Pfaff H, Nitzsche A, Jung J (2008) Handbuch zum „Healthy Organisational Resources and Strategies" (HORST)-Fragebogen. Veröffentlichungsreihe der Abteilung Medizinische Soziologie des Instituts für Arbeits- und Sozialmedizin der Universität zu Köln. ISSN 1618–7067 (Forschungsbericht 3/2008)

Pfaff H, Stieler-Lorenz B, Jung J, Nitzsche A, Lautenbach C (2010) Optionsstress in der Wissensarbeit. Wirtschaftspsychologie 3:29–37

Podsakoff P, MacKenzie S, Moorman R, Fetter R (1990) Transformational leader behaviors and their effects on followers' trust in leader, satisfaction, and organizational citizenship behaviors. Leadership Quarterly 1(2):107–142

Schnauffer HG, Stieler-Lorenz B, Peters S (2004) Wissen vernetzen. Wissensmanagement in der Produktentwicklung. Springer, Berlin Heidelberg New York

Stieler-Lorenz B (1996) Partizipation und Net @ Work – Erfordernis oder Unmöglichkeit. In: Stieler-Lorenz B, Denisow K, Fricke B (Hrsg) Partizipation und Produktivität – zu einigen kulturellen Aspekten der Ökonomie. Friedrich-Ebert-Stiftung, Bonn, Forum der Arbeit 5:149 ff

Stieler-Lorenz B (2000) Management von lernen und digital vernetzten Unternehmen, Chancen – Fallen – Perspektiven. In: Peters, S, Bensel, N (Hrsg) Frauen und Männer im Management, Diversity in Diskurs und Praxis. Gabler, Wiesbaden, S 161–181

Stieler-Lorenz B (2010) Broschüre „Vorsprung durch gesunde Arbeit" Dokumentation zum Verlauf und Ergebnissen des BMBF-Projektes „PräKoNeT – Vorsprung durch gesunde Arbeit" 2007–2010. Institutsdruck

Stieler-Lorenz B, Lautenbach C (2010a) Balance verloren? Disbalancen zwischen Belastung und Beanspruchung behindern die Innovationskraft von Mitarbeitern – Wege zur Wiederherstellung einer Balance. Präview, Zeitschrift für Innovative Arbeitsgestaltung und Prävention 1:14 ff

Stieler-Lorenz B, Lautenbach, C (2010b) Stressreduzierung durch innovative gesundheitsförderliche Arbeitsgestaltung mit dem Health-Innovation-Cycle. In: Becke G, Klatt R, Schmidt B, Stieler-Lorenz B, Uske H (Hrsg) Innovation durch Prävention, Gesundheitsförderliche Gestaltung von Wissensarbeit. Wirtschaftsverlag NW, Bremerhaven, S 117–137

Stieler-Lorenz B, Paarmann Y (2004) Wissenskommunikation und Lernen in Organisationen. In: Reinhardt R, Eppler M J: Wissenskommunikation in Organisationen, Methoden, Instrument, Theorien. Springer, Berlin Heidelberg New York, S 177–197

Tannenbaum R, Schmidt WH (1958) How to choose a leadership pattern. Harvard Business Review 36 (2):95–101

Techniker Krankenkasse (2009) Gesund in die Zukunft. Gesundheitsreport 2009

Wilde B, Dunkel W, Hinrichs S, Menz W (2009) Gesundheit als Führungsaufgabe in ergebnisorientiert gesteuerten Arbeitssystemen. In: Badura B, Schröder H, Klose J, Macco K (Hrsg) Fehlzeiten-Report 2009. Arbeit und Psyche: Belastungen reduzieren – Wohlbefinden fördern. Springer, Berlin Heidelberg New York, S 147–155

Willke H (1998) Systemisches Wissensmanagement. Lucius & Lucius, Stuttgart

# Kapitel 17

# Entwicklung einer Führungskräfte-Toolbox „Gesundheitskompetenz" bei REWE

R. Kraemer, M. Lenze

**Zusammenfassung.** *Die Anwendung von arbeitsplatzbezogenem gesundheitsrelevantem Wissen bildet eine wesentliche Voraussetzung, um Tätigkeiten und Arbeitssituationen langfristig gesundheitsgerecht ausführen und gestalten zu können. Gesundheitskompetenz von Beschäftigten gehört zudem aus wirtschaftlichen, sozialen und demografischen Gründen als strategisches Ziel zu einer modernen Personalpolitik. Bereits vor vier Jahren hat sich die REWE Group im Rahmen ihrer Unternehmensstrategie für ein Nachhaltigkeitsprogramm entschieden, in dem die Mitarbeiter eine bedeutende Rolle spielen. Um die Beschäftigten in der Auseinandersetzung mit Einflussfaktoren auf ihre Gesundheit bei der Arbeit zu unterstützen, bedarf es in der Fläche einer zielgruppenspezifischen Betreuung und Unterstützung durch engagierte und aufgeklärte Führungskräfte, die von der Notwendigkeit und dem Nutzen ihres Handelns überzeugt sind. Im Modellprojekt „GesiMa – Entwicklung einer Toolbox Gesundheitskompetenz im Markt" wird der Ansatz eines „Werkzeugkastens" beschrieben, der den Führungskräften den Nutzen von gesundheitsgerechter Führung darstellt und konkrete Unterstützungsangebote für Aktivitäten vor Ort beinhaltet. Die bisherigen Projektergebnisse sind hier dargestellt.*

## 17.1 Bedeutung von Gesundheitskompetenz für die Personalpolitik

„Gesundheitskompetenz ist die Fähigkeit, im täglichen Leben Entscheidungen zu treffen, die sich positiv auf die Gesundheit auswirken", erklärte die ehemalige Direktorin der WHO, Dr. Ilona Kickbusch. „Diese Kompetenz hat massive Auswirkungen auf den Einzelnen und ermöglicht ihm eine bessere Lebensqualität. Sie ist aber auch ein wesentlicher Wirtschaftsfaktor. Die meisten gesundheitsrelevanten Entscheidungen werden heute *für den Bürger* statt *unter Einbindung* des Bürgers getroffen. Und jene Entscheidungen, die der Bürger selbst trifft, trifft er meist in Unkenntnis vieler für seinen Fall maßgeblicher Fakten. Ein Mangel an Gesundheitskompetenz ist eine entscheidende medizinische wie auch wirtschaftliche Belastung für unsere Gesellschaftssysteme in Europa." (Kickbusch 2005)

Schätzungen zufolge kostet etwa die geringe Fähigkeit der Bürger in den USA, Gesundheitsinformationen zu verstehen, die US-Regierung jährlich 73 Milliarden Dollar (vgl. American Medical Association 2003). Für Europa liegen nur teilweise entsprechende Zahlen vor. „Europa gibt im Gesundheitssektor vermutlich viele Millionen aus, die durch eine gestärkte Gesundheitskompetenz seiner Bürger/innen relativ einfach gespart werden können", so Kickbusch. Zahlen der Universität Zürich von 2006 weisen einen Verlust von geschätzten 1,5 Mrd. Franken für die Schweiz aus (vgl. Institut für Sozial- und Präventivmedizin der Universität Zürich 2007).

Die Anwendung arbeitsplatzbezogenen, gesundheitsrelevanten Wissens bildet eine Voraussetzung, um Tätigkeiten und Arbeitssituationen langfristig gesundheitsgerecht ausführen und gestalten zu können. Die positiven Effekte eines gesundheitskompetenten Verhaltens am Arbeitsplatz beinhalten für das Unternehmen eine betriebswirtschaftliche und für den Beschäftigten eine persönliche Dimension. Die Steigerung der Arbeitsfähigkeit durch die Anwendung von gesundheitsrelevantem Wissen optimiert die Einsatzmöglichkeiten der Beschäftigten für das Unternehmen und beeinflusst für den Beschäftigten die Beschäftigungsfähigkeit positiv. Die arbeitsplatzbezogene Gesundheitskompetenz von Beschäftigten ist somit auch aus wirtschaftlichen, sozialen und demografischen Gründen ein strategisches Ziel einer modernen Personalpolitik. Des Weiteren zeigt uns die Wissenschaft immer wieder, wie wichtig gesunde Führung in Unternehmen ist. Für nähere Informationen zum aktuellen Forschungsstand verweisen wir daher auf den Beitrag von Zimber und Gregersen in diesem Band.

Bereits vor vier Jahren hat sich die REWE Group im Rahmen ihrer Unternehmensstrategie für ein Nachhaltigkeitsprogramm entschieden (REWE Group 2008). Neben den Säulen „Energie, Klima, Umwelt", „grüne Produkte" und „gesellschaftliches Engagement" spielen als vierte Säule „Mitarbeiter" eine bedeutende Rolle. Neben einer systematischen Personalentwicklung steht das integrierte Gesundheitsmanagement, bestehend aus Gesundheitsförderung und Arbeitssicherheit im Fokus. Denn nachhaltiges Handeln spiegelt sich nicht zuletzt bei der Personalpolitik und im Umgang mit Mitarbeitern wider. Gerade bei modernen Dienstleistern und Handelsunternehmen wie der REWE Group sind deshalb die eigenen Mitarbeiter ein entscheidender Wettbewerbsfaktor und motivierte, leistungsfähige sowie produktive Mitarbeiter Voraussetzung für den unternehmerischen Erfolg. Im Folgenden wird ein Teil des betrieblichen Gesamtkonzeptes der REWE Group vorgestellt, der neben den strukturellen Voraussetzungen zur Kompetenzentwicklung der Führungskräfte den Schwerpunkt auf Wissensvermittlung vor Ort setzt.

## 17.2 Ausgangssituation

In vielen Projekten hat sich in den vergangenen Jahren gezeigt, dass Gesundheitskompetenz und gesundheitsorientierte Verhaltensweisen am Arbeitsplatz noch wenig ausgeprägt sind. Auch wenn in den Medien eine Vielzahl an Informationen zum Thema zur Verfügung gestellt und auch im betrieblichen Kontext durch Ak-

teure wie Sicherheitsfachkräfte, Betriebsmediziner oder Experten der Krankenkassen an die Beschäftigten transportiert wird, erreichen diese Informationen die Personen nur eingeschränkt und führen somit nicht zu einer konsequenten Anwendung des Wissens im beruflichen bzw. privaten Umfeld (Dabei gilt die Wirkkette: Inhalte darstellen → Verständnis erzeugen → Umsetzung durchführen → Verstetigung fördern). Als Folge lassen sich immer noch individuelle Verhaltensmuster, aber auch Arbeitsbedingungen beobachten, die es zu verbessern gilt, um gesundheitlich negative Konsequenzen zukünftig zu vermeiden bzw. zu verringern. Neben dem notwendigen Wissen über Einflussfaktoren auf die Gesundheit allgemein ist das Wissen um die spezifischen Möglichkeiten zur Gestaltung von Arbeit und Verhalten in konkreten Arbeitssituationen von besonderer Bedeutung.

Im betrieblichen Kontext ist hierzu eine Informationsstrategie nötig, die gewährleistet, dass die „richtigen" Informationen in geeigneter Form (Akteure, zielgruppenspezifische Medien) bereitgestellt, vermittelt und angewendet werden.

Eine besondere Herausforderung bilden hierbei Branchen mit dezentralen kleinbetrieblichen Strukturen wie z. B. der Einzelhandel: Mit über 2,9 Mio. Beschäftigten und 400.000 Unternehmen in Deutschland (Stand: 2009) ist der Einzelhandel drittgrößter Wirtschaftszweig in Deutschland. Auch europaweit hat diese Branche mit ihren rund 15 Mio. Beschäftigten eine hohe Bedeutung. Ein Kennzeichen sind die eher kleinbetrieblichen Strukturen; aber auch hinter den großen Einzelhandelsketten verbirgt sich in der Regel eine Vielzahl kleinerer Standorte mit eigenen organisatorischen und logistischen Herausforderungen.

Zur REWE Group zählen bundesweit etwa 11.000 Standorte (Supermärkte, Discounter, Baumärkte, Unterhaltungselektronik, Reisebüros, Logistikstandorte etc.). Die Märkte und Reisebüros werden entweder als Filialen mit angestellten Managern oder von selbständigen Kaufleuten (REWE) betrieben. In der REWE Group sind bundesweit über 220.000 Menschen (Stand: 2009) beschäftigt.

Die Beschäftigtenstruktur zeichnet sich in den Handelsbereichen je nach Geschäftsfeld durch folgende Parameter aus:

- mehr oder weniger Teilzeit-Beschäftigte
- angelernte Kräfte bis hin zu qualifizierten Fachberatern
- in den meisten Fällen hoher Frauenanteil in den Märkten
- Diversity (Beschäftigte aus verschiedenen Ländern, Kulturen, Bildungsstand ...)

— demografischer Wandel macht sich bemerkbar (zunehmend ältere Beschäftigte)

Um die Beschäftigten in diesen Unternehmen dabei zu unterstützen, sich mit Einflussfaktoren auf ihre Gesundheit bei der Arbeit auseinanderzusetzen, bedarf es in der Fläche einer zielgruppenspezifischen Betreuung, die nur durch engagierte und aufgeklärte Führungskräfte gewährleistet werden kann. In Märkten mit kleinbetrieblichen Strukturen entscheiden die Führungskräfte nicht nur, welche Informationen wie an die Beschäftigten gelangen, sondern auch, wie im Weiteren mit diesen Informationen im Markt umgegangen wird.

Vielfach gibt es zwischen der Marktleitung und den Beschäftigten keine weiteren Führungsebenen mit expliziter Personalverantwortung. Die Marktleitung nimmt daher direkt Einfluss auf die Beschäftigten im Markt. Jede Aktivität zur Verbesserung der Gesundheit muss durch die Marktleitung initiiert, getragen bzw. unterstützt werden: Durch die Marktleitung wird die kontinuierliche Beschäftigung mit dem Thema gesteuert, werden Beschäftigte gefördert oder gesundheitlich relevante Verhältnisse positiv beeinflusst – oder auch nicht.

Somit ist es für die REWE Group elementar für die Ausbildung von Gesundheitskompetenz bei den Beschäftigten, die Führungskräfte sowohl von der Notwendigkeit und dem Nutzen zu überzeugen als auch ihnen Unterstützungsmöglichkeiten an die Hand zu geben, der Aufgabe der Vermittlung von Gesundheitskompetenz am Arbeitsplatz gerecht werden zu können.

Dabei sind Führungskräfte in unterschiedlichen Rollen aktiv: Sie fungieren z. B. als Lotse zu den unternehmensinternen Experten, gestalten Rahmenbedingungen und sie wirken mit ihrem eigenen Verhalten auf die Gesundheit von Beschäftigten ein. Sie sind als dauerhafter Ansprechpartner vor Ort eine feste Institution für die Beschäftigten und bilden für das Gesundheitsmanagement in der Zentrale der REWE Group eine sichere Anlaufstelle für die Aktualisierung von Gesundheitswissen. Dies ist umso wichtiger, da in kleinen Unternehmenseinheiten weder die dauerhafte Präsenz eines „Gesundheitsmanagers" noch einer Fachkraft für Arbeitssicherheit oder eines Arbeitsmediziners realisierbar ist. Mit den Marktleitungen kann die Förderung von Gesundheitskompetenz zu einem beständigen Aspekt ihrer Führungsarbeit entwickelt werden.

## 17.3   Zielsetzung im Projekt

In dem gemeinsam mit dem Institut für gesundheitliche Prävention (IFGP) aus Münster und vom Bundesministerium für Arbeit und Soziales (BMAS) geförderten und durch die Bundesanstalt für Arbeitsschutz und Arbeitsmedizin (BAuA) fachlich begleiteten Modellprojekt „GesiMa – Entwicklung einer Toolbox Gesundheitskompetenz im Markt" stehen zwei konkrete Zielgruppen im Fokus: die Führungskräfte und die Gesamtbelegschaft in den Märkten. Dabei sind die Führungskräfte sowohl von strategischer als auch operativer Bedeutung. Von ihnen wird zum einen die Zustimmung und Akzeptanz für eine nachhaltige Implementierung des Themas Gesundheit im Markt benötigt, zum anderen sind sie als verantwortliche Führungskräfte an zahlreichen Stellen im Markt am Umgang mit dem Thema Gesundheit direkt beteiligt. Ziel muss daher sein, die Führungskräfte zu sensibilisieren, über gesundheitsrelevante Themen zu informieren und ihnen Gestaltungsmöglichkeiten für ihren Führungsbereich an die Hand zu geben. „Informieren" bedeutet dabei auf einer Meta-Ebene insbesondere, den Nutzen von Gesundheit für das eigene Geschäft darzustellen und relevante Themen zu beschreiben. „Gestaltungsmöglichkeiten" sind die Optionen für konkrete Anwendungen, die vor Ort möglich – und sinnvoll – sind und Gesundheit fördern sollen.

Die Gesamtbelegschaft bildet die zweite Zielgruppe. Da es für viele Märkte als ungewöhnlich vorausgesetzt werden konnte, dass sich die Mitarbeiter mit dem Thema Gesundheit auseinandersetzen, war es zunächst wichtig, Beschäftigte für das Thema zu interessieren. Im Anschluss daran sollte die Toolbox von den Führungskräften zur Ausbildung eines langfristigen Interesses und zu einer Erweiterung der Gesundheitskompetenz der Beschäftigten eingesetzt werden. ◘ Abb. 17.1 zeigt die verschiedenen Zielebenen des Projektes auf.

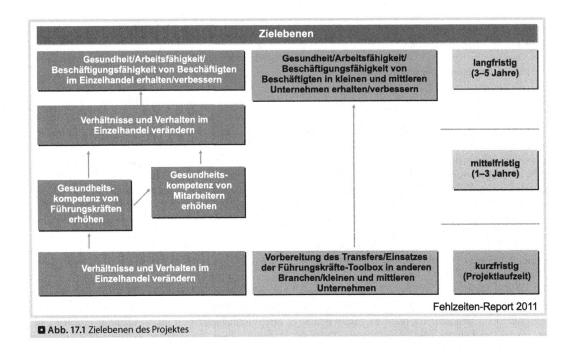

**Abb. 17.1** Zielebenen des Projektes

## 17.4 Führungskräfte beteiligen – welche Themen sind relevant?

Um die Führungskräfte bei ihrer Aufgabe der Vermittlung von Gesundheitskompetenz mit einer Toolbox zu unterstützen, ist es wichtig zu wissen, wie das Thema „Gesundheit als Führungsaufgabe" bereits sensibilisiert und gelebt wird. Auch die Auswahl der relevanten Themenfelder, die aus Sicht der Führungskräfte wesentlich sind, gilt es abzufragen. Ebenso interessiert, mit welchen Medien die Informationen zu gesundheitlichen Themen praxisgerecht umgesetzt werden sollen. So wurde eine Befragung entwickelt, die dann bei Führungskräften in über 600 Märkten online durch die Marktforschung der REWE Group umgesetzt wurde. Die Rücklaufquote lag bei guten 67 Prozent.

Bei der Analyse der Themen ergab sich folgendes Bild: Gesundheitsbewusstsein ist bei den selbstständigen Partnerunternehmen bzw. den angestellten Marktmanagern und dem betreuenden Außendienst durchaus vorhanden. Zudem sind die Führungskräfte sich ihrer Verantwortung für das Thema Gesundheit bereits zu großen Teilen bewusst. Die Berücksichtigung des Themas im „Alltagsgeschäft" ist jedoch verbesserungsfähig. Ebenso könnten gesundheitliche Themen insgesamt noch stärker im Markt präsent sein (■ Abb. 17.2).

Die positive Selbsteinschätzung bezüglich der eigenen Bedeutung für den Umgang mit Gesundheit in den Märkten zeigt die enorm hohe Bedeutung der Führungskräfte bei der Betreuung der Beschäftigten in Zusammenhang mit diesem Thema. Ohne die Führungskräfte lassen sich keine Informationen an die Beschäftigten vermitteln. Diese Erfahrung wurde bereits im Projekt naprima[1] gemacht: Gesundheitsrelevante Informationen konnten in den Märkten optimal eingesetzt werden, in denen auch Führungskräfte für das Thema „Gesundheit" besonders engagiert waren. Die im Rahmen dieses Projektes entwickelten Verfahren zur gesundheitlichen Beratung, die Qualifizierung von Gesundheitscoachs, aber auch die Medien wie Monatskalender, DVD, Poster etc. wurden in diesen Märkten erfolgreich implementiert. Ein flächendeckender Einsatz erfordert jedoch weitergehende Überzeugungsstrategien, wie sie im Rahmen des Projektes GesiMa entwickelt werden.

Neben den direkten Führungskräften sind auch die betreuenden regionalen Akteure (einschl. Außendienst) von enormer Wichtigkeit. So wurde die Befragung beispielsweise mit regionalen Verantwortlichen entwickelt und abgestimmt. Von dort aus wurden auch Führungskräfte in dezentralen Standorten informiert.

---

1 naprima. Modellprojekt Nachhaltige Präventionskonzepte zur Reduzierung von Muskel-Skelett-Erkrankungen in dezentralen Strukturen. Teilprojekt aus dem Förderschwerpunkt 2007 des BMAS. www.naprima-projekt.de.

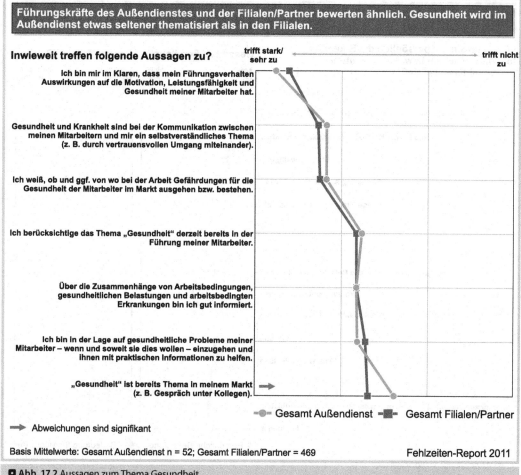

**Abb. 17.2** Aussagen zum Thema Gesundheit

Wenn Gesundheit ein wichtiges Handlungsfeld darstellt, stellt sich weiterhin die Frage nach den konkreten gesundheitsrelevanten Inhalten. Die Parameter in ☐ Abb. 17.3 zeigen die von den Führungskräften genannten Themen und deren Bedeutung für sie selber. Daneben sollten die Führungskräfte aber auch eine Beurteilung für die Beschäftigten vornehmen.

Die Ergebnisse sind sicherlich spezifisch und stellen die bereits im Fokus der Wissensvermittlung stehenden Handlungsfelder der Branche an den vorderen Positionen dar. Jedoch wird auch deutlich, dass nicht branchenspezifische Handlungsfelder wie Konflikte und Stressbewältigung oben dabei sind. Grundsätzlich wird bislang jedoch den Unterstützungsmöglichkeiten (durch externe Partner oder Netzwerke) und allgemeinen Gesundheitsaspekten (wie Impfschutz) wenig Bedeutung

beigemessen. Hier rechtfertigt sich eine entsprechende Aufklärung um den Nutzen solcher Themen.

Des Weiteren wurden die Führungskräfte gefragt, welche Zugangswege für Informationen in die Märkte geeignet sind. Die Auswertung ergab, dass – sicherlich auch aufgrund der technischen Möglichkeiten in der Fläche und der „Einfachheit" – vor allem Printmedien und die direkte Ansprache für die Vermittlung von Gesundheitsthemen favorisiert wurden (☐ Abb. 17.4).

In Ergänzung zur Befragung der Führungskräfte wurde eine vergleichbare Befragung für Mitarbeiter vorbereitet. Immerhin 1.810 in den Märkten Beschäftigte haben ihren schriftlichen Fragebogen auswertbar zurückgeschickt. Damit konnte trotz der enorm hohen Dezentralität und dem damit verbundenen hohen organisatorischen Aufwand Aufschluss darüber gewonnen werden, ob bzw. wie die Beschäftigten das Thema

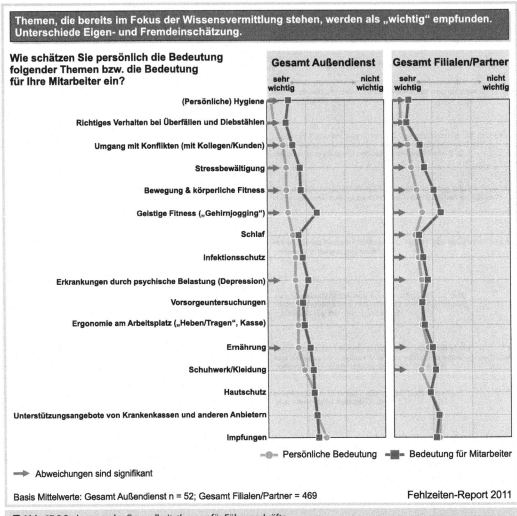

**Themen, die bereits im Fokus der Wissensvermittlung stehen, werden als „wichtig" empfunden. Unterschiede Eigen- und Fremdeinschätzung.**

Wie schätzen Sie persönlich die Bedeutung folgender Themen bzw. die Bedeutung für Ihre Mitarbeiter ein?

Gesamt Außendienst

Gesamt Filialen/Partner

sehr wichtig — nicht wichtig

sehr wichtig — nicht wichtig

- (Persönliche) Hygiene
- Richtiges Verhalten bei Überfällen und Diebstählen
- Umgang mit Konflikten (mit Kollegen/Kunden)
- Stressbewältigung
- Bewegung & körperliche Fitness
- Geistige Fitness („Gehirnjogging")
- Schlaf
- Infektionsschutz
- Erkrankungen durch psychische Belastung (Depression)
- Vorsorgeuntersuchungen
- Ergonomie am Arbeitsplatz („Heben/Tragen", Kasse)
- Ernährung
- Schuhwerk/Kleidung
- Hautschutz
- Unterstützungsangebote von Krankenkassen und anderen Anbietern
- Impfungen

●—○— Persönliche Bedeutung   ■—■— Bedeutung für Mitarbeiter

➡ Abweichungen sind signifikant

Basis Mittelwerte: Gesamt Außendienst n = 52; Gesamt Filialen/Partner = 469

Fehlzeiten-Report 2011

**17**

◘ **Abb. 17.3** Bedeutung der Gesundheitsthemen für Führungskräfte

Gesundheit sehen. Die Befragung hat zudem Auskunft darüber gegeben, zu welchen gesundheitsrelevanten Themenfeldern sich die Beschäftigten mehr arbeitsplatzbezogene Informationen wünschen. Weiterhin wurde ermittelt, welche Medien die Beschäftigten als am besten geeignet ansehen, um Gesundheitsthemen zu kommunizieren. Folgende zentrale Ergebnisse sind zum Umgang mit Gesundheit festzuhalten:

- 87 Prozent der Beschäftigten achten allgemein auf ihre Gesundheit.
- 92 Prozent der Beschäftigten wissen, ob und von wo gegebenenfalls bei der Arbeit im Markt Gesundheitsgefährdungen ausgehen.

- 83 Prozent der Beschäftigten achten bei der Arbeit auf ihre Gesundheit.
- Laut Aussage der Beschäftigten ist 77 Prozent der Marktleitung die Gesundheit der Beschäftigten wichtig.
- 67 Prozent der Mitarbeiter glauben, dass in ihrem Markt die Gesundheit der Beschäftigten eine hohe Bedeutung hat.
- Gesundheit und Krankheit sind bei 63 Prozent der Befragten ein selbstverständliches Thema in den Gesprächen zwischen Beschäftigten und Marktleitung.
- 61 Prozent der Beschäftigten thematisieren Gesundheit bei der Arbeit unter Kollegen im Markt.

> **Zur Wissensvermittlung sollten insbesondere gedruckte Medien und das persönliche Gespräch genutzt werden. E-Learning wird vom Außendienst als geeignetes Mittel bewertet.**

**Welche Medien/Informationskanäle sind aus Ihrer Sicht besonders geeignet, um Ihren Mitarbeitern im Markt Informationen und Wissen zu vermitteln?***

| | Gesamt Außendienst | Gesamt Filialen/Partner |
|---|---|---|
| **Gedruckte Medien:** | 89 | 92 |
| Flyer, Informationsmaterial für jeden Mitarbeiter | 73 | 67 |
| Plakate als Aushang | 54 | 48 |
| Mitarbeiterzeitung (REWE echo) | 50 | 42 |
| **Persönlicher Kontakt:** | 96 | 87 |
| Gespräch mit den Mitarbeitern | 96 | 87 |
| **Digitale Medien:** | 96 | 85 |
| Filme (DVD) | 65 | 64 |
| E-Learning-Instrumente | 54 | 15 |
| Bildschirmpräsentationen (z. B. Computer, TV) | 40 | 33 |
| Audio (z. B. Marktradio, mp3 o. ä.) | 19 | 12 |
| EDP (elektr. Dienstleistungsportal) | 17 | 13 |

Angaben in %

\* Mehrfachnennungen möglich
Gesamt Außendienst Ø 4,7 Antworten pro Befragten; Gesamt Filialen/Partner: Ø 3,8 Antworten

Basis Mittelwerte: Gesamt Außendienst n = 52; Gesamt Filialen/Partner = 469    Fehlzeiten-Report 2011

◻ **Abb. 17.4** Medien und Informationskanäle zur Wissensvermittlung

— Die Informationsvermittlung über das persönliche Gespräch mit der Marktleitung wird neben schriftlichen Informationsmaterialien und Teambesprechungen als gut geeignet bewertet.

All diese Ergebnisse der Analysephase bilden die Grundlage für die Entwicklung der Führungskräfte-Toolbox zur Stärkung der Gesundheitskompetenz.

## 17.5    Die Idee der Toolbox

Die Toolbox zielt darauf, für Führungskräfte in der REWE Group geeignete Unterstützungsinstrumente zu entwickeln und den Führungskräften an die Hand zu geben,

— um diese für die persönliche Bedeutung zur Förderung und Unterstützung der Gesundheit und Gesundheitskompetenz von Beschäftigten zu sensibilisieren,

— um sie in der dauerhaften Anwendung und Weiterentwicklung dieser Instrumente zu aktivieren,

— und um ihnen die verschiedenen Einflussmöglichkeiten im Rahmen unterschiedlicher Aufgaben und Rollen zu vermitteln.

Die Gesundheitskompetenz der Führungskräfte sowie der Beschäftigten in den Märkten soll durch Informationsvermittlung und Handlungsanregungen gesteigert werden. Dabei muss die Toolbox aus Sicht der REWE Group für die praktische Nutzbarkeit folgende Ansprüche erfüllen:

— Sie muss selbsterklärend sein und die Führungskräfte müssen sie ohne zusätzliche Aufwände für Qualifizierung und Einarbeitung anwenden können.

— Sie soll sich insbesondere für die dezentralen, kleinbetrieblichen Strukturen in der REWE Group eignen.

- Sie muss die für den Bedarf in den Märkten relevanten Inhalte umfassen (gesundheitsrelevantes arbeitsplatzbezogenes Wissen bezogen auf die auftretenden Problemfelder im Einzelhandel).
- Sie soll sich durch Medienvielfalt auszeichnen (Führungskräfte müssen gemäß ihren Bedürfnissen durch kurze, verständliche, plakative Informationen und Materialien angesprochen werden (Welche Form der Wissensvermittlung spricht mich an? Welche Medien eignen sich für mich und meine Arbeit?).
- Sie soll neben den speziellen Medien/Materialien für die Führungskraft auch die Medien/Materialien enthalten, die die Führungskraft für den Wissenstransfer an die Beschäftigten nutzen kann.
- Sie soll in vorhandene EDV-Strukturen integrierbar sein (z. B. Intranetanwendungen).
- Sie soll sukzessive allen Führungskräften angeboten werden können.
- Sie soll kein abgeschlossenes System bilden, sondern sich mit neuen Anforderungen weiter entwickeln können.

Im Wesentlichen geht es bei der Entwicklung der Toolbox um zwei Ebenen:
- Informations- und Sensibilisierungsmedien für die Führungskräfte (Metaebene „Nutzen")
- Informationsdienst für Führungskräfte zur Betreuung von Beschäftigten (Maßnahmen/Gesundheitsthemen)

## 17.6 Umsetzung der Toolbox

Das IFGP entwickelt die Toolbox in Absprache und Abstimmung mit dem Gesundheitsmanagement der REWE Group und den zukünftigen Nutzern. Dabei werden die Inhalte von der Bundesanstalt für Arbeitsschutz und Arbeitsmedizin gegengelesen und abgenommen. Im Projektzeitraum haben bereits über 450 Führungskräfte die Toolbox eingesetzt und damit bis zu 10.000 Beschäftigte in den Märkten der Pilotregionen erreicht.

### 17.6.1 Sensibilisierungsinstrument

Zur Darstellung des Nutzens sowie zur Sensibilisierung, Qualifizierung und Unterstützung der Führungskräfte dient ein Online-Training (zu Führung und Gesundheit), das im Rahmen des Projektes entwickelt und für den spezifischen Gebrauch in der REWE Group ab-

gestimmt ist. ◘ Abb. 17.5 stellt die Schwerpunkte des Online-Trainings dar.

**6. Programmsequenzen:**
- Situation der Mitarbeiter im Einzelhandel
- Was ist Gesundheit?
- Gesund Führen – Einflussmöglichkeiten auf die Gesundheit von Beschäftigten
- Praxisbeispiele: Wie beeinflussen Sie die Gesundheit Ihrer Mitarbeiter positiv?
- Verknüpfung von Theorie und praxisnahen Handlungsempfehlungen für mehr „GesiMa"
- Zusammenfassung und Abfrage des Lernerfolgs

Quelle: IFGP          Fehlzeiten-Report 2011

◘ **Abb. 17.5** Inhalte des Online-Trainings

Da es in der Praxis in vielen Fällen – insbesondere auch außerhalb der REWE Group – noch keine flächendeckenden Einsatzmöglichkeiten für E-Learning gibt, werden neben dem Online-Training auch Informationsbriefe für die Führungskräfte zur Verfügung gestellt, die die relevanten Informationen einfach, plausibel und umsetzungsnah darstellen.

### 17.6.2 Arbeit mit Quartalsthemen (Unternehmensspezifischer Gesundheitsinformationsdienst)

Zentrale Idee des Konzepts zur Gesundheitskompetenzvermittlung ist es, die Marktleitungen mit Wissens- und Handlungsbausteinen zu relevanten Themen zu versorgen, die einfach, schnell und unproblematisch umgesetzt werden können.

Um den Marktleitungen die Möglichkeit zu geben, einerseits aus vielen Informationen für den Markt passende Informationen und Bausteine auswählen zu können und andererseits auch keinen zu großen Zeitdruck im Hinblick auf die Umsetzung und mögliche Effekte zu schaffen, wurden die benannten Themen in „Quartalseinheiten" zusammengefasst. Als wesentliche Handlungsfelder sind in der Umsetzung „Bewegung" und „Ernährung" sowie „Stress" und das REWE Group eigene „Fit.Netz"-Gesundheitsförderungsangebot.

Nach den ersten Erfahrungen hat die Information in Form von Quartalsthemen für die REWE Group wesentliche Vorteile gegenüber zeitlich eng getakteten Aktivitäten.
- Sie berücksichtigt eine breite Zielgruppenansprache.

- Sie ermöglicht in den Quartalen hohe inhaltliche Qualität und Passung an die Nachfragen der Beschäftigten.
- Sie erlaubt die Anpassung an kurzfristige externe und interne Einflüsse bei der Umsetzung vor Ort.
- Sie ermöglicht es, Themen saisonal wieder aufzugreifen und zu vertiefen.
- Sie schafft Planungssicherheit im Kalenderjahr.

Die Quartalsthemen berücksichtigen dabei immer eine Grundvoraussetzung: Es werden gleichermaßen Informationsbausteine und Handlungsbausteine angeboten. Diese Kombination soll dazu motivieren, Wissen in Handeln zu überführen. Die Quartalsthemen werden dabei durch Übersichtsplakate eingeführt, auf denen die Medien zu sehen sind, die die jeweiligen Gesundheitsthemen beinhalten. In jedem Quartal wird außerdem ein Gewinnspiel als Wissensspiel eingesetzt, das nur bei Nutzung der angebotenen Informationen erfolgreich zu bewältigen ist.

Dies soll am Beispiel „Bewegung" kurz erläutert werden. Neben dem entsprechenden Quartalsposter als „Aufhänger" gibt es einen speziellen Flyer zum Thema Fußgesundheit und zum Tragen geeigneten Schuhwerks im Markt. Dabei werden sehr konkrete Tipps vermittelt und Ansprechpartner genannt. Die Gesundheitskarten sind als „Mini-Fächer" für den Einsatz vor Ort entwickelt. Neben konkreten Tipps zum richtigen Verhalten bei relevanten Tätigkeiten am Arbeitsplatz geht es um Ausgleichsübungen und Hintergrundinformationen zum Thema Bewegung sowie zum Skelettapparat.

Die Entwicklung der Medien erfolgt ebenfalls in Abstimmung mit dem IFGP, da hierdurch gesundheitsförderlich relevante Themen aus externer Fachsicht direkt auf die Bedürfnisse der REWE-Nutzer bezogen werden können. Dies ist sicherlich auch ein wesentlicher Erfolgsfaktor für die hohe Akzeptanz in der Nutzung der Produkte und Weiterentwicklung des Gesamtprozesses.

## 17.7   Fazit

Das Projekt wird Ende des ersten Halbjahres 2011 abgeschlossen sein, daher ist bisher keine strukturierte Evaluation erfolgt. Jedoch sind erste Rückmeldungen zu den bisherigen Erfahrungen durchweg positiv. Um die Märkte zu erreichen, hat sich vor allem die enge Einbindung der Führungskräfte der Regionen (Personalabteilung, Betriebsrat, Vertriebsleitung, Marktmanager etc.) sehr vorteilhaft ausgewirkt. Bereits jetzt sind innerhalb und außerhalb der REWE Group weitere Unternehmen an der Übernahme des Konzeptes interessiert. Innerhalb der REWE Group beschließen die verschiedenen Geschäftsbereiche für sich, ob bzw. wie das Projekt in Zukunft verstetigt werden und der erprobte Informationsdienst weiter den Märkten zur Verfügung gestellt werden soll. Das Interesse hieran wurde bereits vor Abschluss des Projektes und der Evaluation aus den teilnehmenden Pilotregionen geäußert. Auch die Verwendung des Online-Trainings im Rahmen der geregelten Aus- und Weiterbildung wird geprüft. Möglicherweise bestehen Chancen, weitere Themen (z. B. Unterstützung von Beschäftigten in Lebenskrisen) in den Prozess der Kompetenzentwicklung der Führungskräfte zu integrieren.

## Literatur

American Medical Association (2003) Hidden problem named as national health priority. Presseaussendung, 9. Januar 2003

Institut für gesundheitliche Prävention (2010) Handlungsleitfaden „Nachhaltige Präventionskonzepte zur Reduzierung von Muskel-Skelett-Erkrankungen in dezentralen Strukturen (naprima)". 1. Auflage http://www.naprima-projekt.de

Institut für Sozial- und Präventivmedizin der Universität Zürich (2007) Veranstaltungsbericht. Bern

Kickbusch I (2005) Vortrag auf dem 14. European Health Forum. Gastein, 5. bis 8. Oktober, 2005

REWE Group (2008) Nachhaltigkeitsbericht

# Kapitel 18

# Synchronwirkung der Führungskultur auf Gesundheit und Betriebsergebnis

F. Netta

**Zusammenfassung.** *Der Beitrag präsentiert die Forschungsergebnisse der Bertelsmann AG zu den Zusammenhängen von partnerschaftlicher Führung mit der Gesundheit der Mitarbeiter einerseits und den wirtschaftlichen Ergebnissen andererseits. Die Untersuchungen liefen über mehrere Jahre. Erstmals in einem Unternehmen wurden zur Auswertung von Mitarbeiterbefragungen statistische Analysen mit Strukturgleichungsmodellen eingesetzt, die Wirkungsrichtungen (Ursachen) zwischen Faktoren der Betriebskultur aufzeigen. Sie ergaben, dass die Haupteinflussfaktoren auf die Mitarbeitergesundheit (Autonomie, Strategietransparenz) die gleichen sind wie die, die auf die Identifikation der Mitarbeiter mit ihren Aufgaben und dem Unternehmen wirken. Für diese wiederum wird ein hoher Effekt auf die betriebswirtschaftlichen Ergebnisse belegt. Führungskräfte erhalten wichtige Hinweise, wie salutogene Führungselemente in einer Win-Win-Situation gleichermaßen zur Gesundheitsförderung wie zur Ergebnissteigerung in Unternehmen eingesetzt werden können.*

## 18.1 Ausgangssituation des Gesundheitsmanagements bei Bertelsmann

### 18.1.1 Unternehmenskultur

Im Hause Bertelsmann gibt es eine lange Tradition der sozialen Fürsorge für die Mitarbeiter. Bereits 1887 führte das 2010 175 Jahre alt gewordene Unternehmen eine Invaliden- und Pensionskasse ein, 1957 folgte die Gründung einer Betriebskrankenkasse. Im Laufe der Zeit entwickelte sich aus dem kleinen Verlags- und Druckbetrieb der heutige Weltkonzern mit insgesamt über 100.000 Mitarbeitern in 50 Ländern. Fünfzig der 1.000 Profit-Center beschäftigen mehr als 300 Personen, lediglich weitere 50 mehr als 100 Mitarbeiter. Die Arbeitsfelder reichen von der Produktion (z. B. in Druckereien) über Dienstleistungen (z. B. Auslieferungen von Verlagsprodukten, Callcenter, Finanzdienstleistungen) bis zu Film- und Fernsehproduktionen und Buch- wie Zeitschriftenredaktionen. Die Grundwerte des Unternehmens wurden seit den 1960er Jahren des vergangenen Jahrhunderts regelmäßig nach ausführlicher Diskussion im Unternehmen auf- und fortgeschrieben und zuletzt 1998 und 2005 in den „Essentials"[1] formuliert – fußend auf vier Eckpfeilern: Partnerschaft, Unternehmergeist, Kreativität und gesellschaftliche Verantwortung. Partnerschaft beinhaltet dabei wesentlich den wertschät-

---

1 www.bertelsmann.de/bertelsmann_corp/wms41/customers/bmcr/pdf/Bertelsmann_Essentials_DE.pdf

zenden Umgang mit den Mitarbeitern, umfassende Information und Einbeziehung in Entscheidungsprozesse, Beteiligung am Gewinn sowie die Übertragung eines Höchstmaßes an Freiraum in der persönlichen Arbeit. Möglichst jeder Mitarbeiter soll sich als „Unternehmer im Unternehmen" fühlen. Dadurch ergibt sich eine besondere Verpflichtung des Unternehmens für die Gesundheit seiner Mitarbeiter. Denn wie bei Angehörigen der freien Berufe zu beobachten, neigen hochmotivierte und engagierte Menschen dazu, Raubbau an ihrer Gesundheit zu treiben. So erklärt sich das besondere Interesse des Firmenpatriarchen Reinhard Mohn an der Gesundheit der Mitarbeiter[2] nicht nur aus der Tradition der Gründerfamilie, sondern auch aus der Gesamtschau von Wirkungszusammenhängen und Obliegenheiten innerhalb einer partnerschaftlichen Unternehmenskultur. Schon früh vermutete er den später belegten Zusammenhang zwischen Führung und Gesundheit.

### 18.1.2 Demografischer Wandel

Parallel zu den Überlegungen für eine bessere Gesundheitsvorsorge entwickelte sich die Diskussion zu den Anforderungen des demografischen Wandels. Über Jahre hinweg wiegelten viele Linienmanager und auch Personalfachleute ab, der demografische Wandel werde seit vielen Jahren prophezeit und habe sich doch immer wieder als Fata Morgana erwiesen. Dann aber setzte mit dem Wegfall der staatlichen Subventionierung von Frühpensionierungen und den Regelungen zur Rente mit 67 ein Umdenken ein. Im Konzernarbeitskreis Gesundheit des Hauses Bertelsmann wurde in Anwesenheit des Vorstandsvorsitzenden sowie der Betriebsratsvorsitzenden und Personalchefs der Unternehmensbereiche und großen Inlandsfirmen eine statistische Hochrechnung präsentiert, die es in sich hatte: Zwischen 2000 und 2015 würde sich die Anzahl der über 50-jährigen Mitarbeiter verdreifachen, die Zahl der über 60-jährigen sogar verzehnfachen. Zugleich zeigte die Statistik, dass ältere Mitarbeiter zwar nicht häufiger erkranken als jüngere, dafür dann aber umso länger ausfallen: Die AU-Tage der Mitarbeiter über 60 liegen dreimal so hoch wie die ihrer 20- bis 30-jähri-

gen Kollegen. Hinzu kommen Kosten aus Schichtunfähigkeit, Produktivitätsverlust und für die Anwerbung und vertretungsweise Einarbeitung von Ersatzpersonal, wobei Letzteres mit ausreichender Qualifikation in bereits absehbarer Zeit vermutlich gar nicht mehr zur Verfügung stehen wird. Es lag damit auf der Hand, dass das Unternehmen seine Mitarbeiter möglichst bis zum Renteneintritt gesund und arbeitsfähig erhalten muss. Dieser Renteneintritt dürfte angesichts der Daten für die jüngsten Mitarbeiter eher mit 70 als mit 67 erfolgen. Und da sich Veränderungen in den betrieblichen Verhältnissen oder auch im Verhalten der Mitarbeiter nur langfristig auf die Gesundheit auswirken dürften, entstand rasch Konsens über einen akuten Handlungsbedarf.

Als weitere Gründe für Aktivitäten im betrieblichen Gesundheitsmanagement wurden erkannt:

- Verbesserung der **Mitarbeiterbindung** („Meine Firma kümmert sich um das Wichtigste, was ich habe: um meine Gesundheit")
- Steigerung der **Firmenattraktivität** im demografiebedingten künftigen Talentwettbewerb
- Festigung des Partnerschaftsgedankens durch **beiderseitige** Beiträge zur Gesunderhaltung
- vermutete, aber noch zu belegende **Wirkung auf Identifikation und Engagement** der Mitarbeiter und damit auf die Produktivität (dazu weiter unten mehr)

## 18.2 Identifizierung des richtigen Ansatzes für betriebliches Gesundheitsmanagement

Es stellte sich die Frage, welches der beste Ansatz ist, um Gesundheit und Arbeitsfähigkeit der Mitarbeiter nachhaltig zu verbessern. Nach dem Peter F. Drucker oder auch Robert Kaplan zugeschriebenen Wort „If you can't measure it, you can't manage it" galt es, handhabbare Steuerungsgrößen zu finden.

Die Krankenquoten allein waren dazu nicht geeignet. Sie zeigen selbst bei betriebsbezogener statistischer Aufgliederung der Erkrankungsarten durch die Krankenkassen (Gesundheitsbericht) nur Symptome, nicht Ursachen von Erkrankungen auf. Zwar kann man mit den auch bei Bertelsmann praktizierten Gesundheitszirkeln in Schwerpunktbereichen von Krankenquoten in die Tiefe gehen. Jedoch erfolgt die Reaktion auch dann nicht optimal, da sie mit den Krankenquoten auf einem Spätindikator aufsetzt.

Zu einigen vom Unternehmen oder der Betriebskrankenkasse angebotenen Vorsorgeprogrammen (z. B.

---

2  Auch zum Kernarbeitsfeld der von Reinhard Mohn begründeten Bertelsmann Stiftung gehören Forschungen im Gesundheitsbereich. Bei der Einführung von Gesundheits-Check-ups im Unternehmen ließ Mohn über die Universität Lübeck eine wissenschaftliche evidenzbasierte Begleitforschung zu einem optimalen Check-up-Programm durchführen; die Ergebnisse sind publiziert in Hollmann u. Lühmann 2006.

Betriebssport, Impfungen, Screenings, Ernährungsberatung und andere Kurse) lagen Daten über die Beteiligungsquote und bei Screenings auch Befundstatistiken vor. Sie haben zwar den Vorteil von Frühindikatoren und eignen sich auch zum Akzeptanzcontrolling von Maßnahmen. Sie messen aber z. T. Input statt Output und erfassen keine Nichtteilnehmer, von denen vielleicht viele eine Teilnahme besonders nötig hätten.

Dies führt zur Überlegung, die Unternehmenskultur auf Krankheits- und Gesundheitstreiber zu untersuchen. Gelingt eine Identifikation, besteht die Aussicht, sowohl Frühindikatoren zu identifizieren als auch Indikatoren, die 100 Prozent der Mitarbeiter erfassen. Außerdem ließe sich Transparenz über Ursachen und nicht lediglich über Symptome von Erkrankungen gewinnen. Der Ansatz verspricht zwar ganzheitliche statt bruchstückhafte Erkenntnisse, allerdings setzt er ein Unternehmen auch unter einen stärkeren Zugzwang: Die Ermittlung gesundheits- oder krankheitsrelevanter Treiber in der Führungskultur weckt Erwartungen auf besonders schwerwiegende Konsequenzen.

### 18.2.1 Präferenz auf Kennzahlen salutogener Wirkungen

Grundlegend und begriffsbildend für den Wert der „Salutogenese" sind die Arbeiten des amerikanisch-israelischen Medizinsoziologen Aaron Antonovsky (1987, S. 16 ff.). In Gesprächen mit Überlebenden des Holocaust hatte er festgestellt, dass einige von ihnen die KZ-Torturen physisch und psychisch unbeschadet überstanden hatten. Daran knüpfte er mehrjährige Untersuchungen – auch im betrieblichen Alltag – an, um herauszufinden, was Menschen gemeinsam haben, die starke körperliche und seelische Belastungen verkraften. Auf seine Ergebnisse wird im weiteren Verlauf noch eingegangen. Vorab lässt sich jedoch bereits vermuten, dass manche vielleicht nicht völlig vermeidbare Belastung aus der Arbeitswelt (z. B. Schichtdienst, Termindruck durch Kundenerwartungen) in ihrer Wirkung auf die Gesundheit abgemildert wird, wenn das Unternehmen salutogen wirkende Elemente dagegensetzt. So könnte z. B. eine erhöhte Transparenz im Unternehmen eine solche Wirkung haben.

Des Weiteren ist es nach dem pädagogischen Grundsatz „ein Lob bewegt mehr als viele Tadel[3]" wesentlich effizienter, im Unternehmen die Wirkung vorbildlicher Vorgehensweisen herauszustellen und zu fördern, als Fehlentwicklungen zu kritisieren und die Verantwortlichen zu maßregeln. Schließlich sind auch viele krankmachende Effekte im Unternehmen bereits bekannt und zu einem guten Teil – soweit abstellbar – in Bearbeitung, während kaum Wissen über gesundheitsförderliche Verhältnisse besteht. Sie versprechen eine weit größere Nachhol- und Hebelwirkung.

### 18.2.2 Auswahl einer Kenngröße

Als eines der ersten deutschen Unternehmen hat Bertelsmann bereits 1977 regelmäßige Mitarbeiterbefragungen eingeführt. Da die Befragung als tatsächliches und von Anfang an so geplantes (Netta 1982, S. 150) Mitspracheinstrument der Mitarbeiter gehandhabt wird, findet sie eine hohe Akzeptanz: An der Mitarbeiterbefragung 2010 beteiligten sich 85,1 Prozent von 82.000 international einbezogenen Beschäftigten. Die Ergebnisse werden für über 8.500 Befragungseinheiten bis hinunter zu fünf Teilnehmern (bei strengem Anonymitätsschutz für den Einzelnen) ausgewertet, sodass jeder Vorgesetzte und seine direkt an ihn berichtenden Mitarbeiter im Regelfall ein Ergebnis für ihre Einheit bekommen. Sie sind angehalten, innerhalb einer Frist von wenigen Wochen Maßnahmen zur Abstellung von Schwachpunkten oder zum Ausbau von Stärken zu vereinbaren. Aus über 1.000 weiteren Verdichtungen der Ergebnisse werden Maßnahmen auf Hauptabteilungs-, Firmen-, Unternehmensbereichs- und Konzernebene abgeleitet. Mitarbeiter können so verfolgen, wie ihren Hinweisen nachgegangen wird. In den Jahrzehnten der Befragungspraxis hat sich an vielen Beispielen gezeigt, dass Mitarbeiter ihre Beurteilungen sehr verantwortungsbewusst abgeben und ein feines und treffsicheres Gespür für gute oder weniger gute Entwicklungen im Unternehmen haben. Es lag daher nahe, die Mitarbeiterbefragung auch dazu zu verwenden, den Grad des empfundenen Gesundheitsschutzes im Unternehmen zu ermitteln. Konsequent fand eine vom Konzernar-

---

3  Lob wird eher im bewusstseinsgesteuerten Bereich des Gehirns abgespeichert, wobei das Glückshormon Serotonin ausgeschüttet und der Wunsch nach Wiederholung geweckt wird; Maßregelung wird eher im Stammhirn bei den Fluchtreflexen abgespeichert, wodurch die Ausschüttung des Stresshormons Adrenalin stimuliert wird – so der Biochemiker Quandt am 7.10.2010 bei einer Diskussion im Internet (Quandt 2010).

beitskreis Gesundheit empfohlene Frage zu dieser Thematik Eingang in die Mitarbeiterbefragung 2002.

### 18.2.3 Verfeinerung von Analysen und Steuerungsmöglichkeiten über Strukturgleichungsmodelle

Die Aufnahme einer globalen Frage zum empfundenen Gesundheitsschutz hätte zwar einen Frühindikator ergeben, von dem auch eine hohe Verlässlichkeit zu erwarten wäre. Doch wäre die Frage nach konkreten Ursachen, also Treibern von Gesundheit oder Krankheit im Unternehmen, damit noch nicht zu beantworten. Herkömmliche statistische Verfahren lassen zwar Korrelationen zwischen einzelnen Faktoren in einer Befragung erkennen. Sie geben aber keinen Aufschluss über die Richtung von Einflüssen zwischen den Faktoren bzw. zu Ursächlichkeiten. Zudem sind Scheinkorrelationen nicht auszuschließen und auch keine Feinzusammenhänge zwischen einzelnen Fragen unterhalb der Faktorenebene erkennbar.

An den Vorbereitungen der Mitarbeiterbefragung 2002 war ein Diplompsychologe beteiligt, der sein Fachwissen hinsichtlich sowohl Gesundheitsfragen wie auch weit entwickelter statistischer Verfahren, namentlich sogenannter Strukturgleichungs- oder Pfadmodelle, einbrachte. Sie erlauben es, eine Vielzahl zu bildender Hypothesen mit ausreichend großer Datenmenge auf Verifizierung und Falsifizierung durchzurechnen. Mit hoher Treffsicherheit lassen sich so die Einflussrichtungen zwischen den Items einer Befragung ermitteln, Scheinkorrelationen eliminieren sowie mehrstufige Abhängigkeiten, also Wirkungszusammenhänge, identifizieren. Das Ergebnis ist ein Psychogramm der Befragten, das Zusammenhänge aufzeigt, die den Befragten selbst gar nicht bewusst sind. Zum damaligen Zeitpunkt war diese bekannte, aber relativ aufwendige und komplexe Methodik, soweit ersichtlich, noch nie bei Mitarbeiterbefragungen angewandt worden. Bertelsmann entschied sich für ihre Anwendung und das Ergebnis war höchst aufschlussreich (Mohn 2008, S. 141) (◘ Abb. 18.1).

Während Statistiker schon hoch zufrieden sind, wenn 31 Prozent eines Faktors über Korrelationen zu anderen Faktoren erklärt werden können, erklärt das Strukturgleichungsmodell den empfundenen Gesundheitsschutz durch nur drei andere Faktoren zu 62 Prozent, und zwar richtungsgebunden als Indiz für Ursächlichkeit. Dabei überrascht der Einfluss der Arbeitszeitregelung nicht, wenn man z. B. an Schichtarbeit oder Überstunden denkt. Auffälliger sind da schon die hohen Einflüsse des Transparenzgrades zur Firmenstra-

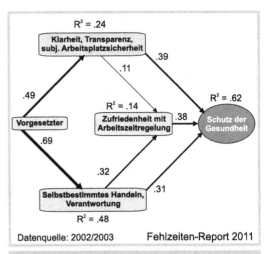

Datenquelle: 2002/2003      Fehlzeiten-Report 2011

◘ **Abb. 18.1** Strukturgleichungsmodell zum empfundenen Gesundheitsschutz bei Bertelsmann

tegie sowie des Freiheitsgrades in der persönlichen Arbeit. Die Arbeitsautonomie wirkt sogar doppelt auf den empfundenen Gesundheitsschutz: direkt und mittelbar über die Arbeitszeitregelung. Zu Letzterem ergab sich eine aufschlussreiche Erkenntnis: In technischen und Service-Bereichen war oftmals bestritten worden, dass es möglich sei, Freiräume zu gestalten, da die Vorgänge stark von den Maschinen, einzuhaltenden Verfahren oder – z. B. in Callcentern – von den Kunden vorgegeben würden. Dennoch war auch Mitarbeitern dieser Bereiche ohne Abstriche der persönliche Freiraum wichtig, der in seiner Wirkung auf die Gesundheit auffallend deutlich über die Arbeitszeitregelungen lief. Es zeigte sich hier in besonderer Weise die feine und faire Beurteilung der betrieblichen Verhältnisse durch die Mitarbeiter: (Fast)[4] jeder Mitarbeiter strebt einen möglichst hohen Freiheitsgrad in seiner persönlichen Arbeit an. Einem Maschinenbediener ist dabei aber sehr wohl klar, dass sein Freiheitsgrad nicht der gleiche sein kann wie der des Schichtführers oder Abteilungsleiters. Wenn er jedoch nicht in Dinge einbezogen wird, bei denen er eine Einflussmöglichkeit erwarten kann, reagiert er umso empfindlicher darauf. Dies gilt insbesondere für Regelungen der Arbeitszeit (Schicht-, Besetzungs- oder Urlaubspläne, Vertretungen aus persönlichen Anlässen

---

4  Ausgenommen geschätzte 5 Prozent Mitarbeiter mit Versagensängsten, die erweiterte Verantwortung jederzeit übernehmen, aber unter ihr zerbrechen können (siehe im Extrem den Fall des Nationaltorwarts Robert Enke). Diese Fälle rechtzeitig zu erkennen gehört wohl zu den schwierigsten Aufgaben eines Vorgesetzten.

sowie gewisse Zeitflexibilitäten wie Mehr- und Negativ-zeitkonten und Ausgleichsmöglichkeiten). Was spricht – solange die notwendige Besetzung gewährleistet ist – dagegen, dass die Mitarbeiter derartige Dinge unter sich regeln, bevor ein Abteilungsleiter durch Vorgaben eingreift? Voraussetzung für eine tatsächlich salutogen wirkende Übertragung von Freiheitsgraden ist jedoch, dass ein Mitarbeiter auch die Chance erhält, in einer **angstfreien, fehlertoleranten** Umgebung aus Fehlern zu lernen.

Wenn der direkte Vorgesetzte im Strukturgleichungs-modell nicht in unmittelbarer Beziehung zum empfun-denen Gesundheitsschutz, sondern in „zweiter Reihe" steht, bedeutet das nicht, dass die Mitarbeiter seinen Einfluss auf ihre Gesundheit nur als zweitrangig bewer-ten. Vielmehr zeigt sich der in ◻ Abb. 18.1 dargestellte Einfluss des Vorgesetzten sowohl auf die Information über die Firmenstrategie wie auf die Arbeitsautonomie in der empfundenen sichtbar gemachten Wirkungskette (der schwächere Einfluss auf die Information zur Un-ternehmensstrategie ist in der Rolle der Firmenleitung bei diesem Item begründet).

### 18.2.4 Bestätigung des Strukturgleichungs-modells durch Extremgruppenvergleich

Das Strukturgleichungsmodell wird durch eine andere Form der statistischen Auswertung von Mitarbeiterbe-fragungen, dem Extremgruppenvergleich, bestätigt. Hier wird auch die von Mitarbeitern empfundene salutogene Wirkung guter Führung deutlich.

◻ Abb. 18.2 zeigt, dass die Mitarbeiter, die sich ar-beitsmäßig überlastet und zusätzlich schlecht geführt fühlen, nur zu 14 Prozent (unterer linker Quadrant) dem Unternehmen einen zufriedenstellenden Schutz ihrer Gesundheit attestieren. Sind sie mit Führung und Arbeitsbelastung zufrieden, bewerten sie zu 90 Prozent auch den Gesundheitsschutz positiv (oberer rechter Quadrant). Interessanterweise vermag eine Reduktion der Arbeitsbelastung die Zufriedenheit mit dem Ge-sundheitsschutz nur graduell zu fördern (Befragte be-urteilen den Gesundheitsschutz um 19 Prozentpunkte positiver). Demgegenüber lässt selbst bei zu hoch empfundener Arbeitsbelastung eine gute Führung die Zufriedenheit mit dem Gesundheitsschutz um 69 Pro-zentpunkte ansteigen. Demnach fühlen sich Mitarbeiter, die einer hohen Arbeitsbelastung ausgesetzt sind, sich aber in einem Klima partnerschaftlicher Führung be-finden, weiterhin gut geschützt.

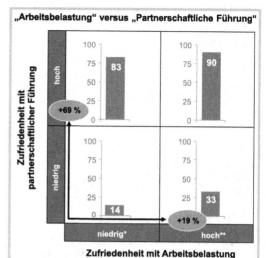

**„Arbeitsbelastung" versus „Partnerschaftliche Führung"**

Zufriedenheit mit partnerschaftlicher Führung

Zufriedenheit mit Arbeitsbelastung

Die Zahlen in den Balkendiagrammen beziehen sich auf den Anteil positiver Antworten auf die Frage „Schutz durch Ihre Firma vor arbeitsbedingten Beeinträchtigungen Ihrer Gesundheit".

\* Personen, die angeben, permanent mengenmäßig überlastet zu sein

\*\* Personen, die angeben, mit ihrer Arbeitsbelastung zufrieden zu sein

Datenquelle: 2002/2003     Fehlzeiten-Report 2011

◻ **Abb. 18.2** Salutogen empfundene Wirkung guter Füh-rung gegen Folgen von Arbeitsbelastung

### 18.2.5 Bestätigung des subjektiven Empfindens der Mitarbeiter durch objektive Krankenquoten

Es stellte sich die Frage, ob gute Führung nur das sub-jektive Empfinden der Arbeitsbelastung beeinflusst, nicht aber die tatsächliche pathogene Wirkung. Wir ha-ben daraufhin die objektiven Krankenquoten struktu-rell vergleichbarer Bertelsmann-Firmen hinzugezogen. Wiederum bestätigte sich die hohe Treffsicherheit des Urteils der Mitarbeiter: In partnerschaftlich gut ge-führten Bereichen sank der Krankenstand von 2001 auf 2003 kontinuierlich, in nicht partnerschaftlich ge-führten Bereichen stieg er gegen den gesellschaftlichen Trend sogar an (◻ Abb. 18.3).

Anhand einer Korrelation der Mitarbeiterbefra-gungsergebnisse aus dem Jahr 2006 mit den Kranken-quoten ließ sich ermitteln, dass die bestgeführten 25 Prozent der Unternehmen eine um 29 Prozent unter dem Durchschnitt liegende Krankenquote aufwiesen, während das Quartil mit den schlechtesten Führungs-beurteilungen in der Krankenquote um 46 Prozent über dem Firmendurchschnitt lag (◻ Abb. 18.4).

Überdies zeigt die Grafik auch einen synchronen Zusammenhang des Führungsverhaltens mit Eigen-

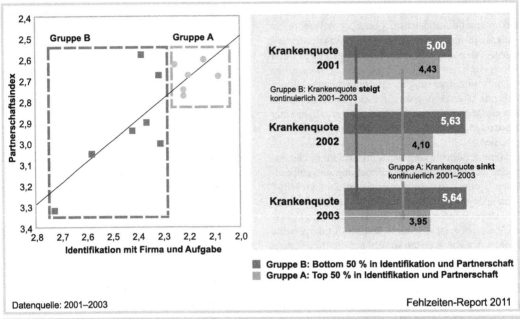

**◘ Abb. 18.3** Der Krankenstand entwickelt sich entsprechend der Führungskultur

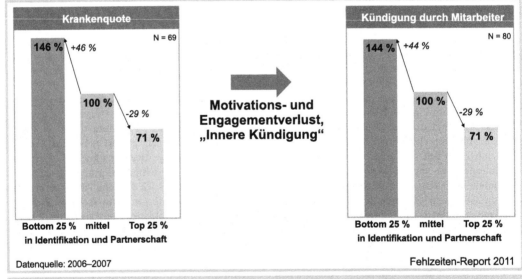

**◘ Abb. 18.4** Führungsverhalten wirkt auf Krankheits- wie Kündigungsquoten

kündigungen der Mitarbeiter. Bedenkt man, dass Ei-genkündigungen in der Regel eine längere Phase der „inneren Kündigung" (Badura et al. 2008, S. 39) voraus-geht, lässt sich bereits erahnen, welch starke Wirkung die Führungskultur nicht nur auf die Gesundheit der Mitarbeiter, sondern auch – positiv wie negativ – auf die Produktivität im Unternehmen hat.

## 18.2.5 Bestätigung der Bertelsmann-Untersuchungen durch die Wissenschaft

Die Bertelsmann-Studien werden durch wissenschaftliche Erkenntnisse gestützt. So konstatiert der finnische Arbeitswissenschaftler Prof. Juhani Ilmarinen auf Basis einer elfjährigen Studie: „Gutes Führungsverhalten und gute Arbeit von Vorgesetzten ist der einzige hoch signifikante Faktor, für den eine Verbesserung der Arbeitsfähigkeit zwischen dem 51. und 62. Lebensjahr nachgewiesen wurde." (Ilmarinen u. Tempel 2002, S. 245 f.) An gleicher Stelle weist er darauf hin, dass „unbefriedigende Anerkennung und Wertschätzung am Arbeitsplatz" das Risiko der Arbeitsfähigkeitsverschlechterung auf das 2,4-Fache erhöhe, in Gegenrichtung aber gute Führung sogar eine 3,6-fach erhöhte Chance zur Verbesserung der Arbeitsfähigkeit biete. Das bedeutet, dass die salutogene Wirkung guten Führungsverhaltens stärker ist als die pathogene Wirkung von Führungsfehlern.

Auch andere Untersuchungen wie die ProSoB-Studie der Universität Bielefeld (Badura et al. 2008, S. 83 ff.)[5] kommen zu ähnlichen Aussagen über den starken Einfluss von Führung – insbesondere vom gewährten Handlungsspielraum (Blume 2010, S. 117) – auf die Gesundheit der Mitarbeiter.

Für ältere Mitarbeiter ist nach Ilmarinen das Maß der Arbeitsautonomie ganz besonders gesundheitsrelevant (Ilmarinen u. Tempel 2002, S. 243 f.), was speziell für diese Zielgruppe bei der Ausrichtung des betrieblichen Gesundheitsmanagements beachtet werden sollte.

## 18.3 Empfundene Einflussmöglichkeit, Stress und Gesundheit

Forschungen von Robert A. Karasek belegten schon Ende der 1970er Jahre, dass die als wichtiger Treiber von Gesundheit identifizierte (empfundene) Arbeitsautonomie darüber entscheidet, ob und in welchem Maße gesundheitsschädigender Stress entsteht (Karasek 1979, S. 303). Inzwischen ist allgemein anerkannt, dass empfundener Kontrollverlust gesundheitsschädlichen Stress auslöst (Litzcke u. Schuh 2007, S. 63). Folglich wirkt dem ein hohes Maß an Einflussmöglichkeit auf die Umge-

bung entgegen (Udris 2006, S. 4–13)[6]. Offenbar ist zu unterscheiden zwischen einem energiebereitstellenden[7] Alarmzustand des Körpers, der durch das Bewältigen einer Herausforderung abgebaut werden kann, und einer körperlichen Alarmierung, die bei empfundener Macht- und Hilflosigkeit nicht in den natürlichen biochemischen Entladungsvorgang mündet.

Die bereits erwähnten Untersuchungen von Aaron Antonovsky (1987), die an seine Gespräche mit Überlebenden des Holocaust anschlossen, weisen eindrucksvoll in diese Richtung: Danach hatten Menschen, die hohe psychische und physische Belastungen im Gegensatz zu anderen Menschen in vergleichbarer Situation unbeschadet überstanden, ein „Kohärenzgefühl" gemeinsam, d. h. eine besondere Fähigkeit, die ihnen gebotenen Ressourcen zu nutzen, um sich gesund zu erhalten. Diese Fähigkeit wird nach Antonovsky aus drei Elementen gespeist:

- **Verstehbarkeit:** (kognitive Komponente) Ereignisse werden als vorhersehbar, mindestens als erklärbar oder einordnenbar verstanden.
- **Handhabbarkeit:** (pragmatische Komponente) Das Gefühl, selbst Einfluss auf das Geschehen zu haben, ihm nicht hilflos ausgeliefert zu sein.
- **Sinnhaftigkeit:** (motivationale Komponente) Der Sinn von Geschehnissen wird erkannt, ebenso ein Wert, sich für eine Verbesserung einzusetzen. Anforderungen werden eher als Herausforderung denn als Last empfunden.

Die Parallelen zum in ◘ Abb. 18.1 dargestellten Strukturgleichungsmodell des empfundenen Gesundheitsschutzes der Bertelsmann-Mitarbeiter und zur Wirkung partnerschaftlicher Führung (◘ Abb. 18.2) sind deutlich: Umfassende Information und Transparenz zur Strategie des Unternehmens lässt Mitarbeiter Ereignisse, insbesondere Veränderungen im Unternehmen, verstehen und einordnen. Freiraum in der persönlichen Arbeit sowie partnerschaftliche Führung mit Einbeziehung in Entscheidungsprozesse beugen dem Gefühl der Hilflosigkeit vor und motivieren dazu, Energien

---

5  ProSoB (Produktivität von Sozialkapital im Betrieb), Badura et al. 2008, S. 83 ff.

6  Zu der von Udris mitentwickelten, auf den Studien von Antonovsky (1987) aufbauenden SALSA-Analyse (Salutogenetische Subjektive Arbeitsplatzanalyse); s. auch den Bericht über die SHAPE-Studie (Studie an beruflich hoch ambitionierten Persönlichkeiten) von Kromm et al. 2009, S. 42 ff., allerdings mit dem dort gegebenen Hinweis auf die noch stärker festgestellte Wirkung erfahrener Wertschätzung, deren Fehlen sich sehr unmittelbar in körperlichen Beschwerden niedergeschlagen habe.

7  S. dazu näher Fischer 2009, S. 59

zur Bewältigung von Herausforderungen in eine als sinnvoll erkannte Richtung zu lenken.

Im Grunde geht es um das Ziel, krankmachende Ängste zu verhindern[8]. Wie diese von Information und Einwirkungsmöglichkeiten abhängen, lässt sich an alltäglichen Vorgängen beobachten: Bei Autofahrten empfindet eher der Beifahrer als der Fahrer Stress: Während ersterer sich vom Beifahrer unbemerkt schon durch Bremsbereitschaft auf die Bewältigung einer möglichen Gefahrensituation eingestellt hat, sind Beifahrer-Äußerungen wie „Achtung, der schert gleich aus!" oder „Vorsicht! Der Radfahrer dort!" Symptome eines Zustands, den man als „Beifahrer-Syndrom" bezeichnen könnte. Der Fahrer hat die Kontrolle, der Beifahrer die Angst!

Der geschilderte Mechanismus macht auch die in einem Artikel des SPIEGEL[9] über die Wirkungen von Stress im Berufsleben genannten Beispiele nachvollziehbar:

- Wer hohe Anforderungen bewältigen soll, aber kaum Einfluss nehmen kann, ist am stärksten bedroht (z. B. Krankenhausärzte: hohe Verantwortung bei starker Chefarzthierarchie).
- Lehrer, Erzieherinnen, Altenpfleger und Sozialarbeiter sind besonders betroffen, da sie auf die Kooperation von Menschen angewiesen sind, die diese häufig verwehren.
- Eine Studie britischer Epidemiologen an mehr als 10.000 Staatsangestellten zeigt: Je geringer der Einfluss eines Mitarbeiters in seiner Dienststelle ist, desto höher ist sein Herzinfarktrisiko.
- 50 bis 60 Prozent aller Arbeitsfehltage in Europa gehen auf Stress zurück (WHO).

## 18.4 Gesundheitstreiber sind zugleich Ergebnistreiber im Unternehmen

Für Unternehmen gibt es noch einen weiteren Grund, Arbeitsautonomie und Transparenz zur Firmenstrategie zu forcieren. Diese im Strukturgleichungsmodell gefundenen Gesundheitstreiber wirken sowohl auf die Identifikation der Mitarbeiter mit ihrer Arbeit und dem Unternehmen als auch auf die finanziellen Ergebnisse der Unternehmen. Einen solchen Zusammenhang hat – soweit bekannt weltweit erstmals in einem Unterneh-

men – eine umfassende zweistufige Untersuchung in den Bertelsmann-Firmen ergeben.

### 18.4.1 Gesundheitstreiber schaffen Identifikation

In einem ersten Schritt haben wir, unabhängig von unseren Forschungen zu den Gesundheitstreibern, ebenfalls mithilfe der Strukturgleichungsmodelle untersucht, welche in der Mitarbeiterbefragung enthaltenen Elemente sich auf die Identifikation mit dem Unternehmen und der persönlichen Arbeit auswirken.

Mit dem beachtlichen Wert von 94 Prozent aus den Daten der Mitarbeiterbefragung 2002 und sogar 96 Prozent aus dem Jahr 2006 lässt sich die Identifikation mit der eigenen Aufgabe und dem Unternehmen auf lediglich vier Faktoren zurückführen: den Autonomiegrad in der eigenen Arbeit, die Kenntnis der Geschäftsstrategie des Unternehmens, die Arbeitsbedingungen und die Vergütung. Wie ◘ Abb. 18.5 zeigt, beeinflusst dabei die Vergütung mit dem quadrierten Korrelationskoeffizienten nur zu ca. 1 Prozent den Identifikationsgrad. Dies gilt jedenfalls, solange sie relativ auskömmlich ist und damit der bekannten Erfahrung folgt, dass sie einen „Hygiene"- und nicht Motivations- und Identifikationsfaktor darstellt. Die Arbeitsbedingungen spielen eine kaum größere Rolle. Die Kenntnis der Geschäftsstrategie liegt bereits bei einem etwa viermal so hohen Erklärungsanteil. Sie wird jedoch noch weit übertroffen von dem annähernd 64-prozentigen Einfluss der Arbeitsautonomie.

### 18.4.2 Mitarbeiteridentifikation schafft bessere Betriebsergebnisse

Zur Ermittlung eines Zusammenhanges zwischen Mitarbeiteridentifikation und Finanzdaten wurden die 163 größten Bertelsmann-Firmen zunächst in eine Rangfolge nach ihrem „Partnerschaftsindex", einer Kombination aus Mitarbeiteridentifikation und durch die Mitarbeiter in der Befragung 2002 bewertetem Grad der partnerschaftlichen Führung, gebracht. Dem Quartil mit den höchsten Partnerschaftsindizes haben wir das Quartil mit den höchsten Umsatzrenditen, dem Quartil mit den schlechtesten Partnerschaftsindizes jenes mit den schlechtesten Umsatzrenditen gegenübergestellt. Erstaunlicherweise entsprachen sich die jeweiligen Gruppen (◘ Abb. 18.6).

Die Ergebnisse lösten bei Bertelsmann einige interne Diskussionen aus. Mit Recht wurde geltend gemacht,

---

8 Zur Blockadewirkung der für Angst und Stressreaktion zuständigen Nervenzellen s. Fischer 2009, S. 55

9 DER SPIEGEL vom 24.11.2008; zu einer Studie über die für die Schweiz hochgerechneten Kosten von vermeidbarem Stress in Unternehmen von jährlich 2,2 Mrd. CHF s. Graf 2010, S. 47.

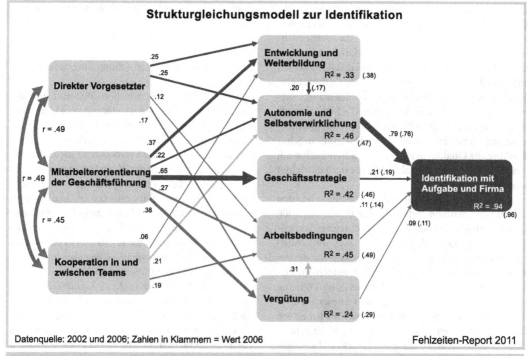

**Abb. 18.5** Einflussgrößen auf die Mitarbeiteridentifikation

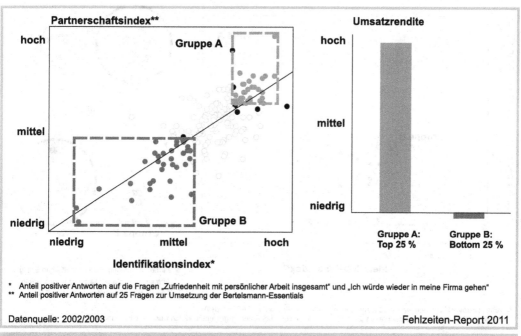

* Anteil positiver Antworten auf die Fragen „Zufriedenheit mit persönlicher Arbeit insgesamt" und „Ich würde wieder in meine Firma gehen"
** Anteil positiver Antworten auf 25 Fragen zur Umsetzung der Bertelsmann-Essentials

Datenquelle: 2002/2003                                           Fehlzeiten-Report 2011

**Abb. 18.6** Die partnerschaftlich geführten Betriebe haben die höchsten Umsatzrenditen

dass die Umsatzrendite nicht allein als Maßstab für den wirtschaftlichen Erfolg eines Unternehmens dienen könne. Ein Unternehmen, das zur Marktanteilsgewinnung mit niedrigen Preisen in den Markt gehe, werde eine schlechtere Umsatzrendite haben, dafür aber im Erfolgsfall Marktanteile gewinnen. Dies müsse beim Ranking der Unternehmen ebenso berücksichtigt werden wie der „Bertelsmann Value Added" (BVA), der z. B. den bilanziell nicht abbildbaren Aufbau von Abonnentenstämmen bewertet. Außerdem müsse für ein faires Ranking die Qualität der Umsatzrenditen auch nach Branche und internationalem Wettbewerb gewichtet werden.

Diese und andere begründete Einwände wurden anhand der neueren Daten aus der Befragung 2006 und den entsprechenden Wirtschaftsdaten berücksichtigt – mit dem Ergebnis, dass sich die entsprechenden Quartile zwar nicht mehr so exakt deckten wie bei der vereinfachten Berechnung 2002/2003, jedoch das Firmenquartil mit der Kombination aus guter Führung und hoher Mitarbeiteridentifikation immerhin etwa doppelt so viele wirtschaftlich erfolgreiche Firmen wie das Vergleichsquartil und nur halb so viele wirtschaftlich wenig erfolgreiche umfasste. Insgesamt bestätigte

sich so der signifikante Zusammenhang zwischen partnerschaftlicher – „salutogener" – Unternehmenskultur und wirtschaftlichem Erfolg eindrucksvoll (Mohn 2008, S. 140) (◘ Abb. 18.7).

Eine Längsschnittuntersuchung untermauerte das Ergebnis:

– Von den Firmen, die zwischen 2002 und 2006 die Identifikation ihrer Mitarbeiter mit dem Unternehmen steigerten, konnten 28 Prozent ihre Wirtschaftsergebnisse in diesem Zeitraum verbessern. In keinem Unternehmen mit verbesserter Identifikation verschlechterten sich die Wirtschaftsdaten.

– Nur in drei Fällen, allesamt speziell gelagert, erreichten Unternehmen mit gesunkener Identifikation bessere Wirtschaftsergebnisse zwischen 2002 und 2006. Der gestiegene Erfolg des ersten Unternehmens beruht lediglich darauf, dass es in besonderer Weise von außerordentlichen Gewinnen im Zusammenhang mit einem internationalen Sportereignis profitierte. Die beiden anderen Sonderfälle geben zugleich interessante Hinweise zur Bedeutung verschiedener Einflüsse: In einem Fall stieg die Wirtschaftlichkeit durch stärkere Anbindung an ein Schwesterunternehmen mit Sitz in einem anderen

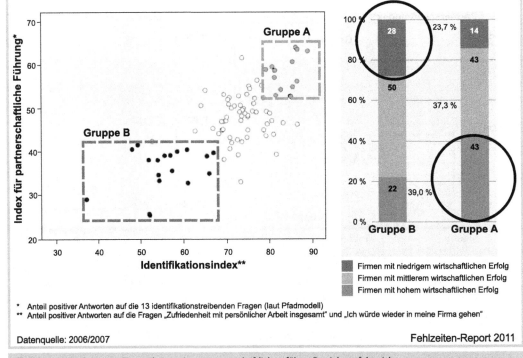

\*    Anteil positiver Antworten auf die 13 identifikationstreibenden Fragen (laut Pfadmodell)
\*\*   Anteil positiver Antworten auf die Fragen „Zufriedenheit mit persönlicher Arbeit insgesamt" und „Ich würde wieder in meine Firma gehen"

Datenquelle: 2006/2007                                                                    Fehlzeiten-Report 2011

◘ **Abb. 18.7** Auch weitere Finanzdaten zeigen partnerschaftlich geführte Betriebe erfolgreicher

europäischen Land und Synergienutzung, was aber negative Auswirkungen auf die Identifikation mit dem Stammunternehmen hatte. Im anderen Fall steigerte sich die Wirtschaftsleistung bei gleichzeitiger Offenlegung der Verkaufsabsicht gegenüber der Belegschaft. Auch hier sank die Identifikation der Mitarbeiter mit ihrem Stammunternehmen, da sie gern im Bertelsmann-Konzern bleiben wollten – was sie nach der Befragung auch durchsetzten.

Zur Wirkrichtungsdiskussion, ob eine gute partnerschaftliche Führung der Treiber für ein gutes Betriebsergebnis ist und nicht umgekehrt ein gutes Betriebsergebnis auf die Stimmung und Kultur eines Unternehmens entscheidend durchschlägt, geben die beiden vorgenannten Beispiele bereits einen Hinweis: Tatsächliche oder vorhersehbare Veränderungen der Unternehmenskultur überlagern die sicherlich auch gegebenen Effekte aus wirtschaftlichen Entwicklungen. Auch das Strukturgleichungsmodell zur Erklärung der Mitarbeiteridentifikation (◘ Abb. 18.5) weist in diese Richtung: Gute oder schlechte Betriebsergebnisse sind für die Mitarbeiter stets ein deutliches Indiz für eine gute oder schlechte Strategie des Unternehmens. Wäre es so, dass die Höhe des Betriebsergebnisses entscheidend auf die Höhe der Mitarbeiteridentifikation wirkte, müsste die Information über die aktuelle Unternehmensstrategie die Wirkung der vom Vorgesetzten gewährten Arbeitsautonomie auf die Identifikation deutlich überstrahlen. Das Gegenteil ist aber der Fall: Die Arbeitsautonomie erweist sich als ein **vielfach** stärkerer Einflussfaktor, auch wenn die Strategietransparenz im Strukturgleichungsmodell an zweiter Stelle der Einflussgrößen auf die Identifikation steht.

Zu einer positiven Wirkung von Führungselementen auf das betriebliche Ergebnis kommen auch die ProSoB-Studie der Universität Bielefeld (Badura et al. 2008, S. 120 ff.) sowie eine der umfassendsten Untersuchungen über die Situation in deutschen Unternehmen, die es in den letzten Jahrzehnten gegeben hat: die im Februar 2008 veröffentlichte Untersuchung des Bundesministeriums für Arbeit und Soziales (BMAS 2008) gemeinsam mit der psychonomics AG, dem Great Place to Work Institute und dem Institut für Wirtschafts- und Sozialpsychologie der Universität Köln. Die für die Studie repräsentativ ausgewählten 314 Unternehmen mit über 37.000 befragten Mitarbeitern stehen für 195.000 Firmen mit 18,5 Millionen Mitarbeitern. Danach korreliert das Engagement der Mitarbeiter hochsignifikant ($r = 0.87$) mit einer mitarbeiterorientierten Unternehmenskultur. Ferner gibt es einen deutlichen Zusammenhang zwischen Mitarbeiterengagement und wirt-

schaftlichem Ergebnis. Insgesamt erklären die Aspekte der Unternehmenskultur 31 Prozent des Betriebsergebnisses eines Unternehmens ($R^2 = 0.31$). Dieser Wert ist sehr hoch, wenn man die Palette denkbarer weiterer Einflüsse wie Produktprogramm und -qualität oder Wettbewerbswirkungen berücksichtigt.

## 18.5 Win-Win-Situation für das betriebliche Gesundheitsmanagement

Die Bertelsmann-Studien haben nicht nur Aussagekraft für Großunternehmen und die Medienbranche, da der Bertelsmann-Konzern eine Vielzahl von Klein- und Mittelbetrieben umfasst und in sehr unterschiedlichen Geschäftsfeldern tätig ist. Die Untersuchungen ergeben eine reizvolle Win-Win-Perspektive für das betriebliche Gesundheitsmanagement, wenn es sich nicht lediglich auf das Kurieren von Krankheitssymptomen über Rückenschulen und Ähnliches beschränkt, sondern an den „salutogenen" Treibern für Gesundheit ansetzt. Dieser tiefergehende, auf die Wirkungszusammenhänge der Führungskultur eingehende Ansatz erfordert zwar eine Kraftanstrengung im Unternehmen – nicht nur die begrenzte Aktivität von Gesundheitsexperten und Fachabteilungen, sondern die Einbeziehung aller im Unternehmen, vom Vorstandsvorsitzenden bis zum „Blaumann"-Träger. Belohnt wird dies aber nicht nur durch eine nachhaltigere Verbesserung der Gesundheit von Mitarbeitern und Führungskräften (die ja auch stets ebenfalls Geführte sind). Vielmehr wird ebenso das Unternehmen profitieren, sowohl in der Bewältigung des demografischen Wandels und des schärfer werdenden Wettbewerbs um Talente wie auch in seiner qualitativen und finanziellen Leistung.

## Literatur

Antonovsky A (1987) Unravelling the mystery of health. How people manage stress and stay well. Jossey-Bass, San Francisco

Badura B, Greiner W, Rixgens P, Ueberle M, Behr M (2008) Sozialkapital – Grundlagen von Gesundheit und Unternehmenserfolg. Springer, Berlin Heidelberg

Bertelsmann Essentials (2005) www.bertelsmann.de/bertelsmann_corp/wms41/customers/bmcr/pdf/Bertelsmann_Essentials_DE.pdf

Blume A (2010) Arbeitsrechtliche und arbeitswissenschaftliche Grundlagen. In: Badura B, Walter U, Hehlmann T (Hrsg) Betriebliche Gesundheitspolitik, 2. Aufl. Springer, Berlin Heidelberg, S 105–131

Bundesministerium für Arbeit und Soziales (BMAS) (2008) Unternehmenskultur, Arbeitsqualität und Mitarbeiterengagement in den Unternehmen in Deutschland, Abschlussbericht zum Forschungsprojekt 18/05, www.bmas.de/coremedia/generator/24844/f371__forschungsbericht.html

Fischer J (2009) Stress, Produktivität und Gesundheit. In: Kromm W, Frank G (Hrsg) Unternehmensressource Gesundheit – Weshalb die Folgen schlechter Führung kein Arzt heilen kann. symposion, Düsseldorf, S 53–68

Graf M (2010) Ein gestresstes Unternehmen: Risiken und Chancen. In: Ochsenbein G, Pekruhl U, Spaar R (Hrsg), Human Resource Management Jahrbuch 2010. Zürich, S 37–71

Hollmann D, Lühmann D (2006) Die persönliche Gesundheitsbilanz. Bertelsmann Stiftung, Gütersloh

Ilmarinen J, Tempel J (2002) Arbeitsfähigkeit 2010. VSA, Hamburg

Karasek R (1979) Job Demands, Job Decision Latitude, and mental strain. In: Administrative Science Quarterly June, S 303 ff

Kromm W, Frank G, Gadinger M (2009) Sich tot arbeiten – und dabei gesund bleiben. In: Kromm W, Frank G (Hrsg) Unternehmensressource Gesundheit – Weshalb die Folgen

schlechter Führung kein Arzt heilen kann. Symposion, Düsseldorf, S 27–51

Litzcke S, Schuh H (2007) Stress, Mobbing, Burn-out am Arbeitsplatz: Umgang mit Leistungs- und Zeitdruck. Springer, Berlin Heidelberg

Mohn R (1986) Erfolg durch Partnerschaft. Siedler, Berlin

Mohn R (2000) Menschlichkeit gewinnt. Bertelsmann Stiftung, Gütersloh

Mohn R (2003) Die gesellschaftliche Verantwortung des Unternehmers. C. Bertelsmann, München

Mohn R (2008) Von der Welt lernen. C. Bertelsmann, München

Netta F (1982) Praktische Erfahrungen mit Mitarbeiterbefragungen. In: Schuler H, Stehle W (Hrsg) Psychologie in Wirtschaft und Verwaltung. Poeschel, Stuttgart, S 149–164

Quandt (2010) www.gutefrage.net/frage/lernt-man-durch-tadel-und-kritik-mehr-als-durch-lob

Udris I (2006) Salutogenese in der Arbeit – ein Paradigmenwechsel? In: Wehner T, Richter P (Hrsg) Salutogenese in der Arbeit. Themenheft 2/3 zur Wirtschaftspsychologie. Pabst Science, Lengerich, S 4–13

# Kapitel 19

# Führung wahrnehmen – Gesundheit als Aspekt werteorientierter Führung bei der Deutschen Bahn

C. Gravert

**Zusammenfassung.** *In den Anfängen des modernen Betrieblichen Gesundheitsmanagements (BGM) bei der Deutschen Bahn (DB) vor etwa 15 Jahren standen der Aufbau betrieblicher und betriebsübergreifender Strukturen – vom Gesundheitszirkel vor Ort über Gesundheitsbeauftragte in den Geschäftsfeldzentralen bis zum Arbeitskreis Gesundheit auf Konzernebene – sowie die Netzwerkbildung der beteiligten Stakeholder, Gesundheitsdienstleister und Organisationen im Vordergrund. Diese Maßnahmen sind inzwischen konzernweit einheitlich und verbindlich festgelegt und in der Praxis weitgehend umgesetzt. Auch vielfältige Maßnahmen zur Verhaltensprävention vor Ort in den Betrieben, von der Rückenschule über richtige Ernährung bis zur Raucherentwöhnung wurden erprobt und erfolgreich eingeführt. Aktuell stehen die weitere Verankerung von Gesundheit in Führungsprozessen, die Glaubwürdigkeit von Führung in einer partnerschaftlichen, wertschätzenden Unternehmenskultur, sowie die konsequente Beachtung von Persönlichkeitsrechten im Umgang mit Gesundheitsdaten im Fokus des Betrieblichen Gesundheitsmanagements. Außerdem müssen im Rahmen des BGM innovative Antworten auf die Herausforderungen des demografischen Wandels gefunden werden. Dazu gehört eine spürbare Akzeptanzsteigerung von Maßnahmen der betrieblichen Wiedereingliederung und zum Erhalt der Beschäftigungsfähigkeit der Mitarbeiter.*

## 19.1 BGM als strategische Antwort auf aktuelle Herausforderungen

Die Deutsche Bahn ist ein komplexer Verbund ganz unterschiedlicher Unternehmen, Aufgaben und Kompetenzen. Mit rund 190.000 Mitarbeitern in Deutschland gehört sie zu den großen deutschen Dienstleistungsunternehmen, von denen sie das technisch komplexeste System betreibt, weit in der Fläche unseres Landes verteilt. Ein Großteil der Beschäftigten der Deutschen Bahn ist in technischen Berufen tätig, mit denen viele psychische wie auch körperliche Belastungen verbunden sind. Arbeiten im Freien bei Wind und Wetter, im Nacht- und Wechseldienst, mit hoher Verantwortung für Menschen und Material, unter Einhalten des Fahr-plans und vieler Sicherheitsregeln gehören zu den berufstypischen Anforderungen der Arbeit bei der DB. Diese Bedingungen bleiben auch bei einer optimalen Gestaltung der Arbeitsbedingungen grundsätzlich bestehen und stellen daher besondere Anforderungen an die Qualität von Führung.

Betriebliches Gesundheitsmanagement ist bei der Deutschen Bahn ein integraler Bestandteil der Unternehmens- und Personalstrategie. 2001 wurde das BGM in einer Rahmenkonzernbetriebsvereinbarung mit den Interessenvertretungen verbindlich vereinbart. Die Konzernbetriebsvereinbarung zur Betrieblichen Gesundheitsförderung führt aus: „Die Unternehmen des DB-Konzerns verpflichten sich, gesicherte arbeits- und verkehrsmedizinische Erkenntnisse zur Verringerung der Arbeitsbelastungen insbesondere im Schicht- und Wechseldienst zügig umzusetzen und zusammen mit zeitgemäßer Arbeitsplatzgestaltung und Arbeitsorganisation den Gesundheitszustand der Mitarbeiter nachhaltig zu verbessern." Zur Rolle der Führungskräfte wird in der Vereinbarung ausgeführt: „Die Vorgesetzten der Organisationseinheiten sind für die Ausgestaltung der aktiven Betrieblichen Gesundheitsförderung verantwortlich. Sie arbeiten mit den Personalleitern und Gesundheitsbeauftragten zusammen."

Im Jahr 2008 entschied sich der Vorstand der DB, das Gesundheitsmanagement nochmals mit einem Vorstandsbeschluss zu unterstreichen und die Verhaltensänderung der Mitarbeiter zu mehr Eigenverantwortung sowie die Verantwortung der Führungskräfte mit einer Reihe neuer Maßnahmen zu hinterlegen. Unter der Marke DB Gesundheitswelt wurden bewährte und neue Maßnahmen zu einem Programm zusammengeführt, das vielfältige Maßnahmen zum Betrieblichen Gesundheitsmanagement, alle gesundheitsfördernden Angebote wie Fitness- oder Präventionskurse und spezielle Ernährungsangebote bei DB Gastronomie zusammenfasst (◘ Abb. 19.1). Die zentrale Rolle der Führungskräfte im Gesundheitsmanagement wurde dabei strukturell und kommunikativ herausgestellt, wobei auch die Eigenverantwortung der Beschäftigten für ihre Gesundheit nicht vergessen werden sollte.

Für die Gesundheit der DB Mitarbeiter sind verschiedene Faktoren von Bedeutung: Übereinstimmung von Qualifikation und Anforderungen, persönliche Motivation, Förderung ihrer Leistungsfähigkeit und -bereitschaft, Gewährung von Handlungsspielräumen, Interesse der Führung am Befinden der Mitarbeiter sowie Anerkennung, Lob und Wertschätzung seitens ihrer Führungskräfte. Im Führungs- und Organisationsverständnis der DB stellen die Führungskräfte den wesentlichen Erfolgsfaktor zum Betrieblichen Gesundheitsmanagement dar. Die Führungskräfte sind die ersten Ansprechpartner für die von ihnen geführten Beschäftigten. Sie werden in ihrer Aufgabe von den verschiedenen Rollen im Personalmanagement und dem betriebsärztlichen Dienst (Ärzte, Psychologen, Sozialberater) unterstützt und beraten. Die Führungskräfte haben die Personalverantwortung und die Verantwortung für die erfolgreiche Umsetzung des Betrieblichen Eingliederungsmanagements. Um ihr eigenes Führungshandeln zu reflektieren, wurde vor wenigen Monaten ein neu entwickeltes 360°-Führungsfeedback konzernweit und verbindlich eingeführt. Das 360°-Feedback ermöglicht der Führungskraft eine Rückmeldung über das im realen Alltag wahrgenommene Arbeits- und Führungsverhalten aus der Perspektive verschiedener, relevanter Bezugsgruppen (in der Regel Vorgesetzte, Mitarbeiter und Kollegen). Fragegegenstand im Führungsfeedback sind insbesondere die in den Unternehmenswerten und Führungsgrundsätzen formulierten Erwartungen an Führungskräfte wie die partnerschaftliche, wertschätzende Führungskultur.

## 19.2 Älter werdende Belegschaften

Die schon seit längerem erkennbaren Veränderungen in der Altersstruktur der Beschäftigten finden bereits seit etwa fünf Jahren unter den Oberbegriffen „Beschäftigungsfähigkeit und demografischer Wandel" einen systematischen Eingang in die Personalstrategie. In gemeinsamen Projekten der betrieblichen Gesundheitspolitik, beruflichen Qualifikation und Tarifpolitik unter Leitung der Personalstrategie wurden neue Ansätze zum Erhalt der Beschäftigungsfähigkeit entwickelt sowie vergleichend bewertet. Der langfristige Erhalt der

| Eigenverantwortung der Mitarbeiter | + | Wertschätzende Führung | + | Gute Arbeitsbedingungen | = | Produktivität und Beschäftigungsfähigkeit |
|---|---|---|---|---|---|---|
| • Kenntnisse zur Gesundheit<br>• bewusste, gesunde Lebensweise<br>• Motivation<br>• persönliche Ziele | | • gesundheitsbewusste Unternehmenskultur<br>• Vollständigkeit der Arbeitsaufgabe<br>• Rückmeldung zur Arbeitsleistung<br>• Mitarbeitergespräche | | • Sinnhaftigkeit der Arbeit<br>• keine vermeidbaren Gefährdungen<br>• Vereinbarkeit von Familie und Beruf<br>• gute soziale Beziehungen | | • optimale Leistungsfähigkeit<br>• Mitarbeiter als Partner<br>• ehrlicher Umgang mit Arbeitsunfähigkeit |

Fehlzeiten-Report 2011

◘ Abb. 19.1 Die Grundsätze des Gesundheitsmanagements bei der DB

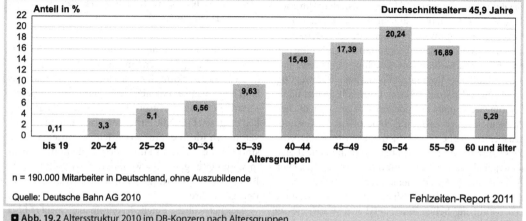

**Abb. 19.2** Altersstruktur 2010 im DB-Konzern nach Altersgruppen

Beschäftigungsfähigkeit ist für die Gesundheitspolitik der DB ein wichtiger Schwerpunkt. Das Interesse der Deutschen Bahn an langfristig leistungsfähigen Mitarbeitern, der Wunsch der Beschäftigten nach Gesundheit im Alter und das gesellschaftliche Ziel einer längeren Lebensarbeitszeit treffen hier in einer gemeinsamen Aufgabe zusammen.

Im DB-Konzern sind die Auswirkungen des demografischen Wandels bereits heute spürbar. Obgleich wir jährlich über 3000 Auszubildende, Dual-Studierende und Hochschulabsolventen einstellen, zeichnet sich mit Blick auf die Altersstruktur ein deutliches Bild ab. Im Durchschnitt sind unsere Mitarbeiter fast 47 Jahre alt, 42 Prozent sind 50 Jahre und älter. Das gilt insbesondere für die Altersstruktur der Beschäftigten in technischen Berufen (◘ Abb. 19.2).

Wir wollen auf unsere älteren Mitarbeiter nicht verzichten, sie werden einen maßgeblichen Anteil am künftigen Unternehmenserfolg haben. In vielen Verkehrsberufen, wie beispielsweise bei den Fahrdienstleitern, Rangierern oder Zugbegleitern, werden an die Mitarbeiter besondere, erhöhte Anforderungen an die gesundheitliche Eignung gestellt. Deshalb müssen Mitarbeiter und Arbeitgeber gemeinsam alle Anstrengungen unternehmen, damit die Mitarbeiter bis zum Renteneintritt möglichst gesund und beschäftigungsfähig bleiben. Dies stellt zugleich eine hohe Herausforderung an die Führungskräfte dar, denn es gilt, die Ressourcen der Beschäftigten altersgerecht zu nutzen und zu fördern. Die früheren Auswege in die Erwerbsunfähigkeits- oder Altersteilzeit sind heute aus individueller Sicht wegen der hohen Rentenabschläge nicht mehr attraktiv und sozialpolitisch kaum noch vertretbar. Aber auch aus unternehmerischer Sicht sind sie zunehmend schädlich, weil es bei einem so spezi-

alisierten Unternehmen wie der DB schon bald nicht mehr ausreichend geeignete jüngere Mitarbeiter am allgemeinen Arbeitsmarkt geben wird, um die künftigen Personal- und Wissenslücken zu füllen.

### 19.3 Eigenverantwortung der Mitarbeiter stärken

Führungskräfte haben eine hohe Verantwortung gegenüber ihren Mitarbeitern – die Mitarbeiter haben jedoch auch eine Verantwortung gegenüber sich selbst. Eine Stärkung der Eigeninitiative der Mitarbeiter wird aber nur dann funktionieren, wenn sie mit den Beschäftigungsbedingungen der Arbeitnehmer sinnvoll verknüpft ist. Der klassische „technische" Arbeitsschutz, also die Schaffung ergonomisch einwandfreier, unfallarmer Arbeitsbedingungen sollte im Rahmen gesundheitsförderlicher Maßnahmen nicht gering geschätzt werden. Ein aktiv betriebener, gut organisierter betrieblicher Arbeitsschutz reduziert auch die psychischen Fehlbelastungen, weil er Störungen im Arbeitsablauf und Unfall- und Gesundheitsgefahren minimiert. Die Neuordnung der Verordnung zur arbeitsmedizinischen Vorsorge und die neue Unfallverhütungsvorschrift DGUV V2 zur Ermittlung betriebsärztlicher und sicherheitstechnischer Einsatzzeiten unterstützen die Weiterentwicklung eines solchen betriebsbezogenen, an konkreten Gefährdungen und Risiken ausgerichteten Arbeitsschutzes.

Viele Kurse zur verhaltensbedingten Gesundheitsförderung sind orts- und zeitgebunden. Eine regelmäßige Teilnahme ist daher für die Beschäftigten der Deutschen Bahn, sei es im Schichtdienst oder bei anderen hohen Anforderungen an persönliche Mobilität und

Flexibilität, nicht oder nur schwer realisierbar. Um auch diese Mitarbeiter zu unterstützen, ihre Gesundheitsziele zu verwirklichen und den Lebensstil gesünder zu gestalten, wurde 2009 das DB Gesundheits-Coaching neu eingeführt. Das Gesundheits-Coaching ist eine ausführliche telefonische Beratung zu den Themen Bewegung, Ernährung oder Stress. Es ersetzt nicht die medizinische Beratung zu Krankheiten oder ernsten gesundheitlichen Problemen. Im ersten Gespräch bespricht der Gesundheitsberater des betriebsärztlichen Dienstes der DB, der dbgs GesundheitsService GmbH, mit dem Beschäftigten seine persönliche Situation und Motivation in Sachen Gesundheit. Die Gesundheitsexperten geben individuelle Tipps, motivieren die Mitarbeiter für eine gesunde Lebensführung, helfen Ihnen bei der Auswahl eines zu Arbeitsrhythmus und Gesundheitsmotivation passend entwickelten Präventionskurses und legen gemeinsam mit dem Mitarbeiter seine persönliche Gesundheitsziele fest. In der anschließenden langfristigen telefonischen Betreuung von bis zu sechs Monaten wird die Motivation gefestigt und geholfen, das Gelernte im Alltag zu verankern.

Perspektivisch wird auch einer stärker individualisiert geplanten Schichtarbeit wachsende Bedeutung zukommen: Wenn es gelingt, die Schlaf- und Erholungsbedürfnisse der Mitarbeiter in der Arbeitszeitorganisation optimal zu berücksichtigen, wäre dies ein wichtiger Beitrag zu langfristig gesundheitsförderlichen Arbeitsbedingungen. Grundsätzlich kann selbst Nachtarbeit eine familienfreundliche und damit stressreduzierende Arbeitszeit sein: Sie ermöglicht es, Kinder oder ältere Familienangehörige für eine gewisse Zeit am Tage zu betreuen. Diese Verpflichtungen dürfen aber nicht soweit gehen, dass sie einen erholsamen Schlaf verhindern.

Teilzeitmodelle können ebenfalls ein wichtiger Beitrag zu gesundheitsförderlichen Arbeitsbedingungen und langfristiger Beschäftigungsfähigkeit sein. Auf Wunsch können sie jederzeit an sich verändernde Lebenssituationen angepasst werden. Für jeden Teilzeit-Kollegen gibt es dabei „sein" Modell, das auf persönliche Bedürfnisse und Notwendigkeiten zugeschnitten wird. Damit Teilzeit funktioniert, ist eine offene und positive Grundhaltung der Vorgesetzten und Kollegen notwendig. Denn das Teilzeitmodell hat auch seine Tücken. So steigt etwa der Dispositionsaufwand in Schichtdienstplänen stark an. Dieser Mehraufwand muss aber der besseren Work-Life-Balance und damit der höheren Produktivität von Mitarbeitern gegenüber gestellt werden.

## 19.4 Betriebliches Eingliederungsmanagement

Aus den bereits genannten Gründen müssen Mitarbeiter und Arbeitgeber gemeinsam alle Anstrengungen unternehmen, damit die Beschäftigungsfähigkeit bis zum Renteneintritt erhalten bleibt. Leistungsgeminderte Mitarbeiter müssen entsprechend ihrer Leistungsfähigkeit eingesetzt und die Arbeitsorganisation mit kreativen neuen Ideen darauf ausgerichtet werden. Hierzu sind für die nächsten Jahre verschiedene Initiativen in Vorbereitung, um die weitere und wertschöpfende Beschäftigung leistungsgewandelter Mitarbeiter im Betrieb zu fördern.

Das Betriebliche Eingliederungsmanagement (BEM) der Deutschen Bahn reflektiert die Besonderheiten eines in der Fläche verteilten Großunternehmens mit vielen Organisationseinheiten. Von der DB wird erwartet, dass Wiedereingliederungsmaßnahmen nicht nur auf betrieblicher Ebene, sondern konzernweit geprüft werden. Die Deutsche Bahn hat hierzu bereits vor Jahren einen Beschäftigungssicherungstarifvertrag abgeschlossen, der auch Arbeitsplatzsicherheit aus gesundheitlichen Gründen einschließt. Ähnlich wie bei betriebsbedingtem Arbeitsplatzverlust werden auch bei Arbeitsplatzverlust aus gesundheitlichen Gründen die Möglichkeiten der Weiterbeschäftigung sehr systematisch geprüft.

Das „BEM zur Prävention" entspricht dem betriebsbezogenen, freiwilligen Verfahren nach § 84 (2) SGB IX. Es ist angezeigt, wenn eine Weiterbeschäftigung auf dem bisherigen Arbeitsplatz – auch mit Anpassung von Arbeitsinhalt oder Arbeitsorganisation – noch möglich erscheint. Das BEM wurde in der Vergangenheit allein von der zuständigen Führungskraft dem Mitarbeiter angeboten und verantwortet. Diese Fürsorgeverpflichtung der Führungskraft ist Teil unserer Unternehmenskultur. Nach unserem Verständnis stellen Führungskräfte einen wesentlichen Erfolgsfaktor beim Beginn, bei der Begleitung und Umsetzung des Eingliederungsprozesses aber auch präventiv bei der Vermeidung einer langwierigen Arbeitsunfähigkeit dar.

Einen möglichen Konflikt mit der Führungskraft verhindern wir durch neue verbesserte Regelungen bei Datenschutz. Seit Beginn 2011 erfolgt der erste Schritt der Kontaktaufnahme einzig durch die Personalabteilung. Dabei wird dem Beschäftigten mitgeteilt, dass sowohl das Eröffnungsgespräch zum BEM als auch das eigentliche Eingliederungsverfahren nach seiner Wahl vom Personaler vor Ort oder von seiner Führungskraft verantwortet und durchgeführt werden kann. Damit versetzen wir den Beschäftigten in die Situation, sich

19

für die Person, der er mehr vertraut, zu entscheiden. So werden Freiwilligkeit und Vertrauen als wichtige Grundpfeiler eines erfolgreichen BEM gestärkt. Allerdings hat die Führungskraft in der Praxis wesentlich weitergehende Gestaltungsmöglichkeiten als ein Personalmanager, um die Eingliederung zu erleichtern oder einer erneuten Erkrankung vorzubeugen.

Steht bereits zu Beginn eines BEM aufgrund eines ärztlichen Gutachtens fest, dass der Mitarbeiter die bisherige Tätigkeit aus gesundheitlichen Gründen auf Dauer nicht mehr ausüben kann, weil er zum Beispiel endgültig nicht mehr fahrdiensttauglich ist, wird das tarifvertraglich begründete BEM zur Integration angewandt. Hier wird konzernweit und umfassend eine den Unternehmensbereich und die bisherige Tätigkeit überschreitende Vermittlung gesucht.

Wichtig ist, die Anforderungen an die körperliche Eignung von älter werdenden Mitarbeitern den technischen Entwicklungen anzupassen. Es mag im Zeitalter der Dampflokomotiven sinnvoll gewesen sein, zwei funktionsfähige Augen für einen Lokführer zu fordern, damit er weiterhin einsatzbereit ist, falls ihm ein Asche- oder Staubpartikel ins Auge fliegt. Aber ob dies im Führerstand eines modernen Hochgeschwindigkeitszuges noch erforderlich ist, darüber gehen die Ansichten der medizinischen Eisenbahn-Experten weit auseinander. Klar ist damals wie heute: Die Sicherheit des Verkehrsbetriebes darf nicht zur Disposition stehen, doch historische Erfahrungen allein dürfen auch nicht zur unnötigen Ausgrenzung älterer Mitarbeiter führen.

## 19.5   Fehlzeitenmanagement

Es gehört zum Allgemeinwissen der Betrieblichen Gesundheitsförderung, dass Arbeitsunfähigkeitsraten in Abhängigkeit zur Qualität der Führungskräfte, zur Unternehmenskultur und zur Motivation der Mitarbeiter stehen. Gute oder schlechte Führungskräfte nehmen „ihren" Krankenstand zum Teil mit, wenn sie in andere ähnlich strukturierte Bereiche wechseln. Auch bei der DB ließ sich dies beobachten. So schwankt der Krankenstand in den Werken der schweren Fahrzeuginstandsetzung bei grundsätzlich vergleichbaren Arbeitsbedingungen im Jahr 2010 um einen Mittelwert von 5,3 Prozent in einer Spannbreite von 3,5 bis 7,5 Prozent. Neben regionalen Faktoren und der Auslastung des Werkes (Kurz- oder Mehrarbeit) hat die jeweilige Betriebsleitung im Vergleich der Betriebe einen erheblichen Einfluss. Wenn Führungskräfte innerhalb der Fahrzeuginstandsetzung in ein anderes Werk wechselten, entwickelte sich dort prompt der Krankenstand in Richtung des über- bzw. unterdurchschnittlichen Wertes aus dem bisher geführten Bereich.

Bereits seit mehreren Jahren ist auch bei der Deutschen Bahn einen Anstieg der AU-Zahlen zu verzeichnen. Dies steht in engem Zusammenhang mit der älter werdenden Belegschaft in körperlich und psychisch fordernden Tätigkeiten (◘ Abb. 19.3).

Es ist eine große Herausforderung, diesen Trend aufzuhalten oder zumindest abzumildern. Die Betrachtung krankheitsbedingter Fehlzeiten gehört zum Betrieblichen Gesundheitsmanagement der Deutschen Bahn, stellen sie doch eine sehr wesentliche Kennzahl für die Produktivität des Betriebes und die Leistungsbereitschaft der Mitarbeiter dar. Sie sind aber kein geeigneter Indikator für den tatsächlichen Gesundheitszustand der

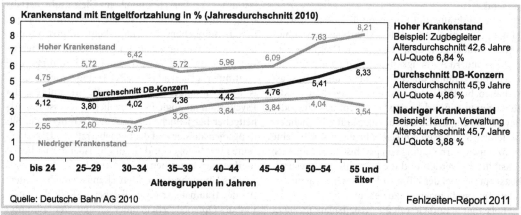

**◘ Abb. 19.3** Mitarbeiter mit hoher körperlicher Beanspruchung haben höhere krankheitsbedingte Fehlzeiten

Mitarbeiter hinsichtlich ihrer langfristigen Beschäftigungsfähigkeit. Hinter Arbeitsunfähigkeit verbergen sich zu einem großen Anteil mehr oder weniger banale Erkältungskrankheiten, Rückenschmerzen und Verletzungen aller Art, die in der Regel ohne Spätfolgen ausheilen. Motivation, Arbeitsgestaltung und soziale Rahmenbedingungen sowie Herkunft der Beschäftigten sind maßgebliche Determinanten von Fehlzeiten. Dagegen belasten die wichtigen zivilisatorischen Risikofaktoren Bluthochdruck, Übergewicht, Fehlernährung, Bewegungsmangel und Rauchen zunächst kaum die AU-Zahlen, obwohl sie langfristig betrachtet erhebliche Auswirkungen auf die Beschäftigungsfähigkeit gerade in körperlich fordernden Tätigkeiten haben. Aus diesem Grund kommt einer wirksamen präventiven Gesundheitsberatung und einem umfassenden Angebot an nachhaltigen Gesundheitsmaßnahmen eine hohe Bedeutung zu, ohne dass solche Maßnahmen mit kurzfristigen Erfolgen in der Senkung von AU-Zahlen kausal verbunden werden können. Bei manchen Gesundheitsmaßnahmen wie verstärkter sportlicher Betätigung, Gewichtsreduktion, Veränderung von Suchtverhalten oder Wahrnehmung von Vorsorgeuntersuchungen ist sogar eine zusätzliche Belastung der Fehlzeiten denkbar. Der wirtschaftliche Nutzen solcher Präventionsprogramme wird erst jenseits der üblichen Planungszeiträume erkennbar sein.

## 19.6 Psychische Gesundheit

Die Aufmerksamkeit für psychische Gesundheit und psychische Belastungen am Arbeitsplatz nimmt auch bei der Deutschen Bahn zu. Wie bei anderen Themen in der Betrieblichen Gesundheitsförderung gehen auch hier die Verhaltens- und Verhältnisprävention Hand in Hand.

Führungskräfte und Kollegen fühlen sich im Umgang mit psychisch erkrankten Mitarbeitern oft überfordert. Dabei geht es nicht darum, Diagnosen zu stellen, sondern Auffälligkeiten anzusprechen und auf anhaltende Veränderungen im Arbeits- und Leistungsverhalten, bei Fehlzeiten und im Sozialverhalten aktiv zu reagieren. Eine schlüssige Ursachenforschung oder Beweisführung durch die Führungskräfte ist nicht erforderlich. Stattdessen müssen Führungskräfte für eine frühzeitige Wahrnehmung von psychischen Problemen sensibilisiert werden und die betrieblichen Gesundheitsexperten bei der DB, also Betriebsärzte, Sozialberater und Psychologen hinzuziehen.

Belästigung und Gewalt am Arbeitsplatz jeglicher Art sind für die Deutsche Bahn inakzeptabel. Sie stellen zunehmend ein gesamtgesellschaftliches Problem dar, das Arbeitgeber und Arbeitnehmer in gleichem Maße angeht. Die Sicherheit der Fahrgäste und Kunden sowie das Sicherheitsbedürfnis der Beschäftigten haben für die Deutsche Bahn einen hohen Stellenwert. Allerdings können die Verkehrsunternehmen das Problem der Gewalt im öffentlichen Raum nicht allein tragen, hier bedarf es eines gesamtgesellschaftlichen Engagements.

Die Deutsche Bahn hat ein Bündel von Maßnahmen und Vorkehrungen zum Schutze und zur Sicherheit der Reisenden und ihrer Beschäftigten getroffen, um Belästigung und Gewalt entgegenzuwirken und diese möglichst zu vermeiden. Die Deutsche Bahn unterhält Ordnungspartnerschaften mit der Bundespolizei und den Landespolizeibehörden. Hinzu kommen eine Vielzahl von kommunalen Ordnungspartnerschaften zur Verbesserung der Sicherheit der Mitarbeiter sowie der Reisenden.

Die Beschäftigten mit Kundenkontakt einschließlich ihrer Führungskräfte werden mit Schulungen auf unterschiedliche Situationen von Belästigungen und Gewalt vorbereitet. Mitarbeiter, die Opfer von Belästigungen und Gewalt geworden sind, werden im Rahmen der unternehmerischen Fürsorgeverpflichtung mit der erforderlichen Nachsorge begleitet. Die Nachsorge kann die Unterstützung beim Zugang zu medizinischer Versorgung und psychologischer Betreuung, zu juristischer Begleitung (Rechtsschutz) und zur Betreuung betroffener Mitarbeiter durch Opferschutzverbände umfassen.

### 19.6.1 Betreuungsprogramm Posttraumatische Belastungen

Für den Sonderfall der plötzlichen schweren Stressbelastung durch Verkehrsunfälle im Gleis und Überfahrung von Suizidanten sowie die Prävention der sich daraus möglicherweise entwickelnden posttraumatischen Belastungsstörungen verfügt die DB bereits seit Mitte der 1990er Jahre über ein bewährtes und kontinuierlich verfeinertes Betreuungsprogramm. Es ist modular aufgebaut und setzt die Erkenntnisse der Psychotraumatologie in betriebliche Prozesse um. Arbeitgeber, betriebliche Interessenvertretungen, der Bildungsdienstleister und der betriebsärztliche Dienst mit seinen Psychologen und Gesundheitsberatern arbeiten hierbei eng zusammen.

Das Überfahren von Menschen ist eine besondere Art der Traumatisierung, weil dabei die Rolle des Täters und des Opfers durcheinander geraten. Der Lokführer fühlt sich aktiv verantwortlich, hat aber in der Regel keine Chance, den bevorstehenden Unfall zu vermeiden. Bei Mitarbeitern im Kundenkontakt, in der Sicherheit oder im Geldtransport stellen Übergriffe und Überfälle vergleichbare Traumatisierungen dar, wenn das eigene Leben ernsthaft in Gefahr gerät. Für die Betroffenen ist die plötzliche Erfahrung der Hilflosigkeit und der körperlichen und seelischen Veränderungen nach einem Unfallereignis oder Überfall häufig sehr belastend, wenn sie nicht darauf vorbereitet sind oder ihre Umgebung nicht adäquat auf dieses Erleben reagiert. Solch traumatisierende Ereignisse gelten bei der Deutschen Bahn immer als Arbeitsunfälle, unabhängig davon, ob eine ärztliche Behandlung erforderlich wurde oder eine Arbeitsunfähigkeit von mehr als drei Tagen entstand.

Die Mitarbeiter werden bereits in der Berufsausbildung und bei späteren Schulungen gedanklich auf derartige Ereignisse vorbereitet. Sie sollen verstehen, wie ihre Psyche hier auf eine ungewöhnliche Situation reagiert: Das Gehirn verarbeitet die Eindrücke sehr intensiv, dies ist begleitet durch körperliche Symptome, doch am Ende wird sich die Psyche in den meisten Fällen von allein stabilisieren.

Nach einem solchen Ereignis ist es aus psychotherapeutischer Sicht wichtig, die Betroffenen erst einmal zur Ruhe kommen zu lassen und sie dazu anzuleiten, sich selbst zu beruhigen. Als Frühintervention melden sich der zuständige, mit Psychologischer Erster Hilfe vertraute unmittelbare Vorgesetzte des betroffenen Mitarbeiters oder speziell in Psychologischer Erster Hilfe ausgebildete Kollegen kurz nach dem Ereignis persönlich oder telefonisch bei den Betroffenen und bieten ihm das Gespräch und Unterstützung an. Die Betroffenen werden aus ihrer Tätigkeit herausgelöst und nach Hause gebracht. Dies kann im Fern- und Güterverkehr am anderen Ende von Deutschland sein, aber gemessen an den Gesamtschäden, die jede Überfahrung für die betroffenen Mitarbeiter, den Bahnbetrieb sowie die Kunden bedeuten, ist auch eine Taxifahrt quer durch Deutschland eine gute Investition in die Gesundheit des Mitarbeiters. Die Mitarbeiter bleiben von der Arbeit freigestellt, bis sie sich wieder fit für die Wiederaufnahme ihrer Tätigkeit fühlen. Dies wird je nach individueller Disposition und den konkreten Umständen des Ereignisses von wenigen Stunden bis zu mehreren Wochen dauern, meist sind es 8 bis 14 Tage. Eine längere Pause ist nur bei einer geringen Zahl von Betroffenen medizinisch notwendig. Der betriebsärztliche und psychologische Dienst der DB steht den Mitarbeitern in dieser Zeit für Fragen und Beratungsgespräche zur Verfügung, drängt sich aber nicht aktiv auf. Die Ärzte und Psychologen beraten Betroffene, um Spätfolgen vorzubeugen, bei Therapiebedürftigkeit ge-

eignete externe Psychotherapeuten zu finden und gesundheitsfördernde Strategien zu festigen. Ergänzend ist eine telefonische Nachbefragung ein Vierteljahr nach dem Unfallereignis eingeführt worden, um eventuell auftretende Restbeschwerden zu erkennen und einer bis dahin möglicherweise nicht erkannten chronischen Fehlentwicklung entgegenwirken zu können. Bei der Wiederaufnahme der Tätigkeit werden die Mitarbeiter stufenweise und auf Wunsch unter psychologischer Begleitung an die Belastungssituation herangeführt. Hierzu gehört auch das begleitete Vorbeifahren an der Unfallstelle.

### 19.6.2  Umgang mit Alkohol und Drogen

In einem Verkehrsunternehmen wie der DB kommt der Prävention und Erkennung von Alkohol- und Drogenmissbrauch eine besondere Bedeutung zu. Bereits 1998 hat die Deutsche Bahn eine „Konzernbetriebsvereinbarung zum Suchtmittelverbot, zum Umgang mit Suchtmittelgefährdung und -abhängigkeit im Unternehmen" (KBV Sucht) abgeschlossen. In der KBV Sucht stellen Unternehmensleitung und Interessenvertretung gemeinsam fest, „dass insbesondere im Eisenbahnbetrieb Verstöße gegen das Suchtmittelverbot nicht hinnehmbar sind und daher zur Einhaltung des Suchtmittelverbotes alle Möglichkeiten auszuschöpfen sind." Entsprechend legt die KBV Sucht neben der Verpflichtung des Unternehmens für entsprechende Hilfsangebote und Beschäftigungssicherung ein absolutes Alkoholverbot für alle Beschäftigten am Arbeitsplatz und in den Arbeitspausen fest. In der Betriebsgastronomie gilt ein striktes Ausschank- und Verkaufsverbot von alkoholischen Getränken.

### 19.6.3  Sozialberatung

Ausgehend vom Suchtmittelverbot hat die Deutsche Bahn eine wirksame, niedrigschwellige Sozialberatung. Etwa die Hälfte der Beratungsfälle betrifft immer noch den Suchtmittelmissbrauch, dies prägt auch ihr Image als „Suchtberatung" bei vielen Mitarbeitern und Führungskräften. Die tatsächlichen Fallzahlen zeigen, dass andere psychische Störungen eine zunehmende Rolle in der Beratung spielen. Während das Thema Sucht im Jahr 2006 noch drei Viertel der Neufälle ausmachte, waren es im Jahr 2009 nur noch gut die Hälfte. In der Beratung nimmt die Zahl psychischer Belastungen durch die heutigen Mobilitätsanforderungen zu. Soziale Entwurzelung und Vereinsamung sowie damit verbundenen gesundheitlichen Folgen wie Sucht, Essstörungen oder depressive Erkrankungen sind mögliche Folgen.

## 19.7 Gesundheit der Führungskräfte

Unsere Führungskräfte sind hohen Belastungen im tagtäglichen Engagement ausgesetzt. Deshalb ist die persönliche Gesundheit ihrer Führungskräfte für die Deutsche Bahn von besonderer Bedeutung. Und nur gesundheitsbewusste Führungskräfte können eine gesundheitsförderliche Führungskultur authentisch umsetzen. Für die Gesundheit der Führungskräfte haben wir ein umfassendes Checkup-Programm unter dem Label „DB Sprint Plus" entwickelt und Anfang 2011 neu eingeführt. Das vorher bestehende Gesundheitsprogramm für Führungskräfte wurde damit erheblich ausgeweitet. Im Zweijahresrhythmus geben wir unseren Führungskräften die Möglichkeit, einen der angebotenen Bausteine zur nachhaltigen Gesundheitsvorsorge in Anspruch zu nehmen. Durch die Vielzahl unterschiedlicher Angebote, eine sichtbare Vorbildfunktion der Top-Führungskräfte und eine aktive Ansprache der Führungskräfte durch ihre Betreuer soll die Rate der Inanspruchnahme gegenüber der Vergangenheit deutlich erhöht werden. Das Portfolio von DB Sprint Plus ist umfangreich. Es reicht vom eintägigen medizinisch-diagnostischen Gesundheitstest bei Prevent über Untersuchungen, deren fachliche Schwerpunkte die Führungskraft wählt, in der Berliner Charité Universitätsklinik bis hin zu Coaching-Programmen, die entweder bei Skolamed den Schwerpunkt auf die Fitness – mit medizinischer Untersuchung – legen, oder bei Inbalance zur besseren Work-Life-Balance beitragen. Mit der Ausweitung des Portfolios soll die Inanspruchnahme des Checkup-Programms deutlich verbessert werden. Während bislang etwa 20 Prozent der Führungskräfte das Programm regelmäßig wahrgenommen haben, soll mit den neuen Maßnahmen, verstärkter Information bzw. Werbung und individueller Beratung im Rahmen der Führungskräftebetreuung eine freiwillige Teilnahme von mindestens zwei Dritteln der Führungskräfte erreicht werden.

## 19.8 Unternehmenskultur

Neben der Stärkung von Eigenverantwortung bei Mitarbeitern und gesundheitsförderlicher Arbeitsbedingungen durch einen zeitgemäßen Arbeits- und Gesundheitsschutz ist eine partnerschaftliche Unternehmenskultur wichtig für die Gesundheit der Mitarbeiter. Die Unternehmenskultur bestimmt die Spielregeln des täglichen Miteinanders und unternehmerischen Handelns. Sie ist die Summe der ungeschriebenen Regeln innerhalb eines Unternehmens, prägt das Verhalten der Mitarbeiter und ist entscheidende Einflussgröße für nachhaltigen Unternehmenserfolg.

Aus diesen Gründen hat die DB einen kulturellen Wandel unter breiter Einbindung von Führungskräften und Mitarbeitern angestoßen. Die Weiterentwicklung der Unternehmenskultur hin zu einem partnerschaftlichen Unternehmen stellt einen Handlungsschwerpunkt der nächsten Jahre dar.

## 19.9 Künftige Herausforderungen

Die erwartete demografische Entwicklung im Unternehmen und der damit voraussichtlich verbundene Anstieg in Krankenstand und Leistungseinschränkungen durch chronische Erkrankungen stellen vermehrte Anforderungen an die Gesundheitskompetenz der Führungskräfte und an eine partnerschaftliche Unternehmenskultur. Neben bestehenden Maßnahmen der Verhaltensprävention und der Führungskräfteentwicklung wird es in den kommenden Jahren darauf ankommen, eine spürbare Effizienzsteigerung bei betrieblichen Wiedereingliederungsmaßnahmen älterer und leistungsgewandelter Beschäftigter zu erreichen. Neben konkreten strukturellen Hilfen für die Betriebe stellt auch hier die partnerschaftliche und wertschätzende Unternehmenskultur den Schlüssel zum Erfolg dar.

19

# Kapitel 20

# Globales Gesundheitsmanagement mit System bei Siemens

U. BIRNER, M. KAMINSKI, B. WAHL, S. LANG, R. FRANKE

**Zusammenfassung.** *Mit der Entwicklung und Einführung eines konzernweiten Health-Management-Systems betritt Siemens im internationalen Vergleich Neuland. Der auf die Anforderungen des Unternehmens angepasste Anforderungskatalog basiert auf dem Social Capital and Occupational Health Standard (SCOHS©) und ist somit kompatibel mit der Struktur der ISO-Normen-Familie. Die Einführung von ambitionierten Health-Management-Zielen und -Prozessen erfüllt zentrale strategische Konzernvorgaben im Rahmen einer umfassenden Nachhaltigkeitspolitik. Das System beschreibt konzernweit verbindliche Health-Management-Anforderungen und ermöglicht ein Monitoring der Health-Management-Aktivitäten. Es lässt gleichzeitig genügend Raum für die inhaltliche und kulturelle Ausgestaltung in den Ländern. In dem Beitrag werden konzeptionelle Grundlagen und Entwicklungsleitlinien erläutert sowie Einblick in einige der Themenfelder des Systems gegeben.*

## 20.1 Health Management als Kernelement von Nachhaltigkeit

Betriebliches Gesundheitsmanagement (BGM) ist auf dem Weg, in einem neuen Modell- und Wertekontext ein noch größeres Gewicht für Unternehmen zu erhalten: Alle globalen „Player" haben anspruchsvolle Nachhaltigkeitsziele formuliert, verbunden mit breit angelegten Umsetzungsprogrammen, die zum Teil einen deutlichen Wandel in den Geschäftsprozessen und dem Infrastrukturmanagement mit sich bringen. Dabei ist die öffentliche und innerbetriebliche Nachhaltigkeitsdiskussion heute noch stark von „grünen", also Umweltthemen geprägt (z. B. SAM Group Holding 2010). Die soziale Nachhaltigkeitsdimension gewinnt jedoch zunehmend an Bedeutung – nicht zuletzt verstärkt durch Kundenverhalten und Veränderungen auf den Arbeitsmärkten (◘ Abb. 20.1). Beispiele sind deutlich gestiegene Kundenerwartungen an politisch korrekte Produktionsbedingungen und Sicherheitsstandards, sowie die Bedeutung eines attraktiven Arbeitgeberimages auf dem zunehmend stärker umkämpften Markt für Fachkräfte auf allen Kontinenten. Wir nehmen daher an, dass Wettbewerb und Differenzierung der Unternehmen auf dem Gebiet der Nachhaltigkeit zukünftig stärker davon gekennzeichnet sein werden, wie sie die ganze Breite des Nachhaltigkeitsspektrums durch belegbare und hervorragende Leistungen abdecken, als durch ein gegenseitiges Hochschaukeln im Bereich der Umweltziele allein. Corporate Social Responsibility wird somit zu einem wichtigen Element von Nachhaltigkeit (Sustainability).

Siemens hat deshalb 2009 betrieblichen und produktbezogenen Umweltschutz, Gesundheitsmanagement sowie Arbeitssicherheit in einer Zentralabteilung

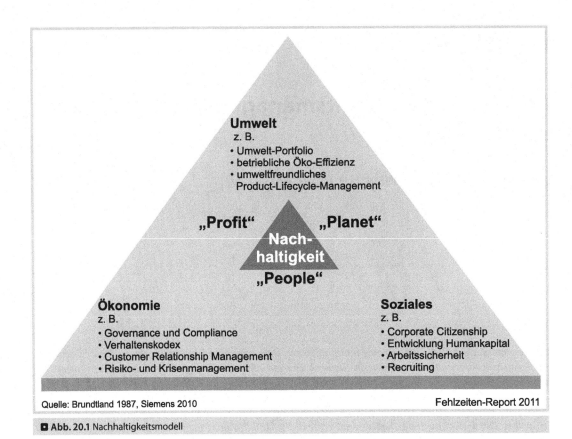

**◻ Abb. 20.1** Nachhaltigkeitsmodell

gebündelt (EHS[1]), die direkt dem Personalvorstand zugeordnet ist. Die Gruppe hat konzernweite Richtlinienkompetenz, ihr Leiter ist zugleich Corporate Medical Director. Dem Auftrag „One world, one life – we care" folgend, soll so ein Umwelt-, Gesundheits- und Sicherheitsmanagement entwickelt und sichergestellt werden, das international als hervorragend anerkannt wird. Maßgeblich dafür sind zwei strategische Leitmotive:

- *Integrität* drückt die Selbstverpflichtung zu eindeutigen und bindenden Handlungsleitlinien aus. Die Unternehmenswerte – verantwortlich, exzellent und innovativ – sind die Grundlage dafür und Umwelt-, Gesundheits- sowie Sicherheitsmanagement stellen wesentliche Handlungsfelder integeren unternehmerischen Handelns dar.
- Vor allem für das Health Management (HM) bedeutsam ist das Konzept des *Mitarbeiter-Engagements*, das Mitarbeiterzufriedenheit beinhaltet, aber weit

darüber hinausgeht: Engagement wird angesehen als die Bereitschaft von Mitarbeitenden, auf der Basis einer positiven emotionalen Bindung zum Unternehmen mit ihrem ganzen Potenzial zum Unternehmenserfolg beizutragen. Es schließt Aspekte wie Identifikation mit der Aufgabe, Proaktivität und das „Gehen der Extra-Meile" ein. Gesundheit ist – neben Qualifikation und Führung – einer der Schlüsselfaktoren, die Engagement zum Tragen bringen.

Jeder Mitarbeiter soll überzeugt von seinem Unternehmen sagen können, es sei „a great place to work" und durch seine Loyalität, Motivation und Leistungsfähigkeit den langfristigen Unternehmenserfolg mit einer starken Marke und einem hervorragenden Arbeitgeberimage sichern. Gleichzeitig trägt hohes Mitarbeiterengagement so auch zur Senkung der Kosten durch Fehlzeiten, Präsentismus und Unzufriedenheit bei. Dabei baut betriebliches Gesundheitsmanagement bei Siemens auf einer langen Tradition auf, hat doch Werner von Siemens bereits im Jahr 1884 mit dem Satz: „Das Verhüten

---

1   EHS steht für Environmental Protection, Health Management and Safety und wird im Text als Kürzel für das Aufgabenfeld und die Abteilung verwendet.

von Unfällen darf nicht als eine Vorschrift des Gesetzes aufgefasst werden, sondern als ein Gebot menschlicher Verpflichtung und wirtschaftlicher Vernunft" die Gesundheit seiner Mitarbeiter als Managementaufgabe und Erfolgsfaktor verstanden.

Als Teil der Personalorganisation versteht sich EHS als Partner des Geschäfts und unterstützt mit seinen Fachbereichen diese unternehmerischen Ziele in zwei komplexen Aufgabenfeldern: die Definition bzw. Weiterentwicklung, Einführung und Steuerung der konzernweiten EHS-Expertenorganisation sowie der EHS-Standards für alle Geschäftsbereichs- und Landesorganisationen (*Governance*). Zum Zweiten betritt Siemens mit einem globalen Unternehmensprogramm, das sich aus sechs Projekten aller drei Fachgebiete zusammensetzt, im Bezug auf Inhalte und Ziele Neuland auf dem Gebiet der Nachhaltigkeit.

Das Hauptvorhaben im Gesundheitsbereich ist die Einführung eines Health-Management-Systems (HMS). Mit dem System sollen konzernweit eine aktive Auseinandersetzung mit Gesundheitsmanagement und eine systematische Weiterentwicklung im oben genannten Sinn sichergestellt werden. Eine international vergleichbare HM-Systematik hilft auch, Aktivitäten und Ergebnisse in einem Reporting auf Konzernebene zu bündeln, gegenseitiges Lernen sowie Austausch zu erleichtern und Handlungsbedarf frühzeitig zu identifizieren. Strukturelle Grundlage dafür ist der 2010 veröffentlichte *Social Capital and Occupational Health Standard* (SCOHS©), der mit Siemens erstmals bei einem global agierenden Unternehmen mit über 400.000 Mitarbeitenden in über 100 Ländern implementiert wird. Der SCOHS© (2010) ist ein Anforderungskatalog an ein Betriebliches Gesundheitsmanagementsystem, entwickelt von einem Arbeitskreis aus Wissenschaftlern, Zertifizierungsunternehmen, Beratern und Industrievertretern unterschiedlicher Branchen. Zusammen mit dem SCOHS-Leitfaden gibt er Unternehmen eine praktische Anleitung, ein wirksames, zertifizierbares Gesundheitsmanagementsystem umzusetzen. Die Entwicklung des Standards erfolgte auf Grundlage internationaler Health-Management-Empfehlungen (z. B. der WHO) sowie in Anlehnung an die Norm ISO 9001, die Anforderungen für Qualitätsmanagementsysteme festlegt. Damit wird die Anschlussfähigkeit an bestehende Managementsysteme gewährleistet.

Im Folgenden werden die Entwicklungsleitlinien des Projekts und der Aufbau des HMS erläutert sowie anhand von Beispielen Einblick in einige Themenbereiche des auf die Siemens-Spezifika angepassten SCOHS-Standards gegeben.

## 20.2    Die Entwicklungsleitlinien

Siemens orientiert sich als Unterzeichner der Luxemburger Deklaration zur betrieblichen Gesundheitsförderung (2007) bei der Entwicklung des HMS eng an deren Leitlinien, wie z. B. Partizipation, Integration und Ganzheitlichkeit. Die folgenden Entwicklungsleitlinien veranschaulichen, wie diese Forderungen im Rahmen der Projektarbeiten aufgegriffen und spezifiziert bzw. umgesetzt wurden.

### Salutogenese und Ressourcenorientierung als Ergänzung bestehender Arbeitsschutzsysteme

Das neue Health-Management-System versteht sich komplementär zu bestehenden Arbeitssicherheits-Managementsystemen und ergänzt diese. So konzentriert sich die OHSAS 18.001 auf die Eliminierung arbeitsplatzbezogener Risiken, d. h. die Identifizierung und Prävention von Krankheiten sowie Vor- und Unfällen. Es steht außer Zweifel, dass die Sicherstellung von größtmöglicher Arbeitssicherheit heute wichtiger ist denn je. Die eingangs erwähnten personalstrategischen Herausforderungen machen jedoch eine wesentliche Erweiterung des Handlungsfeldes betrieblicher Gesundheit nötig (so ist z. B. im Glossar der OHSAS 18.001 der Begriff „Gesundheit" gar nicht enthalten). Diesen Forderungen versuchen wir mit einem HM-System zu begegnen, das auf der Nutzung und Stärkung persönlicher und organisationsbezogener Gesundheitsressourcen basiert und auf die Förderung von Arbeitszufriedenheit und Leistungsfähigkeit abzielt. Konzeptionelle Grundlage dafür ist das Salutogenese-Modell von Antonovsky (Antonovsky u. Franke 1997), dessen zentrale Elemente u. a. der Prozesscharakter der Entstehung und Erhaltung von Gesundheit sowie das Kontinuum und die Mehrdimensionalität von Gesundheit und Krankheit sind. Wir gehen davon aus, dass das Wertschöpfungspotenzial von Health Management in den meisten Unternehmen heute noch bei Weitem nicht ausgeschöpft wird (◻ Abb. 20.2) und treiben mit der Etablierung des HMS diesen evolutionären Entwicklungsprozess bei Siemens voran (siehe dazu z. B. World Economic Forum 2007).

### Das Sozialkapital-Konzept als Rahmenmodell

Das 2008 von Badura et al. publizierte Sozialkapital-Konzept belegt die Bedeutung sozialer Netzwerke, basierend auf gemeinsam getragenen Überzeugungen, Werten und Regeln. Das dem Ansatz zugrunde

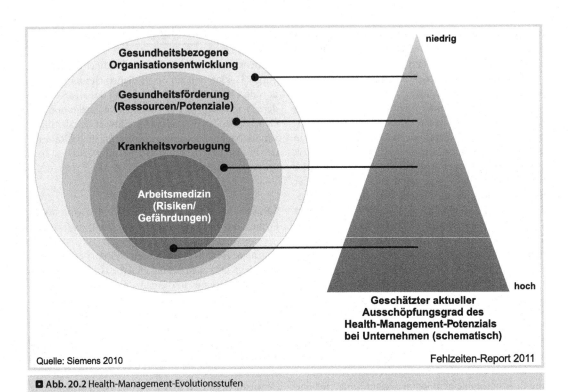

**Abb. 20.2** Health-Management-Evolutionsstufen

**Abb. 20.3** Treibermodell des Sozialkapital-Konzeptes

liegende Treibermodell basiert auf empirischen Ergebnissen und macht die Stellhebel für Gesundheit und Leistung wie auch deren kausale Verknüpfungen deutlich (▪ Abb. 20.3). Eine Organisation wird in dem

Modell dann als „gesund" definiert, wenn ihre Führung, Kultur, soziale Netzwerke und Arbeitsbedingungen so beschaffen sind, dass sie die Gesundheit und Sicherheit ihrer Mitglieder ebenso fördern wie die Qualität ihrer Produkte und die Produktivität ihres operativen Geschäfts.

Für das hier beschriebene Vorhaben hat der Sozialkapital-Ansatz zwei wesentliche praktische Konsequenzen: Zum einen macht das Modell deutlich, dass – verglichen mit einem traditionellen expertenorientierten BGM-Ansatz – deutlich mehr Unternehmensfunktionen, -rollen und -aufgaben Einfluss auf Gesundheit und Leistungsfähigkeit von Mitarbeitern haben und ein HMS diese berücksichtigen muss. Zum anderen stellt das Konzept eine sehr konstruktive Verbindung zwischen dem traditionellen Arbeitsschutz und einem umfassenden Gesundheitsmanagement her. Nachdem heute die technischen Arbeitsschutzmaßnahmen weitgehend optimiert sind und notwendige Verbesserungen vor allem auf dem Gebiet des individuellen und kollektiven Verhaltens, der Unternehmenskultur und Wertigkeit des Themas erzielt werden können, ziehen Gesundheitsmanagement und Arbeitsschutz hier an einem Strang, was Führungsverantwortung, Bewusstseinsbildung und Sensibilisierung für Gesundheit anbelangt.

## Prozessorientierung

Die Prozessorientierung des HMS kommt in unserem Ansatz auf zwei Ebenen zum Tragen:

Erstens verfügt Siemens über konzernweit harmonisierte Prozessstandards und Anforderungen des Gesundheitsmanagements müssen nach unserem Verständnis in diese Grundlage der täglichen Geschäftstätigkeit integriert sein.

Zweites haben wir die Forderung nach systematischer Umsetzung von BGM, die in der Luxemburger Deklaration durch *Projekt*management sichergestellt werden soll, durch den *Prozess*charakter von HM realisiert. Damit wird sowohl die Strukturiertheit der HM-Praxis gewährleistet als auch die eben genannte Integration in die Geschäftstätigkeit. Wir haben für das Health Management eine Prozesskette konzipiert (◘ Abb. 20.4), deren Schritte so definiert sind, dass alle beteiligten Fachgruppen – aus dem Health Management im engeren Sinn und darüber hinaus – ihre sehr unterschiedlichen Maßnahmen sinnvoll in eine übergeordnete Struktur einordnen können. Prävention ist das Leitmotiv, das über allen Einzelaktivitäten steht. Darüber hinaus werden selbstverständlich alle HM-Projekte nach allgemein gültigen Projektmanagement-Standards durchgeführt.

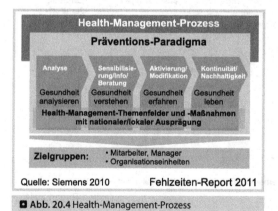

**Quelle: Siemens 2010    Fehlzeiten-Report 2011**

◘ Abb. 20.4 Health-Management-Prozess

## Individuum *und* Organisation als Handlungsfelder

Die Mitarbeiter werden hinsichtlich ihrer Gesundheit nicht isoliert als Individuen gesehen, die an ihrem Arbeitsplatz effizient in die Geschäftsprozesse eingebunden sind, sondern als sozial-vernetzte Wesen mit Bedürfnissen nach Werten, Zielen und Vertrauen. Nur wenn eine positive Vernetzung von Individuum und Organisation

gelingt, kann das Ziel eines gesunden Unternehmens erreicht werden. In diesem Sinn haben wir bei Siemens als Handlungsfelder des Gesundheitsmanagements nicht nur persönliche, mentale und physische Gesundheitskompetenzen bzw. -faktoren des einzelnen Mitarbeiters definiert. Wir beziehen vielmehr auch die Organisation als soziale und physikalische Arbeitsumgebung sowie die relevanten Wechselbeziehungen zu physikalischer Umwelt und sozialem Umfeld ein (◘ Abb. 20.5). Ein hoher Anspruch, der deutlich über den traditionellen Rahmen betrieblichen Gesundheitsmanagements hinausgeht, jedoch einen wichtigen Schritt zum Nutzen aller Beteiligten darstellt.

## Geteilte und eindeutige Verantwortung

Integration von Gesundheitsaspekten in alle Unternehmensentscheidungen impliziert, dass Manager sowohl in ihrer Rolle als Entscheider wie auch als Vorgesetzte und Vorbilder für ihre Mitarbeitenden von ganz besonderer Bedeutung für erfolgreiches Gesundheitsmanagement sind. Wir gehen davon aus, dass Sorge um die eigene Gesundheit nicht delegierbar ist und immer in der persönlichen Verantwortung jedes Einzelnen bleibt. Gleichzeitig ist die Schaffung aller nötigen Rahmenbedingungen für gesunde Arbeit Kernaufgabe von Personalführung. Diese Verpflichtung ist deshalb nicht pauschal an einen Betriebsarzt oder andere Gesundheitsfachleute übertragbar, wenngleich diese Experten betriebliches Gesundheitsmanagement natürlich maßgeblich unterstützen. Wir können hier zudem erhebliche Synergien mit dem Arbeitsschutz nutzen, der nach ganz ähnlichen Richtlinien arbeitet. So wurde bereits flankierend zur Einführung des HMS in alle Siemens-Führungstrainings ein Modul zum gesundheitsbewussten Führen aufgenommen.

## 20.3 Kompatibilität mit bekannten und eingeführten Standards

Das Health-Management-System von Siemens umfasst auf Konzernebene zwei zentrale Dokumententypen: Die *EHS-Grundsätze*, die alle gemeinsamen Richtlinien und Standards von betrieblichem und produktbezogenem Umweltschutz, Health Management sowie Arbeitssicherheit beinhalten, sowie ein *Leitfaden* für jedes der drei Fachgebiete, der dessen spezifische Themen zum Inhalt hat. Schwerpunkte der EHS-Grundsätze sind z. B. das Governance-Modell (Compliance-konforme Strukturen, Rollen und Verantwortlichkeiten für Ma-

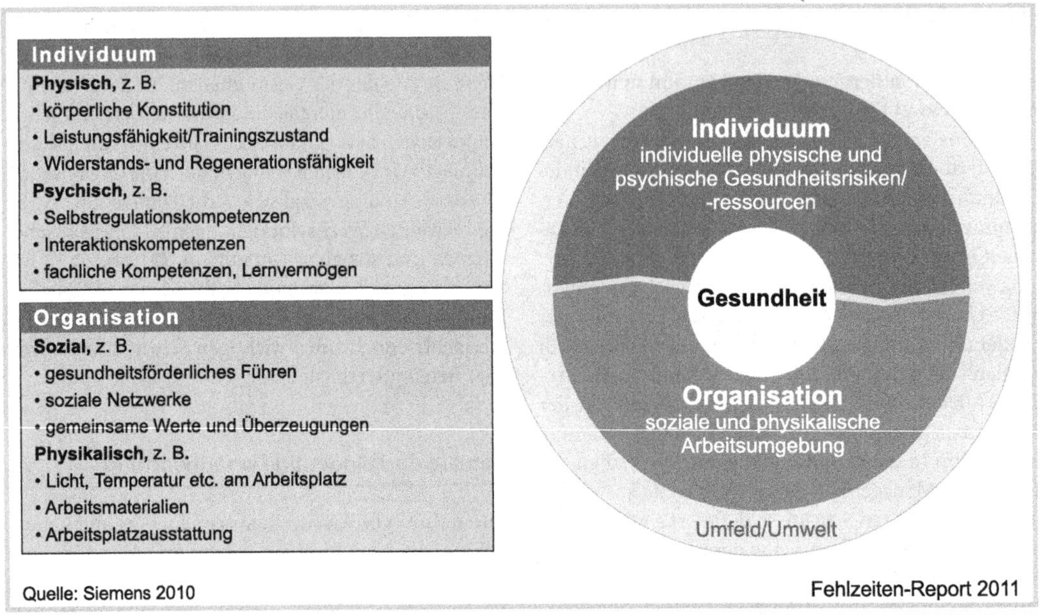

**Individuum**

**Physisch,** z. B.
- körperliche Konstitution
- Leistungsfähigkeit/Trainingszustand
- Widerstands- und Regenerationsfähigkeit

**Psychisch,** z. B.
- Selbstregulationskompetenzen
- Interaktionskompetenzen
- fachliche Kompetenzen, Lernvermögen

**Organisation**

**Sozial,** z. B.
- gesundheitsförderliches Führen
- soziale Netzwerke
- gemeinsame Werte und Überzeugungen

**Physikalisch,** z. B.
- Licht, Temperatur etc. am Arbeitsplatz
- Arbeitsmaterialien
- Arbeitsplatzausstattung

**Individuum**
individuelle physische und
psychische Gesundheitsrisiken/
-ressourcen

**Gesundheit**

**Organisation**
soziale und physikalische
Arbeitsumgebung

Umfeld/Umwelt

Quelle: Siemens 2010

Fehlzeiten-Report 2011

◘ **Abb. 20.5** Health-Management-Handlungsfelder

| | Corporate EHS-Management-System | | | | |
|---|---|---|---|---|---|
| | **EHS-Grundsätze\*** *übergreifende EHS-Standards* | **Leitfäden** *spezifisch pro Fachgebiet* | | | **Verfahrens-anweisungen** | **Bereichs-, Landes-, Standort-EHS-Manuale** |
| **Kapitel** | | **Umwelt-schutz** | **Health Management** | **Arbeits-sicherheit** | | |
| 0 | Einleitung | | | | | |
| 1 | Anwendungsbereich des HM-Systems | | | | | |
| 2 | Referenzen | | | | | |
| 3 | Begriffe | | | | | |
| 4 | Organisation und Managementsystem | | | | | |
| 5 | Health-Management-Politik | | | | | |
| 6 | Planung in der Produktrealisierungskette | | | | | |
| 7 | Implementierung und Durchführung | | | | | |
| 8 | Analyse und Verbesserung | | | | | |
| 9 | Managementbewertung | | | | | |

\* Globale Grundsätze zu Umweltschutz, Gesundheit und Sicherheit (EHS: Environmental, Health and Safety)

Quelle: Siemens 2010

Fehlzeiten-Report 2011

◘ **Abb. 20.6** Harmonisierte Managementsystem-Struktur

nagement und EHS-Funktionen), Reporting- und Audit-Anforderungen, Verantwortung der Führung. Der Health-Management-Leitfaden formuliert fachspezifische Grundlagen und Anforderungen, z. B. an die Qualifikation von HM-Funktionen, HM-Gremien, die Struktur des HM-Portfolios, Maßnahmen in den Prozessen oder die Gesundheitsberichterstattung.

Alle Dokumente des EHS-Management-Systems haben die gleiche Kapitelstruktur und sind vollkommen kompatibel mit den Gliederungen der ISO 14.001 (für betrieblichen Umweltschutz), der OHSAS 18.001 (für Arbeitsschutz) und des SCOHS (◘ Abb. 20.6). Denn erfahrungsgemäß ist die Einführung eines neuen Managementsystems mit Aufwand für alle Beteiligten

verbunden und im seltensten Fall von spontanen Bei-
fallsbekundungen begleitet. Deshalb soll hier durch die
Anwendung von bekannten und bewährten Standards
und Dokumentenformen, die Nutzung von Synergien
und die Vermeidung von Doppelarbeit nicht nur eine
deutlich bessere Akzeptanz erreicht werden, sondern
auch ein gemeinsames und effizientes Umsetzen der
verschiedenen Anforderungen in den Regionen und
Standorten erleichtert werden.

Die Konzernrichtlinien in den Grundsätzen und
Leitlinien bilden den verbindlichen Rahmen für die be-
reichs-, länder- und standortspezifischen Manuale zur
Anwendung des Managementsystems. Denn natürlich
können in einem zentralen Dokument nicht alle spezifischen technischen, organisatorischen, rechtlichen und
kulturellen Besonderheiten jeder Organisationseinheit
auf der Welt erfasst werden.

Kern des HMS ist ein regelmäßig zu durchlaufender
Prozess der systematischen Auseinandersetzung mit
der Mitarbeitergesundheit in der jeweiligen Organisationseinheit (◨ Abb. 20.7). Verantwortlich für diesen Prozess ist das Management der Einheit („oberste
Leitung"). Damit wird auch zum Ausdruck gebracht,
dass Mitarbeitergesundheit grundsätzlich durch fast
alle Handlungsbereiche des Managements beeinflusst
werden kann. Fachliche Beratung und praktische Unterstützung erhält die Leitung von den Gesundheitsexperten wie Medizinern, Sozialberatern, Ernährungs- und
Sportfachleuten.

## 20.4 Der Health-Management-Leitfaden beschreibt konkrete und verbindliche Anforderungen an die Organisation

Die inhaltlichen Schwerpunkte des HM-Leitfadens
werden im Folgenden anhand einiger Beispiele verdeutlicht.

- Im Abschnitt *Anwendungsbereich* wird klar formuliert, dass die Einrichtung eines Gesundheitsmanagements in allen Unternehmensteilen von Siemens
  verpflichtend ist.
- Unter *Health-Management-Organisation und System*
  wird das Managementsystem als Ganzes beschrieben. Außerdem wird die Systematik für den Aufbau
  und die Praxis des Gesundheitsmanagements festgelegt, die vergleichbare Ergebnisse für eine Zerti-
  fizierung innerhalb von Siemens sicherstellen soll.
  Für alle Organisationseinheiten ist es verpflichtend,
  HM-Ziele und -Maßnahmen zu vereinbaren, die
  die Gesundheit der Mitarbeiter positiv beeinflussen
  und damit den Unternehmenserfolg sicherstellen.
  Sie münden letztlich in einen kontinuierlichen Verbesserungsprozess.
- Abschnitt 5 verlangt nach der dokumentierten
  *Health-Management-Politik* der Organisationsein-
  heit und deren Ziele, die sich aus den konzernweiten
  Vorgaben ableiten.
- In Anlehnung an neuere Weiterentwicklungen der
  ISO-Normen wird in den Abschnitten 6 und 7 des

Quelle: Siemens 2010

Fehlzeiten-Report 2011

◨ Abb. 20.7 Übersicht Health-Management-System

HM-Leitfadens explizit die Integration von Gesundheitsmanagement-Aspekten in die *Kernprozesse bzw. die Wertschöpfungskette* beschrieben. So sind etwa in den Customer-Relationship-Prozessen (CRM) die Anforderungen des Kunden an das Produkt oder die Dienstleistung hinsichtlich ihrer Auswirkungen auf die physische und/oder psychische Gesundheit der Mitarbeiter zu ermitteln und zu bewerteten. Falls potenzielle Gefährdungen der Mitarbeiter erkannt werden, sind Maßnahmen zu definieren und umzusetzen, die diese Gefährdungen beseitigen oder ausreichend minimieren. Ähnlich sind in den Supply-Chain-Prozessen (SCM) die Lieferanten dahingehend zu sensibilisieren, dass sie ihrerseits wirksame Gesundheitsmanagement-Standards realisieren, die konform mit der Siemens-Gesundheitspolitik sowie deren Zielen und Programmen sind. Die Anwendung des Sozialkapitalansatzes in einer Organisationseinheit wird dabei durch die Verbesserung der sozialen Netzwerke und der Führungskultur sowie die Entwicklung von gemeinsamen Werten und Regeln realisiert (vgl. Badura et al. 2008, S. 32 ff.). Jede der drei Dimensionen umfasst mehrere konkrete Gestaltungselemente für Prozesse, wie das Einräumen von Handlungsspielräumen, die Mitgestaltung von Arbeitsbedingungen oder den Ausbau einer Kultur der Verantwortungsübernahme und des Feedbacks.

- Die wirksame Umsetzung von Programmen mit langfristiger Wirkung soll in vier Phasen erfolgen: Analyse, Bewusstseinsbildung, Veränderung und Stabilisierung. Innerhalb dieses Prozesses lassen sich die alle HM-Aktivitäten fünf Themenfeldern zuordnen:
  a. Bewegungsförderung
  b. Gesunde Ernährung
  c. Psychische Gesundheit
  d. Medizinische Versorgung und Betreuung
  e. Gesunde Arbeitswelt

  In der Praxis werden meist HM-Aktivitäten aus mehreren Themenfeldern kombiniert. Diese Portfoliosystematik soll Planung, Durchführung und Monitoring von HM-Aktivitäten erleichtern. Dabei muss unter Berücksichtigung der jeweiligen lokalen und kulturellen Bedingungen jedoch immer ermittelt werden, welche Aspekte die Gesundheit auf welche Art beeinflussen und welcher Verbesserungsbedarf existiert.

- Jede Organisationseinheit hat die notwendigen *Ressourcen* für erfolgreiches Gesundheitsmanagement sicherzustellen. Eine besondere Rolle kommt dabei dem *Gesundheitsmanager* zu, dessen Aufgaben etwa die Steuerung von HM-Prozessen, das Gesundheitsreporting sowie das Schnittstellenmanagement zu Gesundheitsdienstleistern umfassen. Wesentlich für seine Arbeit ist die Einrichtung von *HM-Gremien*, die bei der Bedarfsermittlung, maßgeschneiderten Planung, Akzeptanzförderung und Umsetzung von HM-Maßnahmen unterstützen. Erfolgreich ist dabei nicht immer gleichzusetzen mit teuer. Wir sind überzeugt, dass substanzielle Maßnahmen zur Gesundheitserhaltung und -förderung budgetneutral oder zumindest budgetkompatibel durch einfache Ablauf- oder Verhaltensänderungen erreicht werden können – wenn die richtigen Leute an Analyse und Planung beteiligt sind und die Führungskräfte voll hinter den Maßnahmen stehen.

- Unter *Überprüfung* sind die Erfolgsmessung und das Berichtswesen des Gesundheitsmanagements dargestellt. Obwohl diese Überprüfungen – v. a. Berichte und Audits – in der betrieblichen Praxis leicht als lästig oder gar überflüssig angesehen werden, wird nur durch ihre Informationen nachgewiesen, ob und wie die eingeleiteten Maßnahmen sowohl für die Mitarbeiter als auch für das Unternehmen einen Nutzen erzeugt haben.

## 20.5 Nächste Schritte

Siemens geht davon aus, mit dem oben beschriebenen Corporate-Health-Management-Ansatz rasch Fortschritte auf dem in ◘ Abb. 20.2 skizzierten Evolutionsweg zu machen. In vielen Aspekten werden die Anforderungen des HMS im Unternehmen heute schon erfüllt. Hier geht es als nächstes vor allem darum, in der weit gespannten Konzernstruktur noch mehr Transparenz zu Aktivitäten und Ergebnissen zu schaffen. Nur mit einem aussagekräftigen Monitoring ist eine nutzenstiftende Steuerung des Health Managements möglich und nur so kann gegenseitiges globales Lernen aus Initiativen und Projekten gefördert werden. Ein aussagekräftiges HM-Reporting könnte aber auch eine Möglichkeit darstellen, Nachhaltigkeitsberichte und Indizes wie den Dow Jones Sustainability Index (DJSI), in dem Siemens seit einigen Jahren seinen Industriebereich anführt, um wichtige HM-Inhalte zu erweitern.

Um zu guten Ergebnissen zu kommen, ist es aber natürlich in erster Linie nötig, das HMS in *allen* Bereichen des Unternehmens wirklich zum Leben zu erwecken und zum Bestandteil des alltäglichen Geschäfts zu machen. Deshalb wird aktuell das HMS in zwei Ländern und einem Unternehmensbereich pilotiert. Auf Grundlage dieser Einführungserfahrungen wird zum einen der HM-Leitfaden überarbeitet und seine Praxistauglichkeit sichergestellt. Zum anderen kann der Roll-out in weiteren Ländern besser vorbereitet und effizienter durchgeführt werden.

## Literatur

Antonovsky A, Franke A (1997) Salutogenese. Zur Entmystifizierung der Gesundheit. dgvt, Tübingen

Badura B et al (2008) Sozialkapital, Grundlagen von Gesundheit und Unternehmenserfolg. Springer, Berlin

Brundtland H (1987) Out common future (‚Brundtland report'). http://www.un-documents.net/wced-ocf.htm

BSI Group Headquarters (2007) OHSAS 18001:2007: Occupational Health And Safety Assessment Series. London

Deutsches Institut für Normung e.V. (2004) ISO 14001:2004 Umweltmanagementsysteme – Anforderungen mit Anleitungen zur Anwendung. Beuth, Berlin

Deutsches Institut für Normung e.V. (2008) DIN EN ISO 9001:2008 Qualitätsmanagementsysteme – Anforderungen. Beuth, Berlin

Luxemburger Dekaration zur Betrieblichen Gesundheitsförderung. http://www.enwhp.org. Gesehen 25 Okt 2007

SAM Group Holding AG (2010) The Sustainability Yearbook 2010. http://www.sam-group.com/htmle/yearbook/?CFID=2533564&CFTOKEN=409080d6cb6d6e4f-2FA14F96-BBCE-6D4E-D8B91AA3F61398C8

SCOHS Sozialkapital Standard UG (2010) SCOHS: Social Capital and Occupational Health Standard. Bielefeld; www.scohs.de

World Economic Forum (2007) Working Towards Wellness - Accelerating the prevention of chronic disease. http://www3.weforum.org/en/initiatives/Wellness/index.html

# Kapitel 21

# Gesundheitsmanagement bei Volkswagen Nutzfahrzeuge

F. Sanders, A. Lampe

**Zusammenfassung.** *Das Gesundheitsmanagement bei Volkswagen Nutzfahrzeuge zielt auf eine ganzheitliche Gesunderhaltung der Beschäftigten ab. Neben einem breiten Präventionsangebot, der Vermeidung von arbeitsplatzbedingten Erkrankungen und individuellen gesundheitsorientierten Maßnahmen stehen demografieorientierte Handlungsansätze im Zentrum des Gesundheitsmanagements in Hannover. Zentrale Befunde von betrieblichen Untersuchungen und Maßnahmen im Rahmen des betriebsinternen „Forum Demografie" bei VWN zeigen, dass Führungsstil und Wertschätzung eine entscheidende gesundheitliche Ressource darstellen. Zu den wichtigsten personalpolitischen Handlungsfeldern gehören die Erhöhung der Gesundheitskompetenz und die Sensibilisierung für gesundheitsförderliches Führungsverhalten. VWN hat sich zur Aufgabe gemacht, Wertschätzung im Spannungsfeld von Führung und Gesundheit durch Projekte, Schulungen und Kommunikation in der Unternehmenskultur zu etablieren. Es werden intensive Analysen im Betrieb durchgeführt, um passgenaue Lösungen zu finden, die der Vielfalt der Gesundheitsbedürfnisse der Beschäftigten in ihrem Arbeitsalltag gerecht werden. Es sollen dabei team- und beteiligungsorientierte Konzepte entstehen, die sich in einem ganzheitlichen Ansatz als gesundheits- und motivationsförderlich erweisen und im Betrieb möglichst allen Beschäftigten zugutekommen.*

## 21.1 Einleitung

Im Fokus unseres Praxisbeispiels steht das Gesundheitsmanagement der Marke Volkswagen Nutzfahrzeuge (VWN) am Produktionsstandort Hannover. VWN ist als eine von zehn Marken der Volkswagen AG an drei Standorten für den Bau des VW-Transporters der T-Reihe sowie Caddy, Crafter, Saveiro und Amarok zuständig. In dem 1954 errichteten Werk in Hannover werden mit 11.500 Beschäftigten, davon 7.800 im direkten Produktionsbereich und über 600 Auszubildenden vor allem im Metall- und Elektrobereich, der neue T5 und zukünftig der Pick-up Amarok gefertigt sowie eine Gießerei und eine Wärmetauscherfertigung betrieben.

VWN hat sich für die Zukunft ehrgeizige Ziele bei Rationalisierung und Effizienzsteigerung gesetzt. Durch Optimierungsprozesse entstehen standardisierte leistungsintensive Produktionsarbeitsplätze in einer schlanken Fabrikstruktur, die für den Einsatz von Gesundheits- und Leistungseingeschränkten sowie von bereits belasteten Älteren nicht immer geeignet erscheinen. Durch die Zunahme der Leistungsverdichtung wird ein gesundes Arbeiten bis zum Renteneintritt mit 67 Jahren deutlich erschwert und kollidiert mit der Herausforderung, die angestrebten konkurrenzfähigen Produktivitätssteigerungen mit der älter werdenden Belegschaft ohne steigende Fehlzeiten durch Krankheit bewältigen zu müssen (Krüger 1999; Rudow et al. 2007). Um den Gesundheitsstand langfristig auf einem hohen

Niveau sicherzustellen, wird bei VWN eine strukturelle Vorgehensweise erprobt, um sich perspektivisch das sich verschärfende betriebliche Interventionsfeld Gesundheit und Demografie zu erschließen. Personalpolitische Instrumente zur Gesunderhaltung und die Betreuung durch das betriebsinterne Gesundheitswesen kommen ebenso zur Anwendung wie stärker demografieorientierte Konzepte für ein alters- und alternsgerechtes Arbeiten. Eine Beteiligungskultur, die nicht nur physische Belastungen des Muskel- und Skelettapparats und ergonomische Veränderungen im Blick hat, sondern auch psychische Belastungen erkennt und offen für Befindlichkeitsstörungen ist, erscheint von elementarer Bedeutung für die Qualität der zukünftigen Arbeitsprozesse und des Gesundheitsstandes bei VWN.

Der Gesundheitsstand in der Fabrik wird monatlich erhoben und in der Fabrik kommuniziert. Die Verringerung des Krankenstandes wird aktuell als eines der wichtigsten betriebsinternen Ziele angesehen. Ein über dem Soll liegender Krankenstand führt zu Kosten für das Unternehmen, die vermieden werden sollen. Mögliche Krankheitsursachen werden in arbeitsbedingten Erkrankungen durch Belastungen an den Arbeitsplätzen aber auch in motivationsbedingten Fehlzeiten sowie der Altersstruktur der Belegschaft gesehen. Schutz und Förderung der Gesundheit gehen bei Volkswagen über das Verhindern von Unfällen und Krankheiten hinaus. Es gilt, die physische und psychische Leistungsfähigkeit sowie die Leistungsbereitschaft der Beschäftigten langfristig zu erhalten.

## 21.2 Das Gesundheitsmanagement bei Volkswagen Nutzfahrzeuge in der betrieblichen Praxis

Die Gesundheit der Beschäftigten zu schützen und zu fördern, ist bei Volkswagen als gemeinsames Ziel von Management und Betriebsrat etabliert und in Form eines ganzheitlichen Gesundheitsmanagements integraler Bestandteil der Personalpolitik.

Die betriebliche Praxis hat gezeigt, dass sich die Wirksamkeit des betrieblichen Gesundheitsmanagements nur schwer mit konkreten Kennzahlen belegen lässt. Da viele Maßnahmen auf eine längerfristig angelegte Gesunderhaltung abzielen, lässt sich ein möglicher Erfolg in der Regel nicht an einer Verbesserung der monatlich erhobenen Krankenquote ablesen. Mangels verlässlicher Zahlen zur Wirksamkeit einzelner Instrumente und aufgrund der diversifizierten inner- wie außerbetrieblichen Einfluss- und Ursachenstrukturen stehen derzeit für Großbetriebe kaum verlässliche

Zahlen zur Verfügung (Ulich u. Wülser 2009). Es ist nicht eindeutig zu belegen, wodurch sich der Gesundheitsstand erhöhen lässt. Dieser Problematik sieht sich auch VWN gegenüber und hat seine Aktivitäten daher über die Sicherstellung des aktuellen betrieblichen Gesundheitsstandes hinaus auf Projekte ausgedehnt, die sich einer als notwendig erachteten nachhaltigen Gesunderhaltung der Belegschaft im Spannungsfeld des demografischen Wandels annehmen. Volkswagen steht vor der Herausforderung, anspruchsvolle wirtschaftliche Ziele mit einer Belegschaft zu erreichen, die ein höheres Durchschnittsalter als bisher aufweist, und zwar möglichst nicht einhergehend mit steigenden Kosten durch erhöhte Fehlzeiten. Zur Bewältigung dieser Herausforderung wurden als zwei der wichtigsten betrieblichen Handlungsfelder eine gesundheitsförderliche und altersgerechte Gestaltung der Arbeits- und Leistungsbedingungen identifiziert sowie der Schutz und die Förderung der Gesundheit unter eigenverantwortlicher und weitestgehender Beteiligung der Beschäftigten. Im Fokus dieses Beitrags stehen daher weniger individuelle personalpolitische Instrumente, die aktuell zur Gesundheitsstandsverbesserung zur Anwendung kommen, als vielmehr die Verknüpfung zwischen den betrieblichen Gesundheitskonzepten und demografieorientierten Zielen im Unternehmen. Aus der Vielzahl der Instrumente, die bei Volkswagen zur Verfügung stehen, kann hier lediglich auf eine Auswahl eingegangen werden. Bei VWN sorgen Ärzte, das Rettungswesen, der Sozialdienst, die Arbeitssicherheit und Arbeitspsychologen gemeinsam mit Gesundheitsmanagern für eine optimale Gesundheitsbetreuung. Das Angebot umfasst ärztliche Betreuung, Früherkennungsuntersuchungen, psychosomatische Sprechstunden, gesetzliche Gefährdungsanalysen, Gesundheitscoaching, gesundheitsorientierte Schulungen und vielfältige fachliche Beratungsangebote. Außerdem stehen den Beschäftigten ein Reha-Zentrum mit Gesundheitssportpark sowie physiotherapeutische Behandlungen zur Verfügung.

Seit 2009 gibt es den Volkswagen Checkup, ein medizinisches Untersuchungsverfahren als unentgeltliches und hochwertiges Präventionsangebot für alle Mitarbeiter. Auf der Basis des ermittelten individuellen Gesundheitsprofils findet eine Beratung statt, wie die Beschäftigten gesund, fit und leistungsfähig bleiben und mögliche Risikofaktoren positiv beeinflussen können. Außerdem gibt es Informationen über interne und externe Präventionsangebote. Durch gesundheitsorientierte Personalinstrumente soll es Mitarbeitern zudem ermöglicht werden, nach einer längerfristigen Abwesenheit ihre Tätigkeit wieder aufzunehmen. Hierzu gehören beispielsweise eine Betriebsvereinbarung zum betrieblichen Eingliederungsmanagement für langzeit- oder chronisch erkrankte Beschäftigte und eine krankenkassenunterstützte JobReha (arbeitsplatzorientierte Rehabilitationsmaßnahme). Ziel dieser Maßnahmen ist es, nachhaltig einen möglichst hohen Gesundheitsstand im Betrieb sicherzustellen. Allerdings lässt sich bislang nicht eindeutig belegen, ob und in welchem Maße diese Maßnahmen einzeln und in Gänze zu einer Reduzierung der Fehltage der Belegschaft beitragen (Teumer et al. 2010). Diese Maßnahmen bieten gute Chancen, den Gesundheitsstand positiv zu beeinflussen.

## 21.3 Tarifvertrag Demografischer Wandel I

Um den vielschichtigen Problemlagen aus den aktuellen Gesundheitsstandsverfehlungen und dem Anspruch einer langfristigen Gesunderhaltung der Belegschaft unter Berücksichtigung der demografischen Entwicklung zu begegnen, wurde zwischen der IG Metall und Volkswagen ein Tarifvertrag über altersgerechte und gesundheitsförderliche Arbeits- und Leistungsbedingungen abgeschlossen. Als tarifpolitische Zielsetzungen wurden die Sicherstellung einer nachhaltigen Beschäftigungs- und Leistungsfähigkeit und die entsprechenden Einsatzmöglichkeiten festgelegt. In diesem – in Deutschland einmaligen – "Tarifvertrag Demografischer Wandel I" ist definiert, dass insbesondere Gesundheitsschutz und Gesundheitsförderung als ganzheitlicher strategischer Handlungsansatz der betrieblichen Gesundheitspolitik zu gewährleisten sind. Der Tarifvertrag verfolgt einen ganzheitlichen Ansatz, indem für das Unternehmen und die Beschäftigten relevante gesundheits- und demografieorientierte Handlungsansätze aufgeführt sind. Zu den explizit genannten Handlungsfeldern gehören Unternehmenskultur, Arbeitsgestaltung, Gesundheitsmanagement, Personal- und Teamentwicklung, Personaleinsatzplanung sowie Arbeitszeitgestaltung. Langfristig sollen präventiv angelegte Gestaltungsmaßnahmen in einem integrierten Gesamtkonzept umgesetzt werden. Gesundheitsförderung wird somit nicht nur als aktuelle Krankenstandsverringerung angesehen, sondern unter den Aspekten von Demografie und Gesundheit vor allem als zukünftig zu bewältigende Herausforderung.

## 21.4 Handlungsfelder bei VWN abgeleitet aus dem Tarifvertrag Demografischer Wandel I

Der Tarifvertrag gilt für alle deutschen Werke der VW AG. Wie das Schaubild zeigt, wurde bei der Marke Volkswagen Nutzfahrzeuge im Zusammenhang mit der Umsetzung des Tarifvertrags ein Forum "Demografie und Gesundheit" als Steuerungs- und Diskussionsplattform implementiert (◘ Abb. 21.1). Die Projektstruktur umfasst einen Steuerkreis mit Vertretern des Managements, des Betriebsrats und des Gesundheitsschutzes sowie ein Projektteam, dessen Mitglieder die operativen Arbeitsgruppen zu den Handlungsfeldern leiten. In diesen fachübergreifenden Arbeitsgruppen werden zu den im Tarifvertrag aufgeführten Handlungsfeldern betriebliche Projekte initiiert und Standards guter Praxis entwickelt, die zur Bewältigung von Gesundheitsbeeinträchtigungen und dem demografischen Wandel beitragen und nach der Erprobung in Pilotphasen in der Fabrik zum Einsatz kommen sollen. In dieser Arbeitsstruktur wurden die gesundheits- und demografieorientierten Arbeitsfelder in Hannover in den vergangenen Jahren überaus engagiert und erfolgreich bearbeitet. Zunächst sah die Projektstruktur sechs Handlungsfelder vor, die aktuell unter die drei Themenschwerpunkte Unternehmenskultur, Personal und Gesundheitsmanagement subsumiert wurden, um eine effiziente Prozess- und Umsetzungsstruktur zu gewährleisten.

Bereits im Fehlzeiten-Report 2002 wurde deutlich herausgestellt, dass sich zukünftige Anforderungen an Betriebe dadurch erhöhen, dass das Durchschnittsalter der Belegschaften – so auch bei VWN – in den kommenden Jahren enorm ansteigt und es zunehmend schwieriger wird, die Gesundheit und Leistungsfähigkeit der Beschäftigten langfristig zu erhalten (Badura et al. 2003). Für das Thema Gesundheit unter dem Aspekt von Führung ist dies besonders relevant, denn "gutes Führungsverhalten und gute Arbeit von Vorgesetzten ist der einzig hoch signifikante Faktor, für den eine Verbesserung der Arbeitsfähigkeit zwischen dem 51. und 62. Lebensjahr nachgewiesen wurde" (Ilmarinen u. Tempel 2002, S. 245). Der Führungsstil der Vorgesetzten hat einen unmittelbaren Einfluss auf die Arbeitsfähigkeit von allen, aber vor allem von älteren Beschäftigten (Spath et al. 2004; Ilmarinen u. Tempel 2002, S. 227).

Dieser Erkenntnis, dass Führung und Gesundheit unmittelbar zusammenhängen, wird bei VWN im Rahmen des Forums Demografie im Handlungsfeld Unternehmenskultur Rechnung getragen. Das durch den Gesetzgeber beschlossene Renteneintrittsalter von 67 Jahren führt bei Volkswagen Nutzfahrzeuge in Hannover zu einer erheblichen Erhöhung des Anteils der über 55-Jährigen. Außerdem wird sich voraussichtlich der Anteil von Personen erhöhen, die aufgrund gesundheitlicher Einschränkungen nicht die volle Arbeitsleistung erbringen können. Im Jahr 2009 waren 52 Beschäftigte in der Produktion älter als 60 Jahre.

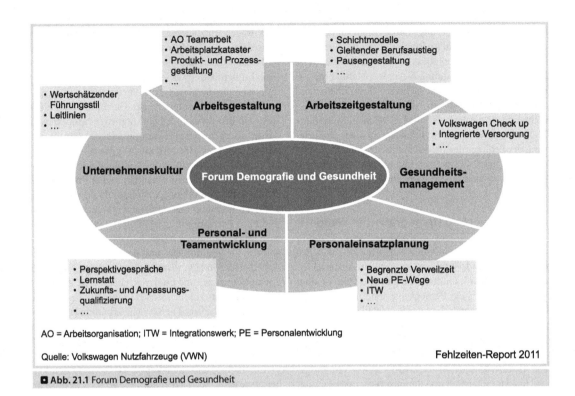

AO = Arbeitsorganisation; ITW = Integrationswerk; PE = Personalentwicklung

Quelle: Volkswagen Nutzfahrzeuge (VWN)                                    Fehlzeiten-Report 2011

**◘ Abb. 21.1** Forum Demografie und Gesundheit

Im Jahr 2019 werden es, nach derzeitigem Stand ohne demografieorientierte Maßnahmen oder eine Neuauflage geförderter Altersteilzeit mit deutlich früherem gesetzlichem Renteneintritt, über 1.000 Menschen sein (◘ Abb. 21.2).

Wie Auswertungen der Personaldaten im Zeitverlauf zeigen, verschiebt sich die Altersstruktur bei VWN mit einem deutlichen Schwerpunkt in Richtung der älteren Jahrgänge. Das Durchschnittsalter der Produktionsbelegschaft lag in den vergangenen zwölf Jahren knapp ober- bzw. unterhalb von 40 Jahren. Im Jahr 2019 liegt es bei linearer Fortschreibung bereits bei 47 Jahren (◘ Abb. 21.3). Im Zentrum der Bemühungen um ein altersgerechtes Human-Ressource-Management steht eine intergenerative Unternehmenspersonalpolitik, die jedem Beschäftigten ein Verbleiben im Arbeitsleben bis zum Rentenalter ermöglichen soll. Gutes Führungsverhalten und gute Arbeit von Vorgesetzen sind zahlreichen Studien (z. B. Ducki 2000; Ilmarinen u. Tempel 2002;

Pfaff et al. 2003; Westermeyer u. Stein 2006) zufolge die wichtigsten Faktoren zur Gesunderhaltung der Belegschaft und somit zur Verbesserung der Arbeitsfähigkeit. Auch die breit angelegte KUGA-Studie in der Automobilindustrie hat gezeigt, dass zu einer systematischen Gesundheitspolitik auch eine gesundheitsorientierte Führung gehört. „Sie sichert die Nachhaltigkeit der Gesundheitsförderung. Gesundheitsorientierte Führung wird hier verstanden als ein Führungsverhalten, das den Erhalt und die Förderung der Gesundheit der Mitarbeiter zum Ziel hat" (Pfaff 2002). Der Einfluss des Führungsverhaltens auf die Gesundheit ist daher im Handlungsfeld Unternehmenskultur Gegenstand verschiedener Studien bei VWN. In unseren Erhebungen werden im Wesentlichen die Befunde der wissenschaftlichen Studien bestätigt, dass Führung ein entscheidender Einflussfaktor auf die Gesundheit der Belegschaft ist.

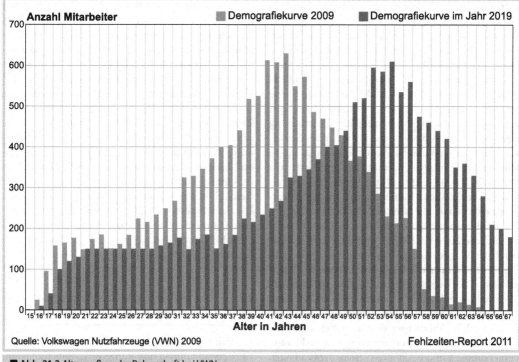

Quelle: Volkswagen Nutzfahrzeuge (VWN) 2009

Fehlzeiten-Report 2011

◘ **Abb. 21.2** Altersaufbau der Belegschaft bei VWN

Quelle: VWN 2009

Fehlzeiten-Report 2011

◘ **Abb. 21.3** Durchschnittsalter der Produktionsbeschäftigten bei VWN in Jahren

## 21.5 LagO („Länger arbeiten in gesunden Organisationen")

In diesem Rahmen ist Volkswagen Nutzfahrzeuge einer der Partnerbetriebe im Projekt LagO („Länger arbeiten in gesunden Organisationen") geworden, das vom Bundesministerium für Arbeit und Soziales mit dem „Programm zur Förderung von Modellvorhaben zur

Bekämpfung arbeitsbedingter Erkrankungen" staatlich gefördert wird (Morschhäuser 2010)[1]. Unter der wissenschaftlichen Projektleitung des ISO-Instituts nahm die Frage, wie altersgerechte Arbeitsbedingungen zum Erhalt und zur Förderung der Gesundheit und der Arbeitskraft beitragen können, einen wichtigen Stellenwert ein. Bei VWN wurden insgesamt 349 Fragebogen in zwei Fertigungsbereichen in jeweils einer Unterabteilung verteilt[2]. Die gute Rücklaufquote dieser schriftlichen Befragung lag bei 61,3 Prozent. Es wurden 82 Fragebögen in einer Unterabteilung des Karosseriebaus und 132 Fragebögen in einer Unterabteilung der Gießerei ausgefüllt und ausgewertet. Zentrale Befunde der

---

1   Neben Volkswagen Nutzfahrzeuge sind die Berliner Stadtreinigungsbetriebe, die Rewe Group, Siemens VDO Automotive und weitere Unternehmen am Projekt beteiligt (www.lago-projekt.de).

2   Der Fragebogen besteht aus 83 Items, die auf dem KMU-vital-Fragebogen aus der Schweiz (www.kmu-vital.ch) und dem Fragebogen zur INQA-Studie „Was ist gute Arbeit" von Tatjana Fuchs (2006) (www.inqa.de) basieren sowie auf Fragen, die sich spezifisch auf Volkswagen Nutzfahrzeuge als Großbetrieb beziehen. Die Instrumente sind unter http://www.lago-projekt.de/projekt_lago/instrumente/index.html abrufbar.

Befragung zur Zufriedenheit mit dem Führungsstil des Vorgesetzten in Bezug auf Anerkennung, Rückmeldung und Unterstützung bei Problemen am Arbeitsplatz sowie dem Betriebsklima hinsichtlich der Merkmale Arbeitsklima im Team, Konfliktbewältigung sowie gegenseitige Unterstützung am Arbeitsplatz zeigen deutlich, dass der Führungsstil aus Sicht der Beschäftigten eine wichtige gesundheitliche Ressource darstellt. Bezogen auf das Vorgesetztenverhalten zeigt die Untersuchung allerdings eher negative Befunde. 48 Prozent der Befragten in der Gießerei und 54 Prozent im Karosseriebau schätzen den Führungsstil des direkten Vorgesetzten in Bezug auf Rückmeldungen über die geleistete Arbeit als mangelhaft ein. Auch die Anerkennung durch den Vorgesetzten wird mit 52 Prozent in der Unterabteilung im Karosseriebau und 64 Prozent in der Gießerei als nicht ausreichend bewertet. Ebenso wird die Unterstützung durch den Vorgesetzten bei Problemen von über einem Drittel negativ beurteilt. Nach der Methode der Triangulation wurden objektive und subjektive Daten erfasst, Informationen, Wahrnehmungen und Bewertungen der Beteiligten erhoben und ausgewertet. Es wurde eine interaktive Validierung durch Feedback-Runden in den Workshops zur Rückmeldung und Diskussion vorgenommen, in die Akteure verschiedener Ebenen sowie die Aktionsforscher involviert waren. Aus dem Set der empirischen Ergebnisse wurde deutlich, dass viele Beschäftigte keine Anerkennung und Rückmeldung durch Vorgesetzte erleben oder diese nicht bei ihnen ankommt. Zitate wie: „Den Meister sieht man doch gar nicht mehr, woher soll der was über meine Gesundheit wissen?" oder „Die Vorgesetzten waren früher näher dran, heute wissen die gar nicht mehr, wie es einem geht." sind exemplarisch dafür, wie sich aus Sicht der langjährig Beschäftigten das Verhältnis zu den Vorgesetzten gewandelt hat und in Bezug auf die Gesundheit eingeschätzt wird. Da Anerkennung und Wertschätzung durch Führungspersonal einen so wichtigen Einfluss auf die Gesunderhaltung der Beschäftigten haben, sind diese Befunde eher kritisch einzuordnen.

Positiv hat sich hingegen die überwiegende Mehrheit zur gegenseitigen Unterstützung und Hilfestellung unter den Arbeitskollegen positioniert. Die Zusammenarbeit mit den Arbeitskollegen wird insgesamt als positiv angesehen, das Arbeitsklima im Team ganz überwiegend als gut beurteilt. 42 Prozent in der Unterabteilung der Gießerei und 34 Prozent im Karosseriebau verfügen über eine hohe eigene Arbeitsmotivation, nur 20 Prozent der Befragten in beiden Bereichen schätzen sie negativ ein. In den Gesprächen gab es zahlreiche Hinweise, dass dies auf die gute Zusammenarbeit innerhalb der Teams zurückzuführen ist.

In den schriftlichen Befragungen wie auch in den Interviews und Diskussionen nannten die Beteiligten das Führungsverhalten im Zusammenhang mit Arbeitsmotivation und Gesundheitsaspekten. Wenn der betriebliche Vorgesetzte Lob und Anerkennung ausdrückt, nehmen die Beschäftigten das als sehr motivierend wahr und fühlen sich an ihrem Arbeitsplatz gebraucht. Das von den Beschäftigten wahrgenommene Anerkennungsdefizit und die aus der Literatur gewonnene Erkenntnis, dass die Vermittlung von Anerkennung durch den Vorgesetzten für den Erhalt der Arbeits- und Leistungsfähigkeit speziell für Ältere bedeutsam ist, korrespondiert hingegen nicht gänzlich mit dem Gesamtbild, das sich aus den erhobenen Daten ergibt. Das Betriebsklima reflektiert eine eher förderliche Umgebung für die Arbeitsfähigkeit der Beschäftigten und die Arbeitsmotivation ist vergleichsweise hoch, obwohl das Führungsverhalten weniger gut beurteilt wird.

## 21.6 Pilotprojekte der Arbeitsgruppe Unternehmenskultur bei VWN

Ziel von LagO war es, in den beteiligten Betrieben adäquate Maßnahmen und Konzepte zu entwickeln, um die Gesundheit und Beschäftigungsfähigkeit von älteren Arbeitnehmern aufrechtzuerhalten. Um die ersten Befunde aus der Untersuchung bei VWN genauer zu durchleuchten und die praxisorientierten Ziele von LagO zu erreichen, wurde im Anschluss an das Projekt 2008 durch die Arbeitsgruppe Unternehmenskultur eine ergänzende Befragung von Führungskräften zum Thema demografischer Wandel durchgeführt. In narrativen Interviews mit neun Meistern aus verschiedenen Produktionsbereichen wurde der Fragestellung nachgegangen, wie die Meister den betrieblichen Umgang mit älteren Beschäftigten wahrnehmen. Die Erkenntnisse zum betrieblichen Umgang mit den Themen Lob und Anerkennung sollten die Bedeutsamkeit dieser Motivatoren für den Erhalt der Arbeits- und Leistungsfähigkeit verdeutlichen. Die Meister haben das Bild weitestgehend bestätigt, dass für sie in der Alltagspraxis der betrieblichen Gesundheitspolitik üblicherweise die Vermeidung von Unfällen und physischen Belastungen sowie Ergonomie die Hauptaktionsfelder darstellen, ebenso wie die Durchführung von Krankenrückkehrgesprächen und Arbeitssicherheitsmaßnahmen. Die These der Untersuchung, dass direkte Vorgesetzte durch Vermittlung von Wertschätzung die Arbeits- und Leistungsfähigkeit der Belegschaft bis ins hohe Alter erhalten und fördern können und insbesondere für ältere Arbeitskräfte ein gutes Führungsverhalten zu den wichtigsten Ressourcen zählt, ließ sich nicht eindeutig bestätigen, da die Meister kaum Bezug auf diese Art der Gesundheitswahrnehmung nahmen. Allerdings wurde in den Interviews deutlich, dass die Meister sich vielfältigen Herausforderungen gegenübersehen, sodass das in LagO angedeutete Klima von Zeitmangel besonders in der Führungsebene bei den Meistern offenbar wurde. Zum einen wurde ein fehlendes „Wir-Gefühl" im Betriebsklima beklagt, das „einen Zusammenhalt zwischen Führung und Belegschaft nicht mehr spüren lässt" (Schlott 2008, S. 91). Dabei war das Thema Lob und Anerkennung sehr schwer in den Interviews anzusprechen. Wertschätzung erwies sich als heikles Thema, da sie sowohl zwischen den Beschäftigten und den Meistern als auch zwischen den Meistern und ihren Vorgesetzten nicht sehr explizit thematisiert wird. Das Zitat eines Meisters veranschaulicht die Anerkennungspraxis: „Ja, naja. Mit dem Lob ist das ja… das ist immer so eine Sache. Lob kriegen Sie hier ganz selten. Das ist ganz normal, wenn Sie Ihre Arbeit tun, dann spricht hier keiner drüber. Wenn Sie etwas falsch machen, dann kriegen Sie Ihren Tadel, den kriegen Sie häufig. […] Lob ist Schweigen." (ebenda, S. 93) Für die Meister ist es in manchen Situationen nicht einfach, die Arbeitsleistung zu honorieren und gute Arbeit wertzuschätzen (ebenda, S. 94). Einige der Interviewten gaben zu bedenken, dass zu viel Lob auch unglaubwürdig machen würde. Auch Geld wurde als Motivationsfaktor diskutiert. Ideen der Befragten waren vor allem ein eigenes Budget, das sie frei zur Verfügung hätten, um ihrer Mannschaft „mal ein Getränk oder ein Eis ausgeben zu können" (ebenda, S. 95). In den Interviews wurde deutlich, dass die Meister noch nicht ausreichend informiert und sensibilisiert sind, dass gerade für ältere Beschäftigte ihr Wohlbefinden und ihre Leistungsfähigkeit noch stärker als bei Jüngeren von der Wertschätzung durch Vorgesetzte abhängen. Entgegen der aus der Literatur abgeleiteten Hypothese des Defizitmodells (Prahl u. Schröter 1996), wonach die Leistungsfähigkeit Älterer eher negativ eingeschätzt wird, haben die Meister ein durchaus differenziertes Altersbild und verbinden Alter nicht zwangsläufig mit Leistungseingeschränktheit.

Das Gesamtbild deutet daraufhin, dass die Bestrebungen von VWN, sich im Rahmen einer Anerkennungskultur verstärkt um die Sensibilisierung und Aufklärung für die Zusammenhänge zwischen Führung und Gesundheit in den Produktionsführungsebenen zu kümmern, auf dem richtigen Weg sind. Für die Meister wäre ein Instrumentenpool zu guter Führung und Gesundheitsförderung eine wichtige Ergänzung für ihren Betriebsalltag.

## 21.7 Projekt „Wertschätzendes Miteinander"

Im Rahmen einer wissenschaftlichen Studienarbeit zu wertschätzendem Miteinander im Betrieb wurde ab Dezember 2008 eine Literaturrecherche betrieben und um eine praktische Forschungsplanung ergänzt. Als wissenschaftliche Vorgehensweise für das Projekt „Wertschätzendes Miteinander" wurde die Aktionsforschung gewählt. Deren Anwendung basiert darauf, einen in einem beliebigen gesellschaftlichen Bereich auftretenden Forschungsgegenstand aufzugreifen und gemeinsam mit den Betroffenen zu erforschen und zu lösen (Nagel 1983). Zu Beginn des Projektes stand eine enge Zusammenarbeit zwischen den Meistern, Teamsprechern und Aktionsforschern. Nach Abschluss der Workshops nahmen die Aktionsforscher die Rolle der Unterstützer und Supervisoren ein. Zum Ende des Jahres 2009 verringerte sich aufgrund der betrieblichen Rahmenbedingungen die Aktivität der Aktionsforscher. Ohne deren Intervention und Gestaltung konnten die Maßnahmen allerdings nicht in dem Maße, wie im Projekt angelegt, umgesetzt werden. Die Doppelrolle der Aktionsforscher, einerseits eine unabhängige wissenschaftliche Reflexion des Projekts zu gewährleisten und andererseits gleichzeitig als Treiber des Projekts im betrieblichen Kontext aufzutreten, stellte sich für die Prozessdurchführung als eher ungünstig heraus. Die Doppelrolle hat zwar in den ersten Phasen für Projektstabilität gesorgt, ist für eine nachhaltige Sicherstellung jedoch weniger geeignet.

Im Zentrum des Pilotprojekts stand die Vermittlung von Wertschätzung in der Fabrik. Das Wertschätzungsprojekt sollte die Kultur des Miteinanders zwischen Führungskräften und Beschäftigten positiv beeinflussen, Loben und Anerkennung sollten erprobt und erfahren werden. Das Projekt fand in einem definierten Produktionsbereich der Lackiererei statt, in dem das Arbeitsklima von den Beschäftigten sehr kritisch beurteilt wurde. Das Projekt startete nach Abstimmung mit der Abteilungsleitung (AL) im Jahr 2009. Der Prozessablauf lässt sich anhand von ◘ Abb. 21.4 nachvollziehen:

Im Februar wurde ein Kick-off-Workshop für die Führungskräfte angeboten. Zu diesem eintägigen Workshop wurden die Meister und der Unterabteilungsleiter eingeladen, die zusammen mit dem Projektteam erste Lösungsansätze für eine wertschätzende Kultur erarbeiteten. Die Ideen reichten von der Implementierung von Informationskaskaden über morgendliche Begrüßungsrunden bis hin zu dem Vorschlag eines Mitarbeitergesprächs, das den Führungskräften die Möglichkeit geben solle, sich Zeit für ihre Mitarbei-

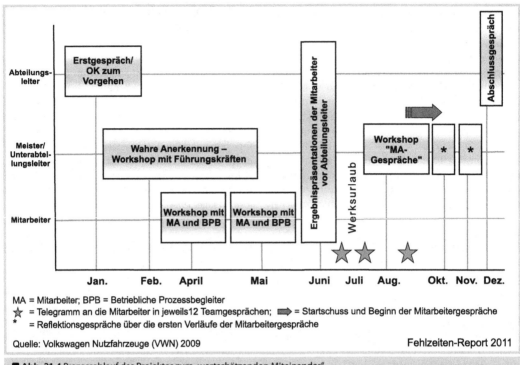

**◘ Abb. 21.4** Prozessablauf des Projektes zum „wertschätzenden Miteinander"

ter zu nehmen und sie besser kennenzulernen. Neben den Führungskräften wurden in einem zweiten Schritt die Beschäftigten zu ihren Ideen für ein besseres und mehr wertschätzendes Miteinander befragt. In zwei Workshops wurden mit Teamsprechern des Bereiches sowie mit den Vertrauensleuten Lösungsvorschläge erarbeitet und erste Ansätze direkt im Workshop erprobt. Die Ergebnisse waren vielfältig und zielten zu einem großen Teil auf Verbesserungsmöglichkeiten in der Kommunikation ab. Es wurde ein erhöhter Austausch mit dem Meister gefordert und der Wunsch nach einem jährlich stattfindenden Mitarbeitergespräch geäußert. Diese Workshops waren durch eine hohe Eigeninitiative der Beschäftigten geprägt. Die Ergebnisse wurden dem Abteilungsleiter vorgestellt, um das wertschätzende und kommunikative Miteinander über alle Hierarchieebenen zu realisieren. Die von uns gewählte Triangulation als empirischer Zugang zum Untersuchungsfeld ist dabei weniger ein Instrument zur Überprüfung empirischer Ergebnisse als vielmehr ein Weg zu erweiterten Erkenntnismöglichkeiten, der durch die Verknüpfung von qualitativen und quantitativen Methoden ermöglicht werden soll (Flick 2004). Der aus den Erhebungen reflektierte Informationswunsch mündete in ein wöchentlich erscheinendes Infotelegramm für die Belegschaft mit den aktuellen Themen der Woche. Bis Ende 2009 hatten die Meister ca. 30 der 200 Mitarbeitergespräche durchgeführt. Die Meister konnten in Reflektionsgesprächen mit dem Projektteam ihre ersten Erfahrungen zum Mitarbeitergespräch aufarbeiten und analysieren. 2010 sollte bilanziert werden, inwiefern die erarbeiteten Maßnahmen ohne Intervention von Außenstehenden vom Pilotbereich selber umgesetzt werden. Die entwickelten Maßnahmen sollten nun durch die Führungskräfte und die Belegschaft im Bereich im Rahmen einer wertschätzenden Unternehmenskultur etabliert und gelebt werden. Um zu evaluieren, ob dies gelungen ist, wurde im Zeitraum September bis Oktober 2010 eine schriftliche Befragung der Beschäftigten des Pilotbereiches durchgeführt. Insgesamt wurden 106 Produktionsbeschäftigte mittels eines standardisierten Fragebogens im Rahmen ihrer Teamgespräche in einer Classroom-Situation befragt. Kollegen, die in andere Bereiche verliehen oder abwesend waren, haben nicht an der Befragung teilgenommen. Bilanzierend lässt sich feststellen, dass eine flächendeckende Verbreitung offenbar nicht im gewünschten Maß realisiert werden konnte, obwohl das Projekt in der Umsetzungsphase großen Anklang bei den direkt Beteiligten gefunden hatte. Ein Jahr später war das Projekt bei den Beschäftigten, die nicht an den Workshops teilgenommen hatten, wenig präsent. Bei der Frage, woran sich die Befragten bei dem Projektnamen „Wertschätzendes Miteinander" erinnern, war die häufigste Antwort (mit 42,5 Prozent): „Ein Projekt von vielen." Aus Sicht der Beschäftigten ließen sich beim Führungsverhalten ihrer Vorgesetzten kaum Verbesserungen erkennen. Der Informationsaustausch zwischen Unterabteilungsleitern, Teamsprechern und Vertrauensleuten wurde nur als befriedigend ohne Tendenz zur Verbesserung bewertet. Das Thema Lob und Anerkennung durch den Vorgesetzten kam nur auf ein „ausreichend". Die positive Veränderung haben die Beschäftigten in der jetzt regelmäßig stattfindenden Begrüßung durch ihren Meister als wertschätzendes Miteinander erlebt. Die Befragten hatten im Fragebogen die Möglichkeit, ihre Angaben in Textfeldern zu kommentieren. Darunter waren Aufforderungen, sich weiter aktiv um ein wertschätzendes Miteinander zu bemühen, nach mehr Kommunikation und Information sowie der Wunsch, die bislang noch nicht durchgeführten Mitarbeitergespräche zu führen. Die Beschäftigten wurden gefragt, wodurch ihr Wohlbefinden am Arbeitsplatz am meisten beeinflusst werde. Dabei wurde an erster Stelle die Stimmung im Team und an zweiter Stelle die Zusammenarbeit im Team genannt. Dies deckt sich mit den Befunden aus LagO, wonach Teamzusammenhalt und Arbeitsklima sehr hoch eingeschätzt werden. An dritter Stelle wurde die Führung durch den Meister genannt, gefolgt von der Führung durch den Unterabteilungsleiter. Die Befragungsergebnisse weisen darauf hin, dass das Projekt sich in dieser Phase noch nicht selbst getragen hat und so gab es nur eine knappe Weiterempfehlung des Projekts von 46,2 Prozent der Befragten. In den Workshops schien es, dass der Pilot den richtigen Ansatz hatte und sich gute Ideen und Lösungsansätze für ein wertschätzendes Miteinander erarbeiten ließen. Bezogen auf eine flächendeckende Umsetzung besteht jedoch noch Handlungsbedarf. Das Projekt soll in modifizierter Form und mit einer kontinuierlicheren Begleitung durch das Personalwesen in einem anderen Bereich neu aufgelegt werden, um Wertschätzung im Spannungsfeld mit Führung und Gesundheit in der Unternehmenskultur zu stärken. Wenn es VWN gelingt, die Etablierung eines respektvollen Umgang der Vorgesetzten mit ihren Mitarbeitern weiter voranzubringen, können diese bereits erfolgreich angestoßenen Veränderungen im Führungsverhalten ein hohes Potenzial aufweisen, die Arbeitsfähigkeit der Beschäftigten langfristig zu verbessern und die Mitarbeitermotivation zu steigern.

## 21.8 Gesundheit leben, Gesundheit fördern

Um die Meister und die Unterabteilungsleiter in einem gesundheitsförderlichen Führungsstil zu unterstützen, wurde in Zusammenarbeit mit dem Institut für Gesundheit und Management (ifg)[3] ein Workshop-Konzept „Gesundheit als Führungsaufgabe" für Vorgesetzte entwickelt. Die betrieblichen Vorgesetzten lernen hier Instrumente kennen, die sie zur Etablierung einer gesundheitsförderlichen Führungskultur anwenden können. Dieses Seminar wird seit 2008 im Rahmen der betriebsinternen Weiterbildung für Meister und Unterabteilungsleiter angeboten, um Gesundheit als Führungsaufgabe zum Bestandteil des Arbeitsalltags werden zu lassen, Gesundheitskompetenz zu entwickeln und eine Vorbildfunktion wahrnehmen zu können. In einem zweitägigen Workshop werden Handlungsoptionen zur Gesundheitsförderung, Sensibilisierung für Befindlichkeitsstörungen, Mitarbeitermotivation und Umgang mit Stress und Belastungen vermittelt. Ein halbes Jahr später gibt es einen Reflexionstag, um die ersten praktischen Anwendungen auszutauschen und zu evaluieren. In der Zwischenzeit werden die Teilnehmer individuell durch ein persönliches Coaching unterstützt. Die Teilnehmer sehen sich in ihrem Betriebsalltag einer Reihe von Anforderungen als Führungskraft gegenüber, die nun verstärkt um das wichtige Feld der Gesundheitsförderung arrangiert werden sollen. Das Seminarkonzept wurde mit wissenschaftlicher Unterstützung des ifg mehrmals modifiziert und wird bis heute regelmäßig angeboten. Insgesamt haben die Teilnehmer gute Feedback-Noten gegeben. Als wünschenswert wurde dabei eine verpflichtende Teilnahme für alle Führungskräfte formuliert.

## 21.9 Das Gesundheitsmanagement bei Volkswagen Nutzfahrzeuge

Unsere Praxisfälle zeigen, dass ein Wandel der Unternehmenskultur im Spannungsfeld von Führung und Gesundheit viel Zeit, Ressourcen und ein hohes Engagement der Beteiligten benötigt, um zu gelingen. Die Pilotversuche bringen wichtige Erkenntnisse über die betrieblichen Umsetzungsmöglichkeiten, um die Menschen in der Fabrik in den Mittelpunkt zu stellen und durch Führungskultur zu unterstützen.

Wie die Projekte zeigen, ist die Umsetzung voraussetzungsvoll. Die Ursachen für Fehlzeiten sind vielfältig,

---

3   http://www.gesundheitsmanagement.com

inner- wie außerbetrieblich bedingt und bedürfen intensiver Analysen und passgenauer Lösungskonzepte, um der Vielfalt der Gesundheitsbedürfnisse der Beschäftigten gerecht zu werden. Betrieblicher Konsens herrscht insofern, als dass regelmäßige Mitarbeitergespräche, Aufklärung und Sensibilisierung für ein wertschätzendes Miteinander am Arbeitsplatz und für komplexe Gesundheitsthemen als dringend notwendig erachtet werden, um die steigenden Anforderungen in der Produktion mit einer älter werdenden und gesunden Belegschaft bewältigen zu können. Derzeit werden auf allen Ebenen Diskussionen geführt und Analysen erstellt, um zu verstehen, wodurch die Gesundheit und die Motivation der Beschäftigten erhalten und beeinflusst wird und welche Instrumente eine gesundheitsförderliche Wirksamkeit entfalten und sich positiv auf die Belegschaft auswirken.

Bei der Etablierung eines nachhaltigen und vor allem wirksamen betrieblichen Gesundheitsmanagements kommt den Aspekten Führung und Wertschätzung eine Schlüsselrolle zu. Die Meister in der Industrieproduktion sind als Vorgesetzte in einer „Sandwich-Position". Von ihnen wird ein gesundheitsförderliches Führungsverhalten erwartet, durch das sie ihre Mitarbeiter motivieren und ein gesundheitsförderliches positives Arbeitsklima schaffen sollen. Damit dies gelingen kann, brauchen sie selbst geeignete Vorbilder und Unterstützung in ihrer eigenen betrieblichen Führungspraxis.

Zukunftsorientiert liegt dabei der Fokus nicht nur auf der Analyse krankmachender Faktoren, sondern stärker auf Voraussetzungen und Möglichkeiten, die zum Erhalt von Arbeitskraft beitragen. Es wird untersucht, unter welchen Rahmenbedingungen wie Führung, Belastung und Bewältigungsstrategien es gelingt, dass keine Fehlzeiten entstehen, sondern die Beschäftigten ihre Leistungsfähigkeit nachhaltig sichern können.

Des Weiteren ist in der Produktion eine sogenannte Ergo-Montagelinie für Beschäftigte geplant, die aufgrund ihrer Einschränkungen nicht mehr in der Fließbandfertigung eingesetzt werden können. Die Beschäftigten sollen in diesem Innovationsprojekt Einfluss auf die Veränderungen der Fertigungsablaufart mit entkoppelten Takten und verstärkter Beachtung der Ergonomie nehmen. Idealerweise führt dies zu einer intensiven Beteiligung und Kommunikation bei der Gestaltung der Arbeitsplätze und kann so zu einer Sensibilisierung der betrieblichen Führung und der Belegschaft für die Problemstellungen und Bedürfnisse leistungseingeschränkter Beschäftigter beitragen. Darüber hinaus wird derzeit in einer Projektexplorationsphase untersucht, wie die Kommunikationsprozesse zwischen Management, Führungskräften und der Mannschaft verbessert werden

können. Beschäftigte auf unterschiedlichen Funktions- und Hierarchieebenen werden befragt, wie sie die Stimmungslage im Betrieb, ihre Leistungsbereitschaft und Motivation einschätzen, um daraus ein gemeinsames Verständnis der aktuellen Situation im Werk zu generieren. Dies soll als Basis für zukünftige Aktivitäten im Rahmen des führungs- und demografieorientierten Entwicklungs- und Veränderungsprozesses bei VWN dienen. Unter Berücksichtigung der Erfahrungen aus dem Piloten zum wertschätzenden Miteinander sollen ausgehend vom Management über die Führungskräfte bis zur Belegschaft bereichsspezifische Maßnahmen zur Verbesserung der Unternehmenskultur erarbeitet und gelebt werden.

Die Gesundheit der Beschäftigten ist eine der wichtigsten Ressourcen für den zukünftigen Erfolg von Volkswagen. Auf allen Ebenen wird weiterhin mit Hochdruck an gesundheitsförderlichen Projekten gearbeitet, die sich auf aktuelle wissenschaftliche Erkenntnisse stützen und durch ihre flächendeckende Anwendung im Betrieb möglichst allen Beschäftigten für ihre Gesundheit zugutekommen sollen.

## Literatur

Badura B, Schellschmidt H, Vetter C (2003) Fehlzeiten-Report 2002. Demographischer Wandel – Herausforderung für die betriebliche Personal- und Gesundheitspolitik. Springer, Berlin und Heidelberg

Badura B, Schröder H, Klose J, Macco, K (2010) Fehlzeiten-Report 2009. Arbeit und Psyche: Belastungen reduzieren – Wohlbefinden fördern. Springer, Berlin und Heidelberg

Ducki A (2000) Diagnose gesundheitsförderlicher Arbeit: eine Gesamtstrategie zur betrieblichen Gesundheitsanalyse. vdf Hochschulverlag, Zürich

Flick U (2004) Triangulation. Eine Einführung. VS Verlag, Wiesbaden

IG Metall – Abteilung Sozialpolitik/Referat Arbeits- und Gesundheitsschutz (2002) Fehlzeitenmanagement: Krankenrückkehrgespräche und Möglichkeiten der Gegenwehr. Unveröffentlichtes Manuskript. Frankfurt a. M.

Ilmarinen J, Tempel J (2002) Arbeitsfähigkeit 2010: was können wir tun, damit Sie gesund bleiben? VSA-Verlag, Hamburg

Krüger W (1999) Beeinflussung des Gesundheitsstandes bei Volkswagen am Standort Wolfsburg. In: Busch R (Hrsg) Autonomie und Gesundheit. Moderne Arbeitsorganisation und betriebliche Gesundheitspolitik. Hampp, München Mering, S 103–113

Morschhäuser M (2010) Projektpräsentation. http://www.dguv.de/iag/de/veranstaltungen/aeltere/kolloq7/_dokumente/10-Morschhaeuser_gekuerzt.pdf. Gesehen 20 Okt 2010

Nagel A (1983) Aktionsforschung, Gesellschaftsstrukturen und soziale Wirklichkeit. Lang Verlag, Frankfurt

21

Pfaff H (2002) Krankenrückkehrgespräche: Zur Ambivalenz einer Sozialtechnologie. Gutachten für die Expertenkommission „Betriebliche Gesundheitspolitik" der Bertelsmann-Stiftung und der Hans-Böckler-Stiftung, S 1–24, http://www.boeckler.de/pdf/fof_krankenrueckkehrgespraeche.pdf. Gesehen 30 Okt 2010

Pfaff H, Krause H, Kaiser C (2003) Gesundgeredet? Praxis, Probleme und Potenziale von Krankenrückkehrgesprächen. edition sigma, Berlin

Prahl HW, Schröter KR (1996) Soziologie des Alterns: eine Einführung. Schöningh, Paderborn

Rudow B, Neubauer W, Krüger W, Bürmann C, Paeth L (2007) Die betriebliche Integration leistungsgewandelter Mitarbeiter – Ein Arbeits- und Personalprojekt aus der Automobilindustrie. Arbeit 2:118–132

Schlott C (2008) Demografischer Wandel und Unternehmenskultur: Der betriebliche Umgang mit älteren Beschäftigten aus Sicht der Meister. Diplomarbeit im Volkswagen Werk Hannover

Spath D, Braun M, Grunewald P (2004) Gesundheits- und leistungsförderliche Gestaltung geistiger Arbeit: Arbeitsgestaltung unter Einbeziehung menschlicher Eigenzeiten und Rhythmen. Erich Schmidt Verlag, Bielefeld

Teumer F, Wassmus AK, Cyganski L, Teichler N, Gutenbrunner C, Schwarze M (2010) Gesundheitsökonomische Evaluation der JobReha bei Volkswagen Nutzfahrzeuge Hannover. ASUpraxis | Arbeitsmedizin Sozialmedizin Umweltmedizin 45 (8):102–104

Ulich E, Wülser M (2009) Gesundheitsmanagement in Unternehmen: arbeitspsychologische Perspektiven. 3. Aufl. Gabler, Wiesbaden

Westermeyer G, Stein B (2006) Produktivitätsfaktor betriebliche Gesundheit. Hogrefe, Göttingen

# Teil B:

# Daten und Analysen

# Kapitel 22

# Krankheitsbedingte Fehlzeiten in der deutschen Wirtschaft im Jahr 2010

M. Meyer, M. Stallauke, H. Weirauch

**Zusammenfassung.** *Der folgende Beitrag liefert umfassende und differenzierte Daten zu den krankheitsbedingten Fehlzeiten in der deutschen Wirtschaft im Jahr 2010. Datenbasis sind die Arbeitsunfähigkeitsmeldungen der mehr als 10 Millionen erwerbstätigen AOK-Mitglieder in Deutschland. Ein einführendes Kapitel gibt zunächst einen Überblick über die allgemeine Krankenstandsentwicklung und wichtige Determinanten des Arbeitsunfähigkeitsgeschehens. Im Einzelnen wird u. a. die Verteilung der Arbeitsunfähigkeit, die Bedeutung von Kurz- und Langzeiterkrankungen und Arbeitsunfällen, regionale Unterschiede in den einzelnen Bundesländern sowie die Abhängigkeit des Krankenstandes von Faktoren wie der Betriebsgröße und der Beschäftigtenstruktur dargestellt. In elf separaten Kapiteln wird dann detailliert die Krankenstandsentwicklung in den unterschiedlichen Wirtschaftszweigen beleuchtet.*

## 22.1 Überblick über die krankheitsbedingten Fehlzeiten im Jahr 2010

### Allgemeine Krankenstandsentwicklung

Im Jahr 2010 stagnierte der Krankenstand im Vergleich zum Vorjahr bei 4,8 %. In Westdeutschland lag der Krankenstand mit 4,8 % etwas niedriger als in Ostdeutschland (4,9 %). Bei den Bundesländern verzeichnete Hamburg (5,7 %) den höchsten Krankenstand, gefolgt von Berlin (5,6 %) und dem Saarland (5,6 %). In Bayern war der Krankenstand mit nur 4,2 % am niedrigsten. Im Schnitt waren die AOK-versicherten Arbeitnehmer 17,6 Kalendertage krankgeschrieben. Für knapp 53 % aller AOK-Mitglieder wurde mindestens einmal im Jahr eine Arbeitsunfähigkeitsbescheinigung ausgestellt.

Das Fehlzeitengeschehen wird hauptsächlich von sechs Krankheitsarten dominiert. Im Jahr 2010 gingen knapp ein Viertel der Fehlzeiten auf Muskel- und Skeletterkrankungen (24,2 %) zurück. Danach folgten Verletzungen (12,9 %), Atemwegserkrankungen (12,0 %), psychische Erkrankungen (9,3 %) sowie Erkrankungen des Herz- und Kreislaufsystems und der Verdauungsorgane (6,6 bzw. 5,8 %). Der Anteil der Muskel- und Skeletterkrankungen an den Fehlzeiten ist im Vergleich zum Vorjahr um 1,2 Prozentpunkte, der Anteil der psychischen Erkrankungen um 0,7 Prozentpunkte und der Anteil der Verletzungen um 0,6 Prozentpunkte gestiegen. Rückläufig waren die Atemwegserkrankungen (minus 2 Prozentpunkte).

Im Vergleich zu den anderen Krankheitsarten kommt den psychischen Erkrankungen eine besondere Bedeutung zu: Seit 1999 haben die Krankheitstage aufgrund psychischer Erkrankungen um nahezu 80 % zugenommen und im Vergleich zum Vorjahr ist hier mit 9,5 % die höchste Zunahme der Arbeitsunfähigkeitsfälle festzustellen. In diesem Jahr wurden erneut mehr Fälle aufgrund psychischer Erkrankungen (4,7 %) als aufgrund von Herz- und Kreislauferkrankungen (4,2 %) registriert und der Abstand hat sich im Vergleich zum letzten Jahr weiter vergrößert. Die durchschnittliche Falldauer psychischer Erkrankungen ist mit 23,4 Tagen je Fall mehr als doppelt so lang wie der Durchschnitt mit 11,6 Tagen je Fall im Jahr 2010.

Neben den psychischen Erkrankungen (23,4 Tage je Fall) verursachen insbesondere Herz- und Kreislauferkrankungen (18,4 Tage je Fall), Muskel- und Skeletterkrankungen (16,3 Tage je Fall) und Verletzungen (16,3 Tage je Fall) lange Ausfallzeiten. Auf diese vier Erkrankungsarten gingen 2010 bereits 62 % der durch Langzeitfälle verursachten Fehlzeiten zurück.

Langzeiterkrankungen mit einer Dauer von mehr als sechs Wochen verursachten weit mehr als ein Drittel der Ausfalltage (40,8 % der AU-Tage). Ihr Anteil an den Arbeitsunfähigkeitsfällen betrug jedoch nur 4,3 %. Bei Kurzzeiterkrankungen mit einer Dauer von 1–3 Tagen verhielt es sich genau umgekehrt: Ihr Anteil an den Arbeitsunfähigkeitsfällen lag bei 36,5 %, doch nur 6,2 % der Arbeitsunfähigkeitstage gingen auf sie zurück.

Schätzungen der Bundesanstalt für Arbeitsschutz und Arbeitsmedizin zufolge verursachten im Jahr 2009 459,2 Mio. AU-Tage[1] volkswirtschaftliche Produktionsausfälle von 43 Mrd. bzw. 75 Mrd. Euro Ausfall an Produktion und Bruttowertschöpfung (Bundesministerium für Arbeit und Soziales 2010).

Obwohl der Krankenstand stagnierte, sind die Ausgaben für Krankengeld im Jahr 2010 erneut gestiegen. Für das 1. bis 3. Quartal 2010 betrug das Ausgabevolumen für Krankengeld (vorläufiges Rechnungsergebnis) rund 5,85 Mrd. Euro. Gegenüber dem 1. bis 3. Quartal des Vorjahres bedeutet das einen Anstieg von 9,5 % (Bundesministerium für Gesundheit 2010).

### Fehlzeitengeschehen nach Branchen

Im Jahr 2010 wurde in fast jeder Branche ein Anstieg des Krankenstandes verzeichnet. Der Krankenstand lag in der Branche Energie, Wasser, Entsorgung und Bergbau mit 5,9 % am höchsten. Ebenfalls hohe Krankenstände verzeichneten die Branchen Öffentliche Verwaltung und Sozialversicherung (5,5 %), Verkehr und Transport (5,5 %) sowie das Baugewerbe (5,1 %). Der niedrigste Krankenstand war mit 3,3 % in der Branche Banken und Versicherungen zu finden.

Bei den Branchen Baugewerbe, Land- und Forstwirtschaft sowie Verkehr und Transport handelt es sich um Bereiche mit hohen körperlichen Arbeitsbelastungen und überdurchschnittlich vielen Arbeitsunfällen. Im Baugewerbe gingen 8,9 % der Arbeitsunfähigkeitsfälle auf Arbeitsunfälle[2] zurück. In der Land- und Forstwirtschaft waren es sogar 10,0 % und im Bereich Verkehr und Transport 6,4 %.

In den Branchen Baugewerbe, Land- und Forstwirtschaft sowie Energie, Wasser, Entsorgung und Bergbau sind viele Arbeitsunfähigkeitsfälle durch Verletzungen zu verzeichnen. Dies hängt unter anderem mit dem hohen Anteil an Arbeitsunfällen in diesen Branchen zusammen. Der Bereich Verkehr und Transport verzeichnet mit 19,6 Tagen je Fall die höchste Falldauer vor der Branche Land- und Forstwirtschaft mit 19,3 Tagen je Fall (Baugewerbe: 17,8 Tage je Fall).

Im Jahr 2010 ist der Anteil der Muskel- und Skeletterkrankungen mit 24,0 % an den Erkrankungen in allen Branchen am höchsten und hat im Vergleich zum Vorjahr noch leicht zugenommen. Einzig in der Branche Banken und Versicherungen nehmen die Atemwegserkrankungen einen größeren Anteil als die Muskel- und Skeletterkrankungen ein und weisen zudem den insgesamt höchsten Wert für die Atemwegserkrankungen (17,0 %) auf.

Psychische Erkrankungen sind v. a. in der Dienstleistungsbranche zu verzeichnen. Der Anteil der Arbeitsunfähigkeitsfälle ist mit 12,9 Fällen je 100 AOK-Mitglieder mehr als doppelt so hoch wie im Baugewerbe (6,0 AU-Fälle je 100 AOK-Mitglieder).

### Fehlzeitengeschehen nach Altersgruppen

Zwar nimmt mit zunehmendem Alter die Zahl der Krankmeldungen ab, doch steigt die Dauer der Arbeitsunfähigkeitsfälle kontinuierlich. Ältere Mitarbeiter sind also seltener krank, fallen aber in der Regel länger aus als ihre jüngeren Kollegen. Dies liegt zum einen daran, dass Ältere häufiger von mehreren Erkrankungen gleichzeitig betroffen sind (Multimorbidität), aber auch daran, dass sich das Krankheitsspektrum verändert.

Bei den jüngeren Arbeitnehmern zwischen 15 und 19 Jahren dominieren v. a. Atemwegserkrankungen und

1 Dieser Wert ergibt sich durch die Multiplikation von 35.862 Tsd. Arbeitnehmern mit durchschnittlich 12,8 AU-Tagen. Die AU-Tage beziehen sich auf Werktage.

2 Bei den Arbeitsunfällen wurden auch Wegeunfälle und Berufskrankheiten berücksichtigt.

Verletzungen. 23,6 % der Ausfalltage gingen in dieser Altersgruppe auf Atemwegserkrankungen zurück. Der Anteil der Verletzungen liegt bei 22,5 % (60- bis 64-Jährige: 7,5 bzw. 10,0 %). Ältere Arbeitnehmer leiden dagegen zunehmend an Muskel- und Skelett- oder Herz- und Kreislauferkrankungen. Diese Krankheitsarten sind häufig mit langen Ausfallzeiten verbunden. Im Schnitt fehlt ein Arbeitnehmer aufgrund einer Atemwegserkrankung lediglich 6,4 Tage, bei einer Muskel- und Skeletterkrankung fehlt er hingegen 16,3 Tage. So gehen in der Gruppe der 60- bis 64-Jährigen weit über ein Viertel der Ausfalltage auf Muskel- und Skeletterkrankungen und ca. 12 % auf Herz- und Kreislauferkrankungen zurück. Bei den 15- bis 19-Jährigen hingegen sind es lediglich 9,5 bzw. 1,5 %.

*Fehlzeitengeschehen nach Geschlecht*

Im allgemeinen Fehlzeitengeschehen zeigen sich keine großen Unterschiede zwischen den Geschlechtern. Der Krankenstand bei Männern liegt mit 4,9 % um 0,2 Prozentpunkte höher als bei Frauen. Frauen sind mit einer AU-Quote von 53,9 % etwas häufiger krank als Männer (51,9 %), dafür aber kürzer (Frauen: 11,2 Tage je Fall; Männer: 11,8 Tage je Fall).

Unterschiede zeigen sich jedoch bei Betrachtung des Krankheitsspektrums. Insbesondere Verletzungen und Muskel- und Skeletterkrankungen führen bei Männern häufiger zur Arbeitsunfähigkeit als bei Frauen. Bei Frauen hingegen liegen vermehrt psychische Erkrankungen oder Atemwegserkrankungen vor. Dies dürfte damit zusammenhängen, dass Männer nach wie vor in größerem Umfang körperlich beanspruchenden und unfallträchtigen Tätigkeiten nachgehen. So ist der Großteil der männlichen AOK-Versicherten im Verarbeitenden Gewerbe und im Dienstleistungsbereich tätig, beispielsweise als Kraftfahrzeugführer, Lager- und Transportarbeiter oder Metallarbeiter. Im Dienstleistungsbereich finden sich zwar auch viele Frauen, sie sind aber auch häufig im Handel und in der Öffentlichen Verwaltung beschäftigt. Frauen gehen verstärkt Berufen wie Bürofachkraft, Verkäuferin, Raum- und Hausratreinigerin nach oder sind im sozialen Bereich beispielsweise als Krankenschwester oder Sozialarbeiterin tätig.

Deutlicher werden die Unterschiede bei genauerer Betrachtung der einzelnen Krankheitsarten. Im Bereich der Herz- und Kreislauferkrankungen leiden Frauen vermehrt an Krankheiten der Venen, Lymphgefäße und Lymphknoten. Auch bei den ischämischen Herzkrankheiten wie beispielsweise dem Myokardinfarkt

zeigen sich Unterschiede. 15,3 % der Fälle gehen bei den Männern auf diese Krankheitsart zurück, bei den Frauen sind es nur 6,3 %.

Ein Drittel der Arbeitsunfähigkeiten aufgrund von psychischen Erkrankungen gehen bei den Frauen auf affektive Störungen wie Depressionen zurück, bei den Männern sind es etwas mehr als ein Viertel. Knapp 22,4 % der Fehlzeiten gehen bei den Männern auf psychische Verhaltensstörungen durch psychotrope Substanzen wie Alkohol oder Tabak zurück, bei Frauen sind es lediglich 6,1 %.

### 22.1.1 Datenbasis und Methodik

Die folgenden Ausführungen zu den krankheitsbedingten Fehlzeiten in der deutschen Wirtschaft basieren auf einer Analyse der Arbeitsunfähigkeitsmeldungen aller erwerbstätigen AOK-Mitglieder. Die AOK ist nach wie vor die Krankenkasse mit dem größten Marktanteil in Deutschland. Sie verfügt daher über die umfangreichste Datenbasis zum Arbeitsunfähigkeitsgeschehen. Es werden sowohl Pflichtmitglieder als auch freiwillig Versicherte berücksichtigt, Arbeitslosengeld-I-Empfänger dagegen nicht. Unberücksichtigt bleiben auch Schwangerschafts- und Kinderkrankenfälle. Arbeitsunfälle gehen mit in die Statistik ein, soweit sie der AOK gemeldet werden. Ausgewertet wurden die Daten des Jahres 2010 – in diesem Jahr waren insgesamt 10,1 Millionen Arbeitnehmer bei der AOK versichert.

Datenbasis der Auswertungen sind sämtliche Arbeitsunfähigkeitsfälle, die der AOK im Jahr 2010 gemeldet wurden.[3] Allerdings werden Kurzzeiterkrankungen bis zu drei Tagen von den Krankenkassen nur erfasst, soweit eine ärztliche Krankschreibung vorliegt. Der Anteil der Kurzzeiterkrankungen liegt daher höher, als dies in den Krankenkassendaten zum Ausdruck kommt. Hierdurch verringern sich die Fallzahlen und die rechnerische Falldauer erhöht sich entsprechend. Langzeitfälle mit einer Dauer von mehr als 42 Tagen wurden in die Auswertungen einbezogen, weil sie von entscheidender Bedeutung für das Arbeitsunfähigkeitsgeschehen in den Betrieben sind.

Die Arbeitsunfähigkeitszeiten werden von den Krankenkassen so erfasst, wie sie auf den Krankmeldungen angegeben sind. Auch Wochenenden und Feiertage gehen in die Berechnung mit ein, soweit sie in den Zeitraum der Krankschreibung fallen. Die Ergebnisse sind daher mit betriebsinternen Statistiken, bei denen

---

3  Im Zusammenhang mit Schwangerschaften auftretende Fehlzeiten wurden bei den Auswertungen nicht berücksichtigt.

lediglich die Arbeitstage berücksichtigt werden, nur begrenzt vergleichbar. Bei jahresübergreifenden Arbeitsunfähigkeitsfällen wurden ausschließlich Fehlzeiten in die Auswertungen einbezogen, die im Auswertungsjahr anfielen.

◻ Tab. 22.1.1 gibt einen Überblick über die wichtigsten Kennzahlen und Begriffe, die in diesem Beitrag zur Beschreibung des Arbeitsunfähigkeitsgeschehens verwendet werden. Die Kennzahlen werden auf der Basis der Versicherungszeiten berechnet, d. h. es wird berücksichtigt, ob ein Mitglied ganzjährig oder nur einen Teil des Jahres bei der AOK versichert war bzw. als in einer bestimmten Branche oder Berufsgruppe beschäftigt geführt wurde.

Aufgrund der speziellen Versichertenstruktur der AOK sind die Daten nur bedingt repräsentativ für die

◻ **Tab. 22.1.1** Kennzahlen und Begriffe zur Beschreibung des Arbeitsunfähigkeitsgeschehens

| Kennzahl | Definition | Einheit, Ausprägung | Erläuterungen |
|---|---|---|---|
| AU-Fälle | Anzahl der Fälle von Arbeitsunfähigkeit | je AOK-Mitglied bzw. je 100 AOK-Mitglieder in % aller AU-Fälle | Jede Arbeitsunfähigkeitsmeldung, die nicht nur die Verlängerung einer vorangegangenen Meldung ist, wird als ein Fall gezählt. Ein AOK-Mitglied kann im Auswertungszeitraum mehrere AU-Fälle aufweisen. |
| AU-Tage | Anzahl der AU-Tage, die im Auswertungsjahr anfielen | je AOK-Mitglied bzw. je 100 AOK-Mitglieder in % aller AU-Tage | Da arbeitsfreie Zeiten wie Wochenenden und Feiertage, die in den Krankschreibungszeitraum fallen, mit in die Berechnung eingehen, können sich Abweichungen zu betriebsinternen Fehlzeitenstatistiken ergeben, die bezogen auf die Arbeitszeiten berechnet wurden. Bei jahresübergreifenden Fällen werden nur die AU-Tage gezählt, die im Auswertungsjahr anfielen. |
| AU-Tage je Fall | mittlere Dauer eines AU-Falls | Kalendertage | Indikator für die Schwere einer Erkrankung |
| Krankenstand | Anteil der im Auswertungszeitraum angefallenen Arbeitsunfähigkeitstage am Kalenderjahr | in % | War ein Versicherter nicht ganzjährig bei der AOK versichert, wird dies bei der Berechnung des Krankenstandes entsprechend berücksichtigt. |
| Krankenstand, standardisiert | nach Alter und Geschlecht standardisierter Krankenstand | in % | Um Effekte der Alters- und Geschlechtsstruktur bereinigter Wert. |
| AU-Quote | Anteil der AOK-Mitglieder mit einem oder mehreren Arbeitsunfähigkeitsfällen im Auswertungsjahr | in % | Diese Kennzahl gibt Auskunft darüber, wie groß der von Arbeitsunfähigkeit betroffene Personenkreis ist. |
| Kurzzeiterkrankungen | Arbeitsunfähigkeitsfälle mit einer Dauer von 1–3 Tagen | in % aller Fälle/Tage | Erfasst werden nur Kurzzeitfälle, bei denen eine Arbeitsunfähigkeitsbescheinigung bei der AOK eingereicht wurde. |
| Langzeiterkrankungen | Arbeitsunfähigkeitsfälle mit einer Dauer von mehr als 6 Wochen | in % aller Fälle/Tage | Mit Ablauf der 6. Woche endet in der Regel die Lohnfortzahlung durch den Arbeitgeber, ab der 7. Woche wird durch die Krankenkasse Krankengeld gezahlt. |
| Arbeitsunfälle | durch Arbeitsunfälle bedingte Arbeitsunfähigkeitsfälle | je 100 AOK-Mitglieder in % aller AU-Fälle/-Tage | Arbeitsunfähigkeitsfälle, bei denen auf der Krankmeldung als Krankheitsursache „Arbeitsunfall" angegeben wurde, enthalten sind ebenso Wegeunfälle und Berufskrankheiten. |
| AU-Fälle/-Tage nach Krankheitsarten | Arbeitsunfähigkeitsfälle/-tage mit einer bestimmten Diagnose | je 100 AOK-Mitglieder in % aller AU-Fälle bzw. -Tage | Ausgewertet werden alle auf den Arbeitsunfähigkeitsbescheinigungen angegebenen ärztlichen Diagnosen, verschlüsselt werden diese nach der Internationalen Klassifikation der Krankheitsarten (ICD-10). |

Gesamtbevölkerung in der Bundesrepublik Deutschland bzw. die Beschäftigten in den einzelnen Wirtschaftszweigen. Infolge ihrer historischen Funktion als Basiskasse weist die AOK einen überdurchschnittlich hohen Anteil an Versicherten aus dem gewerblichen Bereich auf. Angestellte sind dagegen in der Versichertenklientel der AOK unterrepräsentiert.

Im Jahr 2008 fand eine Revision der Klassifikation der Wirtschaftszweige statt. Die Klassifikation der Wirtschaftszweige Ausgabe 2008 wird vom Statistischen Bundesamt veröffentlicht (vgl. Anhang). Aufgrund der Revision kam es zu Verschiebungen zwischen den Branchen und eine Vergleichbarkeit mit den Daten vor 2008 ist nur bedingt möglich. Daher werden bei Jahresvergleichen Kennzahlen für das Jahr 2008 sowohl für die Klassifikationsversion 2003 als auch für die Version 2008 ausgewiesen.

Die Klassifikation der Wirtschaftszweigschlüssel in der Ausgabe 2008 enthält insgesamt fünf Differenzierungsebenen, von denen allerdings bei den vorliegenden Analysen nur die ersten drei berücksichtigt wurden. Es wird zwischen Wirtschaftsabschnitten, -abteilungen und -gruppen unterschieden. Ein Abschnitt ist beispielsweise die Branche „Energie, Wasser, Entsorgung und Bergbau". Diese untergliedert sich in die Wirtschaftsabteilungen „Bergbau und Gewinnung von Steinen und Erden", „Energieversorgung" und „Wasserversorgung, Abwasser- und Abfallentsorgung und Beseitigung von Umweltverschmutzungen". Die Wirtschaftsabteilung „Bergbau und Gewinnung von Steinen und Erden" umfasst wiederum die Wirtschaftsgruppen „Kohlenbergbau", „Erzbergbau" etc. Im vorliegenden Unterkapitel werden die Daten zunächst ausschließlich auf der Ebene der Wirtschaftsabschnitte analysiert (► Anhang A2). In den folgenden Kapiteln wird dann auch nach Wirtschaftsabteilungen und teilweise auch nach Wirtschaftsgruppen differenziert. Die Metallindustrie, die nach der Systematik der Wirtschaftszweige der Bundesanstalt für Arbeit zum Verarbeitenden Gewerbe gehört, wird, da sie die größte Branche des Landes darstellt, in einem eigenen Kapitel behandelt (► Kap. 22.9). Auch dem Bereich „Erziehung und Unterricht" wird angesichts der zunehmenden Bedeutung des Bildungsbereichs für die Produktivität der Volkswirtschaft ein eigenes Kapitel gewidmet (► Kap. 22.6). Aus ◘ Tab. 22.1.2 ist die Anzahl der AOK-Mitglieder in den einzelnen Wirtschaftsabschnitten sowie deren

◘ **Tab. 22.1.2** AOK-Mitglieder nach Wirtschaftsabschnitten im Jahr 2010 nach der Klassifikation der Wirtschaftszweigschlüssel, Ausgabe 2008

| Wirtschafts-abschnitte | Pflichtmitglieder | | Freiwillige Mitglieder Absolut |
|---|---|---|---|
| | Absolut | Anteil an der Branche (in %) | |
| Banken/Versicherungen | 117.649 | 11,8 | 8.459 |
| Baugewerbe | 724.984 | 45,2 | 4.815 |
| Dienstleistungen | 3.985.345 | 40,4 | 39.063 |
| Energie/Wasser/Entsorgung/Bergbau | 149.979 | 27,1 | 5.942 |
| Handel | 1.318.231 | 32,9 | 14.922 |
| Land- und Forstwirtschaft | 156.155 | 70,7 | 262 |
| Öffentl. Verwaltung/Sozialversicherung | 572.296 | 33,6 | 8.430 |
| Verarbeitendes Gewerbe | 2.167.337 | 34,6 | 63.408 |
| Verkehr/Transport | 585.491 | 41,6 | 3.531 |
| Sonstige | 229.390 | 20,8 | 2.308 |
| **Insgesamt** | **10.006.857** | **36,1** | **151.140** |

Fehlzeiten-Report 2011

Anteil an den sozialversicherungspflichtig Beschäftigten insgesamt[4] ersichtlich.

Da sich die Morbiditätsstruktur in Ost- und Westdeutschland nach wie vor unterscheidet, werden neben den Gesamtergebnissen für die Bundesrepublik Deutschland die Ergebnisse für Ost und West separat ausgewiesen.

Die Verschlüsselung der Diagnosen erfolgt nach der 10. Revision des ICD (International Classification of Diseases).[5] Teilweise weisen die Arbeitsunfähigkeitsbescheinigungen mehrere Diagnosen auf. Um einen Informationsverlust zu vermeiden, werden bei den diagnosebezogenen Auswertungen im Unterschied zu

---

4 Errechnet auf der Basis der Beschäftigtenstatistik der Bundesagentur für Arbeit, Stichtag: 30.06.2010 (Bundesagentur für Arbeit 2010).

5 International übliches Klassifikationssystem der Weltgesundheitsorganisation (WHO).

anderen Statistiken[6], die nur eine (Haupt-)Diagnose berücksichtigen, auch Mehrfachdiagnosen[7] in die Auswertungen einbezogen.

## 22.1.2 Allgemeine Krankenstandsentwicklung

Im Jahr 2010 stagnierten die krankheitsbedingten Fehlzeiten. Bei den knapp über 10 Millionen erwerbstätigen AOK-Mitgliedern betrug der Krankenstand 4,8 % (❑ Tab. 22.1.3). 52,8 % der AOK-Mitglieder meldeten sich mindestens einmal krank. Die Versicherten waren im Jahresdurchschnitt 17,6 Kalendertage krankgeschrieben.[8] 6,1 % der Arbeitsunfähigkeitstage waren durch Arbeitsunfälle bedingt.

Die Zahl der krankheitsbedingten Ausfalltage nahm im Vergleich zum Vorjahr um 1,4 % zu. Im Osten betrug der Anstieg 2,2 %, im Westen 1,2 %. Die Zahl der Arbeitsunfähigkeitsfälle ist im Osten sogar um 5,2 % gestiegen, während im Westen ein geringer Rückgang von 0,1 % zu verzeichnen ist. Diese Entwicklung schlägt sich jedoch nur leicht im Krankenstand nieder. Im Osten ist der Krankenstand im Vergleich zum Vorjahr um 0,1 Prozentpunkte gestiegen, während er im Westen bei 4,8 % stagnierte. Die durchschnittliche Dauer der Krankmeldungen sank in Ostdeutschland um 3,3 %, wohingegen sie in Westdeutschland um 0,9 % leicht anstieg. Die Zahl der von Arbeitsunfähigkeit betroffenen AOK-Mitglieder (AU-Quote: Anteil der AOK-Mitglieder mit mindestens einem AU-Fall) sank im Jahr 2010 um 1,2 Prozentpunkte auf 52,8 %.

Im Jahresverlauf wurde mit 5,8 % der höchste Krankenstand im Februar erreicht, während der niedrigste Wert (4,1 %) im August zu verzeichnen war. Im Vergleich zum Vorjahr lag der Krankenstand in den Monaten Januar und November deutlich unter dem Vorjahreswert. (❑ Abb. 22.1.1).

❑ Abb. 22.1.2 zeigt die längerfristige Entwicklung des Krankenstandes in den Jahren 1994–2010. Seit Mitte der 1990er Jahre ist ein Rückgang der Krankenstände zu verzeichnen. 2006 sank der Krankenstand auf 4,2 % und erreichte damit den niedrigsten Stand seit der Wiedervereinigung.

Trotz eines Anstiegs des Krankenstandes seit 2007 liegt dieser im Vergleich zu den 1990er Jahren nach wie vor auf einem niedrigen Niveau. Die Gründe für die niedrigen Krankenstände sind vielfältig. Neben strukturellen Faktoren, wie dem etwas geringeren Anteil älterer Arbeitnehmer, der Abnahme körperlich belastender Tätigkeiten sowie einer verbesserten Gesundheitsvorsorge in den Betrieben, kann auch die wirtschaftliche Situation eine Rolle spielen. Umfragen zeigen, dass eine aus Sicht des Mitarbeiters angespannte Lage auf dem Arbeitsmarkt dazu führt, dass Arbeitnehmer auf Krankmeldungen verzichten. Damit will der Mitarbeiter vermeiden, seinen Arbeitsplatz zu gefährden.

Bis zum Jahr 1998 war der Krankenstand in Ostdeutschland stets niedriger als in Westdeutschland. In den Jahren 1999 bis 2002 waren dann jedoch in den neuen Ländern etwas höhere Werte als in den alten Ländern zu verzeichnen. Diese Entwicklung führt das Institut für Arbeitsmarkt- und Berufsforschung auf Verschiebungen in der Altersstruktur der erwerbstätigen Bevölkerung zurück (Kohler 2002). Diese war nach der Wende zunächst in den neuen Ländern günstiger, weil viele Arbeitnehmer vom Altersübergangsgeld Gebrauch machten. Dies habe sich aufgrund altersspezifischer Krankenstandsquoten in den durchschnittlichen Kran-

❑ Tab. 22.1.3 Krankenstandskennzahlen 2010 im Vergleich zum Vorjahr

|  | Kranken-stand (in %) | Arbeitsunfähigkeiten je 100 AOK-Mitglieder | | | | Tage je Fall | Veränd. z. Vorj. (in %) | AU-Quote (in %) |
|  |  | Fälle | Veränd. z. Vorj. (in %) | Tage | Veränd. z. Vorj. (in %) |  |  |  |
|---|---|---|---|---|---|---|---|---|
| West | 4,8 | 152,5 | - 0,1 | 1.754,6 | 1,2 | 11,5 | 0,9 | 52,7 |
| Ost | 4,9 | 150,3 | 5,2 | 1.780,4 | 2,2 | 11,8 | - 3,3 | 53,1 |
| **Bund** | **4,8** | **152,1** | **0,8** | **1.758,9** | **1,4** | **11,6** | **0,9** | **52,8** |

Fehlzeiten-Report 2011

---

6  Beispielsweise die von den Krankenkassen im Bereich der gesetzlichen Krankenversicherung herausgegebene Krankheitsartenstatistik.

7  Leidet ein Arbeitnehmer an unterschiedlichen Krankheitsbildern (Multimorbidität), kann eine Arbeitsunfähigkeitsbescheinigung mehrere Diagnosen aufweisen. Insbesondere bei älteren Beschäftigten kommt dies häufiger vor.

8  Wochenenden und Feiertage eingeschlossen.

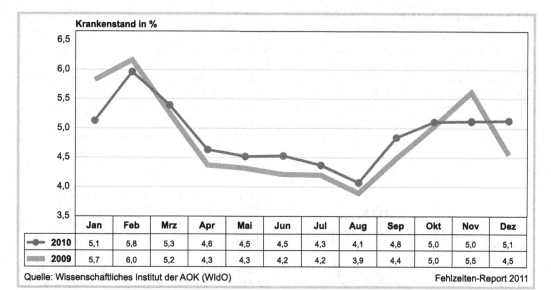

| | Jan | Feb | Mrz | Apr | Mai | Jun | Jul | Aug | Sep | Okt | Nov | Dez |
|---|---|---|---|---|---|---|---|---|---|---|---|---|
| **2010** | 5,1 | 5,8 | 5,3 | 4,6 | 4,5 | 4,5 | 4,3 | 4,1 | 4,8 | 5,0 | 5,0 | 5,1 |
| **2009** | 5,7 | 6,0 | 5,2 | 4,3 | 4,3 | 4,2 | 4,2 | 3,9 | 4,4 | 5,0 | 5,5 | 4,5 |

Quelle: Wissenschaftliches Institut der AOK (WIdO)   Fehlzeiten-Report 2011

◻ **Abb. 22.1.1** Krankenstand im Jahr 2010 im saisonalen Verlauf im Vergleich zum Vorjahr, AOK-Mitglieder

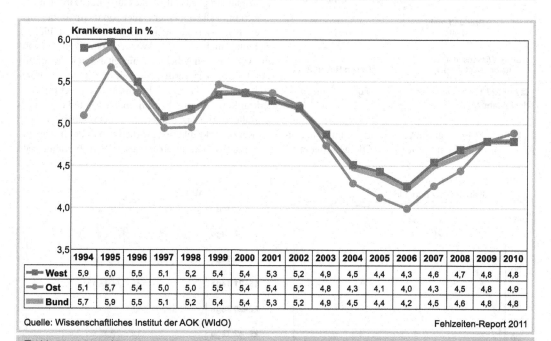

| | 1994 | 1995 | 1996 | 1997 | 1998 | 1999 | 2000 | 2001 | 2002 | 2003 | 2004 | 2005 | 2006 | 2007 | 2008 | 2009 | 2010 |
|---|---|---|---|---|---|---|---|---|---|---|---|---|---|---|---|---|---|
| **West** | 5,9 | 6,0 | 5,5 | 5,1 | 5,2 | 5,4 | 5,4 | 5,3 | 5,2 | 4,9 | 4,5 | 4,4 | 4,3 | 4,6 | 4,7 | 4,8 | 4,8 |
| **Ost** | 5,1 | 5,7 | 5,4 | 5,0 | 5,0 | 5,5 | 5,4 | 5,4 | 5,2 | 4,8 | 4,3 | 4,1 | 4,0 | 4,3 | 4,5 | 4,8 | 4,9 |
| **Bund** | 5,7 | 5,9 | 5,5 | 5,1 | 5,2 | 5,4 | 5,4 | 5,3 | 5,2 | 4,9 | 4,5 | 4,4 | 4,2 | 4,5 | 4,6 | 4,8 | 4,8 |

Quelle: Wissenschaftliches Institut der AOK (WIdO)   Fehlzeiten-Report 2011

◻ **Abb. 22.1.2** Entwicklung des Krankenstandes in den Jahren 1994–2010, AOK-Mitglieder

kenständen niedergeschlagen. Inzwischen sind diese Effekte jedoch ausgelaufen. Im Jahr 2010 lag der Krankenstand im Osten Deutschlands bei 4,9 %, im Westen Deutschlands bei 4,8 %.

### 22.1.3 Verteilung der Arbeitsunfähigkeit

Den Anteil der Arbeitnehmer, die in einem Jahr mindest einmal krankgeschrieben wurden wird als die Arbeitsunfähigkeitsquote bezeichnet. Diese lag in 2010 bei 52,8 % (◘ Abb. 22.1.3). Der Anteil der AOK-Mitglieder, die das ganze Jahr überhaupt nicht krankgeschrieben waren, lag somit bei 47,2 %.

Quelle: Wissenschaftliches
Institut der AOK (WIdO)      Fehlzeiten-Report 2011

◘ **Abb. 22.1.3** Arbeitsunfähigkeitsquote der AOK-Mitglieder im Jahr 2010

◘ Abb. 22.1.4 zeigt die Verteilung der kumulierten Arbeitsunfähigkeitstage auf die AOK-Mitglieder in Form einer Lorenzkurve. Daraus ist ersichtlich, dass die überwiegende Anzahl der Tage sich auf einen relativ kleinen Teil der AOK-Mitglieder konzentriert. Die folgenden Zahlen machen dies deutlich:

- Ein Viertel der Arbeitsunfähigkeitstage entfällt auf nur 1,5 % der Mitglieder.
- Die Hälfte der Tage wird von lediglich 5,6 % der Mitglieder verursacht.
- Knapp 80 % der Arbeitsunfähigkeitstage gehen auf nur 18,0 % der AOK-Mitglieder zurück.

### 22.1.4 Kurz- und Langzeiterkrankungen

Die Höhe des Krankenstandes wird entscheidend durch länger dauernde Arbeitsunfähigkeitsfälle bestimmt. Die Zahl dieser Erkrankungsfälle ist zwar relativ gering, aber für eine große Zahl von Ausfalltagen verantwortlich (◘ Abb. 22.1.5). 2010 waren gut die Hälfte aller Arbeitsunfähigkeitstage (50,3 %) auf lediglich 7,5 % der Arbeitsunfähigkeitsfälle zurückzuführen. Dabei handelt es sich um Fälle mit einer Dauer von mehr als vier Wochen. Besonders zu Buche schlagen Langzeitfälle, die sich über mehr als sechs Wochen erstrecken. Obwohl ihr Anteil an den Arbeitsunfähigkeitsfällen im Jahr 2010 nur 4,3 % betrug, verursachten sie 40,8 % des gesamten AU-Volumens. Langzeitfälle sind häufig auf chronische Erkrankungen zurückzuführen. Der Anteil der Langzeitfälle nimmt mit steigendem Alter deutlich zu.

Kurzzeiterkrankungen wirken sich zwar oft sehr störend auf den Betriebsablauf aus, spielen aber, anders als

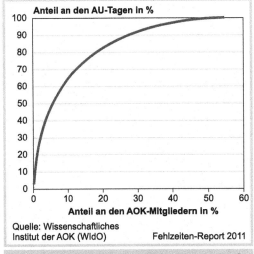

Quelle: Wissenschaftliches
Institut der AOK (WIdO)      Fehlzeiten-Report 2011

◘ **Abb. 22.1.4** Lorenzkurve zur Verteilung der Arbeitsunfähigkeitstage der AOK-Mitglieder im Jahr 2010

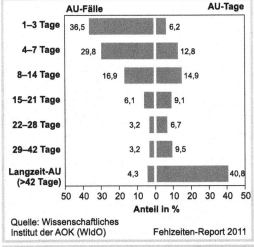

Quelle: Wissenschaftliches
Institut der AOK (WIdO)      Fehlzeiten-Report 2011

◘ **Abb. 22.1.5** Arbeitsunfähigkeitstage und -fälle der AOK-Mitglieder im Jahr 2010 nach der Dauer

häufig angenommen, für den Krankenstand nur eine untergeordnete Rolle. Auf Arbeitsunfähigkeitsfälle mit einer Dauer von 1–3 Tagen gingen 2010 lediglich 6,2 % der Fehltage zurück, obwohl ihr Anteil an den Arbeitsunfähigkeitsfällen 36,5 % betrug. Da viele Arbeitgeber in den ersten drei Tagen einer Erkrankung keine ärztliche Arbeitsunfähigkeitsbescheinigung verlangen, liegt der Anteil der Kurzzeiterkrankungen allerdings in der Praxis höher, als dies in den Daten der Krankenkassen zum Ausdruck kommt. Nach einer Befragung des Instituts der deutschen Wirtschaft (Schnabel 1997) hat jedes zweite Unternehmen die Attestpflicht ab dem ersten Krankheitstag eingeführt. Der Anteil der Kurzzeitfälle von 1–3 Tagen an den krankheitsbedingten Fehltagen in der privaten Wirtschaft beträgt danach insgesamt durchschnittlich 11,3 %. Auch wenn man berücksichtigt, dass die Krankenkassen die Kurzzeit-Arbeitsunfähigkeit nicht vollständig erfassen, ist also der Anteil der Erkrankungen von 1–3 Tagen am Arbeitsunfähigkeitsvolumen insgesamt nur gering. Von Maßnahmen, die in erster Linie auf eine Reduzierung der Kurzzeitfälle abzielen, ist daher kein durchgreifender Effekt auf den Krankenstand zu erwarten. Maßnahmen, die auf eine Senkung des Krankenstandes abzielen, sollten vorrangig bei den Langzeitfällen ansetzen. Welche Krankheitsarten für die Langzeitfälle verantwortlich sind, wird in ► Abschn. 22.1.15 dargestellt.

2010 war der Anteil der Langzeiterkrankungen mit 47,9 % im Baugewerbe am höchsten und in der Branche Banken und Versicherungen mit 34,3 % am niedrigsten. Der Anteil der Kurzzeiterkrankungen schwankte in den einzelnen Wirtschaftszweigen zwischen 10,5 % bei Banken und Versicherungen und 3,8 % im Bereich Verkehr und Transport (◘ Abb. 22.1.6).

## 22.1.5 Krankenstandsentwicklung in den einzelnen Branchen

Im Jahr 2010 wies die Branche Energie, Wasser, Entsorgung und Bergbau mit 5,9 % den höchsten Krankenstand auf, während die Banken und Versicherungen mit 3,3 % den niedrigsten Krankenstand hatten (◘ Abb. 22.1.7). Bei dem hohen Krankenstand in der öffentlichen Verwaltung (5,5 %) muss allerdings berücksichtigt werden, dass ein großer Teil der in diesem Sektor beschäftigten AOK-Mitglieder keine Bürotätigkeiten ausübt, sondern in gewerblichen Bereichen mit teilweise sehr hohen Arbeitsbelastungen tätig ist, wie z. B. im Straßenbau, in der Straßenreinigung und Abfallentsorgung, in Gärtnereien etc. Insofern sind die Daten, die der AOK für diesen Bereich vorliegen, nicht repräsentativ für die gesamte öffentliche Verwaltung. Hinzu kommt, dass die in den öffentlichen Verwaltun-

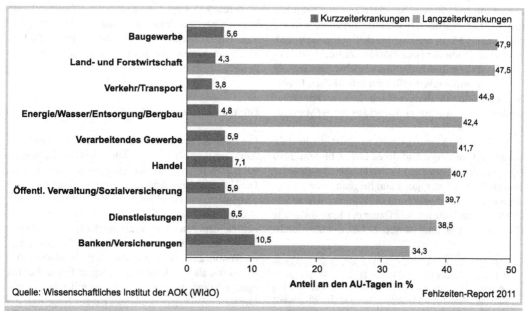

Quelle: Wissenschaftliches Institut der AOK (WIdO)    Fehlzeiten-Report 2011

◘ **Abb. 22.1.6** Anteil der Kurz- und Langzeiterkrankungen an den Arbeitsunfähigkeitstagen nach Branchen im Jahr 2010, AOK-Mitglieder

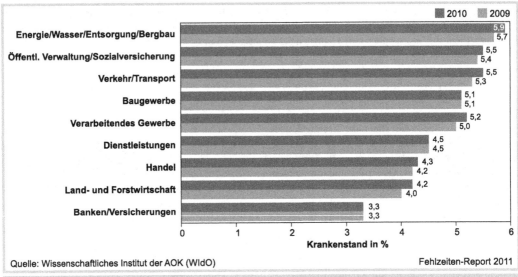

**Abb. 22.1.7** Krankenstand der AOK-Mitglieder nach Branchen im Jahr 2010 im Vergleich zum Vorjahr

gen beschäftigten AOK-Mitglieder eine im Vergleich zur freien Wirtschaft ungünstige Altersstruktur aufweisen, die zum Teil für die erhöhten Krankenstände mitverantwortlich ist. Schließlich spielt auch die Tatsache, dass die öffentlichen Verwaltungen ihrer Verpflichtung zur Beschäftigung Schwerbehinderter stärker nachkommen als andere Branchen, eine erhebliche Rolle. Der Anteil erwerbstätiger Schwerbehinderter liegt im öffentlichen Dienst um etwa 50 % höher als in anderen Sektoren (6,6 % der Beschäftigten in der öffentlichen Verwaltung gegenüber 4,2 % in anderen Beschäftigungssektoren). Nach einer Studie der Hans-Böckler-Stiftung ist die gegenüber anderen Beschäftigungsbereichen höhere Zahl von Arbeitsunfähigkeitsfällen im öffentlichen Dienst etwa zur Hälfte auf den erhöhten Anteil an schwerbehinderten Arbeitnehmern zurückzuführen (Marstedt u. Müller 1998).[9]

Die Höhe des Krankenstandes resultiert aus der Zahl der Krankmeldungen und deren Dauer. Im Jahr 2010 lagen bei den öffentlichen Verwaltungen, der Branche Energie, Wasser, Entsorgung und Bergbau sowie im verarbeitenden Gewerbe sowohl die Zahl der Krankmeldungen als auch die mittlere Dauer der Krankheitsfälle über dem Durchschnitt (Abb. 22.1.8). Der überdurch-

schnittlich hohe Krankenstand im Baugewerbe und im Bereich Verkehr und Transport war dagegen ausschließlich auf die lange Dauer (12,9 bzw. 14,4 Tage je Fall) der Arbeitsunfähigkeitsfälle zurückzuführen. Auf den hohen Anteil der Langzeitfälle in diesen Branchen wurde bereits in ▶ Abschn. 22.1.4 hingewiesen. Die Zahl der Krankmeldungen war dagegen im Bereich Verkehr und Transport geringer als im Branchendurchschnitt.

Tab. 22.1.4 zeigt die Krankenstandsentwicklung in den einzelnen Branchen in den Jahren 1993–2010, differenziert nach West- und Ostdeutschland. Im Vergleich zum Vorjahr stieg der Krankenstand im Jahr 2010 in fast allen Branchen.

### Einfluss der Alters- und Geschlechtsstruktur

Die Höhe des Krankenstandes hängt entscheidend vom Alter der Beschäftigten ab. Die krankheitsbedingten Fehlzeiten nehmen mit steigendem Alter deutlich zu. Die Höhe des Krankenstandes variiert ebenfalls in Abhängigkeit vom Geschlecht (Abb. 22.1.9).

Zwar geht die Zahl der Krankmeldungen mit zunehmendem Alter zurück, die durchschnittliche Dauer der Arbeitsunfähigkeitsfälle steigt jedoch kontinuierlich an (Abb. 22.1.10). Ältere Mitarbeiter sind also seltener krank als ihre jüngeren Kollegen, fallen aber bei einer Erkrankung in der Regel wesentlich länger aus. Der starke Anstieg der Falldauer hat zur Folge, dass der Krankenstand trotz der Abnahme der Krankmeldungen mit zunehmendem Alter deutlich ansteigt. Hinzu

**22**

9   Vgl. dazu den Beitrag von Gerd Marstedt et al. in: Badura B, Litsch M, Vetter C (Hrsg) (2001) Fehlzeiten-Report 2001. Springer, Berlin (u. a.). Weitere Ausführungen zu den Bestimmungsfaktoren des Krankenstandes in der öffentlichen Verwaltung finden sich im Beitrag von Alfred Oppolzer in: Badura B, Litsch M, Vetter C (Hrsg) (2000) Fehlzeiten-Report 1999. Springer, Berlin (u. a.).

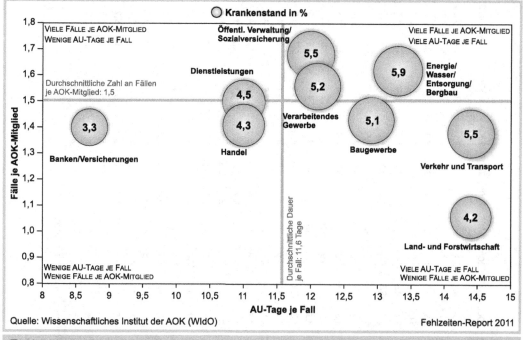

■ **Abb. 22.1.8** Krankenstand der AOK-Mitglieder nach Branchen im Jahr 2010 nach Bestimmungsfaktoren

kommt, dass ältere Arbeitnehmer im Unterschied zu ihren jüngeren Kollegen häufiger von mehreren Erkrankungen gleichzeitig betroffen sind (Multimorbidität). Auch dies kann längere Ausfallzeiten mit sich bringen.

Da die Krankenstände in Abhängigkeit vom Alter und Geschlecht sehr stark variieren, ist es sinnvoll, beim Vergleich der Krankenstände unterschiedlicher Branchen oder Regionen die Alters- und Geschlechtsstruktur zu berücksichtigen. Mit Hilfe von Standardisierungsverfahren lässt sich berechnen wie der Krankenstand in den unterschiedlichen Bereichen ausfiele, wenn man eine durchschnittliche Alters- und Geschlechtsstruktur zugrunde legen würde. ■ Abb. 22.1.11 zeigt die standardisierten Werte für die einzelnen Wirtschaftszweige

im Vergleich zu den nicht standardisierten Krankenständen.[10]

In den meisten Branchen fallen die standardisierten Werte niedriger aus als die nicht standardisierten. Insbesondere in der Branche Energie, Wasser, Entsorgung und Bergbau (1,0 Prozentpunkte), im Baugewerbe (0,9 Prozentpunkte) und in der öffentlichen Verwaltung (0,6 Prozentpunkte) ist der überdurchschnittlich hohe Krankenstand zu einem erheblichen Teil auf die Altersstruktur in diesen Bereichen zurückzuführen. In der Branche Banken und Versicherungen hingegen ist es genau umgekehrt. Dort wäre bei einer durchschnittlichen Altersstruktur ein etwas höherer Krankenstand zu erwarten (0,1 Prozentpunkte).

---

10 Berechnet nach der Methode der direkten Standardisierung – zugrunde gelegt wurde die Alters- und Geschlechtsstruktur der erwerbstätigen Mitglieder der gesetzlichen Krankenversicherung insgesamt im Jahr 2009 (Mitglieder mit Krankengeldanspruch). Quelle: AOK-Bundesverband, SA 40 auf Basis des 2. RSA-Zwischenausgleichs 2009. Weil den erwerbstätigen Mitgliedern als Datenquelle die Satzart 40-Versichertengruppen X1 und X2 (Versicherte mit Anspruch auf Krankengeld) zugrunde liegen, sind in den Daten auch nicht erwerbstätige Personengruppen enthalten, z. B. Empfänger von Arbeitslosengeld I oder Elterngeld.

■ Tab. 22.1.4 Entwicklung des Krankenstandes der AOK-Mitglieder in den Jahren 1993–2010

| Wirtschaftsabschnitte | Krankenstand in % | | | | | | | | | | | | | | | | | | | |
|---|---|---|---|---|---|---|---|---|---|---|---|---|---|---|---|---|---|---|---|---|
| | | 1993 | 1994 | 1995 | 1996 | 1997 | 1998 | 1999 | 2000 | 2001 | 2002 | 2003 | 2004 | 2005 | 2006 | 2007 | 2008 (WZ03) | 2008 (WZ08)* | 2009 | 2010 |
| Banken/Versicherungen | West | 4,2 | 4,4 | 3,9 | 3,5 | 3,4 | 3,5 | 3,6 | 3,6 | 3,5 | 3,5 | 3,3 | 3,1 | 3,1 | 2,7 | 3,1 | 3,1 | 3,1 | 3,2 | 3,2 |
| | Ost | 2,9 | 3,0 | 4,0 | 3,6 | 3,6 | 3,6 | 4,0 | 4,1 | 4,1 | 4,1 | 3,5 | 3,2 | 3,3 | 3,2 | 3,4 | 3,6 | 3,6 | 3,9 | 4,0 |
| | **Bund** | **3,9** | **4,0** | **3,9** | **3,5** | **3,4** | **3,5** | **3,7** | **3,6** | **3,6** | **3,5** | **3,3** | **3,1** | **3,1** | **2,8** | **3,1** | **3,2** | **3,2** | **3,3** | **3,3** |
| Baugewerbe | West | 6,7 | 7,0 | 6,5 | 6,1 | 5,8 | 6,0 | 6,0 | 6,1 | 6,0 | 5,8 | 5,4 | 5,0 | 4,8 | 4,6 | 4,9 | 5,1 | 5,0 | 5,1 | 5,1 |
| | Ost | 4,8 | 5,5 | 5,5 | 5,3 | 5,1 | 5,2 | 5,5 | 5,4 | 5,5 | 5,2 | 4,6 | 4,1 | 4,0 | 3,8 | 4,2 | 4,5 | 4,4 | 4,7 | 4,7 |
| | **Bund** | **6,2** | **6,5** | **6,2** | **5,9** | **5,6** | **5,8** | **5,9** | **5,9** | **5,9** | **5,7** | **5,3** | **4,8** | **4,7** | **4,4** | **4,8** | **4,9** | **4,9** | **5,1** | **5,1** |
| Dienstleistungen | West | 5,6 | 5,7 | 5,2 | 4,8 | 4,6 | 4,7 | 4,9 | 4,9 | 4,9 | 4,8 | 4,6 | 4,2 | 4,1 | 4,0 | 4,3 | 4,4 | 4,4 | 4,5 | 4,5 |
| | Ost | 5,4 | 6,1 | 6,0 | 5,6 | 5,3 | 5,2 | 5,6 | 5,5 | 5,4 | 5,2 | 4,7 | 4,2 | 4,0 | 3,8 | 4,1 | 4,3 | 4,3 | 4,6 | 4,7 |
| | **Bund** | **5,5** | **5,8** | **5,3** | **4,9** | **4,7** | **4,8** | **5,0** | **5,0** | **4,9** | **4,8** | **4,6** | **4,2** | **4,1** | **4,0** | **4,3** | **4,4** | **4,4** | **4,5** | **4,5** |
| Energie/Wasser/ Entsorgung/Bergbau | West | 6,4 | 6,4 | 6,2 | 5,7 | 5,5 | 5,7 | 5,9 | 5,8 | 5,7 | 5,5 | 5,2 | 4,9 | 4,8 | 4,4 | 4,8 | 4,9 | 5,6 | 5,8 | 6,0 |
| | Ost | 4,8 | 5,2 | 5,0 | 4,1 | 4,2 | 4,0 | 4,4 | 4,4 | 4,4 | 4,5 | 4,1 | 3,7 | 3,7 | 3,6 | 3,7 | 3,9 | 4,9 | 5,3 | 5,5 |
| | **Bund** | **5,8** | **6,0** | **5,8** | **5,3** | **5,2** | **5,3** | **5,6** | **5,5** | **5,4** | **5,3** | **5,0** | **4,6** | **4,6** | **4,3** | **4,6** | **4,7** | **5,4** | **5,7** | **5,9** |
| Handel | West | 5,6 | 5,6 | 5,2 | 4,6 | 4,5 | 4,6 | 4,6 | 4,6 | 4,6 | 4,5 | 4,2 | 3,9 | 3,8 | 3,7 | 3,9 | 4,1 | 4,1 | 4,2 | 4,3 |
| | Ost | 4,2 | 4,6 | 4,4 | 4,0 | 3,8 | 3,9 | 4,2 | 4,2 | 4,2 | 4,1 | 3,7 | 3,4 | 3,3 | 3,3 | 3,6 | 3,8 | 3,7 | 4,1 | 4,1 |
| | **Bund** | **5,4** | **5,5** | **5,1** | **4,5** | **4,4** | **4,5** | **4,5** | **4,6** | **4,5** | **4,5** | **4,2** | **3,8** | **3,7** | **3,6** | **3,9** | **4,0** | **4,0** | **4,2** | **4,3** |
| Land- und Forstwirtschaft | West | 5,6 | 5,7 | 5,4 | 4,6 | 4,6 | 4,8 | 4,6 | 4,6 | 4,6 | 4,5 | 4,2 | 3,8 | 3,5 | 3,3 | 3,6 | 3,7 | 3,1 | 3,0 | 3,3 |
| | Ost | 4,7 | 5,5 | 5,7 | 5,5 | 5,0 | 4,9 | 6,0 | 5,5 | 5,4 | 5,2 | 4,9 | 4,3 | 4,3 | 4,1 | 4,4 | 4,6 | 4,6 | 5,0 | 5,1 |
| | **Bund** | **5,0** | **5,6** | **5,6** | **5,1** | **4,8** | **4,8** | **5,3** | **5,0** | **5,0** | **4,8** | **4,5** | **4,0** | **3,9** | **3,7** | **3,9** | **4,1** | **3,9** | **4,0** | **4,2** |
| Öffentl. Verwaltung/ Sozialversicherung | West | 7,1 | 7,3 | 6,9 | 6,4 | 6,2 | 6,3 | 6,6 | 6,4 | 6,1 | 6,0 | 5,7 | 5,3 | 5,3 | 5,1 | 5,3 | 5,3 | 5,3 | 5,5 | 5,5 |
| | Ost | 5,1 | 5,9 | 6,3 | 6,0 | 5,8 | 5,7 | 6,2 | 5,9 | 5,9 | 5,7 | 5,3 | 5,0 | 4,5 | 4,7 | 4,8 | 4,9 | 4,9 | 5,3 | 5,7 |
| | **Bund** | **6,6** | **6,9** | **6,8** | **6,3** | **6,1** | **6,2** | **6,5** | **6,3** | **6,1** | **5,9** | **5,6** | **5,2** | **5,1** | **5,0** | **5,2** | **5,2** | **5,2** | **5,4** | **5,5** |
| Verarbeitendes Gewerbe | West | 6,2 | 6,3 | 6,0 | 5,4 | 5,2 | 5,3 | 5,6 | 5,6 | 5,6 | 5,5 | 5,2 | 4,8 | 4,8 | 4,6 | 4,9 | 5,0 | 5,0 | 5,0 | 5,2 |
| | Ost | 5,0 | 5,4 | 5,3 | 4,8 | 4,5 | 4,6 | 5,2 | 5,1 | 5,2 | 5,1 | 4,7 | 4,3 | 4,2 | 4,1 | 4,9 | 4,6 | 4,6 | 4,9 | 5,1 |
| | **Bund** | **6,1** | **6,2** | **5,9** | **5,3** | **5,1** | **5,2** | **5,6** | **5,6** | **5,5** | **5,5** | **5,1** | **4,7** | **4,7** | **4,5** | **4,8** | **5,0** | **5,0** | **5,0** | **5,2** |
| Verkehr/Transport | West | 6,6 | 6,8 | 6,5 | 5,7 | 5,3 | 5,4 | 5,6 | 5,6 | 5,6 | 5,6 | 5,3 | 4,9 | 4,8 | 4,7 | 4,9 | 5,1 | 5,1 | 5,3 | 5,5 |
| | Ost | 4,4 | 4,8 | 4,7 | 4,6 | 4,4 | 4,5 | 4,8 | 4,8 | 4,9 | 4,9 | 4,5 | 4,2 | 4,2 | 4,1 | 4,3 | 4,5 | 4,5 | 5,0 | 5,2 |
| | **Bund** | **6,2** | **6,4** | **5,9** | **5,5** | **5,2** | **5,3** | **5,5** | **5,5** | **5,5** | **5,5** | **5,2** | **4,8** | **4,7** | **4,6** | **4,8** | **4,9** | **5,0** | **5,3** | **5,5** |

*aufgrund der Revision der Wirtschaftszweigklassifikation in 2008 ist eine Vergleichbarkeit mit den Vorjahren nur bedingt möglich

Fehlzeiten-Report 2011

22

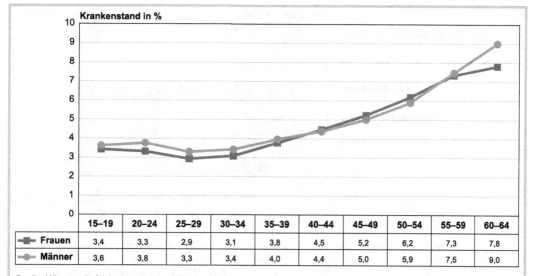

| | 15–19 | 20–24 | 25–29 | 30–34 | 35–39 | 40–44 | 45–49 | 50–54 | 55–59 | 60–64 |
|---|---|---|---|---|---|---|---|---|---|---|
| Frauen | 3,4 | 3,3 | 2,9 | 3,1 | 3,8 | 4,5 | 5,2 | 6,2 | 7,3 | 7,8 |
| Männer | 3,6 | 3,8 | 3,3 | 3,4 | 4,0 | 4,4 | 5,0 | 5,9 | 7,5 | 9,0 |

Quelle: Wissenschaftliches Institut der AOK (WIdO)          Fehlzeiten-Report 2011

◻ **Abb. 22.1.9** Krankenstand der AOK-Mitglieder im Jahr 2010 nach Alter und Geschlecht

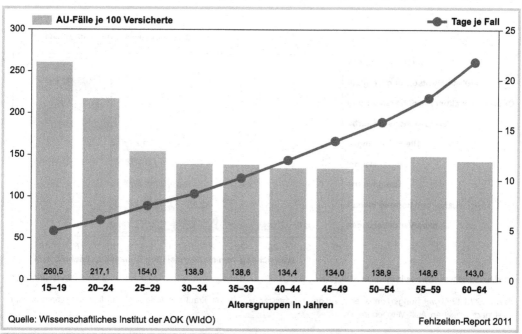

Quelle: Wissenschaftliches Institut der AOK (WIdO)          Fehlzeiten-Report 2011

◻ **Abb. 22.1.10** Anzahl der Fälle und Dauer der Arbeitsunfähigkeit der AOK-Mitglieder im Jahr 2010 nach Alter

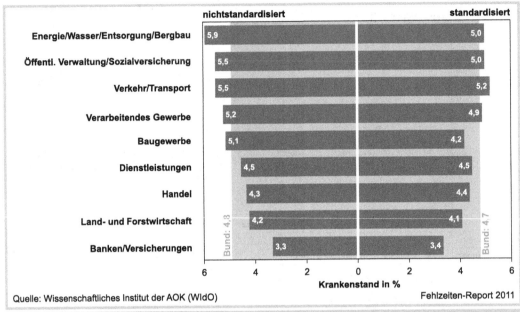

**Abb. 22.1.11** Alters- und geschlechtsstandardisierter Krankenstand der AOK-Mitglieder im Jahr 2010 nach Branchen

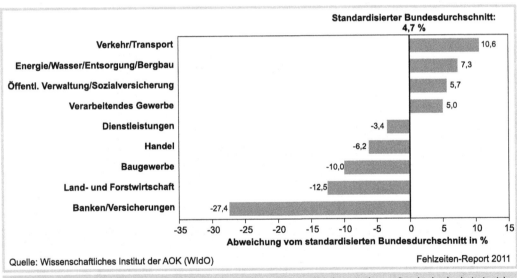

**Abb. 22.1.12** Abweichungen der alters- und geschlechtsstandardisierten Krankenstände vom Bundesdurchschnitt im Jahr 2010 nach Branchen, AOK-Mitglieder

**22**

Abb. 22.1.12 zeigt die Abweichungen der standardisierten Krankenstände vom Bundesdurchschnitt. In den Bereichen Verkehr und Transport, verarbeitendes Gewerbe, öffentliche Verwaltung sowie Energie, Wasser, Entsorgung und Bergbau liegen die standardisierten Werte über dem Durchschnitt. Hingegen ist der standardisierte Krankenstand in der Branche Banken und Versicherung um mehr als ein Viertel geringer als im Bundesdurchschnitt. Dies ist in erster Linie auf den hohen Angestelltenanteil in dieser Branche zurückzuführen (▸ Abschn. 22.1.9).

## 22.1.6    Fehlzeiten nach Bundesländern

Im Jahr 2010 lag der Krankenstand in Ostdeutschland 0,1 Prozentpunkte höher als im Westen Deutschlands (◨ Tab. 22.1.2). Zwischen den einzelnen Bundesländern zeigen sich jedoch erhebliche Unterschiede (◨ Abb. 22.1.13): Die höchsten Krankenstände waren 2010 in den Stadtstaaten Hamburg (5,7 %) und Berlin (5,6 %) sowie im Saarland (5,6 %) zu verzeichnen. Die niedrigsten Krankenstände wiesen die Bundesländer Bayern (4,2 %), Baden-Württemberg (4,6 %) und Sachsen (4,6 %) auf.

Die hohen Krankenstände kommen auf unterschiedliche Weise zustande. In Berlin und Hamburg lag sowohl die Zahl der Arbeitsunfähigkeitsfälle als auch deren durchschnittliche Dauer über dem Bundesdurchschnitt (◨ Abb. 22.1.14). Im Saarland ist der hohe Krankenstand dagegen ausschließlich auf die lange Dauer der Arbeitsunfähigkeitsfälle zurückzuführen.

Inwieweit sind die regionalen Unterschiede im Krankenstand auf unterschiedliche Alters- und Geschlechtsstrukturen zurückzuführen? ◨ Abb. 22.1.15 zeigt die nach Alter und Geschlecht standardisierten Werte für die einzelnen Bundesländer im Vergleich zu

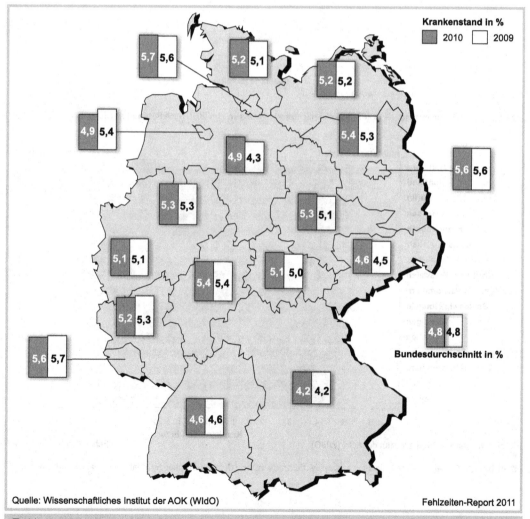

Quelle: Wissenschaftliches Institut der AOK (WIdO)                 Fehlzeiten-Report 2011

◨ **Abb. 22.1.13** Krankenstand der AOK-Mitglieder nach Regionen im Jahr 2010 im Vergleich zum Vorjahr

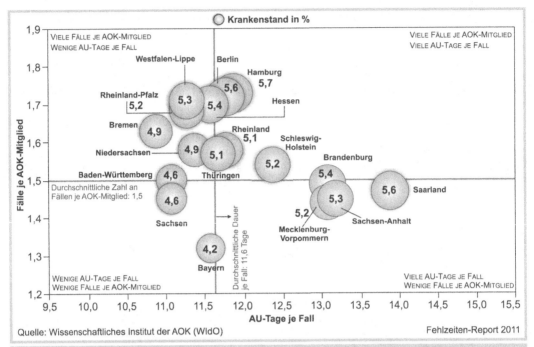

**Abb. 22.1.14** Krankenstand der AOK-Mitglieder nach Landes-AOKs im Jahr 2010 nach Bestimmungsfaktoren

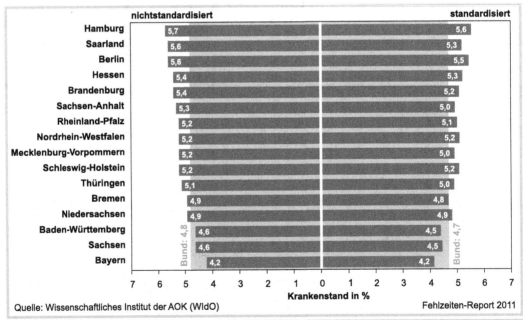

**Abb. 22.1.15** Alters- und geschlechtsstandardisierter Krankenstand der AOK-Mitglieder im Jahr 2010 nach Bundesländern

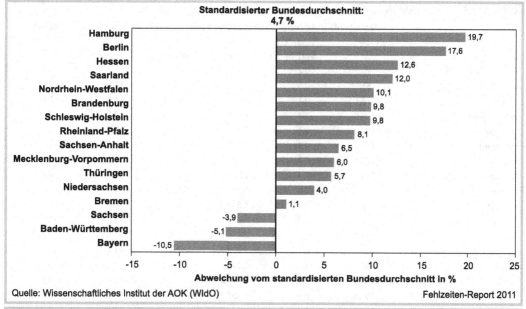

**Abb. 22.1.16** Abweichungen der alters- und geschlechtsstandardisierten Krankenstände vom Bundesdurchschnitt im Jahr 2010 nach Bundesländern, AOK-Mitglieder

den nicht standardisierten Krankenständen.[11] Durch die Berücksichtigung der Alters- und Geschlechtsstruktur relativieren sich die beschriebenen regionalen Unterschiede im Krankenstand nur geringfügig. Die oben beschriebene Verteilungsstruktur bleibt im Wesentlichen erhalten. Bei Berlin und Hamburg zeigt sich nur ein Unterschied von je 0,1 %, in einigen Ländern fallen die standardisierten Werte sogar niedriger aus. Auch bei Bayern zeigen sich keine Unterschiede – auch nach der Standardisierung erzielt es noch immer den günstigsten Wert.

■ Abb. 22.1.16 zeigt die Abweichungen der standardisierten Krankenstände vom Bundesdurchschnitt. Die höchsten Werte weisen Hamburg und Berlin auf. Dort liegen die standardisierten Werte mit 19,7 bzw. 17,6 % über dem Durchschnitt. In Bayern ist der standardi-

sierte Krankenstand deutlich niedriger als im Bundesdurchschnitt.

Im Vergleich zum Vorjahr haben im Jahr 2010 die Arbeitsunfähigkeitsfälle in den Bundesländern in der Mehrzahl zugenommen (■ Tab. 22.1.5). Bei den Krankmeldungen waren die größten Anstiege in Sachsen (8,7 %), Thüringen (6,9 %) und Bremen (6,4 %) zu verzeichnen. Die Zahl der Arbeitsunfähigkeitstage stieg am stärksten in Niedersachsen[12] (14,2 %). Die Falldauer hat v. a. in Niedersachsen (17,5 %) zugenommen.

### 22.1.7 Fehlzeiten nach Betriebsgröße

Mit zunehmender Betriebsgröße steigt die Anzahl der krankheitsbedingten Fehltage. Während die Mitarbeiter von Betrieben mit 10–99 AOK-Mitgliedern im Jahr 2010 durchschnittlich 18,7 Tage fehlten, fielen in Betrieben mit 500–999 AOK-Mitgliedern pro Mitarbeiter

---

11 Berechnet nach der Methode der direkten Standardisierung – zugrunde gelegt wurde die Alters- und Geschlechtsstruktur der erwerbstätigen Mitglieder der gesetzlichen Krankenversicherung insgesamt im Jahr 2009 (Mitglieder mit Krankengeldanspruch). Quelle: AOK-Bundesverband, SA 40 auf Basis des 2. RSA-Zwischenausgleichs 2009. Weil den erwerbstätigen Mitgliedern als Datenquelle die Satzart-40-Versichertengruppen X1 und X2 (Versicherte mit Anspruch auf Krankengeld) zugrunde liegen, sind in den Daten auch nicht erwerbstätige Personengruppen enthalten, z. B. Empfänger von Arbeitslosengeld I oder Elterngeld.

12 Bei der Interpretation der Daten muss berücksichtigt werden, dass die AOK Niedersachsen zum 01.04.2010 mit der IKK Niedersachsen fusioniert hat.

| ◼ Tab. 22.1.5 Krankenstandskennzahlen nach Bundesländern, 2010 im Vergleich zum Vorjahr | | | | | | |
|---|---|---|---|---|---|---|
| | Arbeitsunfähigkeiten je 100 AOK-Mitglieder | | | | Tage je Fall | Veränd. z. Vorj. (in %) |
| | Fälle | Veränd. z. Vorj. (in %) | Tage | Veränd. z. Vorj. (in %) | | |
| Baden-Württemberg | 149,6 | 0,2 | 1.666,3 | -0,2 | 11,1 | -0,9 |
| Bayern | 131,7 | -0,6 | 1.534,5 | -0,8 | 11,6 | -0,9 |
| Berlin | 172,1 | -0,1 | 2.031,7 | -0,5 | 11,8 | -0,8 |
| Brandenburg | 149,4 | -1,4 | 1.958,8 | 1,1 | 13,1 | 2,3 |
| Bremen | 163,4 | 6,4 | 1.779,1 | -9,3 | 10,9 | -14,8 |
| Hamburg | 173,0 | 2,4 | 2.065,5 | 1,3 | 11,9 | -1,7 |
| Hessen | 169,7 | 0,8 | 1.961,1 | 0,1 | 11,6 | 0,0 |
| Mecklenburg-Vorpommern | 143,7 | -3,7 | 1.883,5 | 0,1 | 13,1 | 4,0 |
| Niedersachsen | 158,1 | -2,8 | 1.799,5 | 14,2 | 11,4 | 17,5 |
| Rheinland | 158,5 | 0,6 | 1.877,5 | 1,0 | 11,8 | 0,0 |
| Rheinland-Pfalz | 167,8 | 0,0 | 1.899,8 | -1,2 | 11,3 | -1,7 |
| Saarland | 147,3 | 1,3 | 2.040,4 | -1,7 | 13,9 | -2,8 |
| Sachsen | 150,1 | 8,7 | 1.672,7 | 2,4 | 11,1 | -5,9 |
| Sachsen-Anhalt | 144,9 | -1,0 | 1.916,3 | 2,7 | 13,2 | 3,9 |
| Schleswig-Holstein | 154,0 | -0,2 | 1.916,2 | 2,3 | 12,4 | 2,5 |
| Thüringen | 157,5 | 6,9 | 1.850,1 | 2,1 | 11,7 | -4,9 |
| Westfalen-Lippe | 171,4 | 1,3 | 1.932,3 | 0,7 | 11,3 | 0,0 |
| **Bund** | **152,1** | **0,8** | **1.758,9** | **1,4** | **11,6** | **0,9** |

Fehlzeiten-Report 2011

20,2 Fehltage an (◼ Abb. 22.1.17).[13] In größeren Betrieben mit 1.000 und mehr AOK-Mitgliedern nimmt dann allerdings die Zahl der Arbeitsunfähigkeitstage wieder ab. Dort waren 2009 nur 19,1 Fehltage je Mitarbeiter zu verzeichnen. Eine Untersuchung des Instituts der Deutschen Wirtschaft kam zu einem ähnlichen Ergebnis (Schnabel 1997). Mithilfe einer Regressionsanalyse konnte darüber hinaus nachgewiesen werden, dass der positive Zusammenhang zwischen Fehlzeiten und Betriebsgröße nicht auf andere Einflussfaktoren wie zum Beispiel die Beschäftigtenstruktur oder Schichtarbeit zurückzuführen ist, sondern unabhängig davon gilt.

## 22.1.8 Fehlzeiten nach Stellung im Beruf

Die krankheitsbedingten Fehlzeiten variieren erheblich in Abhängigkeit von der beruflichen Stellung (◼ Abb. 22.1.18). Die höchsten Fehlzeiten weisen Arbeiter mit 21,2 Tage je AOK-Mitglied auf, die niedrigsten sind bei den Angestellten mit 13,0 Tagen zu finden. Im Vergleich zum Vorjahr nahm im Jahr 2010 die Zahl der

Arbeitsunfähigkeitstage bei fast allen Statusgruppen (Auszubildende ausgeschlossen) zu.

Worauf sind die erheblichen Unterschiede in der Höhe des Krankenstandes in Abhängigkeit von der beruflichen Stellung zurückzuführen? Zunächst muss berücksichtigt werden, dass Angestellte häufiger als Arbeiter bei Kurzerkrankungen von ein bis drei Tagen keine Arbeitsunfähigkeitsbescheinigung vorlegen müssen. Dies hat zur Folge, dass bei Angestellten die Kurzzeiterkrankungen in geringerem Maße von den Krankenkassen erfasst werden als bei Arbeitern. Zudem ist zu bedenken, dass gleiche Krankheitsbilder je nach Art der beruflichen Anforderungen durchaus in einem Fall zur Arbeitsunfähigkeit führen können, im anderen Fall aber nicht. Bei schweren körperlichen Tätigkeiten, die im Bereich der industriellen Produktion immer noch eine große Rolle spielen, haben Erkrankungen viel eher Arbeitsunfähigkeit zur Folge als etwa bei Bürotätigkeiten. Hinzu kommt, dass sich die Tätigkeiten von gering qualifizierten Arbeitnehmern im Vergleich zu höher qualifizierten Beschäftigten in der Regel durch ein größeres Maß an physiologisch-ergonomischen Belastungen, eine höhere Unfallgefährdung und damit durch erhöhte Gesundheitsrisiken auszeichnen. Eine nicht unerhebliche Rolle dürfte schließlich auch die Tatsache spielen, dass in höheren Positionen das Ausmaß an Verantwortung, aber gleichzeitig auch der

13 Als Maß für die Betriebsgröße wird hier die Anzahl der AOK-Mitglieder in den Betrieben zugrunde gelegt, die allerdings in der Regel nur einen Teil der gesamten Belegschaft ausmachen.

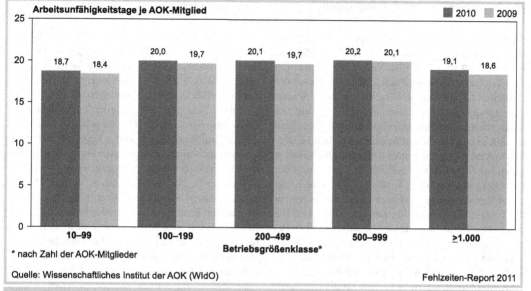

**❏ Abb. 22.1.17** Tage der Arbeitsunfähigkeit je AOK-Mitglied nach Betriebsgröße im Jahr 2010 im Vergleich zum Vorjahr

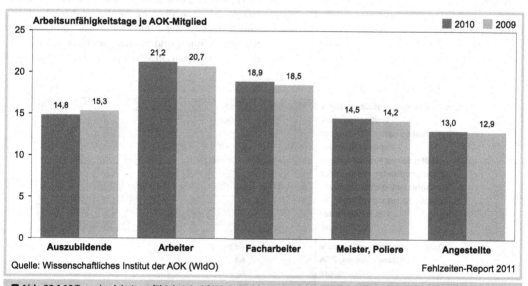

**❏ Abb. 22.1.18** Tage der Arbeitsunfähigkeit je AOK-Mitglied nach der Stellung im Beruf im Jahr 2010 im Vergleich zum Vorjahr

Handlungsspielraum und die Gestaltungsmöglichkeiten zunehmen. Dies führt zu größerer Motivation und stärkerer Identifikation mit der beruflichen Tätigkeit. Aufgrund dieser Tatsache ist in der Regel der Anteil motivationsbedingter Fehlzeiten bei höherem beruflichem Status geringer.

Nicht zuletzt muss berücksichtigt werden, dass sich das niedrigere Einkommensniveau bei Arbeitern un-

günstig auf die außerberuflichen Lebensverhältnisse wie z. B. die Wohnsituation, die Ernährung und die Erholungsmöglichkeiten auswirkt. Untersuchungen haben auch gezeigt, dass bei einkommensschwachen Gruppen verhaltensbedingte gesundheitliche Risikofaktoren wie Rauchen, Bewegungsarmut und Übergewicht stärker ausgeprägt sind als bei Gruppen mit höheren Einkommen (Mielck 2000).

### 22.1.9 Fehlzeiten nach Berufsgruppen

Auch bei den einzelnen Berufsgruppen gibt es große Unterschiede hinsichtlich der krankheitsbedingten Fehlzeiten (◘ Abb. 22.1.19). Die Art der ausgeübten Tätigkeit hat erheblichen Einfluss auf das Ausmaß der Fehlzeiten. Die meisten Arbeitsunfähigkeitstage weisen Berufsgruppen aus dem gewerblichen Bereich auf, wie beispielsweise Straßenreiniger und Waldarbeiter. Dabei handelt es sich häufig um Berufe mit hohen körperlichen Arbeitsbelastungen und überdurchschnittlich vielen Arbeitsunfällen (► Abschn. 22.1.11). Einige der Berufsgruppen mit hohen Krankenständen, wie Helfer in der Krankenpflege, sind auch in besonders hohem Maße psychischen Arbeitsbelastungen ausgesetzt. Die niedrigsten Krankenstände sind bei akademischen Berufsgruppen wie z. B. Hochschullehrern, Ingenieuren oder Ärzten zu verzeichnen. Während Hochschullehrer im Jahr 2010 im Durchschnitt nur 4,8 Tage krankgeschrieben waren, waren es bei den Straßenreinigern und Abfallbeseitigern 30,0 Tage, also mehr als das Sechsfache.

### 22.1.10 Fehlzeiten nach Wochentagen

Die meisten Krankschreibungen sind am Wochenanfang zu verzeichnen (◘ Abb. 22.1.20). Zum Wochenende hin nimmt die Zahl der Arbeitsunfähigkeitsmeldungen tendenziell ab. 2010 entfiel mehr als ein Drittel (33,6 %) der wöchentlichen Krankmeldungen auf den Montag.

Bei der Bewertung der gehäuften Krankmeldungen am Montag muss allerdings berücksichtigt werden, dass der Arzt am Wochenende in der Regel nur in Notfällen aufgesucht wird, da die meisten Praxen geschlossen sind. Deshalb erfolgt die Krankschreibung für Erkrankungen, die bereits am Wochenende begonnen haben, in den meisten Fällen erst am Wochenanfang. Insofern sind in den Krankmeldungen vom Montag auch die Krankheitsfälle vom Wochenende enthalten. Die Verteilung der Krankmeldungen auf die Wochentage ist also in erster Linie durch die ärztlichen Sprechstundenzeiten bedingt (von Ferber u. Kohlhausen 1970). Dies wird häufig in der Diskussion um den „blauen Montag" nicht bedacht.

Geht man davon aus, dass die Wahrscheinlichkeit zu erkranken an allen Wochentagen gleich hoch ist, und verteilt die Arbeitsunfähigkeitsmeldungen vom Samstag, Sonntag und Montag gleichmäßig auf diese drei Tage, beginnen am Montag – „wochenendbereinigt"

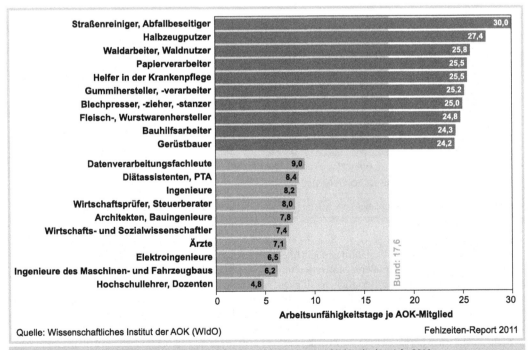

Quelle: Wissenschaftliches Institut der AOK (WIdO)                                                    Fehlzeiten-Report 2011

◘ **Abb. 22.1.19** Zehn Berufsgruppen mit hohen und niedrigen Fehlzeiten je AOK-Mitglied im Jahr 2010

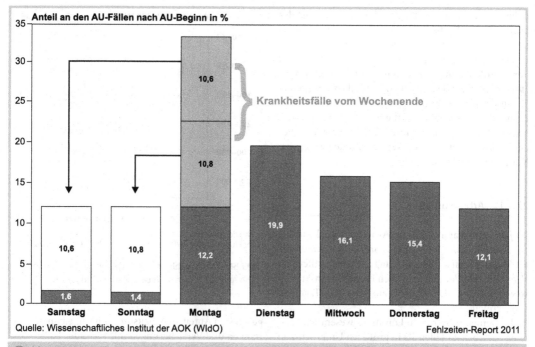

**◧ Abb. 22.1.20** Verteilung der Arbeitsunfähigkeitsfälle der AOK-Mitglieder nach AU-Beginn im Jahr 2010

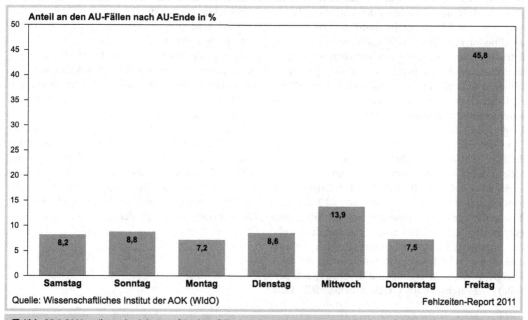

**◧ Abb. 22.1.21** Verteilung der Arbeitsunfähigkeitsfälle der AOK-Mitglieder nach AU-Ende im Jahr 2010

– nur noch 12,2 % der Krankheitsfälle. Danach ist der Montag nach dem Freitag (12,1 %) der Wochentag mit der geringsten Zahl an Krankmeldungen.

Die Mehrheit der Ärzte bevorzugt als Ende der Krankschreibung das Ende der Arbeitswoche (◧ Abb. 22.1.21). 2010 endeten 45,8 % der Arbeitsunfähigkeitsfälle am Freitag. Nach dem Freitag ist der Mittwoch der Wochentag, an dem die meisten Krankmeldungen (13,9 %) abgeschlossen sind.

Da meist bis Freitag krankgeschrieben wird, nimmt der Krankenstand gegen Ende der Woche hin zu (◘ Abb. 22.1.21). Daraus abzuleiten, dass am Freitag besonders gerne „krankgefeiert" wird, um das Wochenende auf Kosten des Arbeitgebers zu verlängern, erscheint wenig plausibel, insbesondere wenn man bedenkt, dass der Freitag der Werktag mit den wenigsten Krankmeldungen ist.

## 22.1.11  Arbeitsunfälle

Im Jahr 2010 waren 4,5 % der Arbeitsunfähigkeitsfälle auf Arbeitsunfälle[14] zurückzuführen. Diese waren für 6,1 % der Arbeitsunfähigkeitstage verantwortlich. Im Vergleich zum Vorjahr ist in allen Branchen ein Anstieg sowohl bei den AU-Fällen als auch den AU-Tagen zu verzeichnen.

In kleineren Betrieben kommt es wesentlich häufiger zu Arbeitsunfällen als in größeren Unternehmen (◘ Abb. 22.1.22).[15] Die Unfallquote in Betrieben mit 10–49 AOK-Mitgliedern war im Jahr 2010 1,7 mal so hoch wie in Betrieben mit 1.000 und mehr AOK-Mitgliedern. Auch die durchschnittliche Dauer einer unfallbedingten Arbeitsunfähigkeit ist in kleineren Betrieben höher als in größeren Betrieben, was darauf hindeutet, dass dort häufiger schwere Unfälle passieren. Während ein Arbeitsunfall in einem Betrieb mit 10–49 AOK-Mitgliedern durchschnittlich 16,2 Tage dauerte, waren es in Betrieben mit 100–199 AOK-Mitgliedern lediglich 14,5 Tage.

In den einzelnen Wirtschaftszweigen variiert die Zahl der Arbeitsunfälle erheblich. So sind die meisten Fälle in der Land- und Forstwirtschaft und im Baugewerbe zu verzeichnen (◘ Abb. 22.1.23). 2010 gingen beispielsweise 10,0 % der AU-Fälle und 13,4 % der AU-Tage in der Land- und Forstwirtschaft auf Arbeitsunfälle zurück. Neben dem Baugewerbe und der Land- und Forstwirtschaft gab es auch im Bereich Verkehr und Transport (6,4 % der Fälle) und in der Branche Energie, Wasser, Entsorgung und Bergbau (6,2 % der Fälle) überdurchschnittlich viele Arbeitsunfälle. Den

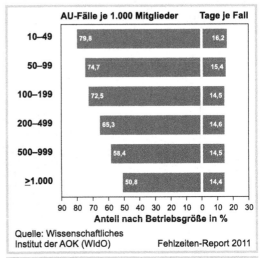

Quelle: Wissenschaftliches Institut der AOK (WIdO)                  Fehlzeiten-Report 2011

◘ **Abb. 22.1.22** Fehlzeiten der AOK-Mitglieder aufgrund von Arbeitsunfällen nach Betriebsgröße im Jahr 2010

geringsten Anteil an Arbeitsunfällen verzeichneten die Banken und Versicherungen mit 1,4 % der Fälle.

In Ostdeutschland lag die Zahl der Arbeitsunfälle etwas höher als in Westdeutschland (◘ Abb. 22.1.24). Während im Westen durchschnittlich 73,9 Fälle auf 1.000 AOK-Mitglieder entfielen, waren es im Osten 75,3 Fälle je 1.000 Mitglieder.

Insbesondere in der Land- und Forstwirtschaft war die Zahl der auf Arbeitsunfälle zurückgehenden Arbeitsunfähigkeitstage in Ostdeutschland höher als in Westdeutschland (◘ Abb. 22.1.25). Aber auch in allen anderen Branchen war dies der Fall.

◘ Tab. 22.1.6 zeigt die Berufsgruppen, die in besonderem Maße von arbeitsbedingten Unfällen betroffen sind. Spitzenreiter waren im Jahr 2010 die Waldarbeiter (4.752 AU-Tage je 1.000 AOK-Mitglieder), Kraftfahrzeugführer (4.524 AU-Tage je 1.000 AOK-Mitglieder) und Straßenreiniger und Abfallbeseitiger (4.506 AU-Tage je 1.000 AOK-Mitglieder).

**22**

---

14  Zur Definition der Arbeitsunfälle ◘ Tab. 22.1.1.

15  Als Maß für die Betriebsgröße wird hier die Anzahl der AOK-Mitglieder in den Betrieben zugrunde gelegt, die allerdings in der Regel nur einen Teil der gesamten Belegschaft ausmachen (► Kap. 22.1.7).

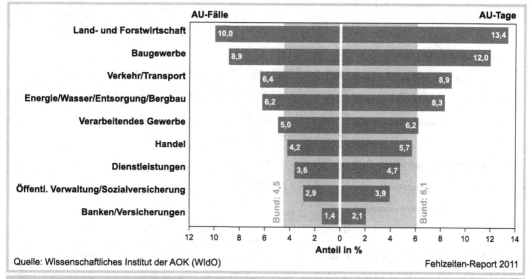

**Abb. 22.1.23** Fehlzeiten der AOK-Mitglieder aufgrund von Arbeitsunfällen nach Branchen im Jahr 2010

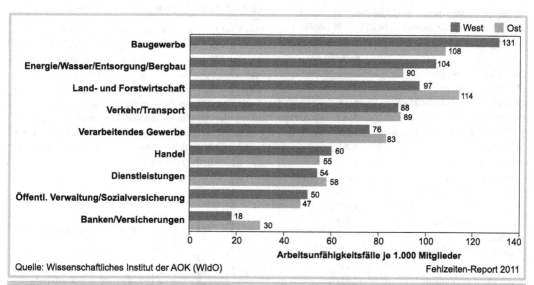

**Abb. 22.1.24** Fälle der Arbeitsunfähigkeit der AOK-Mitglieder aufgrund von Arbeitsunfällen nach Branchen in West- und Ostdeutschland im Jahr 2010

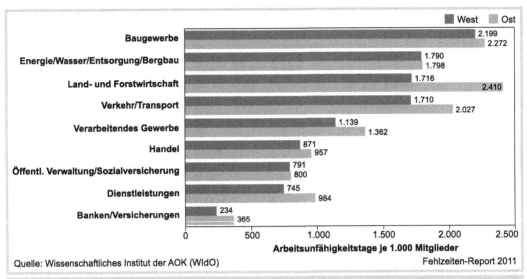

Quelle: Wissenschaftliches Institut der AOK (WIdO)

Fehlzeiten-Report 2011

◻ **Abb. 22.1.25** Tage der Arbeitsunfähigkeit durch Arbeitsunfälle nach Branchen in West- und Ostdeutschland im Jahr 2010

◻ **Tab. 22.1.6** Tage der Arbeitsunfähigkeit durch Arbeitsunfälle nach Berufsgruppen im Jahr 2010, AOK-Mitglieder

| Berufsgruppe | AU-Tage je 1.000 AOK-Mitglieder |
|---|---|
| Waldarbeiter, Waldnutzer | 4.752 |
| Kraftfahrzeugführer | 4.524 |
| Straßenreiniger, Abfallbeseitiger | 4.506 |
| Wächter, Aufseher | 4.448 |
| Sonstige Bauhilfsarbeiter, Bauhelfer | 4.376 |
| Betonbauer | 4.265 |
| Sonstige Tiefbauer | 4.197 |
| Transportgeräteführer | 4.043 |
| Helfer in der Krankenpflege | 4.034 |
| Maurer | 4.007 |
| Raum-, Hausratreiniger | 3.971 |
| Dachdecker | 3.960 |
| Stahlbauschlosser, Eisenschiffbauer | 3.960 |
| Sonstige Montierer | 3.927 |
| Lager-, Transportarbeiter | 3.925 |
| Warenaufmacher, Versandfertig-macher | 3.885 |
| Sozialarbeiter, Sozialpfleger | 3.873 |
| Hauswirtschaftliche Betreuer | 3.817 |
| Straßenbauer | 3.803 |
| Landarbeitskräfte | 3.789 |
| Lagerverwalter, Magaziner | 3.761 |
| Bauhilfsarbeiter | 3.760 |
| Zimmerer | 3.746 |
| Gärtner, Gartenarbeiter | 3.700 |

Fehlzeiten-Report 2011

## 22.1.12 Krankheitsarten im Überblick

Das Krankheitsgeschehen wird im Wesentlichen von sechs großen Krankheitsgruppen (nach ICD-10) bestimmt: Muskel- und Skeletterkrankungen, Atemwegserkrankungen, Verletzungen, Psychische und Verhaltensstörungen, Herz- und Kreislauferkrankungen sowie Erkrankungen der Verdauungsorgane (◻ Abb. 22.1.26). 68,2 % der Arbeitsunfähigkeitsfälle und 70,8 % der Arbeitsunfähigkeitstage gingen 2010 auf das Konto dieser sechs Krankheitsarten. Der Rest verteilte sich auf sonstige Krankheitsgruppen.

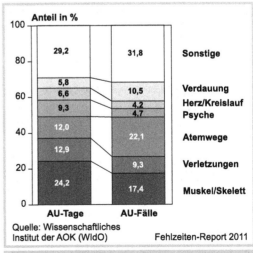

Quelle: Wissenschaftliches Institut der AOK (WIdO)

Fehlzeiten-Report 2011

◻ **Abb. 22.1.26** Arbeitsunfähigkeit der AOK-Mitglieder nach Krankheitsarten im Jahr 2010

Der häufigste Anlass für Krankschreibungen waren Atemwegserkrankungen. Im Jahr 2010 war diese Krankheitsart für fast ein Viertel der Arbeitsunfähigkeitsfälle (22,1 %) verantwortlich. Aufgrund einer relativ geringen durchschnittlichen Erkrankungsdauer betrug der Anteil der Atemwegserkrankungen am Krankenstand allerdings nur 12,0 %. Die meisten Arbeitsunfähigkeitstage wurden durch Muskel- und Skeletterkrankungen verursacht, die häufig mit langen Ausfallzeiten verbunden sind. Allein auf diese Krankheitsart waren 2010 24,2 % der Arbeitsunfähigkeitstage zurückzuführen, obwohl sie nur für 17,4 % der Arbeitsunfähigkeitsfälle verantwortlich war.

◨ Abb. 22.1.27 zeigt die Anteile der Krankheitsarten an den krankheitsbedingten Fehlzeiten im Jahr 2010 im Vergleich zum Vorjahr. Während der Anteil an Atemwegserkrankungen um 2,0 Prozentpunkte gesunken ist, nahmen Ausfalltage aufgrund psychischer Erkrankungen um 0,7 Prozentpunkte und verletzungsbedingte Ausfalltage um 0,6 Prozentpunkte zu. Der prozentuale Anteil der Fehlzeiten aufgrund psychischer Erkrankungen liegt mit 9,3 % – wie bereits im Jahr 2009 – höher als der Anteil der Herz- und Kreislauferkrankungen (6,6 %).
Die ◨ Abb. 22.1.28 und ◨ Abb. 22.1.29 zeigen die Entwicklung der häufigsten Krankheitsarten in den Jahren

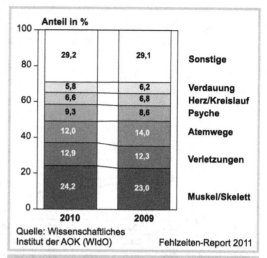

Quelle: Wissenschaftliches Institut der AOK (WIdO)    Fehlzeiten-Report 2011

◨ **Abb. 22.1.27** Tage der Arbeitsunfähigkeit der AOK-Mitglieder nach Krankheitsarten im Jahr 2010 im Vergleich zum Vorjahr

2000–2010 in Form einer Indexdarstellung. Ausgangsbasis ist dabei der Wert des Jahres 1999. Dieser wurde auf 100 normiert. Wie in den Abbildungen deutlich erkennbar ist, haben die psychischen und Verhaltensstörungen in den letzten Jahren deutlich zugenommen.

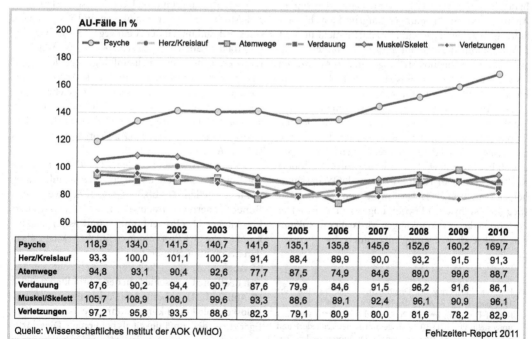

| | 2000 | 2001 | 2002 | 2003 | 2004 | 2005 | 2006 | 2007 | 2008 | 2009 | 2010 |
|---|---|---|---|---|---|---|---|---|---|---|---|
| Psyche | 118,9 | 134,0 | 141,5 | 140,7 | 141,6 | 135,1 | 135,8 | 145,6 | 152,6 | 160,2 | 169,7 |
| Herz/Kreislauf | 93,3 | 100,0 | 101,1 | 100,2 | 91,4 | 88,4 | 89,9 | 90,0 | 93,2 | 91,5 | 91,3 |
| Atemwege | 94,8 | 93,1 | 90,4 | 92,6 | 77,7 | 87,5 | 74,9 | 84,6 | 89,0 | 99,6 | 88,7 |
| Verdauung | 87,6 | 90,2 | 94,4 | 90,7 | 87,6 | 79,9 | 84,6 | 91,5 | 96,2 | 91,6 | 86,1 |
| Muskel/Skelett | 105,7 | 108,9 | 108,0 | 99,6 | 93,3 | 88,6 | 89,1 | 92,4 | 96,1 | 90,9 | 96,1 |
| Verletzungen | 97,2 | 95,8 | 93,5 | 88,6 | 82,3 | 79,1 | 80,9 | 80,0 | 81,6 | 78,2 | 82,9 |

Quelle: Wissenschaftliches Institut der AOK (WIdO)    Fehlzeiten-Report 2011

◨ **Abb. 22.1.28** Fälle der Arbeitsunfähigkeit der AOK-Mitglieder nach Krankheitsarten in den Jahren 2000–2010, Indexdarstellung (1999 = 100 %)

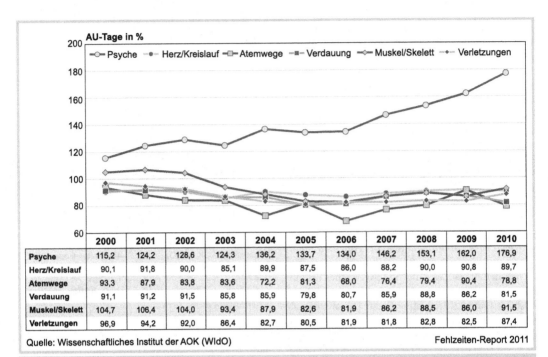

| | 2000 | 2001 | 2002 | 2003 | 2004 | 2005 | 2006 | 2007 | 2008 | 2009 | 2010 |
|---|---|---|---|---|---|---|---|---|---|---|---|
| Psyche | 115,2 | 124,2 | 128,6 | 124,3 | 136,2 | 133,7 | 134,0 | 146,2 | 153,1 | 162,0 | 176,9 |
| Herz/Kreislauf | 90,1 | 91,8 | 90,0 | 85,1 | 89,9 | 87,5 | 86,0 | 88,2 | 90,0 | 90,8 | 89,7 |
| Atemwege | 93,3 | 87,9 | 83,8 | 83,6 | 72,2 | 81,3 | 68,0 | 76,4 | 79,4 | 90,4 | 78,8 |
| Verdauung | 91,1 | 91,2 | 91,5 | 85,8 | 85,9 | 79,8 | 80,7 | 85,9 | 88,8 | 86,2 | 81,5 |
| Muskel/Skelett | 104,7 | 106,4 | 104,0 | 93,4 | 87,9 | 82,6 | 81,9 | 86,2 | 88,5 | 86,0 | 91,5 |
| Verletzungen | 96,9 | 94,2 | 92,0 | 86,4 | 82,7 | 80,5 | 81,9 | 81,8 | 82,8 | 82,5 | 87,4 |

Quelle: Wissenschaftliches Institut der AOK (WIdO)                         Fehlzeiten-Report 2011

◘ **Abb. 22.1.29** Tage der Arbeitsunfähigkeit der AOK-Mitglieder nach Krankheitsarten in den Jahren 2000–2010, Indexdarstellung (1999 = 100 %)

In den Jahren 2000 und 2001 war ein besonders starker Anstieg der Krankmeldungen aufgrund psychischer Störungen zu verzeichnen. Dies dürfte nicht nur auf eine Zunahme der Erkrankungsraten, sondern auch auf veränderte Diagnosestellungen in den Arztpraxen (Wechsel des Diagnoseschlüssels von ICD-9 zu ICD-10 im Jahr 2000)[16] zurückzuführen sein.

Der Anteil psychischer und psychosomatischer Erkrankungen an der Frühinvalidität hat in den letzten Jahren ebenfalls erheblich zugenommen. Inzwischen geht fast ein Drittel der Frühberentungen auf eine psychisch bedingte Erwerbsminderung zurück (Robert Koch-Institut 2006). Nach Prognosen der Weltgesundheitsorganisation (WHO) ist mit einem weiteren Anstieg der psychischen Erkrankungen zu rechnen. Der Prävention dieser Erkrankungen wird daher in Zukunft eine wachsende Bedeutung zukommen.

Fehlzeiten aufgrund von Herz-/Kreislauferkrankungen, Muskel-/Skeletterkrankungen und Verletzungen sowie Erkrankungen der Atemwege und des Verdauungstraktes haben dagegen seit 2000 abgenommen. So reduzierten sich die Arbeitsunfähigkeitsfälle, die auf Verletzungen zurückgingen, um 17,1 %. Allerdings unterliegen die durch Atemwegserkrankungen bedingten Fehlzeiten aufgrund von Jahr zu Jahr unterschiedlich stark auftretenden Grippewellen teilweise erheblichen Schwankungen. Im Vergleich zum Vorjahr verringerten sich die Ausfalltage um 10,9 %.

Zwischen West- und Ostdeutschland sind nach wie vor Unterschiede in der Verteilung der Krankheitsarten festzustellen (◘ Abb. 22.1.30). In den westlichen Bundesländern verursachten Muskel- und Skeletterkrankungen (1,5 Prozentpunkte) und psychische Erkrankungen (1,1 Prozentpunkte) mehr Fehltage als in den neuen Bundesländern.

Auch in Abhängigkeit vom Geschlecht ergeben sich deutliche Unterschiede in der Morbiditätsstruktur (◘ Abb. 22.1.31). Insbesondere Verletzungen und muskuloskelettale Erkrankungen führen bei Männern häufiger zur Arbeitsunfähigkeit als bei Frauen. Dies dürfte damit zusammenhängen, dass Männer nach wie vor in größerem Umfang körperlich beanspruchende und unfallträchtige Tätigkeiten ausüben als Frauen. Auch der

16 Die Verschlüsselung der Diagnosen erfolgte bis zum Jahr 1999 nach der 9. Revision des ICD (International Classification of Diseases). Im Jahr 2000 wurde auf die 10. Revision umgestellt. Die ICD-10 ist insgesamt feiner gegliedert und nimmt z. T. andere Zuweisungen der Diagnosen zu den Diagnosegruppen vor. Zudem war bis 1999 die Verschlüsselung Sache der Krankenkassen; seit 2000 erfolgt sie direkt durch die Krankenhäuser und Vertragsärzte.

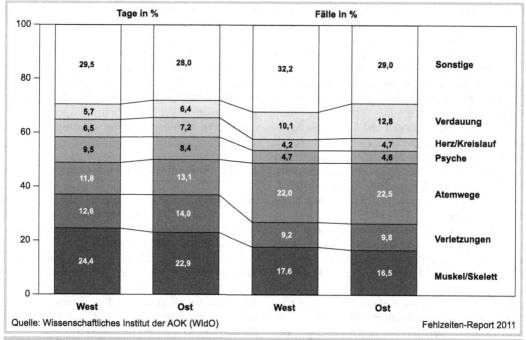

■ Abb. 22.1.30 Arbeitsunfähigkeit der AOK-Mitglieder nach Krankheitsarten in West- und Ostdeutschland im Jahr 2010

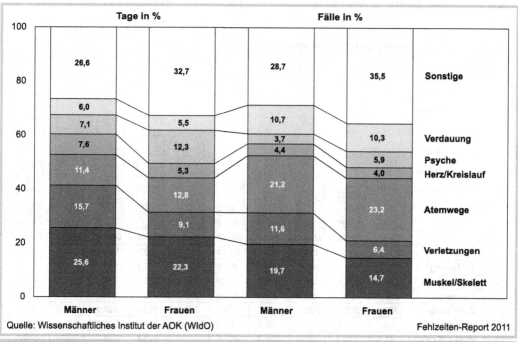

■ Abb. 22.1.31 Arbeitsunfähigkeit der AOK-Mitglieder nach Krankheitsarten und Geschlecht im Jahr 2010

Anteil der Erkrankungen des Verdauungssystems und der Herz- und Kreislauferkrankungen an den Arbeitsunfähigkeitsfällen und -tagen ist bei Männern höher als bei Frauen. Bei den Herz- und Kreislauferkrankungen ist insbesondere der Anteil an den AU-Tagen bei Männern deutlich höher als bei Frauen, da sie in stärkerem Maße von schweren und langwierigen Erkrankungen wie Herzinfarkt betroffen sind.

Psychische Erkrankungen und Atemwegserkrankungen kommen dagegen bei Frauen häufiger vor als bei Männern. Bei den psychischen Erkrankungen sind die Unterschiede besonders groß. Während sie bei den Männern in der Rangfolge nach AU-Tagen erst an fünfter Stelle stehen, nehmen sie bei den Frauen bereits den dritten Rang ein.

◻ Abb. 22.1.32 zeigt die Bedeutung der Krankheitsarten für die Fehlzeiten in den unterschiedlichen Altersgruppen. Aus der Abbildung ist deutlich zu ersehen, dass die Zunahme der krankheitsbedingten Ausfalltage mit dem Alter v. a. auf den starken Anstieg der Muskel- und Skeletterkrankungen und der Herz- und Kreislauferkrankungen zurückzuführen ist. Während diese beiden Krankheitsarten bei den jüngeren Altersgruppen noch eine untergeordnete Bedeutung haben, verursachen sie in den höheren Altersgruppen die meisten Arbeitsunfähigkeitstage. Bei den 60- bis 64-Jährigen gehen

mehr als ein Viertel (28,5 %) der Ausfalltage auf das Konto der muskuloskelettalen Erkrankungen. Muskel-/Skeletterkrankungen und Herz-/Kreislauferkrankungen zusammen sind bei dieser Altersgruppe für fast die Hälfte des Krankenstandes (40,5 %) verantwortlich. Neben diesen beiden Krankheitsarten nehmen auch die Fehlzeiten aufgrund psychischer Erkrankungen und Verhaltensstörungen in den höheren Altersgruppen vermehrt zu, allerdings in geringerem Ausmaß.

### 22.1.13 Die häufigsten Einzeldiagnosen

In ◻ Tab. 22.1.7 sind die 40 häufigsten Einzeldiagnosen nach Anzahl der Arbeitsunfähigkeitsfälle aufgelistet. Im Jahr 2010 waren auf diese Diagnosen 56,7 % aller AU-Fälle und 42,9 % aller AU-Tage zurückzuführen.

Die häufigste Einzeldiagnose, die im Jahr 2010 zu Arbeitsunfähigkeit führte, waren die Rückenschmerzen mit 6,9 % der AU-Fälle und 6,8 % der AU-Tage. Unter den häufigsten Diagnosen sind auch weitere Krankheitsbilder aus dem Bereich der Muskel- und Skeletterkrankungen besonders zahlreich vertreten.

Die zweithäufigste Diagnose, die zu Krankmeldungen führte, sind akute Infektionen der oberen Atemwege mit 6,8 % der AU-Fälle und 3,0 % der AU-Tage.

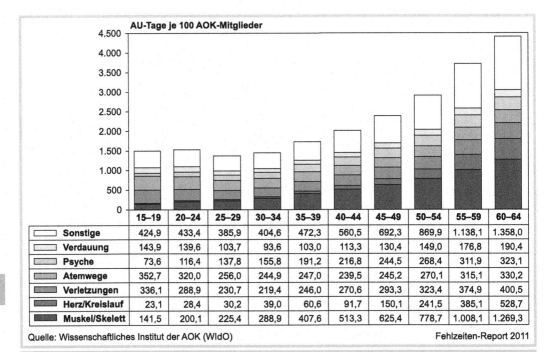

| | 15–19 | 20–24 | 25–29 | 30–34 | 35–39 | 40–44 | 45–49 | 50–54 | 55–59 | 60–64 |
|---|---|---|---|---|---|---|---|---|---|---|
| Sonstige | 424,9 | 433,4 | 385,9 | 404,6 | 472,3 | 560,5 | 692,3 | 869,9 | 1.138,1 | 1.358,0 |
| Verdauung | 143,9 | 139,6 | 103,7 | 93,6 | 103,0 | 113,3 | 130,4 | 149,0 | 176,8 | 190,4 |
| Psyche | 73,6 | 116,4 | 137,8 | 155,8 | 191,2 | 216,8 | 244,5 | 268,4 | 311,9 | 323,1 |
| Atemwege | 352,7 | 320,0 | 256,0 | 244,9 | 247,0 | 239,5 | 245,2 | 270,1 | 315,1 | 330,2 |
| Verletzungen | 336,1 | 288,9 | 230,7 | 219,4 | 246,0 | 270,6 | 293,3 | 323,4 | 374,9 | 400,5 |
| Herz/Kreislauf | 23,1 | 28,4 | 30,2 | 39,0 | 60,6 | 91,7 | 150,1 | 241,5 | 385,1 | 528,7 |
| Muskel/Skelett | 141,5 | 200,1 | 225,4 | 288,9 | 407,6 | 513,3 | 625,4 | 778,7 | 1.008,1 | 1.269,3 |

Quelle: Wissenschaftliches Institut der AOK (WIdO)          Fehlzeiten-Report 2011

◻ **Abb. 22.1.32** Tage der Arbeitsunfähigkeit je 100 AOK-Mitglieder nach Krankheitsarten und Alter im Jahr 2010

◼ **Tab. 22.1.7** Anteile der 40 häufigsten Einzeldiagnosen an den AU-Fällen und AU-Tagen im Jahr 2010, AOK-Mitglieder

| ICD-10 | Bezeichnung | AU-Fälle in % | AU-Tage in % |
|--------|-------------|---------------|--------------|
| M54 | Rückenschmerzen | 6,9 | 6,8 |
| J06 | Akute Infektionen der oberen Atemwege | 6,8 | 3,0 |
| A09 | Diarrhoe und Gastroenteritis, vermutlich infektiösen Ursprungs | 3,5 | 1,2 |
| J20 | Akute Bronchitis | 2,8 | 1,5 |
| K52 | Nicht akute Bronchitis | 2,7 | 1,0 |
| J40 | Akute Bronchitis | 2,2 | 1,2 |
| K08 | Sonstige Krankheiten der Zähne und des Zahnhalteapparates | 2,1 | 0,5 |
| K29 | Gastritis und Duodenitis | 1,5 | 0,8 |
| I10 | Essentielle Hypertonie | 1,5 | 2,4 |
| R10 | Bauch- und Beckenschmerzen | 1,5 | 0,7 |
| T14 | Verletzung an einer nicht näher bezeichneten Körperregion | 1,4 | 1,3 |
| B34 | Viruskrankheit | 1,4 | 0,6 |
| J03 | Akute Tonsillitis | 1,3 | 0,6 |
| J01 | Akute Sinusitis | 1,3 | 0,6 |
| J02 | Akute Pharyngitis | 1,2 | 0,5 |
| F32 | Depressive Episode | 1,2 | 2,8 |
| J32 | Chronische Sinusitis | 1,1 | 0,6 |
| R51 | Kopfschmerz | 1,0 | 0,4 |
| M53 | Sonstige Krankheiten der Wirbelsäule und des Rückens | 0,9 | 1,1 |
| F43 | Reaktionen auf schwere Belastungen und Anpassungsstörungen | 0,9 | 1,5 |
| M51 | Sonstige Bandscheibenschäden | 0,9 | 2,2 |
| M99 | Biomechanische Funktionsstörungen | 0,9 | 0,7 |
| M25 | Sonstige Gelenkkrankheiten | 0,8 | 1,0 |
| M77 | Sonstige Enthesopathien | 0,8 | 1,0 |
| M75 | Schulterläsionen | 0,8 | 1,6 |
| R11 | Übelkeit und Erbrechen | 0,8 | 0,4 |
| A08 | Virusbedingte Darminfektionen | 0,7 | 0,3 |
| S93 | Luxation, Verstauchung und Zerrung der Gelenke und Bänder in Höhe des oberen Sprunggelenkes und des Fußes | 0,7 | 0,8 |
| J04 | Akute Laryngitis und Tracheitis | 0,7 | 0,3 |
| M79 | Sonstige Krankheiten des Weichteilgewebes | 0,7 | 0,6 |
| M23 | Binnenschädigung des Kniegelenkes | 0,7 | 1,3 |
| F45 | Somatoforme Störungen | 0,6 | 0,9 |
| J00 | Akute Rhinopharyngitis (Erkältungsschnupfen) | 0,6 | 0,3 |
| G43 | Migräne | 0,6 | 0,2 |
| R42 | Schwindel und Taumel | 0,6 | 0,4 |
| B99 | Sonstige Infektionskrankheiten | 0,6 | 0,3 |
| J98 | Sonstige Krankheiten der Atemwege | 0,5 | 0,3 |
| F48 | Andere neurotische Störungen | 0,5 | 0,7 |
| N39 | Sonstige Krankheiten des Harnsystems | 0,5 | 0,3 |
| J11 | Grippe | 0,5 | 0,2 |
| | **Summe** | **56,7** | **42,9** |
| | Sonstige | 43,3 | 57,1 |
| | **Gesamt** | **100,0** | **100,0** |

Fehlzeiten-Report 2010

Neben diesen Erkrankungen sind auch Erkrankungen aus dem Bereich des Verdauungssystems und psychische Erkrankungen unter den häufigsten Einzeldiagnosen anzutreffen.

## 22.1.14 Krankheitsarten nach Branchen

Bei der Verteilung der Krankheitsarten bestehen erhebliche Unterschiede zwischen den Branchen, die im Folgenden für die wichtigsten Krankheitsgruppen aufgezeigt werden.

### Muskel- und Skeletterkrankungen

Die Muskel- und Skeletterkrankungen verursachen in fast allen Branchen die meisten Fehltage (◘ Abb. 22.1.33). Ihr Anteil an den Arbeitsunfähigkeitstagen bewegte sich im Jahr 2010 in den einzelnen Branchen zwischen 16,0 % bei Banken und Versicherungen und 28,0 % im Baugewerbe. In Wirtschaftszweigen mit überdurchschnittlich hohen Krankenständen sind häufig die muskuloskelettalen Erkrankungen besonders ausgeprägt und tragen wesentlich zu den erhöhten Fehlzeiten bei.

◘ Abb. 22.1.34 zeigt die Anzahl und durchschnittliche Dauer der Krankmeldungen aufgrund von Muskel- und Skeletterkrankungen in den einzelnen Branchen. Die meisten Arbeitsunfähigkeitsfälle waren im Bereich Energie, Wasser, Entsorgung und Bergbau zu verzeichnen, mehr als doppelt so viele wie bei den Banken und Versicherungen.

Die muskuloskelettalen Erkrankungen sind häufig mit langen Ausfallzeiten verbunden. Die mittlere Dauer der Krankmeldungen schwankte im Jahr 2010 in den einzelnen Branchen zwischen 13,3 Tagen bei Banken und Versicherungen und 18,7 Tagen in der Branche Land- und Forstwirtschaft. Im Branchendurchschnitt lag sie bei 16,3 Tagen.

◘ Abb. 22.1.35 zeigt die zehn Berufsgruppen mit hohen und niedrigen Fehlzeiten aufgrund von Muskel- und Skeletterkrankungen. Die meisten Arbeitsunfähigkeitsfälle sind bei den Warenaufmachern und Versandfertigmachern zu verzeichnen, während die Sprechstundenhelfer dagegen vergleichsweise geringe Fehlzeiten aufgrund von Muskel- und Skeletterkrankungen aufweisen.

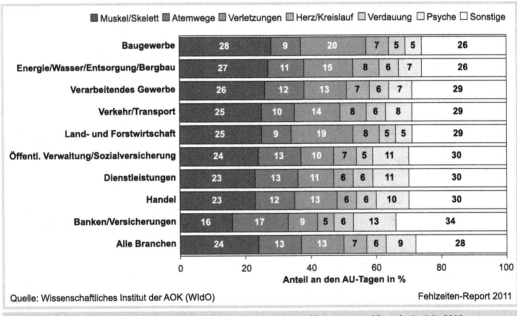

◘ Abb. 22.1.33 Tage der Arbeitsunfähigkeit der AOK-Mitglieder nach Krankheitsarten und Branche im Jahr 2010

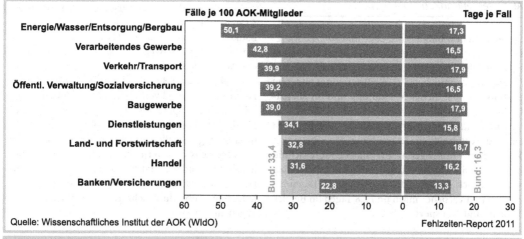

■ **Abb. 22.1.34** Krankheiten des Muskel- und Skelettsystems und des Bindegewebes nach Branchen im Jahr 2010, AOK-Mitglieder

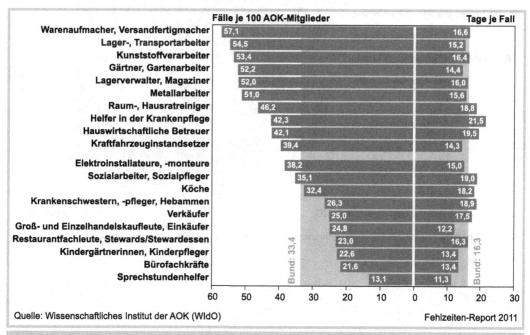

■ **Abb. 22.1.35** Muskel-Skeletterkrankungen nach Berufen im Jahr 2010, AOK-Mitglieder

## Atemwegserkrankungen

Die meisten Erkrankungsfälle aufgrund von Atemweg-serkrankungen waren im Jahr 2010 bei den Banken und Versicherungen zu verzeichnen (◘ Abb. 22.1.36). Überdurchschnittlich viele Fälle fielen unter anderem auch in der öffentlichen Verwaltung und im Dienst-leistungsbereich an.

Aufgrund einer großen Anzahl an Bagatellfällen ist die durchschnittliche Erkrankungsdauer bei dieser Krankheitsart relativ gering. Im Branchendurchschnitt liegt sie bei 6,4 Tagen. In den einzelnen Branchen be-wegte sie sich im Jahr 2010 zwischen 5,3 Tagen bei Banken und Versicherungen und 7,8 Tagen im Bereich Verkehr und Transport.

Der Anteil der Atemwegserkrankungen an den Arbeitsunfähigkeitstagen (◘ Abb. 22.1.33) ist bei den Banken und Versicherungen (17,0 %) am höchsten, in der Land- und Forstwirtschaft sowie dem Baugewerbe (9,0 %) am niedrigsten.

In ◘ Abb. 22.1.37 sind die hohen und niedrigen Fehlzeiten aufgrund von Atemwegserkrankungen von zehn Berufsgruppen dargestellt. Spitzenreiter sind die Kindergärtnerinnen und Kinderpfleger mit 74,0 Ar-beitsunfähigkeitsfällen je 100 AOK-Mitglieder und ei-ner vergleichsweise geringen Falldauer von 5,3 Tagen je Fall, während die Kraftfahrzeugführer im Vergleich zwar relativ selten an Atemwegserkrankungen leiden, jedoch eine überdurchschnittliche Falldauer von 9,0 Tagen aufweisen.

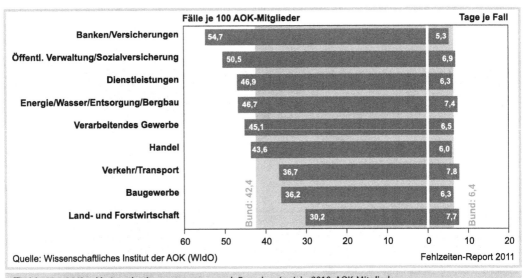

◘ **Abb. 22.1.36** Krankheiten des Atmungssystems nach Branchen im Jahr 2010, AOK-Mitglieder

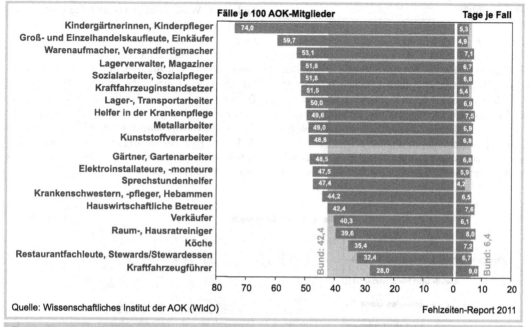

**Fälle je 100 AOK-Mitglieder**    **Tage je Fall**

| Beruf | Fälle je 100 | Tage je Fall |
|---|---|---|
| Kindergärtnerinnen, Kinderpfleger | 74,0 | 5,3 |
| Groß- und Einzelhandelskaufleute, Einkäufer | 59,7 | 4,9 |
| Warenaufmacher, Versandfertigmacher | 53,1 | 7,1 |
| Lagerverwalter, Magaziner | 51,8 | 6,7 |
| Sozialarbeiter, Sozialpfleger | 51,8 | 6,8 |
| Kraftfahrzeuginstandsetzer | 51,5 | 5,4 |
| Lager-, Transportarbeiter | 50,0 | 6,9 |
| Helfer in der Krankenpflege | 49,6 | 7,5 |
| Metallarbeiter | 49,0 | 6,9 |
| Kunststoffverarbeiter | 48,8 | 6,8 |
| Gärtner, Gartenarbeiter | 48,5 | 6,8 |
| Elektroinstallateure, -monteure | 47,5 | 5,9 |
| Sprechstundenhelfer | 47,4 | 4,2 |
| Krankenschwestern, -pfleger, Hebammen | 44,2 | 6,5 |
| Hauswirtschaftliche Betreuer | 42,4 | 7,6 |
| Verkäufer | 40,3 | 6,1 |
| Raum-, Hausratreiniger | 39,6 | 8,0 |
| Köche | 35,4 | 7,2 |
| Restaurantfachleute, Stewards/Stewardessen | 32,4 | 6,7 |
| Kraftfahrzeugführer | 28,0 | 9,0 |

Bund: 42,4        Bund: 6,4

80  70  60  50  40  30  20  10  0  10  20

Quelle: Wissenschaftliches Institut der AOK (WIdO)        Fehlzeiten-Report 2011

◻ **Abb. 22.1.37** Krankheiten des Atmungssystems nach Berufen im Jahr 2010, AOK-Mitglieder

*Verletzungen*

Der Anteil der Verletzungen an den Arbeitsunfähigkeitstagen variiert sehr stark zwischen den einzelnen Branchen (◘ Abb. 22.1.33). Am höchsten ist er in Branchen mit vielen Arbeitsunfällen. Im Jahr 2010 bewegte er sich zwischen 9,0 % bei den Banken und Versicherungen und 20,0 % im Baugewerbe. Im Baugewerbe war die Zahl der Fälle mehr als doppelt so hoch wie bei Banken und Versicherungen (◘ Abb. 22.1.38). Die Dauer der verletzungsbedingten Krankmeldungen schwankte in den einzelnen Branchen zwischen 13,7 Tagen bei

Banken und Versicherungen und 19,6 Tagen im Bereich Verkehr und Transport. Die Unterschiede zeigen sich auch bei den Berufsgruppen (◘ Abb. 22.1.39).

Ein erheblicher Teil der Verletzungen ist auf Arbeitsunfälle zurückzuführen. In der Land- und Forstwirtschaft, dem Baugewerbe, im Bereich Verkehr und Transport sowie im Bereich Energie, Wasser, Entsorgung und Bergbau gehen bei den Verletzungen mehr als ein Drittel der Fehltage auf Arbeitsunfälle zurück (◘ Abb. 22.1.40). Am niedrigsten ist der Anteil der Arbeitsunfälle bei den Banken und Versicherungen. Dort beträgt er lediglich 13,0 %.

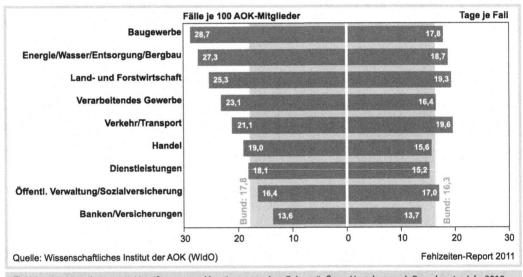

◘ **Abb. 22.1.38** Verletzungen, Vergiftungen und bestimmte andere Folgen äußerer Ursachen nach Branchen im Jahr 2010, AOK-Mitglieder

22

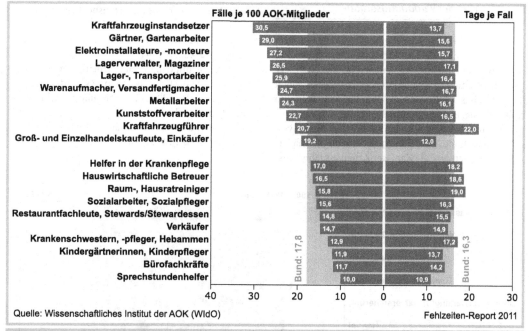

**Fälle je 100 AOK-Mitglieder** | **Tage je Fall**

| Beruf | Fälle je 100 | Tage je Fall |
|---|---|---|
| Kraftfahrzeuginstandsetzer | 30,5 | 13,7 |
| Gärtner, Gartenarbeiter | 29,0 | 15,6 |
| Elektroinstallateure, -monteure | 27,2 | 15,7 |
| Lagerverwalter, Magaziner | 26,5 | 17,1 |
| Lager-, Transportarbeiter | 25,9 | 16,4 |
| Warenaufmacher, Versandfertigmacher | 24,7 | 16,7 |
| Metallarbeiter | 24,3 | 16,1 |
| Kunststoffverarbeiter | 22,7 | 16,5 |
| Kraftfahrzeugführer | 20,7 | 22,0 |
| Groß- und Einzelhandelskaufleute, Einkäufer | 19,2 | 12,0 |
| Helfer in der Krankenpflege | 17,0 | 18,2 |
| Hauswirtschaftliche Betreuer | 16,5 | 18,6 |
| Raum-, Hausratreiniger | 15,8 | 19,0 |
| Sozialarbeiter, Sozialpfleger | 15,6 | 16,3 |
| Restaurantfachleute, Stewards/Stewardessen | 14,8 | 15,5 |
| Verkäufer | 14,7 | 14,9 |
| Krankenschwestern, -pfleger, Hebammen | 12,9 | 17,2 |
| Kindergärtnerinnen, Kinderpfleger | 11,9 | 13,7 |
| Bürofachkräfte | 11,7 | 14,2 |
| Sprechstundenhelfer | 10,0 | 10,9 |

Bund: 17,8    Bund: 16,3

Quelle: Wissenschaftliches Institut der AOK (WIdO)    Fehlzeiten-Report 2011

☐ **Abb. 22.1.39** Verletzungen, Vergiftungen und bestimmte andere Folgen äußerer Ursachen nach Berufen im Jahr 2010, AOK-Mitglieder

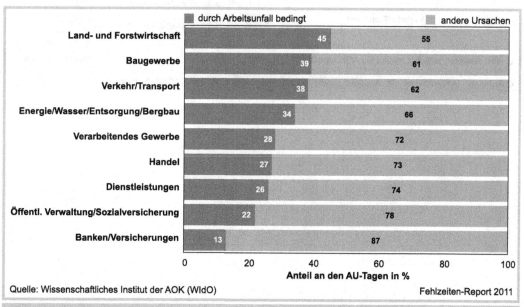

■ durch Arbeitsunfall bedingt    ■ andere Ursachen

| Branche | durch Arbeitsunfall bedingt | andere Ursachen |
|---|---|---|
| Land- und Forstwirtschaft | 45 | 55 |
| Baugewerbe | 39 | 61 |
| Verkehr/Transport | 38 | 62 |
| Energie/Wasser/Entsorgung/Bergbau | 34 | 66 |
| Verarbeitendes Gewerbe | 28 | 72 |
| Handel | 27 | 73 |
| Dienstleistungen | 26 | 74 |
| Öffentl. Verwaltung/Sozialversicherung | 22 | 78 |
| Banken/Versicherungen | 13 | 87 |

**Anteil an den AU-Tagen in %**

Quelle: Wissenschaftliches Institut der AOK (WIdO)    Fehlzeiten-Report 2011

☐ **Abb. 22.1.40** Anteil der Arbeitsunfälle an den Verletzungen nach Branchen im Jahr 2010, AOK-Mitglieder

*Erkrankungen der Verdauungsorgane*

Auf Erkrankungen der Verdauungsorgane gingen im Jahr 2010 in den einzelnen Branchen 5,0 % bis 6,0 % der Arbeitsunfähigkeitstage zurück (◘ Abb. 22.1.33). Die Unterschiede zwischen den Wirtschaftszweigen hinsichtlich der Zahl der Arbeitsunfähigkeitsfälle sind relativ gering. Einzig die Branche Energie, Wasser, Entsorgung und Bergbau verzeichnet mit 26,6 % eine vergleichsweise hohe Anzahl an Arbeitsunfähigkeitsfällen. Am niedrigsten war die Zahl der Arbeitsunfähigkeits-

fälle im Bereich Verkehr und Transport. Die Dauer der Fälle betrug im Branchendurchschnitt 6,5 Tage. In den einzelnen Branchen bewegte sie sich zwischen 5,2 und 8,1 Tagen (◘ Abb. 22.1.41).

Die Berufe mit den meisten Arbeitsunfähigkeitsfällen aufgrund von Erkrankungen des Verdauungssystems waren im Jahr 2010 die Groß- und Einzelhandelskaufleute und Einkäufer, die Gruppe mit den wenigsten Fällen waren die Restaurantfachleute und Stewards/Stewardessen (◘ Abb. 22.1.42).

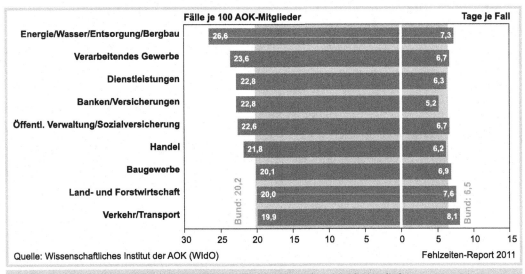

◘ **Abb. 22.1.41** Krankheiten des Verdauungssystems nach Branchen im Jahr 2010, AOK-Mitglieder

22

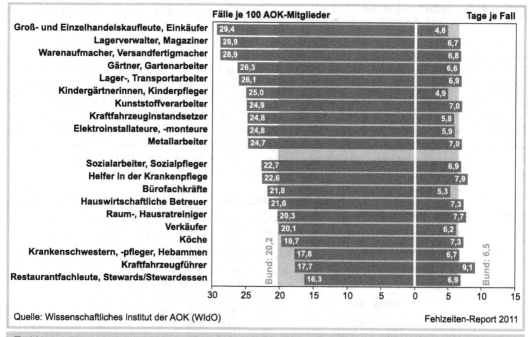

| Fälle je 100 AOK-Mitglieder | | Tage je Fall |
|---|---|---|
| Groß- und Einzelhandelskaufleute, Einkäufer | 29,4 | 4,8 |
| Lagerverwalter, Magaziner | 28,9 | 6,7 |
| Warenaufmacher, Versandfertigmacher | 28,9 | 6,8 |
| Gärtner, Gartenarbeiter | 26,3 | 6,6 |
| Lager-, Transportarbeiter | 26,1 | 6,9 |
| Kindergärtnerinnen, Kinderpfleger | 25,0 | 4,9 |
| Kunststoffverarbeiter | 24,9 | 7,0 |
| Kraftfahrzeuginstandsetzer | 24,8 | 5,8 |
| Elektroinstallateure, -monteure | 24,8 | 5,9 |
| Metallarbeiter | 24,7 | 7,0 |
| Sozialarbeiter, Sozialpfleger | 22,7 | 6,9 |
| Helfer in der Krankenpflege | 22,6 | 7,9 |
| Bürofachkräfte | 21,8 | 5,3 |
| Hauswirtschaftliche Betreuer | 21,6 | 7,3 |
| Raum-, Hausratreiniger | 20,3 | 7,7 |
| Verkäufer | 20,1 | 6,2 |
| Köche | 19,7 | 7,3 |
| Krankenschwestern, -pfleger, Hebammen | 17,8 | 6,7 |
| Kraftfahrzeugführer | 17,7 | 9,1 |
| Restaurantfachleute, Stewards/Stewardessen | 16,3 | 6,9 |

Bund: 20,2    Bund: 6,5

Quelle: Wissenschaftliches Institut der AOK (WIdO)    Fehlzeiten-Report 2011

**Abb. 22.1.42** Krankheiten des Verdauungssystems nach Berufen im Jahr 2010, AOK-Mitglieder

## Herz- und Kreislauferkrankungen

Der Anteil der Herz- und Kreislauferkrankungen an den Arbeitsunfähigkeitstagen lag im Jahr 2010 in den einzelnen Branchen zwischen 5,0 % und 8,0 % (◼ Abb. 22.1.33). Die meisten Erkrankungsfälle waren im Bereich Energie, Wasser, Entsorgung und Bergbau zu verzeichnen. Am niedrigsten war die Anzahl der Fälle bei den Beschäftigten im Baugewerbe. Herz- und Kreislauferkrankungen bringen oft lange Ausfallzeiten mit sich. Die Dauer eines Erkrankungsfalls bewegte sich in den einzelnen Wirtschaftsbereichen zwischen 13,2

Tagen bei den Banken und Versicherungen und 23,4 Tagen im Baugewerbe (◼ Abb. 22.1.43).

◼ Abb. 22.1.44 stellt die hohen und niedrigen Fehlzeiten aufgrund von Erkrankungen des Kreislaufsystems nach Berufen im Jahr 2010 dar. Die Berufsgruppe mit den meisten Arbeitsunfähigkeitsfällen sind die Warenaufmacher und Versandfertigmacher. Die wenigsten AU-Fälle sind in der Berufsgruppe der Sprechstundenhelfer zu verzeichnen. Mit 26,0 Tagen je Fall fallen Kraftfahrzeugführer überdurchschnittlich lange aufgrund von Erkrankungen des Kreislaufsystems aus.

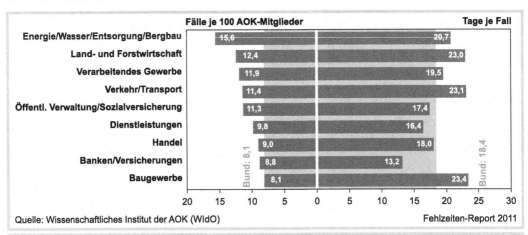

◼ **Abb. 22.1.43** Krankheiten des Kreislaufsystems nach Branchen im Jahr 2010, AOK-Mitglieder

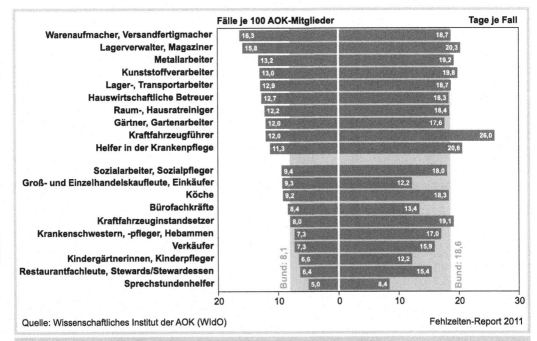

◼ **Abb. 22.1.44** Krankheiten des Kreislaufsystems nach Berufen im Jahr 2010, AOK-Mitglieder

## Psychische und Verhaltensstörungen

Der Anteil der psychischen und Verhaltensstörungen an den krankheitsbedingten Fehlzeiten schwankte in den einzelnen Branchen erheblich. Die meisten Erkrankungsfälle sind im tertiären Sektor zu verzeichnen. Während im Baugewerbe nur rund 6,0 % der Arbeitsunfähigkeitsfälle auf psychische und Verhaltensstörungen zurückgingen, waren es im Dienstleistungsbereich

12,9 %. Die durchschnittliche Dauer der Arbeitsunfähigkeitsfälle bewegte sich in den einzelnen Branchen zwischen 22,9 und 24,7 Tagen (■ Abb. 22.1.45).

Gerade im Dienstleistungsbereich tätige Personen, wie Helfer in der Krankenpflege oder Sozialarbeiter, sind verstärkt von psychischen Erkrankungen betroffen. Psychische Erkrankungen sind oftmals mit langen Ausfallzeiten verbunden. Im Schnitt fehlt ein Arbeitnehmer 23,4 Tage (■ Abb. 22.1.46).

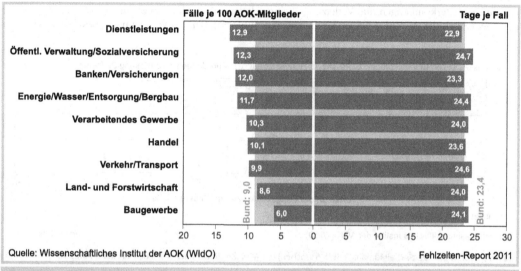

■ **Abb. 22.1.45** Psychische und Verhaltensstörungen nach Branchen im Jahr 2010, AOK-Mitglieder

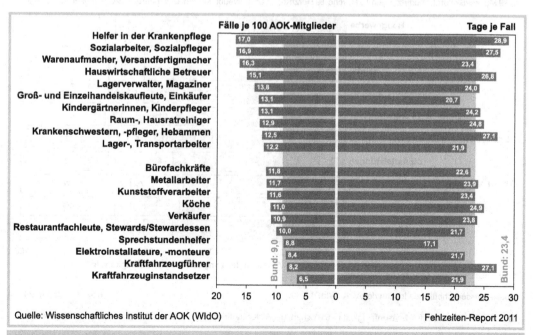

■ **Abb. 22.1.46** Psychische und Verhaltensstörungen nach Berufen im Jahr 2010, AOK-Mitglieder

### 22.1.15 Langzeitfälle nach Krankheitsarten

Langzeitarbeitsunfähigkeit mit einer Dauer von mehr als sechs Wochen stellt sowohl für die Betroffenen als auch für die Unternehmen und Krankenkassen eine besondere Belastung dar. Daher kommt der Prävention derjenigen Erkrankungen, die zu langen Ausfallzeiten führen, eine spezielle Bedeutung zu (◘ Abb. 22.1.47).

Ebenso wie im Arbeitsunfähigkeitsgeschehen insgesamt spielen auch bei den Langzeitfällen die Muskel- und Skeletterkrankungen und Verletzungen eine entscheidende Rolle. Auf diese beiden Krankheitsar-

ten gingen 2010 bereits 40,0 % der durch Langzeitfälle verursachten Fehlzeiten zurück. An dritter und vierter Stelle stehen die psychischen und Verhaltensstörungen sowie die Herz- und Kreislauferkrankungen mit einem Anteil von 13,0 bzw. 9,0 % an den durch Langzeitfälle bedingten Fehlzeiten.

Auch in den einzelnen Wirtschaftsabteilungen geht die Mehrzahl der durch Langzeitfälle bedingten Arbeitsunfähigkeitstage auf die o. g. Krankheitsarten zurück (◘ Abb. 22.1.48). Der Anteil der muskuloskelettalen Erkrankungen ist am höchsten im Baugewerbe (30,0 %). Bei den Verletzungen werden die höchsten

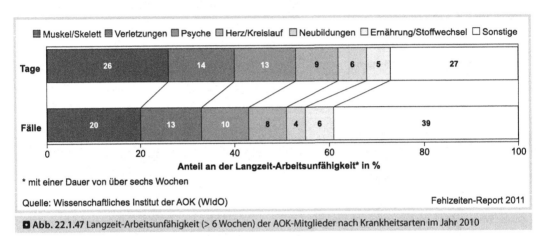

**◘ Abb. 22.1.47** Langzeit-Arbeitsunfähigkeit (> 6 Wochen) der AOK-Mitglieder nach Krankheitsarten im Jahr 2010

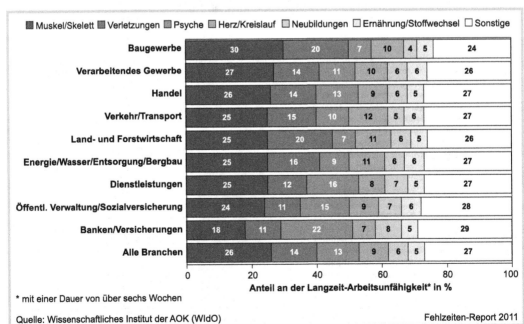

**◘ Abb. 22.1.48** Langzeit-Arbeitsunfähigkeit (> 6 Wochen) der AOK-Mitglieder nach Krankheitsarten und Branchen im Jahr 2010

Werte ebenfalls im Baugewerbe (20,0 %) und in der Land- und Forstwirtschaft erreicht (20,0 %). Die psychischen und Verhaltensstörungen verursachen bezogen auf die Langzeiterkrankungen die meisten Ausfalltage bei Banken und Versicherungen (22,0 %). Der Anteil der Herz- und Kreislauferkrankungen ist am ausgeprägtesten im Bereich Verkehr und Transport (12,0 %).

## 22.1.16 Krankheitsarten nach Diagnoseuntergruppen

In ❏ Abschn. 22.1.14 wurde die Bedeutung der branchenspezifischen Tätigkeitsschwerpunkte und -belastungen für die Krankheitsarten aufgezeigt. Doch auch innerhalb der Krankheitsarten zeigen sich Differenzen aufgrund der unterschiedlichen arbeitsbedingten Belastungen. In den ❏ Abb. 22.1.49 bis ❏ Abb. 22.1.54 wird die Verteilung der wichtigsten Krankheitsarten nach Diagnoseuntergruppen (nach ICD-10) und Branchen dargestellt.

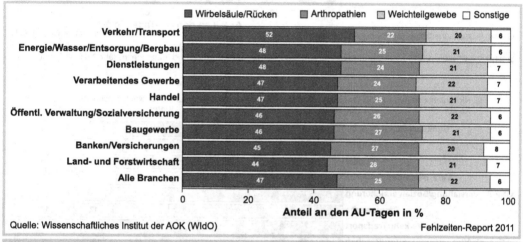

❏ **Abb. 22.1.49** Krankheiten des Muskel- und Skelettsystems und Bindegewebserkrankungen nach Diagnoseuntergruppen und Branchen im Jahr 2010, AOK-Mitglieder

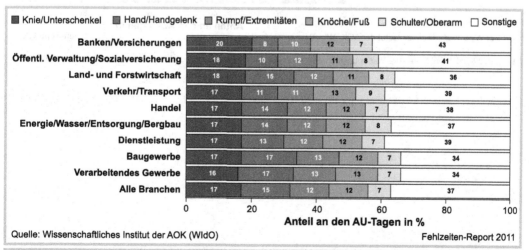

❏ **Abb. 22.1.50** Verletzungen, Vergiftungen und bestimmte andere Folgen äußerer Ursachen nach Diagnoseuntergruppen und Branchen im Jahr 2010, AOK-Mitglieder

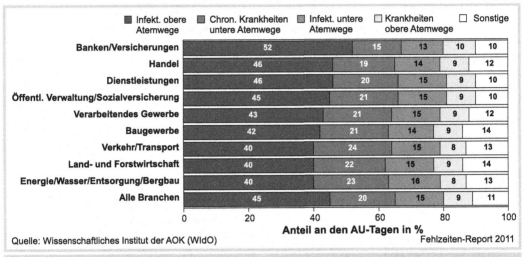

**◘ Abb. 22.1.51** Krankheiten des Atmungssystems nach Diagnoseuntergruppen und Branchen im Jahr 2010, AOK-Mitglieder

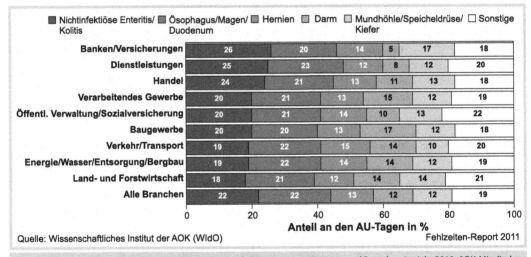

**◘ Abb. 22.1.52** Krankheiten des Verdauungssystems nach Diagnoseuntergruppen und Branchen im Jahr 2010, AOK-Mitglieder

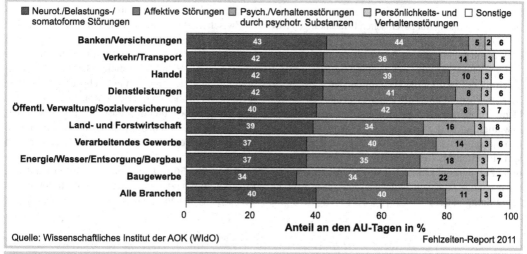

■ Abb. 22.1.54 Psychische und Verhaltensstörungen nach Diagnoseuntergruppen und Branchen im Jahr 2010, AOK-Mitglieder

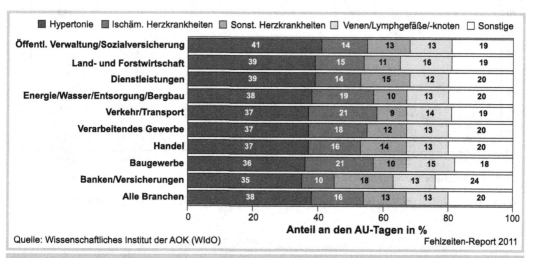

■ Abb. 22.1.53 Krankheiten des Kreislaufsystems nach Diagnoseuntergruppen und Branchen im Jahr 2010, AOK-Mitglieder

### 22.1.17 Burnout-bedingte Fehlzeiten

Im Zusammenhang mit psychischen Erkrankungen tritt eine Diagnose in der öffentlichen Wahrnehmung und Diskussion zunehmend in der Vordergrund: Burnout.

Unter Burnout wird ein Zustand physischer und psychischer Erschöpfung verstanden, der in der ICD-10-Klassifikation unter der Diagnosegruppe Z73 „Probleme mit Bezug auf Schwierigkeiten bei der Lebensbewältigung" in der Gruppe Z00–Z99 „Faktoren, die den Gesundheitszustand beeinflussen und zur Inanspruchnahme des Gesundheitswesens führen" eingeordnet ist. Burnout kann daher von den Ärzten nicht als eigenständige Arbeitsunfähigkeit auslösende psychische Erkrankung in der ICD-Gruppe der Psychischen und Verhaltensstörungen kodiert werden. Es ist jedoch möglich, diese als Zusatzinformation anzugeben.

Zwischen 2004 und 2010 haben sich die Arbeitsunfähigkeitstage aufgrund der Diagnosegruppe Z73 je 1.000 AOK-Mitglieder von 8,1 Tagen auf 72,3 Tage um nahezu das Neunfache erhöht (◘ Abb. 22.1.55). Alters- und geschlechtsbereinigt hochgerechnet auf die mehr als 34 Millionen gesetzlich krankenversicherten Beschäftigten bedeutet dies, dass knapp 100.000 Menschen mit insgesamt mehr als 1,8 Millionen Fehltagen im Jahr 2010 wegen eines Burnouts krankgeschrieben wurden.

◘ Abb. 22.1.56 zeigt die Einzeldiagnosen, bei denen Burnout vom Arzt als Zusatzinformation dokumentiert wurde: Am häufigsten ist dies bei einer depressiven

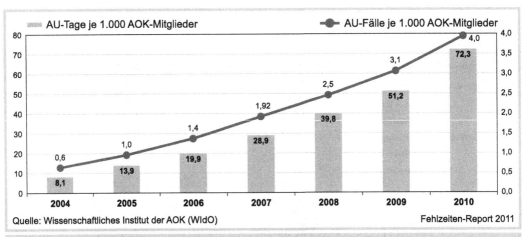

**◘ Abb. 22.1.55** AU-Tage und -Fälle der Diagnosegruppe Z73 in den Jahren 2004–2010 je 1.000 AOK-Mitglieder

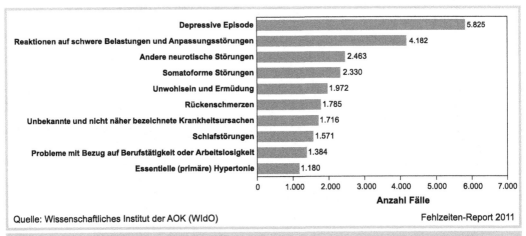

**◘ Abb. 22.1.56** Anzahl Fälle der Top-10-Einzeldiagnosen mit Zusatzinformation Burnout im Jahr 2010, AOK-Mitglieder

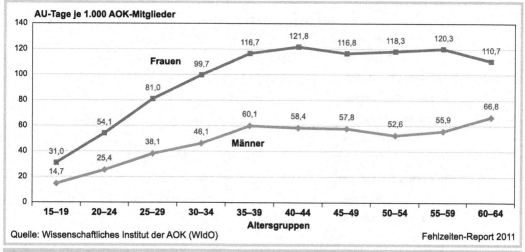

AU-Tage je 1.000 AOK-Mitglieder

**Abb. 22.1.57** Tage der Arbeitsunfähigkeit der Diagnosegruppe Z73 je 1.000 AOK-Mitglieder nach Geschlecht im Jahr 2010

Quelle: Wissenschaftliches Institut der AOK (WIdO)

Fehlzeiten-Report 2011

Episode (19,1 %) sowie bei Reaktionen auf schwere Belastungen und Anpassungsstörungen (13,7 %) der Fall. Insgesamt stehen 62 % aller Arbeitsunfähigkeitsfälle mit der Diagnosegruppe Z73 im Zusammenhang mit anderen psychischen Diagnosen.

Zwischen den Geschlechtern zeigen sich deutliche Unterschiede (Abb. 22.1.57): Frauen sind aufgrund eines Burnouts mehr als doppelt so lange krankgeschrieben. Im Jahr 2010 entfielen auf Frauen 101,9 Ausfalltage je 1.000 AOK-Mitglieder, auf Männer hingegen nur 49,7 Tage. Frauen sind am häufigsten zwischen dem 40. und 60. Lebensjahr von einem Burnout betroffen. Weiterhin zeigt sich, dass mit zunehmendem Alter das Risiko einer Krankmeldung infolge eines Burnouts zunimmt.

Analysiert man, in welcher Branche die Diagnose Burnout häufiger vorkommt, zeigt sich, dass Arbeitnehmer im Gesundheits- und Sozialwesen am stärksten betroffen sind; auf sie fallen je 1.000 AOK Mitglieder 6,9 Arbeitsunfähigkeitsfälle und 147,2 Ausfalltage (Tab. 22.1.8). Auch Arbeitnehmer aus den Branchen Erziehung und Unterricht, der öffentlichen Verwaltung und in verschiedenen Dienstleistungsberufen sind stark belastet.

Dieses Bild zeigt sich auch bei den Auswertungen nach Tätigkeiten: Vor allem Angehörige therapeutischer und erzieherischer Berufe, bei denen ständig eine helfende Haltung gegenüber anderen Menschen gefordert ist, sind von einem Burnout betroffen. Abb. 22.1.58 zeigt diejenigen Berufe, in denen am häufigsten die Diag-

**Tab. 22.1.8** Arbeitsunfähigkeit der Diagnosegruppe Z73 je 1.000 AOK-Mitglieder nach Branchen im Jahr 2010

| | Arbeitsunfähigkeiten je 1.000 AOK-Mitglieder | | Tage je Fall |
|---|---|---|---|
| | Tage | Fälle | |
| Gesundheits- und Sozialwesen | 147,2 | 6,9 | 21,3 |
| Erziehung und Unterricht | 95,5 | 6,8 | 14,1 |
| Öffentliche Verwaltung/Sozialversicherung | 94,5 | 4,7 | 20,3 |
| Sonstige Dienstleistungen | 87,0 | 4,8 | 18,1 |
| Freiberufliche, wissenschaftliche und technische Dienstleistungen | 78,0 | 4,3 | 18,1 |
| Verkehr/Transport | 71,1 | 4,1 | 17,4 |
| Handel | 65,2 | 3,7 | 17,6 |
| Gastgewerbe | 63,2 | 3,7 | 17,2 |
| Sonstige wirtschaftliche Dienstleistungen | 61,2 | 4,1 | 15,0 |
| Verarbeitendes Gewerbe | 48,3 | 2,9 | 16,9 |

Fehlzeiten-Report 2011

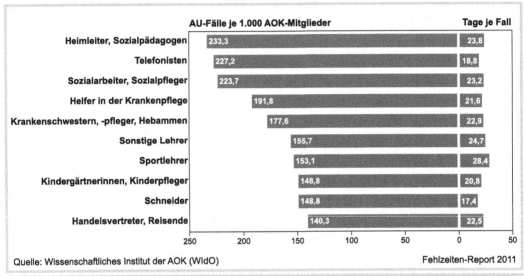

**□ Abb. 22.1.58** AU-Tage und -Fälle der Diagnosegruppe Z73 nach Berufen im Jahr 2010, AOK-Mitglieder

nose Z73 gestellt wurde. So führt die Berufsgruppe der Heimleiter und Sozialpädagogen mit 233,3 Arbeitsunfähigkeitstagen je 1.000 AOK-Mitglieder die Liste an. Dies entspricht 23,8 Ausfalltage pro Fall. An zweiter Stelle stehen die Telefonisten mit 227,2 Arbeitsunfähigkeitstagen je 1.000 AOK-Mitglieder.

## Literatur

Buda S, Wilking H, Schweiger B et al. und AGI-Studiengruppe (2010) Influenza-Wochenbericht Kalenderwoche 7 (13.02. bis 19.02.2010). Robert Koch-Institut, Berlin

Bundesministerium für Arbeit und Soziales (2010) Sicherheit und Gesundheit bei der Arbeit 2009. Bericht der Bundesregierung über den Stand von Sicherheit und Gesundheit bei der Arbeit und über das Unfall- und Berufskrankheitengeschehen in der Bundesrepublik Deutschland im Jahre 2009. Dortmund Berlin Dresden

Bundesagentur für Arbeit (2010) Arbeitsmarkt in Zahlen – Beschäftigungsstatistik. Sozialversicherungspflichtig Beschäftigte nach Wirtschaftszweigen (WZ 2008) in Deutschland. Stand: 30. Juni 2010. Nürnberg

Bundesministerium für Gesundheit (2010) Gesetzliche Krankenversicherung. Vorläufige Rechnungsergebnisse 3. Quartal 2010. Stand: 2. Dezember 2010

Ferber C von, Kohlhausen K (1970) Der „blaue Montag" im Krankenstand. Arbeitsmedizin, Sozialmedizin, Arbeitshygiene. H 2: 25–30

Kohler H (2002) Krankenstand – Ein beachtlicher Kostenfaktor mit fallender Tendenz. IAB-Werkstattbericht, Diskussionsbeiträge des Instituts für Arbeitsmarkt- und Berufsforschung der Bundesanstalt für Arbeit. Ausgabe 1/30.01.2002

Marstedt G, Müller R (1998) Ein kranker Stand? Fehlzeiten und Integration älterer Arbeitnehmer im Vergleich Öffentlicher Dienst – Privatwirtschaft. Forschung aus der Hans-Böckler-Stiftung, Bd 9. Edition Sigma, Berlin

Mielck A (2000) Soziale Ungleichheit und Gesundheit. Huber, Bern

Robert Koch-Institut (2006) Gesundheitsbedingte Frühberentung. Schwerpunktbericht der Gesundheitsberichterstattung des Bundes. Berlin

Schnabel C (1997) Betriebliche Fehlzeiten, Ausmaß, Bestimmungsgründe und Reduzierungsmöglichkeiten. Institut der deutschen Wirtschaft, Köln

# Überblick über die krankheitsbedingten Fehlzeiten im Jahr 2010

## 28.2 Banken und Versicherungen

**□ Tab. 22.2.1** Entwicklung des Krankenstands der AOK-Mitglieder in der Branche Banken und Versicherungen in den Jahren 1994 bis 2010

| Jahr | Krankenstand in % | | | AU-Fälle je 100 AOK-Mitglieder | | | Tage je Fall | | |
|---|---|---|---|---|---|---|---|---|---|
| | West | Ost | Bund | West | Ost | Bund | West | Ost | Bund |
| 1994 | 4,4 | 3,0 | 4,0 | 114,7 | 71,8 | 103,4 | 12,8 | 14,1 | 13,0 |
| 1995 | 3,9 | 4,0 | 3,9 | 119,3 | 111,2 | 117,9 | 11,9 | 13,8 | 12,2 |
| 1996 | 3,5 | 3,6 | 3,5 | 108,0 | 109,3 | 108,1 | 12,2 | 12,5 | 12,2 |
| 1997 | 3,4 | 3,6 | 3,4 | 108,4 | 110,0 | 108,5 | 11,5 | 11,9 | 11,5 |
| 1998 | 3,5 | 3,6 | 3,5 | 110,6 | 112,2 | 110,7 | 11,4 | 11,7 | 11,4 |
| 1999 | 3,6 | 4,0 | 3,7 | 119,6 | 113,3 | 119,1 | 10,8 | 11,6 | 10,9 |
| 2000 | 3,6 | 4,1 | 3,6 | 125,6 | 148,8 | 127,1 | 10,5 | 10,2 | 10,5 |
| 2001 | 3,5 | 4,1 | 3,6 | 122,2 | 137,5 | 123,1 | 10,6 | 10,8 | 10,6 |
| 2002 | 3,5 | 4,1 | 3,5 | 125,0 | 141,3 | 126,1 | 10,1 | 10,6 | 10,2 |
| 2003 | 3,3 | 3,5 | 3,3 | 126,0 | 137,1 | 127,0 | 9,5 | 9,4 | 9,5 |
| 2004 | 3,1 | 3,2 | 3,1 | 117,6 | 127,7 | 118,8 | 9,7 | 9,3 | 9,6 |
| 2005 | 3,1 | 3,3 | 3,1 | 122,6 | 132,0 | 123,8 | 9,2 | 9,0 | 9,1 |
| 2006 | 2,7 | 3,2 | 2,8 | 108,1 | 126,7 | 110,7 | 9,2 | 9,1 | 9,2 |
| 2007 | 3,1 | 3,4 | 3,1 | 121,0 | 133,6 | 122,8 | 9,2 | 9,3 | 9,2 |
| 2008 (WZ03) | 3,1 | 3,6 | 3,2 | 127,0 | 136,6 | 128,4 | 9,0 | 9,6 | 9,1 |
| 2008 (WZ08)* | 3,1 | 3,6 | 3,2 | 126,9 | 135,9 | 128,3 | 9,0 | 9,6 | 9,1 |
| 2009 | 3,2 | 3,9 | 3,3 | 136,8 | 150,9 | 138,8 | 8,6 | 9,5 | 8,8 |
| 2010 | 3,2 | 4,0 | 3,3 | 134,3 | 177,7 | 140,2 | 8,8 | 8,3 | 8,7 |

*aufgrund der Revision der Wirtschaftszweigklassifikation in 2008 ist eine Vergleichbarkeit mit den Vorjahren nur bedingt möglich

Fehlzeiten-Report 2011

**□ Tab. 22.2.2** Arbeitsunfähigkeit der AOK-Mitglieder in der Branche Banken und Versicherungen nach Bundesländern im Jahr 2010 im Vergleich zum Vorjahr

| Bundesland | Kran-kenstand in % | Arbeitsunfähigkeit je 100 AOK-Mitglieder | | | | Tage je Fall | Veränd. z. Vorj. in % | AU-Quote in % |
|---|---|---|---|---|---|---|---|---|
| | | AU-Fälle | Veränd. z. Vorj. in % | AU-Tage | Veränd. z. Vorj. in % | | | |
| Baden-Württemberg | 3,1 | 128,8 | -2,2 | 1.130,1 | 0,0 | 8,8 | 2,3 | 52,6 |
| Bayern | 2,9 | 114,9 | -1,5 | 1.052,6 | -2,7 | 9,2 | -1,1 | 47,3 |
| Berlin | 4,7 | 154,5 | -7,2 | 1.707,4 | 0,4 | 11,0 | 7,8 | 45,3 |
| Brandenburg | 3,7 | 152,9 | -5,2 | 1.367,4 | -10,9 | 8,9 | -6,3 | 55,6 |
| Bremen | 3,1 | 153,8 | 17,7 | 1.130,5 | -10,4 | 7,3 | -24,7 | 53,6 |
| Hamburg | 4,2 | 153,5 | -3,7 | 1.533,2 | 11,7 | 10,0 | 16,3 | 51,7 |
| Hessen | 3,9 | 155,0 | -3,5 | 1.408,0 | 2,1 | 9,1 | 5,8 | 54,7 |
| Mecklenburg-Vorpommern | 3,8 | 149,2 | 2,4 | 1.398,6 | -10,7 | 9,4 | -12,1 | 53,3 |
| Niedersachsen | 3,4 | 150,6 | -1,4 | 1.234,0 | 11,9 | 8,2 | 13,9 | 55,2 |
| Nordrhein-Westfalen | 3,6 | 155,3 | -0,8 | 1.317,8 | 0,3 | 8,5 | 1,2 | 55,5 |
| Rheinland-Pfalz | 3,3 | 156,6 | 0,7 | 1.222,0 | -9,3 | 7,8 | -10,3 | 55,9 |
| Saarland | 4,0 | 146,2 | -6,1 | 1.453,9 | -8,7 | 9,9 | -2,9 | 53,3 |
| Sachsen | 4,1 | 182,3 | 21,5 | 1.493,8 | 3,6 | 8,2 | -14,6 | 62,3 |
| Sachsen-Anhalt | 4,5 | 151,3 | 1,2 | 1.647,5 | 15,9 | 10,9 | 14,7 | 54,4 |
| Schleswig-Holstein | 3,9 | 138,1 | -2,3 | 1.406,4 | 5,5 | 10,2 | 8,5 | 51,0 |
| Thüringen | 3,7 | 182,3 | 17,3 | 1.341,4 | 0,5 | 7,4 | -14,0 | 60,3 |
| West | 3,2 | 134,3 | -1,8 | 1.183,3 | 0,2 | 8,8 | 2,3 | 51,9 |
| Ost | 4,0 | 177,7 | 17,8 | 1.475,3 | 2,9 | 8,3 | -12,6 | 60,8 |
| Bund | 3,3 | 140,2 | 1,0 | 1.222,5 | 0,5 | 8,7 | -1,1 | 53,1 |

Fehlzeiten-Report 2011

**◻ Tab. 22.2.3** Arbeitsunfähigkeit der AOK-Mitglieder in der Branche Banken und Versicherungen nach Wirtschaftsabteilungen im Jahr 2010

| Wirtschaftsabteilung | Krankenstand in % | | Arbeitsunfähigkeiten je 100 AOK-Mitglieder | | Tage je Fall | AU-Quote in % |
|---|---|---|---|---|---|---|
| | 2010 | 2010 stand.* | Fälle | Tage | | |
| Finanzdienstleistungen | 3,3 | 3,3 | 140,9 | 1.209,1 | 8,6 | 55,2 |
| Versicherungen, Rückversicherungen, Pensionskassen (ohne Sozialversicherung) | 3,8 | 3,9 | 152,6 | 1.391,7 | 9,1 | 53,5 |
| Assoziierte Tätigkeiten | 3,2 | 3,5 | 126,7 | 1.151,4 | 9,1 | 44,6 |
| Branche insgesamt | 3,3 | 3,4 | 140,2 | 1.222,5 | 8,7 | 53,1 |
| Alle Branchen | 4,8 | 4,7 | 152,1 | 1.758,9 | 11,6 | 52,8 |

*Krankenstand alters- und geschlechtsstandardisiert

Fehlzeiten-Report 2011

**◻ Tab. 22.2.4** Kennzahlen der Arbeitsunfähigkeit der AOK-Mitglieder nach ausgewählten Berufsgruppen in der Branche Banken und Versicherungen im Jahr 2010

| Tätigkeit | Kranken-stand in % | Arbeitsunfähigkeiten je 100 AOK-Mitglieder | | Tage je Fall | AU-Quote in % | Anteil der Berufsgruppe an der Branche in %* |
|---|---|---|---|---|---|---|
| | | Fälle | Tage | | | |
| Bankfachleute | 3,0 | 138,4 | 1.094,1 | 7,9 | 55,5 | 54,4 |
| Bürofachkräfte | 3,4 | 135,6 | 1.224,4 | 9,0 | 48,2 | 12,1 |
| Bürohilfskräfte | 3,8 | 125,3 | 1.400,6 | 11,2 | 41,8 | 2,3 |
| Datenverarbeitungsfachleute | 2,7 | 113,5 | 976,7 | 8,6 | 47,5 | 1,1 |
| Krankenversicherungsfachleute (nicht Sozialversicherung) | 4,8 | 183,1 | 1.756,8 | 9,6 | 58,4 | 1,8 |
| Lebens-, Sachversicherungsfachleute | 3,3 | 148,5 | 1.203,9 | 8,1 | 51,4 | 12,2 |
| Raum-, Hausratreiniger | 6,0 | 136,3 | 2.197,0 | 16,1 | 56,8 | 3,0 |
| Branche insgesamt | 3,3 | 140,2 | 1.222,5 | 8,7 | 53,1 | 1,2** |

*Anteil der AOK-Mitglieder in der Berufsgruppe an den in der Branche beschäftigten AOK-Mitgliedern insgesamt
**Anteil der AOK-Mitglieder in der Branche an allen AOK-Mitgliedern

Fehlzeiten-Report 2011

**◻ Tab. 22.2.5** Dauer der Arbeitsunfähigkeit der AOK-Mitglieder in der Branche Banken und Versicherungen im Jahr 2010

| Fallklasse | Branche hier | | alle Branchen | |
|---|---|---|---|---|
| | Anteil Fälle in % | Anteil Tage in % | Anteil Fälle in % | Anteil Tage in % |
| 1–3 Tage | 46,2 | 10,5 | 36,5 | 6,2 |
| 4–7 Tage | 28,8 | 16,0 | 29,8 | 12,8 |
| 8–14 Tage | 13,4 | 15,5 | 16,9 | 14,9 |
| 15–21 Tage | 4,3 | 8,5 | 6,1 | 9,1 |
| 22–28 Tage | 2,3 | 6,4 | 3,2 | 6,7 |
| 29–42 Tage | 2,2 | 8,7 | 3,2 | 9,5 |
| Langzeit-AU (> 42 Tage) | 2,8 | 34,4 | 4,3 | 40,8 |

Fehlzeiten-Report 2011

◻ **Tab. 22.2.6** Tage der Arbeitsunfähigkeit je AOK-Mitglied nach Wirtschaftsabteilung und Betriebsgröße in der Branche Banken und Versicherungen im Jahr 2010

| Wirtschaftsabteilungen | Betriebsgröße (Anzahl der AOK-Mitglieder) | | | | | |
|---|---|---|---|---|---|---|
| | 10–49 | 50–99 | 100–199 | 200–499 | 500–999 | ≥ 1.000 |
| Finanzdienstleistungen | 11,1 | 12,0 | 12,8 | 12,7 | 14,0 | 12,4 |
| Versicherungen, Rückversicherungen, Pensionskassen (ohne Sozialversicherung) | 13,3 | 15,2 | 12,7 | 17,7 | 14,5 | – |
| Assoziierte Tätigkeiten | 15,6 | 15,0 | 13,4 | 12,6 | – | – |
| **Branche insgesamt** | **11,9** | **12,5** | **12,8** | **13,1** | **14,1** | **12,4** |
| **Alle Branchen** | **18,1** | **19,8** | **20,0** | **20,1** | **20,2** | **19,1** |

Fehlzeiten-Report 2011

◻ **Tab. 22.2.7** Krankenstand in Prozent nach der Stellung im Beruf in der Branche Banken und Versicherungen im Jahr 2010, AOK-Mitglieder

| Wirtschaftsabteilung | Stellung im Beruf | | | | |
|---|---|---|---|---|---|
| | Auszubildende | Arbeiter | Facharbeiter | Meister, Poliere | Angestellte |
| Finanzdienstleistungen | 2,4 | 5,6 | 4,5 | 2,7 | 3,0 |
| Versicherungen, Rückversicherungen, Pensionskassen (ohne Sozialversicherung) | 2,4 | 5,1 | 6,3 | 4,0 | 3,7 |
| Assoziierte Tätigkeiten | 2,5 | 5,2 | 4,4 | 3,2 | 3,1 |
| **Branche insgesamt** | **2,5** | **5,2** | **4,4** | **3,2** | **3,1** |
| **Alle Branchen** | **4,1** | **5,8** | **5,2** | **4,0** | **3,6** |

Fehlzeiten-Report 2011

◻ **Tab. 22.2.8** Tage der Arbeitsunfähigkeit je AOK-Mitglied nach der Stellung im Beruf in der Branche Banken und Versicherungen im Jahr 2010

| Wirtschaftsabteilung | Stellung im Beruf | | | | |
|---|---|---|---|---|---|
| | Auszubildende | Arbeiter | Facharbeiter | Meister, Poliere | Angestellte |
| Finanzdienstleistungen | 8,7 | 20,3 | 16,4 | 10,0 | 11,1 |
| Versicherungen, Rückversicherungen, Pensionskassen (ohne Sozialversicherung) | 8,8 | 18,5 | 22,9 | 14,7 | 13,7 |
| Assoziierte Tätigkeiten | 12,0 | 14,9 | 13,3 | 14,9 | 11,4 |
| **Branche insgesamt** | **9,2** | **19,0** | **16,2** | **11,7** | **11,5** |
| **Alle Branchen** | **14,8** | **21,2** | **18,9** | **14,5** | **13,0** |

Fehlzeiten-Report 2011

◻ **Tab. 22.2.9** Anteil der Arbeitsunfälle an den AU-Fällen und -Tagen in Prozent nach Wirtschaftsabteilungen in der Branche Banken und Versicherungen im Jahr 2010, AOK-Mitglieder

| Wirtschaftsabteilung | AU-Fälle in % | AU-Tage in % |
|---|---|---|
| Finanzdienstleistungen | 1,4 | 2,0 |
| Versicherungen, Rückversicherungen, Pensionskassen (ohne Sozialversicherung) | 1,5 | 2,0 |
| Assoziierte Tätigkeiten | 1,5 | 2,5 |
| **Branche insgesamt** | **1,4** | **2,1** |
| **Alle Branchen** | **4,5** | **6,1** |

Fehlzeiten-Report 2011

**22**

**Tab. 22.2.10** Tage und Fälle der Arbeitsunfähigkeit durch Arbeitsunfälle nach Berufsgruppen in der Branche Banken und Versicherungen im Jahr 2010, AOK-Mitglieder

| Tätigkeit | Arbeitsunfähigkeit je 1.000 AOK-Mitglieder | |
|---|---|---|
| | AU-Tage | AU-Fälle |
| Pförtner, Hauswarte | 913,7 | 50,6 |
| Raum-, Hausratreiniger | 662,0 | 32,5 |
| Krankenversicherungsfachleute (nicht Sozialversicherung) | 283,8 | 27,8 |
| Lebens-, Sachversicherungsfachleute | 263,6 | 20,1 |
| Bürofachkräfte | 230,4 | 17,0 |
| Bankfachleute | 178,4 | 17,6 |
| **Branche insgesamt** | **251,5** | **19,9** |
| **Alle Branchen** | **1.076,0** | **68,8** |

Fehlzeiten-Report 2011

**Tab. 22.2.11** Tage und Fälle der Arbeitsunfähigkeit je 100 AOK-Mitglieder nach Krankheitsarten in der Branche Banken und Versicherungen in den Jahren 1995 bis 2010

| Jahr | Arbeitsunfähigkeiten je 100 AOK-Mitglieder | | | | | | | | | | | |
|---|---|---|---|---|---|---|---|---|---|---|---|---|
| | Psyche | | Herz/Kreislauf | | Atemwege | | Verdauung | | Muskel/Skelett | | Verletzungen | |
| | Tage | Fälle | Tage | Fälle | Tage | Fälle | Tage | Fälle | Tage | Fälle | Tage | Fälle |
| 1995 | 102,9 | 4,1 | 154,9 | 8,2 | 327,6 | 43,8 | 140,1 | 19,1 | 371,0 | 20,0 | 179,5 | 10,7 |
| 1996 | 107,8 | 3,8 | 129,5 | 6,6 | 286,2 | 39,8 | 119,4 | 17,9 | 339,3 | 17,2 | 166,9 | 9,9 |
| 1997 | 104,8 | 4,1 | 120,6 | 6,8 | 258,1 | 39,8 | 112,5 | 17,8 | 298,0 | 16,9 | 161,1 | 9,8 |
| 1998 | 109,3 | 4,5 | 112,8 | 6,9 | 252,3 | 40,4 | 109,3 | 18,1 | 313,9 | 18,0 | 152,2 | 9,7 |
| 1999 | 113,7 | 4,8 | 107,6 | 6,9 | 291,2 | 46,4 | 108,7 | 19,0 | 308,3 | 18,6 | 151,0 | 10,3 |
| 2000 | 138,4 | 5,8 | 92,5 | 6,3 | 281,4 | 45,3 | 99,1 | 16,6 | 331,4 | 19,9 | 145,3 | 10,0 |
| 2001 | 144,6 | 6,6 | 99,8 | 7,1 | 264,1 | 44,4 | 98,8 | 17,3 | 334,9 | 20,5 | 147,6 | 10,3 |
| 2002 | 144,6 | 6,8 | 96,7 | 7,1 | 254,7 | 44,0 | 105,1 | 19,0 | 322,6 | 20,6 | 147,3 | 10,5 |
| 2003 | 133,9 | 6,9 | 88,6 | 7,1 | 261,1 | 46,5 | 99,0 | 18,7 | 288,0 | 19,5 | 138,2 | 10,3 |
| 2004 | 150,2 | 7,1 | 92,8 | 6,5 | 228,5 | 40,6 | 103,7 | 19,0 | 273,1 | 18,4 | 136,5 | 9,8 |
| 2005 | 147,5 | 7,0 | 85,1 | 6,5 | 270,1 | 47,7 | 100,1 | 17,9 | 248,8 | 18,1 | 132,1 | 9,7 |
| 2006 | 147,2 | 7,0 | 79,8 | 6,2 | 224,6 | 40,8 | 98,8 | 18,3 | 243,0 | 17,4 | 134,0 | 9,6 |
| 2007 | 167,2 | 7,5 | 87,7 | 6,3 | 243,9 | 44,4 | 103,0 | 19,6 | 256,9 | 18,1 | 125,2 | 9,1 |
| 2008 (WZ03) | 172,7 | 7,7 | 86,7 | 6,5 | 258,1 | 46,8 | 106,2 | 20,0 | 254,0 | 18,0 | 134,6 | 9,5 |
| 2008 (WZ08)* | 182,3 | 7,8 | 85,3 | 6,5 | 256,9 | 46,7 | 107,1 | 20,0 | 254,0 | 18,0 | 134,6 | 9,5 |
| 2009 | 182,3 | 8,2 | 80,6 | 6,2 | 303,2 | 54,6 | 105,4 | 20,2 | 242,2 | 17,7 | 134,2 | 9,6 |
| 2010 | 205,3 | 8,8 | 80,0 | 6,1 | 260,2 | 49,2 | 97,4 | 18,7 | 248,6 | 18,6 | 142,6 | 10,4 |

*aufgrund der Revision der Wirtschaftszweigklassifikation in 2008 ist eine Vergleichbarkeit mit den Vorjahren nur bedingt möglich

Fehlzeiten-Report 2011

◘ **Tab. 22.2.12** Verteilung der Arbeitsunfähigkeitstage nach Krankheitsarten in Prozent in der Branche Banken und Versicherungen im Jahr 2010, AOK-Mitglieder

| Wirtschaftsabteilung | AU-Tage in % | | | | | | |
|---|---|---|---|---|---|---|---|
| | Psyche | Herz/ Kreislauf | Atem- wege | Verdau- ung | Muskel/ Skelett | Verlet- zungen | Sonstige |
| Finanzdienstleistungen | 12,8 | 5,2 | 17,0 | 6,2 | 16,2 | 9,3 | 33,3 |
| Versicherungen, Rückversicherungen, Pensionskassen (ohne Sozialversicherung) | 13,1 | 4,6 | 15,4 | 7,0 | 14,8 | 9,2 | 33,4 |
| Assoziierte Tätigkeiten | 15,6 | 5,3 | 17,3 | 6,1 | 16,5 | 8,8 | 32,9 |
| **Branche insgesamt** | **13,2** | **5,2** | **16,8** | **6,3** | **16,0** | **9,2** | **33,3** |
| **Alle Branchen** | **9,3** | **6,6** | **12,0** | **5,8** | **24,2** | **12,9** | **29,2** |

Fehlzeiten-Report 2011

◘ **Tab. 22.2.13** Verteilung der Arbeitsunfähigkeitsfälle nach Krankheitsarten in Prozent in der Branche Banken und Versicherungen im Jahr 2010, AOK-Mitglieder

| Wirtschaftsabteilung | AU-Fälle in % | | | | | | |
|---|---|---|---|---|---|---|---|
| | Psyche | Herz/ Kreislauf | Atem- wege | Verdau- ung | Muskel/ Skelett | Verlet- zungen | Sonstige |
| Finanzdienstleistungen | 4,9 | 3,5 | 28,9 | 10,8 | 10,8 | 6,1 | 35,0 |
| Versicherungen, Rückversicherungen, Pensionskassen (ohne Sozialversicherung) | 5,6 | 3,6 | 28,4 | 10,4 | 11,3 | 5,9 | 34,8 |
| Assoziierte Tätigkeiten | 5,8 | 3,4 | 27,0 | 11,4 | 10,2 | 5,9 | 36,3 |
| **Branche insgesamt** | **5,1** | **3,5** | **28,5** | **10,9** | **10,8** | **6,1** | **35,1** |
| **Alle Branchen** | **4,7** | **4,2** | **22,1** | **10,5** | **17,4** | **9,3** | **31,8** |

Fehlzeiten-Report 2011

◘ **Tab. 22.2.14** Verteilung der Arbeitsunfähigkeitstage nach Krankheitsarten und ausgewählten Berufsgruppen in der Branche Banken und Versicherungen im Jahr 2010, AOK-Mitglieder

| Tätigkeit | AU-Tage in % | | | | | | |
|---|---|---|---|---|---|---|---|
| | Psyche | Herz/ Kreislauf | Atem- wege | Verdau- ung | Muskel/ Skelett | Verlet- zungen | Sonstige |
| Bankfachleute | 12,9 | 4,7 | 18,3 | 6,4 | 14,3 | 9,6 | 33,8 |
| Bausparkassenfachleute | 17,2 | 6,8 | 17,3 | 4,9 | 14,7 | 6,7 | 32,4 |
| Bürofachkräfte | 14,9 | 4,7 | 15,9 | 6,2 | 14,7 | 7,8 | 35,8 |
| Bürohilfskräfte | 12,8 | 5,5 | 13,8 | 5,1 | 20,2 | 9,5 | 33,1 |
| Datenverarbeitungsfachleute | 12,2 | 4,5 | 19,0 | 6,3 | 12,7 | 9,9 | 35,4 |
| Krankenversicherungsfachleute (nicht Sozialversicherung) | 21,3 | 4,3 | 18,1 | 6,6 | 12,8 | 10,2 | 26,7 |
| Lebens-, Sachversicherungsfachleute | 14,9 | 4,5 | 18,5 | 6,7 | 14,9 | 8,7 | 31,8 |
| Pförtner, Hauswarte | 7,5 | 9,4 | 9,6 | 5,1 | 24,5 | 11,2 | 32,7 |
| Raum-, Hausratreiniger | 9,0 | 7,5 | 9,2 | 4,9 | 27,6 | 9,2 | 32,6 |
| Stenographen, Stenotypisten, Maschinenschreiber | 17,3 | 5,4 | 16,3 | 6,5 | 16,4 | 5,4 | 32,7 |
| **Branche insgesamt** | **13,2** | **5,2** | **16,8** | **6,3** | **16,0** | **9,2** | **33,3** |
| **Alle Branchen** | **9,3** | **6,6** | **12,0** | **5,8** | **24,2** | **12,9** | **29,2** |

Fehlzeiten-Report 2011

◘ **Tab. 22.2.15** Verteilung der Arbeitsunfähigkeitsfälle nach Krankheitsarten und ausgewählten Berufsgruppen in der Branche Banken und Versicherungen im Jahr 2010, AOK-Mitglieder

| Tätigkeit | AU-Fälle in % | | | | | | |
|---|---|---|---|---|---|---|---|
| | Psyche | Herz/ Kreislauf | Atem- wege | Verdau- ung | Muskel/ Skelett | Verlet- zungen | Sonstige |
| Bankfachleute | 4,7 | 3,3 | 30,1 | 10,9 | 9,7 | 6,2 | 35,1 |
| Bausparkassenfachleute | 6,1 | 3,8 | 31,9 | 10,1 | 9,5 | 4,5 | 34,1 |
| Bürofachkräfte | 6,3 | 3,5 | 27,0 | 10,8 | 10,4 | 5,2 | 36,8 |
| Bürohilfskräfte | 5,9 | 4,4 | 24,0 | 9,6 | 13,3 | 5,5 | 37,3 |
| Krankenversicherungsfachleute (nicht Sozialversicherung) | 6,4 | 3,0 | 30,1 | 11,1 | 10,0 | 7,3 | 32,1 |
| Lebens-, Sachversicherungsfach- leute | 5,3 | 3,1 | 29,3 | 11,1 | 9,8 | 5,8 | 35,6 |
| Pförtner, Hauswarte | 4,4 | 7,1 | 17,5 | 10,4 | 19,6 | 7,3 | 33,7 |
| Raum-, Hausratreiniger | 5,8 | 6,0 | 16,9 | 9,0 | 21,3 | 6,8 | 34,2 |
| Stenographen, Stenotypisten, Maschinenschreiber | 7,5 | 3,4 | 27,1 | 11,2 | 12,5 | 5,0 | 33,3 |
| **Branche insgesamt** | 5,1 | 3,5 | 28,5 | 10,9 | 10,8 | 6,1 | 35,1 |
| **Alle Branchen** | 4,7 | 4,2 | 22,1 | 10,5 | 17,4 | 9,3 | 31,8 |

Fehlzeiten-Report 2011

◻ **Tab. 22.2.16** Anteile der 40 häufigsten Einzeldiagnosen an den AU-Fällen und AU-Tagen in der Branche Banken und Versicherungen im Jahr 2010, AOK-Mitglieder

| ICD-10 | Bezeichnung | AU-Fälle in % | AU-Tage in % |
|--------|-------------|:-------------:|:------------:|
| J06 | Akute Infektionen der oberen Atemwege | 9,1 | 4,7 |
| M54 | Rückenschmerzen | 3,9 | 4,0 |
| A09 | Diarrhoe und Gastroenteritis | 3,8 | 1,6 |
| J20 | Akute Bronchitis | 3,1 | 1,9 |
| K52 | Nichtinfektiöse Gastroenteritis und Kolitis | 2,7 | 1,2 |
| J40 | Bronchitis, nicht als akut oder chronisch bezeichnet | 2,5 | 1,5 |
| K08 | Sonstige Krankheiten der Zähne und des Zahnhalteapparates | 2,3 | 0,7 |
| J01 | Akute Sinusitis | 1,9 | 1,0 |
| B34 | Viruskrankheit | 1,9 | 0,9 |
| J02 | Akute Pharyngitis | 1,9 | 0,9 |
| J32 | Chronische Sinusitis | 1,8 | 1,0 |
| J03 | Akute Tonsillitis | 1,7 | 0,9 |
| R10 | Bauch- und Beckenschmerzen | 1,6 | 0,8 |
| K29 | Gastritis und Duodenitis | 1,5 | 0,8 |
| F32 | Depressive Episode | 1,3 | 4,2 |
| J04 | Akute Laryngitis und Tracheitis | 1,1 | 0,6 |
| F43 | Reaktionen auf schwere Belastungen und Anpassungsstörungen | 1,1 | 2,2 |
| R51 | Kopfschmerz | 1,1 | 0,6 |
| I10 | Essentielle Hypertonie | 1,0 | 1,6 |
| G43 | Migräne | 0,9 | 0,4 |
| N39 | Sonstige Krankheiten des Harnsystems | 0,8 | 0,5 |
| R11 | Übelkeit und Erbrechen | 0,8 | 0,5 |
| J00 | Akute Rhinopharyngitis (Erkältungsschnupfen) | 0,8 | 0,4 |
| T14 | Verletzung an einer nicht näher bezeichneten Körperregion | 0,8 | 0,7 |
| A08 | Virusbedingte und sonstige näher bezeichnete Darminfektionen | 0,8 | 0,3 |
| F45 | Somatoforme Störungen | 0,7 | 1,5 |
| J98 | Sonstige Krankheiten der Atemwege | 0,7 | 0,4 |
| M53 | Sonstige Krankheiten der Wirbelsäule und des Rückens | 0,7 | 0,8 |
| F48 | Andere neurotische Störungen | 0,7 | 1,1 |
| M99 | Biomechanische Funktionsstörungen | 0,6 | 0,5 |
| B99 | Sonstige Infektionskrankheiten | 0,6 | 0,3 |
| J11 | Grippe | 0,6 | 0,3 |
| Z38 | Lebendgeborene nach dem Geburtsort | 0,6 | 0,3 |
| S93 | Luxation, Verstauchung und Zerrung der Gelenke und Bänder in Höhe des oberen Sprunggelenkes und des Fußes | 0,6 | 0,6 |
| R42 | Schwindel und Taumel | 0,6 | 0,4 |
| R53 | Unwohlsein und Ermüdung | 0,6 | 0,6 |
| M51 | Sonstige Bandscheibenschäden | 0,5 | 1,4 |
| R50 | Fieber unbekannter Ursache | 0,5 | 0,3 |
| M23 | Binnenschädigung des Kniegelenkes | 0,5 | 1,1 |
| M25 | Sonstige Gelenkkrankheiten | 0,5 | 0,7 |
| | **Summe hier** | **59,2** | **44,2** |
| | Restliche | 40,8 | 55,8 |
| | **Gesamtsumme** | **100,0** | **100,0** |

Fehlzeiten-Report 2011

**22**

◨ **Tab. 22.2.17** Anteile der 40 häufigsten Diagnoseuntergruppen an den AU-Fällen und AU-Tagen in der Branche Banken und Versicherungen im Jahr 2010, AOK-Mitglieder

| ICD-10 | Bezeichnung | AU-Fälle in % | AU-Tage in % |
|--------|-------------|---------------|--------------|
| J00–J06 | Akute Infektionen der oberen Atemwege | 16,3 | 8,5 |
| M40–M54 | Krankheiten der Wirbelsäule und des Rückens | 5,6 | 7,1 |
| A00–A09 | Infektiöse Darmkrankheiten | 4,9 | 2,1 |
| J40–J47 | Chronische Krankheiten der unteren Atemwege | 3,7 | 2,5 |
| J20–J22 | Sonstige akute Infektionen der unteren Atemwege | 3,5 | 2,1 |
| K50–K52 | Nichtinfektiöse Enteritis und Kolitis | 3,1 | 1,5 |
| R50–R69 | Allgemeinsymptome | 3,0 | 2,4 |
| K00–K14 | Krankheiten der Mundhöhle, der Speicheldrüsen und der Kiefer | 2,9 | 1,0 |
| F40–F48 | Neurotische, Belastungs- und somatoforme Störungen | 2,8 | 6,0 |
| R10–R19 | Symptome bzgl. Verdauungssystem und Abdomen | 2,6 | 1,6 |
| J30–J39 | Sonstige Krankheiten der oberen Atemwege | 2,6 | 1,7 |
| M60–M79 | Krankheiten der Weichteilgewebe | 2,2 | 3,2 |
| B25–B34 | Sonstige Viruskrankheiten | 2,1 | 1,1 |
| K20–K31 | Krankheiten des Ösophagus, Magens und Duodenums | 2,1 | 1,2 |
| M00–M25 | Arthropathien | 1,9 | 4,2 |
| F30–F39 | Affektive Störungen | 1,7 | 6,1 |
| G40–G47 | Episod. und paroxysmale Krankheiten des Nervensystems | 1,7 | 1,3 |
| N30–N39 | Sonstige Krankheiten des Harnsystems | 1,4 | 0,8 |
| I10–I15 | Hypertonie | 1,1 | 1,8 |
| R00–R09 | Symptome bzgl. Kreislauf- und Atmungssystem | 1,1 | 0,7 |
| J10–J18 | Grippe und Pneumonie | 1,0 | 0,8 |
| Z20–Z29 | Pot. Gesundheitsrisiken bzgl. übertragbarer Krankheiten | 1,0 | 0,6 |
| T08–T14 | Verletzungen Rumpf, Extremitäten o. a. Körperregionen | 0,9 | 0,9 |
| N80–N98 | Krankheiten des weiblichen Genitaltraktes | 0,9 | 0,9 |
| S90–S99 | Verletzungen der Knöchelregion und des Fußes | 0,9 | 1,1 |
| K55–K63 | Sonstige Krankheiten des Darmes | 0,9 | 0,8 |
| S80–S89 | Verletzungen des Knies und des Unterschenkels | 0,8 | 1,9 |
| J95–J99 | Sonstige Krankheiten des Atmungssystems | 0,8 | 0,6 |
| I80–I89 | Krankheiten der Venen, Lymphgefäße und -knoten | 0,8 | 0,9 |
| O60–O75 | Komplikationen bei Wehentätigkeit und Entbindung | 0,8 | 0,5 |
| I95–I99 | Sonstige Krankheiten des Kreislaufsystems | 0,7 | 0,5 |
| R40–R46 | Symptome bzgl. Wahrnehmung, Stimmung und Verhalten | 0,7 | 0,6 |
| M95–M99 | Sonstige Krankheiten des Muskel-Skelett-Systems und des Bindegewebes | 0,7 | 0,6 |
| O20–O29 | Sonstige mit Schwangerschaft verbundene Krankheiten | 0,7 | 0,7 |
| B99–B99 | Sonstige Infektionskrankheiten | 0,7 | 0,4 |
| D10–D36 | Gutartige Neubildungen | 0,7 | 0,8 |
| H65–H75 | Krankheiten des Mittelohres und des Warzenfortsatzes | 0,7 | 0,4 |
| O30–O48 | Betreuung der Mutter | 0,7 | 0,5 |
| E70–E90 | Stoffwechselstörungen | 0,6 | 1,0 |
| Z70–Z76 | Sonstige Inanspruchnahme des Gesundheitswesens | 0,6 | 1,1 |
| | **Summe hier** | **81,9** | **72,5** |
| | Restliche | 18,1 | 27,5 |
| | **Gesamtsumme** | **100,0** | **100,0** |

## 22.3 Baugewerbe

22

◨ **Tab. 22.3.1** Entwicklung des Krankenstands der AOK-Mitglieder in der Branche Baugewerbe in den Jahren 1994 bis 2010

| Jahr | Krankenstand in % | | | AU-Fälle je 100 AOK-Mitglieder | | | Tage je Fall | | |
|---|---|---|---|---|---|---|---|---|---|
| | West | Ost | Bund | West | Ost | Bund | West | Ost | Bund |
| 1994 | 7,0 | 5,5 | 6,5 | 155,3 | 137,3 | 150,2 | 14,9 | 13,5 | 14,6 |
| 1995 | 6,5 | 5,5 | 6,2 | 161,7 | 146,9 | 157,6 | 14,7 | 13,7 | 14,5 |
| 1996 | 6,1 | 5,3 | 5,9 | 145,0 | 134,8 | 142,2 | 15,5 | 14,0 | 15,1 |
| 1997 | 5,8 | 5,1 | 5,6 | 140,1 | 128,3 | 137,1 | 14,6 | 14,0 | 14,5 |
| 1998 | 6,0 | 5,2 | 5,8 | 143,8 | 133,8 | 141,4 | 14,7 | 14,0 | 14,5 |
| 1999 | 6,0 | 5,5 | 5,9 | 153,0 | 146,3 | 151,5 | 14,2 | 13,9 | 14,1 |
| 2000 | 6,1 | 5,4 | 5,9 | 157,3 | 143,2 | 154,5 | 14,1 | 13,8 | 14,1 |
| 2001 | 6,0 | 5,5 | 5,9 | 156,3 | 141,5 | 153,6 | 14,0 | 14,1 | 14,0 |
| 2002 | 5,8 | 5,2 | 5,7 | 154,3 | 136,0 | 151,2 | 13,8 | 14,0 | 13,8 |
| 2003 | 5,4 | 4,6 | 5,3 | 148,8 | 123,0 | 144,3 | 13,3 | 13,7 | 13,3 |
| 2004 | 5,0 | 4,1 | 4,8 | 136,6 | 110,8 | 131,9 | 13,4 | 13,7 | 13,4 |
| 2005 | 4,8 | 4,0 | 4,7 | 136,0 | 107,1 | 130,8 | 13,0 | 13,7 | 13,1 |
| 2006 | 4,6 | 3,8 | 4,4 | 131,6 | 101,9 | 126,2 | 12,7 | 13,7 | 12,8 |
| 2007 | 4,9 | 4,2 | 4,8 | 141,4 | 110,3 | 135,7 | 12,7 | 14,0 | 12,9 |
| 2008 (WZ03) | 5,1 | 4,5 | 4,9 | 147,8 | 114,9 | 141,8 | 12,5 | 14,2 | 12,8 |
| 2008 (WZ08)* | 5,0 | 4,4 | 4,9 | 147,3 | 114,3 | 141,2 | 12,5 | 14,2 | 12,8 |
| 2009 | 5,1 | 4,7 | 5,1 | 151,8 | 120,8 | 146,2 | 12,4 | 14,2 | 12,6 |
| 2010 | 5,1 | 4,7 | 5,1 | 147,8 | 123,2 | 143,4 | 12,7 | 14,0 | 12,9 |

*aufgrund der Revision der Wirtschaftszweigklassifikation in 2008 ist eine Vergleichbarkeit mit den Vorjahren nur bedingt möglich

Fehlzeiten-Report 2011

◨ **Tab. 22.3.2** Arbeitsunfähigkeit der AOK-Mitglieder in der Branche Baugewerbe nach Bundesländern im Jahr 2010 im Vergleich zum Vorjahr

| Bundesland | Kranken-stand in % | Arbeitsunfähigkeit je 100 AOK-Mitglieder | | | | Tage je Fall | Veränd. z. Vorj. in % | AU-Quote in % |
|---|---|---|---|---|---|---|---|---|
| | | AU-Fälle | Veränd. z. Vorj. in % | AU-Tage | Veränd. z. Vorj. in % | | | |
| Baden-Württemberg | 5,3 | 154,6 | -3,0 | 1.916,4 | -2,8 | 12,4 | 0,0 | 56,4 |
| Bayern | 4,5 | 127,5 | -2,8 | 1.650,6 | -1,8 | 12,9 | 0,8 | 50,7 |
| Berlin | 4,9 | 121,7 | 0,0 | 1.788,2 | 0,5 | 14,7 | 0,7 | 37,6 |
| Brandenburg | 4,7 | 124,5 | -0,8 | 1.721,0 | -2,8 | 13,8 | -2,1 | 48,4 |
| Bremen | 4,9 | 154,6 | 5,7 | 1.781,7 | -12,0 | 11,5 | -16,7 | 52,3 |
| Hamburg | 6,2 | 159,2 | 0,8 | 2.246,9 | -2,8 | 14,1 | -3,4 | 50,8 |
| Hessen | 5,8 | 155,8 | -3,3 | 2.110,8 | -4,7 | 13,5 | -1,5 | 53,9 |
| Mecklenburg-Vorpommern | 4,8 | 122,4 | -4,7 | 1.767,9 | -4,7 | 14,4 | -0,7 | 46,9 |
| Niedersachsen | 5,1 | 148,9 | -3,4 | 1.861,7 | 18,9 | 12,5 | 22,5 | 54,3 |
| Nordrhein-Westfalen | 5,5 | 164,5 | -2,0 | 2.004,7 | -0,5 | 12,2 | 1,7 | 54,5 |
| Rheinland-Pfalz | 5,7 | 171,4 | -2,6 | 2.082,5 | -2,6 | 12,2 | 0,8 | 58,0 |
| Saarland | 6,6 | 165,5 | 1,6 | 2.401,2 | -2,8 | 14,5 | -4,6 | 56,1 |
| Sachsen | 4,5 | 120,0 | 3,6 | 1.656,4 | 2,0 | 13,8 | -1,4 | 49,8 |
| Sachsen-Anhalt | 5,2 | 124,5 | -1,7 | 1.915,4 | 2,1 | 15,4 | 4,1 | 47,7 |
| Schleswig-Holstein | 5,3 | 152,5 | -2,3 | 1.932,7 | -1,1 | 12,7 | 1,6 | 54,6 |
| Thüringen | 4,8 | 130,0 | 3,9 | 1.760,8 | 0,2 | 13,5 | -3,6 | 51,5 |
| **West** | 5,1 | 147,8 | -2,6 | 1.873,1 | -0,3 | 12,7 | 2,4 | 53,4 |
| **Ost** | 4,7 | 123,2 | 2,0 | 1.723,3 | 0,7 | 14,0 | -1,4 | 49,5 |
| **Bund** | 5,1 | 143,4 | -1,9 | 1.846,4 | -0,1 | 12,9 | 2,4 | 52,7 |

Fehlzeiten-Report 2011

◻ **Tab. 22.3.3** Arbeitsunfähigkeit der AOK-Mitglieder in der Branche Baugewerbe nach Wirtschaftsabteilungen im Jahr 2010

| Wirtschaftsabteilung | Krankenstand in % | | Arbeitsunfähigkeiten je 100 AOK-Mitglieder | | Tage je Fall | AU-Quote in % |
|---|---|---|---|---|---|---|
| | 2010 | 2010 stand.* | Fälle | Tage | | |
| Hochbau | 5,4 | 4,2 | 128,9 | 1.954,4 | 15,2 | 50,8 |
| Tiefbau | 5,6 | 4,0 | 130,9 | 2.045,6 | 15,6 | 54,1 |
| Vorbereitende Baustellenarbeiten, Bauinstallation, sonstiges Bauge-werbe | 4,9 | 4,3 | 149,9 | 1.779,0 | 11,9 | 53,0 |
| **Branche insgesamt** | **5,1** | **4,2** | **143,4** | **1.846,4** | **12,9** | **52,7** |
| **Alle Branchen** | **4,8** | **4,7** | **152,1** | **1.758,9** | **11,6** | **52,8** |

*Krankenstand alters- und geschlechtsstandardisiert

Fehlzeiten-Report 2011

◻ **Tab. 22.3.4** Kennzahlen der Arbeitsunfähigkeit der AOK-Mitglieder nach ausgewählten Berufsgruppen in der Branche Baugewerbe im Jahr 2010

| Tätigkeit | Kran-ken-stand in % | Arbeitsunfähigkeiten je 100 AOK-Mitglieder | | Tage je Fall | AU-Quote in % | Anteil der Berufsgruppe an der Branche in %* |
|---|---|---|---|---|---|---|
| | | Fälle | Tage | | | |
| Bauhilfsarbeiter | 6,1 | 133,4 | 2.228,4 | 16,7 | 56,4 | 1,7 |
| Baumaschinenführer | 5,5 | 111,1 | 1.999,3 | 18,0 | 51,3 | 1,4 |
| Betonbauer | 6,3 | 148,1 | 2.303,9 | 15,6 | 49,3 | 2,7 |
| Bürofachkräfte | 2,7 | 95,9 | 967,5 | 10,1 | 40,8 | 5,8 |
| Dachdecker | 5,7 | 165,7 | 2.063,1 | 12,4 | 58,1 | 3,8 |
| Elektroinstallateure, -monteure | 4,5 | 161,5 | 1.636,0 | 10,1 | 58,0 | 7,6 |
| Erdbewegungsmaschinenführer | 5,7 | 105,2 | 2.066,3 | 19,6 | 50,6 | 1,1 |
| Fliesenleger | 5,1 | 149,7 | 1.847,4 | 12,3 | 55,0 | 1,6 |
| Gerüstbauer | 6,6 | 176,1 | 2.392,8 | 13,6 | 48,3 | 1,9 |
| Isolierer, Abdichter | 5,7 | 145,8 | 2.062,5 | 14,1 | 50,2 | 2,1 |
| Kraftfahrzeugführer | 5,8 | 111,1 | 2.121,7 | 19,1 | 50,0 | 1,7 |
| Maler, Lackierer (Ausbau) | 5,0 | 170,1 | 1.816,9 | 10,7 | 56,3 | 7,2 |
| Maurer | 5,6 | 132,2 | 2.028,2 | 15,3 | 52,8 | 10,3 |
| Rohrinstallateure | 5,2 | 171,0 | 1.887,7 | 11,0 | 62,1 | 7,8 |
| Sonstige Bauhilfsarbeiter, Bauhelfer | 5,2 | 133,9 | 1.884,8 | 14,1 | 43,0 | 7,9 |
| Straßenbauer | 5,5 | 147,8 | 1.994,7 | 13,5 | 57,5 | 2,5 |
| Stukkateure, Gipser, Verputzer | 6,0 | 159,2 | 2.185,3 | 13,7 | 55,8 | 1,6 |
| Tiefbauer | 5,7 | 124,1 | 2.086,2 | 16,8 | 54,2 | 2,6 |
| Tischler | 4,5 | 148,6 | 1.660,5 | 11,2 | 56,5 | 3,1 |
| Zimmerer | 5,0 | 143,0 | 1.841,9 | 12,9 | 56,6 | 3,1 |
| **Branche insgesamt** | **5,1** | **143,4** | **1.846,4** | **12,9** | **52,7** | **7,1**\*\* |

*Anteil der AOK-Mitglieder in der Berufsgruppe an den in der Branche beschäftigten AOK-Mitgliedern insgesamt
**Anteil der AOK-Mitglieder in der Branche an allen AOK-Mitgliedern

Fehlzeiten-Report 2011

22

◼ **Tab. 22.3.5** Dauer der Arbeitsunfähigkeit der AOK-Mitglieder in der Branche Baugewerbe im Jahr 2010

| Fallklasse | Branche hier | | alle Branchen | |
|---|---|---|---|---|
| | Anteil Fälle in % | Anteil Tage in % | Anteil Fälle in % | Anteil Tage in % |
| 1–3 Tage | 37,4 | 5,6 | 36,5 | 6,2 |
| 4–7 Tage | 28,3 | 10,7 | 29,8 | 12,8 |
| 8–14 Tage | 16,2 | 12,9 | 16,9 | 14,9 |
| 15–21 Tage | 6,1 | 8,1 | 6,1 | 9,1 |
| 22–28 Tage | 3,2 | 5,9 | 3,2 | 6,7 |
| 29–42 Tage | 3,3 | 8,8 | 3,2 | 9,5 |
| Langzeit-AU (> 42 Tage) | 5,5 | 48,0 | 4,3 | 40,8 |

Fehlzeiten-Report 2011

◼ **Tab. 22.3.6** Tage der Arbeitsunfähigkeit je AOK-Mitglied nach Wirtschaftsabteilung und Betriebsgröße in der Branche Baugewerbe im Jahr 2010

| Wirtschaftsabteilungen | Betriebsgröße (Anzahl der AOK-Mitglieder) | | | | | |
|---|---|---|---|---|---|---|
| | 10–49 | 50–99 | 100–199 | 200–499 | 500–999 | ≥ 1.000 |
| Hochbau | 20,0 | 20,1 | 21,3 | 21,0 | 19,1 | – |
| Tiefbau | 20,7 | 20,2 | 19,7 | 22,7 | 20,7 | – |
| Vorbereitende Baustellenarbeiten, Bauinstallation, sonstiges Baugewerbe | 18,8 | 18,9 | 19,3 | 19,6 | 12,6 | – |
| Branche insgesamt | 19,4 | 19,7 | 20,1 | 21,0 | 17,9 | – |
| Alle Branchen | 18,1 | 19,8 | 20,0 | 20,1 | 20,2 | 19,1 |

Fehlzeiten-Report 2011

◼ **Tab. 22.3.7** Krankenstand in Prozent nach der Stellung im Beruf in der Branche Baugewerbe im Jahr 2010, AOK-Mitglieder

| Wirtschaftsabteilung | Stellung im Beruf | | | | |
|---|---|---|---|---|---|
| | Auszubildende | Arbeiter | Facharbeiter | Meister, Poliere | Angestellte |
| Hochbau | 5,1 | 5,8 | 5,8 | 4,8 | 2,6 |
| Tiefbau | 5,0 | 5,9 | 5,9 | 4,9 | 2,8 |
| Vorbereitende Baustellenarbeiten, Bauinstallation, sonstiges Baugewerbe | 4,4 | 5,4 | 5,2 | 4,3 | 3,0 |
| Branche insgesamt | 4,6 | 5,6 | 5,4 | 4,5 | 2,9 |
| Alle Branchen | 4,1 | 5,8 | 5,2 | 4,0 | 3,6 |

Fehlzeiten-Report 2011

◼ **Tab. 22.3.8** Tage der Arbeitsunfähigkeit je AOK-Mitglied nach der Stellung im Beruf in der Branche Baugewerbe im Jahr 2010

| Wirtschaftsabteilung | Stellung im Beruf | | | | |
|---|---|---|---|---|---|
| | Auszubildende | Arbeiter | Facharbeiter | Meister, Poliere | Angestellte |
| Hochbau | 18,8 | 21,1 | 21,0 | 17,6 | 9,6 |
| Tiefbau | 18,1 | 21,5 | 21,6 | 17,9 | 10,2 |
| Vorbereitende Baustellenarbeiten, Bauinstallation, sonstiges Baugewerbe | 16,2 | 19,8 | 19,1 | 15,7 | 10,9 |
| Branche insgesamt | 16,6 | 20,3 | 19,8 | 16,4 | 10,6 |
| Alle Branchen | 14,8 | 21,2 | 18,9 | 14,5 | 13,0 |

Fehlzeiten-Report 2011

◻ **Tab. 22.3.9** Anteil der Arbeitsunfälle an den AU-Fällen und -Tagen in Prozent nach Wirtschaftsabteilungen in der Branche Baugewerbe im Jahr 2010, AOK-Mitglieder

| Wirtschaftsabteilung | AU-Fälle in % | AU-Tage in % |
|---|---|---|
| Hochbau | 10,6 | 13,9 |
| Tiefbau | 9,0 | 11,2 |
| Vorbereitende Baustellenarbeiten, Bauinstallation, sonstiges Baugewerbe | 8,4 | 11,5 |
| **Branche insgesamt** | **8,9** | **11,9** |
| **Alle Branchen** | **4,5** | **6,1** |

Fehlzeiten-Report 2011

◻ **Tab. 22.3.10** Tage und Fälle der Arbeitsunfähigkeit durch Arbeitsunfälle nach Berufsgruppen in der Branche Baugewerbe im Jahr 2010, AOK-Mitglieder

| Tätigkeit | Arbeitsunfähigkeit je 1.000 AOK-Mitglieder | |
|---|---|---|
| | AU-Tage | AU-Fälle |
| Zimmerer | 3.866,6 | 220,5 |
| Dachdecker | 3.491,1 | 201,3 |
| Gerüstbauer | 3.384,8 | 190,0 |
| Betonbauer | 3.364,3 | 169,8 |
| Maurer | 2.882,6 | 146,6 |
| Bauhilfsarbeiter | 2.810,6 | 144,2 |
| Sonstige Bauhilfsarbeiter, Bauhelfer | 2.779,8 | 138,7 |
| Industriemechaniker | 2.758,8 | 165,3 |
| Sonstige Tiefbauer | 2.582,5 | 123,9 |
| Stukkateure, Gipser, Verputzer | 2.540,8 | 130,6 |
| Erdbewegungsmaschinenführer | 2.535,1 | 107,3 |
| Tischler | 2.431,1 | 158,2 |
| Straßenbauer | 2.341,5 | 137,5 |
| Kraftfahrzeugführer | 2.306,9 | 103,7 |
| Feinblechner | 2.255,4 | 153,6 |
| Isolierer, Abdichter | 2.234,5 | 120,5 |
| Rohrnetzbauer, Rohrschlosser | 2.165,4 | 157,6 |
| Rohrinstallateure | 2.128,3 | 159,7 |
| Baumaschinenführer | 2.047,0 | 98,8 |
| Elektroinstallateure, -monteure | 1.738,7 | 116,5 |
| **Branche insgesamt** | **2.212,3** | **127,2** |
| **Alle Branchen** | **1.076,0** | **68,8** |

Fehlzeiten-Report 2011

22

◻ **Tab. 22.3.11** Tage und Fälle der Arbeitsunfähigkeit je 100 AOK-Mitglieder nach Krankheitsarten in der Branche Baugewerbe in den Jahren 1995 bis 2010

| Jahr | Arbeitsunfähigkeiten je 100 AOK-Mitglieder | | | | | | | | | | | |
|---|---|---|---|---|---|---|---|---|---|---|---|---|
| | Psyche | | Herz/Kreislauf | | Atemwege | | Verdauung | | Muskel/Skelett | | Verletzungen | |
| | Tage | Fälle | Tage | Fälle | Tage | Fälle | Tage | Fälle | Tage | Fälle | Tage | Fälle |
| 1995 | 69,1 | 2,6 | 208,2 | 8,0 | 355,9 | 43,5 | 205,2 | 23,6 | 780,6 | 38,5 | 602,6 | 34,4 |
| 1996 | 70,5 | 2,5 | 198,8 | 7,0 | 308,8 | 37,3 | 181,0 | 21,3 | 753,9 | 35,0 | 564,8 | 31,7 |
| 1997 | 65,3 | 2,7 | 180,0 | 7,0 | 270,4 | 35,5 | 162,5 | 20,5 | 677,9 | 34,4 | 553,6 | 31,9 |
| 1998 | 69,2 | 2,9 | 179,1 | 7,3 | 273,9 | 37,1 | 160,7 | 20,9 | 715,7 | 37,0 | 548,9 | 31,7 |
| 1999 | 72,2 | 3,1 | 180,3 | 7,5 | 302,6 | 41,7 | 160,6 | 22,4 | 756,0 | 39,5 | 547,9 | 32,2 |
| 2000 | 80,8 | 3,6 | 159,7 | 6,9 | 275,1 | 39,2 | 144,2 | 19,3 | 780,1 | 41,2 | 528,8 | 31,2 |
| 2001 | 89,0 | 4,2 | 163,6 | 7,3 | 262,0 | 39,0 | 145,0 | 19,7 | 799,9 | 42,3 | 508,4 | 30,3 |
| 2002 | 90,7 | 4,4 | 159,7 | 7,3 | 240,8 | 36,7 | 141,0 | 20,2 | 787,2 | 41,8 | 502,0 | 29,7 |
| 2003 | 84,7 | 4,3 | 150,0 | 7,1 | 233,3 | 36,7 | 130,8 | 19,1 | 699,3 | 38,2 | 469,0 | 28,6 |
| 2004 | 102,0 | 4,4 | 158,3 | 6,6 | 200,2 | 30,6 | 132,1 | 18,6 | 647,6 | 36,0 | 446,6 | 26,8 |
| 2005 | 101,1 | 4,2 | 155,2 | 6,5 | 227,0 | 34,7 | 122,8 | 17,0 | 610,4 | 34,2 | 435,3 | 25,7 |
| 2006 | 91,9 | 4,1 | 146,4 | 6,4 | 184,3 | 29,1 | 119,4 | 17,8 | 570,6 | 33,8 | 442,6 | 26,4 |
| 2007 | 105,1 | 4,4 | 148,5 | 6,6 | 211,9 | 33,5 | 128,7 | 19,3 | 619,3 | 35,6 | 453,9 | 26,0 |
| 2008 (WZ03) | 108,2 | 4,6 | 157,3 | 6,9 | 218,5 | 34,9 | 132,8 | 20,4 | 646,1 | 37,0 | 459,8 | 26,5 |
| 2008 (WZ08)* | 107,3 | 4,6 | 156,4 | 6,9 | 217,0 | 34,7 | 131,4 | 20,2 | 642,3 | 36,9 | 459,2 | 26,5 |
| 2009 | 112,3 | 4,9 | 163,5 | 7,1 | 254,8 | 40,1 | 132,5 | 19,8 | 629,8 | 35,7 | 458,7 | 26,0 |
| 2010 | 121,0 | 5,0 | 160,5 | 6,9 | 216,2 | 34,1 | 127,0 | 18,4 | 654,5 | 36,6 | 473,1 | 26,5 |

*aufgrund der Revision der Wirtschaftszweigklassifikation in 2008 ist eine Vergleichbarkeit mit den Vorjahren nur bedingt möglich

Fehlzeiten-Report 2011

◻ **Tab. 22.3.12** Verteilung der Arbeitsunfähigkeitstage nach Krankheitsarten in Prozent in der Branche Baugewerbe im Jahr 2010, AOK-Mitglieder

| Wirtschaftsabteilung | AU-Tage in % | | | | | | |
|---|---|---|---|---|---|---|---|
| | Psyche | Herz/Kreislauf | Atemwege | Verdauung | Muskel/Skelett | Verletzungen | Sonstige |
| Hochbau | 4,7 | 7,4 | 7,6 | 5,1 | 20,4 | 21,0 | 24,6 |
| Tiefbau | 5,4 | 9,2 | 7,9 | 5,4 | 21,1 | 17,3 | 25,8 |
| Vorbereitende Baustellenarbeiten, Bauinstallation, sonstiges Baugewerbe | 5,3 | 6,2 | 10,2 | 5,6 | 24,5 | 20,8 | 24,5 |
| **Branche insgesamt** | 5,2 | 6,9 | 9,3 | 5,5 | 22,5 | 20,3 | 24,7 |
| **Alle Branchen** | 9,3 | 6,6 | 12,0 | 5,8 | 22,3 | 12,9 | 29,2 |

Fehlzeiten-Report 2011

■ **Tab. 22.3.13** Verteilung der Arbeitsunfähigkeitsfälle nach Krankheitsarten in Prozent in der Branche Baugewerbe im Jahr 2010, AOK-Mitglieder

| Wirtschaftsabteilung | AU-Fälle in % | | | | | | |
|---|---|---|---|---|---|---|---|
| | Psyche | Herz/ Kreislauf | Atem- wege | Verdau- ung | Muskel/ Skelett | Verlet- zungen | Sonstige |
| Hochbau | 2,7 | 4,4 | 17,0 | 10,0 | 22,4 | 16,3 | 27,2 |
| Tiefbau | 3,1 | 5,4 | 16,5 | 10,2 | 23,0 | 13,9 | 27,9 |
| Vorbereitende Baustellenarbei- ten, Bauinstallation, sonstiges Baugewerbe | 2,8 | 3,5 | 20,4 | 10,6 | 20,0 | 14,9 | 27,8 |
| Branche insgesamt | 2,8 | 3,9 | 19,4 | 10,4 | 20,8 | 15,1 | 27,6 |
| Alle Branchen | 4,7 | 4,2 | 22,1 | 10,5 | 17,4 | 9,3 | 31,8 |

Fehlzeiten-Report 2011

■ **Tab. 22.3.14** Verteilung der Arbeitsunfähigkeitstage nach Krankheitsarten und ausgewählten Berufsgruppen nach ausgewählten Berufsgruppen in der Branche Baugewerbe im Jahr 2010, AOK-Mitglieder

| Tätigkeit | AU-Tage in % | | | | | | |
|---|---|---|---|---|---|---|---|
| | Psyche | Herz/ Kreislauf | Atem- wege | Verdau- ung | Muskel/ Skelett | Verlet- zungen | Sonstige |
| Bauhilfsarbeiter | 4,8 | 9,1 | 7,7 | 5,1 | 32,6 | 16,7 | 24,0 |
| Baumaschinenführer | 4,4 | 10,4 | 6,6 | 5,3 | 29,1 | 15,7 | 28,5 |
| Betonbauer | 4,3 | 7,9 | 7,6 | 5,2 | 31,0 | 20,5 | 23,5 |
| Bürofachkräfte | 10,5 | 5,2 | 12,5 | 5,9 | 19,3 | 11,4 | 35,2 |
| Dachdecker | 4,3 | 5,2 | 8,8 | 4,9 | 27,8 | 26,6 | 22,4 |
| Elektroinstallateure, -monteure | 5,2 | 6,4 | 12,3 | 5,8 | 23,7 | 20,7 | 25,9 |
| Fliesenleger | 5,5 | 6,1 | 9,0 | 4,8 | 34,9 | 18,4 | 21,3 |
| Gerüstbauer | 5,0 | 4,9 | 8,9 | 5,3 | 32,0 | 23,7 | 20,2 |
| Isolierer, Abdichter | 4,8 | 7,7 | 9,6 | 5,5 | 31,1 | 18,5 | 22,8 |
| Kraftfahrzeugführer | 5,5 | 11,0 | 6,9 | 5,2 | 27,6 | 16,6 | 27,2 |
| Maler, Lackierer (Ausbau) | 5,5 | 5,6 | 11,2 | 6,2 | 27,7 | 19,9 | 23,9 |
| Maurer | 4,1 | 7,1 | 7,2 | 5,1 | 30,7 | 22,2 | 23,6 |
| Raumausstatter | 5,5 | 5,6 | 10,9 | 6,0 | 29,8 | 19,5 | 22,7 |
| Rohrinstallateure | 4,3 | 6,1 | 10,5 | 5,8 | 27,7 | 21,2 | 24,4 |
| Sonstige Bauhilfsarbeiter, Bauhelfer | 4,6 | 6,2 | 8,6 | 5,4 | 29,2 | 23,6 | 22,4 |
| Sonstige Tiefbauer | 4,4 | 8,9 | 6,9 | 5,9 | 31,3 | 17,3 | 25,3 |
| Straßenbauer | 4,8 | 8,5 | 8,4 | 5,6 | 28,2 | 18,5 | 26,0 |
| Stukkateure, Gipser, Verputzer | 4,8 | 5,9 | 9,1 | 5,0 | 33,2 | 19,9 | 22,1 |
| Tischler | 5,1 | 5,2 | 9,8 | 5,4 | 27,1 | 25,1 | 22,3 |
| Zimmerer | 3,0 | 4,9 | 7,5 | 4,6 | 26,3 | 32,7 | 21,0 |
| Branche insgesamt | 5,2 | 6,9 | 9,3 | 5,5 | 28,1 | 20,3 | 24,7 |
| Alle Branchen | 9,3 | 6,6 | 12,0 | 5,8 | 24,2 | 12,9 | 29,2 |

Fehlzeiten-Report 2011

22

**▣ Tab. 22.3.15** Verteilung der Arbeitsunfähigkeitsfälle nach Krankheitsarten und ausgewählten Berufsgruppen in der Branche Baugewerbe im Jahr 2010, AOK-Mitglieder

| Tätigkeit | AU-Fälle in % | | | | | | |
|---|---|---|---|---|---|---|---|
| | Psyche | Herz/ Kreislauf | Atem- wege | Verdau- ung | Muskel/ Skelett | Verlet- zungen | Sonstige |
| Bauhilfsarbeiter | 2,8 | 5,3 | 16,0 | 9,1 | 26,4 | 14,5 | 25,9 |
| Baumaschinenführer | 2,8 | 7,0 | 14,0 | 10,2 | 23,9 | 12,9 | 29,2 |
| Betonbauer | 2,6 | 4,8 | 16,1 | 9,5 | 24,7 | 16,5 | 25,8 |
| Bürofachkräfte | 4,7 | 3,9 | 23,9 | 11,2 | 12,3 | 6,9 | 37,1 |
| Dachdecker | 2,5 | 2,8 | 18,7 | 10,4 | 20,6 | 19,4 | 25,6 |
| Elektroinstallateure, -monteure | 2,5 | 3,3 | 23,3 | 11,2 | 17,0 | 14,2 | 28,5 |
| Fliesenleger | 2,9 | 3,2 | 19,4 | 9,9 | 24,3 | 13,9 | 26,4 |
| Gerüstbauer | 2,8 | 3,1 | 17,3 | 10,0 | 25,9 | 17,9 | 23,0 |
| Isolierer, Abdichter | 3,0 | 4,3 | 18,1 | 10,3 | 24,2 | 14,0 | 26,1 |
| Kraftfahrzeugführer | 3,4 | 7,1 | 13,7 | 9,9 | 23,5 | 13,7 | 28,7 |
| Maler, Lackierer (Ausbau) | 2,8 | 3,1 | 21,7 | 11,6 | 18,8 | 13,9 | 28,1 |
| Maurer | 2,5 | 4,2 | 16,4 | 10,0 | 23,2 | 17,5 | 26,2 |
| Raumausstatter | 2,9 | 2,8 | 20,8 | 10,4 | 22,2 | 14,6 | 26,3 |
| Rohrinstallateure | 2,2 | 3,1 | 21,3 | 11,0 | 19,1 | 16,0 | 27,3 |
| Sonstige Bauhilfsarbeiter, Bauhelfer | 3,0 | 3,8 | 17,2 | 9,5 | 25,0 | 16,6 | 24,9 |
| Sonstige Tiefbauer | 2,7 | 5,4 | 15,1 | 10,4 | 25,1 | 14,5 | 26,8 |
| Straßenbauer | 2,8 | 4,5 | 17,7 | 10,8 | 21,6 | 14,8 | 27,8 |
| Stukkateure, Gipser, Verputzer | 2,8 | 3,5 | 19,5 | 9,8 | 23,8 | 14,4 | 26,2 |
| Tischler | 2,7 | 3,0 | 20,4 | 10,8 | 19,3 | 17,3 | 26,5 |
| Zimmerer | 1,9 | 2,9 | 17,6 | 9,7 | 19,6 | 22,8 | 25,5 |
| **Branche insgesamt** | **2,8** | **3,9** | **19,4** | **10,4** | **20,8** | **15,1** | **27,6** |
| **Alle Branchen** | **4,7** | **4,2** | **22,1** | **10,5** | **17,4** | **9,3** | **31,8** |

Fehlzeiten-Report 2011

**◘ Tab. 22.3.16** Anteile der 40 häufigsten Einzeldiagnosen an den AU-Fällen und AU-Tagen in der Branche Baugewerbe im Jahr 2010, AOK-Mitglieder

| ICD-10 | Bezeichnung | AU-Fälle in % | AU-Tage in % |
|--------|-------------|---------------|--------------|
| M54 | Rückenschmerzen | 8,0 | 7,5 |
| J06 | Akute Infektionen der oberen Atemwege | 5,8 | 2,1 |
| A09 | Diarrhoe und Gastroenteritis | 3,5 | 1,0 |
| K52 | Nichtinfektiöse Gastroenteritis und Kolitis | 2,8 | 0,8 |
| T14 | Verletzung an einer nicht näher bezeichneten Körperregion | 2,5 | 2,2 |
| J20 | Akute Bronchitis | 2,5 | 1,1 |
| K08 | Sonstige Krankheiten der Zähne und des Zahnhalteapparates | 2,2 | 0,4 |
| J40 | Bronchitis | 2,0 | 0,9 |
| I10 | Essentielle Hypertonie | 1,4 | 2,4 |
| K29 | Gastritis und Duodenitis | 1,4 | 0,6 |
| J03 | Akute Tonsillitis | 1,3 | 0,5 |
| B34 | Viruskrankheit | 1,3 | 0,4 |
| S93 | Luxation, Verstauchung und Zerrung der Gelenke und Bänder in Höhe des oberen Sprunggelenkes und des Fußes | 1,2 | 1,3 |
| M51 | Sonstige Bandscheibenschäden | 1,1 | 2,7 |
| M25 | Sonstige Gelenkkrankheiten | 1,1 | 1,2 |
| R10 | Bauch- und Beckenschmerzen | 1,1 | 0,5 |
| J02 | Akute Pharyngitis | 1,1 | 0,4 |
| M99 | Biomechanische Funktionsstörungen | 1,0 | 0,7 |
| J01 | Akute Sinusitis | 1,0 | 0,4 |
| M23 | Binnenschädigung des Kniegelenkes | 1,0 | 1,9 |
| M77 | Sonstige Enthesopathien | 1,0 | 1,1 |
| M75 | Schulterläsionen | 1,0 | 2,1 |
| M53 | Sonstige Krankheiten der Wirbelsäule und des Rückens | 0,9 | 1,0 |
| J32 | Chronische Sinusitis | 0,9 | 0,4 |
| S61 | Offene Wunde des Handgelenkes und der Hand | 0,9 | 0,8 |
| R51 | Kopfschmerz | 0,8 | 0,3 |
| A08 | Virusbedingte Darminfektionen | 0,7 | 0,2 |
| S83 | Luxation, Verstauchung und Zerrung des Kniegelenkes und von Bändern des Kniegelenkes | 0,7 | 1,4 |
| S60 | Oberflächliche Verletzung des Handgelenkes und der Hand | 0,7 | 0,5 |
| R11 | Übelkeit und Erbrechen | 0,7 | 0,2 |
| M79 | Sonstige Krankheiten des Weichteilgewebes | 0,6 | 0,5 |
| M47 | Spondylose | 0,6 | 1,0 |
| F32 | Depressive Episode | 0,6 | 1,3 |
| M17 | Gonarthrose | 0,6 | 1,5 |
| B99 | Sonstige Infektionskrankheiten | 0,5 | 0,2 |
| S80 | Oberflächliche Verletzung des Unterschenkels | 0,5 | 0,5 |
| M65 | Synovitis und Tenosynovitis | 0,5 | 0,6 |
| S20 | Oberflächliche Verletzung des Thorax | 0,5 | 0,5 |
| S62 | Fraktur im Bereich des Handgelenkes und der Hand | 0,5 | 1,2 |
| J00 | Akute Rhinopharyngitis (Erkältungsschnupfen) | 0,5 | 0,2 |
| | **Summe hier** | **49,0** | **37,0** |
| | Restliche | 51,0 | 63,0 |
| | **Gesamtsumme** | **100,0** | **100,0** |

**22**

◼ **Tab. 22.3.17** Anteile der 40 häufigsten Diagnoseuntergruppen an den AU-Fällen und AU-Tagen in der Branche Baugewerbe im Jahr 2010, AOK-Mitglieder

| ICD-10 | Bezeichnung | AU-Fälle in % | AU-Tage in % |
|--------|-------------|---------------|--------------|
| M40–M54 | Krankheiten der Wirbelsäule und des Rückens | 10,6 | 12,6 |
| J00–J06 | Akute Infektionen der oberen Atemwege | 10,2 | 3,8 |
| A00–A09 | Infektiöse Darmkrankheiten | 4,6 | 1,3 |
| M60–M79 | Krankheiten der Weichteilgewebe | 4,6 | 5,9 |
| M00–M25 | Arthropathien | 4,0 | 7,4 |
| J40–J47 | Chronische Krankheiten der unteren Atemwege | 3,2 | 1,9 |
| K50–K52 | Nichtinfektiöse Enteritis und Kolitis | 3,1 | 1,0 |
| T08–T14 | Verletzungen Rumpf, Extremitäten o. a. Körperregionen | 3,0 | 2,7 |
| J20–J22 | Sonstige akute Infektionen der unteren Atemwege | 2,9 | 1,3 |
| K00–K14 | Krankheiten der Mundhöhle, der Speicheldrüsen und der Kiefer | 2,8 | 0,6 |
| S60–S69 | Verletzungen des Handgelenkes und der Hand | 2,7 | 3,6 |
| R50–R69 | Allgemeinsymptome | 2,5 | 1,7 |
| K20–K31 | Krankheiten des Ösophagus, Magens und Duodenums | 2,0 | 1,0 |
| S90–S99 | Verletzungen der Knöchelregion und des Fußes | 2,0 | 2,6 |
| R10–R19 | Symptome bzgl. Verdauungssystem und Abdomen | 1,9 | 0,9 |
| S80–S89 | Verletzungen des Knies und des Unterschenkels | 1,8 | 3,5 |
| I10–I15 | Hypertonie | 1,6 | 2,7 |
| J30–J39 | Sonstige Krankheiten der oberen Atemwege | 1,5 | 0,8 |
| B25–B34 | Sonstige Viruskrankheiten | 1,5 | 0,5 |
| F40–F48 | Neurotische, Belastungs- und somatoforme Störungen | 1,2 | 1,8 |
| S00–S09 | Verletzungen des Kopfes | 1,2 | 1,2 |
| M95–M99 | Sonstige Krankheiten des Muskel-Skelett-Systems und des Bindegewebes | 1,1 | 0,9 |
| R00–R09 | Symptome bzgl. Kreislauf- und Atmungssystem | 1,1 | 0,7 |
| G40–G47 | Episod. und paroxysmale Krankheiten des Nervensystems | 0,9 | 0,8 |
| J10–J18 | Grippe und Pneumonie | 0,9 | 0,6 |
| S20–S29 | Verletzungen des Thorax | 0,8 | 1,2 |
| F30–F39 | Affektive Störungen | 0,8 | 1,8 |
| S40–S49 | Verletzungen der Schulter und des Oberarmes | 0,8 | 1,5 |
| G50–G59 | Krankheiten von Nerven, Nervenwurzeln und Nervenplexus | 0,7 | 1,2 |
| E70–E90 | Stoffwechselstörungen | 0,7 | 1,3 |
| I80–I89 | Krankheiten der Venen, Lymphgefäße und -knoten | 0,7 | 0,7 |
| F10–F19 | Psychische und Verhaltensstörungen durch psychotrope Substanzen | 0,7 | 1,2 |
| L00–L08 | Infektionen der Haut und der Unterhaut | 0,7 | 0,7 |
| K55–K63 | Sonstige Krankheiten des Darmes | 0,7 | 0,7 |
| S50–S59 | Verletzungen des Ellenbogens und des Unterarmes | 0,6 | 1,3 |
| I20–I25 | Ischämische Herzkrankheiten | 0,6 | 1,5 |
| R40–R46 | Symptome bzgl. Wahrnehmung, Stimmung und Verhalten | 0,6 | 0,5 |
| J95–J99 | Sonstige Krankheiten des Atmungssystems | 0,6 | 0,4 |
| B99–B99 | Sonstige Infektionskrankheiten | 0,6 | 0,2 |
| Z70–Z76 | Sonstige Inanspruchnahme des Gesundheitswesens | 0,6 | 1,2 |
| | **Summe hier** | **83,1** | **77,2** |
| | Restliche | 16,9 | 22,8 |
| | **Gesamtsumme** | **100,0** | **100,0** |

## 22.4   Dienstleistungen

22

◘ **Tab. 22.4.1** Entwicklung des Krankenstands der AOK-Mitglieder in der Branche Dienstleistungen in den Jahren 1994 bis 2010

| Jahr | Krankenstand in % | | | AU-Fälle je 100 AOK-Mitglieder | | | Tage je Fall | | |
|---|---|---|---|---|---|---|---|---|---|
| | West | Ost | Bund | West | Ost | Bund | West | Ost | Bund |
| 1994 | 5,7 | 6,1 | 5,8 | 136,9 | 134,9 | 136,6 | 14,0 | 14,6 | 14,1 |
| 1995 | 5,2 | 6,0 | 5,3 | 144,7 | 149,1 | 145,5 | 13,5 | 14,5 | 13,7 |
| 1996 | 4,8 | 5,6 | 4,9 | 133,7 | 142,5 | 135,3 | 13,7 | 14,3 | 13,8 |
| 1997 | 4,6 | 5,3 | 4,7 | 132,0 | 135,1 | 132,5 | 12,8 | 13,9 | 13,0 |
| 1998 | 4,7 | 5,2 | 4,8 | 136,6 | 136,4 | 136,6 | 12,6 | 13,5 | 12,8 |
| 1999 | 4,9 | 5,6 | 5,0 | 146,2 | 155,7 | 147,6 | 12,2 | 13,1 | 12,3 |
| 2000 | 4,9 | 5,5 | 5,0 | 152,7 | 165,0 | 154,3 | 11,8 | 12,3 | 11,9 |
| 2001 | 4,9 | 5,4 | 4,9 | 150,0 | 155,2 | 150,7 | 11,8 | 12,7 | 12,0 |
| 2002 | 4,8 | 5,2 | 4,8 | 149,6 | 152,6 | 150,0 | 11,7 | 12,4 | 11,8 |
| 2003 | 4,6 | 4,7 | 4,6 | 146,4 | 142,9 | 145,9 | 11,4 | 11,9 | 11,4 |
| 2004 | 4,2 | 4,2 | 4,2 | 132,8 | 127,3 | 131,9 | 11,6 | 12,0 | 11,7 |
| 2005 | 4,1 | 4,0 | 4,1 | 131,7 | 121,6 | 130,1 | 11,3 | 11,9 | 11,4 |
| 2006 | 4,0 | 3,8 | 4,0 | 130,3 | 118,3 | 128,3 | 11,2 | 11,8 | 11,3 |
| 2007 | 4,3 | 4,1 | 4,3 | 142,0 | 128,6 | 139,7 | 11,1 | 11,7 | 11,2 |
| 2008 (WZ03) | 4,4 | 4,3 | 4,4 | 149,3 | 133,1 | 146,9 | 10,9 | 11,9 | 11,0 |
| 2008 (WZ08)* | 4,4 | 4,3 | 4,4 | 148,3 | 133,9 | 145,9 | 10,8 | 11,7 | 10,9 |
| 2009 | 4,5 | 4,6 | 4,5 | 150,6 | 141,1 | 149,0 | 10,8 | 11,9 | 11,0 |
| 2010 | 4,5 | 4,7 | 4,5 | 150,6 | 149,5 | 150,4 | 10,9 | 11,5 | 11,0 |

*aufgrund der Revision der Wirtschaftszweigklassifikation in 2008 ist eine Vergleichbarkeit mit den Vorjahren nur bedingt möglich

Fehlzeiten-Report 2011

◘ **Tab. 22.4.2** Arbeitsunfähigkeit der AOK-Mitglieder in der Branche Dienstleistungen nach Bundesländern im Jahr 2010 im Vergleich zum Vorjahr

| Bundesland | Kranken- stand in % | Arbeitsunfähigkeit je 100 AOK-Mitglieder | | | | Tage je Fall | Veränd. z. Vorj. in % | AU- Quote in % |
|---|---|---|---|---|---|---|---|---|
| | | AU- Fälle | Veränd. z. Vorj. in % | AU- Tage | Veränd. z. Vorj. in % | | | |
| Baden-Württemberg | 4,2 | 145,2 | -0,3 | 1.523,4 | -1,4 | 10,5 | -0,9 | 48,9 |
| Bayern | 3,9 | 127,7 | -1,0 | 1.418,9 | -1,6 | 11,1 | -0,9 | 44,1 |
| Berlin | 5,4 | 162,8 | -0,9 | 1.980,4 | -2,5 | 12,2 | -1,6 | 45,1 |
| Brandenburg | 5,3 | 148,8 | -0,1 | 1.921,7 | 2,0 | 12,9 | 2,4 | 49,9 |
| Bremen | 4,5 | 157,4 | 5,9 | 1.639,7 | -11,5 | 10,4 | -16,8 | 48,2 |
| Hamburg | 5,4 | 170,5 | 2,7 | 1.980,7 | 2,0 | 11,6 | -0,9 | 49,4 |
| Hessen | 4,9 | 166,5 | 1,1 | 1.804,5 | -0,1 | 10,8 | -1,8 | 50,2 |
| Mecklenburg-Vorpommern | 4,9 | 139,5 | -1,8 | 1.797,6 | 0,5 | 12,9 | 2,4 | 47,1 |
| Niedersachsen | 4,8 | 162,3 | -0,6 | 1.762,3 | 15,3 | 10,9 | 16,0 | 51,0 |
| Nordrhein-Westfalen | 4,8 | 161,8 | 0,7 | 1.742,9 | 0,2 | 10,8 | 0,0 | 50,7 |
| Rheinland-Pfalz | 4,8 | 169,1 | 1,0 | 1.754,8 | -0,4 | 10,4 | -1,0 | 51,5 |
| Saarland | 4,9 | 148,1 | 0,1 | 1.797,6 | -2,6 | 12,1 | -3,2 | 45,6 |
| Sachsen | 4,4 | 149,9 | 9,6 | 1.614,8 | 2,5 | 10,8 | -6,1 | 51,4 |
| Sachsen-Anhalt | 5,1 | 141,1 | -2,1 | 1.843,4 | 0,9 | 13,1 | 3,1 | 47,5 |
| Schleswig-Holstein | 5,1 | 154,1 | 1,0 | 1.863,7 | 1,2 | 12,1 | 0,0 | 50,4 |
| Thüringen | 4,9 | 160,1 | 9,0 | 1.787,0 | 3,1 | 11,2 | -5,1 | 51,0 |
| West | 4,5 | 150,6 | 0,0 | 1.641,6 | 0,7 | 10,9 | 0,9 | 48,5 |
| Ost | 4,7 | 149,5 | 6,0 | 1.721,8 | 2,4 | 11,5 | -3,4 | 50,2 |
| Bund | 4,5 | 150,4 | 0,9 | 1.655,2 | 1,0 | 11,0 | 0,0 | 48,8 |

Fehlzeiten-Report 2011

◻ **Tab. 22.4.3** Arbeitsunfähigkeit der AOK-Mitglieder in der Branche Dienstleistungen nach Wirtschaftsabteilungen im Jahr 2010

| Wirtschaftsabteilung | Krankenstand in % | | Arbeitsunfähigkeiten je 100 AOK-Mitglieder | | Tage je Fall | AU-Quote in % |
|---|---|---|---|---|---|---|
| | 2010 | 2010 stand.* | Fälle | Tage | | |
| Dienstleistungen für Unternehmen | 4,9 | 5,0 | 173,8 | 1.791,1 | 10,3 | 46,0 |
| Freiberufliche, wissenschaftliche und technische Dienstleistungen | 3,7 | 3,9 | 138,0 | 1.346,8 | 9,8 | 49,6 |
| Sonstige Dienstleistungen | 4,4 | 4,4 | 159,8 | 1.614,0 | 10,1 | 53,5 |
| Gastgewerbe | 3,7 | 3,8 | 110,7 | 1.339,4 | 12,1 | 38,3 |
| Gesundheits- und Sozialwesen | 3,2 | 4,9 | 127,8 | 1.175,2 | 9,2 | 44,1 |
| Grundstücks- und Wohnungswesen | 4,2 | 3,7 | 124,0 | 1.541,9 | 12,4 | 47,6 |
| Information und Kommunikation | 3,2 | 3,5 | 127,8 | 1.175,2 | 9,2 | 44,1 |
| Kunst, Unterhaltung, Erholung | 4,2 | 4,1 | 121,2 | 1.541,5 | 12,7 | 40,8 |
| Private Haushalte, Herstellung von Waren, Dienstleistungen für den Eigenbedarf | 2,7 | 2,6 | 73,8 | 1.003,0 | 13,6 | 31,5 |
| **Branche insgesamt** | **4,5** | **4,5** | **150,4** | **1.655,2** | **11,0** | **48,8** |
| **Alle Branchen** | **4,8** | **4,7** | **152,1** | **1.758,9** | **11,6** | **52,8** |

*Krankenstand alters- und geschlechtsstandardisiert

Fehlzeiten-Report 2011

22

◨ **Tab. 22.4.4** Kennzahlen der Arbeitsunfähigkeit der AOK-Mitglieder nach ausgewählten Berufsgruppen in der Branche Dienstleistungen im Jahr 2010

| Tätigkeit | Kranken-stand in % | Arbeitsunfähigkeiten je 100 AOK-Mitglieder | | Tage je Fall | AU-Quote in % | Anteil der Berufsgruppe an der Branche in %* |
|---|---|---|---|---|---|---|
| | | Fälle | Tage | | | |
| Bürofachkräfte | 3,3 | 142,3 | 1.205,0 | 8,5 | 49,3 | 6,4 |
| Datenverarbeitungsfachleute | 2,3 | 115,3 | 834,5 | 7,2 | 44,1 | 1,2 |
| Friseure | 3,2 | 166,8 | 1.166,6 | 7,0 | 54,3 | 1,7 |
| Gärtner, Gartenarbeiter | 5,2 | 166,9 | 1.904,3 | 11,4 | 53,8 | 1,3 |
| Glas-, Gebäudereiniger | 5,4 | 149,5 | 1.956,4 | 13,1 | 48,6 | 1,1 |
| Hauswirtschaftliche Betreuer | 6,0 | 148,2 | 2.192,1 | 14,8 | 53,4 | 2,3 |
| Heimleiter, Sozialpädagogen | 4,3 | 143,8 | 1.561,8 | 10,9 | 56,3 | 1,4 |
| Helfer in der Krankenpflege | 7,0 | 173,5 | 2.568,0 | 14,8 | 61,5 | 2,9 |
| Hoteliers, Gastwirte, Hotel-, Gaststätten-geschäftsführer | 3,3 | 140,6 | 1.186,5 | 8,4 | 46,5 | 1,1 |
| Kindergärtnerinnen, Kinderpfleger | 4,2 | 181,0 | 1.523,7 | 8,4 | 62,3 | 1,6 |
| Köche | 4,6 | 126,2 | 1.667,8 | 13,2 | 43,2 | 7,2 |
| Krankenschwestern, -pfleger, Hebam-men | 4,9 | 142,7 | 1.770,5 | 12,4 | 57,7 | 4,8 |
| Lager-, Transportarbeiter | 5,3 | 193,7 | 1.948,4 | 10,1 | 47,8 | 2,4 |
| Pförtner, Hauswarte | 4,8 | 114,5 | 1.763,9 | 15,4 | 46,5 | 1,4 |
| Raum-, Hausratreiniger | 5,8 | 149,0 | 2.120,5 | 14,2 | 52,4 | 7,7 |
| Restaurantfachleute, Stewards/Stewar-dessen | 3,3 | 103,2 | 1.202,7 | 11,7 | 34,9 | 3,9 |
| Sozialarbeiter, Sozialpfleger | 6,1 | 172,4 | 2.229,5 | 12,9 | 59,8 | 5,4 |
| Sprechstundenhelfer | 2,5 | 140,0 | 896,6 | 6,4 | 51,3 | 3,6 |
| Verkäufer | 4,3 | 135,4 | 1.578,0 | 11,7 | 44,7 | 2,5 |
| Wächter, Aufseher | 5,2 | 126,0 | 1.908,8 | 15,2 | 45,1 | 1,5 |
| **Branche insgesamt** | **4,5** | **150,4** | **1.655,2** | **11,0** | **48,8** | **39,6**** |

* Anteil der AOK-Mitglieder in der Berufsgruppe an den in der Branche beschäftigten AOK-Mitgliedern insgesamt
**Anteil der AOK-Mitglieder in der Branche an allen AOK-Mitgliedern

Fehlzeiten-Report 2011

◨ **Tab. 22.4.5** Dauer der Arbeitsunfähigkeit der AOK-Mitglieder in der Branche Dienstleistungen im Jahr 2010

| Fallklasse | Branche hier | | alle Branchen | |
|---|---|---|---|---|
| | Anteil Fälle in % | Anteil Tage in % | Anteil Fälle in % | Anteil Tage in % |
| 1–3 Tage | 36,1 | 6,5 | 36,4 | 6,2 |
| 4–7 Tage | 31,1 | 14,2 | 29,8 | 12,8 |
| 8–14 Tage | 16,9 | 15,7 | 16,9 | 14,9 |
| 15–21 Tage | 6,0 | 9,3 | 6,1 | 9,1 |
| 22–28 Tage | 3,0 | 6,6 | 3,2 | 6,7 |
| 29–42 Tage | 3,0 | 9,2 | 3,2 | 9,5 |
| Langzeit-AU (> 42 Tage) | 3,9 | 38,5 | 4,3 | 40,7 |

Fehlzeiten-Report 2011

◩ **Tab. 22.4.6** Tage der Arbeitsunfähigkeit je AOK-Mitglied nach Wirtschaftsabteilung und Betriebsgröße in der Branche Dienstleistungen im Jahr 2010

| Wirtschaftsabteilungen | Betriebsgröße (Anzahl der AOK-Mitglieder) | | | | | |
|---|---|---|---|---|---|---|
| | 10–49 | 50–99 | 100–199 | 200–499 | 500–999 | ≥ 1.000 |
| Dienstleistungen für Unternehmen | 18,4 | 18,9 | 18,8 | 18,5 | 19,0 | 16,3 |
| Freiberufliche, wissenschaftliche und technische Dienstleistungen | 13,9 | 16,5 | 17,4 | 18,2 | 19,0 | 19,1 |
| Sonstige Dienstleistungen | 17,7 | 20,3 | 21,2 | 19,7 | 18,1 | 16,3 |
| Gastgewerbe | 14,5 | 18,4 | 20,5 | 22,3 | 18,1 | 23,2 |
| Gesundheits- und Sozialwesen | 21,2 | 21,6 | 20,8 | 21,0 | 20,5 | 19,8 |
| Grundstücks- und Wohnungswesen | 18,0 | 20,1 | 26,4 | 25,4 | – | – |
| Information und Kommunikation | 12,5 | 13,9 | 15,9 | 15,7 | 18,3 | – |
| Kunst, Unterhaltung und Erholung | 17,1 | 19,2 | 20,1 | 17,4 | 13,0 | 21,3 |
| Private Haushalte, Herstellung von Waren, Dienstleistungen durch private Haushalte für den Eigenbedarf | 11,0 | – | 7,2 | – | – | – |
| **Branche insgesamt** | **17,8** | **19,7** | **19,7** | **19,7** | **19,4** | **18,3** |
| **Alle Branchen** | **18,1** | **19,8** | **20,0** | **20,1** | **20,2** | **19,1** |

Fehlzeiten-Report 2011

◩ **Tab. 22.4.7** Krankenstand in Prozent nach der Stellung im Beruf in der Branche Dienstleistungen im Jahr 2010, AOK-Mitglieder

| Wirtschaftsabteilung | Stellung im Beruf | | | | |
|---|---|---|---|---|---|
| | Auszubildende | Arbeiter | Facharbeiter | Meister, Poliere | Angestellte |
| Dienstleistungen für Unternehmen | 4,1 | 5,0 | 5,1 | 4,5 | 4,0 |
| Freiberufliche, wissenschaftliche und technische Dienstleistungen | 3,4 | 5,9 | 5,0 | 3,4 | 2,7 |
| Sonstige Dienstleistungen | 4,7 | 5,6 | 3,9 | 3,8 | 3,8 |
| Gastgewerbe | 4,1 | 3,7 | 3,5 | 3,8 | 3,2 |
| Gesundheits- und Sozialwesen | 3,6 | 7,7 | 5,5 | 4,3 | 4,5 |
| Grundstücks- und Wohnungswesen | 3,4 | 4,8 | 5,3 | 4,1 | 3,3 |
| Information und Kommunikation | 2,7 | 5,4 | 4,2 | 2,8 | 2,6 |
| Kunst, Unterhaltung und Erholung | 3,5 | 4,6 | 5,3 | 4,8 | 3,6 |
| Private Haushalte, Herstellung von Waren, Dienstleistungen durch private Haushalte für den Eigenbedarf | 2,6 | 2,5 | 3,1 | 2,9 | 2,7 |
| **Branche insgesamt** | **3,8** | **5,1** | **4,6** | **4,0** | **3,8** |
| **Alle Branchen** | **4,1** | **5,8** | **5,2** | **4,0** | **3,6** |

Fehlzeiten-Report 2011

22

◻ **Tab. 22.4.8** Tage der Arbeitsunfähigkeit je AOK-Mitglied nach der Stellung im Beruf in der Branche Dienstleistungen im Jahr 2010

| Wirtschaftsabteilung | Stellung im Beruf | | | | |
|---|---|---|---|---|---|
| | Auszubil-dende | Arbeiter | Facharbeiter | Meister, Poliere | Angestellte |
| Dienstleistungen für Unternehmen | 15,1 | 18,1 | 18,5 | 16,4 | 14,4 |
| Freiberufliche, wissenschaftliche und technische Dienstleistungen | 12,5 | 21,7 | 18,2 | 12,3 | 9,8 |
| Sonstige Dienstleistungen | 17,3 | 20,6 | 14,4 | 13,9 | 13,9 |
| Gastgewerbe | 14,9 | 13,6 | 12,9 | 13,7 | 11,8 |
| Gesundheits- und Sozialwesen | 13,3 | 28,2 | 20,2 | 15,8 | 16,6 |
| Grundstücks- und Wohnungswesen | 12,4 | 17,6 | 19,5 | 15,1 | 12,1 |
| Information und Kommunikation | 10,0 | 19,8 | 15,4 | 10,3 | 9,4 |
| Kunst, Unterhaltung und Erholung | 12,8 | 16,7 | 19,2 | 17,6 | 13,2 |
| Private Haushalte, Herstellung von Waren, Dienstleistungen durch private Haushalte für den Eigenbedarf | 9,5 | 9,3 | 11,5 | 10,4 | 9,8 |
| **Branche insgesamt** | **14,0** | **18,6** | **16,7** | **14,5** | **13,8** |
| **Alle Branchen** | **14,8** | **21,2** | **18,9** | **14,5** | **13,0** |

Fehlzeiten-Report 2011

◻ **Tab. 22.4.9** Anteil der Arbeitsunfälle an den AU-Fällen und -Tagen in Prozent nach Wirtschaftsabteilungen in der Branche Dienstleistungen im Jahr 2010, AOK-Mitglieder

| Wirtschaftsabteilung | AU-Fälle in % | AU-Tage in % |
|---|---|---|
| Dienstleistungen für Unternehmen | 5,2 | 6,8 |
| Freiberufliche, wissenschaftliche und technische Dienstleistungen | 2,6 | 3,8 |
| Erbringung von sonstigen Dienstleistungen | 2,7 | 3,8 |
| Gastgewerbe | 4,7 | 5,5 |
| Gesundheits- und Sozialwesen | 2,6 | 3,3 |
| Grundstücks- und Wohnungswesen | 3,9 | 6,1 |
| Information und Kommunikation | 2,1 | 3,5 |
| Kunst, Unterhaltung und Erholung | 5,4 | 8,6 |
| Private Haushalte, Herstellung von Waren, Dienstleistungen durch private Haushalte für den Eigenbedarf | 2,9 | 3,9 |
| **Branche insgesamt** | **3,6** | **4,7** |
| **Alle Branchen** | **4,5** | **6,1** |

Fehlzeiten-Report 2011

**◘ Tab. 22.4.10** Tage und Fälle der Arbeitsunfähigkeit durch Arbeitsunfälle nach Berufsgruppen in der Branche Dienstleistungen im Jahr 2010, AOK-Mitglieder

| Tätigkeit | Arbeitsunfähigkeit je 1.000 AOK-Mitglieder | |
|---|---|---|
| | AU-Tage | AU-Fälle |
| Industriemechaniker | 2.604,7 | 178,1 |
| Gärtner, Gartenarbeiter | 1.890,8 | 122,3 |
| Kraftfahrzeugführer | 1.693,8 | 89,1 |
| Elektroinstallateure, -monteure | 1.597,5 | 100,8 |
| Postverteiler | 1.467,7 | 109,6 |
| Lager-, Transportarbeiter | 1.420,4 | 110,5 |
| Pförtner, Hauswarte | 1.144,5 | 62,6 |
| Glas-, Gebäudereiniger | 1.033,7 | 66,7 |
| Wächter, Aufseher | 970,0 | 47,5 |
| Köche | 912,1 | 63,6 |
| Raum-, Hausratreiniger | 841,2 | 50,2 |
| Helfer in der Krankenpflege | 829,5 | 51,5 |
| Hauswirtschaftliche Betreuer | 791,4 | 47,5 |
| Sozialarbeiter, Sozialpfleger | 694,1 | 45,1 |
| Restaurantfachleute, Stewards/Stewardessen | 590,4 | 41,8 |
| Verkäufer | 550,4 | 40,7 |
| Hoteliers, Gastwirte, Hotel-, Gaststättengeschäftsführer | 529,4 | 51,1 |
| Krankenschwestern, -pfleger, Hebammen | 510,1 | 34,2 |
| Heimleiter, Sozialpädagogen | 492,2 | 35,1 |
| Bürofachkräfte | 251,7 | 21,0 |
| Sprechstundenhelfer | 217,6 | 23,4 |
| **Branche insgesamt** | 785,5 | 54,7 |
| **Alle Branchen** | 1.076,0 | 68,8 |

Fehlzeiten-Report 2011

22

◪ **Tab. 22.4.11** Tage und Fälle der Arbeitsunfähigkeit je 100 AOK-Mitglieder nach Krankheitsarten in der Branche Dienstleistungen in den Jahren 1995 bis 2010

| Jahr | Arbeitsunfähigkeiten je 100 AOK-Mitglieder | | | | | | | | | | | |
|------|--------|-------|---------------|-------|----------|-------|----------|-------|---------------|-------|---------------|-------|
| | Psyche | | Herz/Kreislauf | | Atemwege | | Verdauung | | Muskel/Skelett | | Verletzungen | |
| | Tage | Fälle | Tage | Fälle | Tage | Fälle | Tage | Fälle | Tage | Fälle | Tage | Fälle |
| 1995 | 131,2 | 5,4 | 189,5 | 9,8 | 388,0 | 47,1 | 196,9 | 23,3 | 577,8 | 30,4 | 304,6 | 18,9 |
| 1996 | 126,7 | 5,1 | 166,6 | 8,6 | 350,8 | 43,5 | 173,5 | 22,0 | 529,5 | 27,9 | 285,6 | 17,7 |
| 1997 | 120,9 | 5,4 | 153,0 | 8,7 | 309,8 | 41,8 | 159,5 | 21,6 | 467,4 | 27,1 | 267,9 | 17,3 |
| 1998 | 129,5 | 5,8 | 150,0 | 8,9 | 307,2 | 43,3 | 155,3 | 22,0 | 480,0 | 28,7 | 260,5 | 17,4 |
| 1999 | 137,2 | 6,3 | 147,1 | 9,2 | 343,9 | 48,9 | 159,4 | 24,1 | 504,9 | 31,3 | 260,8 | 18,0 |
| 2000 | 163,5 | 7,7 | 131,5 | 8,3 | 321,8 | 45,8 | 142,8 | 20,4 | 543,2 | 33,4 | 249,3 | 17,2 |
| 2001 | 174,7 | 8,6 | 135,5 | 9,0 | 303,0 | 44,8 | 143,3 | 20,9 | 554,2 | 34,5 | 246,0 | 17,2 |
| 2002 | 180,1 | 8,9 | 131,4 | 9,0 | 289,1 | 43,5 | 143,9 | 21,9 | 542,4 | 34,1 | 239,2 | 16,7 |
| 2003 | 175,1 | 8,8 | 125,2 | 8,9 | 289,3 | 44,7 | 134,6 | 20,9 | 491,7 | 31,5 | 226,0 | 15,8 |
| 2004 | 187,1 | 8,8 | 130,4 | 7,9 | 247,0 | 37,4 | 133,3 | 20,0 | 463,9 | 29,2 | 216,7 | 14,6 |
| 2005 | 179,3 | 8,2 | 123,3 | 7,4 | 275,1 | 41,7 | 121,8 | 18,2 | 429,9 | 27,2 | 208,9 | 13,9 |
| 2006 | 181,7 | 8,4 | 122,7 | 7,6 | 234,5 | 36,5 | 125,9 | 19,6 | 435,3 | 28,0 | 217,8 | 14,7 |
| 2007 | 201,1 | 9,1 | 126,2 | 7,6 | 264,4 | 41,3 | 135,8 | 21,6 | 461,1 | 29,5 | 220,2 | 14,9 |
| 2008 (WZ03) | 211,3 | 9,5 | 129,6 | 7,9 | 276,0 | 43,4 | 141,4 | 22,7 | 477,2 | 31,0 | 225,5 | 15,3 |
| 2008 (WZ08)* | 208,8 | 9,5 | 126,2 | 7,8 | 273,2 | 43,3 | 139,4 | 22,5 | 466,7 | 30,6 | 222,4 | 15,2 |
| 2009 | 220,9 | 9,9 | 126,0 | 7,6 | 314,1 | 48,7 | 135,2 | 21,4 | 453,6 | 28,8 | 218,7 | 14,2 |
| 2010 | 240,2 | 10,5 | 123,8 | 7,6 | 272,9 | 43,4 | 125,2 | 19,9 | 479,9 | 30,4 | 235,8 | 15,5 |

*aufgrund der Revision der Wirtschaftszweigklassifikation in 2008 ist eine Vergleichbarkeit mit den Vorjahren nur bedingt möglich

◪ **Tab. 22.4.12** Verteilung der Arbeitsunfähigkeitstage nach Krankheitsarten in Prozent in der Branche Dienstleistungen im Jahr 2010, AOK-Mitglieder

| Wirtschaftsabteilung | AU-Tage in % | | | | | | |
|----------------------|--------|-----------------|---------------|-----------------|-------------------|------------------|----------|
| | Psyche | Herz/Kreislauf | Atemwege | Verdauung | Muskel/Skelett | Verletzungen | Sonstige |
| Dienstleistungen für Unternehmen | 8,5 | 5,9 | 13,2 | 6,1 | 24,5 | 13,3 | 28,5 |
| Freiberufliche, wissenschaftliche und technische Dienstleistungen | 11,5 | 5,6 | 14,1 | 6,1 | 20,4 | 10,5 | 31,8 |
| Sonstige Dienstleistungen | 11,2 | 5,7 | 13,9 | 6,1 | 21,1 | 10,4 | 31,6 |
| Gastgewerbe | 10,4 | 5,8 | 11,2 | 6,2 | 22,5 | 12,4 | 31,5 |
| Gesundheits- und Sozialwesen | 13,6 | 5,7 | 12,3 | 5,5 | 22,3 | 9,2 | 31,4 |
| Grundstücks- und Wohnungswesen | 9,3 | 7,4 | 11,6 | 5,8 | 23,8 | 12,2 | 29,9 |
| Information und Kommunikation | 11,7 | 5,8 | 16,2 | 6,5 | 18,5 | 10,4 | 30,9 |
| Kunst, Unterhaltung und Erholung | 11,9 | 6,2 | 12,1 | 5,5 | 20,7 | 14,3 | 29,3 |
| Private Haushalte, Herstellung von Waren, Dienstleistungen durch private Haushalte für den Eigenbedarf | 10,3 | 7,0 | 9,0 | 5,4 | 22,3 | 11,3 | 34,7 |
| **Branche insgesamt** | **11,3** | **5,8** | **12,8** | **5,9** | **22,5** | **11,1** | **30,6** |
| **Alle Branchen** | **9,3** | **6,6** | **12,0** | **5,8** | **24,2** | **12,9** | **29,2** |

◘ **Tab. 22.4.13** Verteilung der Arbeitsunfähigkeitsfälle nach Krankheitsarten in Prozent in der Branche Dienstleistungen im Jahr 2010, AOK-Mitglieder

| Wirtschaftsabteilung | AU-Fälle in % | | | | | | |
|---|---|---|---|---|---|---|---|
| | Psyche | Herz/ Kreislauf | Atem- wege | Verdau- ung | Muskel/ Skelett | Verlet- zungen | Sonstige |
| Dienstleistungen für Unternehmen | 4,7 | 3,9 | 21,3 | 10,4 | 19,2 | 9,9 | 30,6 |
| Freiberufliche, wissenschaftliche und technische Dienstleistungen | 5,2 | 3,7 | 25,3 | 10,9 | 13,4 | 7,1 | 34,4 |
| Sonstige Dienstleistungen | 5,3 | 3,9 | 24,3 | 10,9 | 14,2 | 7,1 | 34,3 |
| Gastgewerbe | 5,5 | 4,1 | 19,8 | 10,4 | 16,2 | 9,6 | 34,4 |
| Gesundheits- und Sozialwesen | 6,3 | 4,0 | 23,3 | 10,2 | 14,7 | 6,8 | 34,7 |
| Grundstücks- und Wohnungswesen | 5,1 | 5,2 | 21,4 | 10,8 | 16,9 | 8,4 | 32,2 |
| Information und Kommunikation | 5,2 | 3,7 | 27,8 | 10,9 | 12,7 | 6,6 | 33,1 |
| Kunst, Unterhaltung und Erholung | 6,3 | 4,3 | 22,1 | 9,8 | 15,8 | 9,9 | 31,8 |
| Private Haushalte, Herstellung von Waren, Dienstleistungen durch private Haushalte für den Eigenbedarf | 6,1 | 6,1 | 18,4 | 8,9 | 16,4 | 8,0 | 36,1 |
| **Branche insgesamt** | **5,5** | **4,0** | **22,7** | **10,4** | **15,9** | **8,1** | **33,4** |
| **Alle Branchen** | **4,7** | **4,2** | **22,1** | **10,5** | **17,4** | **9,3** | **31,8** |

Fehlzeiten-Report 2011

◘ **Tab. 22.4.14** Verteilung der Arbeitsunfähigkeitstage nach Krankheitsarten und ausgewählten Berufsgruppen in der Branche Dienstleistungen im Jahr 2010, AOK-Mitglieder

| Tätigkeit | AU-Tage in % | | | | | | |
|---|---|---|---|---|---|---|---|
| | Psyche | Herz/ Kreislauf | Atem- wege | Verdau- ung | Muskel/ Skelett | Verlet- zungen | Sonstige |
| Bürofachkräfte | 14,4 | 4,9 | 16,7 | 6,7 | 14,8 | 8,2 | 34,3 |
| Datenverarbeitungsfachleute | 12,3 | 5,0 | 21,1 | 7,5 | 13,5 | 10,0 | 30,6 |
| Friseure | 10,9 | 3,6 | 16,2 | 7,8 | 16,4 | 10,2 | 34,9 |
| Gärtner, Gartenarbeiter | 6,7 | 6,2 | 11,3 | 5,8 | 27,2 | 17,6 | 25,2 |
| Glas-, Gebäudereiniger | 8,3 | 6,3 | 11,2 | 5,5 | 27,9 | 12,5 | 28,3 |
| Hauswirtschaftliche Betreuer | 11,8 | 6,5 | 10,1 | 4,7 | 26,1 | 9,2 | 31,6 |
| Heimleiter, Sozialpädagogen | 17,4 | 4,9 | 14,6 | 5,5 | 16,4 | 9,5 | 31,7 |
| Helfer in der Krankenpflege | 13,5 | 6,1 | 10,7 | 5,1 | 26,1 | 8,6 | 29,9 |
| Hoteliers, Gastwirte, Hotel-, Gast- stättengeschäftsführer | 12,5 | 4,0 | 14,7 | 7,7 | 16,0 | 12,4 | 32,7 |
| Kindergärtnerinnen, Kinderpfleger | 14,8 | 3,8 | 19,1 | 6,0 | 14,8 | 8,1 | 33,4 |
| Köche | 10,5 | 6,4 | 10,5 | 5,9 | 24,2 | 11,6 | 30,9 |
| Krankenschwestern, -pfleger, Hebammen | 14,4 | 5,1 | 12,5 | 5,2 | 21,5 | 9,5 | 31,8 |
| Lager-, Transportarbeiter | 7,2 | 5,6 | 13,4 | 6,4 | 26,2 | 14,2 | 27,0 |
| Pförtner, Hauswarte | 8,5 | 9,4 | 9,5 | 5,8 | 25,2 | 12,7 | 28,9 |
| Raum-, Hausratreiniger | 9,8 | 6,5 | 10,4 | 5,1 | 27,5 | 9,4 | 31,3 |
| Restaurantfachleute, Stewards/ Stewardessen | 11,4 | 4,9 | 11,6 | 6,2 | 21,5 | 12,6 | 31,8 |
| Sozialarbeiter, Sozialpfleger | 15,4 | 5,4 | 12,0 | 5,3 | 22,8 | 8,5 | 30,6 |
| Sprechstundenhelfer | 12,4 | 3,5 | 17,1 | 8,1 | 12,3 | 9,1 | 37,5 |
| Verkäufer | 12,2 | 5,6 | 12,1 | 6,0 | 21,9 | 9,7 | 32,5 |
| Wächter, Aufseher | 13,0 | 8,9 | 11,0 | 5,8 | 19,8 | 10,3 | 31,2 |
| **Branche insgesamt** | **11,3** | **5,8** | **12,8** | **5,9** | **22,5** | **11,1** | **30,6** |
| **Alle Branchen** | **9,3** | **6,6** | **12,0** | **5,8** | **24,2** | **12,9** | **29,2** |

Fehlzeiten-Report 2011

22

◘ **Tab. 22.4.15** Verteilung der Arbeitsunfähigkeitsfälle nach Krankheitsarten und ausgewählten Berufsgruppen in der Branche Dienstleistungen im Jahr 2010, AOK-Mitglieder

| Tätigkeit | AU-Fälle in % | | | | | | |
|---|---|---|---|---|---|---|---|
| | Psyche | Herz/ Kreislauf | Atem- wege | Verdau- ung | Muskel/ Skelett | Verlet- zungen | Sons- tige |
| Bürofachkräfte | 5,8 | 3,5 | 27,5 | 11,5 | 10,2 | 5,4 | 36,1 |
| Datenverarbeitungsfachleute | 4,5 | 3,0 | 32,7 | 11,4 | 9,7 | 5,8 | 32,9 |
| Friseure | 4,8 | 3,0 | 24,9 | 12,2 | 10,1 | 6,5 | 38,5 |
| Gärtner, Gartenarbeiter | 3,7 | 3,9 | 19,6 | 10,5 | 21,9 | 13,0 | 27,4 |
| Glas-, Gebäudereiniger | 4,8 | 4,7 | 19,1 | 9,8 | 22,0 | 9,2 | 30,4 |
| Hauswirtschaftliche Betreuer | 6,3 | 5,1 | 19,0 | 9,2 | 19,1 | 7,1 | 34,2 |
| Heimleiter, Sozialpädagogen | 7,3 | 3,1 | 27,3 | 9,5 | 11,9 | 6,7 | 34,2 |
| Helfer in der Krankenpflege | 6,9 | 4,4 | 21,2 | 9,4 | 18,0 | 7,0 | 33,1 |
| Hoteliers, Gastwirte, Hotel-, Gast- stättengeschäftsführer | 5,5 | 3,0 | 23,2 | 12,0 | 10,6 | 8,7 | 37,0 |
| Kindergärtnerinnen, Kinderpfleger | 5,3 | 2,6 | 31,5 | 10,4 | 9,4 | 5,0 | 35,8 |
| Köche | 5,6 | 4,5 | 19,1 | 10,3 | 17,6 | 9,6 | 33,3 |
| Krankenschwestern, -pfleger, Hebammen | 6,6 | 3,8 | 24,1 | 9,5 | 14,2 | 6,9 | 34,9 |
| Lager-, Transportarbeiter | 4,0 | 3,8 | 21,0 | 10,2 | 20,9 | 10,8 | 29,3 |
| Pförtner, Hauswarte | 5,1 | 6,6 | 17,6 | 10,1 | 20,1 | 9,9 | 30,6 |
| Raum-, Hausratreiniger | 5,7 | 5,2 | 18,5 | 9,2 | 21,5 | 7,2 | 32,7 |
| Restaurantfachleute, Stewards/ Stewardessen | 6,0 | 3,7 | 20,3 | 10,3 | 15,2 | 9,5 | 35,0 |
| Sozialarbeiter, Sozialpfleger | 7,3 | 3,9 | 22,8 | 9,9 | 15,6 | 6,8 | 33,7 |
| Sprechstundenhelfer | 4,8 | 2,7 | 26,5 | 12,7 | 7,1 | 5,5 | 40,7 |
| Verkäufer | 6,1 | 4,0 | 21,6 | 10,5 | 14,8 | 7,6 | 35,4 |
| Wächter, Aufseher | 7,5 | 6,0 | 19,6 | 9,7 | 15,8 | 8,2 | 33,2 |
| **Branche insgesamt** | **5,5** | **4,0** | **22,7** | **10,4** | **15,9** | **8,1** | **33,4** |
| **Alle Branchen** | **4,7** | **4,2** | **22,1** | **10,5** | **17,4** | **9,3** | **31,8** |

Fehlzeiten-Report 2011

◪ **Tab. 22.4.16** Anteile der 40 häufigsten Einzeldiagnosen an den AU-Fällen und AU-Tagen in der Branche Dienstleistungen im Jahr 2010, AOK-Mitglieder

| ICD-10 | Bezeichnung | AU-Fälle in % | AU-Tage in % |
|--------|-------------|---------------|--------------|
| J06 | Akute Infektionen der oberen Atemwege | 7,0 | 3,2 |
| M54 | Rückenschmerzen | 6,4 | 6,5 |
| A09 | Diarrhoe und Gastroenteritis | 3,8 | 1,4 |
| K52 | Nichtinfektiöse Gastroenteritis und Kolitis | 2,9 | 1,1 |
| J20 | Akute Bronchitis | 2,8 | 1,6 |
| J40 | Bronchitis | 2,3 | 1,3 |
| K08 | Sonstige Krankheiten der Zähne und des Zahnhalteapparates | 1,8 | 0,4 |
| R10 | Bauch- und Beckenschmerzen | 1,7 | 0,9 |
| K29 | Gastritis und Duodenitis | 1,7 | 0,9 |
| B34 | Viruskrankheit | 1,4 | 0,6 |
| J03 | Akute Tonsillitis | 1,4 | 0,7 |
| F32 | Depressive Episode | 1,4 | 3,5 |
| I10 | Essentielle Hypertonie | 1,3 | 2,1 |
| J01 | Akute Sinusitis | 1,3 | 0,7 |
| J02 | Akute Pharyngitis | 1,3 | 0,6 |
| J32 | Chronische Sinusitis | 1,2 | 0,6 |
| T14 | Verletzung an einer nicht näher bezeichneten Körperregion | 1,2 | 1,1 |
| F43 | Reaktionen auf schwere Belastungen und Anpassungsstörungen | 1,1 | 1,9 |
| R51 | Kopfschmerz | 1,0 | 0,5 |
| M53 | Sonstige Krankheiten der Wirbelsäule und des Rückens | 0,9 | 1,1 |
| R11 | Übelkeit und Erbrechen | 0,9 | 0,4 |
| M99 | Biomechanische Funktionsstörungen | 0,8 | 0,6 |
| M51 | Sonstige Bandscheibenschäden | 0,8 | 2,0 |
| A08 | Virusbedingte Darminfektionen | 0,8 | 0,3 |
| M25 | Sonstige Gelenkkrankheiten | 0,8 | 0,9 |
| F45 | Somatoforme Störungen | 0,7 | 1,2 |
| J04 | Akute Laryngitis und Tracheitis | 0,7 | 0,4 |
| M77 | Sonstige Enthesopathien | 0,7 | 0,9 |
| G43 | Migräne | 0,7 | 0,3 |
| F48 | Andere neurotische Störungen | 0,7 | 1,0 |
| M79 | Sonstige Krankheiten des Weichteilgewebes | 0,7 | 0,7 |
| N39 | Sonstige Krankheiten des Harnsystems | 0,7 | 0,4 |
| M75 | Schulterläsionen | 0,7 | 1,4 |
| S93 | Luxation, Verstauchung und Zerrung der Gelenke und Bänder in Höhe des oberen Sprunggelenkes und des Fußes | 0,6 | 0,7 |
| J00 | Akute Rhinopharyngitis (Erkältungsschnupfen) | 0,6 | 0,3 |
| R42 | Schwindel und Taumel | 0,6 | 0,4 |
| B99 | Sonstige Infektionskrankheiten | 0,6 | 0,3 |
| R53 | Unwohlsein und Ermüdung | 0,6 | 0,5 |
| J98 | Sonstige Krankheiten der Atemwege | 0,6 | 0,3 |
| M23 | Binnenschädigung des Kniegelenkes | 0,5 | 1,2 |
| | **Summe hier** | **57,7** | **44,9** |
| | Restliche | 42,3 | 55,1 |
| | **Gesamtsumme** | **100,0** | **100,0** |

**22**

◻ **Tab. 22.4.17** Anteile der 40 häufigsten Diagnoseuntergruppen an den AU-Fällen und AU-Tagen in der Branche Dienstleistungen im Jahr 2010, AOK-Mitglieder

| ICD-10 | Bezeichnung | AU-Fälle in % | AU-Tage in % |
|--------|-------------|:-------------:|:------------:|
| J00–J06 | Akute Infektionen der oberen Atemwege | 12,2 | 5,8 |
| M40–M54 | Krankheiten der Wirbelsäule und des Rückens | 8,6 | 10,6 |
| A00–A09 | Infektiöse Darmkrankheiten | 5,0 | 1,9 |
| J40–J47 | Chronische Krankheiten der unteren Atemwege | 3,6 | 2,5 |
| M60–M79 | Krankheiten der Weichteilgewebe | 3,4 | 4,7 |
| K50–K52 | Nichtinfektiöse Enteritis und Kolitis | 3,3 | 1,4 |
| J20–J22 | Sonstige akute Infektionen der unteren Atemwege | 3,2 | 1,8 |
| R50–R69 | Allgemeinsymptome | 3,0 | 2,3 |
| F40–F48 | Neurotische, Belastungs- und somatoforme Störungen | 2,9 | 4,9 |
| R10–R19 | Symptome bzgl. Verdauungssystem und Abdomen | 2,7 | 1,6 |
| M00–M25 | Arthropathien | 2,7 | 5,4 |
| K00–K14 | Krankheiten der Mundhöhle, der Speicheldrüsen und der Kiefer | 2,3 | 0,7 |
| K20–K31 | Krankheiten des Ösophagus, Magens und Duodenums | 2,3 | 1,3 |
| J30–J39 | Sonstige Krankheiten der oberen Atemwege | 1,8 | 1,1 |
| F30–F39 | Affektive Störungen | 1,8 | 4,8 |
| B25–B34 | Sonstige Viruskrankheiten | 1,6 | 0,8 |
| I10–I15 | Hypertonie | 1,5 | 2,4 |
| T08–T14 | Verletzungen Rumpf, Extremitäten o. a. Körperregionen | 1,5 | 1,4 |
| G40–G47 | Episod. und paroxysmale Krankheiten des Nervensystems | 1,4 | 1,1 |
| S60–S69 | Verletzungen des Handgelenkes und der Hand | 1,2 | 1,5 |
| R00–R09 | Symptome bzgl. Kreislauf- und Atmungssystem | 1,1 | 0,8 |
| S90–S99 | Verletzungen der Knöchelregion und des Fußes | 1,1 | 1,4 |
| N30–N39 | Sonstige Krankheiten des Harnsystems | 1,1 | 0,7 |
| S80–S89 | Verletzungen des Knies und des Unterschenkels | 1,0 | 1,9 |
| M95–M99 | Sonstige Krankheiten des Muskel-Skelett-Systems und des Bindegewebes | 0,9 | 0,8 |
| J10–J18 | Grippe und Pneumonie | 0,9 | 0,6 |
| N80–N98 | Nichtentzündliche Krankheiten des weiblichen Genitaltraktes | 0,8 | 0,8 |
| R40–R46 | Symptome bzgl. Wahrnehmung, Stimmung und Verhalten | 0,8 | 0,6 |
| I80–I89 | Krankheiten der Venen, Lymphgefäße und -knoten | 0,8 | 0,9 |
| I95–I99 | Sonstige Krankheiten des Kreislaufsystems | 0,7 | 0,4 |
| G50–G59 | Krankheiten von Nerven, Nervenwurzeln und Nervenplexus | 0,7 | 1,2 |
| J95–J99 | Sonstige Krankheiten des Atmungssystems | 0,7 | 0,5 |
| K55–K63 | Sonstige Krankheiten des Darmes | 0,7 | 0,6 |
| Z20–Z29 | Pot. Gesundheitsrisiken bzgl. übertragbarer Krankheiten | 0,6 | 0,3 |
| E70–E90 | Stoffwechselstörungen | 0,6 | 1,0 |
| B99–B99 | Sonstige Infektionskrankheiten | 0,6 | 0,3 |
| S00–S09 | Verletzungen des Kopfes | 0,6 | 0,5 |
| O20–O29 | Sonstige mit Schwangerschaft verbundene Krankheiten | 0,6 | 0,5 |
| Z70–Z76 | Sonstige Inanspruchnahme des Gesundheitswesen | 0,6 | 1,1 |
| D10–D36 | Gutartige Neubildungen | 0,5 | 0,7 |
| | **Summe hier** | **81,4** | **73,6** |
| | Restliche | 18,6 | 26,4 |
| | **Gesamtsumme** | **100,0** | **100,0** |

Fehlzeiten-Report 2011

## 22.5 Energie, Wasser, Entsorgung und Bergbau

22

◻ **Tab. 22.5.1** Entwicklung des Krankenstands der AOK-Mitglieder in der Branche Energie, Wasser, Entsorgung und Bergbau in den Jahren 1994 bis 2010

| Jahr | Krankenstand in % | | | AU-Fälle je 100 AOK-Mitglieder | | | Tage je Fall | | |
|------|------|-----|------|------|------|------|------|------|------|
| | West | Ost | Bund | West | Ost | Bund | West | Ost | Bund |
| 1994 | 6,4 | 5,2 | 6,0 | 143,8 | 117,4 | 136,7 | 16,1 | 14,0 | 15,6 |
| 1995 | 6,2 | 5,0 | 5,8 | 149,0 | 126,4 | 143,3 | 15,6 | 13,9 | 15,2 |
| 1996 | 5,7 | 4,1 | 5,3 | 139,1 | 112,4 | 132,3 | 15,7 | 13,8 | 15,3 |
| 1997 | 5,5 | 4,2 | 5,2 | 135,8 | 107,1 | 129,1 | 14,8 | 13,8 | 14,6 |
| 1998 | 5,7 | 4,0 | 5,3 | 140,4 | 108,1 | 133,4 | 14,8 | 13,6 | 14,6 |
| 1999 | 5,9 | 4,4 | 5,6 | 149,7 | 118,8 | 143,4 | 14,4 | 13,5 | 14,2 |
| 2000 | 5,8 | 4,4 | 5,5 | 148,8 | 122,3 | 143,7 | 14,3 | 13,1 | 14,1 |
| 2001 | 5,7 | 4,4 | 5,4 | 145,0 | 120,3 | 140,4 | 14,3 | 13,5 | 14,2 |
| 2002 | 5,5 | 4,5 | 5,3 | 144,9 | 122,0 | 140,7 | 13,9 | 13,4 | 13,8 |
| 2003 | 5,2 | 4,1 | 5,0 | 144,2 | 121,6 | 139,9 | 13,2 | 12,4 | 13,0 |
| 2004 | 4,9 | 3,7 | 4,6 | 135,2 | 114,8 | 131,1 | 13,1 | 11,9 | 12,9 |
| 2005 | 4,8 | 3,7 | 4,6 | 139,1 | 115,5 | 134,3 | 12,7 | 11,7 | 12,5 |
| 2006 | 4,4 | 3,6 | 4,3 | 127,1 | 112,8 | 124,2 | 12,7 | 11,7 | 12,5 |
| 2007 | 4,8 | 3,7 | 4,6 | 138,7 | 117,0 | 134,3 | 12,7 | 11,6 | 12,5 |
| 2008 (WZ03) | 4,9 | 3,9 | 4,7 | 142,6 | 121,6 | 138,2 | 12,6 | 11,8 | 12,4 |
| 2008 (WZ08)* | 5,6 | 4,9 | 5,4 | 157,8 | 132,3 | 152,1 | 13,0 | 13,5 | 13,1 |
| 2009 | 5,8 | 5,3 | 5,7 | 162,4 | 142,8 | 158,1 | 13,0 | 13,5 | 13,1 |
| 2010 | 6,0 | 5,5 | 5,9 | 165,7 | 148,9 | 162,0 | 13,3 | 13,4 | 13,3 |

*aufgrund der Revision der Wirtschaftszweigklassifikation in 2008 ist eine Vergleichbarkeit mit den Vorjahren nur bedingt möglich

Fehlzeiten-Report 2011

◻ **Tab. 22.5.2** Arbeitsunfähigkeit der AOK-Mitglieder in der Branche Energie, Wasser, Entsorgung und Bergbau nach Bundesländern im Jahr 2010 im Vergleich zum Vorjahr

| Bundesland | Kranken-stand in % | Arbeitsunfähigkeit je 100 AOK-Mitglieder | | | | Tage je Fall | Veränd. z. Vorj. in % | AU-Quote in % |
|------------|------|------|------|------|------|------|------|------|
| | | AU-Fälle | Veränd. z. Vorj. in % | AU-Tage | Veränd. z. Vorj. in % | | | |
| Baden-Württemberg | 5,4 | 155,7 | -1,5 | 1.959,1 | -2,3 | 12,6 | -0,8 | 59,7 |
| Bayern | 5,0 | 137,2 | 0,8 | 1.820,7 | 2,0 | 13,3 | 1,5 | 56,0 |
| Berlin | 7,4 | 196,8 | 4,5 | 2.710,6 | 2,8 | 13,8 | -1,4 | 37,2 |
| Brandenburg | 5,9 | 143,8 | -0,1 | 2.141,3 | 2,0 | 14,9 | 2,1 | 55,2 |
| Bremen | 6,6 | 199,2 | 15,7 | 2.409,0 | 7,4 | 12,1 | -6,9 | 66,3 |
| Hamburg | 6,9 | 195,9 | 1,1 | 2.517,4 | -3,9 | 12,9 | -4,4 | 62,0 |
| Hessen | 6,9 | 183,4 | 2,5 | 2.519,7 | 0,2 | 13,7 | -2,8 | 65,0 |
| Mecklenburg-Vorpommern | 6,1 | 154,7 | 4,7 | 2.214,0 | 5,4 | 14,3 | 0,7 | 60,2 |
| Niedersachsen | 6,1 | 175,6 | 5,5 | 2.239,7 | 25,9 | 12,8 | 19,6 | 61,8 |
| Nordrhein-Westfalen | 6,7 | 178,6 | 2,5 | 2.447,2 | 2,2 | 13,7 | 0,0 | 65,2 |
| Rheinland-Pfalz | 7,0 | 185,5 | 0,4 | 2.539,5 | 3,1 | 13,7 | 3,0 | 64,9 |
| Saarland | 5,9 | 150,8 | 2,7 | 2.140,4 | -5,4 | 14,2 | -7,8 | 62,1 |
| Sachsen | 5,3 | 150,2 | 7,2 | 1.919,1 | 5,3 | 12,8 | -1,5 | 58,3 |
| Sachsen-Anhalt | 5,5 | 140,9 | -0,9 | 1.992,4 | 3,7 | 14,1 | 4,4 | 55,9 |
| Schleswig-Holstein | 6,3 | 165,4 | 2,3 | 2.285,4 | 5,5 | 13,8 | 3,0 | 62,5 |
| Thüringen | 5,6 | 152,8 | 2,7 | 2.039,7 | 0,3 | 13,3 | -2,9 | 58,7 |
| **West** | **6,0** | **165,7** | **2,0** | **2.200,8** | **3,9** | **13,3** | **2,3** | **60,9** |
| **Ost** | **5,5** | **148,9** | **4,3** | **1.999,1** | **3,9** | **13,4** | **-0,7** | **57,8** |
| **Bund** | **5,9** | **162,0** | **2,5** | **2.156,1** | **3,9** | **13,3** | **1,5** | **60,2** |

Fehlzeiten-Report 2011

**◻ Tab. 22.5.3** Arbeitsunfähigkeit der AOK-Mitglieder in der Branche Energie, Wasser, Entsorgung und Bergbau nach Wirtschaftsabteilungen im Jahr 2010

| Wirtschaftsabteilung | Krankenstand in % | | Arbeitsunfähigkeiten je 100 AOK-Mitglieder | | Tage je Fall | AU-Quote in % |
|---|---|---|---|---|---|---|
| | 2010 | 2010 stand.* | Fälle | Tage | | |
| Abwasserentsorgung | 5,8 | 4,7 | 167,8 | 2.134,9 | 12,7 | 61,7 |
| Bergbau und Gewinnung von Steinen und Erden | 5,3 | 3,7 | 127,7 | 1.918,0 | 15,0 | 55,3 |
| Beseitigung von Umweltverschmutzungen, sonstige Entsorgung | 6,8 | 5,0 | 167,6 | 2.463,9 | 14,7 | 58,3 |
| Energieversorgung | 4,7 | 4,2 | 153,7 | 1.732,9 | 11,3 | 58,7 |
| Sammlung, Behandlung und Beseitigung von Abfällen | 7,0 | 5,6 | 177,2 | 2.553,2 | 14,4 | 61,8 |
| Wasserversorgung | 5,5 | 4,6 | 163,1 | 1.996,9 | 12,2 | 64,4 |
| **Branche insgesamt** | **5,9** | **5,0** | **162,0** | **2.156,1** | **13,3** | **60,2** |
| **Alle Branchen** | **4,8** | **4,7** | **152,1** | **1.758,9** | **11,6** | **52,8** |

*Krankenstand alters- und geschlechtsstandardisiert

Fehlzeiten-Report 2011

**◻ Tab. 22.5.4** Kennzahlen der Arbeitsunfähigkeit der AOK-Mitglieder nach ausgewählten Berufsgruppen in der Branche Energie, Wasser, Entsorgung und Bergbau im Jahr 2010

| Tätigkeit | Krankenstand in % | Arbeitsunfähigkeiten je 100 AOK-Mitglieder | | Tage je Fall | AU-Quote in % | Anteil der Berufsgruppe an der Branche in %* |
|---|---|---|---|---|---|---|
| | | Fälle | Tage | | | |
| Betriebsschlosser, Reparaturschlosser | 6,4 | 168,4 | 2.340,0 | 13,9 | 66,8 | 2,2 |
| Bürofachkräfte | 3,3 | 140,2 | 1.189,6 | 8,5 | 53,9 | 10,2 |
| Elektroinstallateure, -monteure | 4,4 | 148,3 | 1.596,1 | 10,8 | 60,6 | 6,7 |
| Energiemaschinisten | 5,4 | 137,1 | 1.972,1 | 14,4 | 59,0 | 1,3 |
| Erdbewegungsmaschinenführer | 6,3 | 125,5 | 2.313,1 | 18,4 | 56,2 | 1,3 |
| Gärtner, Gartenarbeiter | 8,0 | 232,5 | 2.929,3 | 12,6 | 68,6 | 1,1 |
| Kraftfahrzeugführer | 7,3 | 160,8 | 2.676,4 | 16,6 | 62,3 | 16,0 |
| Kraftfahrzeuginstandsetzer | 6,0 | 166,1 | 2.193,8 | 13,2 | 64,3 | 1,5 |
| Lager-, Transportarbeiter | 6,6 | 169,6 | 2.400,9 | 14,2 | 61,8 | 2,6 |
| Maschinenwärter, Maschinistenhelfer | 5,4 | 136,2 | 1.984,2 | 14,6 | 61,5 | 1,0 |
| Raum-, Hausratreiniger | 7,0 | 170,7 | 2.564,8 | 15,0 | 62,6 | 1,6 |
| Rohrinstallateure | 6,1 | 166,4 | 2.215,1 | 13,3 | 66,2 | 2,0 |
| Rohrnetzbauer, Rohrschlosser | 5,7 | 170,4 | 2.095,1 | 12,3 | 66,6 | 2,7 |
| Sonstige Maschinisten | 5,6 | 140,7 | 2.053,9 | 14,6 | 58,1 | 1,2 |
| Sonstige Techniker | 3,9 | 117,0 | 1.424,7 | 12,2 | 50,2 | 1,1 |
| Straßenreiniger, Abfallbeseitiger | 8,2 | 205,9 | 3.004,9 | 14,6 | 65,5 | 11,4 |
| Warenprüfer, -sortierer | 6,4 | 170,9 | 2.337,2 | 13,7 | 61,0 | 2,4 |
| **Branche insgesamt** | **5,9** | **162,0** | **2.156,1** | **13,3** | **60,2** | **1,5*** |

* Anteil der AOK-Mitglieder in der Berufsgruppe an den in der Branche beschäftigten AOK-Mitgliedern insgesamt
**Anteil der AOK-Mitglieder in der Branche an allen AOK-Mitgliedern

Fehlzeiten-Report 2011

◘ **Tab. 22.5.5** Dauer der Arbeitsunfähigkeit der AOK-Mitglieder in der Branche Energie, Wasser, Entsorgung und Bergbau im Jahr 2010

| Fallklasse | Branche hier | | alle Branchen | |
|---|---|---|---|---|
| | Anteil Fälle in % | Anteil Tage in % | Anteil Fälle in % | Anteil Tage in % |
| 1–3 Tage | 33,0 | 4,8 | 36,5 | 6,2 |
| 4–7 Tage | 27,5 | 10,3 | 29,8 | 12,8 |
| 8–14 Tage | 18,6 | 14,6 | 16,9 | 14,9 |
| 15–21 Tage | 7,6 | 9,9 | 6,1 | 9,1 |
| 22–28 Tage | 4,0 | 7,4 | 3,2 | 6,7 |
| 29–42 Tage | 4,1 | 10,6 | 3,2 | 9,5 |
| Langzeit-AU (> 42 Tage) | 5,2 | 42,4 | 4,3 | 40,8 |

Fehlzeiten-Report 2011

◘ **Tab. 22.5.6** Tage der Arbeitsunfähigkeit je AOK-Mitglied nach Wirtschaftsabteilung und Betriebsgröße in der Branche Energie, Wasser, Entsorgung und Bergbau im Jahr 2010

| Wirtschaftsabteilungen | Betriebsgröße (Anzahl der AOK-Mitglieder) | | | | | |
|---|---|---|---|---|---|---|
| | 10–49 | 50–99 | 100–199 | 200–499 | 500–999 | ≥ 1.000 |
| Abwasserentsorgung | 20,7 | 23,2 | 22,7 | – | – | – |
| Bergbau und Gewinnung von Steinen und Erden | 19,8 | 20,1 | 12,4 | 21,2 | – | – |
| Beseitigung von Umweltverschmutzungen und sonstige Entsorgung | 22,6 | 32,8 | 28,9 | – | – | – |
| Energieversorgung | 16,5 | 18,2 | 19,3 | 19,3 | 17,3 | – |
| Sammlung, Behandlung und Beseitigung von Abfällen | 24,0 | 26,6 | 28,7 | 29,8 | 33,7 | – |
| Wasserversorgung | 19,3 | 22,8 | 20,5 | 20,0 | – | – |
| **Branche insgesamt** | **21,0** | **22,8** | **22,8** | **24,7** | **23,0** | – |
| **Alle Branchen** | **18,1** | **19,8** | **20,0** | **20,1** | **20,2** | **19,1** |

Fehlzeiten-Report 2011

◘ **Tab. 22.5.7** Krankenstand in Prozent nach der Stellung im Beruf in der Branche Energie, Wasser, Entsorgung und Bergbau im Jahr 2010, AOK-Mitglieder

| Wirtschaftsabteilung | Stellung im Beruf | | | | |
|---|---|---|---|---|---|
| | Auszubildende | Arbeiter | Facharbeiter | Meister, Poliere | Angestellte |
| Abwasserentsorgung | 4,9 | 6,8 | 6,2 | 4,1 | 3,7 |
| Bergbau und Gewinnung von Steinen und Erden | 3,8 | 6,0 | 5,5 | 6,1 | 2,6 |
| Beseitigung von Umweltverschmutzungen und sonstige Entsorgung | 3,6 | 8,3 | 6,1 | 4,1 | 3,7 |
| Energieversorgung | 3,1 | 6,5 | 5,6 | 3,5 | 3,3 |
| Sammlung, Behandlung und Beseitigung von Abfällen | 4,8 | 7,8 | 6,7 | 5,0 | 3,8 |
| Wasserversorgung | 3,6 | 8,1 | 5,8 | 3,4 | 3,5 |
| **Branche insgesamt** | **3,7** | **7,4** | **6,0** | **4,0** | **3,4** |
| **Alle Branchen** | **4,1** | **5,8** | **5,2** | **4,0** | **3,6** |

Fehlzeiten-Report 2011

◨ **Tab. 22.5.8** Tage der Arbeitsunfähigkeit je AOK-Mitglied nach der Stellung im Beruf in der Branche Energie, Wasser, Entsorgung und Bergbau im Jahr 2010

| Wirtschaftsabteilung | Stellung im Beruf | | | | |
|---|---|---|---|---|---|
| | Auszubildende | Arbeiter | Facharbeiter | Meister, Poliere | Angestellte |
| Abwasserentsorgung | 17,8 | 25,0 | 22,6 | 14,9 | 13,6 |
| Bergbau und Gewinnung von Steinen und Erden | 13,9 | 21,8 | 20,0 | 22,3 | 9,5 |
| Beseitigung von Umweltverschmutzungen und sonstige Entsorgung | 13,3 | 30,4 | 22,4 | 14,9 | 13,5 |
| Energieversorgung | 11,4 | 23,5 | 20,5 | 12,7 | 12,0 |
| Sammlung, Behandlung und Beseitigung von Abfällen | 17,5 | 28,6 | 24,5 | 18,3 | 13,7 |
| Wasserversorgung | 13,3 | 29,6 | 21,4 | 12,5 | 12,9 |
| **Branche insgesamt** | **13,5** | **27,2** | **21,9** | **14,5** | **12,3** |
| **Alle Branchen** | **14,8** | **21,2** | **18,9** | **14,5** | **13,0** |

Fehlzeiten-Report 2011

◨ **Tab. 22.5.9** Anteil der Arbeitsunfälle an den AU-Fällen und -Tagen in Prozent nach Wirtschaftsabteilungen in der Branche Energie, Wasser, Entsorgung und Bergbau im Jahr 2010, AOK-Mitglieder

| Wirtschaftsabteilung | AU-Fälle in % | AU-Tage in % |
|---|---|---|
| Abwasserentsorgung | 5,6 | 7,2 |
| Bergbau und Gewinnung von Steinen und Erden | 7,7 | 10,2 |
| Beseitigung von Umweltverschmutzungen und sonstige Entsorgung | 6,8 | 7,7 |
| Energieversorgung | 3,7 | 4,7 |
| Sammlung, Behandlung und Beseitigung von Abfällen | 7,7 | 9,9 |
| Wasserversorgung | 4,7 | 7,5 |
| **Branche insgesamt** | **6,2** | **8,3** |
| **Alle Branchen** | **4,5** | **6,1** |

Fehlzeiten-Report 2011

22

◨ **Tab. 22.5.10** Tage und Fälle der Arbeitsunfähigkeit durch Arbeitsunfälle nach Berufsgruppen in der Branche Energie, Wasser, Entsorgung und Bergbau im Jahr 2010, AOK-Mitglieder

| Tätigkeit | Arbeitsunfähigkeit je 1.000 AOK-Mitglieder | |
|---|---|---|
| | AU-Tage | AU-Fälle |
| Kunststoffverarbeiter | 3.380,8 | 242,7 |
| Steinbrecher | 3.345,6 | 153,9 |
| Kraftfahrzeugführer | 2.955,3 | 140,2 |
| Lager-, Transportarbeiter | 2.818,2 | 135,8 |
| Sonstige Maschinisten | 2.771,4 | 122,8 |
| Warenprüfer, -sortierer | 2.660,1 | 137,9 |
| Sonstige Bauhilfsarbeiter, Bauhelfer | 2.596,3 | 135,7 |
| Straßenreiniger, Abfallbeseitiger | 2.592,8 | 156,1 |
| Erden-, Kies-, Sandgewinner | 2.404,9 | 134,6 |
| Betriebsschlosser, Reparaturschlosser | 2.385,6 | 136,6 |
| Industriemechaniker | 2.296,9 | 167,7 |
| Steinbearbeiter | 2.154,1 | 105,7 |
| Erdbewegungsmaschinenführer | 2.123,2 | 100,9 |
| Kraftfahrzeuginstandsetzer | 2.023,0 | 147,0 |
| Maschinenwärter, Maschinistenhelfer | 1.816,1 | 94,7 |
| Gärtner, Gartenarbeiter | 1.664,1 | 117,2 |
| Rohrnetzbauer, Rohrschlosser | 1.376,0 | 91,3 |
| Rohrinstallateure | 1.115,5 | 80,1 |
| Elektroinstallateure, -monteure | 1.002,8 | 64,6 |
| Bürofachkräfte | 238,5 | 18,3 |
| **Branche insgesamt** | **1.791,7** | **100,6** |
| **Alle Branchen** | **1.076,0** | **68,8** |

Fehlzeiten-Report 2011

**Tab. 22.5.11** Tage und Fälle der Arbeitsunfähigkeit je 100 AOK-Mitglieder nach Krankheitsarten in der Branche Energie, Wasser, Entsorgung und Bergbau in den Jahren 1995 bis 2010

| Jahr | Arbeitsunfähigkeiten je 100 AOK-Mitglieder | | | | | | | | | | | |
|------|------|------|------|------|------|------|------|------|------|------|------|------|
| | Psyche | | Herz/Kreislauf | | Atemwege | | Verdauung | | Muskel/Skelett | | Verletzungen | |
| | Tage | Fälle | Tage | Fälle | Tage | Fälle | Tage | Fälle | Tage | Fälle | Tage | Fälle |
| 1995 | 97,5 | 3,5 | 225,6 | 9,4 | 388,0 | 45,0 | 190,5 | 22,7 | 713,0 | 35,2 | 381,6 | 22,1 |
| 1996 | 95,0 | 3,4 | 208,2 | 8,5 | 345,8 | 40,8 | 168,6 | 21,0 | 664,2 | 32,2 | 339,2 | 19,3 |
| 1997 | 96,1 | 3,6 | 202,5 | 8,6 | 312,8 | 39,5 | 159,4 | 20,8 | 591,7 | 31,8 | 326,9 | 19,4 |
| 1998 | 100,6 | 3,9 | 199,5 | 8,9 | 314,8 | 40,6 | 156,4 | 20,8 | 637,4 | 34,3 | 315,3 | 19,4 |
| 1999 | 109,0 | 4,2 | 191,8 | 9,1 | 358,0 | 46,6 | 159,4 | 22,2 | 639,7 | 35,5 | 333,0 | 19,9 |
| 2000 | 117,1 | 4,7 | 185,3 | 8,4 | 305,5 | 40,2 | 140,8 | 18,6 | 681,8 | 37,5 | 354,0 | 20,5 |
| 2001 | 128,8 | 5,1 | 179,0 | 9,1 | 275,2 | 37,6 | 145,3 | 19,2 | 693,3 | 38,0 | 354,0 | 20,4 |
| 2002 | 123,5 | 5,5 | 176,2 | 9,2 | 262,8 | 36,7 | 144,0 | 20,2 | 678,0 | 38,3 | 343,6 | 19,6 |
| 2003 | 125,3 | 5,8 | 167,0 | 9,5 | 276,9 | 39,4 | 134,4 | 20,1 | 606,6 | 35,5 | 320,6 | 19,0 |
| 2004 | 136,6 | 5,7 | 179,8 | 8,9 | 241,9 | 33,9 | 143,2 | 20,2 | 583,5 | 34,5 | 301,5 | 17,7 |
| 2005 | 134,4 | 5,5 | 177,8 | 8,9 | 289,5 | 40,4 | 134,6 | 18,7 | 547,0 | 33,2 | 299,8 | 17,5 |
| 2006 | 131,5 | 5,6 | 180,1 | 8,9 | 232,2 | 33,7 | 131,8 | 19,3 | 540,1 | 32,9 | 294,5 | 17,7 |
| 2007 | 142,8 | 6,1 | 187,1 | 9,2 | 255,4 | 36,4 | 141,0 | 20,7 | 556,8 | 33,5 | 293,1 | 16,9 |
| 2008 (WZ03) | 152,0 | 6,1 | 186,1 | 9,4 | 264,6 | 38,1 | 140,7 | 21,1 | 563,9 | 34,0 | 295,0 | 16,9 |
| 2008 (WZ08)* | 161,5 | 6,7 | 212,6 | 10,5 | 293,0 | 39,4 | 167,2 | 23,3 | 674,7 | 40,3 | 361,8 | 20,4 |
| 2009 | 179,1 | 7,2 | 223,8 | 10,3 | 340,2 | 45,1 | 166,5 | 23,0 | 677,2 | 39,4 | 362,9 | 19,9 |
| 2010 | 186,4 | 7,7 | 216,5 | 10,5 | 303,4 | 40,9 | 156,5 | 21,5 | 735,2 | 42,5 | 406,8 | 21,8 |

*aufgrund der Revision der Wirtschaftszweigklassifikation in 2008 ist eine Vergleichbarkeit mit den Vorjahren nur bedingt möglich

Fehlzeiten-Report 2011

**Tab. 22.5.12** Verteilung der Arbeitsunfähigkeitstage nach Krankheitsarten in Prozent in der Branche Energie, Wasser, Entsorgung und Bergbau im Jahr 2010, AOK-Mitglieder

| Wirtschaftsabteilung | AU-Tage in % | | | | | | |
|----------------------|--------|----------------|----------|----------|----------------|----------|----------|
| | Psyche | Herz/Kreislauf | Atemwege | Verdauung | Muskel/Skelett | Verletzungen | Sonstige |
| Abwasserentsorgung | 6,2 | 7,6 | 11,5 | 5,3 | 28,1 | 14,5 | 26,8 |
| Bergbau und Gewinnung von Steinen und Erden | 5,0 | 8,6 | 8,9 | 5,8 | 27,9 | 15,7 | 28,1 |
| Beseitigung von Umweltverschmutzungen und sonstige Entsorgung | 5,8 | 6,6 | 11,1 | 5,9 | 28,6 | 15,0 | 27,0 |
| Energieversorgung | 8,0 | 7,2 | 12,9 | 6,1 | 23,7 | 12,8 | 29,3 |
| Sammlung, Behandlung und Beseitigung von Abfällen | 6,6 | 8,0 | 10,4 | 5,4 | 27,5 | 15,5 | 26,6 |
| Wasserversorgung | 6,5 | 7,7 | 11,3 | 5,8 | 26,2 | 13,9 | 28,6 |
| **Branche insgesamt** | **6,7** | **7,8** | **11,0** | **5,7** | **26,6** | **14,7** | **27,5** |
| **Alle Branchen** | **9,3** | **6,6** | **12,0** | **5,8** | **24,2** | **12,9** | **29,2** |

Fehlzeiten-Report 2011

22

◻ **Tab. 22.5.13** Verteilung der Arbeitsunfähigkeitsfälle nach Krankheitsarten in Prozent in der Branche Energie, Wasser, Entsorgung und Bergbau im Jahr 2010, AOK-Mitglieder

| Wirtschaftsabteilung | AU-Fälle in % | | | | | | |
|---|---|---|---|---|---|---|---|
| | Psyche | Herz/ Kreislauf | Atem- wege | Verdau- ung | Muskel/ Skelett | Verlet- zungen | Sonstige |
| Abwasserentsorgung | 3,2 | 5,0 | 21,0 | 10,6 | 20,7 | 10,3 | 29,2 |
| Bergbau und Gewinnung von Steinen und Erden | 3,1 | 5,8 | 17,5 | 10,5 | 21,6 | 11,8 | 29,7 |
| Beseitigung von Umweltver- schmutzungen und sonstige Entsorgung | 3,9 | 4,9 | 19,5 | 9,2 | 23,0 | 11,7 | 27,8 |
| Energieversorgung | 4,1 | 4,7 | 22,9 | 11,0 | 17,6 | 8,9 | 30,8 |
| Sammlung, Behandlung und Beseitigung von Abfällen | 3,8 | 5,2 | 18,7 | 10,1 | 22,7 | 11,7 | 27,8 |
| Wasserversorgung | 3,6 | 5,4 | 20,3 | 11,4 | 20,0 | 9,5 | 29,8 |
| **Branche insgesamt** | **3,7** | **5,1** | **20,0** | **10,5** | **20,8** | **10,7** | **29,2** |
| **Alle Branchen** | **4,7** | **4,2** | **22,1** | **10,5** | **17,4** | **9,3** | **31,8** |

Fehlzeiten-Report 2011

◻ **Tab. 22.5.14** Verteilung der Arbeitsunfähigkeitstage nach Krankheitsarten und ausgewählten Berufsgruppen in der Branche Energie, Wasser, Entsorgung und Bergbau im Jahr 2010, AOK-Mitglieder

| Tätigkeit | AU-Tage in % | | | | | | |
|---|---|---|---|---|---|---|---|
| | Psyche | Herz/ Kreislauf | Atem- wege | Verdau- ung | Muskel/ Skelett | Verlet- zungen | Sonstige |
| Betriebsschlosser, Reparatur- schlosser | 5,4 | 8,4 | 10,3 | 5,8 | 24,1 | 15,8 | 30,2 |
| Bürofachkräfte | 13,2 | 5,8 | 16,3 | 7,1 | 15,7 | 8,2 | 33,7 |
| Elektroinstallateure, -monteure | 5,6 | 7,0 | 12,8 | 6,1 | 25,3 | 16,9 | 26,3 |
| Energiemaschinisten | 6,3 | 9,6 | 11,6 | 5,9 | 22,9 | 12,4 | 31,3 |
| Erdbewegungsmaschinenführer | 5,8 | 11,2 | 7,2 | 4,8 | 28,6 | 13,6 | 28,8 |
| Kraftfahrzeugführer | 6,3 | 8,8 | 8,9 | 5,1 | 28,7 | 15,9 | 26,3 |
| Kraftfahrzeuginstandsetzer | 5,4 | 9,3 | 11,0 | 5,5 | 25,3 | 16,7 | 26,8 |
| Lager-, Transportarbeiter | 6,3 | 8,8 | 9,1 | 5,7 | 26,2 | 16,6 | 27,3 |
| Raum-, Hausratreiniger | 8,7 | 6,6 | 9,9 | 4,5 | 30,6 | 9,5 | 30,2 |
| Rohrinstallateure | 7,5 | 9,6 | 9,8 | 5,0 | 28,3 | 12,1 | 27,7 |
| Rohrnetzbauer, Rohrschlosser | 5,6 | 7,3 | 11,1 | 6,9 | 28,1 | 15,0 | 26,0 |
| Straßenreiniger, Abfallbeseitiger | 6,6 | 7,2 | 11,0 | 5,4 | 29,7 | 14,6 | 25,5 |
| Warenprüfer, -sortierer | 5,4 | 8,3 | 11,0 | 5,5 | 27,8 | 16,6 | 25,4 |
| **Branche insgesamt** | **6,7** | **7,8** | **11,0** | **5,7** | **26,6** | **14,7** | **27,5** |
| **Alle Branchen** | **9,3** | **6,6** | **12,0** | **5,8** | **24,2** | **12,9** | **29,2** |

Fehlzeiten-Report 2011

◼ **Tab. 22.5.15** Verteilung der Arbeitsunfähigkeitsfälle nach Krankheitsarten und ausgewählten Berufsgruppen in der Branche Energie, Wasser, Entsorgung und Bergbau im Jahr 2010, AOK-Mitglieder

| Tätigkeit | AU-Fälle in % | | | | | | |
|---|---|---|---|---|---|---|---|
| | Psyche | Herz/ Kreislauf | Atem- wege | Verdau- ung | Muskel/ Skelett | Verlet- zungen | Sonstige |
| Betriebsschlosser, Reparatur- schlosser | 3,2 | 5,3 | 19,0 | 10,5 | 20,7 | 12,6 | 28,7 |
| Bürofachkräfte | 5,1 | 3,8 | 27,6 | 11,8 | 11,1 | 5,9 | 34,7 |
| Elektroinstallateure, -monteure | 3,1 | 4,7 | 22,7 | 11,2 | 18,8 | 10,5 | 29,0 |
| Energiemaschinisten | 4,1 | 6,2 | 20,4 | 11,9 | 19,6 | 9,0 | 28,8 |
| Erdbewegungsmaschinenführer | 3,2 | 6,8 | 14,3 | 9,4 | 25,1 | 11,0 | 30,2 |
| Kraftfahrzeugführer | 3,6 | 6,0 | 16,5 | 9,9 | 23,7 | 12,3 | 28,0 |
| Kraftfahrzeuginstandsetzer | 3,0 | 4,7 | 19,8 | 10,0 | 20,8 | 13,6 | 28,1 |
| Lager-, Transportarbeiter | 3,6 | 5,0 | 18,1 | 10,4 | 23,4 | 12,1 | 27,4 |
| Raum-, Hausratreiniger | 5,1 | 5,4 | 18,3 | 9,9 | 22,0 | 7,1 | 32,2 |
| Rohrinstallateure | 3,8 | 5,6 | 18,6 | 9,7 | 23,5 | 9,9 | 28,9 |
| Rohrnetzbauer, Rohrschlosser | 3,3 | 5,2 | 20,0 | 12,0 | 21,1 | 10,9 | 27,5 |
| Straßenreiniger, Abfallbeseitiger | 3,6 | 5,0 | 18,6 | 9,6 | 24,7 | 11,4 | 27,1 |
| Warenprüfer, -sortierer | 3,8 | 5,2 | 19,9 | 10,6 | 22,5 | 11,4 | 26,6 |
| **Branche insgesamt** | **3,7** | **5,1** | **20,0** | **10,5** | **20,8** | **10,7** | **29,2** |
| **Alle Branchen** | **4,7** | **4,2** | **22,1** | **10,5** | **17,4** | **9,3** | **31,8** |

Fehlzeiten-Report 2011

22

◻ **Tab. 22.5.16** Anteile der 40 häufigsten Einzeldiagnosen an den AU-Fällen und AU-Tagen in der Branche Energie, Wasser, Entsorgung und Bergbau im Jahr 2010, AOK-Mitglieder

| ICD-10 | Bezeichnung | AU-Fälle in % | AU-Tage in % |
|--------|-------------|---------------|--------------|
| M54 | Rückenschmerzen | 8,0 | 7,5 |
| J06 | Akute Infektionen der oberen Atemwege | 6,0 | 2,5 |
| A09 | Diarrhoe und Gastroenteritis | 2,9 | 0,9 |
| J20 | Akute Bronchitis | 2,8 | 1,5 |
| K08 | Sonstige Krankheiten der Zähne und des Zahnhalteapparates | 2,4 | 0,4 |
| K52 | Nichtinfektiöse Gastroenteritis und Kolitis | 2,3 | 0,8 |
| J40 | Bronchitis | 2,1 | 1,1 |
| I10 | Essentielle Hypertonie | 2,1 | 2,8 |
| T14 | Verletzung an einer nicht näher bezeichneten Körperregion | 1,6 | 1,5 |
| K29 | Gastritis und Duodenitis | 1,3 | 0,7 |
| B34 | Viruskrankheit | 1,3 | 0,5 |
| M51 | Sonstige Bandscheibenschäden | 1,2 | 2,5 |
| J01 | Akute Sinusitis | 1,1 | 0,5 |
| R10 | Bauch- und Beckenschmerzen | 1,1 | 0,5 |
| M53 | Sonstige Krankheiten der Wirbelsäule und des Rückens | 1,0 | 1,1 |
| M75 | Schulterläsionen | 1,0 | 2,0 |
| M77 | Sonstige Enthesopathien | 1,0 | 1,1 |
| M25 | Sonstige Gelenkkrankheiten | 1,0 | 1,0 |
| J02 | Akute Pharyngitis | 1,0 | 0,4 |
| J03 | Akute Tonsillitis | 1,0 | 0,4 |
| J32 | Chronische Sinusitis | 0,9 | 0,5 |
| M99 | Biomechanische Funktionsstörungen | 0,9 | 0,7 |
| S93 | Luxation, Verstauchung und Zerrung der Gelenke und Bänder in Höhe des oberen Sprunggelenkes und des Fußes | 0,8 | 0,9 |
| F32 | Depressive Episode | 0,8 | 1,7 |
| M23 | Binnenschädigung des Kniegelenkes | 0,8 | 1,4 |
| F43 | Reaktionen auf schwere Belastungen und Anpassungsstörungen | 0,7 | 1,0 |
| R51 | Kopfschmerz | 0,7 | 0,3 |
| M47 | Spondylose | 0,7 | 0,9 |
| M79 | Sonstige Krankheiten des Weichteilgewebes | 0,7 | 0,6 |
| M17 | Gonarthrose | 0,6 | 1,3 |
| I25 | Chronische ischämische Herzkrankheit | 0,6 | 1,2 |
| A08 | Virusbedingte Darminfektionen | 0,6 | 0,2 |
| E11 | Diabetes mellitus (Typ-II-Diabetes) | 0,6 | 0,9 |
| J04 | Akute Laryngitis und Tracheitis | 0,5 | 0,2 |
| J00 | Akute Rhinopharyngitis (Erkältungsschnupfen) | 0,5 | 0,2 |
| S83 | Luxation, Verstauchung und Zerrung des Kniegelenkes und von Bändern des Kniegelenkes | 0,5 | 0,9 |
| J11 | Grippe | 0,5 | 0,2 |
| R42 | Schwindel und Taumel | 0,5 | 0,4 |
| R11 | Übelkeit und Erbrechen | 0,5 | 0,2 |
| B99 | Sonstige und nicht näher bezeichnete Infektionskrankheiten | 0,5 | 0,2 |
| | **Summe hier** | **55,1** | **43,6** |
| | Restliche | 44,9 | 56,4 |
| | **Gesamtsumme** | **100,0** | **100,0** |

**◻ Tab. 22.5.17** Anteile der 40 häufigsten Diagnoseuntergruppen an den AU-Fällen und AU-Tagen in der BrancheEnergie, Wasser, Entsorgung und Bergbau im Jahr 2010, AOK-Mitglieder

| ICD-10 | Bezeichnung | AU-Fälle in % | AU-Tage in % |
|--------|-------------|:---:|:---:|
| M40–M54 | Krankheiten der Wirbelsäule und des Rückens | 10,9 | 12,4 |
| J00–J06 | Akute Infektionen der oberen Atemwege | 10,1 | 4,3 |
| M60–M79 | Krankheiten der Weichteilgewebe | 4,3 | 5,5 |
| M00–M25 | Arthropathien | 4,1 | 6,4 |
| A00–A09 | Infektiöse Darmkrankheiten | 3,9 | 1,3 |
| J40–J47 | Chronische Krankheiten der unteren Atemwege | 3,5 | 2,5 |
| J20–J22 | Sonstige akute Infektionen der unteren Atemwege | 3,2 | 1,7 |
| K00–K14 | Krankheiten der Mundhöhle, Speicheldrüsen und Kiefer | 3,0 | 0,6 |
| K50–K52 | Nichtinfektiöse Enteritis und Kolitis | 2,7 | 1,1 |
| R50–R69 | Allgemeinsymptome | 2,4 | 1,9 |
| I10–I15 | Hypertonie | 2,4 | 3,3 |
| K20–K31 | Krankheiten des Ösophagus, Magens und Duodenums | 2,0 | 1,2 |
| T08–T14 | Verletzungen Rumpf, Extremitäten o. a. Körperregionen | 2,0 | 1,9 |
| R10–R19 | Symptome bzgl. Verdauungssystem und Abdomen | 1,8 | 1,0 |
| F40–F48 | Neurotische, Belastungs- und somatoforme Störungen | 1,8 | 2,5 |
| S60–S69 | Verletzungen des Handgelenkes und der Hand | 1,6 | 2,1 |
| J30–J39 | Sonstige Krankheiten der oberen Atemwege | 1,5 | 0,9 |
| B25–B34 | Sonstige Viruskrankheiten | 1,4 | 0,6 |
| S90–S99 | Verletzungen der Knöchelregion und des Fußes | 1,4 | 1,8 |
| S80–S89 | Verletzungen des Knies und des Unterschenkels | 1,4 | 2,6 |
| R00–R09 | Symptome bzgl. Kreislauf- und Atmungssystem | 1,2 | 0,8 |
| G40–G47 | Episod. und paroxysmale Krankheiten des Nervensystems | 1,2 | 1,0 |
| F30–F39 | Affektive Störungen | 1,1 | 2,4 |
| M95–M99 | Sonstige Krankheiten des Muskel-Skelett-Systems und des Bindege-webes | 1,0 | 0,8 |
| E70–E90 | Stoffwechselstörungen | 0,9 | 1,5 |
| J10–J18 | Grippe und Pneumonie | 0,9 | 0,7 |
| I20–I25 | Ischämische Herzkrankheiten | 0,9 | 1,7 |
| K55–K63 | Sonstige Krankheiten des Darmes | 0,9 | 0,8 |
| S00–S09 | Verletzungen des Kopfes | 0,8 | 0,7 |
| I80–I89 | Krankheiten der Venen, Lymphgefäße und -knoten | 0,8 | 0,9 |
| E10–E14 | Diabetes mellitus | 0,8 | 1,2 |
| F10–F19 | Psychische und Verhaltensstörungen durch psychotrope Substanzen | 0,7 | 1,3 |
| G50–G59 | Krankheiten von Nerven, Nervenwurzeln und Nervenplexus | 0,7 | 1,1 |
| S20–S29 | Verletzungen des Thorax | 0,7 | 0,9 |
| Z70–Z76 | Sonstige Inanspruchnahme des Gesundheitswesens | 0,7 | 1,2 |
| I30–I52 | Sonstige Formen der Herzkrankheit | 0,7 | 1,2 |
| R40–R46 | Symptome bzgl. Wahrnehmung, Stimmung und Verhalten | 0,7 | 0,5 |
| C00–C75 | Bösartige Neubildungen | 0,7 | 2,0 |
| L00–L08 | Infektionen der Haut und der Unterhaut | 0,6 | 0,7 |
| S40–S49 | Verletzungen der Schulter und des Oberarmes | 0,6 | 1,3 |
| | **Summe hier** | **82,0** | **78,3** |
| | Restliche | 18,0 | 21,7 |
| | **Gesamtsumme** | **100,0** | **100,0** |

Fehlzeiten-Report 2011

**22**

## 22.6 Erziehung und Unterricht

◻ **Tab. 22.6.1** Entwicklung des Krankenstands der AOK-Mitglieder in der Branche Erziehung und Unterricht in den Jahren 1994 bis 2010

| Jahr | Krankenstand in % | | | AU-Fälle je 100 AOK-Mitglieder | | | Tage je Fall | | |
|------|------|------|------|------|------|------|------|------|------|
| | West | Ost | Bund | West | Ost | Bund | West | Ost | Bund |
| 1994 | 6,0 | 8,3 | 6,8 | 180,5 | 302,8 | 226,3 | 12,0 | 10,1 | 11,0 |
| 1995 | 6,1 | 9,8 | 7,5 | 193,8 | 352,2 | 253,3 | 11,5 | 10,2 | 10,8 |
| 1996 | 6,0 | 9,5 | 7,5 | 220,6 | 364,8 | 280,3 | 10,0 | 9,5 | 9,7 |
| 1997 | 5,8 | 8,9 | 7,0 | 226,2 | 373,6 | 280,6 | 9,4 | 8,7 | 9,0 |
| 1998 | 5,9 | 8,4 | 6,9 | 237,2 | 376,1 | 289,1 | 9,1 | 8,2 | 8,7 |
| 1999 | 6,1 | 9,3 | 7,3 | 265,2 | 434,8 | 326,8 | 8,4 | 7,8 | 8,1 |
| 2000 | 6,3 | 9,2 | 7,3 | 288,2 | 497,8 | 358,3 | 8,0 | 6,8 | 7,5 |
| 2001 | 6,1 | 8,9 | 7,1 | 281,6 | 495,1 | 352,8 | 7,9 | 6,6 | 7,3 |
| 2002 | 5,6 | 8,6 | 6,6 | 267,2 | 507,0 | 345,5 | 7,7 | 6,2 | 7,0 |
| 2003 | 5,3 | 7,7 | 6,1 | 259,4 | 477,4 | 332,4 | 7,4 | 5,9 | 6,7 |
| 2004 | 5,1 | 7,0 | 5,9 | 247,5 | 393,6 | 304,7 | 7,6 | 6,5 | 7,0 |
| 2005 | 4,6 | 6,6 | 5,4 | 227,8 | 387,2 | 292,1 | 7,4 | 6,2 | 6,8 |
| 2006 | 4,4 | 6,1 | 5,1 | 223,0 | 357,5 | 277,6 | 7,2 | 6,2 | 6,7 |
| 2007 | 4,7 | 6,1 | 5,3 | 251,4 | 357,2 | 291,0 | 6,9 | 6,2 | 6,6 |
| 2008 (WZ03) | 5,0 | 6,2 | 5,4 | 278,0 | 349,8 | 303,4 | 6,6 | 6,4 | 6,6 |
| 2008 (WZ08)* | 5,0 | 6,2 | 5,4 | 272,1 | 348,5 | 297,4 | 6,7 | 6,5 | 6,6 |
| 2009 | 5,2 | 6,5 | 5,6 | 278,2 | 345,3 | 297,9 | 6,8 | 6,9 | 6,9 |
| 2010 | 5,1 | 5,7 | 5,3 | 262,4 | 278,0 | 267,6 | 7,1 | 7,5 | 7,3 |

*aufgrund der Revision der Wirtschaftszweigklassifikation in 2008 ist eine Vergleichbarkeit mit den Vorjahren nur bedingt möglich

Fehlzeiten-Report 2011

◻ **Tab. 22.6.2** Arbeitsunfähigkeit der AOK-Mitglieder in der Branche Erziehung und Unterricht nach Bundesländern im Jahr 2010 im Vergleich zum Vorjahr

| Bundesland | Krankenstand in % | Arbeitsunfähigkeit je 100 AOK-Mitglieder | | | | Tage je Fall | Veränd. z. Vorj. in % | AU-Quote in % |
|------|------|------|------|------|------|------|------|------|
| | | AU-Fälle | Veränd. z. Vorj. in % | AU-Tage | Veränd. z. Vorj. in % | | | |
| Baden-Württemberg | 3,8 | 198,8 | -1,0 | 1.401,3 | -1,7 | 7,0 | -1,4 | 52,4 |
| Bayern | 3,5 | 158,3 | -2,5 | 1.291,3 | -4,3 | 8,2 | -1,2 | 47,7 |
| Berlin | 9,5 | 502,5 | 3,3 | 3.457,4 | 5,7 | 6,9 | 3,0 | 67,3 |
| Brandenburg | 7,1 | 358,3 | -5,0 | 2.590,0 | 2,6 | 7,2 | 7,5 | 64,4 |
| Bremen | 5,1 | 224,5 | 3,8 | 1.878,0 | -11,0 | 8,4 | -14,3 | 56,3 |
| Hamburg | 7,1 | 374,8 | 5,4 | 2.585,2 | 1,1 | 6,9 | -4,2 | 69,3 |
| Hessen | 6,2 | 370,2 | 5,5 | 2.269,1 | 0,3 | 6,1 | -4,7 | 66,5 |
| Mecklenburg-Vorpommern | 6,2 | 316,0 | -7,5 | 2.264,2 | -4,0 | 7,2 | 4,3 | 59,6 |
| Niedersachsen | 5,0 | 238,2 | -17,3 | 1.839,9 | 2,9 | 7,7 | 24,2 | 58,6 |
| Nordrhein-Westfalen | 5,7 | 324,9 | -2,5 | 2.080,2 | -0,7 | 6,4 | 1,6 | 60,9 |
| Rheinland-Pfalz | 5,0 | 234,2 | -36,5 | 1.834,0 | -18,9 | 7,8 | 27,9 | 59,3 |
| Saarland | 5,6 | 256,3 | -22,9 | 2.035,2 | -19,2 | 7,9 | 3,9 | 57,3 |
| Sachsen | 5,3 | 256,1 | -26,2 | 1.943,1 | -18,9 | 7,6 | 10,1 | 62,0 |
| Sachsen-Anhalt | 6,2 | 308,7 | -3,3 | 2.255,5 | 3,0 | 7,3 | 5,8 | 57,0 |
| Schleswig-Holstein | 4,6 | 228,5 | 0,7 | 1.676,4 | 0,3 | 7,3 | -1,4 | 53,5 |
| Thüringen | 5,8 | 279,0 | -18,4 | 2.108,8 | -13,0 | 7,6 | 7,0 | 61,2 |
| West | 5,1 | 262,4 | -5,7 | 1.873,4 | -1,5 | 7,1 | 4,4 | 57,7 |
| Ost | 5,7 | 278,0 | -19,5 | 2.078,6 | -12,7 | 7,5 | 8,7 | 61,4 |
| Bund | 5,3 | 267,6 | -10,2 | 1.941,6 | -5,0 | 7,3 | 5,8 | 58,9 |

Fehlzeiten-Report 2011

22

◘ **Tab. 22.6.3** Arbeitsunfähigkeit der AOK-Mitglieder in der Branche Erziehung und Unterricht nach Wirtschaftsabteilungen im Jahr 2010

| Wirtschaftsabteilung | Krankenstand in % | | Arbeitsunfähigkeiten je 100 AOK-Mitglieder | | Tage je Fall | AU-Quote in % |
|---|---|---|---|---|---|---|
| | 2010 | 2010 stand.* | Fälle | Tage | | |
| Dienstleistungen für den Unterricht | 4,6 | 4,5 | 350,3 | 1.690,1 | 4,8 | 58,6 |
| Grundschulen | 4,1 | 4,1 | 138,2 | 1.491,7 | 10,8 | 54,2 |
| Kindergärten und Vorschulen | 5,0 | 5,0 | 201,8 | 1.815,0 | 9,0 | 65,2 |
| Sonstiger Unterricht | 6,1 | 5,2 | 347,3 | 2.214,8 | 6,4 | 59,2 |
| Tertiärer, post-sekundärer, nicht tertiärer Unterricht | 3,7 | 4,1 | 164,8 | 1.365,2 | 8,3 | 46,3 |
| Weiterführende Schulen | 5,4 | 5,0 | 266,6 | 1.969,4 | 7,4 | 60,1 |
| **Branche insgesamt** | **5,3** | **4,8** | **267,6** | **1.941,6** | **7,3** | **58,9** |
| **Alle Branchen** | **4,8** | **4,7** | **152,1** | **1.758,9** | **11,6** | **52,8** |

*Krankenstand alters- und geschlechtsstandardisiert

Fehlzeiten-Report 2011

◘ **Tab. 22.6.4** Kennzahlen der Arbeitsunfähigkeit der AOK-Mitglieder nach ausgewählten Berufsgruppen in der Branche Erziehung und Unterricht im Jahr 2010

| Tätigkeit | Krankenstand in % | Arbeitsunfähigkeiten je 100 AOK-Mitglieder | | Tage je Fall | AU-Quote in % | Anteil der Berufsgruppe an der Branche in %* |
|---|---|---|---|---|---|---|
| | | Fälle | Tage | | | |
| Bürofachkräfte | 4,6 | 238,9 | 1.681,1 | 7,0 | 55,4 | 8,6 |
| Facharbeiter | 7,4 | 298,1 | 2.707,6 | 9,1 | 49,7 | 2,1 |
| Fachschul-, Berufsschul-, Werklehrer | 3,7 | 131,3 | 1.335,0 | 10,2 | 51,9 | 2,0 |
| Friseure | 7,6 | 617,2 | 2.756,1 | 4,5 | 74,2 | 1,2 |
| Gärtner, Gartenarbeiter | 7,6 | 383,3 | 2.773,5 | 7,2 | 63,4 | 1,4 |
| Groß- und Einzelhandelskaufleute, Einkäufer | 6,8 | 494,5 | 2.482,4 | 5,0 | 70,4 | 1,5 |
| Gymnasiallehrer | 2,7 | 108,2 | 989,5 | 9,1 | 43,7 | 1,3 |
| Hauswirtschaftliche Betreuer | 7,1 | 264,0 | 2.590,6 | 9,8 | 65,5 | 1,2 |
| Heimleiter, Sozialpädagogen | 4,4 | 188,8 | 1.607,8 | 8,5 | 60,3 | 3,1 |
| Hochschullehrer, Dozenten an höheren Fachschulen und Akademien | 1,5 | 69,1 | 539,4 | 7,8 | 26,8 | 2,4 |
| Kindergärtnerinnen, Kinderpfleger | 4,5 | 206,8 | 1.630,8 | 7,9 | 66,0 | 12,1 |
| Köche | 6,9 | 304,4 | 2.510,1 | 8,2 | 65,8 | 3,0 |
| Leitende und administrativ entscheidende Verwaltungsfachleute | 1,7 | 88,6 | 614,5 | 6,9 | 33,8 | 1,3 |
| Maler, Lackierer (Ausbau) | 8,3 | 588,0 | 3.013,2 | 5,1 | 73,5 | 1,6 |
| Pförtner, Hauswarte | 5,1 | 125,0 | 1.864,8 | 14,9 | 52,5 | 1,5 |
| Raum-, Hausratreiniger | 6,8 | 162,9 | 2.495,7 | 15,3 | 62,2 | 4,4 |
| Real-, Volks-, Sonderschullehrer | 3,6 | 135,8 | 1.309,1 | 9,6 | 53,1 | 5,2 |
| Sonstige Lehrer | 3,5 | 114,4 | 1.270,3 | 11,1 | 43,4 | 3,1 |
| Sozialarbeiter, Sozialpfleger | 5,4 | 226,8 | 1.958,7 | 8,6 | 58,3 | 1,8 |
| Verkäufer | 7,2 | 536,5 | 2.616,9 | 4,9 | 70,1 | 3,8 |
| **Branche insgesamt** | **5,3** | **267,6** | **1.941,6** | **7,3** | **58,9** | **2,3**\*\* |

*Anteil der AOK-Mitglieder in der Berufsgruppe an den in der Branche beschäftigten AOK-Mitgliedern insgesamt
**Anteil der AOK-Mitglieder in der Branche an allen AOK-Mitgliedern

Fehlzeiten-Report 2011

■ **Tab. 22.6.5** Dauer der Arbeitsunfähigkeit der AOK-Mitglieder in der Branche Erziehung und Unterricht im Jahr 2010

| Fallklasse | Branche hier | | alle Branchen | |
|---|---|---|---|---|
| | Anteil Fälle in % | Anteil Tage in % | Anteil Fälle in % | Anteil Tage in % |
| 1–3 Tage | 48,2 | 12,9 | 36,5 | 6,2 |
| 4–7 Tage | 29,8 | 20,2 | 29,8 | 12,8 |
| 8–14 Tage | 13,1 | 18,4 | 16,9 | 14,9 |
| 15–21 Tage | 3,7 | 8,7 | 6,1 | 9,1 |
| 22–28 Tage | 1,7 | 5,9 | 3,2 | 6,7 |
| 29–42 Tage | 1,6 | 7,7 | 3,2 | 9,5 |
| Langzeit-AU (> 42 Tage) | 1,9 | 26,2 | 4,3 | 40,8 |

Fehlzeiten-Report 2011

■ **Tab. 22.6.6** Tage der Arbeitsunfähigkeit je AOK-Mitglied nach Wirtschaftsabteilung und Betriebsgröße in der Branche Erziehung und Unterricht im Jahr 2010

| Wirtschaftsabteilungen | Betriebsgröße (Anzahl der AOK-Mitglieder) | | | | | |
|---|---|---|---|---|---|---|
| | 10–49 | 50–99 | 100–199 | 200–499 | 500–999 | ≥ 1.000 |
| Dienstleistungen für den Unterricht | 3,6 | 15,3 | – | 19,6 | – | – |
| Grundschulen | 16,1 | 15,5 | 17,6 | – | – | – |
| Kindergärten und Vorschulen | 17,2 | 20,1 | 19,1 | 20,4 | 22,3 | – |
| Sonstiger Unterricht | 21,9 | 24,4 | 27,5 | 26,5 | 26,9 | 23,1 |
| Tertiärer und post-sekundärer, nicht tertiärer Unterricht | 14,4 | 15,7 | 17,7 | 15,2 | 11,9 | – |
| Weiterführende Schulen | 16,8 | 22,0 | 25,4 | 26,1 | 37,1 | 17,3 |
| **Branche insgesamt** | **18,6** | **22,1** | **24,8** | **24,1** | **22,0** | **19,1** |
| **Alle Branchen** | **18,1** | **19,8** | **20,0** | **20,1** | **20,2** | **19,1** |

Fehlzeiten-Report 2011

■ **Tab. 22.6.7** Krankenstand in Prozent nach der Stellung im Beruf in der Branche Erziehung und Unterricht im Jahr 2010, AOK-Mitglieder

| Wirtschaftsabteilung | Stellung im Beruf | | | | |
|---|---|---|---|---|---|
| | Auszubildende | Arbeiter | Facharbeiter | Meister, Poliere | Angestellte |
| Dienstleistungen für den Unterricht | 5,7 | 3,8 | 6,9 | 1,9 | 3,4 |
| Grundschulen | 3,0 | 4,8 | 5,2 | 2,1 | 4,1 |
| Kindergärten und Vorschulen | 4,0 | 7,3 | 5,9 | 6,6 | 4,5 |
| Sonstiger Unterricht | 7,4 | 8,0 | 4,5 | 3,9 | 4,1 |
| Tertiärer und post-sekundärer, nicht tertiärer Unterricht | 6,9 | 8,3 | 5,8 | 3,8 | 2,9 |
| Weiterführende Schulen | 7,3 | 7,1 | 5,5 | 3,5 | 4,2 |
| **Branche insgesamt** | **7,3** | **7,7** | **5,2** | **3,9** | **4,1** |
| **Alle Branchen** | **4,1** | **5,8** | **5,2** | **4,0** | **3,6** |

Fehlzeiten-Report 2011

**22**

◘ **Tab. 22.6.8** Tage der Arbeitsunfähigkeit je AOK-Mitglied nach der Stellung im Beruf in der Branche Erziehung und Unterricht im Jahr 2010

| Wirtschaftsabteilung | Stellung im Beruf | | | | |
|---|---|---|---|---|---|
| | Auszubil-dende | Arbeiter | Facharbeiter | Meister, Poliere | Angestellte |
| Dienstleistungen für den Unterricht | 20,8 | 14,0 | 25,3 | – | 12,3 |
| Grundschulen | 11,1 | 17,5 | 18,8 | 7,7 | 14,9 |
| Kindergärten und Vorschulen | 14,5 | 26,5 | 21,4 | 23,9 | 16,5 |
| Sonstiger Unterricht | 27,0 | 29,2 | 16,6 | 14,1 | 15,1 |
| Tertiärer und post-sekundärer, nicht tertiärer Unterricht | 25,0 | 30,2 | 21,2 | 13,7 | 10,6 |
| Weiterführende Schulen | 26,6 | 25,9 | 20,2 | 12,8 | 15,4 |
| **Branche insgesamt** | **26,5** | **28,2** | **18,9** | **14,4** | **14,8** |
| **Alle Branchen** | **14,8** | **21,2** | **18,9** | **14,5** | **13,0** |

Fehlzeiten-Report 2011

◘ **Tab. 22.6.9** Anteil der Arbeitsunfälle an den AU-Fällen und -Tagen in Prozent nach Wirtschaftsabteilungen in der Branche Erziehung und Unterricht im Jahr 2010, AOK-Mitglieder

| Wirtschaftsabteilung | AU-Fälle in % | AU-Tage in % |
|---|---|---|
| Dienstleistungen für den Unterricht | 1,1 | 0,7 |
| Grundschulen | 2,3 | 3,7 |
| Kindergärten und Vorschulen | 1,7 | 2,7 |
| Sonstiger Unterricht | 2,6 | 3,7 |
| Tertiärer und post-sekundärer, nicht tertiärer Unterricht | 2,4 | 3,7 |
| Weiterführende Schulen | 2,8 | 3,8 |
| **Branche insgesamt** | **2,5** | **3,6** |
| **Alle Branchen** | **4,5** | **6,1** |

Fehlzeiten-Report 2011

◪ **Tab. 22.6.10** Tage und Fälle der Arbeitsunfähigkeit durch Arbeitsunfälle nach Berufsgruppen in der Branche Erziehung und Unterricht im Jahr 2010, AOK-Mitglieder

| Tätigkeit | Arbeitsunfähigkeit je 1.000 AOK-Mitglieder | |
|---|---|---|
| | AU-Tage | AU-Fälle |
| Gärtner, Gartenarbeiter | 1.798,4 | 192,5 |
| Sonstige Mechaniker | 1.793,0 | 227,2 |
| Warenaufmacher, Versandfertigmacher | 1.673,1 | 203,4 |
| Tischler | 1.323,9 | 169,4 |
| Industriemechaniker | 1.297,7 | 228,3 |
| Maler, Lackierer (Ausbau) | 1.256,6 | 171,7 |
| Köche | 1.229,7 | 129,9 |
| Pförtner, Hauswarte | 1.091,0 | 64,6 |
| Lagerverwalter, Magaziner | 885,3 | 112,4 |
| Raum-, Hausratreiniger | 813,8 | 41,0 |
| Hauswirtschaftliche Betreuer | 791,1 | 72,2 |
| Verkäufer | 768,6 | 113,3 |
| Sonstige Lehrer | 569,9 | 30,2 |
| Groß- und Einzelhandelskaufleute, Einkäufer | 553,4 | 69,9 |
| Sozialarbeiter, Sozialpfleger | 507,4 | 38,8 |
| Heimleiter, Sozialpädagogen | 474,4 | 33,9 |
| Fachschul-, Berufsschul-, Werklehrer | 415,0 | 26,9 |
| Real-, Volks-, Sonderschullehrer | 412,8 | 25,0 |
| Kindergärtnerinnen, Kinderpfleger | 391,4 | 32,7 |
| Bürofachkräfte | 310,5 | 30,8 |
| **Branche insgesamt** | **689,1** | **66,6** |
| **Alle Branchen** | **1.076,0** | **68,8** |

Fehlzeiten-Report 2011

◪ **Tab. 22.6.11** Tage und Fälle der Arbeitsunfähigkeit je 100 AOK-Mitglieder nach Krankheitsarten in der Branche Erziehung und Unterricht in den Jahren 2000 bis 2010

| Jahr | Arbeitsunfähigkeiten je 100 AOK-Mitglieder | | | | | | | | | | | |
|---|---|---|---|---|---|---|---|---|---|---|---|---|
| | Psyche | | Herz/Kreislauf | | Atemwege | | Verdauung | | Muskel/Skelett | | Verletzungen | |
| | Tage | Fälle | Tage | Fälle | Tage | Fälle | Tage | Fälle | Tage | Fälle | Tage | Fälle |
| 2000 | 200,3 | 13,3 | 145,3 | 16,1 | 691,6 | 122,5 | 268,8 | 55,4 | 596,0 | 56,0 | 357,1 | 33,8 |
| 2001 | 199,2 | 13,9 | 140,8 | 16,1 | 681,8 | 125,5 | 265,8 | 55,8 | 591,4 | 56,8 | 342,0 | 32,9 |
| 2002 | 199,6 | 14,2 | 128,7 | 15,3 | 623,5 | 118,9 | 257,3 | 57,3 | 538,7 | 54,4 | 327,0 | 32,0 |
| 2003 | 185,4 | 13,5 | 120,7 | 14,8 | 596,5 | 116,7 | 239,2 | 55,5 | 470,6 | 48,9 | 296,4 | 30,0 |
| 2004 | 192,8 | 14,0 | 121,5 | 12,7 | 544,1 | 101,0 | 245,2 | 53,0 | 463,3 | 46,9 | 302,8 | 29,1 |
| 2005 | 179,7 | 12,5 | 102,4 | 11,0 | 557,4 | 104,0 | 216,9 | 49,3 | 388,1 | 40,2 | 281,7 | 27,7 |
| 2006 | 174,6 | 12,0 | 99,8 | 11,2 | 481,8 | 92,8 | 215,6 | 50,0 | 365,9 | 38,0 | 282,7 | 27,7 |
| 2007 | 191,0 | 12,9 | 97,1 | 10,5 | 503,6 | 97,6 | 229,8 | 52,9 | 366,9 | 38,5 | 278,0 | 27,1 |
| 2008 (WZ03) | 201,0 | 13,5 | 96,2 | 10,5 | 506,8 | 99,1 | 237,3 | 55,8 | 387,0 | 40,8 | 282,0 | 27,9 |
| 2008 (WZ08)* | 199,5 | 13,3 | 97,6 | 10,4 | 498,4 | 97,3 | 232,6 | 54,5 | 387,1 | 40,3 | 279,3 | 27,2 |
| 2009 | 226,5 | 14,7 | 102,7 | 9,9 | 557,5 | 103,5 | 223,7 | 50,2 | 382,8 | 39,2 | 265,2 | 24,7 |
| 2010 | 261,4 | 14,9 | 98,1 | 9,3 | 460,6 | 86,6 | 176,9 | 39,0 | 387,7 | 36,3 | 253,5 | 21,9 |

*aufgrund der Revision der Wirtschaftszweigklassifikation in 2008 ist eine Vergleichbarkeit mit den Vorjahren nur bedingt möglich

Fehlzeiten-Report 2011

**22**

🔳 **Tab. 22.6.12** Verteilung der Arbeitsunfähigkeitstage nach Krankheitsarten in Prozent in der Branche Erziehung und Unterricht im Jahr 2010, AOK-Mitglieder

| Wirtschaftsabteilung | AU-Tage in % | | | | | | |
|---|---|---|---|---|---|---|---|
| | Psyche | Herz/ Kreislauf | Atem- wege | Verdau- ung | Muskel/ Skelett | Verlet- zungen | Sonstige |
| Dienstleistungen für den Unter- richt | 7,1 | 4,3 | 24,5 | 10,9 | 8,8 | 13,1 | 31,3 |
| Grundschulen | 13,5 | 5,3 | 15,5 | 4,6 | 19,2 | 10,7 | 31,2 |
| Kindergärten und Vorschulen | 13,3 | 4,3 | 18,3 | 5,5 | 17,7 | 8,4 | 32,5 |
| Sonstiger Unterricht | 9,9 | 3,8 | 20,8 | 8,7 | 15,7 | 11,6 | 29,5 |
| Tertiärer und post-sekundärer, nicht tertiärer Unterricht | 11,6 | 5,3 | 18,3 | 6,6 | 17,4 | 10,2 | 30,6 |
| Weiterführende Schulen | 11,2 | 4,1 | 19,3 | 7,7 | 16,2 | 11,3 | 30,2 |
| **Branche insgesamt** | **11,1** | **4,2** | **19,6** | **7,5** | **16,5** | **10,8** | **30,3** |
| **Alle Branchen** | **9,3** | **6,6** | **12,0** | **5,8** | **24,2** | **12,9** | **29,2** |

Fehlzeiten-Report 2011

🔳 **Tab. 22.6.13** Verteilung der Arbeitsunfähigkeitsfälle nach Krankheitsarten in Prozent in der Branche Erziehung und Unterricht im Jahr 2010, AOK-Mitglieder

| Wirtschaftsabteilung | AU-Fälle in % | | | | | | |
|---|---|---|---|---|---|---|---|
| | Psyche | Herz/ Kreislauf | Atem- wege | Verdau- ung | Muskel/ Skelett | Verlet- zungen | Sons- tige |
| Dienstleistungen für den Unter- richt | 3,1 | 2,6 | 28,6 | 12,5 | 7,5 | 7,4 | 38,3 |
| Grundschulen | 6,5 | 4,2 | 29,2 | 9,6 | 12,5 | 6,5 | 31,5 |
| Kindergärten und Vorschulen | 5,3 | 3,0 | 30,5 | 10,4 | 11,3 | 5,0 | 34,5 |
| Sonstiger Unterricht | 4,4 | 2,7 | 26,6 | 13 | 11,5 | 7,3 | 34,5 |
| Tertiärer und post-sekundärer, nicht tertiärer Unterricht | 4,9 | 3,5 | 28,2 | 11,9 | 12,2 | 7,0 | 32,3 |
| Weiterführende Schulen | 4,9 | 3,1 | 27,2 | 12,8 | 11,6 | 7,4 | 33,0 |
| **Branche insgesamt** | **4,7** | **2,9** | **27,5** | **12,4** | **11,6** | **7,0** | **33,9** |
| **Alle Branchen** | **4,7** | **4,2** | **22,1** | **10,5** | **17,4** | **9,3** | **31,8** |

Fehlzeiten-Report 2011

■ Tab. 22.6.14 Verteilung der Arbeitsunfähigkeitstage nach Krankheitsarten und ausgewählten Berufsgruppen in der Branche Erziehung und Unterricht im Jahr 2010, AOK-Mitglieder

| Tätigkeit | AU-Tage in % | | | | | | |
|---|---|---|---|---|---|---|---|
| | Psyche | Herz/ Kreislauf | Atem- wege | Verdau- ung | Muskel/ Skelett | Verlet- zungen | Sonstige |
| Bürofachkräfte | 14,5 | 3,6 | 19,7 | 7,6 | 14,6 | 7,9 | 32,1 |
| Facharbeiter | 10,3 | 6,0 | 18,5 | 7,3 | 20,8 | 9,7 | 27,4 |
| Fachschul-, Berufsschul-, Werklehrer | 16,5 | 5,8 | 16,4 | 5,4 | 13,3 | 9,5 | 33,1 |
| Friseure | 10,3 | 2,4 | 23,3 | 10,9 | 10,6 | 7,1 | 35,4 |
| Gärtner, Gartenarbeiter | 7,3 | 4,3 | 19,8 | 8,1 | 19,3 | 13,2 | 28,0 |
| Groß- und Einzelhandelskaufleute, Einkäufer | 10,4 | 1,9 | 24,8 | 10,9 | 11,9 | 10,8 | 29,3 |
| Hauswirtschaftliche Betreuer | 12,1 | 6,0 | 15,5 | 5,8 | 20,8 | 9,0 | 30,8 |
| Heimleiter, Sozialpädagogen | 17,0 | 3,7 | 19,8 | 6,5 | 13,8 | 8,7 | 30,5 |
| Hochschullehrer, Dozenten an höheren Fachschulen und Akademien | 14,6 | 5,5 | 21,0 | 6,2 | 13,5 | 8,0 | 31,2 |
| Kindergärtnerinnen, Kinderpfleger | 15,3 | 3,4 | 21,3 | 5,8 | 13,8 | 7,2 | 33,2 |
| Köche | 10,9 | 3,8 | 16,7 | 7,8 | 19,0 | 13,1 | 28,7 |
| Leitende und administrativ entscheidende Verwaltungsfachleute | 11,4 | 2,8 | 27,6 | 7,1 | 10,7 | 10,1 | 30,3 |
| Maler, Lackierer (Ausbau) | 5,4 | 2,0 | 25,2 | 11,0 | 12,9 | 16,8 | 26,7 |
| Pförtner, Hauswarte | 7,8 | 9,6 | 10,5 | 5,9 | 24,8 | 11,9 | 29,5 |
| Raum-, Hausratreiniger | 8,8 | 6,3 | 10,2 | 4,8 | 27,7 | 9,5 | 32,7 |
| Real-, Volks-, Sonderschullehrer | 16,2 | 5,2 | 18,6 | 4,7 | 13,2 | 9,0 | 33,1 |
| Sonstige Lehrer | 14,0 | 6,3 | 14,8 | 6,3 | 16,9 | 9,7 | 32,0 |
| Sonstige Mechaniker | 6,8 | 1,6 | 25,6 | 10,7 | 13,5 | 16,6 | 25,2 |
| Sozialarbeiter, Sozialpfleger | 13,4 | 4,4 | 19,5 | 6,5 | 16,3 | 7,7 | 32,2 |
| Tischler | 8,4 | 2,8 | 24,9 | 9,7 | 13,5 | 16,0 | 24,7 |
| Verkäufer | 9,9 | 2,0 | 24,5 | 11,1 | 10,6 | 9,9 | 32,0 |
| **Branche insgesamt** | **11,1** | **4,2** | **19,6** | **7,5** | **16,5** | **10,8** | **30,3** |
| **Alle Branchen** | **9,3** | **6,6** | **12,0** | **5,8** | **24,2** | **12,9** | **29,2** |

Fehlzeiten-Report 2011

22

◻ **Tab. 22.6.15** Verteilung der Arbeitsunfähigkeitsfälle nach Krankheitsarten und ausgewählten Berufsgruppen in der Branche Erziehung und Unterricht im Jahr 2010, AOK-Mitglieder

| Tätigkeit | AU-Fälle in % | | | | | | |
|---|---|---|---|---|---|---|---|
| | Psyche | Herz/ Kreislauf | Atem- wege | Verdau- ung | Muskel/ Skelett | Verlet- zungen | Sonstige |
| Bürofachkräfte | 5,9 | 3,1 | 27,4 | 12,0 | 10,4 | 4,9 | 36,3 |
| Facharbeiter | 6,2 | 4,0 | 24,9 | 11,3 | 16,0 | 6,8 | 30,8 |
| Fachschul-, Berufsschul-, Werk- lehrer | 7,8 | 4,9 | 27,8 | 9,7 | 11,7 | 5,6 | 32,5 |
| Friseure | 4,5 | 2,8 | 25,2 | 13,5 | 8,5 | 4,5 | 41,0 |
| Gärtner, Gartenarbeiter | 3,5 | 3,2 | 25,7 | 12,4 | 14,3 | 8,9 | 32,0 |
| Groß- und Einzelhandelskaufleute, Einkäufer | 4,4 | 2,2 | 27,2 | 14,2 | 9,6 | 6,2 | 36,2 |
| Hauswirtschaftliche Betreuer | 5,5 | 4,6 | 23,6 | 11,4 | 13,8 | 6,8 | 34,3 |
| Heimleiter, Sozialpädagogen | 7,1 | 2,9 | 30,8 | 10,1 | 10,4 | 5,1 | 33,6 |
| Hochschullehrer, Dozenten an höheren Fachschulen und Akademien | 6,9 | 3,8 | 31,9 | 10,5 | 8,3 | 6,4 | 32,2 |
| Kindergärtnerinnen, Kinderpfleger | 5,3 | 2,4 | 32,8 | 10,6 | 9,3 | 4,6 | 35,0 |
| Köche | 4,4 | 3,1 | 24,3 | 13,8 | 12,0 | 8,7 | 33,7 |
| Maler, Lackierer (Ausbau) | 3,0 | 2,0 | 28,0 | 14,7 | 10,6 | 9,3 | 32,4 |
| Pförtner, Hauswarte | 4,6 | 6,9 | 18,7 | 10,9 | 19,9 | 8,9 | 30,1 |
| Raum-, Hausratreiniger | 5,2 | 5,3 | 19,8 | 9,8 | 21,1 | 6,6 | 32,2 |
| Real-, Volks-, Sonderschullehrer | 7,1 | 3,9 | 31,8 | 9,3 | 10,9 | 5,4 | 31,6 |
| Sonstige Lehrer | 6,8 | 5,0 | 25,0 | 10,6 | 12,9 | 7,2 | 32,5 |
| Sonstige Mechaniker | 3,2 | 1,6 | 27,9 | 14,3 | 10,8 | 10,0 | 32,2 |
| Sozialarbeiter, Sozialpfleger | 6,1 | 3,6 | 29,9 | 10,8 | 10,5 | 4,9 | 34,2 |
| Tischler | 3,8 | 2,2 | 28,6 | 14,6 | 11,1 | 9,4 | 30,3 |
| Verkäufer | 4,2 | 2,3 | 26,9 | 14,3 | 8,7 | 6,0 | 37,6 |
| **Branche insgesamt** | 4,7 | 2,9 | 27,5 | 12,4 | 11,6 | 7,0 | 33,9 |
| **Alle Branchen** | 4,7 | 4,2 | 22,1 | 10,5 | 17,4 | 9,3 | 31,8 |

Fehlzeiten-Report 2011

◘ Tab. 22.6.16 Anteile der 40 häufigsten Einzeldiagnosen an den AU-Fällen und AU-Tagen in der Branche Erziehung und Unterricht im Jahr 2010, AOK-Mitglieder

| ICD-10 | Bezeichnung | AU-Fälle in % | AU-Tage in % |
|--------|-------------|---------------|--------------|
| J06 | Akute Infektionen der oberen Atemwege | 9,7 | 5,9 |
| A09 | Diarrhoe und Gastroenteritis | 5,3 | 2,6 |
| M54 | Rückenschmerzen | 5,1 | 5,2 |
| K52 | Gastroenteritis und Kolitis | 4,5 | 2,2 |
| J20 | Akute Bronchitis | 3,0 | 2,3 |
| K29 | Gastritis und Duodenitis | 2,6 | 1,4 |
| J40 | Bronchitis | 2,4 | 1,7 |
| R51 | Kopfschmerz | 2,2 | 1,0 |
| R10 | Bauch- und Beckenschmerzen | 2,1 | 1,2 |
| J03 | Akute Tonsillitis | 2,1 | 1,4 |
| B34 | Viruskrankheit | 2,0 | 1,2 |
| J02 | Akute Pharyngitis | 1,8 | 1,0 |
| K08 | Sonstige Krankheiten der Zähne und des Zahnhalteapparates | 1,6 | 0,6 |
| J01 | Akute Sinusitis | 1,5 | 1,0 |
| R11 | Übelkeit und Erbrechen | 1,4 | 0,7 |
| J32 | Chronische Sinusitis | 1,3 | 0,9 |
| F32 | Depressive Episode | 1,2 | 3,4 |
| G43 | Migräne | 1,1 | 0,5 |
| J04 | Akute Laryngitis und Tracheitis | 1,1 | 0,7 |
| F43 | Reaktionen auf schwere Belastungen und Anpassungsstörungen | 1,1 | 2,1 |
| T14 | Verletzung an einer nicht näher bezeichneten Körperregion | 1,0 | 1,1 |
| J00 | Akute Rhinopharyngitis (Erkältungsschnupfen) | 1,0 | 0,6 |
| A08 | Virusbedingte Darminfektionen | 0,9 | 0,5 |
| F45 | Somatoforme Störungen | 0,8 | 1,2 |
| I10 | Essentielle Hypertonie | 0,8 | 1,3 |
| J98 | Sonstige Krankheiten der Atemwege | 0,7 | 0,5 |
| J11 | Grippe | 0,7 | 0,4 |
| M99 | Biomechanische Funktionsstörungen | 0,7 | 0,6 |
| M53 | Sonstige Krankheiten der Wirbelsäule und des Rückens | 0,7 | 0,8 |
| S93 | Luxation, Verstauchung und Zerrung der Gelenke und Bänder in Höhe des oberen Sprunggelenkes und des Fußes | 0,7 | 0,9 |
| B99 | Sonstige und nicht näher bezeichnete Infektionskrankheiten | 0,7 | 0,4 |
| N39 | Sonstige Krankheiten des Harnsystems | 0,6 | 0,5 |
| M25 | Sonstige Gelenkkrankheiten | 0,6 | 0,8 |
| R42 | Schwindel und Taumel | 0,6 | 0,4 |
| M79 | Sonstige Krankheiten des Weichteilgewebes | 0,5 | 0,5 |
| R53 | Unwohlsein und Ermüdung | 0,5 | 0,5 |
| F48 | Andere neurotische Störungen | 0,5 | 1,0 |
| R50 | Fieber unbekannter Ursache | 0,5 | 0,3 |
| I99 | Sonstige Krankheiten des Kreislaufsystems | 0,5 | 0,2 |
| I95 | Hypotonie | 0,5 | 0,2 |
| | **Summe hier** | **66,6** | **49,7** |
| | Restliche | 33,4 | 50,3 |
| | **Gesamtsumme** | **100,0** | **100,0** |

Fehlzeiten-Report 2011

**22**

◨ **Tab. 22.6.17** Anteile der 40 häufigsten Diagnoseuntergruppen an den AU-Fällen und AU-Tagen in der Branche Erziehung und Unterricht im Jahr 2010, AOK-Mitglieder

| ICD-10 | Bezeichnung | AU-Fälle in % | AU-Tage in % |
|--------|-------------|---------------|--------------|
| J00–J06 | Akute Infektionen der oberen Atemwege | 16,8 | 10,6 |
| A00–A09 | Infektiöse Darmkrankheiten | 6,7 | 3,3 |
| M40–M54 | Krankheiten der Wirbelsäule und des Rückens | 6,5 | 7,8 |
| K50–K52 | Nichtinfektiöse Enteritis und Kolitis | 4,8 | 2,5 |
| R50–R69 | Allgemeinsymptome | 3,9 | 2,7 |
| R10–R19 | Symptome bzgl. Verdauungssystem und Abdomen | 3,7 | 2,1 |
| J40–J47 | Chronische Krankheiten der unteren Atemwege | 3,5 | 2,9 |
| K20–K31 | Krankheiten des Ösophagus, Magens und Duodenums | 3,5 | 2,0 |
| J20–J22 | Sonstige akute Infektionen der unteren Atemwege | 3,4 | 2,6 |
| F40–F48 | Neurotische, Belastungs- und somatoforme Störungen | 2,6 | 5,1 |
| M60–M79 | Krankheiten der Weichteilgewebe | 2,2 | 3,3 |
| B25–B34 | Sonstige Viruskrankheiten | 2,1 | 1,3 |
| G40–G47 | Episod. und paroxysmale Krankheiten des Nervensystems | 2,0 | 1,3 |
| K00–K14 | Krankheiten der Mundhöhle, der Speicheldrüsen und der Kiefer | 2,0 | 0,8 |
| J30–J39 | Sonstige Krankheiten der oberen Atemwege | 2,0 | 1,5 |
| M00–M25 | Arthropathien | 1,9 | 3,9 |
| F30–F39 | Affektive Störungen | 1,4 | 4,7 |
| T08–T14 | Verletzungen Rumpf, Extremitäten o. a. Körperregionen | 1,3 | 1,3 |
| S90–S99 | Verletzungen der Knöchelregion und des Fußes | 1,0 | 1,5 |
| S60–S69 | Verletzungen des Handgelenkes und der Hand | 1,0 | 1,6 |
| R00–R09 | Symptome bzgl. Kreislauf- und Atmungssystem | 1,0 | 0,8 |
| N30–N39 | Sonstige Krankheiten des Harnsystems | 1,0 | 0,7 |
| I95–I99 | Sonstige Krankheiten des Kreislaufsystems | 1,0 | 0,5 |
| J10–J18 | Grippe und Pneumonie | 1,0 | 0,8 |
| N80–N98 | Nichtentzündliche Krankheiten des weiblichen Genitaltraktes | 0,9 | 0,7 |
| I10–I15 | Hypertonie | 0,9 | 1,5 |
| S80–S89 | Verletzungen des Knies und des Unterschenkels | 0,8 | 2,0 |
| J95–J99 | Sonstige Krankheiten des Atmungssystems | 0,8 | 0,6 |
| R40–R46 | Symptome bzgl. Wahrnehmung, Stimmung und Verhalten | 0,7 | 0,6 |
| M95–M99 | Sonstige Krankheiten des Muskel-Skelett-Systems und des Bindegewebes | 0,7 | 0,7 |
| B99–B99 | Sonstige Infektionskrankheiten | 0,7 | 0,4 |
| H65–H75 | Krankheiten des Mittelohres und des Warzenfortsatzes | 0,6 | 0,4 |
| S00–S09 | Verletzungen des Kopfes | 0,6 | 0,6 |
| K55–K63 | Sonstige Krankheiten des Darmes | 0,5 | 0,5 |
| I80–I89 | Krankheiten der Venen, Lymphgefäße und -knoten | 0,5 | 0,6 |
| L00–L08 | Infektionen der Haut und der Unterhaut | 0,5 | 0,6 |
| F10–F19 | Psychische und Verhaltensstörungen durch psychotrope Substanzen | 0,4 | 1,0 |
| O20–O29 | Sonstige Krankheiten der Mutter | 0,4 | 0,5 |
| G50–G59 | Krankheiten von Nerven, Nervenwurzeln und Nervenplexus | 0,4 | 0,8 |
| H10–H13 | Affektionen der Konjunktiva | 0,4 | 0,2 |
| | **Summe hier** | **86,1** | **77,3** |
| | Restliche | 13,9 | 22,7 |
| | **Gesamtsumme** | **100,0** | **100,0** |

Fehlzeiten-Report 2011

## 22.7   Handel

22

◘ **Tab. 22.7.1** Entwicklung des Krankenstands der AOK-Mitglieder in der Branche Handel in den Jahren 1994 bis 2010

| Jahr | Krankenstand in % | | | AU-Fälle je 100 AOK-Mitglieder | | | Tage je Fall | | |
|---|---|---|---|---|---|---|---|---|---|
| | West | Ost | Bund | West | Ost | Bund | West | Ost | Bund |
| 1994 | 5,6 | 4,6 | 5,5 | 144,1 | 105,9 | 138,3 | 13,1 | 14,1 | 13,3 |
| 1995 | 5,2 | 4,4 | 5,1 | 149,7 | 116,2 | 144,7 | 12,8 | 14,1 | 13,0 |
| 1996 | 4,6 | 4,0 | 4,5 | 134,3 | 106,2 | 129,9 | 12,9 | 14,4 | 13,1 |
| 1997 | 4,5 | 3,8 | 4,4 | 131,3 | 100,7 | 126,9 | 12,3 | 13,9 | 12,5 |
| 1998 | 4,6 | 3,9 | 4,5 | 134,1 | 102,0 | 129,6 | 12,3 | 13,8 | 12,5 |
| 1999 | 4,6 | 4,2 | 4,5 | 142,7 | 113,4 | 138,9 | 11,9 | 13,6 | 12,1 |
| 2000 | 4,6 | 4,2 | 4,6 | 146,5 | 117,9 | 143,1 | 11,6 | 13,0 | 11,7 |
| 2001 | 4,6 | 4,2 | 4,5 | 145,4 | 113,2 | 141,8 | 11,5 | 13,5 | 11,7 |
| 2002 | 4,5 | 4,1 | 4,5 | 145,5 | 114,4 | 142,0 | 11,4 | 13,0 | 11,5 |
| 2003 | 4,2 | 3,7 | 4,2 | 140,5 | 110,7 | 136,8 | 11,0 | 12,4 | 11,2 |
| 2004 | 3,9 | 3,4 | 3,8 | 127,0 | 100,9 | 123,4 | 11,2 | 12,2 | 11,3 |
| 2005 | 3,8 | 3,3 | 3,7 | 127,9 | 100,7 | 123,9 | 10,9 | 12,1 | 11,0 |
| 2006 | 3,7 | 3,3 | 3,6 | 122,7 | 97,0 | 118,9 | 11,0 | 12,3 | 11,2 |
| 2007 | 3,9 | 3,6 | 3,9 | 132,4 | 106,6 | 128,6 | 10,9 | 12,2 | 11,0 |
| 2008 (WZ03) | 4,1 | 3,8 | 4,0 | 140,4 | 112,0 | 136,2 | 10,6 | 12,3 | 10,8 |
| 2008 (WZ08)* | 4,1 | 3,7 | 4,0 | 139,9 | 111,7 | 135,7 | 10,6 | 12,2 | 10,8 |
| 2009 | 4,2 | 4,1 | 4,2 | 146,4 | 122,1 | 142,8 | 10,5 | 12,2 | 10,7 |
| 2010 | 4,3 | 4,1 | 4,3 | 143,7 | 126,8 | 141,2 | 10,9 | 11,9 | 11,0 |

*aufgrund der Revision der Wirtschaftszweigklassifikation in 2008 ist eine Vergleichbarkeit mit den Vorjahren nur bedingt möglich

Fehlzeiten-Report 2011

◘ **Tab. 22.7.2** Arbeitsunfähigkeit der AOK-Mitglieder in der Branche Handel nach Bundesländern im Jahr 2010 im Vergleich zum Vorjahr

| Bundesland | Krankenstand in % | Arbeitsunfähigkeit je 100 AOK-Mitglieder | | | | Tage je Fall | Veränd. z. Vorj. in % | AU-Quote in % |
|---|---|---|---|---|---|---|---|---|
| | | AU-Fälle | Veränd. z. Vorj. in % | AU-Tage | Veränd. z. Vorj. in % | | | |
| Baden-Württemberg | 4,1 | 144,2 | -2,6 | 1.503,5 | -0,5 | 10,4 | 2,0 | 53,5 |
| Bayern | 3,8 | 127,1 | -2,8 | 1.376,8 | -0,8 | 10,8 | 1,9 | 49,5 |
| Berlin | 4,0 | 126,4 | -1,9 | 1.451,5 | -2,9 | 11,5 | -0,9 | 41,7 |
| Brandenburg | 4,4 | 124,1 | -1,8 | 1.609,3 | -0,8 | 13,0 | 1,6 | 48,1 |
| Bremen | 4,1 | 148,4 | 6,5 | 1.490,3 | -10,9 | 10,0 | -16,7 | 53,1 |
| Hamburg | 5,2 | 165,0 | 0,5 | 1.892,8 | 1,3 | 11,5 | 0,9 | 53,5 |
| Hessen | 4,7 | 158,4 | -0,6 | 1.714,0 | 0,3 | 10,8 | 0,9 | 54,2 |
| Mecklenburg-Vorpommern | 4,3 | 116,5 | -5,3 | 1.579,6 | 2,2 | 13,6 | 7,9 | 45,9 |
| Niedersachsen | 4,5 | 148,5 | -2,1 | 1.645,0 | 18,8 | 11,1 | 22,0 | 53,6 |
| Nordrhein-Westfalen | 4,6 | 151,0 | -1,2 | 1.662,5 | 1,3 | 11,0 | 2,8 | 54,4 |
| Rheinland-Pfalz | 4,7 | 161,4 | -1,5 | 1.708,2 | -2,4 | 10,6 | -0,9 | 57,6 |
| Saarland | 5,2 | 147,1 | 0,3 | 1.890,3 | 3,2 | 12,9 | 3,2 | 53,4 |
| Sachsen | 3,9 | 125,7 | 7,0 | 1.422,7 | 1,9 | 11,3 | -5,0 | 51,0 |
| Sachsen-Anhalt | 4,7 | 125,6 | -3,6 | 1.704,0 | -0,5 | 13,6 | 3,0 | 48,5 |
| Schleswig-Holstein | 4,7 | 147,9 | -1,5 | 1.730,5 | 4,7 | 11,7 | 6,4 | 53,3 |
| Thüringen | 4,3 | 136,4 | 5,7 | 1.577,5 | 0,5 | 11,6 | -4,9 | 52,0 |
| West | 4,3 | 143,7 | -1,8 | 1.562,1 | 1,9 | 10,9 | 3,8 | 52,7 |
| Ost | 4,1 | 126,8 | 3,8 | 1.509,0 | 1,2 | 11,9 | -2,5 | 50,3 |
| Bund | 4,3 | 141,2 | -1,1 | 1.554,2 | 1,8 | 11,0 | 2,8 | 52,3 |

Fehlzeiten-Report 2011

**◻ Tab. 22.7.3** Arbeitsunfähigkeit der AOK-Mitglieder in der Branche Handel nach Wirtschaftsabteilungen im Jahr 2010

| Wirtschaftsabteilung | Krankenstand in % | | Arbeitsunfähigkeiten je 100 AOK-Mitglieder | | Tage je Fall | AU-Quote in % |
|---|---|---|---|---|---|---|
| | 2010 | 2010 stand.* | Fälle | Tage | | |
| Einzelhandel | 4,0 | 4,2 | 134,7 | 1.477,7 | 11,0 | 49,8 |
| Großhandel | 4,7 | 4,4 | 144,2 | 1.699,5 | 11,8 | 54,8 |
| Kraftfahrzeughandel | 4,1 | 4,0 | 155,8 | 1.491,5 | 9,6 | 56,0 |
| **Branche insgesamt** | **4,3** | **4,4** | **141,2** | **1.554,2** | **11,0** | **52,3** |
| Alle Branchen | 4,8 | 4,7 | 152,1 | 1.758,9 | 11,6 | 52,8 |

*Krankenstand alters- und geschlechtsstandardisiert

Fehlzeiten-Report 2011

**◻ Tab. 22.7.4** Kennzahlen der Arbeitsunfähigkeit der AOK-Mitglieder nach ausgewählten Berufsgruppen in der Branche Handel im Jahr 2010

| Tätigkeit | Kranken-stand in % | Arbeitsunfähigkeiten je 100 AOK-Mitglieder | | Tage je Fall | AU-Quote in % | Anteil der Berufsgruppe an der Branche in %* |
|---|---|---|---|---|---|---|
| | | Fälle | Tage | | | |
| Bürofachkräfte | 2,9 | 121,0 | 1.049,3 | 8,7 | 48,1 | 8,8 |
| Diätassisten, Pharmazeutisch-technische Assistenten | 2,0 | 107,4 | 726,5 | 6,8 | 44,8 | 1,0 |
| Groß- und Einzelhandelskaufleute, Einkäufer | 3,1 | 151,6 | 1.120,2 | 7,4 | 54,0 | 6,6 |
| Handelsvertreter, Reisende | 3,4 | 114,2 | 1.239,3 | 10,9 | 46,0 | 1,0 |
| Kassierer | 4,9 | 130,2 | 1.802,3 | 13,8 | 53,4 | 2,7 |
| Kraftfahrzeugführer | 6,0 | 129,3 | 2.190,6 | 16,9 | 55,0 | 4,6 |
| Kraftfahrzeuginstandsetzer | 4,4 | 169,4 | 1.592,1 | 9,4 | 61,0 | 6,1 |
| Lager-, Transportarbeiter | 5,8 | 174,7 | 2.128,2 | 12,2 | 58,6 | 6,6 |
| Lagerverwalter, Magaziner | 5,6 | 163,6 | 2.047,8 | 12,5 | 61,1 | 3,8 |
| Verkäufer | 4,0 | 130,0 | 1.470,6 | 11,3 | 48,7 | 28,7 |
| Warenaufmacher, Versandfertigmacher | 6,1 | 172,4 | 2.213,0 | 12,8 | 57,1 | 2,5 |
| **Branche insgesamt** | **4,3** | **141,2** | **1.554,2** | **11,0** | **52,3** | **13,1**** |

*Anteil der AOK-Mitglieder in der Berufsgruppe an den in der Branche beschäftigten AOK-Mitgliedern insgesamt
**Anteil der AOK-Mitglieder in der Branche an allen AOK-Mitgliedern

Fehlzeiten-Report 2011

**◻ Tab. 22.7.5** Dauer der Arbeitsunfähigkeit der AOK-Mitglieder in der Branche Handel im Jahr 2010

| Fallklasse | Branche hier | | alle Branchen | |
|---|---|---|---|---|
| | Anteil Fälle in % | Anteil Tage in % | Anteil Fälle in % | Anteil Tage in % |
| 1–3 Tage | 39,1 | 7,1 | 36,5 | 6,2 |
| 4–7 Tage | 30,1 | 13,6 | 29,8 | 12,8 |
| 8–14 Tage | 15,4 | 14,4 | 16,9 | 14,9 |
| 15–21 Tage | 5,5 | 8,7 | 6,1 | 9,1 |
| 22–28 Tage | 2,9 | 6,4 | 3,2 | 6,7 |
| 29–42 Tage | 2,9 | 9,1 | 3,2 | 9,5 |
| Langzeit-AU (> 42 Tage) | 4,1 | 40,7 | 4,3 | 40,8 |

Fehlzeiten-Report 2011

22

◘ **Tab. 22.7.6** Tage der Arbeitsunfähigkeit je AOK-Mitglied nach Wirtschaftsabteilung und Betriebsgröße in der Branche Handel im Jahr 2010

| Wirtschaftsabteilungen | Betriebsgröße (Anzahl der AOK-Mitglieder) | | | | | |
|---|---|---|---|---|---|---|
| | 10–49 | 50–99 | 100–199 | 200–499 | 500–999 | ≥ 1.000 |
| Einzelhandel | 14,9 | 16,8 | 17,5 | 17,8 | 18,3 | 17,8 |
| Großhandel | 17,9 | 19,6 | 19,4 | 21,1 | 18,8 | 15,2 |
| Kraftfahrzeughandel | 15,5 | 16,9 | 16,7 | 18,1 | 19,3 | – |
| Branche insgesamt | 16,3 | 18,0 | 18,1 | 18,8 | 18,4 | 17,5 |
| Alle Branchen | 18,1 | 19,8 | 20,0 | 20,1 | 20,2 | 19,1 |

Fehlzeiten-Report 2011

◘ **Tab. 22.7.7** Krankenstand in Prozent nach der Stellung im Beruf in der Branche Handel im Jahr 2010, AOK-Mitglieder

| Wirtschaftsabteilung | Stellung im Beruf | | | | |
|---|---|---|---|---|---|
| | Auszubil-dende | Arbeiter | Facharbeiter | Meister, Poliere | Angestellte |
| Einzelhandel | 3,6 | 4,9 | 4,4 | 3,4 | 3,4 |
| Großhandel | 3,6 | 6,0 | 5,5 | 4,1 | 3,0 |
| Kraftfahrzeughandel | 4,0 | 4,8 | 4,5 | 4,0 | 3,0 |
| Branche insgesamt | 3,7 | 5,5 | 4,8 | 3,9 | 3,2 |
| Alle Branchen | 4,1 | 5,8 | 5,2 | 4,0 | 3,6 |

Fehlzeiten-Report 2011

◘ **Tab. 22.7.8** Tage der Arbeitsunfähigkeit je AOK-Mitglied nach der Stellung im Beruf in der Branche Handel im Jahr 2010

| Wirtschaftsabteilung | Stellung im Beruf | | | | |
|---|---|---|---|---|---|
| | Auszubil-dende | Arbeiter | Facharbeiter | Meister, Poliere | Angestellte |
| Einzelhandel | 13,0 | 17,9 | 15,9 | 12,6 | 12,5 |
| Großhandel | 13,2 | 21,8 | 20,0 | 14,9 | 11,1 |
| Kraftfahrzeughandel | 14,5 | 17,6 | 16,6 | 14,5 | 11,0 |
| Branche insgesamt | 13,5 | 20,0 | 17,5 | 14,2 | 11,8 |
| Alle Branchen | 14,8 | 21,2 | 18,9 | 14,5 | 13,0 |

Fehlzeiten-Report 2011

◘ **Tab. 22.7.9** Anteil der Arbeitsunfälle an den AU-Fällen und -Tagen in Prozent nach Wirtschaftsabteilungen in der Branche Handel im Jahr 2010, AOK-Mitglieder

| Wirtschaftsabteilung | AU-Fälle in % | AU-Tage in % |
|---|---|---|
| Einzelhandel | 3,5 | 4,6 |
| Großhandel | 4,7 | 6,7 |
| Kraftfahrzeughandel | 5,3 | 6,7 |
| Branche insgesamt | 4,2 | 5,7 |
| Alle Branchen | 4,5 | 6,1 |

Fehlzeiten-Report 2011

◻ **Tab. 22.7.10** Tage und Fälle der Arbeitsunfähigkeit durch Arbeitsunfälle nach Berufsgruppen in der Branche Handel im Jahr 2010, AOK-Mitglieder

| Tätigkeit | Arbeitsunfähigkeit je 1.000 AOK-Mitglieder | |
|---|---|---|
| | AU-Tage | AU-Fälle |
| Kraftfahrzeugführer | 2.327,9 | 114,6 |
| Tischler | 1.909,0 | 133,7 |
| Fleischer | 1.742,8 | 110,7 |
| Elektroinstallateure, -monteure | 1.519,6 | 104,9 |
| Lager-, Transportarbeiter | 1.354,3 | 83,4 |
| Kraftfahrzeuginstandsetzer | 1.309,9 | 117,4 |
| Lagerverwalter, Magaziner | 1.254,4 | 74,6 |
| Sonstige Mechaniker | 1.127,7 | 92,2 |
| Warenaufmacher, Versandfertigmacher | 1.058,0 | 67,3 |
| Verkäufer | 578,8 | 41,3 |
| Kassierer | 498,2 | 35,6 |
| Groß- und Einzelhandelskaufleute, Einkäufer | 409,3 | 38,8 |
| Bürofachkräfte | 285,5 | 21,5 |
| **Branche insgesamt** | **883,8** | **59,5** |
| **Alle Branchen** | **1.076,0** | **68,8** |

Fehlzeiten-Report 2011

◻ **Tab. 22.7.11** Tage und Fälle der Arbeitsunfähigkeit je 100 AOK-Mitglieder nach Krankheitsarten in der Branche Handel in den Jahren 1995 bis 2010

| Jahr | Arbeitsunfähigkeiten je 100 AOK-Mitglieder | | | | | | | | | | | |
|---|---|---|---|---|---|---|---|---|---|---|---|---|
| | Psyche | | Herz/Kreislauf | | Atemwege | | Verdauung | | Muskel/Skelett | | Verletzungen | |
| | Tage | Fälle | Tage | Fälle | Tage | Fälle | Tage | Fälle | Tage | Fälle | Tage | Fälle |
| 1995 | 101,3 | 4,1 | 175,6 | 8,5 | 347,2 | 43,8 | 183,5 | 22,6 | 592,8 | 31,9 | 345,0 | 21,1 |
| 1996 | 92,4 | 3,8 | 152,5 | 7,1 | 300,8 | 38,8 | 153,0 | 20,3 | 524,4 | 27,6 | 308,0 | 18,8 |
| 1997 | 89,6 | 4,0 | 142,2 | 7,4 | 268,9 | 37,5 | 143,7 | 20,2 | 463,5 | 26,9 | 293,2 | 18,4 |
| 1998 | 95,7 | 4,3 | 142,2 | 7,6 | 266,0 | 38,5 | 140,9 | 20,4 | 480,4 | 28,3 | 284,6 | 18,3 |
| 1999 | 100,4 | 4,7 | 139,6 | 7,8 | 301,5 | 44,0 | 142,3 | 21,7 | 499,5 | 30,0 | 280,8 | 18,5 |
| 2000 | 113,7 | 5,5 | 119,8 | 7,0 | 281,4 | 42,5 | 128,1 | 19,1 | 510,3 | 31,3 | 278,0 | 18,8 |
| 2001 | 126,1 | 6,3 | 124,0 | 7,6 | 266,0 | 41,9 | 128,9 | 19,8 | 523,9 | 32,5 | 270,3 | 18,7 |
| 2002 | 131,0 | 6,7 | 122,5 | 7,7 | 254,9 | 41,0 | 129,6 | 20,8 | 512,6 | 32,0 | 265,8 | 18,4 |
| 2003 | 127,0 | 6,6 | 114,6 | 7,6 | 252,1 | 41,5 | 121,3 | 19,8 | 459,2 | 29,4 | 250,8 | 17,4 |
| 2004 | 136,9 | 6,4 | 120,4 | 6,8 | 215,6 | 34,6 | 120,4 | 19,0 | 424,2 | 27,1 | 237,7 | 16,0 |
| 2005 | 135,8 | 6,2 | 118,1 | 6,6 | 245,8 | 39,4 | 113,5 | 17,6 | 399,1 | 25,9 | 230,5 | 15,5 |
| 2006 | 137,2 | 6,3 | 117,7 | 6,7 | 202,9 | 33,5 | 115,7 | 18,4 | 400,5 | 26,0 | 234,8 | 15,7 |
| 2007 | 151,2 | 6,8 | 120,3 | 6,8 | 231,0 | 37,9 | 122,6 | 20,0 | 426,0 | 27,1 | 234,3 | 15,4 |
| 2008 (WZ03) | 159,5 | 7,1 | 124,1 | 7,0 | 244,6 | 40,6 | 127,6 | 21,3 | 439,2 | 28,2 | 238,9 | 15,8 |
| 2008 (WZ08)* | 158,2 | 7,1 | 123,2 | 7,0 | 243,2 | 40,4 | 127,3 | 21,2 | 435,9 | 28,0 | 238,8 | 15,8 |
| 2009 | 168,3 | 7,6 | 122,3 | 6,9 | 284,1 | 46,6 | 126,0 | 20,8 | 428,8 | 27,4 | 241,8 | 15,7 |
| 2010 | 190,3 | 8,1 | 124,2 | 6,9 | 240,7 | 40,4 | 118,2 | 19,2 | 463,3 | 28,5 | 256,3 | 16,4 |

*aufgrund der Revision der Wirtschaftszweigklassifikation in 2008 ist eine Vergleichbarkeit mit den Vorjahren nur bedingt möglich

Fehlzeiten-Report 2011

22

◘ **Tab. 22.7.12** Verteilung der Arbeitsunfähigkeitstage nach Krankheitsarten in Prozent in der Branche Handel im Jahr 2010, AOK-Mitglieder

| Wirtschaftsabteilung | AU-Tage in % | | | | | | |
|---|---|---|---|---|---|---|---|
| | Psyche | Herz/Kreislauf | Atem-wege | Verdau-ung | Muskel/Skelett | Verlet-zungen | Sonstige |
| Einzelhandel | 11,3 | 5,6 | 12,4 | 5,9 | 22,0 | 11,3 | 31,5 |
| Großhandel | 8,3 | 7,3 | 11,3 | 5,8 | 24,8 | 13,4 | 29,1 |
| Kraftfahrzeughandel | 7,0 | 5,9 | 13,2 | 6,4 | 23,7 | 16,8 | 27,0 |
| Branche insgesamt | 9,6 | 6,2 | 12,1 | 5,9 | 23,3 | 12,9 | 30,0 |
| Alle Branchen | 9,3 | 6,6 | 12,0 | 5,8 | 24,2 | 12,9 | 29,2 |

Fehlzeiten-Report 2011

◘ **Tab. 22.7.13** Verteilung der Arbeitsunfähigkeitsfälle nach Krankheitsarten in Prozent in der Branche Handel im Jahr 2010, AOK-Mitglieder

| Wirtschaftsabteilung | AU-Fälle in % | | | | | | |
|---|---|---|---|---|---|---|---|
| | Psyche | Herz/Kreislauf | Atem-wege | Verdau-ung | Muskel/Skelett | Verlet-zungen | Sonstige |
| Einzelhandel | 5,3 | 3,7 | 23,0 | 10,8 | 14,5 | 8,2 | 34,5 |
| Großhandel | 4,2 | 4,4 | 21,9 | 10,6 | 18,2 | 9,4 | 31,3 |
| Kraftfahrzeughandel | 3,1 | 3,3 | 24,2 | 11,1 | 16,4 | 12,0 | 29,9 |
| Branche insgesamt | 4,5 | 3,9 | 22,8 | 10,8 | 16,1 | 9,3 | 32,6 |
| Alle Branchen | 4,7 | 4,2 | 22,1 | 10,5 | 17,4 | 9,3 | 31,8 |

Fehlzeiten-Report 2011

◘ **Tab. 22.7.14** Verteilung der Arbeitsunfähigkeitstage nach Krankheitsarten und ausgewählten Berufsgruppen in der Branche Handel im Jahr 2010, AOK-Mitglieder

| Tätigkeit | AU-Tage in % | | | | | | |
|---|---|---|---|---|---|---|---|
| | Psyche | Herz/Kreislauf | Atem-wege | Verdau-ung | Muskel/Skelett | Verlet-zungen | Sonstige |
| Apothekenhelfer | 11,3 | 4,6 | 16,9 | 7,8 | 12,3 | 8,8 | 38,3 |
| Bürofachkräfte | 12,3 | 5,5 | 15,3 | 6,6 | 16,3 | 9,7 | 34,3 |
| Diätassistenten, Pharmazeutisch-technische Assistenten | 11,5 | 4,2 | 18,9 | 7,8 | 11,3 | 8,7 | 37,6 |
| Groß- und Einzelhandelskaufleute, Einkäufer | 11,4 | 4,1 | 17,4 | 7,6 | 15,5 | 12,1 | 31,9 |
| Kassierer | 13,0 | 5,4 | 10,8 | 5,2 | 23,1 | 9,3 | 33,2 |
| Kraftfahrzeugführer | 6,2 | 9,8 | 8,0 | 5,1 | 28,6 | 16,1 | 26,2 |
| Kraftfahrzeuginstandsetzer | 5,3 | 5,6 | 13,0 | 6,3 | 24,9 | 19,3 | 25,6 |
| Lager-, Transportarbeiter | 7,7 | 7,0 | 11,5 | 5,6 | 27,9 | 13,2 | 27,1 |
| Lagerverwalter, Magaziner | 7,8 | 7,8 | 10,6 | 5,7 | 26,8 | 12,9 | 28,4 |
| Verkäufer | 12,4 | 5,2 | 12,1 | 5,9 | 21,6 | 10,6 | 32,2 |
| Warenaufmacher, Versandfertig-macher | 9,6 | 6,4 | 10,9 | 5,0 | 28,9 | 10,8 | 28,4 |
| Warenmaler, -lackierer | 7,4 | 4,9 | 14,9 | 6,8 | 24,0 | 17,0 | 25,0 |
| Branche insgesamt | 9,6 | 6,2 | 12,1 | 5,9 | 23,3 | 12,9 | 30,0 |
| Alle Branchen | 9,3 | 6,6 | 12,0 | 5,8 | 24,2 | 12,9 | 29,2 |

Fehlzeiten-Report 2011

**☐ Tab. 22.7.15** Verteilung der Arbeitsunfähigkeitsfälle nach Krankheitsarten und ausgewählten Berufsgruppen in der Branche Handel im Jahr 2010, AOK-Mitglieder

| Tätigkeit | AU-Fälle in % | | | | | | |
|---|---|---|---|---|---|---|---|
| | Psyche | Herz/ Kreislauf | Atem- wege | Verdau- ung | Muskel/ Skelett | Verlet- zungen | Sonstige |
| Apothekenhelfer | 4,4 | 3,1 | 26,4 | 13,0 | 7,6 | 5,2 | 40,3 |
| Bürofachkräfte | 5,1 | 3,5 | 26,6 | 11,5 | 10,9 | 6,2 | 36,2 |
| Diätassistenten, Pharmazeutisch- technische Assistenten | 4,4 | 2,8 | 28,9 | 12,0 | 6,8 | 5,3 | 39,8 |
| Groß- und Einzelhandelskaufleute, Einkäufer | 4,2 | 2,7 | 27,8 | 12,0 | 9,9 | 7,8 | 35,6 |
| Kassierer | 6,4 | 4,1 | 21,5 | 10,1 | 15,4 | 7,3 | 35,2 |
| Kraftfahrzeugführer | 3,7 | 6,1 | 16,1 | 10,0 | 23,4 | 12,8 | 27,9 |
| Kraftfahrzeuginstandsetzer | 2,3 | 2,9 | 24,1 | 10,9 | 17,3 | 14,1 | 28,4 |
| Lager-, Transportarbeiter | 4,2 | 4,4 | 20,8 | 10,2 | 22,0 | 9,6 | 28,8 |
| Lagerverwalter, Magaziner | 4,0 | 4,8 | 20,5 | 10,4 | 21,1 | 9,6 | 29,6 |
| Verkäufer | 5,7 | 3,7 | 22,7 | 10,7 | 14,0 | 7,9 | 35,3 |
| Warenaufmacher, Versandfertig- macher | 4,8 | 4,6 | 20,2 | 10,0 | 21,7 | 8,3 | 30,4 |
| Warenmaler, -lackierer | 3,1 | 2,9 | 24,8 | 12,1 | 16,3 | 11,6 | 29,2 |
| **Branche insgesamt** | **4,5** | **3,9** | **22,8** | **10,8** | **16,1** | **9,3** | **32,6** |
| **Alle Branchen** | **4,7** | **4,2** | **22,1** | **10,5** | **17,4** | **9,3** | **31,8** |

Fehlzeiten-Report 2011

22

◨ **Tab. 22.7.16** Anteile der 40 häufigsten Einzeldiagnosen an den AU-Fällen und AU-Tagen in der Branche Handel im Jahr 2010, AOK-Mitglieder

| ICD-10 | Bezeichnung | AU-Fälle in % | AU-Tage in % |
|--------|-------------|---------------|--------------|
| M54 | Akute Infektionen der oberen Atemwege | 7,0 | 3,0 |
| J06 | Rückenschmerzen | 6,3 | 6,3 |
| A09 | Diarrhoe und Gastroenteritis | 3,9 | 1,3 |
| K52 | Sonstige nichtinfektiöse Gastroenteritis und Kolitis | 2,9 | 1,0 |
| J20 | Akute Bronchitis | 2,8 | 1,5 |
| J40 | Bronchitis | 2,3 | 1,2 |
| K08 | Sonstige Krankheiten der Zähne und des Zahnhalteapparates | 2,1 | 0,5 |
| R10 | Bauch- und Beckenschmerzen | 1,6 | 0,8 |
| K29 | Gastritis und Duodenitis | 1,6 | 0,8 |
| B34 | Viruskrankheit | 1,5 | 0,6 |
| J03 | Akute Tonsillitis | 1,5 | 0,7 |
| T14 | Verletzung an einer nicht näher bezeichneten Körperregion | 1,4 | 1,3 |
| J01 | Akute Sinusitis | 1,3 | 0,6 |
| J02 | Akute Pharyngitis | 1,3 | 0,5 |
| I10 | Essentielle Hypertonie | 1,2 | 2,1 |
| J32 | Chronische Sinusitis | 1,2 | 0,6 |
| F32 | Depressive Episode | 1,1 | 2,9 |
| R51 | Kopfschmerz | 1,0 | 0,4 |
| F43 | Reaktionen auf schwere Belastungen und Anpassungsstörungen | 1,0 | 1,7 |
| M99 | Biomechanische Funktionsstörungen | 0,9 | 0,7 |
| M51 | Sonstige Bandscheibenschäden | 0,9 | 2,2 |
| M53 | Sonstige Krankheiten der Wirbelsäule und des Rückens | 0,8 | 1,0 |
| R11 | Übelkeit und Erbrechen | 0,8 | 0,4 |
| A08 | Virusbedingte Darminfektionen | 0,8 | 0,3 |
| M25 | Sonstige Gelenkkrankheiten | 0,8 | 0,9 |
| M77 | Sonstige Enthesopathien | 0,7 | 0,9 |
| M75 | Schulterläsionen | 0,7 | 1,6 |
| J04 | Akute Laryngitis und Tracheitis | 0,7 | 0,3 |
| S93 | Luxation, Verstauchung und Zerrung der Gelenke und Bänder in Höhe des oberen Sprunggelenkes und des Fußes | 0,7 | 0,8 |
| F45 | Somatoforme Störungen | 0,6 | 1,0 |
| M23 | Binnenschädigung des Kniegelenkes | 0,6 | 1,3 |
| J00 | Akute Rhinopharyngitis (Erkältungsschnupfen) | 0,6 | 0,3 |
| M79 | Sonstige Krankheiten des Weichteilgewebes | 0,6 | 0,6 |
| G43 | Migräne | 0,6 | 0,2 |
| B99 | Sonstige Infektionskrankheiten | 0,6 | 0,3 |
| N39 | Sonstige Krankheiten des Harnsystems | 0,6 | 0,4 |
| J98 | Sonstige Krankheiten der Atemwege | 0,6 | 0,3 |
| R42 | Schwindel und Taumel | 0,6 | 0,4 |
| J11 | Grippe | 0,6 | 0,3 |
| A08 | Virusbedingte Darminfektionen | 0,5 | 0,2 |
| | **Summe hier** | **57,3** | **42,2** |
| | Restliche | 42,7 | 57,8 |
| | **Gesamtsumme** | **100,0** | **100,0** |

◧ **Tab. 22.7.17** Anteile der 40 häufigsten Diagnoseuntergruppen an den AU-Fällen und AU-Tagen in der Branche Handel im Jahr 2010, AOK-Mitglieder

| ICD-10 | Bezeichnung | AU-Fälle in % | AU-Tage in % |
|--------|-------------|---------------|--------------|
| J00–J06 | Akute Infektionen der oberen Atemwege | 12,4 | 5,5 |
| M40–M54 | Krankheiten der Wirbelsäule und des Rückens | 8,4 | 10,7 |
| A00–A09 | Infektiöse Darmkrankheiten | 5,1 | 1,8 |
| J40–J47 | Chronische Krankheiten der unteren Atemwege | 3,5 | 2,3 |
| M60–M79 | Krankheiten der Weichteilgewebe | 3,5 | 4,9 |
| K50–K52 | Nichtinfektiöse Enteritis und Kolitis | 3,3 | 1,3 |
| J20–J22 | Sonstige akute Infektionen der unteren Atemwege | 3,2 | 1,7 |
| R50–R69 | Allgemeinsymptome | 2,9 | 2,2 |
| M00–M25 | Arthropathien | 2,8 | 5,6 |
| K00–K14 | Krankheiten der Mundhöhle, der Speicheldrüsen und der Kiefer | 2,7 | 0,7 |
| R10–R19 | Symptome bzgl. Verdauungssystem und Abdomen | 2,6 | 1,4 |
| F40–F48 | Neurotische, Belastungs- und somatoforme Störungen | 2,4 | 4,2 |
| K20–K31 | Krankheiten des Ösophagus, Magens und Duodenums | 2,2 | 1,2 |
| J30–J39 | Sonstige Krankheiten der oberen Atemwege | 1,9 | 1,1 |
| T08–T14 | Verletzungen Rumpf, Extremitäten o. a. Körperregionen | 1,8 | 1,6 |
| B25–B34 | Sonstige Viruskrankheiten | 1,7 | 0,7 |
| S60–S69 | Verletzungen des Handgelenkes und der Hand | 1,4 | 1,8 |
| F30–F39 | Affektive Störungen | 1,4 | 3,9 |
| I10–I15 | Hypertonie | 1,4 | 2,4 |
| G40–G47 | Episod. und paroxysmale Krankheiten des Nervensystems | 1,3 | 1,0 |
| S90–S99 | Verletzungen der Knöchelregion und des Fußes | 1,2 | 1,6 |
| R00–R09 | Symptome bzgl. Kreislauf- und Atmungssystem | 1,1 | 0,8 |
| S80–S89 | Verletzungen des Knies und des Unterschenkels | 1,1 | 2,3 |
| M95–M99 | Sonstige Krankheiten des Muskel-Skelett-Systems und des Bindegewebes | 1,0 | 0,8 |
| N30–N39 | Sonstige Krankheiten des Harnsystems | 1,0 | 0,6 |
| J10–J18 | Grippe und Pneumonie | 0,9 | 0,6 |
| I80–I89 | Krankheiten der Venen, Lymphgefäße und -knoten | 0,8 | 0,9 |
| R40–R46 | Symptome bzgl. Wahrnehmung, Stimmung und Verhalten | 0,7 | 0,6 |
| S00–S09 | Verletzungen des Kopfes | 0,7 | 0,7 |
| K55–K63 | Sonstige Krankheiten des Darmes | 0,7 | 0,7 |
| J95–J99 | Sonstige Krankheiten des Atmungssystems | 0,7 | 0,4 |
| N80–N98 | Nichtentzündliche Krankheiten des weiblichen Genitaltraktes | 0,7 | 0,6 |
| G50–G59 | Krankheiten von Nerven, Nervenwurzeln und Nervenplexus | 0,7 | 1,2 |
| I95–I99 | Sonstige Krankheiten des Kreislaufsystems | 0,7 | 0,4 |
| E70–E90 | Stoffwechselstörungen | 0,6 | 1,1 |
| B99–B99 | Sonstige Infektionskrankheiten | 0,6 | 0,3 |
| Z20–Z29 | Pot. Gesundheitsrisiken bzgl. übertragbarer Krankheiten | 0,6 | 0,3 |
| Z70–Z76 | Sonstige Inanspruchnahme des Gesundheitswesens | 0,6 | 1,1 |
| L00–L08 | Infektionen der Haut und der Unterhaut | 0,6 | 0,6 |
| H65–H75 | Krankheiten des Mittelohres und des Warzenfortsatzes | 0,5 | 0,3 |
| | **Summe hier** | **81,4** | **71,9** |
| | Restliche | 18,6 | 28,1 |
| | **Gesamtsumme** | **100,0** | **100,0** |

**22**

## 22.8    Land- und Forstwirtschaft

**◘ Tab. 22.8.1** Entwicklung des Krankenstands der AOK-Mitglieder in der Branche Land- und Forstwirtschaft in den Jahren 1994 bis 2010

| Jahr | Krankenstand in % | | | AU-Fälle je 100 AOK-Mitglieder | | | Tage je Fall | | |
|------|------|------|------|------|------|------|------|------|------|
| | West | Ost | Bund | West | Ost | Bund | West | Ost | Bund |
| 1994 | 5,7 | 5,5 | 5,6 | 132,0 | 114,0 | 122,7 | 15,7 | 15,4 | 15,5 |
| 1995 | 5,4 | 5,7 | 5,6 | 140,6 | 137,3 | 139,2 | 14,7 | 15,1 | 14,9 |
| 1996 | 4,6 | 5,5 | 5,1 | 137,3 | 125,0 | 132,3 | 12,9 | 16,3 | 14,2 |
| 1997 | 4,6 | 5,0 | 4,8 | 137,4 | 117,7 | 129,7 | 12,3 | 15,4 | 13,4 |
| 1998 | 4,8 | 4,9 | 4,8 | 143,1 | 121,4 | 135,1 | 12,1 | 14,9 | 13,0 |
| 1999 | 4,6 | 6,0 | 5,3 | 149,6 | 142,6 | 147,6 | 11,6 | 14,2 | 12,3 |
| 2000 | 4,6 | 5,5 | 5,0 | 145,7 | 139,7 | 142,7 | 11,6 | 14,3 | 12,9 |
| 2001 | 4,6 | 5,4 | 5,0 | 144,3 | 130,2 | 137,6 | 11,7 | 15,1 | 13,2 |
| 2002 | 4,5 | 5,2 | 4,8 | 142,4 | 126,5 | 135,0 | 11,4 | 15,1 | 13,0 |
| 2003 | 4,2 | 4,9 | 4,5 | 135,5 | 120,5 | 128,5 | 11,2 | 14,8 | 12,8 |
| 2004 | 3,8 | 4,3 | 4,0 | 121,5 | 109,1 | 115,6 | 11,4 | 14,6 | 12,8 |
| 2005 | 3,5 | 4,3 | 3,9 | 113,7 | 102,1 | 108,4 | 11,3 | 15,3 | 13,0 |
| 2006 | 3,3 | 4,1 | 3,7 | 110,2 | 96,5 | 104,3 | 11,0 | 15,4 | 12,8 |
| 2007 | 3,6 | 4,4 | 3,9 | 117,1 | 102,2 | 110,8 | 11,1 | 15,7 | 12,9 |
| 2008 (WZ03) | 3,7 | 4,6 | 4,1 | 121,1 | 107,6 | 115,4 | 11,1 | 15,7 | 12,9 |
| 2008 (WZ08)* | 3,1 | 4,6 | 3,9 | 101,5 | 101,6 | 101,6 | 11,3 | 16,5 | 13,9 |
| 2009 | 3,0 | 5,0 | 4,0 | 101,0 | 108,9 | 104,8 | 11,0 | 16,8 | 13,9 |
| 2010 | 3,3 | 5,1 | 4,2 | 99,6 | 112,5 | 105,6 | 12,2 | 16,7 | 14,4 |

*aufgrund der Revision der Wirtschaftszweigklassifikation in 2008 ist eine Vergleichbarkeit mit den Vorjahren nur bedingt möglich

Fehlzeiten-Report 2011

**◘ Tab. 22.8.2** Arbeitsunfähigkeit der AOK-Mitglieder in der Branche Land- und Forstwirtschaft nach Bundesländern im Jahr 2010 im Vergleich zum Vorjahr

| Bundesland | Kranken-stand in % | Arbeitsunfähigkeit je 100 AOK-Mitglieder | | | | Tage je Fall | Veränd. z. Vorj. in % | AU-Quote in % |
|------|------|------|------|------|------|------|------|------|
| | | AU-Fälle | Veränd. z. Vorj. in % | AU-Tage | Veränd. z. Vorj. in % | | | |
| Baden-Württemberg | 3,0 | 89,5 | -6,6 | 1.095,8 | 5,3 | 12,3 | 12,8 | 26,1 |
| Bayern | 2,8 | 81,9 | -5,2 | 1.037,9 | 0,0 | 12,7 | 5,8 | 27,1 |
| Berlin | 5,6 | 144,0 | 2,9 | 2.052,3 | 8,4 | 14,3 | 5,9 | 37,4 |
| Brandenburg | 5,4 | 105,9 | -0,9 | 1.955,4 | 2,4 | 18,5 | 3,4 | 44,8 |
| Bremen | 3,5 | 128,3 | 9,6 | 1.288,7 | 1,7 | 10,0 | -7,4 | 48,7 |
| Hamburg | 4,9 | 107,9 | 8,1 | 1.783,3 | 31,2 | 16,5 | 21,3 | 31,4 |
| Hessen | 3,8 | 100,5 | -4,6 | 1.371,9 | 7,2 | 13,6 | 11,5 | 30,0 |
| Mecklenburg-Vorpommern | 5,4 | 99,5 | 2,5 | 1.954,1 | 7,6 | 19,6 | 4,8 | 43,9 |
| Niedersachsen | 3,9 | 117,0 | 3,0 | 1.425,9 | 26,9 | 12,2 | 23,2 | 36,9 |
| Nordrhein-Westfalen | 3,1 | 100,3 | -0,5 | 1.116,3 | 4,7 | 11,1 | 4,7 | 27,1 |
| Rheinland-Pfalz | 3,2 | 100,3 | -2,0 | 1.163,1 | -2,2 | 11,6 | 0,0 | 19,9 |
| Saarland | 6,5 | 142,2 | -7,9 | 2.374,4 | 58,8 | 16,7 | 72,2 | 53,7 |
| Sachsen | 4,9 | 118,1 | 5,7 | 1.787,7 | 1,4 | 15,1 | -4,4 | 49,0 |
| Sachsen-Anhalt | 5,0 | 105,9 | 0,8 | 1.807,1 | 1,1 | 17,1 | 0,6 | 44,1 |
| Schleswig-Holstein | 3,7 | 99,5 | -5,2 | 1.366,1 | 7,8 | 13,7 | 13,2 | 31,9 |
| Thüringen | 5,3 | 124,1 | 4,8 | 1.949,9 | 0,9 | 15,7 | -3,7 | 50,0 |
| **West** | **3,3** | **99,6** | **-1,4** | **1.217,2** | **9,9** | **12,2** | **10,9** | **29,2** |
| **Ost** | **5,1** | **112,5** | **3,3** | **1.876,6** | **2,4** | **16,7** | **-0,6** | **46,9** |
| **Bund** | **4,2** | **105,6** | **0,8** | **1.523,3** | **4,5** | **14,4** | **3,6** | **36,0** |

Fehlzeiten-Report 2011

22

■ **Tab. 22.8.3** Arbeitsunfähigkeit der AOK-Mitglieder in der Branche Land- und Forstwirtschaft nach Wirtschaftsabteilungen im Jahr 2010

| Wirtschaftsabteilung | Krankenstand in % | | Arbeitsunfähigkeiten je 100 AOK-Mitglieder | | Tage je Fall | AU-Quote in % |
|---|---|---|---|---|---|---|
| | 2010 | 2010 stand.* | Fälle | Tage | | |
| Fischerei und Aquakultur | 3,5 | 3,8 | 107,1 | 1.274,3 | 11,9 | 42,2 |
| Forstwirtschaft, Holzeinschlag | 5,5 | 4,4 | 135,7 | 2.005,5 | 14,8 | 45,2 |
| Landwirtschaft, Jagd und damit verbundene Tätigkeiten | 4,1 | 3,9 | 103,1 | 1.485,2 | 14,4 | 35,2 |
| **Branche insgesamt** | **4,2** | **4,1** | **105,6** | **1.523,3** | **14,4** | **36,0** |
| **Alle Branchen** | **4,8** | **4,7** | **152,1** | **1.758,9** | **11,6** | **52,8** |

*Krankenstand alters- und geschlechtsstandardisiert

Fehlzeiten-Report 2011

■ **Tab. 22.8.4** Kennzahlen der Arbeitsunfähigkeit der AOK-Mitglieder nach ausgewählten Berufsgruppen in der Branche Land- und Forstwirtschaft im Jahr 2010

| Tätigkeit | Krankenstand in % | Arbeitsunfähigkeiten je 100 AOK-Mitglieder | | Tage je Fall | AU-Quote in % | Anteil der Berufsgruppe an der Branche in %* |
|---|---|---|---|---|---|---|
| | | Fälle | Tage | | | |
| Bürofachkräfte | 3,1 | 92,2 | 1.135,8 | 12,3 | 40,9 | 1,6 |
| Floristen | 2,5 | 110,5 | 918,3 | 8,3 | 46,6 | 1,5 |
| Gärtner, Gartenarbeiter | 3,5 | 122,8 | 1.295,7 | 10,6 | 33,6 | 16,0 |
| Kraftfahrzeugführer | 4,7 | 107,8 | 1.729,8 | 16,1 | 45,7 | 1,9 |
| Landarbeitskräfte | 3,4 | 79,0 | 1.225,5 | 15,5 | 24,2 | 38,0 |
| Landmaschineninstandsetzer | 4,9 | 108,9 | 1.781,6 | 16,4 | 54,5 | 1,2 |
| Landwirte, Pflanzenschützer | 3,2 | 114,2 | 1.175,3 | 10,3 | 41,1 | 7,1 |
| Melker | 7,2 | 111,5 | 2.612,7 | 23,4 | 56,4 | 3,1 |
| Tierpfleger und verwandte Berufe | 6,0 | 111,1 | 2.198,9 | 19,8 | 50,3 | 5,3 |
| Tierzüchter | 5,6 | 124,4 | 2.039,5 | 16,4 | 52,9 | 2,8 |
| Verkäufer | 4,3 | 110,8 | 1.558,3 | 14,1 | 37,3 | 1,1 |
| Waldarbeiter, Waldnutzer | 6,1 | 144,1 | 2.239,0 | 15,5 | 46,4 | 4,5 |
| **Branche insgesamt** | **4,2** | **105,6** | **1.523,3** | **14,4** | **36,0** | **1,5**** |

*Anteil der AOK-Mitglieder in der Berufsgruppe an den in der Branche beschäftigten AOK-Mitgliedern insgesamt
**Anteil der AOK-Mitglieder in der Branche an allen AOK-Mitgliedern

Fehlzeiten-Report 2011

■ **Tab. 22.8.5** Dauer der Arbeitsunfähigkeit der AOK-Mitglieder in der Branche Land- und Forstwirtschaft im Jahr 2010

| Fallklasse | Branche hier | | alle Branchen | |
|---|---|---|---|---|
| | Anteil Fälle in % | Anteil Tage in % | Anteil Fälle in % | Anteil Tage in % |
| 1–3 Tage | 32,3 | 4,3 | 36,5 | 6,2 |
| 4–7 Tage | 27,3 | 9,5 | 29,8 | 12,8 |
| 8–14 Tage | 18,5 | 13,2 | 16,9 | 14,9 |
| 15–21 Tage | 7,4 | 8,9 | 6,1 | 9,1 |
| 22–28 Tage | 4,0 | 6,7 | 3,2 | 6,7 |
| 29–42 Tage | 4,2 | 9,9 | 3,2 | 9,5 |
| Langzeit-AU (> 42 Tage) | 6,3 | 47,5 | 4,3 | 40,8 |

Fehlzeiten-Report 2011

◫ **Tab. 22.8.6** Tage der Arbeitsunfähigkeit je AOK-Mitglied nach Wirtschaftsabteilung und Betriebsgröße in der Branche Land- und Forstwirtschaft im Jahr 2010

| Wirtschaftsabteilungen | Betriebsgröße (Anzahl der AOK-Mitglieder) | | | | | |
|---|---|---|---|---|---|---|
| | 10–49 | 50–99 | 100–199 | 200–499 | 500–999 | ≥ 1.000 |
| Fischerei und Aquakultur | 13,5 | – | – | – | – | – |
| Forstwirtschaft und Holzeinschlag | 21,5 | 22,7 | 17,9 | – | – | – |
| Landwirtschaft, Jagd und damit verbundene Tätigkeiten | 16,8 | 17,4 | 18,2 | 8,6 | 7,9 | – |
| Branche insgesamt | 17,0 | 17,8 | 18,1 | 8,6 | 7,9 | – |
| Alle Branchen | 18,1 | 19,8 | 20,0 | 20,1 | 20,2 | 19,1 |

Fehlzeiten-Report 2011

◫ **Tab. 22.8.7** Krankenstand in Prozent nach der Stellung im Beruf in der Branche Land- und Forstwirtschaft im Jahr 2010, AOK-Mitglieder

| Wirtschaftsabteilung | Stellung im Beruf | | | | |
|---|---|---|---|---|---|
| | Auszubildende | Arbeiter | Facharbeiter | Meister, Poliere | Angestellte |
| Fischerei und Aquakultur | 3,6 | 3,9 | 3,2 | 6,0 | 3,5 |
| Forstwirtschaft, Holzeinschlag | 5,6 | 5,1 | 6,5 | 5,3 | 2,8 |
| Landwirtschaft, Jagd und damit verbundene Tätigkeiten | 3,4 | 3,3 | 5,0 | 4,7 | 3,5 |
| Branche insgesamt | 3,4 | 3,4 | 5,1 | 4,8 | 3,4 |
| Alle Branchen | 4,1 | 5,8 | 5,2 | 4,0 | 3,6 |

Fehlzeiten-Report 2011

◫ **Tab. 22.8.8** Tage der Arbeitsunfähigkeit je AOK-Mitglied nach der Stellung im Beruf in der Branche Land- und Forstwirtschaft im Jahr 2010

| Wirtschaftsabteilung | Stellung im Beruf | | | | |
|---|---|---|---|---|---|
| | Auszubildende | Arbeiter | Facharbeiter | Meister, Poliere | Angestellte |
| Fischerei und Aquakultur | 13,2 | 14,3 | 11,6 | 21,8 | 12,8 |
| Forstwirtschaft, Holzeinschlag | 20,4 | 18,5 | 23,6 | 19,2 | 10,2 |
| Landwirtschaft, Jagd und damit verbundene Tätigkeiten | 12,3 | 12,0 | 18,3 | 17,3 | 12,8 |
| Branche insgesamt | 12,6 | 12,5 | 18,6 | 17,5 | 12,5 |
| Alle Branchen | 14,8 | 21,2 | 18,9 | 14,5 | 13,0 |

Fehlzeiten-Report 2011

◫ **Tab. 22.8.9** Anteil der Arbeitsunfälle an den AU-Fällen und -Tagen in Prozent nach Wirtschaftsabteilungen in der Branche Land- und Forstwirtschaft im Jahr 2010, AOK-Mitglieder

| Wirtschaftsabteilung | AU-Fälle in % | AU-Tage in % |
|---|---|---|
| Fischerei und Aquakultur | 6,9 | 9,7 |
| Forstwirtschaft, Holzeinschlag | 10,4 | 14,9 |
| Landwirtschaft, Jagd und damit verbundene Tätigkeiten | 9,9 | 13,2 |
| Branche insgesamt | 9,9 | 13,4 |
| Alle Branchen | 4,5 | 6,1 |

Fehlzeiten-Report 2011

**22**

◨ **Tab. 22.8.10** Tage und Fälle der Arbeitsunfähigkeit durch Arbeitsunfälle nach Berufsgruppen in der Branche Land- und Forstwirtschaft im Jahr 2010, AOK-Mitglieder

| Tätigkeit | Arbeitsunfähigkeit je 1.000 AOK-Mitglieder | |
|---|---|---|
| | AU-Tage | AU-Fälle |
| Melker | 4.130,0 | 149,4 |
| Betriebsschlosser, Reparaturschlosser | 3.677,7 | 158,0 |
| Waldarbeiter, Waldnutzer | 3.630,0 | 166,6 |
| Tierpfleger und verwandte Berufe | 3.379,1 | 148,4 |
| Industriemechaniker | 3.073,1 | 171,4 |
| Tierzüchter | 2.835,9 | 147,0 |
| Landmaschineninstandsetzer | 2.810,7 | 144,7 |
| Kraftfahrzeugführer | 2.515,8 | 121,0 |
| Landwirte, Pflanzenschützer | 1.996,9 | 141,8 |
| Landarbeitskräfte | 1.770,0 | 89,4 |
| Gärtner, Gartenarbeiter | 1.150,0 | 75,8 |
| **Branche insgesamt** | **2.038,3** | **105,1** |
| **Alle Branchen** | **1.076,0** | **68,8** |

Fehlzeiten-Report 2011

◨ **Tab. 22.8.11** Tage und Fälle der Arbeitsunfähigkeit je 100 AOK-Mitglieder nach Krankheitsarten in der Branche Land- und Forstwirtschaft in den Jahren 1995 bis 2010

| Jahr | Arbeitsunfähigkeiten je 100 AOK-Mitglieder | | | | | | | | | | | |
|---|---|---|---|---|---|---|---|---|---|---|---|---|
| | Psyche | | Herz/Kreislauf | | Atemwege | | Verdauung | | Muskel/Skelett | | Verletzungen | |
| | Tage | Fälle | Tage | Fälle | Tage | Fälle | Tage | Fälle | Tage | Fälle | Tage | Fälle |
| 1995 | 126,9 | 4,2 | 219,6 | 9,1 | 368,7 | 39,5 | 205,3 | 20,5 | 627,2 | 30,8 | 415,2 | 22,9 |
| 1996 | 80,7 | 3,3 | 172,3 | 7,4 | 306,7 | 35,5 | 163,8 | 19,4 | 561,5 | 29,8 | 409,5 | 23,9 |
| 1997 | 75,0 | 3,4 | 150,6 | 7,4 | 270,0 | 34,3 | 150,6 | 19,3 | 511,1 | 29,7 | 390,3 | 23,9 |
| 1998 | 79,5 | 3,9 | 155,0 | 7,8 | 279,3 | 36,9 | 147,4 | 19,8 | 510,9 | 31,5 | 376,8 | 23,7 |
| 1999 | 89,4 | 4,5 | 150,6 | 8,2 | 309,1 | 42,0 | 152,1 | 21,7 | 537,3 | 34,0 | 366,8 | 23,7 |
| 2000 | 80,9 | 4,2 | 140,7 | 7,6 | 278,6 | 35,9 | 136,3 | 18,4 | 574,4 | 35,5 | 397,9 | 24,0 |
| 2001 | 85,2 | 4,7 | 149,4 | 8,2 | 262,5 | 35,1 | 136,2 | 18,7 | 587,8 | 36,4 | 390,1 | 23,6 |
| 2002 | 85,0 | 4,6 | 155,5 | 8,3 | 237,6 | 33,0 | 134,4 | 19,0 | 575,3 | 35,7 | 376,6 | 23,5 |
| 2003 | 82,8 | 4,6 | 143,9 | 8,0 | 233,8 | 33,1 | 123,7 | 17,8 | 512,0 | 32,5 | 368,5 | 22,5 |
| 2004 | 92,8 | 4,5 | 145,0 | 7,2 | 195,8 | 27,0 | 123,5 | 17,3 | 469,8 | 29,9 | 344,0 | 20,9 |
| 2005 | 90,1 | 4,1 | 142,3 | 6,7 | 208,7 | 28,6 | 111,3 | 14,7 | 429,7 | 26,8 | 336,2 | 19,7 |
| 2006 | 84,3 | 4,0 | 130,5 | 6,5 | 164,4 | 23,4 | 105,6 | 15,0 | 415,1 | 26,9 | 341,5 | 20,3 |
| 2007 | 90,2 | 4,1 | 143,8 | 6,6 | 187,2 | 26,9 | 112,5 | 16,2 | 451,4 | 28,1 | 347,5 | 20,0 |
| 2008 (WZ03) | 94,9 | 4,5 | 153,2 | 7,0 | 195,6 | 27,8 | 119,6 | 17,3 | 472,0 | 29,2 | 350,9 | 19,9 |
| 2008 (WZ08)* | 88,2 | 4,0 | 160,5 | 6,8 | 176,9 | 23,8 | 112,4 | 15,5 | 436,4 | 24,8 | 336,1 | 18,3 |
| 2009 | 95,9 | 4,2 | 155,5 | 6,9 | 207,5 | 27,5 | 107,1 | 15,0 | 427,5 | 24,1 | 337,9 | 18,2 |
| 2010 | 105,3 | 4,4 | 153,8 | 6,7 | 181,5 | 23,5 | 106,4 | 14,0 | 481,0 | 25,7 | 368,9 | 19,1 |

*aufgrund der Revision der Wirtschaftszweigklassifikation in 2008 ist eine Vergleichbarkeit mit den Vorjahren nur bedingt möglich

Fehlzeiten-Report 2011

◼ **Tab. 22.8.12** Verteilung der Arbeitsunfähigkeitstage nach Krankheitsarten in Prozent in der Branche Land- und Forstwirtschaft im Jahr 2010, AOK-Mitglieder

| Wirtschaftsabteilung | AU-Tage in % | | | | | | |
|---|---|---|---|---|---|---|---|
| | Psyche | Herz/ Kreislauf | Atem- wege | Verdau- ung | Muskel/ Skelett | Verlet- zungen | Sonstige |
| Fischerei und Aquakultur | 5,4 | 7,8 | 8,8 | 5,6 | 23,9 | 15,9 | 32,6 |
| Forstwirtschaft, Holzeinschlag | 5,4 | 6,7 | 9,5 | 4,8 | 26,8 | 21,5 | 25,3 |
| Landwirtschaft, Jagd und damit verbundene Tätigkeiten | 5,4 | 8,1 | 9,4 | 5,6 | 24,6 | 18,8 | 28,1 |
| **Branche insgesamt** | 5,4 | 7,9 | 9,4 | 5,5 | 24,8 | 19,0 | 28,0 |
| **Alle Branchen** | 9,3 | 6,6 | 12,0 | 5,8 | 24,2 | 12,9 | 29,2 |

Fehlzeiten-Report 2011

◼ **Tab. 22.8.13** Verteilung der Arbeitsunfähigkeitsfälle nach Krankheitsarten in Prozent in der Branche Land- und Forstwirtschaft im Jahr 2010, AOK-Mitglieder

| Wirtschaftsabteilung | AU-Fälle in % | | | | | | |
|---|---|---|---|---|---|---|---|
| | Psyche | Herz/ Kreislauf | Atem- wege | Verdau- ung | Muskel/ Skelett | Verlet- zungen | Sonstige |
| Fischerei und Aquakultur | 4,7 | 5,3 | 17,4 | 9,1 | 17,3 | 12,1 | 34,1 |
| Forstwirtschaft, Holzeinschlag | 2,8 | 4,9 | 17,9 | 9,6 | 22,0 | 16,0 | 26,8 |
| Landwirtschaft, Jagd und damit verbundene Tätigkeiten | 3,4 | 5,1 | 17,8 | 10,7 | 19,2 | 14,3 | 29,5 |
| **Branche insgesamt** | 3,3 | 5,1 | 17,8 | 10,6 | 19,5 | 14,5 | 29,2 |
| **Alle Branchen** | 4,7 | 4,2 | 22,1 | 10,5 | 17,4 | 9,3 | 31,8 |

Fehlzeiten-Report 2011

◼ **Tab. 22.8.14** Verteilung der Arbeitsunfähigkeitstage nach Krankheitsarten und ausgewählten Berufsgruppen in der Branche Land- und Forstwirtschaft im Jahr 2010, AOK-Mitglieder

| Tätigkeit | AU-Tage in % | | | | | | |
|---|---|---|---|---|---|---|---|
| | Psyche | Herz/ Kreislauf | Atem- wege | Verdau- ung | Muskel/ Skelett | Verlet- zungen | Sonstige |
| Floristen | 9,3 | 4,6 | 14,9 | 7,2 | 21,0 | 10,0 | 33,0 |
| Gärtner, Gartenarbeiter | 6,9 | 5,5 | 11,7 | 6,1 | 25,1 | 16,8 | 27,9 |
| Kraftfahrzeugführer | 5,3 | 11,4 | 7,3 | 5,5 | 23,5 | 19,2 | 27,8 |
| Landarbeitskräfte | 4,5 | 8,9 | 8,7 | 5,4 | 23,8 | 19,7 | 29,0 |
| Landmaschineninstandsetzer | 4,2 | 13,1 | 6,3 | 5,8 | 22,3 | 21,0 | 27,3 |
| Landwirte, Pflanzenschützer | 4,1 | 5,4 | 11,9 | 7,0 | 19,6 | 26,8 | 25,2 |
| Melker | 5,2 | 8,8 | 6,8 | 4,6 | 30,9 | 17,5 | 26,2 |
| Tierpfleger und verwandte Berufe | 5,4 | 9,0 | 8,4 | 5,4 | 25,9 | 19,7 | 26,2 |
| Tierzüchter | 5,5 | 7,1 | 10,7 | 5,2 | 26,6 | 18,2 | 26,7 |
| Waldarbeiter, Waldnutzer | 4,4 | 6,1 | 8,8 | 4,6 | 28,9 | 22,5 | 24,7 |
| **Branche insgesamt** | 5,4 | 7,9 | 9,4 | 5,5 | 24,8 | 19,0 | 28,0 |
| **Alle Branchen** | 9,3 | 6,6 | 12,0 | 5,8 | 24,2 | 12,9 | 29,2 |

Fehlzeiten-Report 2011

22

◻ **Tab. 22.8.15** Verteilung der Arbeitsunfähigkeitsfälle nach Krankheitsarten und ausgewählten Berufsgruppen in der Branche Land- und Forstwirtschaft im Jahr 2010, AOK-Mitglieder

| Tätigkeit | AU-Fälle in % | | | | | | |
|---|---|---|---|---|---|---|---|
| | Psyche | Herz/ Kreislauf | Atem- wege | Verdau- ung | Muskel/ Skelett | Verlet- zungen | Sonstige |
| Floristen | 4,4 | 3,3 | 22,2 | 11,7 | 12,8 | 7,5 | 38,1 |
| Gärtner, Gartenarbeiter | 3,6 | 3,8 | 20,8 | 10,4 | 19,8 | 11,4 | 30,2 |
| Kraftfahrzeugführer | 3,0 | 6,8 | 15,5 | 11,1 | 20,9 | 14,3 | 28,4 |
| Landarbeitskräfte | 2,9 | 5,8 | 16,2 | 10,5 | 20,0 | 15,5 | 29,1 |
| Landmaschineninstandsetzer | 2,0 | 7,0 | 14,8 | 11,4 | 19,6 | 17,8 | 27,4 |
| Landwirte, Pflanzenschützer | 2,5 | 3,1 | 20,9 | 11,6 | 14,3 | 19,0 | 28,6 |
| Melker | 4,3 | 6,3 | 13,4 | 9,6 | 23,3 | 15,5 | 27,6 |
| Tierpfleger und verwandte Berufe | 3,7 | 5,7 | 14,8 | 10,3 | 21,0 | 16,9 | 27,6 |
| Tierzüchter | 3,0 | 5,0 | 19,3 | 10,4 | 17,8 | 15,5 | 29,0 |
| Waldarbeiter, Waldnutzer | 2,5 | 4,7 | 17,2 | 9,4 | 23,7 | 16,5 | 26,0 |
| **Branche insgesamt** | **3,3** | **5,1** | **17,8** | **10,6** | **19,5** | **14,5** | **29,2** |
| **Alle Branchen** | **4,7** | **4,2** | **22,1** | **10,5** | **17,4** | **9,3** | **31,8** |

Fehlzeiten-Report 2011

**◻ Tab. 22.8.16** Anteile der 40 häufigsten Einzeldiagnosen an den AU-Fällen und AU-Tagen in der Branche Land- und Forstwirtschaft im Jahr 2010, AOK-Mitglieder

| ICD-10 | Bezeichnung | AU-Fälle in % | AU-Tage in % |
|--------|-------------|---------------|--------------|
| M54 | Rückenschmerzen | 7,2 | 6,6 |
| J06 | Akute Infektionen der oberen Atemwege | 4,9 | 2,0 |
| K08 | Sonstige Krankheiten der Zähne und des Zahnhalteapparates | 2,8 | 0,5 |
| A09 | Diarrhoe und Gastroenteritis | 2,7 | 0,8 |
| J20 | Akute Bronchitis | 2,4 | 1,2 |
| K52 | Gastroenteritis und Kolitis | 2,3 | 0,8 |
| T14 | Verletzung an einer nicht näher bezeichneten Körperregion | 2,2 | 1,8 |
| I10 | Essentielle Hypertonie | 2,1 | 3,0 |
| J40 | Bronchitis | 1,9 | 0,9 |
| J03 | Akute Tonsillitis | 1,3 | 0,5 |
| K29 | Nichtinfektiöse Gastritis und Duodenitis | 1,3 | 0,7 |
| R10 | Bauch- und Beckenschmerzen | 1,3 | 0,6 |
| B34 | Viruskrankheit | 1,1 | 0,4 |
| M99 | Biomechanische Funktionsstörungen | 1,0 | 0,7 |
| M25 | Sonstige Gelenkkrankheiten | 1,0 | 1,0 |
| S93 | Luxation, Verstauchung und Zerrung der Gelenke und Bänder in Höhe des oberen Sprunggelenkes und des Fußes | 1,0 | 1,0 |
| M53 | Sonstige Krankheiten der Wirbelsäule und des Rückens | 1,0 | 1,0 |
| J02 | Akute Pharyngitis | 0,9 | 0,4 |
| M77 | Sonstige Enthesopathien | 0,9 | 1,0 |
| M75 | Schulterläsionen | 0,9 | 1,7 |
| M51 | Sonstige Bandscheibenschäden | 0,9 | 1,9 |
| J01 | Akute Sinusitis | 0,8 | 0,4 |
| J32 | Chronische Sinusitis | 0,8 | 0,4 |
| M23 | Binnenschädigung des Kniegelenkes | 0,8 | 1,4 |
| F32 | Depressive Episode | 0,7 | 1,4 |
| S83 | Luxation, Verstauchung und Zerrung des Kniegelenkes und von Bändern des Kniegelenkes | 0,6 | 1,2 |
| S61 | Offene Wunde des Handgelenkes und der Hand | 0,6 | 0,6 |
| R51 | Kopfschmerz | 0,6 | 0,3 |
| F43 | Reaktionen auf schwere Belastungen und Anpassungsstöungen | 0,6 | 0,8 |
| S60 | Oberflächliche Verletzung des Handgelenkes und der Hand | 0,6 | 0,5 |
| S80 | Oberflächliche Verletzung des Unterschenkels | 0,6 | 0,5 |
| M79 | Sonstige Krankheiten des Weichteilgewebes | 0,6 | 0,5 |
| S20 | Oberflächliche Verletzung des Thorax | 0,6 | 0,6 |
| M65 | Synovitis und Tenosynovitis | 0,6 | 0,6 |
| M17 | Gonarthrose | 0,6 | 1,4 |
| A08 | Virusbedingte Darminfektionen | 0,5 | 0,2 |
| R11 | Übelkeit und Erbrechen | 0,5 | 0,3 |
| E11 | Diabetes mellitus (Typ-II-Diabetes) | 0,5 | 0,8 |
| J04 | Akute Laryngitis und Tracheitis | 0,5 | 0,2 |
| M47 | Spondylose | 0,5 | 0,6 |
| | **Summe hier** | **52,7** | **41,2** |
| | Restliche | 47,3 | 58,8 |
| | **Gesamtsumme** | **100,0** | **100,0** |

Fehlzeiten-Report 2011

**22**

◻ **Tab. 22.8.17** Anteile der 40 häufigsten Diagnoseuntergruppen an den AU-Fällen und AU-Tagen in der Branche Land- und Forstwirtschaft im Jahr 2010, AOK-Mitglieder

| ICD-10 | Bezeichnung | AU-Fälle in % | AU-Tage in % |
|--------|-------------|---------------|--------------|
| M40–M54 | Krankheiten der Wirbelsäule und des Rückens | 9,6 | 10,7 |
| J00–J06 | Akute Infektionen der oberen Atemwege | 9,0 | 3,7 |
| M60–M79 | Krankheiten der Weichteilgewebe | 4,2 | 5,0 |
| M00–M25 | Arthropathien | 3,9 | 6,8 |
| A00–A09 | Infektiöse Darmkrankheiten | 3,6 | 1,1 |
| K00–K14 | Krankheiten der Mundhöhle, der Speicheldrüsen und der Kiefer | 3,4 | 0,7 |
| J40–J47 | Chronische Krankheiten der unteren Atemwege | 3,0 | 2,0 |
| J20–J22 | Sonstige akute Infektionen der unteren Atemwege | 2,7 | 1,4 |
| T08–T14 | Verletzungen Rumpf, Extremitäten o. a. Körperregionen | 2,7 | 2,3 |
| K50–K52 | Nichtinfektiöse Enteritis und Kolitis | 2,5 | 1,0 |
| I10–I15 | Hypertonie | 2,3 | 3,4 |
| S60–S69 | Verletzungen des Handgelenkes und der Hand | 2,3 | 2,9 |
| R50–R69 | Allgemeinsymptome | 2,2 | 1,6 |
| R10–R19 | Symptome bzgl. Verdauungssystem und Abdomen | 2,0 | 1,0 |
| K20–K31 | Krankheiten des Ösophagus, Magens und Duodenums | 1,9 | 1,1 |
| S80–S89 | Verletzungen des Knies und des Unterschenkels | 1,8 | 3,5 |
| S90–S99 | Verletzungen der Knöchelregion und des Fußes | 1,7 | 2,2 |
| F40–F48 | Neurotische, Belastungs- und somatoforme Störungen | 1,5 | 2,1 |
| J30–J39 | Sonstige Krankheiten der oberen Atemwege | 1,3 | 0,8 |
| B25–B34 | Sonstige Viruskrankheiten | 1,3 | 0,5 |
| S00–S09 | Verletzungen des Kopfes | 1,2 | 1,1 |
| M95–M99 | Sonstige Krankheiten des Muskel-Skelett-Systems und des Bindegewebes | 1,1 | 0,8 |
| R00–R09 | Symptome bzgl. Kreislauf- und Atmungssystem | 1,1 | 0,7 |
| S20–S29 | Verletzungen des Thorax | 0,9 | 1,2 |
| G40–G47 | Episod. und paroxysmale Krankheiten des Nervensystems | 0,9 | 0,7 |
| F30–F39 | Affektive Störungen | 0,9 | 1,9 |
| G50–G59 | Krankheiten von Nerven, Nervenwurzeln und Nervenplexus | 0,9 | 1,3 |
| I80–I89 | Krankheiten der Venen, Lymphgefäße und -knoten | 0,9 | 1,0 |
| J10–J18 | Grippe und Pneumonie | 0,8 | 0,6 |
| E70–E90 | Stoffwechselstörungen | 0,8 | 1,3 |
| S40–S49 | Verletzungen der Schulter und des Oberarmes | 0,8 | 1,6 |
| L00–L08 | Infektionen der Haut und der Unterhaut | 0,8 | 0,7 |
| N30–N39 | Sonstige Krankheiten des Harnsystems | 0,7 | 0,5 |
| I30–I52 | Sonstige Formen der Herzkrankheit | 0,7 | 1,4 |
| Z70–Z76 | Sonstige Inanspruchnahme des Gesundheitswesens | 0,7 | 1,5 |
| E10–E14 | Diabetes mellitus | 0,7 | 1,1 |
| S50–S59 | Verletzungen des Ellenbogens und des Unterarmes | 0,7 | 1,2 |
| I20–I25 | Ischämische Herzkrankheiten | 0,6 | 1,3 |
| F10–F19 | Psychische und Verhaltensstörungen durch psychotrope Substanzen | 0,6 | 0,9 |
| K55–K63 | Sonstige Krankheiten des Darmes | 0,6 | 0,6 |
| | **Summe hier** | **79,3** | **75,2** |
| | Restliche | 20,7 | 24,8 |
| | **Gesamtsumme** | **100,0** | **100,0** |

Fehlzeiten-Report 2011

## 22.9 Metallindustrie

22

**◘ Tab. 22.9.1** Entwicklung des Krankenstands der AOK-Mitglieder in der Branche Metallindustrie in den Jahren 1994 bis 2010

| Jahr | Krankenstand in % | | | AU-Fälle je 100 AOK-Mitglieder | | | Tage je Fall | | |
|---|---|---|---|---|---|---|---|---|---|
| | West | Ost | Bund | West | Ost | Bund | West | Ost | Bund |
| 1994 | 6,4 | 5,3 | 6,3 | 156,5 | 131,1 | 153,7 | 14,2 | 13,7 | 14,1 |
| 1995 | 6,0 | 5,1 | 5,9 | 165,7 | 141,1 | 163,1 | 13,6 | 13,7 | 13,6 |
| 1996 | 5,5 | 4,8 | 5,4 | 150,0 | 130,2 | 147,8 | 13,9 | 13,9 | 13,9 |
| 1997 | 5,3 | 4,5 | 5,2 | 146,7 | 123,7 | 144,4 | 13,1 | 13,4 | 13,2 |
| 1998 | 5,3 | 4,6 | 5,2 | 150,0 | 124,6 | 147,4 | 13,0 | 13,4 | 13,0 |
| 1999 | 5,6 | 5,0 | 5,6 | 160,5 | 137,8 | 158,3 | 12,8 | 13,4 | 12,8 |
| 2000 | 5,6 | 5,0 | 5,5 | 163,1 | 141,2 | 161,1 | 12,6 | 12,9 | 12,6 |
| 2001 | 5,5 | 5,1 | 5,5 | 162,6 | 140,1 | 160,6 | 12,4 | 13,2 | 12,5 |
| 2002 | 5,5 | 5,0 | 5,5 | 162,2 | 143,1 | 160,5 | 12,5 | 12,7 | 12,5 |
| 2003 | 5,2 | 4,6 | 5,1 | 157,1 | 138,6 | 155,2 | 12,0 | 12,2 | 12,0 |
| 2004 | 4,8 | 4,2 | 4,8 | 144,6 | 127,1 | 142,7 | 12,2 | 12,1 | 12,2 |
| 2005 | 4,8 | 4,1 | 4,7 | 148,0 | 127,8 | 145,6 | 11,9 | 11,8 | 11,9 |
| 2006 | 4,5 | 4,0 | 4,5 | 138,8 | 123,3 | 136,9 | 11,9 | 11,9 | 11,9 |
| 2007 | 4,8 | 4,3 | 4,8 | 151,2 | 134,0 | 149,0 | 11,7 | 11,7 | 11,7 |
| 2008 (WZ03) | 5,0 | 4,5 | 4,9 | 159,9 | 142,2 | 157,5 | 11,4 | 11,5 | 11,4 |
| 2008 (WZ08)* | 5,0 | 4,5 | 5,0 | 160,8 | 143,0 | 158,5 | 11,5 | 11,5 | 11,5 |
| 2009 | 4,9 | 4,7 | 4,9 | 151,1 | 142,1 | 149,9 | 11,9 | 12,2 | 11,9 |
| 2010 | 5,1 | 4,9 | 5,1 | 158,9 | 154,9 | 158,4 | 11,7 | 11,6 | 11,7 |

*aufgrund der Revision der Wirtschaftszweigklassifikation in 2008 ist eine Vergleichbarkeit mit den Vorjahren nur bedingt möglich

Fehlzeiten-Report 2011

**◘ Tab. 22.9.2** Arbeitsunfähigkeit der AOK-Mitglieder in der Branche Metallindustrie nach Bundesländern im Jahr 2010 im Vergleich zum Vorjahr

| Bundesland | Kranken-stand in % | Arbeitsunfähigkeit je 100 AOK-Mitglieder | | | | Tage je Fall | Veränd. z. Vorj. in % | AU-Quote in % |
|---|---|---|---|---|---|---|---|---|
| | | AU-Fälle | Veränd. z. Vorj. in % | AU-Tage | Veränd. z. Vorj. in % | | | |
| Baden-Württemberg | 4,8 | 156,0 | 5,5 | 1.766,0 | 3,0 | 11,3 | -2,6 | 60,0 |
| Bayern | 4,5 | 145,9 | 5,3 | 1.637,5 | 2,4 | 11,2 | -2,6 | 57,1 |
| Berlin | 6,0 | 144,4 | 4,3 | 2.184,9 | 3,1 | 15,1 | -1,3 | 54,4 |
| Brandenburg | 5,4 | 151,2 | 3,3 | 1.971,4 | 6,6 | 13,0 | 3,2 | 58,1 |
| Bremen | 5,1 | 165,1 | 3,2 | 1.875,3 | -4,8 | 11,4 | -7,3 | 58,9 |
| Hamburg | 5,9 | 164,9 | 2,6 | 2.159,5 | -2,2 | 13,1 | -4,4 | 60,6 |
| Hessen | 5,8 | 172,9 | 5,4 | 2.125,6 | 2,5 | 12,3 | -2,4 | 63,3 |
| Mecklenburg-Vorpommern | 5,3 | 152,2 | -2,9 | 1.949,5 | -2,1 | 12,8 | 0,8 | 57,2 |
| Niedersachsen | 5,1 | 169,1 | 1,6 | 1.875,6 | 16,3 | 11,1 | 14,4 | 60,8 |
| Nordrhein-Westfalen | 5,8 | 169,3 | 5,9 | 2.099,1 | 3,7 | 12,4 | -2,4 | 63,6 |
| Rheinland-Pfalz | 5,6 | 170,3 | 6,7 | 2.056,8 | 3,8 | 12,1 | -2,4 | 63,8 |
| Saarland | 6,1 | 130,5 | 9,1 | 2.214,2 | 4,9 | 17,0 | -4,0 | 56,3 |
| Sachsen | 4,6 | 151,1 | 10,7 | 1.692,8 | 2,2 | 11,2 | -7,4 | 59,6 |
| Sachsen-Anhalt | 5,4 | 153,8 | 2,8 | 1.972,6 | 6,4 | 12,8 | 3,2 | 58,3 |
| Schleswig-Holstein | 5,4 | 158,4 | -0,4 | 1.962,7 | 1,4 | 12,4 | 1,6 | 58,9 |
| Thüringen | 5,3 | 166,3 | 10,4 | 1.931,9 | 7,3 | 11,6 | -3,3 | 61,5 |
| West | 5,1 | 158,9 | 5,2 | 1.864,7 | 3,6 | 11,7 | -1,7 | 60,4 |
| Ost | 4,9 | 154,9 | 9,0 | 1.801,4 | 4,1 | 11,6 | -4,9 | 59,7 |
| Bund | 5,1 | 158,4 | 5,7 | 1.856,3 | 3,7 | 11,7 | -1,7 | 60,3 |

Fehlzeiten-Report 2011

**◻ Tab. 22.9.3** Arbeitsunfähigkeit der AOK-Mitglieder in der Branche Metallindustrie nach Wirtschaftsabteilungen im Jahr 2010

| Wirtschaftsabteilung | Krankenstand in % | | Arbeitsunfähigkeiten je 100 AOK-Mitglieder | | Tage je Fall | AU-Quote in % |
|---|---|---|---|---|---|---|
| | 2010 | 2010 stand.* | Fälle | Tage | | |
| Herstellung von Datenverarbeitungsgeräten, elektronischen und optischen Erzeugnissen | 4,3 | 4,1 | 153,8 | 1.573,7 | 10,2 | 57,2 |
| Herstellung von elektrischen Ausrüstungen | 5,1 | 4,8 | 161,0 | 1.865,8 | 11,6 | 60,9 |
| Herstellung von Kraftwagen und Kraftwagenteilen | 5,5 | 5,0 | 161,3 | 2.022,9 | 12,5 | 61,6 |
| Herstellung von Metallerzeugnissen | 5,3 | 5,0 | 162,2 | 1.928,4 | 11,9 | 60,7 |
| Maschinenbau | 4,6 | 4,2 | 150,9 | 1.665,5 | 11,0 | 58,9 |
| Metallerzeugung und -bearbeitung | 5,9 | 5,1 | 164,1 | 2.145,4 | 13,1 | 63,4 |
| Sonstiger Fahrzeugbau | 5,1 | 4,8 | 159,4 | 1.847,9 | 11,6 | 59,7 |
| **Branche insgesamt** | **5,1** | **4,5** | **158,4** | **1.856,3** | **11,7** | **60,3** |
| **Alle Branchen** | **4,8** | **4,7** | **152,1** | **1.758,9** | **11,6** | **52,8** |

*Krankenstand alters- und geschlechtsstandardisiert

**◻ Tab. 22.9.4** Kennzahlen der Arbeitsunfähigkeit der AOK-Mitglieder nach ausgewählten Berufsgruppen in der Branche Metallindustrie im Jahr 2010

| Tätigkeit | Krankenstand in % | Arbeitsunfähigkeiten je 100 AOK-Mitglieder | | Tage je Fall | AU-Quote in % | Anteil der Berufsgruppe an der Branche in %* |
|---|---|---|---|---|---|---|
| | | Fälle | Tage | | | |
| Bauschlosser | 5,5 | 178,6 | 2.008,6 | 11,2 | 64,3 | 2,2 |
| Betriebsschlosser, Reparaturschlosser | 5,2 | 159,1 | 1.891,6 | 11,9 | 62,6 | 1,8 |
| Bürofachkräfte | 2,7 | 120,5 | 968,0 | 8,0 | 49,8 | 5,9 |
| Dreher | 4,8 | 164,7 | 1.768,5 | 10,7 | 63,2 | 3,5 |
| Elektrogeräte-, Elektroteilemontierer | 6,4 | 184,0 | 2.352,0 | 12,8 | 66,2 | 2,8 |
| Elektrogerätebauer | 3,8 | 156,3 | 1.390,8 | 8,9 | 59,0 | 1,7 |
| Elektroinstallateure, -monteure | 4,4 | 143,7 | 1.621,8 | 11,3 | 58,4 | 2,7 |
| Industriemechaniker | 5,3 | 177,1 | 1.940,6 | 11,0 | 61,6 | 3,2 |
| Kunststoffverarbeiter | 6,3 | 181,3 | 2.293,8 | 12,7 | 66,0 | 1,7 |
| Lager-, Transportarbeiter | 5,9 | 166,3 | 2.155,4 | 13,0 | 62,4 | 2,1 |
| Maschinenschlosser | 4,6 | 150,4 | 1.682,0 | 11,2 | 61,2 | 5,4 |
| Metallarbeiter | 6,1 | 171,9 | 2.217,3 | 12,9 | 63,8 | 9,1 |
| Schweißer, Brennschneider | 6,5 | 177,6 | 2.369,7 | 13,3 | 65,9 | 2,4 |
| Sonstige Mechaniker | 4,3 | 168,0 | 1.553,7 | 9,2 | 62,1 | 2,0 |
| Sonstige Montierer | 6,5 | 175,4 | 2.373,2 | 13,5 | 64,9 | 4,1 |
| Sonstige Techniker | 2,9 | 109,3 | 1.064,9 | 9,7 | 49,9 | 1,6 |
| Stahlbauschlosser, Eisenschiffbauer | 6,3 | 171,9 | 2.290,9 | 13,3 | 65,2 | 1,5 |
| Warenaufmacher, Versandfertigmacher | 6,2 | 168,8 | 2.279,1 | 13,5 | 64,9 | 1,5 |
| Warenprüfer, -sortierer | 5,3 | 152,9 | 1.924,4 | 12,6 | 60,2 | 1,5 |
| Werkzeugmacher | 4,1 | 152,5 | 1.501,8 | 9,8 | 60,9 | 2,7 |
| **Branche insgesamt** | **5,1** | **158,4** | **1.856,3** | **11,7** | **60,3** | **11,4**** |

*Anteil der AOK-Mitglieder in der Berufsgruppe an den in der Branche beschäftigten AOK-Mitgliedern insgesamt
**Anteil der AOK-Mitglieder in der Branche an allen AOK-Mitgliedern

◻ **Tab. 22.9.5** Dauer der Arbeitsunfähigkeit der AOK-Mitglieder in der Branche Metallindustrie im Jahr 2010

| Fallklasse | Branche hier | | alle Branchen | |
|---|---|---|---|---|
| | Anteil Fälle in % | Anteil Tage in % | Anteil Fälle in % | Anteil Tage in % |
| 1–3 Tage | 36,8 | 6,2 | 36,5 | 6,2 |
| 4–7 Tage | 29,0 | 12,1 | 29,8 | 12,8 |
| 8–14 Tage | 16,9 | 14,9 | 16,9 | 14,9 |
| 15–21 Tage | 6,2 | 9,2 | 6,1 | 9,1 |
| 22–28 Tage | 3,3 | 6,9 | 3,2 | 6,7 |
| 29–42 Tage | 3,4 | 10,0 | 3,2 | 9,5 |
| Langzeit-AU (> 42 Tage) | 4,4 | 40,7 | 4,3 | 40,8 |

Fehlzeiten-Report 2011

◻ **Tab. 22.9.6** Tage der Arbeitsunfähigkeit je AOK-Mitglied nach Wirtschaftsabteilung und Betriebsgröße in der Branche Metallindustrie im Jahr 2010

| Wirtschaftsabteilungen | Betriebsgröße (Anzahl der AOK-Mitglieder) | | | | | |
|---|---|---|---|---|---|---|
| | 10–49 | 50–99 | 100–199 | 200–499 | 500–999 | ≥ 1.000 |
| Herstellung von Datenverarbeitungsgeräten, elektronischen und optischen Erzeugnissen | 15,4 | 16,4 | 17,9 | 17,2 | 16,1 | – |
| Herstellung von elektrischen Ausrüstungen | 17,4 | 18,6 | 19,1 | 21,2 | 21,4 | 19,6 |
| Herstellung von Kraftwagen und Kraftwagenteilen | 18,3 | 20,1 | 20,3 | 20,5 | 20,7 | 20,8 |
| Herstellung von Metallerzeugnissen | 19,4 | 20,0 | 20,4 | 20,6 | 20,0 | 19,8 |
| Maschinenbau | 17,0 | 16,8 | 17,0 | 16,5 | 16,4 | 16,8 |
| Metallerzeugung und -bearbeitung | 20,8 | 22,0 | 21,5 | 22,0 | 21,3 | 23,5 |
| Sonstiger Fahrzeugbau | 17,3 | 18,5 | 17,5 | 23,2 | 16,9 | 16,5 |
| Branche insgesamt | 18,2 | 18,8 | 19,1 | 19,4 | 19,2 | 20,0 |
| Alle Branchen | 18,1 | 19,8 | 20,0 | 20,1 | 20,2 | 19,1 |

Fehlzeiten-Report 2011

◻ **Tab. 22.9.7** Krankenstand in Prozent nach der Stellung im Beruf in der Branche Metallindustrie im Jahr 2010, AOK-Mitglieder

| Wirtschaftsabteilung | Stellung im Beruf | | | | |
|---|---|---|---|---|---|
| | Auszubildende | Arbeiter | Facharbeiter | Meister, Poliere | Angestellte |
| Herstellung von Datenverarbeitungsgeräten, elektronischen und optischen Erzeugnissen | 2,8 | 5,8 | 4,4 | 3,2 | 2,5 |
| Herstellung von elektrischen Ausrüstungen | 3,3 | 6,3 | 4,8 | 2,8 | 2,5 |
| Herstellung von Kraftwagen und Kraftwagenteilen | 3,1 | 6,6 | 5,4 | 3,4 | 2,5 |
| Herstellung von Metallerzeugnissen | 4,1 | 6,2 | 5,2 | 3,7 | 2,8 |
| Maschinenbau | 3,3 | 5,9 | 4,9 | 3,2 | 2,5 |
| Metallerzeugung und -bearbeitung | 3,8 | 6,8 | 5,6 | 3,6 | 2,7 |
| Sonstiger Fahrzeugbau | 3,2 | 6,3 | 5,8 | 3,9 | 2,8 |
| Branche insgesamt | 3,5 | 6,3 | 5,1 | 3,4 | 2,6 |
| Alle Branchen | 4,1 | 5,8 | 5,2 | 4,0 | 3,6 |

Fehlzeiten-Report 2011

◩ **Tab. 22.9.8** Tage der Arbeitsunfähigkeit je AOK-Mitglied nach der Stellung im Beruf in der Branche Metallindustrie im Jahr 2010

| Wirtschaftsabteilung | Stellung im Beruf | | | | |
|---|---|---|---|---|---|
| | Auszubil-dende | Arbeiter | Facharbeiter | Meister, Poliere | Angestellte |
| Herstellung von Datenverarbei-tungsgeräten, elektronischen und optischen Erzeugnissen | 10,1 | 21,1 | 16,2 | 11,5 | 9,3 |
| Herstellung von elektrischen Aus-rüstungen | 12,1 | 23,0 | 17,5 | 10,2 | 9,0 |
| Herstellung von Kraftwagen und Kraftwagenteilen | 11,4 | 24,0 | 19,6 | 12,3 | 9,2 |
| Herstellung von Metallerzeugnissen | 15,1 | 22,7 | 19,0 | 13,5 | 10,1 |
| Maschinenbau | 12,0 | 21,6 | 17,8 | 11,7 | 9,2 |
| Metallerzeugung und -bearbeitung | 13,8 | 24,8 | 20,5 | 13,0 | 9,9 |
| Sonstiger Fahrzeugbau | 11,6 | 22,9 | 21,1 | 14,4 | 10,2 |
| **Branche insgesamt** | **12,9** | **22,9** | **18,6** | **12,4** | **9,4** |
| **Alle Branchen** | **14,8** | **21,2** | **18,9** | **14,5** | **13,0** |

Fehlzeiten-Report 2011

◩ **Tab. 22.9.9** Anteil der Arbeitsunfälle an den AU-Fällen und -Tagen in Prozent nach Wirtschaftsabteilungen in der Branche Metallindustrie im Jahr 2010, AOK-Mitglieder

| Wirtschaftsabteilung | AU-Fälle in % | AU-Tage in % |
|---|---|---|
| Herstellung von Datenverarbeitungsgeräten, elektronischen und optischen Erzeugnissen | 2,4 | 3,3 |
| Herstellung von elektrischen Ausrüstungen | 3,3 | 4,2 |
| Herstellung von Kraftwagen und Kraftwagenteilen | 3,6 | 4,3 |
| Herstellung von Metallerzeugnissen | 6,4 | 7,7 |
| Maschinenbau | 5,1 | 6,2 |
| Metallerzeugung und -bearbeitung | 6,6 | 7,6 |
| Sonstiger Fahrzeugbau | 4,8 | 6,7 |
| **Branche insgesamt** | **5,0** | **6,1** |
| **Alle Branchen** | **4,5** | **6,1** |

Fehlzeiten-Report 2011

◼ **Tab. 22.9.10** Tage und Fälle der Arbeitsunfähigkeit durch Arbeitsunfälle nach Berufsgruppen in der Branche Metallindustrie im Jahr 2010, AOK-Mitglieder

| Tätigkeit | Arbeitsunfähigkeit je 1.000 AOK-Mitglieder | |
|---|---|---|
| | AU-Tage | AU-Fälle |
| Halbzeugputzer und sonstige Formgießerberufe | 2.737,3 | 191,8 |
| Stahlbauschlosser, Eisenschiffbauer | 2.450,1 | 147,6 |
| Industriemechaniker | 2.288,9 | 171,9 |
| Bauschlosser | 2.109,7 | 158,8 |
| Schweißer, Brennschneider | 2.094,0 | 141,0 |
| Betriebsschlosser, Reparaturschlosser | 1.635,6 | 114,0 |
| Blechpresser, -zieher, -stanzer | 1.535,5 | 102,0 |
| Feinblechner | 1.483,5 | 133,2 |
| Maschinenschlosser | 1.306,7 | 97,0 |
| Metallarbeiter | 1.279,9 | 85,7 |
| Kunststoffverarbeiter | 1.085,3 | 70,0 |
| Dreher | 1.065,7 | 90,1 |
| Lager-, Transportarbeiter | 1.060,1 | 65,5 |
| Werkzeugmacher | 988,9 | 82,7 |
| Fräser | 986,7 | 88,2 |
| Sonstige Mechaniker | 970,8 | 81,6 |
| Elektroinstallateure, -monteure | 965,5 | 56,3 |
| Sonstige Montierer | 834,9 | 53,0 |
| Elektrogeräte-, Elektroteilemontierer | 657,7 | 41,7 |
| Bürofachkräfte | 232,9 | 16,1 |
| **Branche insgesamt** | **1.133,2** | **79,2** |
| **Alle Branchen** | **1.076,0** | **68,8** |

◼ **Tab. 22.9.11** Tage und Fälle der Arbeitsunfähigkeit je 100 AOK-Mitglieder nach Krankheitsarten in der Branche Metallindustrie in den Jahren 2000 bis 2010

| Jahr | Arbeitsunfähigkeiten je 100 AOK-Mitglieder | | | | | | | | | | | |
|---|---|---|---|---|---|---|---|---|---|---|---|---|
| | Psyche | | Herz/Kreislauf | | Atemwege | | Verdauung | | Muskel/Skelett | | Verletzungen | |
| | Tage | Fälle | Tage | Fälle | Tage | Fälle | Tage | Fälle | Tage | Fälle | Tage | Fälle |
| 2000 | 125,2 | 5,6 | 163,1 | 8,5 | 332,7 | 46,5 | 148,6 | 20,8 | 655,7 | 39,1 | 343,6 | 23,5 |
| 2001 | 134,9 | 6,4 | 165,4 | 9,1 | 310,6 | 45,6 | 149,9 | 21,6 | 672,0 | 40,8 | 338,9 | 23,4 |
| 2002 | 141,7 | 6,8 | 164,9 | 9,4 | 297,9 | 44,1 | 151,1 | 22,5 | 671,3 | 41,1 | 338,9 | 23,1 |
| 2003 | 134,5 | 6,7 | 156,5 | 9,3 | 296,8 | 45,1 | 142,2 | 21,5 | 601,3 | 37,9 | 314,5 | 21,7 |
| 2004 | 151,3 | 6,8 | 168,4 | 8,7 | 258,0 | 38,0 | 143,5 | 21,0 | 574,9 | 36,1 | 305,3 | 20,4 |
| 2005 | 150,7 | 6,6 | 166,7 | 8,7 | 300,6 | 44,4 | 136,0 | 19,6 | 553,4 | 35,3 | 301,1 | 19,9 |
| 2006 | 147,1 | 6,5 | 163,0 | 8,8 | 243,0 | 36,7 | 135,7 | 20,3 | 541,1 | 35,1 | 304,5 | 20,2 |
| 2007 | 154,4 | 6,9 | 164,0 | 8,8 | 275,3 | 42,1 | 142,2 | 21,8 | 560,3 | 36,0 | 303,9 | 20,2 |
| 2008 (WZ03) | 162,9 | 7,1 | 168,5 | 9,2 | 287,2 | 44,6 | 148,4 | 23,3 | 580,4 | 37,9 | 308,6 | 20,7 |
| 2008 (WZ08)* | 165,0 | 7,2 | 171,3 | 9,3 | 289,2 | 44,7 | 149,3 | 23,3 | 590,7 | 38,5 | 311,8 | 20,9 |
| 2009 | 170,6 | 7,2 | 173,4 | 8,7 | 303,3 | 46,3 | 137,9 | 19,0 | 558,2 | 34,1 | 307,9 | 19,0 |
| 2010 | 181,8 | 7,8 | 174,6 | 9,2 | 277,7 | 43,2 | 136,6 | 20,7 | 606,6 | 38,2 | 322,3 | 20,4 |

*aufgrund der Revision der Wirtschaftszweigklassifikation in 2008 ist eine Vergleichbarkeit mit den Vorjahren nur bedingt möglich

◘ Tab. 22.9.12 Verteilung der Arbeitsunfähigkeitstage nach Krankheitsarten in Prozent in der Branche Metallindustrie im Jahr 2010, AOK-Mitglieder

| Wirtschaftsabteilung | AU-Tage in % | | | | | | |
|---|---|---|---|---|---|---|---|
| | Psyche | Herz/ Kreislauf | Atem- wege | Verdau- ung | Muskel/ Skelett | Verlet- zungen | Sonstige |
| Herstellung von Datenverarbeitungsgeräten, elektronischen und optischen Erzeugnissen | 9,5 | 6,4 | 13,9 | 6,0 | 23,0 | 10,7 | 30,5 |
| Herstellung von elektrischen Ausrüstungen | 8,9 | 7,1 | 12,0 | 5,7 | 25,4 | 11,4 | 29,5 |
| Herstellung von Kraftwagen und Kraftwagenteilen | 8,3 | 7,2 | 11,9 | 5,7 | 27,6 | 11,7 | 27,6 |
| Herstellung von Metallerzeugnissen | 7,3 | 7,5 | 11,2 | 5,7 | 25,7 | 15,0 | 27,6 |
| Maschinenbau | 7,1 | 7,5 | 11,9 | 5,9 | 24,7 | 14,6 | 28,3 |
| Metallerzeugung und -bearbeitung | 7,0 | 8,0 | 11,2 | 5,7 | 26,5 | 14,3 | 27,3 |
| Sonstiger Fahrzeugbau | 7,6 | 7,5 | 12,2 | 5,4 | 26,5 | 14,1 | 26,7 |
| **Branche insgesamt** | **7,7** | **7,4** | **11,8** | **5,8** | **25,7** | **13,6** | **28,0** |
| **Alle Branchen** | **9,3** | **6,6** | **12,0** | **5,8** | **24,2** | **12,9** | **29,2** |

Fehlzeiten-Report 2011

◘ Tab. 22.9.13 Verteilung der Arbeitsunfähigkeitsfälle nach Krankheitsarten in Prozent in der Branche Metallindustrie im Jahr 2010, AOK-Mitglieder

| Wirtschaftsabteilung | AU-Fälle in % | | | | | | |
|---|---|---|---|---|---|---|---|
| | Psyche | Herz/ Kreislauf | Atem- wege | Verdau- ung | Muskel/ Skelett | Verlet- zungen | Sonstige |
| Herstellung von Datenverarbeitungsgeräten, elektronischen und optischen Erzeugnissen | 4,7 | 4,3 | 24,4 | 11,0 | 16,2 | 7,3 | 32,1 |
| Herstellung von elektrischen Ausrüstungen | 4,5 | 4,6 | 22,1 | 10,6 | 18,7 | 8,4 | 31,1 |
| Herstellung von Kraftwagen und Kraftwagenteilen | 4,4 | 4,8 | 21,3 | 10,0 | 21,2 | 8,8 | 29,5 |
| Herstellung von Metallerzeugnissen | 3,7 | 4,5 | 21,0 | 10,4 | 19,4 | 11,6 | 29,4 |
| Maschinenbau | 3,5 | 4,5 | 22,4 | 10,6 | 18,2 | 10,8 | 30,0 |
| Metallerzeugung und -bearbeitung | 3,7 | 5,1 | 20,5 | 10,0 | 20,9 | 11,4 | 28,4 |
| Sonstiger Fahrzeugbau | 3,7 | 4,7 | 22,2 | 10,2 | 19,3 | 10,5 | 29,4 |
| **Branche insgesamt** | **3,9** | **4,6** | **21,7** | **10,4** | **19,2** | **10,3** | **29,9** |
| **Alle Branchen** | **4,7** | **4,2** | **22,1** | **10,5** | **17,4** | **9,3** | **31,8** |

Fehlzeiten-Report 2011

◼ **Tab. 22.9.14** Verteilung der Arbeitsunfähigkeitstage nach Krankheitsarten und ausgewählten Berufsgruppen in der Branche Metallindustrie im Jahr 2010, AOK-Mitglieder

| Tätigkeit | AU-Tage in % | | | | | | |
|---|---|---|---|---|---|---|---|
| | Psyche | Herz/ Kreislauf | Atem- wege | Verdau- ung | Muskel/ Skelett | Verlet- zungen | Sonstige |
| Bauschlosser | 5,4 | 6,7 | 11,0 | 5,7 | 27,0 | 19,0 | 25,2 |
| Betriebsschlosser, Reparatur- schlosser | 6,2 | 8,4 | 11,2 | 5,6 | 24,3 | 16,5 | 27,8 |
| Bürofachkräfte | 11,4 | 5,2 | 15,9 | 6,4 | 15,1 | 9,7 | 36,3 |
| Dreher | 6,8 | 8,0 | 11,9 | 6,4 | 24,2 | 15,5 | 27,2 |
| Elektrogeräte-, Elektroteilemon- tierer | 10,7 | 6,6 | 11,5 | 5,3 | 26,6 | 8,5 | 30,8 |
| Elektrogerätebauer | 7,9 | 6,2 | 15,2 | 6,4 | 20,7 | 14,3 | 29,3 |
| Elektroinstallateure, -monteure | 7,1 | 8,2 | 11,5 | 5,8 | 24,8 | 14,2 | 28,4 |
| Fräser | 7,7 | 7,7 | 12,4 | 6,4 | 22,7 | 15,9 | 27,2 |
| Halbzeugputzer und sonstige Formgießerberufe | 6,7 | 7,8 | 11,2 | 4,9 | 29,8 | 14,8 | 24,8 |
| Industriemechaniker | 5,4 | 6,5 | 11,2 | 6,1 | 25,7 | 20,6 | 24,5 |
| Kunststoffverarbeiter | 8,1 | 7,5 | 10,8 | 5,8 | 27,7 | 11,6 | 28,5 |
| Lager-, Transportarbeiter | 7,8 | 7,8 | 11,2 | 5,6 | 27,4 | 11,9 | 28,3 |
| Maschinenschlosser | 5,9 | 8,1 | 11,2 | 5,9 | 25,2 | 16,4 | 27,3 |
| Metallarbeiter | 8,3 | 7,6 | 11,2 | 5,4 | 27,2 | 12,3 | 28,0 |
| Schweißer, Brennschneider | 6,3 | 8,1 | 11,1 | 5,4 | 28,8 | 15,4 | 24,9 |
| Sonstige Mechaniker | 6,5 | 6,4 | 14,3 | 6,5 | 22,3 | 17,3 | 26,7 |
| Sonstige Montierer | 8,9 | 6,8 | 11,4 | 5,4 | 29,3 | 10,1 | 28,1 |
| Stahlbauschlosser, Eisenschiff- bauer | 6,0 | 7,3 | 10,2 | 5,3 | 27,0 | 18,4 | 25,8 |
| Warenprüfer, -sortierer | 9,4 | 7,3 | 11,6 | 5,5 | 26,5 | 10,3 | 29,4 |
| Werkzeugmacher | 6,4 | 7,8 | 12,3 | 6,1 | 22,2 | 17,9 | 27,3 |
| **Branche insgesamt** | **7,7** | **7,4** | **11,8** | **5,8** | **25,7** | **13,6** | **28,0** |
| **Alle Branchen** | **9,3** | **6,6** | **12,0** | **5,8** | **24,2** | **12,9** | **29,2** |

Fehlzeiten-Report 2011

■ **Tab. 22.9.15** Verteilung der Arbeitsunfähigkeitsfälle nach Krankheitsarten und ausgewählten Berufsgruppen in der Branche Metallindustrie im Jahr 2010, AOK-Mitglieder

| Tätigkeit | AU-Fälle in % | | | | | | |
|---|---|---|---|---|---|---|---|
| | Psyche | Herz/ Kreislauf | Atem- wege | Verdau- ung | Muskel/ Skelett | Verlet- zungen | Sonstige |
| Bauschlosser | 2,8 | 3,9 | 20,9 | 10,2 | 19,6 | 14,7 | 27,9 |
| Betriebsschlosser, Reparatur- schlosser | 3,1 | 4,9 | 21,1 | 10,6 | 18,5 | 13,0 | 28,8 |
| Bürofachkräfte | 4,6 | 3,4 | 27,4 | 11,5 | 10,3 | 6,1 | 36,7 |
| Dreher | 3,4 | 4,5 | 22,4 | 11,0 | 17,9 | 11,8 | 29,0 |
| Elektrogeräte-, Elektroteilemon- tierer | 5,8 | 5,0 | 20,4 | 10,2 | 19,9 | 6,2 | 32,5 |
| Elektrogerätebauer | 3,5 | 3,7 | 26,5 | 11,0 | 14,5 | 9,7 | 31,1 |
| Elektroinstallateure, -monteure | 3,5 | 4,8 | 22,5 | 10,8 | 18,0 | 10,2 | 30,2 |
| Fräser | 3,5 | 4,1 | 22,9 | 10,9 | 17,2 | 12,2 | 29,2 |
| Halbzeugputzer und sonstige Formgießerberufe | 3,6 | 4,8 | 19,2 | 8,6 | 24,1 | 13,6 | 26,1 |
| Industriemechaniker | 2,8 | 3,6 | 21,4 | 10,9 | 18,7 | 15,8 | 26,8 |
| Kunststoffverarbeiter | 4,5 | 4,9 | 19,8 | 9,7 | 22,5 | 8,6 | 30,0 |
| Lager-, Transportarbeiter | 4,5 | 5,1 | 20,6 | 10,3 | 21,2 | 8,8 | 29,5 |
| Maschinenschlosser | 3,0 | 4,6 | 21,7 | 10,5 | 18,7 | 12,7 | 28,8 |
| Metallarbeiter | 4,3 | 5,0 | 20,3 | 9,8 | 21,7 | 9,6 | 29,3 |
| Schweißer, Brennschneider | 3,3 | 5,1 | 19,7 | 9,7 | 22,7 | 12,7 | 26,8 |
| Sonstige Mechaniker | 3,2 | 3,5 | 24,9 | 11,4 | 15,9 | 12,1 | 29,0 |
| Sonstige Montierer | 5,1 | 5,0 | 19,9 | 9,8 | 22,5 | 7,6 | 30,1 |
| Stahlbauschlosser, Eisenschiff- bauer | 3,0 | 4,4 | 20,3 | 9,8 | 20,4 | 14,5 | 27,6 |
| Warenprüfer, -sortierer | 5,2 | 5,5 | 20,6 | 9,8 | 20,1 | 7,4 | 31,4 |
| Werkzeugmacher | 3,0 | 4,2 | 23,1 | 11,2 | 16,2 | 12,7 | 29,6 |
| **Branche insgesamt** | **3,9** | **4,6** | **21,7** | **10,4** | **19,2** | **10,3** | **29,9** |
| **Alle Branchen** | **4,7** | **4,2** | **22,1** | **10,5** | **17,4** | **9,3** | **31,8** |

Fehlzeiten-Report 2011

◻ **Tab. 22.9.16** Anteile der 40 häufigsten Einzeldiagnosen an den AU-Fällen und AU-Tagen in der Branche Metallindustrie im Jahr 2010, AOK-Mitglieder

| ICD-10 | Bezeichnung | AU-Fälle in % | AU-Tage in % |
|--------|-------------|---------------|--------------|
| M54 | Rückenschmerzen | 7,5 | 7,1 |
| J06 | Akute Infektionen der oberen Atemwege | 6,7 | 2,9 |
| A09 | Diarrhoe und Gastroenteritis | 3,2 | 1,0 |
| J20 | Akute Bronchitis | 2,9 | 1,5 |
| K52 | Nichtinfektiöse Gastroenteritis und Kolitis | 2,4 | 0,8 |
| K08 | Sonstige Krankheiten der Zähne und des Zahnhalteapparates | 2,3 | 0,5 |
| J40 | Bronchitis | 2,3 | 1,2 |
| I10 | Essentielle Hypertonie | 1,7 | 2,6 |
| T14 | Verletzung an einer nicht näher bezeichneten Körperregion | 1,7 | 1,5 |
| B34 | Viruskrankheit | 1,4 | 0,6 |
| K29 | Gastritis und Duodenitis | 1,4 | 0,7 |
| J03 | Akute Tonsillitis | 1,2 | 0,5 |
| R10 | Bauch- und Beckenschmerzen | 1,2 | 0,6 |
| J01 | Akute Sinusitis | 1,2 | 0,5 |
| J02 | Akute Pharyngitis | 1,2 | 0,5 |
| J32 | Chronische Sinusitis | 1,1 | 0,6 |
| M53 | Sonstige Krankheiten der Wirbelsäule und des Rückens | 1,0 | 1,2 |
| M51 | Sonstige Bandscheibenschäden | 1,0 | 2,4 |
| F32 | Depressive Episode | 1,0 | 2,3 |
| M77 | Sonstige Enthesopathien | 1,0 | 1,1 |
| M25 | Sonstige Gelenkkrankheiten | 0,9 | 1,0 |
| M75 | Schulterläsionen | 0,9 | 1,8 |
| M99 | Biomechanische Funktionsstörungen | 0,9 | 0,7 |
| R51 | Kopfschmerz | 0,9 | 0,4 |
| M23 | Binnenschädigung des Kniegelenkes | 0,8 | 1,5 |
| M79 | Sonstige Krankheiten des Weichteilgewebes | 0,7 | 0,6 |
| A08 | Virusbedingte Darminfektionen | 0,7 | 0,2 |
| F43 | Reaktionen auf schwere Belastungen und Anpassungsstörungen | 0,7 | 1,0 |
| S93 | Luxation, Verstauchung und Zerrung der Gelenke und Bänder in Höhe des oberen Sprunggelenkes und des Fußes | 0,7 | 0,7 |
| R11 | Übelkeit und Erbrechen | 0,6 | 0,3 |
| R42 | Schwindel und Taumel | 0,6 | 0,4 |
| M47 | Spondylose | 0,6 | 0,8 |
| J11 | Grippe | 0,6 | 0,3 |
| J00 | Akute Rhinopharyngitis (Erkältungsschnupfen) | 0,6 | 0,2 |
| S61 | Offene Wunde des Handgelenkes und der Hand | 0,6 | 0,6 |
| J04 | Akute Laryngitis und Tracheitis | 0,6 | 0,3 |
| J98 | Sonstige Krankheiten der Atemwege | 0,6 | 0,3 |
| B99 | Sonstige Infektionskrankheiten | 0,5 | 0,3 |
| F45 | Somatoforme Störungen | 0,5 | 0,7 |
| M65 | Synovitis und Tenosynovitis | 0,5 | 0,7 |
| | **Summe hier** | **56,9** | **42,9** |
| | Restliche | 43,1 | 57,1 |
| | **Gesamtsumme** | **100,0** | **100,0** |

**◘ Tab. 22.9.17** Anteile der 40 häufigsten Diagnoseuntergruppen an den AU-Fällen und AU-Tagen in der Branche Metallindustrie im Jahr 2010, AOK-Mitglieder

| ICD-10 | Bezeichnung | AU-Fälle in % | AU-Tage in % |
|---|---|---|---|
| J00–J06 | Akute Infektionen der oberen Atemwege | 11,4 | 5,0 |
| M40–M54 | Krankheiten der Wirbelsäule und des Rückens | 10,1 | 12,0 |
| A00–A09 | Infektiöse Darmkrankheiten | 4,2 | 1,4 |
| M60–M79 | Krankheiten der Weichteilgewebe | 4,2 | 5,6 |
| J40–J47 | Chronische Krankheiten der unteren Atemwege | 3,7 | 2,4 |
| M00–M25 | Arthropathien | 3,6 | 6,1 |
| J20–J22 | Sonstige akute Infektionen der unteren Atemwege | 3,3 | 1,7 |
| K00–K14 | Krankheiten der Mundhöhle, der Speicheldrüsen und der Kiefer | 2,9 | 0,7 |
| K50–K52 | Nichtinfektiöse Enteritis und Kolitis | 2,8 | 1,1 |
| R50–R69 | Allgemeinsymptome | 2,7 | 2,0 |
| K20–K31 | Krankheiten des Ösophagus, Magens und Duodenums | 2,0 | 1,1 |
| R10–R19 | Symptome bzgl. Verdauungssystem und Abdomen | 2,0 | 1,1 |
| T08–T14 | Verletzungen Rumpf, Extremitäten o. a. Körperregionen | 2,0 | 1,8 |
| I10–I15 | Hypertonie | 1,9 | 3,0 |
| S60–S69 | Verletzungen des Handgelenkes und der Hand | 1,8 | 2,5 |
| F40–F48 | Neurotische, Belastungs- und somatoforme Störungen | 1,8 | 2,8 |
| J30–J39 | Sonstige Krankheiten der oberen Atemwege | 1,7 | 1,0 |
| B25–B34 | Sonstige Viruskrankheiten | 1,6 | 0,7 |
| F30–F39 | Affektive Störungen | 1,3 | 3,2 |
| G40–G47 | Episod. und paroxysmale Krankheiten des Nervensystems | 1,2 | 1,0 |
| S90–S99 | Verletzungen der Knöchelregion und des Fußes | 1,2 | 1,5 |
| R00–R09 | Symptome bzgl. Kreislauf- und Atmungssystem | 1,2 | 0,8 |
| S80–S89 | Verletzungen des Knies und Unterschenkels | 1,1 | 2,2 |
| M95–M99 | Sonstige Krankheiten des Muskel-Skelett-Systems und des Bindegewebes | 1,0 | 0,8 |
| J10–J18 | Grippe und Pneumonie | 1,0 | 0,7 |
| I80–I89 | Krankheiten der Venen, Lymphgefäße und -knoten | 0,9 | 1,0 |
| E70–E90 | Stoffwechselstörungen | 0,8 | 1,4 |
| K55–K63 | Sonstige Krankheiten des Darmes | 0,8 | 0,7 |
| G50–G59 | Krankheiten von Nerven, Nervenwurzeln und Nervenplexus | 0,8 | 1,3 |
| R40–R46 | Symptome bzgl. Wahrnehmung, Stimmung und Verhalten | 0,8 | 0,6 |
| S00–S09 | Verletzungen des Kopfes | 0,7 | 0,6 |
| J95–J99 | Sonstige Krankheiten des Atmungssystems | 0,7 | 0,5 |
| I20–I25 | Ischämische Herzkrankheiten | 0,7 | 1,5 |
| L00–L08 | Infektionen der Haut und der Unterhaut | 0,6 | 0,6 |
| F10–F19 | Psychische und Verhaltensstörungen durch psychotrope Substanzen | 0,6 | 1,2 |
| N30–N39 | Sonstige Krankheiten des Harnsystems | 0,6 | 0,4 |
| Z70–Z76 | Sonstige Inanspruchnahme des Gesundheitswesens | 0,6 | 1,1 |
| I30–I52 | Sonstige Formen der Herzkrankheit | 0,6 | 1,1 |
| B99–B99 | Sonstige Infektionskrankheiten | 0,6 | 0,3 |
| E10–E14 | Diabetes mellitus | 0,6 | 1,0 |
| | **Summe hier** | **82,1** | **75,5** |
| | Restliche | 17,9 | 24,5 |
| | **Gesamtsumme** | **100,0** | **100,0** |

Fehlzeiten-Report 2011

## 22.10 Öffentliche Verwaltung

◘ **Tab. 22.10.1** Entwicklung des Krankenstands der AOK-Mitglieder in der Branche Öffentliche Verwaltung in den Jahren 1994 bis 2010

| Jahr | Krankenstand in % | | | AU-Fälle je 100 AOK-Mitglieder | | | Tage je Fall | | |
|---|---|---|---|---|---|---|---|---|---|
| | West | Ost | Bund | West | Ost | Bund | West | Ost | Bund |
| 1994 | 7,3 | 5,9 | 6,9 | 161,2 | 129,1 | 152,0 | 16,2 | 14,9 | 15,9 |
| 1995 | 6,9 | 6,3 | 6,8 | 166,7 | 156,3 | 164,1 | 15,6 | 14,9 | 15,4 |
| 1996 | 6,4 | 6,0 | 6,3 | 156,9 | 155,6 | 156,6 | 15,4 | 14,7 | 15,2 |
| 1997 | 6,2 | 5,8 | 6,1 | 158,4 | 148,8 | 156,3 | 14,4 | 14,1 | 14,3 |
| 1998 | 6,3 | 5,7 | 6,2 | 162,6 | 150,3 | 160,0 | 14,2 | 13,8 | 14,1 |
| 1999 | 6,6 | 6,2 | 6,5 | 170,7 | 163,7 | 169,3 | 13,8 | 13,6 | 13,8 |
| 2000 | 6,4 | 5,9 | 6,3 | 172,0 | 174,1 | 172,5 | 13,6 | 12,3 | 13,3 |
| 2001 | 6,1 | 5,9 | 6,1 | 165,8 | 161,1 | 164,9 | 13,5 | 13,3 | 13,5 |
| 2002 | 6,0 | 5,7 | 5,9 | 167,0 | 161,9 | 166,0 | 13,0 | 12,9 | 13,0 |
| 2003 | 5,7 | 5,3 | 5,6 | 167,3 | 158,8 | 165,7 | 12,4 | 12,2 | 12,3 |
| 2004 | 5,3 | 5,0 | 5,2 | 154,8 | 152,2 | 154,3 | 12,5 | 12,0 | 12,4 |
| 2005** | 5,3 | 4,5 | 5,1 | 154,1 | 134,3 | 150,0 | 12,6 | 12,2 | 12,5 |
| 2006 | 5,1 | 4,7 | 5,0 | 148,7 | 144,7 | 147,9 | 12,5 | 11,8 | 12,3 |
| 2007 | 5,3 | 4,8 | 5,2 | 155,5 | 151,1 | 154,6 | 12,4 | 11,7 | 12,3 |
| 2008 (WZ03) | 5,3 | 4,9 | 5,2 | 159,8 | 152,1 | 158,3 | 12,2 | 11,8 | 12,1 |
| 2008 (WZ08)* | 5,3 | 4,9 | 5,2 | 159,9 | 152,2 | 158,4 | 12,1 | 11,8 | 12,1 |
| 2009 | 5,5 | 5,3 | 5,4 | 167,9 | 164,9 | 167,3 | 11,9 | 11,7 | 11,8 |
| 2010 | 5,5 | 5,7 | 5,5 | 164,8 | 184,6 | 168,2 | 12,2 | 11,3 | 12,0 |

*aufgrund der Revision der Wirtschaftszweigklassifikation in 2008 ist eine Vergleichbarkeit mit den Vorjahren nur bedingt möglich
**ohne Sozialversicherung/Arbeitsförderung

Fehlzeiten-Report 2011

◘ **Tab. 22.10.2** Arbeitsunfähigkeit der AOK-Mitglieder in der Branche Öffentliche Verwaltung nach Bundesländern im Jahr 2010 im Vergleich zum Vorjahr

| Bundesland | Kranken-stand in % | Arbeitsunfähigkeit je 100 AOK-Mitglieder | | | | Tage je Fall | Veränd. z. Vorj. in % | AU-Quote in % |
|---|---|---|---|---|---|---|---|---|
| | | AU-Fälle | Veränd. z. Vorj. in % | AU-Tage | Veränd. z. Vorj. in % | | | |
| Baden-Württemberg | 5,0 | 153,5 | -3,3 | 1.814,8 | -1,9 | 11,8 | 0,9 | 58,0 |
| Bayern | 4,9 | 141,8 | -2,3 | 1.774,9 | -1,9 | 12,5 | 0,0 | 55,1 |
| Berlin | 6,0 | 184,8 | 4,9 | 2.199,4 | 5,3 | 11,9 | 0,0 | 56,8 |
| Brandenburg | 6,3 | 174,2 | -2,8 | 2.293,6 | -1,7 | 13,2 | 1,5 | 63,6 |
| Bremen | 5,8 | 192,5 | 7,5 | 2.104,9 | -8,4 | 10,9 | -14,8 | 64,2 |
| Hamburg | 5,6 | 171,4 | -2,5 | 2.053,0 | -2,6 | 12,0 | 0,0 | 55,9 |
| Hessen | 6,2 | 188,9 | -1,2 | 2.267,4 | 0,0 | 12,0 | 0,8 | 62,6 |
| Mecklenburg-Vorpommern | 6,4 | 179,1 | -2,8 | 2.329,0 | -1,0 | 13,0 | 1,6 | 64,3 |
| Niedersachsen | 5,9 | 182,5 | -1,1 | 2.160,2 | 14,2 | 11,8 | 15,7 | 63,7 |
| Nordrhein-Westfalen | 6,1 | 183,5 | -0,2 | 2.233,4 | 0,7 | 12,2 | 0,8 | 62,3 |
| Rheinland-Pfalz | 6,3 | 188,0 | 1,0 | 2.287,1 | 2,0 | 12,2 | 1,7 | 65,3 |
| Saarland | 6,7 | 174,6 | 2,8 | 2.429,7 | -1,3 | 13,9 | -4,1 | 62,0 |
| Sachsen | 5,4 | 192,8 | 21,6 | 1.956,7 | 11,4 | 10,1 | -9,0 | 65,3 |
| Sachsen-Anhalt | 5,8 | 166,3 | 1,4 | 2.115,6 | 5,5 | 12,7 | 4,1 | 60,9 |
| Schleswig-Holstein | 6,1 | 172,7 | 0,8 | 2.240,0 | 1,1 | 13,0 | 0,8 | 62,1 |
| Thüringen | 5,9 | 191,1 | 12,2 | 2.139,1 | 4,8 | 11,2 | -6,7 | 64,2 |
| **West** | 5,5 | 164,8 | -1,8 | 2.003,4 | 0,5 | 12,2 | 2,5 | 59,5 |
| **Ost** | 5,7 | 184,6 | 11,9 | 2.086,5 | 8,0 | 11,3 | -3,4 | 64,1 |
| **Bund** | 5,5 | 168,2 | 0,5 | 2.017,8 | 1,9 | 12,0 | 1,7 | 60,3 |

Fehlzeiten-Report 2011

22

◘ **Tab. 22.10.3** Arbeitsunfähigkeit der AOK-Mitglieder in der Branche Öffentliche Verwaltung nach Wirtschaftsabteilungen im Jahr 2010

| Wirtschaftsabteilung | Krankenstand in % | | Arbeitsunfähigkeiten je 100 AOK-Mitglieder | | Tage je Fall | AU-Quote in % |
|---|---|---|---|---|---|---|
| | 2010 | 2010 stand.* | Fälle | Tage | | |
| Exterritoriale Organisationen und Körperschaften | 7,3 | 6,1 | 203,3 | 2.647,9 | 13,0 | 67,0 |
| Öffentliche Verwaltung | 5,5 | 4,8 | 163,7 | 2.004,4 | 12,2 | 59,1 |
| Sozialversicherung | 4,9 | 4,4 | 175,4 | 1.805,1 | 10,3 | 63,6 |
| Branche insgesamt | 5,5 | 5,0 | 168,2 | 2.017,8 | 12,0 | 60,3 |
| Alle Branchen | 4,8 | 4,7 | 152,1 | 1.758,9 | 11,6 | 52,8 |

*Krankenstand alters- und geschlechtsstandardisiert

Fehlzeiten-Report 2011

◘ **Tab. 22.10.4** Kennzahlen der Arbeitsunfähigkeit der AOK-Mitglieder nach ausgewählten Berufsgruppen in der Branche Öffentliche Verwaltung im Jahr 2010

| Tätigkeit | Krankenstand in % | Arbeitsunfähigkeiten je 100 AOK-Mitglieder | | Tage je Fall | AU-Quote in % | Anteil der Berufsgruppe an der Branche in %* |
|---|---|---|---|---|---|---|
| | | Fälle | Tage | | | |
| Bauhilfsarbeiter | 7,0 | 175,2 | 2.570,5 | 14,7 | 67,0 | 2,8 |
| Bürofachkräfte | 4,6 | 165,7 | 1.667,1 | 10,1 | 60,8 | 28,3 |
| Bürohilfskräfte | 6,4 | 177,0 | 2.337,5 | 13,2 | 61,1 | 1,1 |
| Gärtner, Gartenarbeiter | 8,0 | 232,0 | 2.904,7 | 12,5 | 71,2 | 2,6 |
| Hochschullehrer, Dozenten an höheren Fachschulen und Akademien | 0,9 | 44,9 | 346,0 | 7,7 | 19,0 | 1,2 |
| Kindergärtnerinnen, Kinderpfleger | 4,5 | 191,3 | 1.639,1 | 8,6 | 65,5 | 6,5 |
| Köche | 8,3 | 208,0 | 3.027,3 | 14,6 | 68,5 | 1,8 |
| Kraftfahrzeugführer | 7,2 | 180,7 | 2.625,7 | 14,5 | 66,4 | 1,6 |
| Krankenschwestern, -pfleger, Hebammen | 4,6 | 130,6 | 1.670,4 | 12,8 | 54,8 | 1,2 |
| Lager-, Transportarbeiter | 7,5 | 192,4 | 2.723,5 | 14,2 | 67,3 | 2,1 |
| Leitende und administrativ entscheidende Verwaltungsfachleute | 3,1 | 118,9 | 1.121,7 | 9,4 | 42,6 | 1,1 |
| Pförtner, Hauswarte | 5,7 | 125,3 | 2.087,5 | 16,7 | 54,8 | 3,1 |
| Raum-, Hausratreiniger | 7,5 | 166,2 | 2.741,8 | 16,5 | 63,7 | 8,6 |
| Real-, Volks-, Sonderschullehrer | 3,0 | 114,9 | 1.093,9 | 9,5 | 41,9 | 1,1 |
| Sozialarbeiter, Sozialpfleger | 4,7 | 151,4 | 1.726,5 | 11,4 | 57,7 | 1,5 |
| Stenographen, Stenotypisten, Maschinenschreiber | 5,5 | 168,3 | 1.992,2 | 11,8 | 63,4 | 2,3 |
| Straßenreiniger, Abfallbeseitiger | 8,9 | 219,2 | 3.251,9 | 14,8 | 72,1 | 1,7 |
| Straßenwarte | 6,8 | 208,0 | 2.468,9 | 11,9 | 72,3 | 1,3 |
| Wächter, Aufseher | 6,5 | 168,7 | 2.378,7 | 14,1 | 60,3 | 1,0 |
| Waldarbeiter, Waldnutzer | 7,7 | 210,1 | 2.815,9 | 13,4 | 71,8 | 1,5 |
| Branche insgesamt | 5,5 | 168,2 | 2.017,8 | 12,0 | 60,3 | 5,7** |

*Anteil der AOK-Mitglieder in der Berufsgruppe an den in der Branche beschäftigten AOK-Mitgliedern insgesamt
**Anteil der AOK-Mitglieder in der Branche an allen AOK-Mitgliedern

Fehlzeiten-Report 2011

M. Meyer, M. Stallauke, H. Weirauch

**Tab. 22.10.5** Dauer der Arbeitsunfähigkeit der AOK-Mitglieder in der Branche Öffentliche Verwaltung im Jahr 2010

| Fallklasse | Branche hier | | alle Branchen | |
|---|---|---|---|---|
| | Anteil Fälle in % | Anteil Tage in % | Anteil Fälle in % | Anteil Tage in % |
| 1–3 Tage | 35,9 | 5,9 | 36,5 | 6,2 |
| 4–7 Tage | 27,8 | 11,4 | 29,8 | 12,8 |
| 8–14 Tage | 17,9 | 15,4 | 16,9 | 14,9 |
| 15–21 Tage | 6,6 | 9,6 | 6,1 | 9,1 |
| 22–28 Tage | 3,7 | 7,4 | 3,2 | 6,7 |
| 29–42 Tage | 3,7 | 10,6 | 3,2 | 9,5 |
| Langzeit-AU (> 42 Tage) | 4,4 | 39,7 | 4,3 | 40,8 |

Fehlzeiten-Report 2011

**Tab. 22.10.6** Tage der Arbeitsunfähigkeit je AOK-Mitglied nach Wirtschaftsabteilung und Betriebsgröße in der Branche Öffentliche Verwaltung im Jahr 2010

| Wirtschaftsabteilungen | Betriebsgröße (Anzahl der AOK-Mitglieder) | | | | | |
|---|---|---|---|---|---|---|
| | 10–49 | 50–99 | 100–199 | 200–499 | 500–999 | ≥ 1.000 |
| Exterritoriale Organisationen und Körperschaften | 15,8 | – | – | – | 30,4 | 27,4 |
| Öffentliche Verwaltung | 18,6 | 20,3 | 20,6 | 21,7 | 25,0 | 19,4 |
| Sozialversicherung | 18,4 | 22,3 | 21,6 | 22,7 | 18,5 | 17,5 |
| Branche insgesamt | 18,7 | 20,5 | 20,9 | 21,9 | 24,2 | 19,5 |
| Alle Branchen | 18,1 | 19,8 | 20,0 | 20,1 | 20,2 | 19,1 |

Fehlzeiten-Report 2011

**Tab. 22.10.7** Krankenstand in Prozent nach der Stellung im Beruf in der Branche Öffentliche Verwaltung im Jahr 2010, AOK-Mitglieder

| Wirtschaftsabteilung | Stellung im Beruf | | | | |
|---|---|---|---|---|---|
| | Auszubildende | Arbeiter | Facharbeiter | Meister, Poliere | Angestellte |
| Exterritoriale Organisationen und Körperschaften | 5,8 | 8,7 | 8,6 | 5,4 | 6,0 |
| Öffentliche Verwaltung | 3,3 | 8,3 | 6,9 | 4,5 | 4,4 |
| Sozialversicherung | 2,9 | 9,0 | 5,9 | 8,0 | 4,8 |
| Branche insgesamt | 3,3 | 8,4 | 6,9 | 4,5 | 4,6 |
| Alle Branchen | 4,1 | 5,8 | 5,2 | 4,0 | 3,6 |

Fehlzeiten-Report 2011

**Tab. 22.10.8** Tage der Arbeitsunfähigkeit je AOK-Mitglied nach der Stellung im Beruf in der Branche Öffentliche Verwaltung im Jahr 2010

| Wirtschaftsabteilung | Stellung im Beruf | | | | |
|---|---|---|---|---|---|
| | Auszubildende | Arbeiter | Facharbeiter | Meister, Poliere | Angestellte |
| Exterritoriale Organisationen und Körperschaften | 21,1 | 31,7 | 31,4 | 19,7 | 22,0 |
| Öffentliche Verwaltung | 12,1 | 30,2 | 25,0 | 16,5 | 16,2 |
| Sozialversicherung | 10,6 | 32,8 | 21,4 | 29,1 | 17,4 |
| Branche insgesamt | 11,9 | 30,6 | 25,3 | 16,5 | 16,9 |
| Alle Branchen | 14,8 | 21,2 | 18,9 | 14,5 | 13,0 |

Fehlzeiten-Report 2011

22

◻ **Tab. 22.10.9** Anteil der Arbeitsunfälle an den AU-Fällen und -Tagen in Prozent nach Wirtschaftsabteilungen in der Branche Öffentliche Verwaltung im Jahr 2010, AOK-Mitglieder

| Wirtschaftsabteilung | AU-Fälle in % | AU-Tage in % |
|---|---|---|
| Exterritoriale Organisationen und Körperschaften | 2,7 | 3,2 |
| Öffentliche Verwaltung | 3,3 | 4,3 |
| Sozialversicherung | 1,4 | 1,8 |
| **Branche insgesamt** | **3,0** | **4,0** |
| **Alle Branchen** | **4,5** | **6,1** |

Fehlzeiten-Report 2011

◻ **Tab. 22.10.10** Tage und Fälle der Arbeitsunfähigkeit durch Arbeitsunfälle nach Berufsgruppen in der Branche Öffentliche Verwaltung im Jahr 2010, AOK-Mitglieder

| Tätigkeit | Arbeitsunfähigkeit je 1.000 AOK-Mitglieder | |
|---|---|---|
| | AU-Tage | AU-Fälle |
| Waldarbeiter, Waldnutzer | 3.199,1 | 180,9 |
| Straßenreiniger, Abfallbeseitiger | 2.242,1 | 129,0 |
| Gärtner, Gartenarbeiter | 1.840,9 | 118,5 |
| Lager-, Transportarbeiter | 1.792,3 | 99,5 |
| Bauhilfsarbeiter | 1.779,5 | 113,3 |
| Straßenbauer | 1.768,7 | 113,9 |
| Straßenwarte | 1.724,9 | 121,2 |
| Sonstige Bauhilfsarbeiter, Bauhelfer | 1.590,9 | 87,9 |
| Kraftfahrzeuginstandsetzer | 1.410,4 | 91,0 |
| Kraftfahrzeugführer | 1.301,6 | 67,5 |
| Köche | 1.094,0 | 61,9 |
| Wächter, Aufseher | 1.002,9 | 57,7 |
| Pförtner, Hauswarte | 954,0 | 51,8 |
| Raum-, Hausratreiniger | 866,4 | 41,1 |
| Sozialarbeiter, Sozialpfleger | 455,3 | 31,0 |
| Kindergärtnerinnen, Kinderpfleger | 382,4 | 33,9 |
| Bürofachkräfte | 335,4 | 23,6 |
| **Branche insgesamt** | **792,6** | **49,2** |
| **Alle Branchen** | **1.076,0** | **68,8** |

Fehlzeiten-Report 2011

**◻ Tab. 22.10.11** Tage und Fälle der Arbeitsunfähigkeit je 100 AOK-Mitglieder nach Krankheitsarten in der Branche Öffentliche Verwaltung in den Jahren 1995 bis 2010

| Jahr | Arbeitsunfähigkeiten je 100 AOK-Mitglieder | | | | | | | | | | | |
| | Psyche | | Herz/Kreislauf | | Atemwege | | Verdauung | | Muskel/Skelett | | Verletzungen | |
| | Tage | Fälle | Tage | Fälle | Tage | Fälle | Tage | Fälle | Tage | Fälle | Tage | Fälle |
|---|---|---|---|---|---|---|---|---|---|---|---|---|
| 1995 | 168,1 | 4,2 | 272,1 | 9,1 | 472,7 | 39,5 | 226,4 | 20,5 | 847,3 | 30,8 | 327,6 | 22,9 |
| 1996 | 165,0 | 3,3 | 241,9 | 7,4 | 434,5 | 35,5 | 199,8 | 19,4 | 779,1 | 29,8 | 312,4 | 23,9 |
| 1997 | 156,7 | 3,4 | 225,2 | 7,4 | 395,1 | 34,3 | 184,0 | 19,3 | 711,5 | 29,7 | 299,8 | 23,9 |
| 1998 | 165,0 | 3,9 | 214,1 | 7,8 | 390,7 | 36,9 | 178,4 | 19,8 | 720,0 | 31,5 | 288,1 | 23,7 |
| 1999 | 176,0 | 4,5 | 207,0 | 8,2 | 427,8 | 42,0 | 179,1 | 21,7 | 733,3 | 34,0 | 290,5 | 23,7 |
| 2000 | 198,5 | 8,1 | 187,3 | 10,1 | 392,0 | 50,5 | 160,6 | 21,3 | 749,6 | 41,4 | 278,9 | 17,4 |
| 2001 | 208,7 | 8,9 | 188,4 | 10,8 | 362,4 | 48,7 | 157,4 | 21,7 | 745,4 | 41,8 | 272,9 | 17,1 |
| 2002 | 210,1 | 9,4 | 182,7 | 10,9 | 344,1 | 47,7 | 157,9 | 23,0 | 712,8 | 41,6 | 267,9 | 17,1 |
| 2003 | 203,2 | 9,4 | 170,5 | 11,1 | 355,1 | 50,5 | 151,5 | 22,8 | 644,3 | 39,3 | 257,9 | 16,5 |
| 2004 | 213,8 | 9,6 | 179,9 | 10,2 | 313,1 | 43,6 | 153,1 | 22,5 | 619,0 | 37,9 | 251,5 | 15,5 |
| 2005** | 211,4 | 9,4 | 179,4 | 10,1 | 346,2 | 47,2 | 142,3 | 19,7 | 594,5 | 36,4 | 252,5 | 15,1 |
| 2006 | 217,8 | 9,4 | 175,5 | 10,2 | 297,4 | 42,0 | 142,8 | 21,3 | 585,5 | 35,9 | 248,5 | 15,0 |
| 2007 | 234,4 | 9,9 | 178,3 | 10,1 | 326,0 | 46,2 | 148,6 | 22,3 | 600,6 | 36,1 | 239,2 | 14,1 |
| 2008 (WZ03) | 245,1 | 10,2 | 176,0 | 10,2 | 331,8 | 47,6 | 150,3 | 22,9 | 591,9 | 36,1 | 238,2 | 14,2 |
| 2008 (WZ08)* | 245,2 | 10,3 | 175,9 | 10,2 | 332,0 | 47,7 | 150,4 | 22,9 | 591,5 | 36,2 | 238,0 | 14,2 |
| 2009 | 255,2 | 10,8 | 177,1 | 10,2 | 387,0 | 54,8 | 148,5 | 22,8 | 577,6 | 35,8 | 245,5 | 14,5 |
| 2010 | 278,4 | 11,3 | 177,0 | 10,1 | 337,6 | 49,3 | 142,8 | 21,4 | 618,1 | 37,5 | 261,2 | 15,3 |

*aufgrund der Revision der Wirtschaftszweigklassifikation in 2008 ist eine Vergleichbarkeit mit den Vorjahren nur bedingt möglich
**ohne Sozialversicherung/Arbeitsförderung

Fehlzeiten-Report 2011

**◻ Tab. 22.10.12** Verteilung der Arbeitsunfähigkeitstage nach Krankheitsarten in Prozent in der Branche Öffentliche Verwaltung im Jahr 2010, AOK-Mitglieder

| Wirtschaftsabteilung | AU-Tage in % | | | | | | |
| | Psyche | Herz/ Kreislauf | Atem- wege | Verdau- ung | Muskel/ Skelett | Verlet- zungen | Sonstige |
|---|---|---|---|---|---|---|---|
| Exterritoriale Organisationen und Körperschaften | 8,6 | 8,1 | 12,0 | 5,3 | 25,5 | 8,9 | 31,6 |
| Öffentliche Verwaltung | 10,1 | 6,9 | 12,6 | 5,5 | 24,2 | 10,4 | 30,3 |
| Sozialversicherung | 14,8 | 5,5 | 15,7 | 5,8 | 18,0 | 7,8 | 32,4 |
| **Branche insgesamt** | **10,7** | **6,8** | **12,9** | **5,5** | **23,7** | **10,0** | **30,4** |
| **Alle Branchen** | **9,3** | **6,6** | **12,0** | **5,8** | **24,2** | **12,9** | **29,2** |

Fehlzeiten-Report 2011

22

**◘ Tab. 22.10.13** Verteilung der Arbeitsunfähigkeitsfälle nach Krankheitsarten in Prozent in der Branche Öffentliche Verwaltung im Jahr 2010, AOK-Mitglieder

| Wirtschaftsabteilung | AU-Fälle in % | | | | | | |
|---|---|---|---|---|---|---|---|
| | Psyche | Herz/ Kreislauf | Atem- wege | Verdau- ung | Muskel/ Skelett | Verlet- zungen | Sonstige |
| Exterritoriale Organisationen und Körperschaften | 5,2 | 5,5 | 20,3 | 9,1 | 21,8 | 7,0 | 31,1 |
| Öffentliche Verwaltung | 5,1 | 4,8 | 22,8 | 9,9 | 17,9 | 7,5 | 32,0 |
| Sozialversicherung | 6,0 | 4,0 | 26,4 | 10,9 | 13,2 | 5,5 | 34,0 |
| **Branche insgesamt** | **5,3** | **4,8** | **23,1** | **10,0** | **17,6** | **7,2** | **32,0** |
| **Alle Branchen** | **4,7** | **4,2** | **22,1** | **10,5** | **17,4** | **9,3** | **31,8** |

Fehlzeiten-Report 2011

**◘ Tab. 22.10.14** Verteilung der Arbeitsunfähigkeitstage nach Krankheitsarten und ausgewählten Berufsgruppen in der Branche Öffentliche Verwaltung im Jahr 2010, AOK-Mitglieder

| Tätigkeit | AU-Tage in % | | | | | | |
|---|---|---|---|---|---|---|---|
| | Psyche | Herz/ Kreislauf | Atem- wege | Verdau- ung | Muskel/ Skelett | Verlet- zungen | Sonstige |
| Bauhilfsarbeiter | 6,5 | 8,5 | 9,3 | 4,9 | 31,6 | 12,8 | 26,4 |
| Bürofachkräfte | 14,3 | 5,7 | 15,5 | 5,9 | 17,2 | 8,0 | 33,4 |
| Gärtner, Gartenarbeiter | 8,3 | 6,9 | 12,3 | 5,5 | 29,3 | 12,2 | 25,5 |
| Kindergärtnerinnen, Kinderpfleger | 15,1 | 3,9 | 19,4 | 5,9 | 15,1 | 7,5 | 33,1 |
| Köche | 11,7 | 6,7 | 10,9 | 4,8 | 27,5 | 8,5 | 29,9 |
| Kraftfahrzeugführer | 7,0 | 8,4 | 10,7 | 5,6 | 29,7 | 10,4 | 28,2 |
| Krankenschwestern, -pfleger, Hebammen | 13,9 | 5,6 | 12,2 | 4,5 | 22,2 | 9,7 | 31,9 |
| Lager-, Transportarbeiter | 6,6 | 7,7 | 10,2 | 5,6 | 28,9 | 12,7 | 28,3 |
| Pförtner, Hauswarte | 8,1 | 10,0 | 9,2 | 5,9 | 25,4 | 10,0 | 31,4 |
| Raum-, Hausratreiniger | 9,5 | 7,2 | 9,7 | 4,4 | 29,8 | 8,7 | 30,7 |
| Sozialarbeiter, Sozialpfleger | 17,2 | 4,3 | 14,5 | 5,2 | 19,7 | 7,7 | 31,4 |
| Stenographen, Stenotypisten, Maschinenschreiber | 14,2 | 5,9 | 14,2 | 4,9 | 18,4 | 8,2 | 34,2 |
| Straßenbauer | 5,6 | 7,7 | 10,5 | 4,9 | 32,7 | 13,1 | 25,5 |
| Straßenreiniger, Abfallbeseitiger | 7,3 | 7,2 | 11,0 | 6,0 | 31,1 | 13,3 | 24,1 |
| Straßenwarte | 5,6 | 7,1 | 12,1 | 5,7 | 29,1 | 14,8 | 25,6 |
| Waldarbeiter, Waldnutzer | 4,3 | 6,6 | 9,8 | 4,9 | 31,1 | 17,6 | 25,7 |
| **Branche insgesamt** | **10,7** | **6,8** | **12,9** | **5,5** | **23,7** | **10,0** | **30,4** |
| **Alle Branchen** | **9,3** | **6,6** | **12,0** | **5,8** | **24,2** | **12,9** | **29,2** |

Fehlzeiten-Report 2011

◻ **Tab. 22.10.15** Verteilung der Arbeitsunfähigkeitsfälle nach Krankheitsarten und ausgewählten Berufsgruppen in der Branche Öffentliche Verwaltung im Jahr 2010, AOK-Mitglieder

| Tätigkeit | AU-Fälle in % | | | | | | |
|---|---|---|---|---|---|---|---|
| | Psyche | Herz/ Kreislauf | Atem- wege | Verdau- ung | Muskel/ Skelett | Verlet- zungen | Sonstige |
| Bauhilfsarbeiter | 3,4 | 5,9 | 17,3 | 9,3 | 25,7 | 10,6 | 27,8 |
| Bürofachkräfte | 6,0 | 4,1 | 26,2 | 10,8 | 12,8 | 5,5 | 34,6 |
| Gärtner, Gartenarbeiter | 4,2 | 4,6 | 20,0 | 9,6 | 24,2 | 9,7 | 27,7 |
| Kindergärtnerinnen, Kinderpfleger | 5,5 | 2,8 | 31,4 | 10,3 | 9,6 | 4,9 | 35,5 |
| Köche | 6,5 | 5,4 | 19,0 | 9,4 | 20,9 | 7,0 | 31,8 |
| Kraftfahrzeugführer | 4,4 | 6,7 | 17,6 | 10,0 | 24,6 | 7,8 | 28,9 |
| Krankenschwestern, -pfleger, Hebammen | 6,9 | 3,7 | 24,1 | 8,8 | 14,9 | 6,9 | 34,7 |
| Lager-, Transportarbeiter | 3,9 | 5,7 | 17,9 | 9,6 | 24,8 | 9,8 | 28,3 |
| Pförtner, Hauswarte | 5,0 | 7,5 | 16,9 | 9,7 | 21,9 | 8,5 | 30,5 |
| Raum-, Hausratreiniger | 5,9 | 5,6 | 18,3 | 9,1 | 22,5 | 6,6 | 32,0 |
| Sozialarbeiter, Sozialpfleger | 6,8 | 3,6 | 27,1 | 9,9 | 13,3 | 6,2 | 33,1 |
| Stenographen, Stenotypisten, Maschinenschreiber | 6,9 | 4,7 | 24,3 | 9,6 | 14,6 | 5,4 | 34,5 |
| Straßenbauer | 3,1 | 5,2 | 17,8 | 9,7 | 25,9 | 10,3 | 28,0 |
| Straßenreiniger, Abfallbeseitiger | 4,2 | 5,3 | 18,5 | 9,6 | 25,3 | 10,0 | 27,1 |
| Straßenwarte | 3,1 | 4,6 | 20,6 | 10,4 | 23,3 | 10,8 | 27,2 |
| Waldarbeiter, Waldnutzer | 2,4 | 4,5 | 18,5 | 8,5 | 26,6 | 13,4 | 26,1 |
| **Branche insgesamt** | **5,3** | **4,8** | **23,1** | **10,0** | **17,6** | **7,2** | **32,0** |
| **Alle Branchen** | **4,7** | **4,2** | **22,1** | **10,5** | **17,4** | **9,3** | **31,8** |

Fehlzeiten-Report 2011

22

◻ **Tab. 22.10.16** Anteile der 40 häufigsten Einzeldiagnosen an den AU-Fällen und AU-Tagen in der Branche Öffentliche Verwaltung im Jahr 2010, AOK-Mitglieder

| ICD-10 | Bezeichnung | AU-Fälle in % | AU-Tage in % |
|--------|-------------|---------------|--------------|
| J06 | Akute Infektionen der oberen Atemwege | 7,0 | 3,2 |
| M54 | Rückenschmerzen | 6,5 | 6,3 |
| J20 | Akute Bronchitis | 2,9 | 1,7 |
| A09 | Diarrhoe und Gastroenteritis | 2,8 | 1,0 |
| K08 | Sonstige Krankheiten der Zähne und des Zahnhalteapparates | 2,4 | 0,5 |
| J40 | Bronchitis | 2,3 | 1,3 |
| K52 | Nichtinfektiöse Gastroenteritis und Kolitis | 2,1 | 0,8 |
| I10 | Essentielle Hypertonie | 1,8 | 2,6 |
| J01 | Akute Sinusitis | 1,5 | 0,7 |
| B34 | Viruskrankheit | 1,4 | 0,6 |
| F32 | Depressive Episode | 1,4 | 3,2 |
| J32 | Chronische Sinusitis | 1,3 | 0,7 |
| R10 | Bauch- und Beckenschmerzen | 1,3 | 0,6 |
| K29 | Gastritis und Duodenitis | 1,3 | 0,7 |
| J02 | Akute Pharyngitis | 1,2 | 0,5 |
| J03 | Akute Tonsillitis | 1,2 | 0,5 |
| F43 | Reaktionen auf schwere Belastungen und Anpassungsstörungen | 1,0 | 1,6 |
| T14 | Verletzung an einer nicht näher bezeichneten Körperregion | 1,0 | 1,0 |
| M53 | Sonstige Krankheiten der Wirbelsäule und des Rückens | 1,0 | 1,1 |
| M51 | Sonstige Bandscheibenschäden | 1,0 | 2,0 |
| M75 | Schulterläsionen | 0,9 | 1,7 |
| M77 | Sonstige Enthesopathien | 0,8 | 1,0 |
| M99 | Biomechanische Funktionsstörungen | 0,8 | 0,6 |
| M25 | Sonstige Gelenkkrankheiten | 0,8 | 0,9 |
| J04 | Akute Laryngitis und Tracheitis | 0,8 | 0,4 |
| R51 | Kopfschmerz | 0,8 | 0,4 |
| F45 | Somatoforme Störungen | 0,7 | 1,1 |
| G43 | Migräne | 0,7 | 0,3 |
| M79 | Sonstige Krankheiten des Weichteilgewebes | 0,7 | 0,7 |
| M23 | Binnenschädigung des Kniegelenkes | 0,6 | 1,2 |
| F48 | Andere neurotische Störungen | 0,6 | 0,8 |
| N39 | Sonstige Krankheiten des Harnsystems | 0,6 | 0,4 |
| M47 | Spondylose | 0,6 | 0,8 |
| A08 | Virusbedingte Darminfektionen | 0,6 | 0,2 |
| J00 | Akute Rhinopharyngitis (Erkältungsschnupfen) | 0,6 | 0,3 |
| R11 | Übelkeit und Erbrechen | 0,6 | 0,3 |
| R42 | Schwindel und Taumel | 0,6 | 0,4 |
| J98 | Sonstige Krankheiten der Atemwege | 0,6 | 0,3 |
| M17 | Gonarthrose | 0,6 | 1,3 |
| S93 | Luxation, Verstauchung und Zerrung der Gelenke und Bänder in Höhe des oberen Sprunggelenkes und des Fußes | 0,5 | 0,6 |
| | **Summe hier** | **55,9** | **44,3** |
| | Restliche | 44,1 | 55,7 |
| | **Gesamtsumme** | **100,0** | **100,0** |

◻ **Tab. 22.10.17** Anteile der 40 häufigsten Diagnoseuntergruppen an den AU-Fällen und AU-Tagen der Branche Öffentliche Verwaltung im Jahr 2010, AOK-Mitglieder

| ICD-10 | Bezeichnung | AU-Fälle in % | AU-Tage in % |
|--------|-------------|:---:|:---:|
| J00–J06 | Akute Infektionen der oberen Atemwege | 12,2 | 5,7 |
| M40–M54 | Krankheiten der Wirbelsäule und des Rückens | 9,1 | 10,7 |
| M60–M79 | Krankheiten der Weichteilgewebe | 3,8 | 5,1 |
| J40–J47 | Chronische Krankheiten der unteren Atemwege | 3,8 | 2,6 |
| A00–A09 | Infektiöse Darmkrankheiten | 3,7 | 1,4 |
| M00–M25 | Arthropathien | 3,5 | 6,1 |
| J20–J22 | Sonstige akute Infektionen der unteren Atemwege | 3,4 | 1,9 |
| K00–K14 | Krankheiten der Mundhöhle, der Speicheldrüsen und der Kiefer | 3,0 | 0,7 |
| F40–F48 | Neurotische, Belastungs- und somatoforme Störungen | 2,7 | 4,4 |
| R50–R69 | Allgemeinsymptome | 2,6 | 2,1 |
| K50–K52 | Nichtinfektiöse Enteritis und Kolitis | 2,5 | 1,1 |
| I10–I15 | Hypertonie | 2,1 | 3,0 |
| R10–R19 | Symptome bzgl. Verdauungssystem und Abdomen | 2,1 | 1,2 |
| J30–J39 | Sonstige Krankheiten der oberen Atemwege | 1,9 | 1,1 |
| K20–K31 | Krankheiten des Ösophagus, Magens und Duodenums | 1,9 | 1,1 |
| F30–F39 | Affektive Störungen | 1,8 | 4,8 |
| B25–B34 | Sonstige Viruskrankheiten | 1,6 | 0,7 |
| G40–G47 | Episod. und paroxysmale Krankheiten des Nervensystems | 1,5 | 1,2 |
| T08–T14 | Verletzungen Rumpf, Extremitäten o. a. Körperregionen | 1,3 | 1,2 |
| R00–R09 | Symptome bzgl. Kreislauf- und Atmungssystem | 1,1 | 0,7 |
| N30–N39 | Sonstige Krankheiten des Harnsystems | 1,0 | 0,6 |
| S80–S89 | Verletzungen des Knies und des Unterschenkels | 1,0 | 1,9 |
| M95–M99 | Sonstige Krankheiten des Muskel-Skelett-Systems und des Bindegewebes | 0,9 | 0,8 |
| S90–S99 | Verletzungen der Knöchelregion und des Fußes | 0,9 | 1,2 |
| J10–J18 | Grippe und Pneumonie | 0,9 | 0,7 |
| E70–E90 | Stoffwechselstörungen | 0,9 | 1,3 |
| I80–I89 | Krankheiten der Venen, Lymphgefäße und -knoten | 0,9 | 0,9 |
| K55–K63 | Sonstige Krankheiten des Darmes | 0,8 | 0,8 |
| S60–S69 | Verletzungen des Handgelenkes und der Hand | 0,8 | 1,0 |
| Z70–Z76 | Sonstige Inanspruchnahme des Gesundheitswesens | 0,8 | 1,3 |
| R40–R46 | Symptome bzgl. Wahrnehmung, Stimmung und Verhalten | 0,7 | 0,6 |
| G50–G59 | Krankheiten von Nerven, Nervenwurzeln und Nervenplexus | 0,7 | 1,2 |
| J95–J99 | Sonstige Krankheiten des Atmungssystems | 0,7 | 0,5 |
| C00–C75 | Bösartige Neubildungen | 0,7 | 2,2 |
| D10–D36 | Gutartige Neubildungen | 0,7 | 0,7 |
| N80–N98 | Nichtentzündliche Krankheiten des weiblichen Genitaltraktes | 0,7 | 0,6 |
| E10–E14 | Diabetes mellitus | 0,6 | 1,0 |
| I30–I52 | Sonstige Formen der Herzkrankheit | 0,6 | 0,9 |
| B99–B99 | Sonstige Infektionskrankheiten | 0,6 | 0,3 |
| I20–I25 | Ischämische Herzkrankheiten | 0,6 | 1,0 |
| | **Summe hier** | **81,1** | **76,3** |
| | Restliche | 18,9 | 23,7 |
| | **Gesamtsumme** | **100,0** | **100,0** |

**22**

## 22.11 Verarbeitendes Gewerbe

**◻ Tab. 22.11.1** Entwicklung des Krankenstands der AOK-Mitglieder in der Branche Verarbeitendes Gewerbe in den Jahren 1994 bis 2010

| Jahr | Krankenstand in % | | | AU-Fälle je 100 AOK-Mitglieder | | | Tage je Fall | | |
|------|------|-----|------|------|------|------|------|------|------|
| | West | Ost | Bund | West | Ost | Bund | West | Ost | Bund |
| 1994 | 6,3 | 5,5 | 6,2 | 151,4 | 123,7 | 148,0 | 14,9 | 15,3 | 14,9 |
| 1995 | 6,0 | 5,3 | 5,9 | 157,5 | 133,0 | 154,6 | 14,6 | 15,2 | 14,7 |
| 1996 | 5,4 | 5,9 | 5,3 | 141,8 | 122,4 | 139,5 | 14,7 | 15,2 | 14,8 |
| 1997 | 5,1 | 4,5 | 5,1 | 139,0 | 114,1 | 136,1 | 13,8 | 14,5 | 13,8 |
| 1998 | 5,3 | 4,6 | 5,2 | 142,9 | 118,8 | 140,1 | 13,7 | 14,5 | 13,8 |
| 1999 | 5,6 | 5,2 | 5,6 | 152,7 | 133,3 | 150,5 | 13,5 | 14,4 | 13,6 |
| 2000 | 5,7 | 5,2 | 5,6 | 157,6 | 140,6 | 155,7 | 13,2 | 13,6 | 13,3 |
| 2001 | 5,6 | 5,3 | 5,6 | 155,6 | 135,9 | 153,5 | 13,2 | 14,2 | 13,3 |
| 2002 | 5,5 | 5,2 | 5,5 | 154,7 | 136,9 | 152,7 | 13,0 | 13,8 | 13,1 |
| 2003 | 5,1 | 4,8 | 5,1 | 149,4 | 132,8 | 147,4 | 12,5 | 13,2 | 12,6 |
| 2004 | 4,8 | 4,4 | 4,7 | 136,5 | 120,2 | 134,4 | 12,8 | 13,3 | 12,8 |
| 2005 | 4,8 | 4,3 | 4,7 | 138,6 | 119,4 | 136,0 | 12,5 | 13,2 | 12,6 |
| 2006 | 4,6 | 4,2 | 4,5 | 132,9 | 115,4 | 130,5 | 12,6 | 13,1 | 12,7 |
| 2007 | 4,9 | 4,5 | 4,8 | 143,1 | 124,7 | 140,5 | 12,5 | 13,1 | 12,6 |
| 2008 (WZ03) | 5,1 | 4,8 | 5,0 | 150,9 | 132,8 | 148,3 | 12,3 | 13,3 | 12,4 |
| 2008 (WZ08)* | 5,0 | 4,8 | 5,0 | 151,7 | 132,9 | 148,9 | 12,2 | 13,1 | 12,3 |
| 2009 | 5,1 | 5,0 | 5,1 | 153,0 | 138,6 | 150,8 | 12,2 | 13,2 | 12,4 |
| 2010 | 5,3 | 5,2 | 5,2 | 153,7 | 149,0 | 153,0 | 12,5 | 12,7 | 12,6 |

*aufgrund der Revision der Wirtschaftszweigklassifikation in 2008 ist eine Vergleichbarkeit mit den Vorjahren nur bedingt möglich

Fehlzeiten-Report 2011

**◻ Tab. 22.11.2** Arbeitsunfähigkeit der AOK-Mitglieder in der Branche Verarbeitendes Gewerbe nach Bundesländern im Jahr 2010 im Vergleich zum Vorjahr

| Bundesland | Kranken-stand in % | Arbeitsunfähigkeit je 100 AOK-Mitglieder | | | | Tage je Fall | Veränd. z. Vorj. in % | AU-Quote in % |
|------------|------|------|------|------|------|------|------|------|
| | | AU-Fälle | Veränd. z. Vorj. in % | AU-Tage | Veränd. z. Vorj. in % | | | |
| Baden-Württemberg | 5,1 | 156,9 | 0,0 | 1.871,2 | 1,1 | 11,9 | 0,8 | 59,4 |
| Bayern | 4,6 | 135,7 | 0,6 | 1.689,3 | 0,7 | 12,5 | 0,8 | 55,1 |
| Berlin | 6,0 | 143,1 | 0,5 | 2.193,0 | -1,4 | 15,3 | -1,9 | 53,2 |
| Brandenburg | 5,6 | 146,1 | 1,5 | 2.037,0 | 1,8 | 13,9 | 0,0 | 57,5 |
| Bremen | 5,5 | 161,8 | 2,3 | 2.021,6 | -12,6 | 12,5 | -14,4 | 60,0 |
| Hamburg | 6,9 | 176,3 | 0,4 | 2.510,5 | 5,8 | 14,2 | 5,2 | 58,4 |
| Hessen | 6,0 | 163,5 | 0,7 | 2.180,6 | 2,6 | 13,3 | 1,5 | 61,2 |
| Mecklenburg-Vorpommern | 5,6 | 148,8 | -3,0 | 2.050,6 | -1,4 | 13,8 | 1,5 | 57,2 |
| Niedersachsen | 5,6 | 162,2 | -0,1 | 2.038,7 | 18,9 | 12,6 | 18,9 | 60,5 |
| Nordrhein-Westfalen | 5,8 | 165,4 | 1,0 | 2.103,9 | 1,6 | 12,7 | 0,8 | 62,3 |
| Rheinland-Pfalz | 5,6 | 162,8 | 1,4 | 2.047,1 | 1,8 | 12,6 | 0,8 | 61,4 |
| Saarland | 6,2 | 144,0 | 6,3 | 2.278,1 | 1,2 | 15,8 | -4,8 | 57,6 |
| Sachsen | 4,8 | 145,2 | 10,1 | 1.755,4 | 4,7 | 12,1 | -4,7 | 58,0 |
| Sachsen-Anhalt | 5,6 | 146,4 | 4,3 | 2.032,8 | 4,1 | 13,9 | 0,0 | 57,4 |
| Schleswig-Holstein | 5,9 | 162,4 | -0,7 | 2.143,1 | 4,6 | 13,2 | 5,6 | 59,7 |
| Thüringen | 5,5 | 159,5 | 8,7 | 2.025,4 | 3,1 | 12,7 | -5,2 | 60,8 |
| **West** | **5,3** | **153,7** | **0,5** | **1.928,8** | **3,0** | **12,5** | **2,5** | **59,0** |
| **Ost** | **5,2** | **149,0** | **7,5** | **1.894,4** | **3,7** | **12,7** | **-3,8** | **58,5** |
| **Bund** | **5,2** | **153,0** | **1,5** | **1.923,6** | **3,1** | **12,6** | **1,6** | **58,9** |

Fehlzeiten-Report 2011

22

◻ **Tab. 22.11.3** Arbeitsunfähigkeit der AOK-Mitglieder in der Branche Verarbeitendes Gewerbe nach Wirtschaftsabteilungen im Jahr 2010

| Wirtschaftsabteilung | Krankenstand in % | | Arbeitsunfähigkeiten je 100 AOK-Mitglieder | | Tage je Fall | AU-Quote in % |
|---|---|---|---|---|---|---|
| | 2010 | 2010 stand.* | Fälle | Tage | | |
| Getränkeherstellung | 5,8 | 4,8 | 148,1 | 2.119,3 | 14,3 | 59,3 |
| Herstellung von Bekleidung | 4,5 | 3,9 | 141,5 | 1.638,4 | 11,6 | 54,4 |
| Herstellung von chemischen Erzeugnissen | 5,3 | 4,8 | 162,7 | 1.938,6 | 11,9 | 61,6 |
| Herstellung von Druckerzeugnissen, Vervielfältigung von bespielten Ton-, Bild- und Datenträgern | 5,0 | 4,5 | 145,1 | 1.833,3 | 12,6 | 57,5 |
| Herstellung von Glas, Glaswaren, Keramik, Verarbeitung von Steinen und Erden | 5,6 | 4,8 | 148,0 | 2.041,2 | 13,8 | 60,1 |
| Herstellung von Gummi- und Kunststoffwaren | 5,6 | 5,1 | 163,6 | 2.040,0 | 12,5 | 62,3 |
| Herstellung von Holz-, Flecht-, Korb- und Korkwaren (ohne Möbel) | 5,3 | 4,7 | 148,3 | 1.922,7 | 13,0 | 59,3 |
| Herstellung von Leder, Lederwaren und Schuhen | 5,5 | 4,8 | 149,6 | 2.021,5 | 13,5 | 59,9 |
| Herstellung von Möbeln | 5,2 | 4,8 | 153,1 | 1.904,8 | 12,4 | 60,1 |
| Herstellung von Nahrungs- und Futtermitteln | 5,2 | 5,0 | 146,8 | 1.888,6 | 12,9 | 55,8 |
| Herstellung von Papier, Pappe und Waren daraus | 5,8 | 5,3 | 161,6 | 2.132,5 | 13,2 | 64,0 |
| Herstellung von pharmazeutischen Erzeugnissen | 5,0 | 4,9 | 178,4 | 1.824,2 | 10,2 | 62,5 |
| Herstellung von sonstigen Waren | 4,6 | 4,3 | 155,8 | 1.683,6 | 10,8 | 58,4 |
| Herstellung von Textilien | 5,4 | 4,7 | 146,5 | 1.957,5 | 13,4 | 58,9 |
| Kokerei, Mineralölverarbeitung | 4,0 | 3,7 | 141,1 | 1.455,7 | 10,3 | 58,4 |
| Reparatur, Installation von Maschinen und Ausrüstungen | 4,7 | 4,4 | 149,8 | 1.710,6 | 11,4 | 54,7 |
| Tabakverarbeitung | 5,5 | 5,1 | 157,6 | 2.001,0 | 12,7 | 60,8 |
| **Branche insgesamt** | **5,2** | **4,9** | **153,0** | **1.923,6** | **12,6** | **58,9** |
| **Alle Branchen** | **4,8** | **4,7** | **152,1** | **1.758,9** | **11,6** | **52,8** |

*Krankenstand alters- und geschlechtsstandardisiert

Fehlzeiten-Report 2011

■ Tab. 22.11.4 Kennzahlen der Arbeitsunfähigkeit der AOK-Mitglieder nach ausgewählten Berufsgruppen in der Branche Verarbeitendes Gewerbe im Jahr 2010

| Tätigkeit | Kran-ken-stand in % | Arbeitsunfähigkeiten je 100 AOK-Mitglieder | | Tage je Fall | AU-Quote in % | Anteil der Berufsgruppe an der Branche in %* |
|---|---|---|---|---|---|---|
| | | Fälle | Tage | | | |
| Backwarenhersteller | 4,3 | 134,9 | 1.552,6 | 11,5 | 51,7 | 2,7 |
| Betriebsschlosser, Reparaturschlosser | 5,4 | 154,3 | 1.971,2 | 12,8 | 64,1 | 1,5 |
| Bürofachkräfte | 2,6 | 116,1 | 937,9 | 8,1 | 48,8 | 5,8 |
| Chemiebetriebswerker | 6,1 | 179,4 | 2.243,9 | 12,5 | 66,7 | 3,9 |
| Druckerhelfer | 6,7 | 165,2 | 2.453,5 | 14,9 | 64,9 | 1,1 |
| Elektroinstallateure, -monteure | 4,1 | 133,2 | 1.479,6 | 11,1 | 57,2 | 1,2 |
| Fleisch-, Wurstwarenhersteller | 7,1 | 178,6 | 2.582,1 | 14,5 | 63,3 | 1,4 |
| Fleischer | 5,2 | 138,6 | 1.890,8 | 13,6 | 53,4 | 1,8 |
| Gummihersteller, -verarbeiter | 7,0 | 161,5 | 2.557,9 | 15,8 | 65,3 | 1,4 |
| Holzaufbereiter | 6,0 | 151,6 | 2.179,7 | 14,4 | 61,8 | 2,0 |
| Kraftfahrzeugführer | 6,1 | 124,7 | 2.241,8 | 18,0 | 55,0 | 2,3 |
| Kunststoffverarbeiter | 6,2 | 178,2 | 2.267,8 | 12,7 | 66,0 | 6,9 |
| Lager-, Transportarbeiter | 6,0 | 165,0 | 2.173,3 | 13,2 | 61,9 | 2,5 |
| Lagerverwalter, Magaziner | 5,8 | 164,7 | 2.105,7 | 12,8 | 62,3 | 1,1 |
| Sonstige Papierverarbeiter | 7,1 | 172,6 | 2.600,3 | 15,1 | 68,2 | 1,1 |
| Tischler | 4,6 | 153,2 | 1.695,7 | 11,1 | 60,2 | 3,4 |
| Verkäufer | 4,1 | 126,5 | 1.485,7 | 11,7 | 50,6 | 7,5 |
| Verpackungsmittelhersteller | 6,2 | 177,9 | 2.276,2 | 12,8 | 67,2 | 1,2 |
| Warenaufmacher, Versandfertigmacher | 6,7 | 177,1 | 2.456,8 | 13,9 | 64,9 | 4,5 |
| Zucker-, Süßwaren-, Speiseeishersteller | 6,7 | 171,6 | 2.432,9 | 14,2 | 61,7 | 1,1 |
| **Branche insgesamt** | **5,2** | **153,0** | **1.923,6** | **12,6** | **58,9** | **10,6**\*\* |

*Anteil der AOK-Mitglieder in der Berufsgruppe an den in der Branche beschäftigten AOK-Mitgliedern insgesamt
**Anteil der AOK-Mitglieder in der Branche an allen AOK-Mitgliedern

Fehlzeiten-Report 2011

■ Tab. 22.11.5 Dauer der Arbeitsunfähigkeit der AOK-Mitglieder in der Branche Verarbeitendes Gewerbe im Jahr 2010

| Fallklasse | Branche hier | | alle Branchen | |
|---|---|---|---|---|
| | Anteil Fälle in % | Anteil Tage in % | Anteil Fälle in % | Anteil Tage in % |
| 1–3 Tage | 34,5 | 5,5 | 36,5 | 6,2 |
| 4–7 Tage | 29,4 | 11,6 | 29,8 | 12,8 |
| 8–14 Tage | 17,5 | 14,4 | 16,9 | 14,9 |
| 15–21 Tage | 6,6 | 9,1 | 6,1 | 9,1 |
| 22–28 Tage | 3,5 | 6,8 | 3,2 | 6,7 |
| 29–42 Tage | 3,6 | 9,8 | 3,2 | 9,5 |
| Langzeit-AU (> 42 Tage) | 4,9 | 42,8 | 4,3 | 40,8 |

Fehlzeiten-Report 2011

22

◻ **Tab. 22.11.6** Tage der Arbeitsunfähigkeit je AOK-Mitglied nach Wirtschaftsabteilung und Betriebsgröße in der Branche Verarbeitendes Gewerbe im Jahr 2010

| Wirtschaftsabteilungen | Betriebsgröße (Anzahl der AOK-Mitglieder) | | | | | |
|---|---|---|---|---|---|---|
| | 10–49 | 50–99 | 100–199 | 200–499 | 500–999 | ≥ 1.000 |
| Getränkeherstellung | 20,5 | 21,8 | 23,6 | 22,6 | 27,0 | – |
| Herstellung von Bekleidung | 15,5 | 17,4 | 17,5 | 23,0 | 20,4 | 16,8 |
| Herstellung von chemischen Erzeugnissen | 19,5 | 20,8 | 20,7 | 19,8 | 21,5 | 16,3 |
| Herstellung von Druckerzeugnissen, Vervielfältigung von bespielten Ton-, Bild- und Datenträgern | 18,6 | 21,3 | 20,3 | 20,6 | – | – |
| Herstellung von Glas, Glaswaren, Keramik, Verarbeitung von Steinen und Erden | 21,3 | 20,9 | 20,9 | 21,3 | 17,8 | – |
| Herstellung von Gummi- und Kunststoffwaren | 19,9 | 20,8 | 22,0 | 20,0 | 23,2 | 20,1 |
| Herstellung von Holz-, Flecht-, Korb- und Korkwaren (ohne Möbel) | 19,6 | 20,6 | 20,9 | 19,6 | 21,6 | – |
| Herstellung von Leder, Lederwaren und Schuhen | 18,7 | 21,2 | 21,5 | 26,2 | – | – |
| Herstellung von Möbeln | 18,2 | 21,3 | 21,3 | 21,9 | 19,9 | – |
| Herstellung von Nahrungs- und Futtermitteln | 17,2 | 21,6 | 21,9 | 22,0 | 20,4 | 21,5 |
| Herstellung von Papier, Pappe und Waren daraus | 21,6 | 21,3 | 22,4 | 20,4 | 23,7 | – |
| Herstellung von pharmazeutischen Erzeugnissen | 17,5 | 20,0 | 19,2 | 21,3 | 16,1 | – |
| Herstellung von sonstigen Waren | 16,7 | 19,9 | 19,1 | 19,8 | 19,4 | – |
| Herstellung von Textilien | 19,1 | 21,1 | 21,7 | 20,3 | 21,1 | – |
| Kokerei, Mineralölverarbeitung | 16,7 | 15,0 | 16,1 | 11,0 | 11,8 | – |
| Reparatur, Installation von Maschinen und Ausrüstungen | 16,9 | 20,3 | 17,4 | 18,7 | – | – |
| Tabakverarbeitung | 22,4 | 25,5 | 19,5 | 18,9 | 19,0 | – |
| **Branche insgesamt** | **18,8** | **21,0** | **21,3** | **20,9** | **20,8** | **18,6** |
| **Alle Branchen** | **18,1** | **19,8** | **20,0** | **20,1** | **20,2** | **19,1** |

Fehlzeiten-Report 2011

■ **Tab. 22.11.7** Krankenstand in Prozent nach der Stellung im Beruf in der Branche Verarbeitendes Gewerbe im Jahr 2010, AOK-Mitglieder

| Wirtschaftsabteilung | Stellung im Beruf | | | | |
|---|---|---|---|---|---|
| | Auszubil- dende | Arbeiter | Facharbeiter | Meister, Poliere | Angestellte |
| Getränkeherstellung | 3,2 | 6,7 | 6,2 | 3,6 | 3,5 |
| Herstellung von Bekleidung | 2,9 | 5,7 | 4,6 | 3,1 | 2,5 |
| Herstellung von chemischen Erzeugnissen | 3,0 | 6,5 | 5,2 | 3,4 | 2,8 |
| Herstellung von Druckerzeugnissen, Vervielfältigung von bespielten Ton-, Bild- und Datenträgern | 3,5 | 6,4 | 4,9 | 4,5 | 2,9 |
| Herstellung von Glas, Glaswaren, Keramik, Verarbeitung von Steinen und Erden | 4,1 | 6,3 | 5,8 | 4,2 | 2,9 |
| Herstellung von Gummi- und Kunst- stoffwaren | 3,5 | 6,4 | 5,2 | 3,8 | 2,8 |
| Herstellung von Holz-, Flecht-, Korb- und Korkwaren (ohne Möbel) | 4,1 | 6,2 | 5,2 | 3,4 | 2,7 |
| Herstellung von Leder, Lederwaren und Schuhen | 3,1 | 6,5 | 5,1 | 3,4 | 2,6 |
| Herstellung von Möbeln | 4,2 | 6,3 | 5,2 | 3,2 | 2,5 |
| Herstellung von Nahrungs- und Futtermitteln | 3,9 | 6,3 | 5,0 | 3,9 | 3,7 |
| Herstellung von Papier, Pappe und Waren daraus | 3,4 | 6,8 | 5,5 | 4,0 | 2,7 |
| Herstellung von pharmazeutischen Erzeugnissen | 2,5 | 6,5 | 5,0 | 2,9 | 2,9 |
| Herstellung von sonstigen Waren | 3,2 | 5,8 | 4,6 | 2,6 | 2,9 |
| Herstellung von Textilien | 3,6 | 6,2 | 5,5 | 3,5 | 3,0 |
| Kokerei, Mineralölverarbeitung | 2,5 | 5,3 | 4,1 | 3,4 | 2,9 |
| Reparatur, Installation von Maschi- nen und Ausrüstungen | 3,6 | 5,6 | 5,3 | 3,1 | 2,7 |
| Tabakverarbeitung | 3,3 | 6,6 | 4,7 | 2,8 | 2,4 |
| **Branche insgesamt** | **3,7** | **6,3** | **5,2** | **3,6** | **3,1** |
| **Alle Branchen** | **4,1** | **5,8** | **5,2** | **4,0** | **3,6** |

Fehlzeiten-Report 2011

**22**

◻ **Tab. 22.11.8** Tage der Arbeitsunfähigkeit je AOK-Mitglied nach der Stellung im Beruf in der Branche Verarbeitendes Gewerbe im Jahr 2010

| Wirtschaftsabteilung | Stellung im Beruf | | | | |
|---|---|---|---|---|---|
| | Auszubildende | Arbeiter | Facharbeiter | Meister, Poliere | Angestellte |
| Getränkeherstellung | 11,5 | 24,6 | 22,6 | 13,1 | 12,7 |
| Herstellung von Bekleidung | 10,4 | 20,7 | 16,7 | 11,3 | 9,1 |
| Herstellung von chemischen Erzeugnissen | 11,0 | 23,8 | 19,0 | 12,3 | 10,2 |
| Herstellung von Druckerzeugnissen, Vervielfältigung von bespielten Ton-, Bild- und Datenträgern | 12,7 | 23,3 | 17,8 | 16,4 | 10,8 |
| Herstellung von Glas, Glaswaren, Keramik, Verarbeitung von Steinen und Erden | 14,8 | 23,0 | 21,2 | 15,3 | 10,6 |
| Herstellung von Gummi- und Kunststoffwaren | 12,8 | 23,3 | 19,1 | 14,0 | 10,1 |
| Herstellung von Holz-, Flecht-, Korb- und Korkwaren (ohne Möbel) | 14,9 | 22,5 | 19,0 | 12,5 | 9,9 |
| Herstellung von Leder, Lederwaren und Schuhen | 11,2 | 23,8 | 18,6 | 12,3 | 9,6 |
| Herstellung von Möbeln | 15,5 | 23,0 | 18,8 | 11,5 | 9,0 |
| Herstellung von Nahrungs- und Futtermitteln | 14,3 | 23,2 | 18,2 | 14,3 | 13,5 |
| Herstellung von Papier, Pappe und Waren daraus | 12,3 | 24,8 | 20,1 | 14,6 | 9,9 |
| Herstellung von pharmazeutischen Erzeugnissen | 9,3 | 23,7 | 18,4 | 10,8 | 10,6 |
| Herstellung von sonstigen Waren | 11,6 | 21,0 | 16,7 | 9,6 | 10,7 |
| Herstellung von Textilien | 13,1 | 22,8 | 20,1 | 12,7 | 11,0 |
| Kokerei, Mineralölverarbeitung | 9,2 | 19,3 | 15,0 | 12,3 | 10,5 |
| Reparatur, Installation von Maschinen und Ausrüstungen | 13,2 | 20,3 | 19,4 | 11,2 | 9,7 |
| Tabakverarbeitung | 12,0 | 24,0 | 17,3 | 10,3 | 8,9 |
| **Branche insgesamt** | **13,4** | **23,1** | **19,0** | **13,2** | **11,3** |
| **Alle Branchen** | **14,8** | **21,2** | **18,9** | **14,5** | **13,0** |

Fehlzeiten-Report 2011

◻ **Tab. 22.11.9** Anteil der Arbeitsunfälle an den AU-Fällen und -Tagen in Prozent nach Wirtschaftsabteilungen in der Branche Verarbeitendes Gewerbe im Jahr 2010, AOK-Mitglieder

| Wirtschaftsabteilung | AU-Fälle in % | AU-Tage in % |
|---|---|---|
| Getränkeherstellung | 6,6 | 7,9 |
| Herstellung von Bekleidung | 1,9 | 2,7 |
| Herstellung von chemischen Erzeugnissen | 3,0 | 4,1 |
| Herstellung von Druckerzeugnissen, Vervielfältigung von bespielten Ton-, Bild- und Datenträgern | 3,6 | 4,6 |
| Herstellung von Glas, Glaswaren, Keramik, Verarbeitung von Steinen und Erden | 6,4 | 8,4 |
| Herstellung von Gummi- und Kunststoffwaren | 4,3 | 5,3 |
| Herstellung von Holz-, Flecht-, Korb- und Korkwaren (ohne Möbel) | 8,2 | 10,5 |
| Herstellung von Leder, Lederwaren und Schuhen | 3,3 | 4,0 |
| Herstellung von Möbeln | 6,0 | 6,6 |
| Herstellung von Nahrungs- und Futtermitteln | 5,6 | 7,0 |
| Herstellung von Papier, Pappe und Waren daraus | 4,7 | 6,3 |
| Herstellung von pharmazeutischen Erzeugnissen | 2,1 | 2,7 |
| Herstellung von sonstigen Waren | 3,0 | 3,8 |
| Herstellung von Textilien | 3,9 | 5,1 |
| Kokerei, Mineralölverarbeitung | 3,5 | 4,8 |
| Reparatur, Installation von Maschinen und Ausrüstungen | 7,3 | 9,7 |
| Tabakverarbeitung | 2,2 | 3,1 |
| **Branche insgesamt** | **4,9** | **6,3** |
| **Alle Branchen** | **4,5** | **6,1** |

Fehlzeiten-Report 2011

◻ **Tab. 22.11.10** Tage und Fälle der Arbeitsunfähigkeit durch Arbeitsunfälle nach Berufsgruppen in der Branche Verarbeitendes Gewerbe im Jahr 2010, AOK-Mitglieder

| Tätigkeit | Arbeitsunfähigkeit je 1.000 AOK-Mitglieder | |
|---|---|---|
| | AU-Tage | AU-Fälle |
| Betonbauer | 3.293,3 | 164,3 |
| Formstein-, Betonhersteller | 2.803,7 | 148,3 |
| Industriemechaniker | 2.611,1 | 178,4 |
| Kraftfahrzeugführer | 2.464,9 | 108,2 |
| Landmaschineninstandsetzer | 2.342,9 | 185,5 |
| Fleischer | 2.306,6 | 143,8 |
| Holzaufbereiter | 2.244,9 | 128,4 |
| Betriebsschlosser, Reparaturschlosser | 1.814,7 | 113,4 |
| Fleisch-, Wurstwarenhersteller | 1.753,9 | 103,5 |
| Tischler | 1.712,3 | 129,3 |
| Milch-, Fettverarbeiter | 1.480,2 | 97,9 |
| Warenaufmacher, Versandfertigmacher | 1.398,4 | 79,5 |
| Lager-, Transportarbeiter | 1.371,3 | 80,0 |
| Verpackungsmittelhersteller | 1.356,4 | 91,0 |
| Elektroinstallateure, -monteure | 1.224,0 | 72,6 |
| Backwarenhersteller | 1.171,9 | 79,1 |
| Kunststoffverarbeiter | 1.160,2 | 77,4 |
| Chemiebetriebswerker | 820,2 | 51,3 |
| Verkäufer | 755,4 | 54,4 |
| Bürofachkräfte | 297,6 | 18,3 |
| **Branche insgesamt** | **1.211,4** | **75,1** |
| **Alle Branchen** | **1.076,0** | **68,8** |

Fehlzeiten-Report 2011

**22**

◻ **Tab. 22.11.11** Tage und Fälle der Arbeitsunfähigkeit je 100 AOK-Mitglieder nach Krankheitsarten in der Branche Verarbeitendes Gewerbe in den Jahren 1995 bis 2010

| Jahr | Arbeitsunfähigkeiten je 100 AOK-Mitglieder | | | | | | | | | | | |
|---|---|---|---|---|---|---|---|---|---|---|---|---|
| | Psyche | | Herz/Kreislauf | | Atemwege | | Verdauung | | Muskel/Skelett | | Verletzungen | |
| | Tage | Fälle | Tage | Fälle | Tage | Fälle | Tage | Fälle | Tage | Fälle | Tage | Fälle |
| 1995 | 109,4 | 4,1 | 211,3 | 9,5 | 385,7 | 47,1 | 206,4 | 24,9 | 740,0 | 38,1 | 411,3 | 25,9 |
| 1996 | 102,2 | 3,8 | 189,6 | 8,1 | 342,8 | 42,4 | 177,6 | 22,5 | 658,4 | 33,2 | 375,3 | 23,3 |
| 1997 | 97,3 | 3,9 | 174,3 | 8,2 | 303,1 | 40,9 | 161,3 | 21,9 | 579,3 | 32,4 | 362,7 | 23,2 |
| 1998 | 101,2 | 4,3 | 171,4 | 8,5 | 300,9 | 42,0 | 158,4 | 22,2 | 593,0 | 34,3 | 353,8 | 23,2 |
| 1999 | 108,4 | 4,7 | 175,3 | 8,8 | 345,4 | 48,2 | 160,7 | 23,5 | 633,3 | 36,9 | 355,8 | 23,5 |
| 2000 | 130,6 | 5,8 | 161,8 | 8,4 | 314,5 | 43,1 | 148,5 | 20,0 | 695,1 | 39,6 | 340,4 | 21,3 |
| 2001 | 141,4 | 6,6 | 165,9 | 9,1 | 293,7 | 41,7 | 147,8 | 20,6 | 710,6 | 41,2 | 334,6 | 21,2 |
| 2002 | 144,0 | 7,0 | 162,7 | 9,2 | 278,0 | 40,2 | 147,5 | 21,4 | 696,1 | 40,8 | 329,1 | 20,8 |
| 2003 | 137,8 | 6,9 | 152,8 | 9,1 | 275,8 | 41,1 | 138,0 | 20,4 | 621,1 | 37,6 | 307,2 | 19,6 |
| 2004 | 154,2 | 6,9 | 164,5 | 8,4 | 236,7 | 34,1 | 138,9 | 19,8 | 587,9 | 35,5 | 297,7 | 18,3 |
| 2005 | 153,7 | 6,7 | 164,1 | 8,3 | 274,8 | 39,6 | 132,3 | 18,4 | 562,2 | 34,5 | 291,1 | 17,8 |
| 2006 | 153,0 | 6,7 | 162,3 | 8,5 | 226,0 | 33,1 | 133,6 | 19,3 | 561,3 | 34,7 | 298,5 | 18,2 |
| 2007 | 165,8 | 7,0 | 170,5 | 8,6 | 257,2 | 37,7 | 143,5 | 20,9 | 598,6 | 36,1 | 298,2 | 17,9 |
| 2008 (WZ03) | 172,3 | 7,4 | 175,7 | 9,0 | 270,3 | 40,0 | 147,1 | 22,0 | 623,6 | 37,8 | 301,7 | 18,3 |
| 2008 (WZ08)* | 170,6 | 7,3 | 173,9 | 9,0 | 270,0 | 40,3 | 146,9 | 22,2 | 619,5 | 37,7 | 300,4 | 18,4 |
| 2009 | 178,8 | 7,7 | 176,5 | 8,9 | 304,0 | 45,0 | 141,7 | 21,1 | 601,5 | 35,7 | 302,9 | 17,9 |
| 2010 | 198,5 | 8,1 | 179,8 | 9,0 | 265,0 | 39,7 | 139,0 | 20,4 | 655,5 | 38,3 | 324,5 | 19,0 |

*aufgrund der Revision der Wirtschaftszweigklassifikation in 2008 ist eine Vergleichbarkeit mit den Vorjahren nur bedingt möglich

Fehlzeiten-Report 2011

◼ **Tab. 22.11.12** Verteilung der Arbeitsunfähigkeitstage nach Krankheitsarten in Prozent in der Branche Verarbeitendes Gewerbe im Jahr 2010, AOK-Mitglieder

| Wirtschaftsabteilung | AU-Tage in % | | | | | | |
|---|---|---|---|---|---|---|---|
| | Psyche | Herz/Kreislauf | Atem-wege | Verdau-ung | Muskel/Skelett | Verlet-zungen | Sonstige |
| Getränkeherstellung | 6,9 | 8,2 | 8,9 | 5,5 | 28,3 | 14,7 | 27,5 |
| Herstellung von Bekleidung | 10,1 | 7,2 | 11,0 | 5,2 | 23,1 | 9,6 | 33,8 |
| Herstellung von chemischen Erzeugnissen | 8,0 | 7,4 | 12,1 | 5,9 | 26,6 | 11,5 | 28,5 |
| Herstellung von Druckerzeugnissen, Vervielfältigung von bespielten Ton-, Bild- und Datenträgern | 10,4 | 7,4 | 10,7 | 5,6 | 24,7 | 11,5 | 29,7 |
| Herstellung von Glas, Glaswaren, Keramik, Verarbeitung von Steinen und Erden | 6,3 | 8,2 | 9,4 | 5,5 | 28,1 | 15,2 | 27,3 |
| Herstellung von Gummi- und Kunststoffwaren | 7,9 | 7,5 | 11,1 | 5,5 | 27,7 | 12,1 | 28,2 |
| Herstellung von Holz-, Flecht-, Korb- und Korkwaren (ohne Möbel) | 6,0 | 7,4 | 9,5 | 5,3 | 27,5 | 18,4 | 25,9 |
| Herstellung von Leder, Lederwaren und Schuhen | 8,8 | 7,8 | 10,1 | 5,3 | 26,7 | 9,4 | 31,9 |
| Herstellung von Möbeln | 6,9 | 7,1 | 9,8 | 5,7 | 28,3 | 14,6 | 27,6 |
| Herstellung von Nahrungs- und Futtermitteln | 8,4 | 6,8 | 10,6 | 5,7 | 25,8 | 13,2 | 29,5 |
| Herstellung von Papier, Pappe und Waren daraus | 8,2 | 7,6 | 10,4 | 5,5 | 27,9 | 12,8 | 27,6 |
| Herstellung von pharmazeutischen Erzeugnissen | 10,3 | 5,8 | 14,3 | 6,2 | 23,4 | 9,5 | 30,5 |
| Herstellung von sonstigen Waren | 9,6 | 6,8 | 12,4 | 5,9 | 23,0 | 10,7 | 31,6 |
| Herstellung von Textilien | 8,1 | 7,3 | 10,2 | 5,5 | 27,0 | 12,0 | 29,9 |
| Kokerei, Mineralölverarbeitung | 6,6 | 6,3 | 13,8 | 5,5 | 26,2 | 13,8 | 27,8 |
| Reparatur, Installation von Maschinen und Ausrüstungen | 6,5 | 6,9 | 11,2 | 5,6 | 25,3 | 17,4 | 27,1 |
| Tabakverarbeitung | 10,3 | 5,8 | 12,0 | 5,2 | 25,8 | 11,5 | 29,4 |
| **Branche insgesamt** | **8,0** | **7,3** | **10,7** | **5,6** | **26,5** | **13,1** | **28,8** |
| **Alle Branchen** | **9,3** | **6,6** | **12,0** | **5,8** | **24,2** | **12,9** | **29,2** |

Fehlzeiten-Report 2011

22

◨ **Tab. 22.11.13** Verteilung der Arbeitsunfähigkeitsfälle nach Krankheitsarten in Prozent in der Branche Verarbeitendes Gewerbe im Jahr 2010, AOK-Mitglieder

| Wirtschaftsabteilung | AU-Fälle in % | | | | | | |
|---|---|---|---|---|---|---|---|
| | Psyche | Herz/ Kreislauf | Atem- wege | Verdau- ung | Muskel/ Skelett | Verlet- zungen | Sonstige |
| Getränkeherstellung | 3,8 | 5,3 | 18,0 | 10,1 | 22,0 | 11,1 | 29,7 |
| Herstellung von Bekleidung | 5,2 | 4,7 | 21,6 | 10,9 | 16,6 | 6,4 | 34,6 |
| Herstellung von chemischen Erzeugnissen | 4,1 | 4,8 | 22,0 | 10,5 | 20,4 | 8,3 | 29,9 |
| Herstellung von Druckerzeugnissen, Vervielfältigung von bespielten Ton-, Bild- und Datenträgern | 4,9 | 4,7 | 20,8 | 10,7 | 18,8 | 8,7 | 31,4 |
| Herstellung von Glas, Glaswaren, Keramik, Verarbeitung von Steinen und Erden | 3,5 | 5,1 | 18,8 | 10,4 | 21,8 | 11,3 | 29,1 |
| Herstellung von Gummi- und Kunststoffwaren | 4,1 | 4,7 | 20,8 | 10,3 | 21,0 | 9,3 | 29,8 |
| Herstellung von Holz-, Flecht-, Korb- und Korkwaren (ohne Möbel) | 3,3 | 4,5 | 19,1 | 10,1 | 21,2 | 13,4 | 28,4 |
| Herstellung von Leder, Lederwaren und Schuhen | 4,5 | 5,7 | 18,8 | 10,8 | 20,4 | 7,6 | 32,2 |
| Herstellung von Möbeln | 3,5 | 4,5 | 19,8 | 10,7 | 21,3 | 11,2 | 29,0 |
| Herstellung von Nahrungs- und Futtermitteln | 4,4 | 4,4 | 19,9 | 10,5 | 18,5 | 10,1 | 32,2 |
| Herstellung von Papier, Pappe und Waren daraus | 4,2 | 4,6 | 20,1 | 10,6 | 21,5 | 9,6 | 29,4 |
| Herstellung von pharmazeutischen Erzeugnissen | 4,9 | 4,2 | 24,5 | 10,6 | 17,2 | 6,8 | 31,8 |
| Herstellung von sonstigen Waren | 4,6 | 4,3 | 22,8 | 11,1 | 16,1 | 7,7 | 33,4 |
| Herstellung von Textilien | 4,5 | 4,9 | 19,9 | 10,6 | 20,2 | 8,9 | 31,0 |
| Kokerei, Mineralölverarbeitung | 3,3 | 4,8 | 23,2 | 11,0 | 17,5 | 9,5 | 30,7 |
| Reparatur, Installation von Maschinen und Ausrüstungen | 3,3 | 4,3 | 21,6 | 10,7 | 18,4 | 12,7 | 29,0 |
| Tabakverarbeitung | 5,2 | 5,0 | 21,4 | 10,3 | 19,6 | 8,7 | 29,8 |
| **Branche insgesamt** | 4,2 | 4,6 | 20,5 | 10,5 | 19,7 | 9,8 | 30,7 |
| **Alle Branchen** | 4,7 | 4,2 | 22,1 | 10,5 | 17,4 | 9,3 | 31,8 |

Fehlzeiten-Report 2011

**◻ Tab. 22.11.14** Verteilung der Arbeitsunfähigkeitstage nach Krankheitsarten und ausgewählten Berufsgruppen in der Branche Verarbeitendes Gewerbe im Jahr 2010, AOK-Mitglieder

| Tätigkeit | AU-Tage in % | | | | | | |
|---|---|---|---|---|---|---|---|
| | Psyche | Herz/ Kreislauf | Atem- wege | Verdau- ung | Muskel/ Skelett | Verlet- zungen | Sonstige |
| Backwarenhersteller | 8,2 | 5,3 | 11,8 | 6,5 | 23,9 | 16,4 | 27,9 |
| Buchbinderberufe | 10,0 | 7,2 | 9,9 | 5,8 | 27,5 | 11,4 | 28,2 |
| Bürofachkräfte | 11,8 | 5,2 | 15,7 | 7,0 | 15,4 | 10,1 | 34,8 |
| Chemiebetriebswerker | 8,0 | 7,5 | 11,8 | 5,8 | 27,8 | 11,0 | 28,1 |
| Druckerhelfer | 10,5 | 8,2 | 9,5 | 5,1 | 27,4 | 11,4 | 27,9 |
| Flach-, Tiefdrucker | 8,6 | 7,3 | 11,2 | 6,2 | 24,5 | 13,0 | 29,2 |
| Fleisch-, Wurstwarenhersteller | 7,6 | 6,9 | 9,7 | 5,2 | 31,6 | 12,2 | 26,8 |
| Fleischer | 5,6 | 7,6 | 8,4 | 5,7 | 26,0 | 20,0 | 26,7 |
| Gummihersteller, -verarbeiter | 8,3 | 7,5 | 10,6 | 5,4 | 30,3 | 10,2 | 27,7 |
| Holzaufbereiter | 5,5 | 7,9 | 9,1 | 4,9 | 29,3 | 17,5 | 25,8 |
| Kraftfahrzeugführer | 5,7 | 10,0 | 7,2 | 5,1 | 28,5 | 15,9 | 27,6 |
| Kunststoffverarbeiter | 7,8 | 7,6 | 10,9 | 5,4 | 28,8 | 11,7 | 27,8 |
| Lager-, Transportarbeiter | 7,2 | 7,5 | 10,4 | 5,9 | 28,4 | 12,8 | 27,8 |
| Milch-, Fettverarbeiter | 6,7 | 7,6 | 10,3 | 5,6 | 29,5 | 13,2 | 27,1 |
| Sonstige Papierverarbeiter | 8,9 | 7,8 | 9,9 | 5,0 | 29,7 | 10,6 | 28,1 |
| Tischler | 5,7 | 6,1 | 10,0 | 5,9 | 27,5 | 20,2 | 24,6 |
| Verkäufer | 11,4 | 5,5 | 11,0 | 6,2 | 20,6 | 11,4 | 33,9 |
| Verpackungsmittelhersteller | 8,1 | 6,9 | 10,5 | 5,7 | 28,2 | 12,5 | 28,1 |
| Warenaufmacher, Versandfertig- macher | 8,3 | 7,2 | 10,5 | 5,3 | 29,0 | 11,0 | 28,7 |
| Zucker-, Süßwaren-, Speiseeis- hersteller | 9,4 | 7,4 | 10,9 | 5,4 | 27,3 | 10,2 | 29,4 |
| **Branche insgesamt** | **8,0** | **7,3** | **10,7** | **5,6** | **26,5** | **13,1** | **28,8** |
| **Alle Branchen** | **9,3** | **6,6** | **12,0** | **5,8** | **24,2** | **12,9** | **29,2** |

Fehlzeiten-Report 2011

◨ **Tab. 22.11.15** Verteilung der Arbeitsunfähigkeitsfälle nach Krankheitsarten und ausgewählten Berufsgruppen in der Branche Verarbeitendes Gewerbe im Jahr 2010, AOK-Mitglieder

| Tätigkeit | AU-Fälle in % | | | | | | |
|---|---|---|---|---|---|---|---|
| | Psyche | Herz/ Kreislauf | Atem- wege | Verdau- ung | Muskel/ Skelett | Verlet- zungen | Sonstige |
| Backwarenhersteller | 4,2 | 3,7 | 20,4 | 11,4 | 16,3 | 12,1 | 31,9 |
| Buchbinderberufe | 5,1 | 4,6 | 19,7 | 10,4 | 21,2 | 8,9 | 30,1 |
| Bürofachkräfte | 4,6 | 3,5 | 26,8 | 11,8 | 10,1 | 6,4 | 36,8 |
| Chemiebetriebswerker | 4,3 | 5,0 | 21,1 | 10,1 | 22,1 | 7,9 | 29,5 |
| Druckerhelfer | 5,2 | 5,0 | 18,7 | 9,9 | 22,9 | 9,1 | 29,2 |
| Flach-, Tiefdrucker | 3,7 | 4,1 | 21,8 | 11,5 | 18,7 | 10,1 | 30,1 |
| Fleisch-, Wurstwarenhersteller | 3,7 | 4,6 | 18,4 | 9,5 | 25,3 | 9,9 | 28,6 |
| Fleischer | 2,9 | 4,2 | 16,8 | 10,1 | 20,3 | 16,2 | 29,5 |
| Gummihersteller, -verarbeiter | 4,7 | 5,1 | 19,6 | 9,2 | 25,0 | 8,2 | 28,2 |
| Holzaufbereiter | 3,3 | 4,8 | 18,0 | 9,6 | 23,3 | 13,3 | 27,7 |
| Kraftfahrzeugführer | 3,5 | 6,8 | 14,7 | 10,1 | 23,2 | 12,6 | 29,1 |
| Kunststoffverarbeiter | 4,2 | 4,8 | 20,3 | 10,0 | 22,0 | 9,0 | 29,7 |
| Lager-, Transportarbeiter | 4,1 | 5,0 | 19,3 | 10,6 | 22,3 | 9,5 | 29,2 |
| Milch-, Fettverarbeiter | 3,5 | 4,6 | 19,2 | 9,5 | 22,9 | 10,8 | 29,5 |
| Sonstige Papierverarbeiter | 4,6 | 4,8 | 19,0 | 9,7 | 23,5 | 8,7 | 29,7 |
| Tischler | 2,8 | 3,6 | 20,4 | 10,6 | 20,0 | 14,6 | 28,0 |
| Verkäufer | 5,6 | 4,0 | 20,8 | 11,3 | 12,6 | 8,7 | 37,0 |
| Verpackungsmittelhersteller | 4,4 | 4,3 | 20,4 | 10,5 | 22,0 | 9,7 | 28,7 |
| Warenaufmacher, Versandfertig- macher | 4,7 | 5,0 | 19,4 | 9,8 | 22,5 | 8,3 | 30,3 |
| Zucker-, Süßwaren-, Speiseeis- hersteller | 4,9 | 5,4 | 19,6 | 10,4 | 20,8 | 8,0 | 30,9 |
| **Branche insgesamt** | 4,2 | 4,6 | 20,5 | 10,5 | 19,7 | 9,8 | 30,7 |
| **Alle Branchen** | 4,7 | 4,2 | 22,1 | 10,5 | 17,4 | 9,3 | 31,8 |

Fehlzeiten-Report 2011

◨ **Tab. 22.11.16** Anteile der 40 häufigsten Einzeldiagnosen an den AU-Fällen und AU-Tagen in der Branche Verarbeitendes Gewerbe im Jahr 2010, AOK-Mitglieder

| ICD-10 | Bezeichnung | AU-Fälle in % | AU-Tage in % |
|---|---|---|---|
| M54 | Rückenschmerzen | 7,6 | 7,2 |
| J06 | Akute Infektionen der oberen Atemwege | 6,1 | 2,6 |
| A09 | Diarrhoe und Gastroenteritis | 3,2 | 1,1 |
| J20 | Akute Bronchitis | 2,7 | 1,4 |
| K52 | Nichtinfektiöse Gastroenteritis und Kolitis | 2,5 | 0,8 |
| K08 | Sonstige Krankheiten der Zähne und des Zahnhalteapparates | 2,2 | 0,4 |
| J40 | Bronchitis | 2,2 | 1,1 |
| I10 | Essentielle Hypertonie | 1,7 | 2,6 |
| T14 | Verletzung an einer nicht näher bezeichneten Körperregion | 1,6 | 1,4 |
| K29 | Gastritis und Duodenitis | 1,4 | 0,7 |
| R10 | Bauch- und Beckenschmerzen | 1,3 | 0,6 |
| B34 | Viruskrankheit | 1,3 | 0,5 |
| J03 | Akute Tonsillitis | 1,2 | 0,5 |
| J01 | Akute Sinusitis | 1,1 | 0,5 |
| J02 | Akute Pharyngitis | 1,1 | 0,4 |
| F32 | Depressive Episode | 1,1 | 2,4 |
| M53 | Sonstige Krankheiten der Wirbelsäule und des Rückens | 1,1 | 1,2 |
| M51 | Sonstige Bandscheibenschäden | 1,0 | 2,4 |
| J32 | Chronische Sinusitis | 1,0 | 0,5 |
| M75 | Schulterläsionen | 1,0 | 2,0 |
| M77 | Sonstige Enthesopathien | 1,0 | 1,1 |
| M25 | Sonstige Gelenkkrankheiten | 1,0 | 1,0 |
| M99 | Biomechanische Funktionsstörungen | 0,9 | 0,7 |
| R51 | Kopfschmerz | 0,8 | 0,4 |
| F43 | Reaktionen auf schwere Belastungen und Anpassungsstörungen | 0,8 | 1,2 |
| M23 | Binnenschädigung des Kniegelenkes | 0,7 | 1,4 |
| M79 | Sonstige Krankheiten des Weichteilgewebes | 0,7 | 0,6 |
| R11 | Übelkeit und Erbrechen | 0,7 | 0,3 |
| S93 | Luxation, Verstauchung und Zerrung der Gelenke und Bänder in Höhe des oberen Sprunggelenkes und des Fußes | 0,7 | 0,7 |
| A08 | Virusbedingte Darminfektionen | 0,7 | 0,2 |
| M47 | Spondylose | 0,6 | 0,9 |
| R42 | Schwindel und Taumel | 0,6 | 0,4 |
| M65 | Synovitis und Tenosynovitis | 0,6 | 0,7 |
| J04 | Akute Laryngitis und Tracheitis | 0,6 | 0,3 |
| S61 | Offene Wunde des Handgelenkes und der Hand | 0,6 | 0,6 |
| F45 | Somatoforme Störungen | 0,6 | 0,8 |
| J11 | Grippe | 0,5 | 0,2 |
| J00 | Akute Rhinopharyngitis (Erkältungsschnupfen) | 0,5 | 0,2 |
| M17 | Gonarthrose | 0,5 | 1,3 |
| B99 | Sonstige Infektionskrankheiten | 0,5 | 0,2 |
| | **Summe hier** | **56,0** | **43,5** |
| | Restliche | 44,0 | 56,5 |
| | **Gesamtsumme** | **100,0** | **100,0** |

Fehlzeiten-Report 2011

**22**

◘ **Tab. 22.11.17** Anteile der 40 häufigsten Diagnoseuntergruppen an den AU-Fällen und AU-Tagen in der Branche Verarbeitendes Gewerbe im Jahr 2010, AOK-Mitglieder

| ICD-10 | Bezeichnung | AU-Fälle in % | AU-Tage in % |
|---|---|---|---|
| J00–J06 | Akute Infektionen der oberen Atemwege | 10,6 | 4,5 |
| M40–M54 | Krankheiten der Wirbelsäule und des Rückens | 10,3 | 12,1 |
| M60–M79 | Krankheiten der Weichteilgewebe | 4,4 | 5,8 |
| A00–A09 | Infektiöse Darmkrankheiten | 4,3 | 1,4 |
| M00–M25 | Arthropathien | 3,6 | 6,4 |
| J40–J47 | Chronische Krankheiten der unteren Atemwege | 3,5 | 2,3 |
| J20–J22 | Sonstige akute Infektionen der unteren Atemwege | 3,2 | 1,6 |
| K50–K52 | Nichtinfektiöse Enteritis und Kolitis | 2,9 | 1,1 |
| K00–K14 | Krankheiten der Mundhöhle, der Speicheldrüsen und der Kiefer | 2,8 | 0,6 |
| R50–R69 | Allgemeinsymptome | 2,7 | 2,0 |
| R10–R19 | Symptome bzgl. Verdauungssystem und Abdomen | 2,2 | 1,2 |
| K20–K31 | Krankheiten des Ösophagus, Magens und Duodenums | 2,1 | 1,1 |
| F40–F48 | Neurotische, Belastungs- und somatoforme Störungen | 2,1 | 3,2 |
| T08–T14 | Verletzungen Rumpf, Extremitäten o. a. Körperregionen | 2,0 | 1,8 |
| I10–I15 | Hypertonie | 1,9 | 3,0 |
| S60–S69 | Verletzungen des Handgelenkes und der Hand | 1,7 | 2,3 |
| J30–J39 | Sonstige Krankheiten der oberen Atemwege | 1,6 | 1,0 |
| B25–B34 | Sonstige Viruskrankheiten | 1,5 | 0,6 |
| F30–F39 | Affektive Störungen | 1,4 | 3,3 |
| G40–G47 | Episod. und paroxysmale Krankheiten des Nervensystems | 1,2 | 1,0 |
| S90–S99 | Verletzungen der Knöchelregion und des Fußes | 1,2 | 1,5 |
| R00–R09 | Symptome bzgl. Kreislauf- und Atmungssystem betreffen | 1,2 | 0,8 |
| S80–S89 | Verletzungen des Knies und des Unterschenkels | 1,1 | 2,1 |
| M95–M99 | Sonstige Krankheiten des Muskel-Skelett-Systems und des Bindegewebes | 1,1 | 0,9 |
| J10–J18 | Grippe und Pneumonie | 0,9 | 0,6 |
| I80–I89 | Krankheiten der Venen, Lymphgefäße und -knoten | 0,9 | 1,0 |
| G50–G59 | Krankheiten von Nerven, Nervenwurzeln und Nervenplexus | 0,8 | 1,3 |
| E70–E90 | Stoffwechselstörungen | 0,8 | 1,3 |
| K55–K63 | Sonstige Krankheiten des Darmes | 0,8 | 0,7 |
| R40–R46 | Symptome bzgl. Wahrnehmung, Stimmung und Verhalten | 0,8 | 0,6 |
| N30–N39 | Sonstige Krankheiten des Harnsystems | 0,7 | 0,5 |
| S00–S09 | Verletzungen des Kopfes | 0,7 | 0,6 |
| Z70–Z76 | Sonstige Inanspruchnahme des Gesundheitswesens | 0,7 | 1,2 |
| I20–I25 | Ischämische Herzkrankheiten | 0,6 | 1,3 |
| J95–J99 | Sonstige Krankheiten des Atmungssystems | 0,6 | 0,4 |
| L00–L08 | Infektionen der Haut und der Unterhaut | 0,6 | 0,6 |
| I30–I52 | Sonstige Formen der Herzkrankheit | 0,6 | 1,0 |
| I95–I99 | Sonstige Krankheiten des Kreislaufsystems | 0,6 | 0,3 |
| F10–F19 | Psychische und Verhaltensstörungen durch psychotrope Substanzen | 0,6 | 1,1 |
| B99–B99 | Sonstige Infektionskrankheiten | 0,6 | 0,3 |
| | **Summe hier** | **71,3** | **69,9** |
| | Restliche | 28,7 | 30,1 |
| | **Gesamtsumme** | **100,0** | **100,0** |

Fehlzeiten-Report 2011

## 22.12 Verkehr und Transport

22

◼ **Tab. 22.12.1** Entwicklung des Krankenstands der AOK-Mitglieder in der Branche Verkehr und Transport in den Jahren 1994 bis 2010

| Jahr | Krankenstand in % | | | AU-Fälle je 100 AOK-Mitglieder | | | Tage je Fall | | |
|------|------|------|------|------|------|------|------|------|------|
|      | West | Ost  | Bund | West | Ost  | Bund | West | Ost  | Bund |
| 1994 | 6,8 | 4,8 | 6,4 | 139,9 | 101,5 | 132,6 | 16,6 | 16,1 | 16,5 |
| 1995 | 4,7 | 4,7 | 5,9 | 144,2 | 109,3 | 137,6 | 16,1 | 16,1 | 16,1 |
| 1996 | 5,7 | 4,6 | 5,5 | 132,4 | 101,5 | 126,5 | 16,2 | 16,8 | 16,3 |
| 1997 | 5,3 | 4,4 | 5,2 | 128,3 | 96,4 | 122,5 | 15,1 | 16,6 | 15,3 |
| 1998 | 5,4 | 4,5 | 5,3 | 131,5 | 98,6 | 125,7 | 15,0 | 16,6 | 15,3 |
| 1999 | 5,6 | 4,8 | 5,5 | 139,4 | 107,4 | 134,1 | 14,6 | 16,4 | 14,8 |
| 2000 | 5,6 | 4,8 | 5,5 | 143,2 | 109,8 | 138,3 | 14,3 | 16,0 | 14,5 |
| 2001 | 5,6 | 4,9 | 5,5 | 144,1 | 108,7 | 139,3 | 14,2 | 16,5 | 14,4 |
| 2002 | 5,6 | 4,9 | 5,5 | 143,3 | 110,6 | 138,8 | 14,2 | 16,2 | 14,4 |
| 2003 | 5,3 | 4,5 | 5,2 | 138,7 | 105,8 | 133,8 | 14,0 | 15,4 | 14,1 |
| 2004 | 4,9 | 4,2 | 4,8 | 125,0 | 97,6 | 120,6 | 14,3 | 15,6 | 14,4 |
| 2005 | 4,8 | 4,2 | 4,7 | 126,3 | 99,0 | 121,8 | 14,0 | 15,4 | 14,2 |
| 2006 | 4,7 | 4,1 | 4,6 | 121,8 | 94,7 | 117,2 | 14,2 | 15,8 | 14,4 |
| 2007 | 4,9 | 4,3 | 4,8 | 128,8 | 101,5 | 124,1 | 14,0 | 15,5 | 14,2 |
| 2008 (WZ03) | 5,1 | 4,5 | 4,9 | 135,4 | 106,7 | 130,5 | 13,6 | 15,3 | 13,9 |
| 2008 (WZ08)* | 5,1 | 4,5 | 5,0 | 135,7 | 105,1 | 130,5 | 13,8 | 15,7 | 14,1 |
| 2009 | 5,3 | 5,0 | 5,3 | 139,7 | 114,2 | 135,4 | 13,9 | 16,0 | 14,2 |
| 2010 | 5,5 | 5,2 | 5,5 | 141,8 | 120,5 | 138,1 | 14,2 | 15,7 | 14,4 |

*aufgrund der Revision der Wirtschaftszweigklassifikation in 2008 ist eine Vergleichbarkeit mit den Vorjahren nur bedingt möglich

Fehlzeiten-Report 2011

◼ **Tab. 22.12.2** Arbeitsunfähigkeit der AOK-Mitglieder in der Branche Verkehr und Transport nach Bundesländern im Jahr 2010 im Vergleich zum Vorjahr

| Bundesland | Kranken-stand in % | Arbeitsunfähigkeit je 100 AOK-Mitglieder | | | | Tage je Fall | Veränd. z. Vorj. in % | AU-Quote in % |
|------------|------|------|------|------|------|------|------|------|
|            |      | AU-Fälle | Veränd. z. Vorj. in % | AU-Tage | Veränd. z. Vorj. in % |      |      |      |
| Baden-Württemberg | 5,3 | 141,3 | 1,1 | 1.928,1 | 1,2 | 13,6 | 0,0 | 50,6 |
| Bayern | 4,8 | 121,2 | -0,7 | 1.741,4 | -0,5 | 14,4 | 0,7 | 45,3 |
| Berlin | 5,8 | 131,9 | 1,5 | 2.099,1 | 6,4 | 15,9 | 4,6 | 46,7 |
| Brandenburg | 5,7 | 122,1 | 2,9 | 2.067,2 | 3,9 | 16,9 | 0,6 | 48,3 |
| Bremen | 6,1 | 174,6 | 15,9 | 2.227,3 | 0,2 | 12,8 | -13,5 | 58,5 |
| Hamburg | 6,1 | 159,3 | 4,6 | 2.243,3 | 1,7 | 14,1 | -2,8 | 51,2 |
| Hessen | 6,0 | 165,3 | 1,8 | 2.183,8 | 2,6 | 13,2 | 0,8 | 53,2 |
| Mecklenburg-Vorpommern | 5,0 | 112,8 | 6,9 | 1.836,6 | 9,0 | 16,3 | 1,9 | 44,2 |
| Niedersachsen | 5,6 | 145,8 | 4,0 | 2.030,1 | 23,8 | 13,9 | 18,8 | 51,7 |
| Nordrhein-Westfalen | 5,9 | 147,1 | 0,7 | 2.156,5 | 1,5 | 14,7 | 1,4 | 51,6 |
| Rheinland-Pfalz | 5,7 | 149,1 | 3,3 | 2.087,7 | 2,6 | 14,0 | -0,7 | 52,4 |
| Saarland | 6,2 | 130,2 | 3,2 | 2.272,6 | 1,4 | 17,5 | -1,7 | 49,9 |
| Sachsen | 5,0 | 120,8 | 6,4 | 1.823,3 | 1,7 | 15,1 | -4,4 | 49,0 |
| Sachsen-Anhalt | 5,6 | 118,5 | 3,8 | 2.044,1 | 9,5 | 17,2 | 5,5 | 47,2 |
| Schleswig-Holstein | 5,8 | 125,4 | -0,4 | 2.129,6 | 7,7 | 17,0 | 8,3 | 47,3 |
| Thüringen | 5,2 | 123,5 | 5,2 | 1.890,8 | 1,2 | 15,3 | -3,8 | 48,8 |
| **West** | 5,5 | 141,8 | 1,5 | 2.014,5 | 3,6 | 14,2 | 2,2 | 50,1 |
| **Ost** | 5,2 | 120,5 | 5,5 | 1.892,9 | 3,5 | 15,7 | -1,9 | 48,3 |
| **Bund** | 5,5 | 138,1 | 2,0 | 1.993,2 | 3,5 | 14,4 | 1,4 | 49,8 |

Fehlzeiten-Report 2011

☐ **Tab. 22.12.3** Arbeitsunfähigkeit der AOK-Mitglieder in der Branche Verkehr und Transport nach Wirtschaftsabteilungen im Jahr 2010

| Wirtschaftsabteilung | Krankenstand in % | | Arbeitsunfähigkeiten je 100 AOK-Mitglieder | | Tage je Fall | AU-Quote in % |
|---|---|---|---|---|---|---|
| | 2010 | 2010 stand.* | Fälle | Tage | | |
| Lagerei, sonstige Dienstleistungen für den Verkehr | 5,7 | 5,2 | 151,2 | 2.083,0 | 13,8 | 53,5 |
| Landverkehr, Transport in Rohrfernleitungen | 5,3 | 4,8 | 121,6 | 1.927,2 | 15,8 | 46,3 |
| Luftfahrt | 4,9 | 5,2 | 176,2 | 1.785,3 | 10,1 | 57,6 |
| Post-, Kurier-, Expressdienste | 5,2 | 5,0 | 141,9 | 1.886,0 | 13,3 | 46,8 |
| Schifffahrt | 3,7 | 3,7 | 96,4 | 1.345,1 | 14,0 | 36,2 |
| **Branche insgesamt** | **5,5** | **5,2** | **138,1** | **1.993,2** | **14,4** | **49,8** |
| Alle Branchen | 4,8 | 4,7 | 152,1 | 1.758,9 | 11,6 | 52,8 |

*Krankenstand alters- und geschlechtsstandardisiert

Fehlzeiten-Report 2011

☐ **Tab. 22.12.4** Kennzahlen der Arbeitsunfähigkeit der AOK-Mitglieder nach ausgewählten Berufsgruppen in der Branche Verkehr und Transport im Jahr 2010

| Tätigkeit | Krankenstand in % | Arbeitsunfähigkeiten je 100 AOK-Mitglieder | | Tage je Fall | AU-Quote in % | Anteil der Berufsgruppe an der Branche in %* |
|---|---|---|---|---|---|---|
| | | Fälle | Tage | | | |
| Bürofachkräfte | 3,4 | 119,9 | 1.248,6 | 10,4 | 47,2 | 5,3 |
| Kraftfahrzeugführer | 5,6 | 116,2 | 2.033,2 | 17,5 | 45,7 | 54,1 |
| Kraftfahrzeuginstandsetzer | 5,0 | 150,7 | 1.839,1 | 12,2 | 59,3 | 1,1 |
| Lager-, Transportarbeiter | 6,3 | 182,1 | 2.283,2 | 12,5 | 58,0 | 12,9 |
| Lagerverwalter, Magaziner | 6,3 | 189,5 | 2.291,4 | 12,1 | 61,9 | 2,7 |
| Postverteiler | 5,9 | 169,7 | 2.154,7 | 12,7 | 53,1 | 2,3 |
| Schienenfahrzeugführer | 7,7 | 175,2 | 2.795,9 | 16,0 | 64,6 | 1,0 |
| Stauer, Möbelpacker | 6,9 | 177,1 | 2.512,3 | 14,2 | 55,5 | 1,0 |
| Verkehrsfachleute (Güterverkehr) | 3,1 | 142,9 | 1.133,0 | 7,9 | 51,2 | 3,2 |
| Warenaufmacher, Versandfertigmacher | 6,3 | 198,0 | 2.294,0 | 11,6 | 57,6 | 1,6 |
| **Branche insgesamt** | **5,5** | **138,1** | **1.993,2** | **14,4** | **49,8** | **5,8*** |

*Anteil der AOK-Mitglieder in der Berufsgruppe an den in der Branche beschäftigten AOK-Mitgliedern insgesamt
**Anteil der AOK-Mitglieder in der Branche an allen AOK-Mitgliedern

Fehlzeiten-Report 2011

☐ **Tab. 22.12.5** Dauer der Arbeitsunfähigkeit der AOK-Mitglieder in der Branche Verkehr und Transport im Jahr 2010

| Fallklasse | Branche hier | | alle Branchen | |
|---|---|---|---|---|
| | Anteil Fälle in % | Anteil Tage in % | Anteil Fälle in % | Anteil Tage in % |
| 1–3 Tage | 28,0 | 3,8 | 36,5 | 6,2 |
| 4–7 Tage | 29,5 | 10,3 | 29,8 | 12,8 |
| 8–14 Tage | 20,0 | 14,3 | 16,9 | 14,9 |
| 15–21 Tage | 8,1 | 9,6 | 6,1 | 9,1 |
| 22–28 Tage | 4,2 | 7,0 | 3,2 | 6,7 |
| 29–42 Tage | 4,3 | 10,1 | 3,2 | 9,5 |
| Langzeit-AU (> 42 Tage) | 5,9 | 44,9 | 4,3 | 40,8 |

Fehlzeiten-Report 2011

**22**

◘ **Tab. 22.12.6** Tage der Arbeitsunfähigkeit je AOK-Mitglied nach Wirtschaftsabteilung und Betriebsgröße in der Branche Verkehr und Transport im Jahr 2010

| Wirtschaftsabteilungen | Betriebsgröße (Anzahl der AOK-Mitglieder) | | | | | |
|---|---|---|---|---|---|---|
| | 10–49 | 50–99 | 100–199 | 200–499 | 500–999 | ≥ 1.000 |
| Lagerei, sonstige Dienstleistungen für den Verkehr | 20,8 | 22,2 | 21,6 | 22,6 | 23,0 | 28,5 |
| Landverkehr, Transport in Rohrfernleitungen | 19,5 | 23,0 | 24,7 | 27,3 | 24,2 | 27,6 |
| Luftfahrt | 15,6 | 16,4 | 22,7 | 17,3 | 21,1 | – |
| Post-, Kurier-, Expressdienste | 18,9 | 21,3 | 20,9 | 20,7 | 22,4 | 18,7 |
| Schifffahrt | 14,0 | 23,5 | – | – | – | – |
| **Branche insgesamt** | **20,1** | **22,3** | **22,4** | **24,0** | **22,8** | **24,5** |
| **Alle Branchen** | **18,1** | **19,8** | **20,0** | **20,1** | **20,2** | **19,1** |

Fehlzeiten-Report 2011

◘ **Tab. 22.12.7** Krankenstand in Prozent nach der Stellung im Beruf in der Branche Verkehr und Transport im Jahr 2010, AOK-Mitglieder

| Wirtschaftsabteilung | Stellung im Beruf | | | | |
|---|---|---|---|---|---|
| | Auszubildende | Arbeiter | Facharbeiter | Meister, Poliere | Angestellte |
| Lagerei, sonstige Dienstleistungen für den Verkehr | 4,3 | 6,3 | 6,0 | 5,2 | 3,4 |
| Landverkehr, Transport in Rohrfernleitungen | 3,8 | 5,5 | 5,7 | 5,3 | 4,0 |
| Luftfahrt | 1,1 | 9,6 | 6,1 | 12,0 | 4,1 |
| Post-, Kurier-, Expressdienste | 4,6 | 5,5 | 5,4 | 2,9 | 4,1 |
| Schifffahrt | 2,9 | 4,4 | 4,4 | 2,5 | 2,6 |
| **Branche insgesamt** | **4,1** | **6,0** | **5,8** | **5,3** | **3,7** |
| **Alle Branchen** | **4,1** | **5,8** | **5,2** | **4,0** | **3,6** |

Fehlzeiten-Report 2011

◘ **Tab. 22.12.8** Tage der Arbeitsunfähigkeit je AOK-Mitglied nach der Stellung im Beruf in der Branche Verkehr und Transport im Jahr 2010

| Wirtschaftsabteilung | Stellung im Beruf | | | | |
|---|---|---|---|---|---|
| | Auszubildende | Arbeiter | Facharbeiter | Meister, Poliere | Angestellte |
| Lagerei, sonstige Dienstleistungen für den Verkehr | 15,7 | 23,1 | 22,0 | 19,1 | 12,6 |
| Landverkehr, Transport in Rohrfernleitungen | 13,8 | 20,1 | 20,8 | 19,4 | 14,7 |
| Luftfahrt | 4,2 | 35,1 | 22,1 | 43,7 | 15,1 |
| Post-, Kurier-, Expressdienste | 16,7 | 20,1 | 19,7 | 10,5 | 15,1 |
| Schifffahrt | 10,7 | 15,9 | 15,9 | 9,2 | 9,4 |
| **Branche insgesamt** | **15,1** | **21,7** | **21,3** | **19,3** | **13,5** |
| **Alle Branchen** | **14,8** | **21,2** | **18,9** | **14,5** | **13,0** |

Fehlzeiten-Report 2011

◘ **Tab. 22.12.9** Anteil der Arbeitsunfälle an den AU-Fällen und -Tagen in Prozent nach Wirtschaftsabteilungen in der Branche Verkehr und Transport im Jahr 2010, AOK-Mitglieder

| Wirtschaftsabteilung | AU-Fälle in % | AU-Tage in % |
|---|---|---|
| Lagerei, sonstige Dienstleistungen für den Verkehr | 6,4 | 9,1 |
| Landverkehr, Transport in Rohrfernleitungen | 6,3 | 8,6 |
| Luftfahrt | 2,1 | 2,6 |
| Post-, Kurier-, Expressdienste | 7,3 | 9,5 |
| Schifffahrt | 8,1 | 13,1 |
| **Branche insgesamt** | **6,3** | **8,9** |
| **Alle Branchen** | **4,5** | **6,1** |

Fehlzeiten-Report 2011

◘ **Tab. 22.12.10** Tage und Fälle der Arbeitsunfähigkeit durch Arbeitsunfälle nach Berufsgruppen in der Branche Transport und Verkehr im Jahr 2010, AOK-Mitglieder

| Tätigkeit | Arbeitsunfähigkeit je 1.000 AOK-Mitglieder | |
|---|---|---|
| | AU-Tage | AU-Fälle |
| Stauer, Möbelpacker | 3.280,3 | 167,9 |
| Postverteiler | 2.400,7 | 146,9 |
| Kraftfahrzeugführer | 2.116,3 | 92,6 |
| Kraftfahrzeuginstandsetzer | 1.956,9 | 132,1 |
| Lager-, Transportarbeiter | 1.790,9 | 105,9 |
| Lagerverwalter, Magaziner | 1.761,1 | 107,7 |
| Warenaufmacher, Versandfertigmacher | 1.063,6 | 69,7 |
| Bürofachkräfte | 345,3 | 23,3 |
| **Branche insgesamt** | **1.765,8** | **88,2** |
| **Alle Branchen** | **1.076,0** | **68,8** |

Fehlzeiten-Report 2011

22

**◘ Tab. 22.12.11** Tage und Fälle der Arbeitsunfähigkeit je 100 AOK-Mitglieder nach Krankheitsarten in der Branche Verkehr und Transport in den Jahren 1995 bis 2010

| Jahr | Arbeitsunfähigkeiten je 100 AOK-Mitglieder | | | | | | | | | | | |
|------|--------|--------|--------|--------|--------|--------|--------|--------|--------|--------|--------|--------|
| | Psyche | | Herz/Kreislauf | | Atemwege | | Verdauung | | Muskel/Skelett | | Verletzungen | |
| | Tage | Fälle | Tage | Fälle | Tage | Fälle | Tage | Fälle | Tage | Fälle | Tage | Fälle |
| 1995 | 94,1 | 3,5 | 233,0 | 9,0 | 359,1 | 33,4 | 205,9 | 21,0 | 741,6 | 35,7 | 452,7 | 24,0 |
| 1996 | 88,2 | 3,7 | 213,7 | 8,8 | 321,5 | 38,5 | 181,2 | 21,0 | 666,8 | 36,0 | 425,0 | 23,9 |
| 1997 | 83,9 | 3,4 | 195,5 | 7,7 | 281,8 | 34,8 | 163,6 | 19,4 | 574,0 | 32,1 | 411,4 | 22,0 |
| 1998 | 89,1 | 3,6 | 195,2 | 7,9 | 283,4 | 33,1 | 161,9 | 19,0 | 591,5 | 30,7 | 397,9 | 21,9 |
| 1999 | 95,3 | 3,8 | 192,9 | 8,1 | 311,9 | 34,5 | 160,8 | 19,2 | 621,2 | 32,5 | 396,8 | 21,7 |
| 2000 | 114,7 | 5,2 | 181,9 | 8,0 | 295,1 | 37,1 | 149,4 | 18,0 | 654,9 | 36,6 | 383,3 | 21,3 |
| 2001 | 124,3 | 6,1 | 183,1 | 8,6 | 282,2 | 36,8 | 152,3 | 18,9 | 680,6 | 38,6 | 372,8 | 21,0 |
| 2002 | 135,9 | 6,6 | 184,2 | 8,9 | 273,1 | 36,1 | 152,1 | 19,5 | 675,7 | 38,3 | 362,4 | 20,4 |
| 2003 | 136,0 | 6,7 | 182,0 | 9,1 | 271,5 | 36,4 | 144,2 | 18,7 | 615,9 | 35,6 | 345,2 | 19,3 |
| 2004 | 154,3 | 6,8 | 195,6 | 8,4 | 234,4 | 30,1 | 143,5 | 17,7 | 572,5 | 32,8 | 329,6 | 17,6 |
| 2005 | 159,5 | 6,7 | 193,5 | 8,4 | 268,8 | 34,7 | 136,2 | 16,6 | 546,3 | 31,8 | 327,1 | 17,3 |
| 2006 | 156,8 | 6,7 | 192,9 | 8,5 | 225,9 | 29,0 | 135,7 | 17,1 | 551,7 | 31,9 | 334,7 | 17,6 |
| 2007 | 166,1 | 7,0 | 204,2 | 8,7 | 249,9 | 32,6 | 143,6 | 18,4 | 575,2 | 32,8 | 331,1 | 17,0 |
| 2008 (WZ03) | 172,5 | 7,3 | 205,5 | 9,1 | 260,0 | 34,6 | 149,0 | 19,2 | 584,3 | 34,3 | 332,0 | 17,1 |
| 2008 (WZ08)* | 171,8 | 7,2 | 210,2 | 9,2 | 259,5 | 34,0 | 150,6 | 18,7 | 597,5 | 34,3 | 339,8 | 17,2 |
| 2009 | 190,8 | 7,8 | 223,2 | 9,3 | 297,4 | 38,1 | 149,0 | 18,7 | 607,7 | 34,3 | 341,0 | 17,2 |
| 2010 | 205,3 | 8,4 | 218,6 | 9,5 | 268,0 | 34,3 | 143,7 | 17,8 | 659,8 | 36,9 | 373,2 | 19,0 |

*aufgrund der Revision der Wirtschaftszweigklassifikation in 2008 ist eine Vergleichbarkeit mit den Vorjahren nur bedingt möglich

Fehlzeiten-Report 2011

**◘ Tab. 22.12.12** Verteilung der Arbeitsunfähigkeitstage nach Krankheitsarten in Prozent in der Branche Verkehr und Transport im Jahr 2010, AOK-Mitglieder

| Wirtschaftsabteilung | AU-Tage in % | | | | | | |
|----------------------|--------|----------------|--------|--------|--------|--------|----------|
| | Psyche | Herz/Kreislauf | Atemwege | Verdauung | Muskel/Skelett | Verletzungen | Sonstige |
| Lagerei, sonstige Dienstleistungen für den Verkehr | 7,4 | 8,1 | 10,5 | 5,6 | 26,5 | 14,7 | 27,2 |
| Landverkehr, Transport in Rohrfernleitungen | 8,3 | 9,3 | 9,8 | 5,5 | 24,4 | 13,9 | 28,8 |
| Luftfahrt | 11,0 | 5,0 | 21,1 | 5,6 | 16,9 | 8,9 | 31,5 |
| Post-, Kurier-, Expressdienste | 9,0 | 6,0 | 10,8 | 5,5 | 25,6 | 15,4 | 27,7 |
| Schifffahrt | 8,7 | 8,7 | 10,3 | 5,6 | 22,4 | 18,0 | 26,3 |
| Branche insgesamt | 7,9 | 8,4 | 10,3 | 5,5 | 25,4 | 14,4 | 28,1 |
| Alle Branchen | 9,3 | 6,6 | 12,0 | 5,8 | 24,2 | 12,9 | 29,2 |

Fehlzeiten-Report 2011

◼ **Tab. 22.12.13** Verteilung der Arbeitsunfähigkeitsfälle nach Krankheitsarten in Prozent in der Branche Verkehr und Transport im Jahr 2010, AOK-Mitglieder

| Wirtschaftsabteilung | AU-Fälle in % | | | | | | |
|---|---|---|---|---|---|---|---|
| | Psyche | Herz/ Kreislauf | Atem-wege | Verdau-ung | Muskel/ Skelett | Verlet-zungen | Sonstige |
| Lagerei, sonstige Dienstleistungen für den Verkehr | 4,3 | 4,9 | 19,8 | 10,0 | 21,3 | 10,7 | 29,0 |
| Landverkehr, Transport in Rohrfern-leitungen | 5,0 | 6,2 | 17,8 | 10,2 | 20,2 | 10,5 | 30,1 |
| Luftfahrt | 5,9 | 3,3 | 30,7 | 7,8 | 12,7 | 5,6 | 34,0 |
| Post-, Kurier-, Expressdienste | 5,0 | 4,2 | 19,6 | 9,5 | 20,3 | 11,8 | 29,6 |
| Schifffahrt | 4,9 | 5,1 | 20,4 | 9,9 | 16,4 | 11,4 | 31,9 |
| **Branche insgesamt** | **4,7** | **5,3** | **19,2** | **10,0** | **20,6** | **10,6** | **29,6** |
| **Alle Branchen** | **4,7** | **4,2** | **22,1** | **10,5** | **17,4** | **9,3** | **31,8** |

Fehlzeiten-Report 2011

◼ **Tab. 22.12.14** Verteilung der Arbeitsunfähigkeitstage nach Krankheitsarten und ausgewählten Berufsgruppen in der Branche Verkehr und Transport im Jahr 2010, AOK-Mitglieder

| Tätigkeit | AU-Tage in % | | | | | | |
|---|---|---|---|---|---|---|---|
| | Psyche | Herz/ Kreislauf | Atem-wege | Verdau-ung | Muskel/ Skelett | Verlet-zungen | Sonstige |
| Bürofachkräfte | 13,2 | 6,3 | 13,8 | 6,3 | 17,2 | 8,9 | 34,3 |
| Kraftfahrzeugführer | 7,1 | 10,0 | 8,6 | 5,4 | 25,4 | 15,1 | 28,4 |
| Kraftfahrzeuginstandsetzer | 6,1 | 6,8 | 10,5 | 6,4 | 27,4 | 17,7 | 25,1 |
| Lager-, Transportarbeiter | 7,8 | 6,3 | 11,8 | 5,5 | 28,6 | 14,3 | 25,7 |
| Lagerverwalter, Magaziner | 7,7 | 7,0 | 11,5 | 5,6 | 26,7 | 14,0 | 27,5 |
| Postverteiler | 10,0 | 4,8 | 11,6 | 5,1 | 26,5 | 17,6 | 24,4 |
| Schienenfahrzeugführer | 13,6 | 7,1 | 11,7 | 5,9 | 23,1 | 10,0 | 28,6 |
| Stauer, Möbelpacker | 4,7 | 6,8 | 9,6 | 5,4 | 31,5 | 19,8 | 22,2 |
| Verkehrsfachleute (Güterverkehr) | 12,2 | 5,3 | 17,3 | 7,8 | 15,4 | 11,7 | 30,3 |
| Warenaufmacher, Versandfertigmacher | 8,3 | 6,1 | 12,1 | 5,8 | 29,5 | 12,0 | 26,2 |
| **Branche insgesamt** | **7,9** | **8,4** | **10,3** | **5,5** | **25,4** | **14,4** | **28,1** |
| **Alle Branchen** | **9,3** | **6,6** | **12,0** | **5,8** | **24,2** | **12,9** | **29,2** |

Fehlzeiten-Report 2011

◼ **Tab. 22.12.15** Verteilung der Arbeitsunfähigkeitsfälle nach Krankheitsarten und ausgewählten Berufsgruppen in der Branche Verkehr und Transport im Jahr 2010, AOK-Mitglieder

| Tätigkeit | AU-Fälle in % | | | | | | |
|---|---|---|---|---|---|---|---|
| | Psyche | Herz/ Kreislauf | Atem-wege | Verdau-ung | Muskel/ Skelett | Verlet-zungen | Sonstige |
| Bürofachkräfte | 5,9 | 4,1 | 24,8 | 10,9 | 12,7 | 6,1 | 35,5 |
| Kraftfahrzeugführer | 4,6 | 6,6 | 16,0 | 9,9 | 21,7 | 11,7 | 29,5 |
| Kraftfahrzeuginstandsetzer | 2,9 | 4,4 | 20,3 | 10,5 | 19,6 | 14,2 | 28,1 |
| Lager-, Transportarbeiter | 4,3 | 4,2 | 20,5 | 9,5 | 23,4 | 10,4 | 27,7 |
| Lagerverwalter, Magaziner | 3,9 | 4,3 | 21,1 | 10,4 | 21,5 | 10,2 | 28,6 |
| Postverteiler | 5,2 | 3,5 | 20,7 | 9,6 | 19,5 | 13,3 | 28,2 |
| Schienenfahrzeugführer | 8,3 | 5,4 | 20,3 | 10,7 | 18,6 | 8,4 | 28,3 |
| Stauer, Möbelpacker | 3,5 | 3,6 | 17,4 | 9,5 | 27,1 | 15,0 | 23,9 |
| Verkehrsfachleute (Güterverkehr) | 4,7 | 3,0 | 28,0 | 12,2 | 10,6 | 6,9 | 34,6 |
| Warenaufmacher, Versandfertigmacher | 4,4 | 4,2 | 21,2 | 9,8 | 22,6 | 9,0 | 28,8 |
| **Branche insgesamt** | **4,7** | **5,3** | **19,2** | **10,0** | **20,6** | **10,6** | **29,6** |
| **Alle Branchen** | **4,7** | **4,2** | **22,1** | **10,5** | **17,4** | **9,3** | **31,8** |

Fehlzeiten-Report 2011

22

**◻ Tab. 22.12.16** Anteile der 40 häufigsten Einzeldiagnosen an den AU-Fällen und AU-Tagen in der Branche Verkehr und Transport im Jahr 2010, AOK-Mitglieder

| ICD-10 | Bezeichnung | AU-Fälle in % | AU-Tage in % |
|--------|-------------|---------------|--------------|
| M54 | Rückenschmerzen | 8,6 | 7,8 |
| J06 | Akute Infektionen der oberen Atemwege | 5,7 | 2,4 |
| A09 | Diarrhoe und Gastroenteritis | 2,8 | 0,9 |
| J20 | Akute Bronchitis | 2,6 | 1,3 |
| K52 | Nichtinfektiöse Gastroenteritis und Kolitis | 2,2 | 0,8 |
| I10 | Essentielle Hypertonie | 2,1 | 3,0 |
| J40 | Bronchitis | 2,1 | 1,0 |
| K08 | Sonstige Krankheiten der Zähne und des Zahnhalteapparates | 2,0 | 0,4 |
| T14 | Verletzung an einer nicht näher bezeichneten Körperregion | 1,4 | 1,3 |
| K29 | Gastritis und Duodenitis | 1,4 | 0,7 |
| M51 | Sonstige Bandscheibenschäden | 1,2 | 2,6 |
| B34 | Viruskrankheit | 1,2 | 0,5 |
| R10 | Bauch- und Beckenschmerzen | 1,1 | 0,6 |
| F32 | Depressive Episode | 1,1 | 2,1 |
| M53 | Sonstige Krankheiten der Wirbelsäule und des Rückens | 1,1 | 1,2 |
| M75 | Schulterläsionen | 1,0 | 1,8 |
| J01 | Akute Sinusitis | 1,0 | 0,4 |
| J03 | Akute Tonsillitis | 1,0 | 0,4 |
| M25 | Sonstige Gelenkkrankheiten | 0,9 | 0,9 |
| M99 | Biomechanische Funktionsstörungen | 0,9 | 0,7 |
| J02 | Akute Pharyngitis | 0,9 | 0,4 |
| F43 | Reaktionen auf schwere Belastungen und Anpassungsstörungen | 0,9 | 1,3 |
| S93 | Luxation, Verstauchung und Zerrung der Gelenke und Bänder in Höhe des oberen Sprunggelenkes und des Fußes | 0,9 | 0,9 |
| J32 | Chronische Sinusitis | 0,9 | 0,4 |
| M77 | Sonstige Enthesopathien | 0,8 | 0,9 |
| R51 | Kopfschmerz | 0,8 | 0,4 |
| M23 | Binnenschädigung des Kniegelenkes | 0,7 | 1,2 |
| I25 | Chronische ischämische Herzkrankheit | 0,7 | 1,4 |
| M47 | Spondylose | 0,7 | 0,9 |
| M79 | Sonstige Krankheiten des Weichteilgewebes | 0,7 | 0,5 |
| E11 | Diabetes mellitus (Typ-II-Diabetes) | 0,6 | 1,1 |
| F45 | Somatoforme Störungen | 0,6 | 0,7 |
| R42 | Schwindel und Taumel | 0,6 | 0,5 |
| A08 | Virusbedingte Darminfektionen | 0,6 | 0,2 |
| F48 | Andere neurotische Störungen | 0,5 | 0,6 |
| E66 | Adipositas | 0,5 | 1,0 |
| R11 | Übelkeit und Erbrechen | 0,5 | 0,2 |
| E78 | Störungen des Lipoproteinstoffwechsels und sonstige Lipidämien | 0,5 | 0,8 |
| R53 | Unwohlsein und Ermüdung | 0,5 | 0,4 |
| J00 | Akute Rhinopharyngitis (Erkältungsschnupfen) | 0,5 | 0,2 |
| | **Summe hier** | **54,8** | **44,8** |
| | Restliche | 45,2 | 55,2 |
| | **Gesamtsumme** | **100,0** | **100,0** |

**◻ Tab. 22.12.17** Anteile der 40 häufigsten Diagnoseuntergruppen an den AU-Fällen und AU-Tagen in der Branche Verkehr und Transport im Jahr 2010, AOK-Mitglieder

| ICD-10 | Bezeichnung | AU-Fälle in % | AU-Tage in % |
|---|---|---|---|
| M40–M54 | Krankheiten der Wirbelsäule und des Rückens | 11,5 | 12,9 |
| J00–J06 | Akute Infektionen der oberen Atemwege | 9,5 | 4,0 |
| M60–M79 | Krankheiten der Weichteilgewebe | 4,0 | 4,9 |
| A00–A09 | Infektiöse Darmkrankheiten | 3,8 | 1,3 |
| J40–J47 | Chronische Krankheiten der unteren Atemwege | 3,5 | 2,4 |
| M00–M25 | Arthropathien | 3,4 | 5,4 |
| J20–J22 | Sonstige akute Infektionen der unteren Atemwege | 3,0 | 1,5 |
| R50–R69 | Allgemeinsymptome | 2,7 | 2,0 |
| K50–K52 | Nichtinfektiöse Enteritis und Kolitis | 2,6 | 1,0 |
| K00–K14 | Krankheiten der Mundhöhle, der Speicheldrüsen und der Kiefer | 2,5 | 0,5 |
| I10–I15 | Hypertonie | 2,4 | 3,4 |
| F40–F48 | Neurotische, Belastungs- und somatoforme Störungen | 2,3 | 3,4 |
| K20–K31 | Krankheiten des Ösophagus, Magens und Duodenums | 2,1 | 1,2 |
| R10–R19 | Symptome b zgl. Verdauungssystem und Abdomen | 1,9 | 1,0 |
| T08–T14 | Verletzungen Rumpf, Extremitäten o. a. Körperregionen | 1,8 | 1,7 |
| S90–S99 | Verletzungen der Knöchelregion und des Fußes | 1,6 | 1,9 |
| J30–J39 | Sonstige Krankheiten der oberen Atemwege | 1,5 | 0,9 |
| S80–S89 | Verletzungen des Knies und des Unterschenkels | 1,4 | 2,6 |
| F30–F39 | Affektive Störungen | 1,4 | 2,9 |
| S60–S69 | Verletzungen des Handgelenkes und der Hand | 1,3 | 1,7 |
| B25–B34 | Sonstige Viruskrankheiten | 1,3 | 0,6 |
| G40–G47 | Episod. und paroxysmale Krankheiten des Nervensystems | 1,2 | 1,3 |
| R00–R09 | Symptome bzgl. Kreislauf- und Atmungssystem | 1,2 | 0,8 |
| M95–M99 | Sonstige Krankheiten des Muskel-Skelett-Systems und des Bindege-webes | 1,1 | 0,8 |
| E70–E90 | Stoffwechselstörungen | 1,0 | 1,5 |
| I20–I25 | Ischämische Herzkrankheiten | 1,0 | 2,0 |
| J10–J18 | Grippe und Pneumonie | 0,9 | 0,6 |
| S00–S09 | Verletzungen des Kopfes | 0,8 | 0,8 |
| E10–E14 | Diabetes mellitus | 0,8 | 1,5 |
| I80–I89 | Krankheiten der Venen, Lymphgefäße und -knoten | 0,8 | 0,8 |
| K55–K63 | Sonstige Krankheiten des Darmes | 0,8 | 0,8 |
| R40–R46 | Symptome bzgl. Wahrnehmung, Stimmung und Verhalten | 0,8 | 0,6 |
| G50–G59 | Krankheiten von Nerven, Nervenwurzeln und Nervenplexus | 0,7 | 1,0 |
| F10–F19 | Psychische und Verhaltensstörungen durch psychotrope Substanzen | 0,7 | 1,1 |
| S20–S29 | Verletzungen des Thorax | 0,7 | 0,9 |
| I30–I52 | Sonstige Formen der Herzkrankheit | 0,7 | 1,3 |
| S40–S49 | Verletzungen der Schulter und des Oberarmes | 0,7 | 1,3 |
| J95–J99 | Sonstige Krankheiten des Atmungssystems | 0,6 | 0,4 |
| L00–L08 | Infektionen der Haut und der Unterhaut | 0,6 | 0,6 |
| N30–N39 | Sonstige Krankheiten des Harnsystems | 0,6 | 0,4 |
| | **Summe hier** | **81,2** | **75,7** |
| | Restliche | 18,8 | 24,3 |
| | **Gesamtsumme** | **100,0** | **100,0** |

Fehlzeiten-Report 2011

**22**

# Kapitel 23

# Die Arbeitsunfähigkeit in der Statistik der GKV

K. BUSCH

**Zusammenfassung.** *Der vorliegende Beitrag gibt anhand der Statistiken des Bundesministeriums für Gesundheit (BMG) einen Überblick über die Arbeitsunfähigkeitsdaten der Gesetzlichen Krankenkassen (GKV). Zunächst werden die Arbeitsunfähigkeitsstatistiken der Krankenkassen und die Erfassung der Arbeitsunfähigkeit erläutert. Anschließend wird die Entwicklung der Fehlzeiten auf GKV-Ebene geschildert und Bezug auf die Unterschiede bei den Fehlzeiten zwischen den verschiedenen Kassen genommen.*

## 23.1 Arbeitsunfähigkeitsstatistiken der Krankenkassen

Die Krankenkassen sind nach § 79 SGB IV verpflichtet, Übersichten über ihre Rechnungs- und Geschäftsergebnisse sowie sonstige Statistiken zu erstellen und über den GKV-Spitzenverband an das Bundesministerium für Gesundheit zu liefern. Bis zur Gründung des GKV-Spitzenverbandes war dies Aufgabe der Bundesverbände der einzelnen Kassenarten. Näheres hierzu wird in der Allgemeinen Verwaltungsvorschrift über die Statistik in der Gesetzlichen Krankenversicherung (KSVwV) geregelt. Bezüglich der Arbeitsunfähigkeitsfälle finden sich Regelungen zu drei Statistiken:

- Krankenstand: Bestandteil der monatlichen Mitgliederstatistik KM1
- Arbeitsunfähigkeitsfälle und -tage: Bestandteil der Jahresstatistik KG2
- Arbeitsunfähigkeitsfälle und -tage nach Krankheitsarten: Jahresstatistik KG8

Am häufigsten wird in der allgemeinen Diskussion mit dem Krankenstand argumentiert, wobei dieser Begriff unterschiedlich definiert wird. Der Krankenstand in der amtlichen Statistik wird über eine Stichtagserhebung gewonnen, die zu jedem Ersten eines Monats durchgeführt wird. Die Krankenkasse ermittelt im Rahmen ihrer Mitgliederstatistik die zu diesem Zeitpunkt arbeitsunfähig kranken Pflicht- und freiwilligen Mitglieder mit einem Krankengeldanspruch. Vor dem Jahr 2007 bezog sich der Krankenstand auf die Pflichtmitglieder; Rentner, Studenten, Jugendliche und Behinderte, Künstler, Wehr-, Zivil- sowie Dienstleistende bei der Bundespolizei, landwirtschaftliche Unternehmer und Vorruhestandsgeldempfänger blieben jedoch unberücksichtigt, da für diese Gruppen in der Regel keine Arbeitsunfähigkeitsbescheinigungen von einem Arzt ausgestellt wurden. Seit dem Jahr 2005 bleiben auch die Arbeitslosengeld-II-Empfänger unberücksichtigt, da sie im Gegensatz zu den früheren Arbeitslosenhilfeempfängern keinen Anspruch auf Krankengeld haben und somit für diesen Mitgliederkreis nicht unbedingt AU-Bescheinigungen ausgestellt und der Krankenkassen übersandt werden.

AU-Bescheinigungen werden vom behandelnden Arzt ausgestellt und unmittelbar an die Krankenkasse gesandt, die sie zur Ermittlung des Krankenstandes auszählt. Die Veröffentlichung des Krankenstandes erfolgt monatlich im Rahmen der Mitgliederstatistik KM1. Aus den zwölf Stichtagswerten eines Jahres wird als arithmetisches Mittel ein jahresdurchschnittlicher Krankenstand errechnet. Dabei werden auch Korrekturen berücksichtigt, die z. B. wegen verspäteter Meldungen notwendig werden.

Eine Totalauszählung der Arbeitsunfähigkeitsfälle und -tage erfolgt in der Jahresstatistik KG2. Da in dieser Statistik nicht nur das AU-Geschehen an einem Stichtag erfasst wird, sondern jeder einzelne AU-Fall mit seinen dazugehörigen Tagen, ist die Aussagekraft höher. Allerdings können die Auswertungen der einzelnen Krankenkassen auch erst nach Abschluss des Kalenderjahres beginnen und die Ergebnisse nur mit einer zeitlichen Verzögerung von mehr als einem halben Jahr vorgelegt werden.

## 23.2 Erfassung von Arbeitsunfähigkeit

Informationsquelle für eine bestehende Arbeitsunfähigkeit der pflichtversicherten Arbeitnehmer bildet die Arbeitsunfähigkeitsbescheinigung des behandelnden Arztes. Nach § 5 EFZG bzw. § 3 LFZG ist der Arzt verpflichtet, dem Träger der gesetzlichen Krankenversicherung unverzüglich eine Bescheinigung über die Arbeitsunfähigkeit mit Angaben über den Befund und die voraussichtliche Dauer zuzuleiten; nach Ablauf der vermuteten Erkrankungsdauer stellt der Arzt bei Weiterbestehen der Arbeitsunfähigkeit eine Fortsetzungsbescheinigung aus. Das Vorliegen einer Krankheit allein ist für die statistische Erhebung nicht hinreichend – entscheidend ist die Feststellung des Arztes, dass der Arbeitnehmer aufgrund des konkret vorliegenden Krankheitsbildes daran gehindert ist, seine Arbeitsleistung zu erbringen (§ 3 EFZG). Der arbeitsunfähig schreibende Arzt einerseits und der ausgeübte Beruf andererseits spielen daher für Menge und Art der AU-Fälle eine nicht unbedeutende Rolle.

Voraussetzung für die statistische Erfassung eines AU-Falles ist somit im Normalfall das Vorliegen einer AU-Bescheinigung. Zu berücksichtigen sind jedoch auch Fälle von Arbeitsunfähigkeit, die der Krankenkasse auf andere Weise als über die AU-Bescheinigung bekannt werden – beispielsweise Meldungen von Krankenhäusern über eine stationäre Behandlung. Nicht berücksichtigt werden solche AU-Fälle, für die die Krankenkasse nicht Kostenträger ist, aber auch Fälle mit einem Arbeitsunfall oder einer Berufskrankheit, für die der Träger der Unfallversicherung das Heilverfahren

nicht übernommen hat. Ebenfalls nicht erfasst werden Fälle, bei denen eine andere Stelle wie z. B. die Rentenversicherung ein Heilverfahren ohne Kostenbeteiligung der Krankenkasse durchführt. Die Lohnfortzahlung durch den Arbeitgeber wird allerdings nicht als Fall mit anderem Kostenträger gewertet, sodass AU-Fälle sowohl den Zeitraum der Lohnfortzahlung als auch den Zeitraum umfassen, in dem der betroffene Arbeitnehmer Krankengeld bezogen hat.

Fehlen am Arbeitsplatz während der Mutterschutzfristen ist kein Arbeitsunfähigkeitsfall im Sinne der Statistik, da Mutterschaft keine Krankheit ist. AU-Zeiten, die aus Komplikationen während einer Schwangerschaft oder bei der Geburt entstehen, werden jedoch berücksichtigt, soweit sich dadurch die Freistellungsphase um den Geburtstermin herum verlängert.

Aus dem Erhebungstatbestand Arbeitsunfähigkeit folgt die Begrenzung des erfassbaren Personenkreises. In der Statistik werden daher nur die AU-Fälle von Pflicht- und freiwilligen Mitgliedern mit einem Krankengeldanspruch berücksichtigt. Mitversicherte Familienangehörige und Rentner sind definitionsgemäß nicht versicherungspflichtig beschäftigt, sie können somit im Sinne des Krankenversicherungsrechts nicht arbeitsunfähig krank sein.

Da die statistische Erfassung der Arbeitsunfähigkeit primär auf die AU-Bescheinigung des behandelnden Arztes abgestellt ist, können insbesondere bei den Kurzzeitarbeitsunfähigkeiten Untererfassungen auftreten. Falls während der ersten drei Tage eines Fernbleibens von der Arbeitsstelle wegen Krankheit dem Arbeitgeber (aufgrund gesetzlicher oder tarifvertraglicher Regelungen ) keine AU-Bescheinigung vorgelegt werden muss, so erhält die Krankenkasse nur in Ausnahmefällen Kenntnis von der Arbeitsunfähigkeit. Andererseits bescheinigt der Arzt nur die voraussichtliche Dauer der Arbeitsunfähigkeit; tritt jedoch vorher wieder Arbeitsfähigkeit ein, erhält auch in diesen Fällen die Krankenkasse nur selten eine Meldung. Gehen AU-Bescheinigungen bei den Krankenkassen nicht zeitgerecht ein, so kann es zu einer Nichtberücksichtigung bei der Berechnung des Krankenstandes kommen, da die Ermittlung des Krankenstandes in der Regel schon eine Woche nach dem Stichtag erfolgt.

Der AU-Fall wird zeitlich in gleicher Weise abgegrenzt wie der Versicherungsfall im rechtlichen Sinn. Demnach sind mehrere mit Arbeitsunfähigkeit verbundene Erkrankungen, die als ein Versicherungsfall gelten, auch als ein AU-Fall zu zählen. Der Fall wird abgeschlossen, wenn ein anderer Kostenträger (z. B. die Rentenversicherung) ein Heilverfahren durchführt; besteht anschließend weiter Arbeitsunfähigkeit, wird ein neuer Leistungsfall gezählt. Der AU-Fall wird statistisch in dem Jahr berücksichtigt, in dem er abgeschlossen wird; diesem Jahr werden alle Tage des Falles zugeordnet, auch wenn sie kalendermäßig teilweise im Vorjahr lagen.

## 23.3    Entwicklung des Krankenstandes

Der Krankenstand hat sich gegenüber den 1970er und 1980er Jahren deutlich reduziert. Er befindet sich derzeit auf einem Niveau, das seit Einführung der Lohnfortzahlung für Arbeiter im Jahr 1970 noch nie unterschritten wurde. Zeiten vor 1970 sind nur bedingt vergleichbar, da durch eine andere Rechtsgrundlage bezüglich der Lohnfortzahlung und des Bezugs von Krankengeld auch andere Meldewege und Erfassungsmethoden angewandt wurden. Der Krankenstand kann aufgrund seiner Erhebungsmethode in Form der Stichtagsbetrachtung nur bedingt ein zutreffendes Ergebnis zur absoluten Höhe der Ausfallzeiten wegen Krankheit liefern. Die zwölf Monatsstichtage betrachten nur jeden 30. Kalendertag, sodass z. B. eine Grippewelle möglicherweise nur deswegen nicht erfasst wird, weil sie

zufällig in den Zeitraum zwischen zwei Stichtage fällt. Saisonale Schwankungen ergeben sich nicht nur aus den Jahreszeiten heraus, auch ist zu berücksichtigen, dass Stichtage auf Sonn- und Feiertage fallen können, sodass eine beginnende Arbeitsunfähigkeit erst einen Tag später festgestellt werden würde (◨ Abb. 23.1).

Die Krankenstände der einzelnen Kassenarten unterscheiden sich zum Teil erheblich. Die Ursachen dafür dürften in den unterschiedlichen Mitgliederkreisen bzw. deren Berufs- und Alters- sowie Geschlechtsstrukturen liegen. In den weiteren Beiträgen des vorliegenden Fehlzeiten-Reports wird für die Mitglieder der AOKs ausführlich auf die unterschiedlichen Fehlzeitenniveaus der einzelnen Berufsgruppen und Branchen eingegangen. Ein anderes Berufsspektrum bei den Mitgliedern einer anderen Kassenart führt somit auch automatisch zu einem abweichenden Krankenstandsniveau bei gleichem individuellen, berufsbedingten Krankheitsgeschehen der Mitglieder (◨ Abb. 23.2).

Durch Fusionen bei den Krankenkassen reduziert sich auch die Zahl der Verbände. So haben sich zuletzt die Verbände der Arbeiterersatzkassen und der Angestellten- Krankenkassen zum Verband der Ersatzkassen e.V. (vdek) zusammengeschlossen.

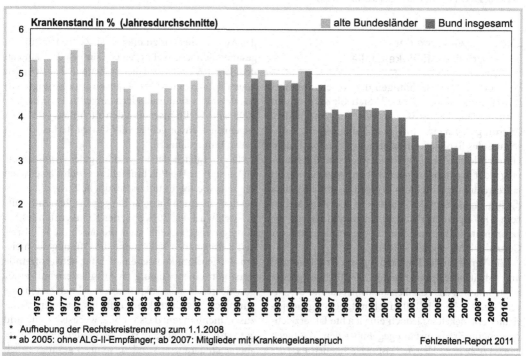

◨ **Abb. 23.1** Entwicklung des Krankenstandes 1975–2010

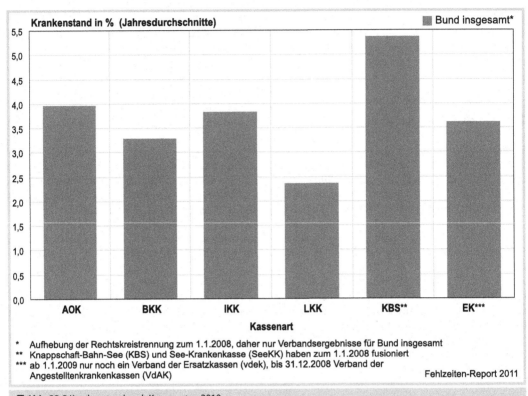

**Krankenstand in % (Jahresdurchschnitte)**  ▦ Bund insgesamt*

*   Aufhebung der Rechtskreistrennung zum 1.1.2008, daher nur Verbandsergebnisse für Bund insgesamt
**  Knappschaft-Bahn-See (KBS) und See-Krankenkasse (SeeKK) haben zum 1.1.2008 fusioniert
*** ab 1.1.2009 nur noch ein Verband der Ersatzkassen (vdek), bis 31.12.2008 Verband der
    Angestelltenkrankenkassen (VdAK)

Fehlzeiten-Report 2011

◻ **Abb. 23.2** Krankenstand nach Kassenarten 2010

## 23.4 Entwicklung der Arbeitsunfähigkeitsfälle

Durch die Totalauszählungen der Arbeitsunfähigkeitsfälle im Rahmen der GKV-Statistik KG2 werden die o. a. Mängel einer Stichtagserhebung vermieden. Allerdings kann eine Totalauszählung erst nach Abschluss des Beobachtungszeitraums, d. h. nach dem Jahresende erfolgen. Die Meldewege und die Nachrangigkeit der statistischen Erhebung gegenüber dem Jahresrechnungsabschluss bringen es mit sich, dass die Ergebnisse der GKV-Statistik KG2 erst im August vom GKV-Spitzenverband zu einem Bundesergebnis zusammengeführt und dem Bundesministerium für Gesundheit übermittelt werden.

Ein Vergleich der Entwicklung von Krankenstand und Arbeitsunfähigkeitstagen je 100 Pflichtmitglieder zeigt, dass sich das Krankenstandsniveau und das Niveau der AU-Tage je 100 Pflichtmitglieder gleichgerichtet entwickelt, es jedoch eine leichte Unterzeichnung beim Krankenstand gegenüber den AU-Tagen gibt (◻ Abb. 23.3). Hieraus lässt sich schließen, dass der Krankenstand als Frühindikator für die Entwicklung

des AU-Geschehens zu nutzen ist. Zeitreihen für das gesamte Bundesgebiet liegen erst für den Zeitraum ab dem Jahr 1991 vor, da zu diesem Zeitpunkt auch in den neuen Bundesländern das Krankenversicherungsrecht aus den alten Bundesländern eingeführt wurde. Seit 1995 wird Berlin insgesamt den alten Bundesländern zugeordnet, zuvor gehörte der Ostteil Berlins zu den neuen Bundesländern.

Der Vergleich der Entwicklung der Arbeitsunfähigkeitstage je 100 Pflichtmitglieder nach Kassenarten zeigt, dass es recht unterschiedliche Entwicklungen bei den einzelnen Kassenarten gegeben hat. Am deutlichsten wird der Rückgang des Krankenstandes bei den Betriebskrankenkassen, die durch die Wahlfreiheit zwischen den Kassen und die Öffnung der meisten Betriebskrankenkassen auch für betriebsfremde Personen einen Zugang an Mitgliedern mit einer günstigeren Risikostruktur zu verzeichnen hatten. Die günstigere Risikostruktur dürfte insbesondere damit zusammenhängen, dass mobile, wechselbereite und gut verdienende jüngere Personen Mitglieder wurden, aber auch daran, dass andere, weniger gesundheitlich gefährdete Berufsgruppen jetzt die Möglichkeit haben,

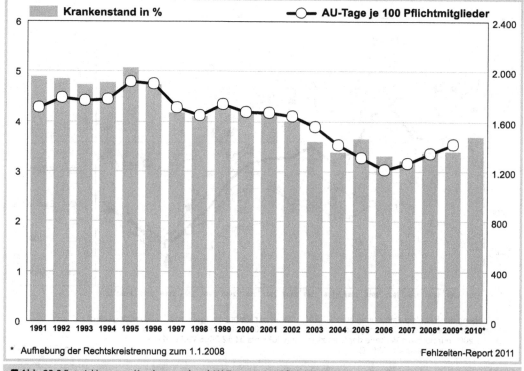

**Abb. 23.3** Entwicklung von Krankenstand und AU-Tagen je 100 Pflichtmitglieder 1991–2010

sich bei Betriebskrankenkassen mit einem günstigen Beitragssatz zu versichern. Auch bei der IKK ging der Krankenstand zurück: Eine Innungskrankenkasse hatte aufgrund ihres günstigen Beitragssatzes in den Jahren von 2003 bis 2008 einen Zuwachs von über 500.000 Mitgliedern, davon allein fast 475.000 Pflichtmitglieder mit einem Entgeltfortzahlungsanspruch von sechs Wochen. Durch diese Kasse mit einem durchschnittlichen Krankenstand von 1,49 Prozent im Jahr 2007 und einem Anteil von fast 17 Prozent der Pflichtmitglieder mit einem Entgeltfortzahlungsanspruch von sechs Wochen in diesem Zeitraum reduzierte sich der Krankenstand der Innungskrankenkassen insgesamt deutlich. Am ungünstigsten verlief die Entwicklung bei den Angestellten-Ersatzkassen (EKAng), die nach einer Zwischenphase mit höheren AU-Tagen je 100 Pflichtmitglieder im Jahr 2006 wieder das Niveau von 1991 erreicht hatten, dem Jahr, in dem diese Kassenart den günstigsten Krankenstand melden konnte. In den Jahren seit 2007 folgen aber auch die Angestellten-Ersatzkassen dem allgemeinen Trend des Anstiegs der AU-Tage je Mitglied, der bei allen Kassenarten zu beobachten ist (◘ Abb. 23.4).

Insgesamt hat sich die Bandbreite der gemeldeten AU-Tage je 100 Pflichtmitglieder zwischen den verschiedenen Kassenarten deutlich reduziert. Im Jahr 1991 wiesen die Betriebskrankenkassen noch 2.275 AU-Tage je 100 Pflichtmitglieder aus, während die Angestelltenersatzkassen nur 1.217 AU-Tage je 100 Pflichtmitglieder meldeten – dies ist eine Differenz von über 1.000 AU-Tage je 100 Pflichtmitglieder. Im Jahr 2008 hat sich diese Differenz zwischen der ungünstigsten und der günstigsten Kassenart auf unter 300 AU-Tage je 100 Pflichtmitglieder reduziert, für das Jahr 2009 ergibt sich eine Spannbreite von 354 AU-Tagen je 100 Pflichtmitglieder. Lässt man die beiden Sondersysteme KBS (Knappschaft) und Seekrankenkasse unberücksichtigt, so reduziert sich die Differenz zwischen den Ersatzkassen mit 1.454,6 AU-Tagen je 100 Pflichtmitglieder und den Betriebskrankenkassen mit 1.353,4 AU-Tagen je 100 Pflichtmitglieder auf gerade 111 AU-Tage je 100 Pflichtmitglieder und damit auf weniger als 10 Prozent des Wertes von 1991.

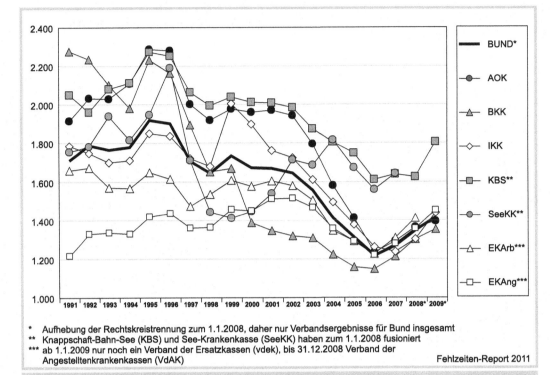

Fehlzeiten-Report 2011

* Aufhebung der Rechtskreistrennung zum 1.1.2008, daher nur Verbandsergebnisse für Bund insgesamt
** Knappschaft-Bahn-See (KBS) und See-Krankenkasse (SeeKK) haben zum 1.1.2008 fusioniert
*** ab 1.1.2009 nur noch ein Verband der Ersatzkassen (vdek), bis 31.12.2008 Verband der
    Angestelltenkrankenkassen (VdAK)

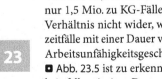 **Abb. 23.4** Arbeitsunfähigkeitstage je 100 Pflichtmitglieder nach Kassenarten 1991–2009

## 23.5 Dauer der Arbeitsunfähigkeitsfälle

In der Statistik KG8 wird auch die Dauer der einzelnen Arbeitsunfähigkeitsfälle – teilweise stichprobenartig – erfasst. Aus der Schlüsselung der Arbeitsunfähigkeitsfälle nach der Statistik KG2 mit der Struktur der Falldauer aus der Statistik KG8 lässt sich eine Schichtung der Arbeitsunfähigkeitstage nach Dauer errechnen. Der Anteil der kumulierten Arbeitsunfähigkeitstage an den Arbeitsunfähigkeitstagen insgesamt nach Falldauer wird in **Abb. 23.5** dargestellt.

Von Relevanz ist hierbei eine Dauer von sechs Wochen bzw. 42 Tagen, da bis zu diesem Zeitpunkt die Entgeltfortzahlung anhält. Anschließend ist von den Krankenkassen in der Regel Krankengeld zu zahlen. Von den 32,5 Mio. AU-Fällen wurden im Jahr 2008 nur 1,5 Mio. zu KG-Fällen. Allerdings spiegelt dieses Verhältnis nicht wider, welche Bedeutung die Langzeitfälle mit einer Dauer von mehr als 42 Tagen für das Arbeitsunfähigkeitsgeschehen insgesamt haben. Aus **Abb. 23.5** ist zu erkennen, dass die Arbeitsunfähigkeitsfälle mit einer Dauer von bis zu sechs Wochen nur einen Anteil von zwischen 52 und 60 Prozent an den

Arbeitsunfähigkeitstagen insgesamt ausmachen; eine Ausnahme sind die LKKn mit 72 Prozent. Diese Quoten decken sich nicht mit dem Verhältnis von Krankengeld- und Arbeitsunfähigkeitstagen, da auch Langzeitfälle zu Beginn die sechswöchige Entgeltfortzahlungsphase haben.

Ein Vergleich von Arbeitsunfähigkeitstagen je 100 Pflichtmitglieder nach Altersgruppen wird in **Abb. 23.6** dargestellt. Es zeigt sich eine deutliche Abhängigkeit zwischen der Häufigkeit der Arbeitsunfähigkeitstage und dem Alter der Mitglieder. Auffällig sind die beiden Grenzbereiche. Ist der geringe Wert bei der Altersgruppe unter 15 Jahre noch mit der geringen Besetzung dieser Altersgruppe und den daraus folgenden besonderen Rahmenbedingungen zu erklären, scheint der relativ hohe Wert bei den 15- bis unter 20-Jährigen von den spezifischen Berufen, die von dieser Altersgruppe erlernt oder ausgeübt werden, herzurühren. Der große Teil der Schüler vor dem Abitur und der Studenten, die später körperlich weniger belastende Berufe ausüben werden, sind in dieser Altersphase noch als Familienangehörige versichert, Arbeitsunfähigkeitstage fallen daher für sie statistisch nicht an. Bei der

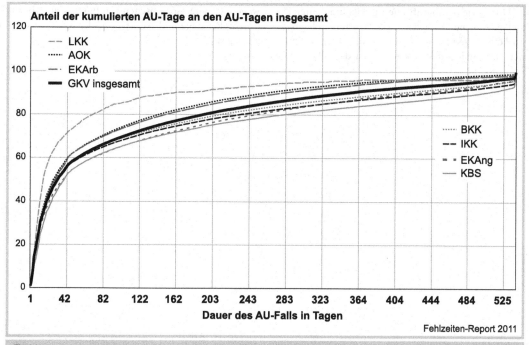

**◘ Abb. 23.5** Kumulierte Arbeitsunfähigkeitstage nach Falldauer 2008

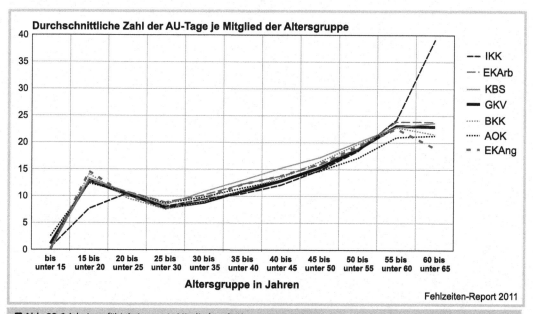

**◘ Abb. 23.6** Arbeitsunfähigkeitstage je Mitglied nach Altersgruppen 2008

Altersgruppe der 60- bis unter 65-Jährigen macht sich bemerkbar, dass gesundheitlich geschwächte Mitglieder in diesem Alter bereits durch Verrentung aus dem Erwerbsprozess ausgeschieden sind und somit Arbeitsunfähigkeitsfälle für diesen Personenkreis kaum mehr anfallen.

Durch die demografische Entwicklung einerseits und die Anhebung des Renteneintrittsalters andererseits wird diese Altersgruppe jedoch in Zukunft vermehrt erwerbstätig sein, sodass zu erwarten ist, dass allein schon wegen der altersspezifischen Häufigkeit der Arbeitsunfähigkeitstage in dieser Gruppe der Krankenstand steigen wird.

# Kapitel 24

# Betriebliches Gesundheitsmanagement und krankheitsbedingte Fehlzeiten in der Bundesverwaltung

V. Radunz, V. Kretschmer[1]

**Zusammenfassung.** *Der Beitrag fasst die Ergebnisse des aktuellen Gesundheitsförderungsberichts der unmittelbaren Bundesverwaltung zusammen. Er informiert im ersten Teil über die Praxis des Gesundheitsmanagements in Bundesbehörden und stellt im zweiten Teil die Ergebnisse der Fehlzeitenstatistik für das Jahr 2009 in der unmittelbaren Bundesverwaltung dar. Darin enthalten ist ein Vergleich mit den krankheitsbedingten Fehlzeiten in der Wirtschaft auf der Basis der jährlichen AOK-Erhebung zum Krankenstand. In einem weiteren Teil des Beitrags wird von den Erfahrungen in Bundesbehörden mit dem Betrieblichen Eingliederungsmanagement und den Ergebnissen einer Mitarbeiterbefragung innerhalb des Projektes „Kompetenz. Gesundheit. Arbeit" der Unfallkasse des Bundes berichtet.*

## 24.1 Einführung

Das Bundesministerium des Innern (BMI) erstellt auf der Grundlage eines Kabinettbeschlusses vom 14. Januar 1997 jährlich einen Gesundheitsförderungsbericht (Bundesministerium des Innern 2010a). Der Bericht ist Bestandteil der Initiative der Bundesregierung und der Gewerkschaften für sichere und gesunde Arbeitsbedingungen in der Bundesverwaltung. Darüber hinaus hat die Bundesregierung mit dem am 18. August 2010 beschlossenen Modernisierungsprogramm „Vernetzte und transparente Verwaltung" neue Impulse für die betriebliche Gesundheitspolitik in den Behörden gegeben (Bundesministerium des Innern 2010b).

Das Ziel beider Initiativen ist es, die Sicherheit und Gesundheit der Beschäftigten des Bundes für einen leistungsfähigen öffentlichen Dienst zu erhalten und zu fördern. Dafür soll die systematische Betriebliche Gesundheitsförderung in den Ressorts verstärkt und das Gesundheitsmanagement als zentrales Instrument einer wirksamen betrieblichen Gesundheitspolitik etabliert werden. Es verbindet den Arbeitsschutz mit Maßnahmen zur Gesundheitsförderung, der betrieblichen Eingliederung nach längerer Erkrankung und des Personalmanagements. Bis 2013 soll Gesundheitsmanagement in die Personal- und Organisationsentwicklung der Behörden eingebettet werden.

Für Bundesbehörden sind die Analysen und Praxisbeispiele des Berichts eine Hilfe für eine bessere betriebliche Gesundheitspolitik. Die Fehlzeitenquote allein hat für Behörden keinen Aussagewert. Entscheidend ist, dass Behörden ihre Analyse in ein ganzheitliches Konzept des Betrieblichen Gesundheitsmanagements

---

[1] Die Verfasserinnen haben den Beitrag im Rahmen ihrer Tätigkeit im Bundesministerium des Innern, zuständig für die Fehlzeitenstatistik und das Gesundheitsmanagement in der unmittelbaren Bundesverwaltung, erstellt.

einbinden, um gezielter nach den Ursachen arbeitsbedingter Erkrankungen in den Behörden forschen und
geeignete Maßnahmen des Arbeits- und Gesundheitsschutzes treffen zu können. Dazu trägt der Gesundheitsförderungsbericht bei.

## 24.2 Praxis des Gesundheitsmanagements in der Bundesverwaltung

### 24.2.1 Verankerung von BGM-Strukturen in den Behörden

Im Juni 2010 befragte das BMI die Behörden der unmittelbaren Bundesverwaltung zum Stand der Einführung
eines Gesundheitsmanagements. Insgesamt nahmen 177
Behörden und Dienststellen an der freiwilligen Online-
Befragung teil. Diese Behörden und Dienststellen re-
präsentieren mit insgesamt rd. 179.000 Beschäftigten ca.
64 Prozent des Personals der unmittelbaren Bundesverwaltung. Gefragt wurde u. a. nach den konzeptionellen
Grundlagen, der Organisation, der Evaluation und den
Ressourcen des Gesundheitsmanagements.

Zusammenfassend verdeutlichen die Ergebnisse der
Befragung das Verbesserungspotenzial der betrieblichen
Arbeitsschutz- und Gesundheitspolitik in Behörden der
unmittelbaren Bundesverwaltung. Dazu gehören die
obersten Bundesbehörden (Ministerien) einschließlich
ihrer Geschäftsbereichsbehörden.

- Maßnahmen der Betrieblichen Gesundheitsförderung werden nur in einem Drittel der Behörden
  systematisch geplant, umgesetzt, kontrolliert und
  verbessert.
- Weniger als die Hälfte der Behörden verfügt über
  konzeptionelle Grundlagen oder die notwendigen
  finanziellen bzw. personellen Ressourcen zur Einführung eines Gesundheitsmanagements.
- Lediglich die Hälfte der Behörden vernetzt die Gesundheitsförderung mit Aufgaben des Betrieblichen
  Eingliederungsmanagements und des Arbeitsschutzes.

### 24.2.2 Zur Praxis des Betrieblichen Eingliederungsmanagements

Eine feste Säule der betrieblichen Gesundheitspolitik
ist das Eingliederungsmanagement (BEM). Seit 2004
sind auch öffentliche Arbeitgeber gesetzlich verpflichtet,
Verantwortung für die Gesundheit ihrer Beschäftigten zu übernehmen und sie nach langer oder häufiger

Krankheit bei der Rückkehr in den Arbeitsprozess zu
unterstützen (§ 84 Sozialgesetzbuch IX). Mit BEM soll
die Arbeitsunfähigkeit von Beschäftigten überwunden,
erneuter Arbeitsunfähigkeit vorgebeugt und der Arbeitsplatz von Betroffenen erhalten bleiben.

Wie das Betriebliche Eingliederungsmanagement in
der Bundesverwaltung verankert ist, zeigen die Ergebnisse der unter ▶ Abschn. 24.2.1 genannten Befragung
zur Praxis des Gesundheitsmanagements. Die Mehrzahl
der Behörden schätzt BEM als akzeptiertes Hilfsangebot
zur Überwindung der Arbeitsunfähigkeit der Beschäftigten (◘ Abb. 24.1). BEM ist aus Sicht der Behörden
eine Möglichkeit, bessere Arbeitsbedingungen zu schaffen. Ein geringerer Teil der Behörden gibt an, mit BEM
eine höhere Mitarbeiterzufriedenheit zu erzielen oder
nachhaltig eine Präventionskultur in der Behörde zu
verankern. Eine Senkung des Krankenstandes erreichen
nach eigener Einschätzung nur wenige Behörden mit
einem BEM-Verfahren.

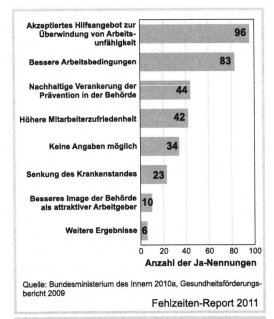

Quelle: Bundesministerium des Innern 2010a, Gesundheitsförderungsbericht 2009

Fehlzeiten-Report 2011

◘ **Abb. 24.1** Ergebnisse des Betrieblichen Eingliederungsmanagements (BEM) in Bundesbehörden (Werte bezogen
auf 151 Behörden/Dienststellen mit BEM)

Die **Akzeptanz** von BEM in den Behörden ist jedoch
unterschiedlich ausgeprägt. Wie ◘ Abb. 24.2 zeigt, gibt
die Mehrzahl der Behörden an, dass BEM bei den Lei-
tern der Behörden, den unmittelbaren Vorgesetzten
und der Personalvertretung eine hohe bzw. sehr hohe
Akzeptanz hat. Dagegen schätzen sie die Akzeptanz
bei den Beschäftigten wesentlich geringer ein. Rund

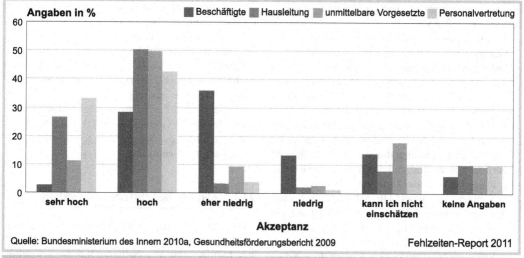

**Abb. 24.2** Akzeptanz des Betrieblichen Eingliederungsmanagements (BEM) bei verschiedenen

50 Prozent der Behörden geben an, dass die Akzeptanz bei den Beschäftigten eher niedrig ist. Lediglich rd. 30 Prozent bewerten die Akzeptanz als hoch.

Unterstrichen wird diese Einschätzung zur Akzeptanz von der noch relativ geringen Anzahl von Beschäftigten, die einem angebotenen BEM-Verfahren zustimmten. Die Zustimmungsquote in den Behörden liegt überwiegend unter 30 Prozent. Nur bei rd. 15 Prozent der befragten Behörden mit einem Eingliederungsmanagement erreicht die Zustimmungsquote über 50 Prozent.

Die Ergebnisse der Befragung weisen darauf hin, dass die Potenziale eines BEM in der Bundesverwaltung noch nicht voll ausgeschöpft werden. Um Beschäftigte vom Nutzen eines Eingliederungsmanagements zu überzeugen, ist ein systematisches Verfahren notwendig, dem die Betroffenen vertrauen und das von gegenseitigem Respekt, Fairness und Wertschätzung geprägt ist. Das verlangt besondere Sensibilität und soziale Kompetenz aller Verantwortlichen in einer Behörde.

Folgende Aspekte der Organisation und Durchführung von BEM sollen daher künftig stärker in den Bundesbehörden berücksichtigt werden:

- **Information**: Ziele, Inhalte und der Ablauf eines BEM sollten aktiv in einer Behörde kommuniziert werden, damit möglichst viele betroffene Beschäftigte das Angebot wahrnehmen. Positive Eingliederungsbeispiele überzeugen.
- **Schulung**: Beteiligte sollten zur Vorbereitung auf die Gespräche mit betroffenen Beschäftigten geschult werden. Darüber hinaus benötigen Führungskräfte Informationen über ihre Rolle im BEM-Verfahren.

- **Evaluation**: BEM als Managementprozess beginnt bei der Analyse der Fehlzeiten in einer Behörde und schließt mit der Frage, ob mit BEM verbundene Ziele in der Behörde erreicht wurden. Ohne eine regelmäßige Evaluation des Prozesses kann BEM nicht verbessert und weiterentwickelt werden.
- **Vernetzung**: BEM ist Teil der Gesamtkonzeption des betrieblichen Arbeits- und Gesundheitsschutzes in einer Behörde. Von einer stärkeren Vernetzung der internen und externen Partner der Gesundheitsförderung und des Arbeitsschutzes profitieren alle Beteiligten.

### 24.2.3 Perspektivwechsel: Was sagen Beschäftigte?

Die Unfallkasse des Bundes (UK Bund) hat im Projekt „KoGA – Kompetenz. Gesundheit. Arbeit." eine Mitarbeiterbefragung für den Bundesdienst entwickelt. Die wissenschaftlich geprüfte und im Bundesdienst erprobte Befragung steht allen Bundesbehörden zur Verfügung. In den vergangenen zwei Jahren wurden mit ihrer Hilfe rd. 2.800 Beschäftigte von zwei obersten Bundesbehörden und fünf Geschäftsbereichsbehörden befragt, was den größten Einfluss auf ihre Gesundheit und Arbeitszufriedenheit hat und wo Stärken und Entwicklungspotenziale für die Behörde bestehen.

Die Gesamtauswertung der Befragungen macht deutlich, dass sich die Bedürfnisse der Beschäftigten weniger auf klassische Maßnahmen zur Gesundheitsförderung richten, sondern vielmehr auf die Arbeitsbedingungen. Zusammenfassend können folgende Aussagen getroffen werden:

– **Was hält gesund?** Den größten Einfluss auf die Gesundheit bei der Arbeit haben die sozialen Beziehungen am Arbeitsplatz, also das Klima und die Zusammenarbeit im Team, das Führungsverhalten und die im Betrieb gelebten Werte. Hinzu kommt vor allem der Einfluss durch den Charakter der Arbeit, d. h. durch die damit verbundenen körperlichen Belastungen, die in den meisten Fällen auf die einseitige Belastung durch Bildschirmtätigkeit zurückzuführen sind, und durch die Aufgabe selbst, z. B. durch Über- oder Unterforderung.

– **Was macht zufrieden?** Die Arbeitszufriedenheit wird von ähnlichen Faktoren beeinflusst, wie die Gesundheit. Beschäftigte sind zufriedener, wenn sie angemessen gefordert werden und einer verantwortungsvollen Tätigkeit nachgehen. Ihre Arbeit zeichnet sich u. a. durch eine angemessene Aufgabenvielfalt und ein intaktes soziales betriebliches Umfeld aus.

Die gesamten Ergebnisse der Befragung sowie Hinweise für Behörden für die Durchführung von Mitarbeiterbefragungen hat die UK Bund in der Broschüre „Gute Fragen für mehr Gesundheit" veröffentlicht. Eine Vielzahl von Bundesbehörden wird von der UK Bund bei der Implementierung eines Betrieblichen Gesundheitsmanagements begleitet.

## 24.3 Überblick über die krankheitsbedingten Fehlzeiten im Jahr 2009

### 24.3.1 Methodik der Datenerfassung

Die Fehlzeitenstatistik der unmittelbaren Bundesverwaltung stellt sämtliche Tage dar, an denen Beschäftigte im Laufe eines Jahres aufgrund einer Erkrankung, eines Unfalls oder einer Rehabilitationsmaßnahme arbeitsunfähig sind. Krankheitstage, die auf Wochenenden oder Feiertage fallen, sowie Abwesenheiten durch Elternzeit, Fortbildungen oder Urlaub werden darin nicht berücksichtigt.

Erfasst werden dabei die krankheitsbedingten Fehltage von Beamten (einschließlich Richter, Anwärter) sowie von Tarifbeschäftigten (einschließlich Auszubildende). Nicht berücksichtigt werden die Fehltage von Soldaten, von Praktikanten und von Beschäftigten, die vom Dienst freigestellt oder beurlaubt sind oder sich im Mutterschutz befinden.

Die Bundesverwaltung ermittelt die Fehlzeiten differenziert nach Dauer der Erkrankung, Alter, Geschlecht, Laufbahngruppen (einfacher, mittlerer, gehobener, höherer Dienst), Statusgruppen (Beamte, Tarifbeschäftigte, Auszubildende und Anwärter) sowie nach Behördenzugehörigkeit (oberste Bundesbehörde/ Geschäftsbereichsbehörden)[2].

Aussagen über die Ursachen von Erkrankungen können nicht getroffen werden, da die Arbeitsunfähigkeitsbescheinigungen der Beschäftigten an den Arbeitgeber keine Diagnosen enthalten.

### 24.3.2 Allgemeine Fehlzeitenentwicklung

Für das Jahr 2009 wurden von den Bundesbehörden die krankheitsbedingten Fehlzeiten von insgesamt 267.097 Beschäftigten der unmittelbaren Bundesverwaltung gemeldet (ohne Soldaten). Davon arbeiteten rd. 8,7 Prozent in den 22 obersten Bundesbehörden (insbesondere Ministerien) und 91,3 Prozent in Geschäftsbereichsbehörden.

Im Jahr 2009 lag der Durchschnitt der krankheitsbedingten Fehltage in der unmittelbaren Bundesverwaltung bei 17,76 Arbeitstagen je Beschäftigtem. Das sind 7,08 Prozent der gesamten 251 Arbeitstage. ◘ Tab. 24.1 zeigt die Entwicklung der Fehlzeiten in der unmittelbaren Bundesverwaltung von 1998 bis 2009. In diesem Zeitraum bewegt sich die Zahl der krankheitsbedingten Fehltage zwischen 15,37 und 17,76 Tagen. Von 1999 bis 2004 ging die Zahl der krankheitsbedingten Fehltage kontinuierlich zurück. Nach einem leichten Anstieg im Jahr 2005 erreichte der Krankenstand 2006 seinen Tiefststand. Seitdem steigen die Fehltage je Beschäftigtem wieder an und erreichen im Jahr 2009 den höchsten Wert seit 1998. Die Fehlzeiten in der unmittelbaren Bundesverwaltung sind im Jahr 2009 um 1,42 Fehltage und damit um 0,57 Prozentpunkte angestiegen. Als Ursache für den Anstieg der Fehlzeiten wird vor allem die Zunahme von Fehltagen durch längere Erkrankungen (vier bis 30 Tage) und Langzeiterkrankungen (über 30 Tage) von Beschäftigten gesehen. Diese Entwicklung entspricht dem ebenfalls wellenförmigen Auf und Ab der Fehlzeiten in der Wirtschaft. Belastbare Ursachenannahmen für diese Entwicklung lassen sich nicht feststellen.

---

2 Auf eine Differenzierung nach Statusgruppen und Behördenzugehörigkeit wird im Folgenden verzichtet, da sie für den Vergleich mit den AOK-Daten nicht relevant ist.

◘ **Tab. 24.1** Fehlzeitenentwicklung in der unmittelbaren Bundesverwaltung 1998 bis 2009

|  | Durchschnittliche Fehltage je Beschäftigten | Fehlzeitenquote in % |
|---|---|---|
| 1998 | 16,38 | 6,53 |
| 1999 | 16,93 | 6,75 |
| 2000 | 16,77 | 6,68 |
| 2001 | 16,39 | 6,53 |
| 2002 | 16,21 | 6,46 |
| 2003 | 15,74 | 6,27 |
| 2004 | 15,56 | 6,20 |
| 2005 | 15,95 | 6,35 |
| 2006 | 15,37 | 6,12 |
| 2007 | 15,73 | 6,27 |
| 2008 | 16,34 | 6,51 |
| 2009 | 17,76 | 7,08 |

Quelle: Bundesministerium des Innern 2010a, Gesundheitsförderungsbericht 2009

Fehlzeiten-Report 2011

◘ **Tab. 24.2** Verteilung der Fehltage nach der Dauer der Erkrankung von 1998 bis 2009 in Prozent

|  | 1–3 Tage | Erkrankungen ab 4 Tage | Reha-Maßnahmen |
|---|---|---|---|
| 1998 | 11,3 | 86,8 | 1,9 |
| 1999 | 11,3 | 86,6 | 2,1 |
| 2000 | 12,0 | 85,3 | 2,7 |
| 2001 | 12,5 | 84,8 | 2,7 |

|  | 4–30 Tage | über 30 Tage |  |
|---|---|---|---|
| 2002 | 13,2 | 52,6 | 31,7 | 2,5 |
| 2003 | 14,0 | 52,0 | 31,4 | 2,5 |
| 2004 | 14,8 | 51,7 | 31,2 | 2,3 |
| 2005 | 14,7 | 53,1 | 30,0 | 2,2 |
| 2006 | 15,8 | 51,9 | 30,3 | 2,0 |
| 2007 | 16,0 | 51,2 | 30,8 | 2,0 |
| 2008 | 16,2 | 49,9 | 31,8 | 2,1 |
| 2009 | 15,7 | 49,7 | 32,7 | 1,8 |

Quelle: Bundesministerium des Innern 2010a, Gesundheitsförderungsbericht 2009

Fehlzeiten-Report 2011

## 24.3.3 Kurz- und Langzeiterkrankungen

Bei der Erhebung der Fehlzeiten differenziert der Gesundheitsförderungsbericht nach Kurzzeiterkrankungen (1–3 Arbeitstage), längeren Erkrankungen (4–30 Arbeitstage) und Langzeiterkrankungen über 30 Arbeitstage.

Im Jahr 2009 lag der Schwerpunkt der Fehltage – wie in den Vorjahren – bei Erkrankungen von mehr als drei Tagen (82,4 Prozent: davon 49,7 Prozent längere Erkrankungen und 32,7 Prozent Langzeiterkrankungen). Rund 15,7 Prozent der Fehltage fielen auf Erkrankungen von einem bis drei Tagen. Mit einem Anteil von 1,8 Prozent spielten Rehabilitationsmaßnahmen nur eine geringe Rolle. Wie anhand von ◘ Tab. 24.2 zu erkennen ist, hat sich diese Verteilung der Fehltage von 1998 bis 2009 nicht wesentlich verändert.

Seit 2005 geht der Anstieg der Fehlzeiten vor allem auf eine Zunahme von Fehltagen durch längere Erkrankungen kontinuierlich zurück. Längere Erkrankungen haben sich 2009 im Vergleich zum Vorjahr um 0,68 Tage pro Beschäftigtem erhöht. Langzeiterkrankungen sind um 0,61 Tage gestiegen.

## 24.3.4 Fehltage nach Geschlecht

Seit 2004 wird der Krankenstand in der Bundesverwaltung differenziert nach Geschlecht erhoben. Danach haben Frauen durchgängig etwas höhere Fehlzeiten als Männer (◘ Tab. 24.3).

◘ **Tab. 24.3** Fehltage nach Geschlecht von 2004 bis 2009

|  | Frauen | Männer | Insgesamt |
|---|---|---|---|
| 2004 | 16,64 | 15,15 | 15,56 |
| 2005 | 17,12 | 15,32 | 15,95 |
| 2006 | 16,54 | 14,74 | 15,37 |
| 2007 | 17,15 | 14,95 | 15,73 |
| 2008 | 17,44 | 15,74 | 16,34 |
| 2009 | 18,97 | 17,08 | 17,76 |

Quelle: Bundesministerium des Innern 2010a, Gesundheitsförderungsbericht 2009

Fehlzeiten-Report 2011

Die krankheitsbedingten Fehltage von Beschäftigten der Bundesverwaltung sind im Jahr 2009 bei den Frauen mit durchschnittlich 18,97 Fehltagen um etwa zwei Tage höher als bei den Männern (17,08 Fehltage). Beide Geschlechter sind im Krankheitsfall überwiegend zwischen vier und 30 Tage arbeitsunfähig. Der Anteil von Kurzzeiterkrankungen ist bei Frauen im Vergleich etwas größer, der Anteil von Langzeiterkrankungen fällt dagegen etwas geringer aus (◘ Tab. 24.4).

◼ **Tab. 24.4** Fehltage nach Dauer und Geschlecht 2009 (Angaben in %)

| Anteil Fehlzeiten | Kurzzeiterkrankungen (1–3 Tage) | Längere Erkrankungen (4–30 Tage) | Langzeiterkrankungen (über 30 Tage) | RehaMaßnahmen |
|---|---|---|---|---|
| Frauen | 17,2 | 49,9 | 30,8 | 2,1 |
| Männer | 14,8 | 49,8 | 33,9 | 1,7 |
| Insgesamt | 15,7 | 49,7 | 32,7 | 1,8 |

Quelle: Bundesministerium des Innern 2010a, Gesundheitsförderungsbericht 2009

Fehlzeiten-Report 2011

## 24.3.5 Fehltage nach Laufbahngruppen

Zu den wichtigsten Ergebnissen der Fehlzeitenstatistik der Bundesverwaltung zählt die Erkenntnis, dass die Zahl der Fehltage deutlich mit der Laufbahngruppenzugehörigkeit der Beschäftigten korreliert. Je höher die Laufbahngruppe, desto niedriger die Fehltage.

Zwischen den einzelnen Laufbahngruppen bestehen dabei erhebliche Unterschiede (◼ Tab. 24.5). Durchschnittlich fehlten die Beschäftigten der Bundesverwaltung im einfachen Dienst an 25,44, im mittleren Dienst an 20,72, im gehobenen Dienst an 14,83 und im höheren Dienst an 8,27 Arbeitstagen. Die Fehlzeiten im einfachen Dienst sind damit dreimal so hoch wie im höheren Dienst. Diese Entwicklung ist sowohl in den obersten Bundesbehörden als auch in den Geschäftsbereichsbehörden zu beobachten. Ursachen hierfür werden in der Altersstruktur des einfachen und mittleren Dienstes, den körperlich belastenderen Tätigkeiten, dem Zuschnitt des Arbeitsplatzes im Hinblick auf

Verantwortungsbereitschaft, der Identifikation mit den übertragenen Tätigkeiten sowie der Wertschätzung der Arbeit vermutet. Hinzu kommt häufig ein verbesserungsbedürftiges Führungsverhalten durch die jeweiligen Vorgesetzten.

## 24.3.6 Fehltage nach Status- und Behördengruppen

Mit Blick auf die Statusgruppen in der Bundesverwaltung nähern sich die durchschnittlichen Fehltage von Beamten dem Wert der Tarifbeschäftigten an. Dennoch gibt es Unterschiede, wie ◼ Tab. 24.6 zeigt. In obersten Bundesbehörden haben Beamte sowie Tarifbeschäftigte 2009 durchschnittlich weniger Fehltage als in Geschäftsbereichsbehörden. Während sich ihre Fehlzeiten dort in etwa gleichen, sind in obersten Bundesbehörden Tarifbeschäftigte rund vier Tage länger krank als Beamte.

## 24.3.7 Fehltage nach Alter

Die krankheitsbedingten Fehlzeiten der Beschäftigten nach Altersgruppen werden seit 2007 erfasst. Allerdings liegen nur für rd. 68 Prozent der Beschäftigten der unmittelbaren Bundesverwaltung Altersstrukturdaten vor. Der Geschäftsbereich des Bundesministeriums der Verteidigung wird in der folgenden Analyse nicht berücksichtigt. Auch wenn die Daten derzeit noch nicht voll übertragbar auf die gesamte Bundesverwaltung sind, werden doch Entwicklungstendenzen sichtbar.

◼ Abb. 24.3 zeigt, dass die krankheitsbedingten Fehltage der Beschäftigten der unmittelbaren Bundesver

◼ **Tab. 24.5** Durchschnittliche Fehltage nach Laufbahngruppen von 1998 bis 2009

| | Höherer Dienst | Gehobener Dienst | Mittlerer Dienst | Einfacher Dienst | Insgesamt |
|---|---|---|---|---|---|
| 1998 | 7,83 | 12,30 | 16,64 | 20,87 | 16,38 |
| 1999 | 7,83 | 12,49 | 17,50 | 21,43 | 16,93 |
| 2000 | 7,98 | 12,44 | 17,26 | 21,42 | 16,77 |
| 2001 | 7,51 | 11,99 | 17,33 | 20,46 | 16,39 |
| 2002 | 7,63 | 11,86 | 17,18 | 20,34 | 16,21 |
| 2003 | 7,29 | 11,66 | 17,02 | 19,24 | 15,74 |
| 2004 | 7,33 | 11,60 | 16,70 | 19,60 | 15,56 |
| 2005 | 7,82 | 12,28 | 17,59 | 19,61 | 15,95 |
| 2006 | 7,81 | 12,69 | 17,39 | 19,44 | 15,37 |
| 2007 | 7,88 | 13,13 | 17,89 | 21,08 | 15,73 |
| 2008 | 7,93 | 13,61 | 18,77 | 22,29 | 16,34 |
| 2009 | 8,27 | 14,83 | 20,72 | 25,44 | 17,76 |

Quelle: Bundesministerium des Innern 2010a, Gesundheitsförderungsbericht 2009

24

◼ **Tab. 24.6** Durchschnittliche Fehltage nach Status- und Behördengruppen von 1998 bis 2009

| | Tarifbeschäftigte | | | Beamte | | | Bundesver- waltung Insgesamt |
|---|---|---|---|---|---|---|---|
| | Oberste Bun- desbehörde | Geschäfts- bereichs- behörde | Gesamt | Oberste Bun- desbehörde | Geschäfts- bereichs- behörde | Gesamt | |
| 1998 | 15,92 | 16,39 | 16,35 | 11,02 | 13,83 | 13,56 | 16,38 |
| 1999 | 15,62 | 17,03 | 16,90 | 11,41 | 14,48 | 14,19 | 16,93 |
| 2000 | 16,26 | 16,77 | 16,73 | 11,09 | 14,38 | 14,07 | 16,78 |
| 2001 | 16,26 | 16,79 | 16,74 | 10,62 | 14,11 | 13,78 | 16,39 |
| 2002 | 16,11 | 16,33 | 16,31 | 11,29 | 14,16 | 13,89 | 16,21 |
| 2003 | 16,15 | 15,86 | 15,88 | 10,94 | 14,09 | 13,79 | 15,74 |
| 2004 | 15,73 | 15,16 | 15,20 | 11,21 | 14,27 | 14,00 | 15,67 |
| 2005 | 17,55 | 17,04 | 17,07 | 11,91 | 15,29 | 14,97 | 15,95 |
| 2006 | 15,92 | 16,03 | 16,03 | 11,72 | 15,77 | 15,39 | 15,37 |
| 2007 | 17,55 | 16,69 | 16,75 | 12,70 | 15,80 | 15,50 | 15,73 |
| 2008 | 17,46 | 17,06 | 17,08 | 13,10 | 16,67 | 16,32 | 16,34 |
| 2009 | 17,33 | 18,50 | 18,41 | 12,99 | 18,86 | 18,27 | 17,76 |

Quelle: Bundesministerium des Innern 2010a, Gesundheitsförderungsbericht 2009

Fehlzeiten-Report 2011

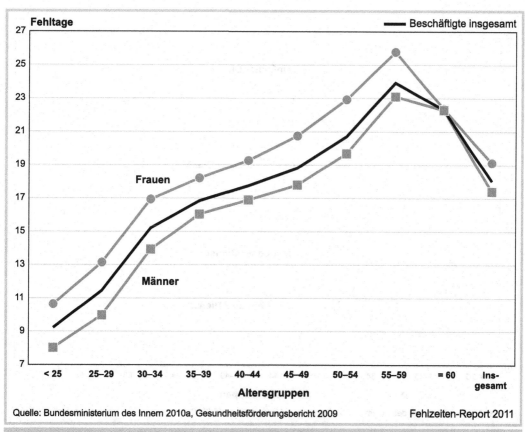

Quelle: Bundesministerium des Innern 2010a, Gesundheitsförderungsbericht 2009        Fehlzeiten-Report 2011

◼ **Abb. 24.3** Fehlzeiten in der Bundesverwaltung nach Geschlecht und Altersgruppen 2009

waltung mit zunehmendem Alter ansteigen – ein Trend, der sich erst in der Altersgruppe der über 60-Jährigen umkehrt. Diese Verringerung der Fehltage steht in Verbindung mit dem Ausscheiden von gesundheitlich stark beeinträchtigten Beschäftigten (sog. „healthy worker effect"). Zu berücksichtigen ist auch, dass z. B. Bundespolizisten besondere Altersgrenzen beim Eintritt in den Ruhestand haben (60 Jahre).

Beschäftigte im Alter zwischen 55 und 59 Jahren fehlten durchschnittlich an 23,94 Tagen krankheitsbedingt. Sie sind damit mehr als doppelt so lange krank als Beschäftigte im Alter zwischen 25 und 29 Jahren (11,45 Tage). Der Anstieg der Fehltage mit zunehmendem Alter ist bei Frauen und Männern in etwa gleich.

Grundsätzlich steigen die krankheitsbedingten Fehltage in allen Laufbahngruppen mit zunehmendem Alter kontinuierlich an, jedoch geht die Entwicklung von einem unterschiedlichen Niveau aus (◘ Abb. 24.4). Bei den Beschäftigten des einfachen und mittleren Dienstes steigen die Fehltage schon relativ früh an: Die Altersgruppe der 25- bis 29-Jährigen weist 13,64

bzw. 14,75 Fehltage auf, während die Altersgruppe der 30- bis 34-Jährigen schon 20,57 bzw. 20,61 Fehltage verzeichnet. Insbesondere der einfache Dienst hebt sich deutlich von den anderen Laufbahngruppen ab: Die krankheitsbedingten Fehlzeiten der 55- bis 59-Jährigen Beschäftigten im einfachen Dienst betragen im Jahr 2009 rund 33 Tage.

### 24.3.8 Vergleich mit den Fehlzeiten der Wirtschaft

Die krankheitsbedingten Fehlzeiten der unmittelbaren Bundesverwaltung werden oft mit den Fehlzeiten von Unternehmen oder anderen Verwaltungen verglichen. Ein Vergleich ist jedoch nicht uneingeschränkt möglich, da es keine verbindliche Definition von Fehlzeiten, deren Erfassungsmethodik und Auswertung gibt. Eine vergleichende Fehlzeitenanalyse ist vor diesem Hintergrund nur sinnvoll, wenn die zugrunde liegenden Daten nach einheitlichen Kriterien ermittelt werden.

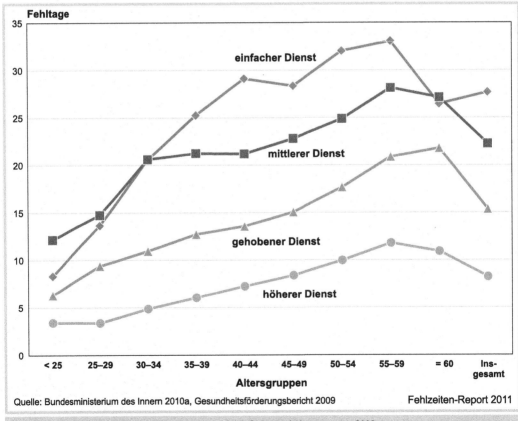

Quelle: Bundesministerium des Innern 2010a, Gesundheitsförderungsbericht 2009                                      Fehlzeiten-Report 2011

24

◘ Abb. 24.4 Fehlzeiten in der Bundesverwaltung nach Laufbahn und Altersgruppen 2009

◘ **Tab. 24.7** Entwicklung des Fehlzeitenquote der Beschäftigten der unmittelbaren Bundesverwaltung im Vergleich zu den erwerbstätigen AOK-Versicherten und den AOK-Versicherten im Bereich der öffentlichen Verwaltung/Sozialversicherung (jeweils in %) von 1998 bis 2009

|  | 1998 | 1999 | 2000 | 2001 | 2002 | 2003 | 2004 | 2005 | 2006 | 2007 | 2008 | 2009 |
|---|---|---|---|---|---|---|---|---|---|---|---|---|
| AOK* | 5,20 | 5,40 | 5,37 | 5,29 | 5,19 | 4,86 | 4,48 | 4,39 | 4,23 | 4,50 | 4,60 | 4,80 |
| davon ÖV** | 6,20 | 6,50 | 6,30 | 6,10 | 5,90 | 5,60 | 5,20 | 5,10 | 5,00 | 5,20 | 5,20 | 5,40 |
| Bund*** | 6,03 | 6,23 | 6,10 | 5,95 | 5,87 | 5,67 | 5,60 | 5,75 | 5,51 | 5,65 | 5,85 | 6,07 |

Quelle: Bundesministerium des Innern 2010a, Gesundheitsförderungsbericht 2009
* Gesamtzahlen AOK, Krankenstand der erwerbstätigen AOK-Versicherten in % (bei der AOK versicherte Beschäftigte des Bundes sind enthalten). Quelle: Badura et al. 2010 ff.
** AOK-Bereich öffentliche Verwaltung/Sozialversicherung (bei der AOK versicherte Beschäftigte des Bundes sind enthalten). Im Jahr 2005 ohne „Sozialversicherung/Arbeitsförderung". Quelle: Badura et al. 2007
*** Bereinigte Zahlen: abgezogen wurden Rehabilitationsmaßnahmen und 50 v. H. der Kurzzeiterkrankungen; kein Abzug erfolgte für Fehlzeiten auf Grund von Arbeits-/Dienstunfällen und Wegeunfällen

Fehlzeiten-Report 2011

Um einen Vergleich zu ermöglichen, wurden im Folgenden die krankheitsbedingten Fehlzeiten der unmittelbaren Bundesverwaltung bereinigt und standardisiert. Dabei wurden die unterschiedlichen Altersstrukturen der Bundesverwaltung und der Erwerbsbevölkerung rechnerisch ausgeblendet (sog. Altersstandardisierung) und die Parameter der Fehlzeitenerhebung gegenseitig angeglichen. Vergleichswerte sind die Fehlzeiten von 9,6 Millionen erwerbstätigen AOK-Versicherten (Macco u. Stallauke 2010).

Im Jahr 2009 lag die Fehlzeitenquote der erwerbstätigen AOK-Versicherten bei 4,8 Prozent. Die AOK-versicherten Arbeitnehmer waren durchschnittlich an 17,3 Kalendertagen krankgeschrieben. Die Fehlzeiten von AOK-versicherten Erwerbstätigen in der öffentlichen Verwaltung und Sozialversicherung lagen dagegen mit 5,4 Prozent (19,5 Kalendertage) etwas höher.

Bei einem Vergleich der Daten der unmittelbaren Bundesverwaltung mit den AOK-Daten muss berücksichtigt werden, dass die AOK die Fehlzeiten aufgrund von Rehabilitationsmaßnahmen nicht erfasst.[3] Auch ein Teil der Kurzzeiterkrankungen wird von der AOK nicht berücksichtigt, da für Erkrankungen bis drei Tage oft keine Arbeitsunfähigkeitsbescheinigungen ausgestellt werden. In der Erhebung der Bundesverwaltung sind diese Fehlzeiten dagegen enthalten.

Für eine aussagekräftige Gegenüberstellung der Fehlzeiten wurden die Bundeswerte daher entsprechend bereinigt. Dazu wurden von den durchschnittlichen 17,76 Fehltagen der Beschäftigten der unmittelbaren Bundesverwaltung im Jahr 2009 Fehlzeiten aufgrund von Rehabilitationsmaßnahmen (0,32 Fehltage für 2009) und pauschal 50 Prozent der Kurzzeiterkrankungen (1,4 Fehltage für 2009) abgezogen. Die auf dieser Basis bereinigte Fehlzeitenquote des Bundes beträgt 6,3 Prozent (16,04 Arbeitstage pro Beschäftigtem). Berücksichtigt man in einem zweiten Schritt die verschiedenen Altersstrukturen der erwerbstätigen AOK-Versicherten und der Beschäftigten der Bundesverwaltung (ohne GB BMVg), ergibt sich eine altersstandardisierte Fehlzeitenquote für den Bund in Höhe von 6,07 Prozent (15,24 Arbeitstage). Damit liegt der Bund 0,67 Prozentpunkte über der Fehlzeitenquote der AOK im Bereich der öffentlichen Verwaltung und 1,27 Prozentpunkte über dem Krankenstand aller erwerbstätigen AOK-Versicherten.

◘ **Tab. 24.7** zeigt die Entwicklung der bereinigten und standardisierten Fehlzeitenquote der unmittelbaren Bundesverwaltung im Vergleich zum Krankenstand der erwerbstätigen AOK-Versicherten. Grundsätzlich ist eine parallele Entwicklung zu erkennen: Die Tendenz des Krankenstandes ist sowohl bei den AOK-Versicherten als auch bei den Beschäftigten der unmittelbaren Bundesverwaltung seit 1999 fallend und seit 2007 steigend. Gegenüber der absoluten Fehlzeitenquote der unmittelbaren Bundesverwaltung von 7,08 Prozent im Jahr 2009 sinkt die bereinigte und altersstandardisierte

---

3 Die Kosten für Rehabilitationsmaßnahmen werden in der Regel von der gesetzlichen Rentenversicherung getragen. Es sei denn, vor Beginn der Rehabilitationsmaßnahmen bestand bereits Arbeitsunfähigkeit und diese besteht fort oder die Arbeitsunfähigkeit wird durch eine hinzukommende Erkrankung ausgelöst (vgl. Richtlinie des Gemeinsamen Bundesausschusses über die Beurteilung der Arbeitsunfähigkeit und die Maßnahme der Stufenweisen Wiedereingliederung [Arbeitsunfähigkeitsrichtlinie]).

Fehlzeitenquote[4] um rd. ein Prozent. Damit wird der Einfluss der Altersstruktur auf die Entwicklung der krankheitsbedingten Fehlzeiten deutlich.

Bei diesem Vergleich ist zu berücksichtigen, dass die Erhebungsparameter wie beschrieben nicht exakt einander entsprechen, sodass kein unmittelbarer Vergleich möglich ist. In der Tendenz bleibt der Unterschied jedoch signifikant. Wie im ▶ Abschn. 24.3.7 gezeigt wurde, ist das Alter ein signifikanter Einflussfaktor bei krankheitsbedingten Fehlzeiten. Das altersspezifische Grundmuster ist dabei vor allem dadurch gekennzeichnet, dass die unter 25-Jährigen öfter, aber kürzer arbeitsunfähig sind, während die älteren Erwerbstätigen grundsätzlich seltener, aber länger erkranken. Insbesondere bei der Gruppe der über 45-Jährigen steigt die Zahl der Krankheitstage als Folge von chronischen Erkrankungen deutlich an.

Wie in ◻ Tab. 24.8 deutlich wird, ist der Anteil älterer Beschäftigter in der unmittelbaren Bundesverwaltung deutlich höher als in der gesamten Erwerbsbevölkerung. Nach der Erhebung des Statistischen Bundesamtes zum Personalstand (Stichtag 30. Juni) waren im Jahr 2009 in der unmittelbaren Bundesverwaltung 56,7 Prozent der Beschäftigten 45 Jahre und älter. In der Erwerbsbevölkerung in Deutschland liegt der Anteil der über 45-Jährigen bei 42,2 Prozent[5]. Damit ist die Altersgruppe der über 45-Jährigen im Bundesdienst um ein Drittel größer als in der Erwerbsbevölkerung. Die 25- bis 44-Jährigen, die in der gesamten Erwerbsbevölkerung mit 46 Prozent die stärkste Altersgruppe bilden, machen im Bundesdienst nur 36,8 Prozent aus. Insgesamt wächst der Anteil der über 45-Jährigen in der gesamten Erwerbsbevölkerung deutlich langsamer als in der Bundesverwaltung.

## 24.4　Fazit

Anhand der dargestellten Ergebnisse der Befragung zum Betrieblichen Eingliederungsmanagement wird deutlich, dass die Potenziale eines BEM in der Bundesverwaltung noch nicht voll ausgeschöpft sind. Um Beschäftigte vom Nutzen des BEM zu überzeugen, ist ein systematisches Verfahren notwendig, dem die Betroffen vertrauen und das von gegenseitigem Respekt, Fairness und Wertschätzung geprägt ist.

Der Gesundheitsförderungsbericht 2009 bestätigt den Bedarf für die von der Bundesregierung bereits eingeleiteten Verbesserungen des Gesundheitsmanagements. Aus der Fehlzeitenstatistik des Berichtes wird deutlich, dass die krankheitsbedingten Fehlzeiten der Beschäftigten im Jahre 2009 überdurchschnittlich stark gestiegen sind. Krankheitsbedingte Fehlzeiten von Beschäftigten sind jedoch nicht kurzfristig zu senken. Ausgehend von diesen Erkenntnissen lassen sich Änderungen auch nur mittel- und langfristig bewirken. Im Gegensatz zu den gesetzlichen Krankenversicherungen, die eine sehr genaue Kenntnis der Ursachen von Arbeitsunfähigkeiten haben, verfügt der öffentliche Dienst über keinerlei Diagnosen. In der Vergangenheit wurde bereits eine Reihe von (repressiven) Maßnahmen zur Reduzierung von Fehlzeiten entwickelt (z. B. Möglichkeit, ärztliche Atteste bereits ab dem ersten Tag der Krankheit zu verlangen, Vorstellung beim Betriebsarzt, Krankenbesuche, Versetzung in den Ruhestand). Trotz dieser Maßnahmen sind die krankheitsbedingten Fehlzeiten angestiegen.

Die einzelnen Bundesressorts sind in unterschiedlichem Umfang von der Entwicklung betroffen. Allen Behörden gemeinsam ist aber, dass Maßnahmen

◻ **Tab. 24.8** Altersstruktur des Personals der Bundesverwaltung und der Erwerbsbevölkerung insgesamt in den Jahren 2004 bis 2009 (jeweils in %)

| Alter | Unmittelbare Bundesverwaltung (ohne Soldaten und Bundeseisenbahnvermögen) | | | | | | Erwerbsbevölkerung insgesamt | | | | | |
|---|---|---|---|---|---|---|---|---|---|---|---|---|
| | 2004 | 2005 | 2006 | 2007 | 2008 | 2009 | 2004 | 2005 | 2006 | 2007 | 2008 | 2009 |
| unter 25 | 5,6 | 6,1 | 6,2 | 6,1 | 6,2 | 6,5 | 11,2 | 11,4 | 11,9 | 12,0 | 12,0 | 11,7 |
| 25–44 | 43,8 | 42,0 | 40,6 | 39,0 | 38,2 | 36,8 | 50,4 | 50,1 | 49,1 | 48,0 | 47,0 | 46,0 |
| 45–59 | 42,7 | 43,6 | 44,9 | 46,2 | 47,1 | 47,6 | 33,1 | 33,2 | 34,1 | 34,7 | 35,6 | 36,3 |
| über 60 | 7,9 | 8,3 | 8,2 | 8,7 | 8,5 | 9,1 | 5,3 | 5,3 | 4,9 | 5,3 | 5,5 | 5,9 |

Quelle: Bundesministerium des Innern 2010a, Gesundheitsförderungsbericht 2009

Fehlzeiten-Report 2011

---

4　In der standardisierten Fehlzeitenquote des Bundes ist der Geschäftsbereich des BMVg nicht erfasst. Altersstrukturdaten liegen nur für rd. 68 Prozent der Beschäftigten der unmittelbaren Bundesverwaltung vor.

5　Statistisches Bundesamt: Mikrozensus 2004 bis 2009.

**24**

erforderlich sind, um krankheitsbedingte Fehlzeiten zu reduzieren und vor allem, um den Abstand zu den Entwicklungen in der Wirtschaft wirklich deutlich zu verringern.

Im Regierungsprogramm „Vernetzte und transparente Verwaltung" hat sich die Bundesregierung zum Ziel gesetzt, die Initiativen für eine systematische Gesundheitsförderung in den Ressorts zu verstärken und bis 2013 das Gesundheitsmanagement in die Personal- und Organisationsentwicklung der Behörden einzubetten.

## Literatur

Badura B, Schröder H, Klose J, Macco K (2010) Fehlzeiten-Report 2010. Vielfalt managen: Gesundheit fördern – Potenziale nutzen. Springer, Berlin Heidelberg

Bundesministerium des Innern (2010a) Gesundheitsförderungsbericht 2009. Im Internet abrufbar unter www.bmi.bund.de (Themen A–Z, Öffentlicher Dienst, Personalmanagement)

Bundesministerium des Innern (2010b) Regierungsprogramm Vernetzte und transparente Verwaltung. Im Internet abrufbar unter www.verwaltung-innovativ.de

Macco K, Stallauke M (2010) Krankheitsbedingte Fehlzeiten in der deutschen Wirtschaft im Jahr 2009. In: Badura B, Schröder H, Klose J, Macco K (Hrsg) Fehlzeiten-Report 2010. Vielfalt managen: Gesundheit fördern – Potenziale nutzen. Springer, Berlin Heidelberg, S 271 ff

Statistisches Bundesamt (2010) Mikrozensus 2004 bis 2009. Wiesbaden

Unfallkasse des Bundes (2010) Gute Fragen für mehr Gesundheit. Die Mitarbeiterbefragung der Unfallkasse des Bundes für ein fundiertes Betriebliches Gesundheitsmanagement. Im Internet abrufbar unter www.uk-bund.de

# Anhang

# Anhang 1

# Internationale Statistische Klassifikation der Krankheiten und verwandter Gesundheitsprobleme (10. Revision, Version 2010, German Modification)

| I. | Bestimmte infektiöse und parasitäre Krankheiten (A00-B99) |
|---|---|
| A00-A09 | Infektiöse Darmkrankheiten |
| A15-A19 | Tuberkulose |
| A20-A28 | Bestimmte bakterielle Zoonosen |
| A30-A49 | Sonstige bakterielle Krankheiten |
| A50-A64 | Infektionen, die vorwiegend durch Geschlechtsverkehr übertragen werden |
| A65-A69 | Sonstige Spirochätenkrankheiten |
| A70-A74 | Sonstige Krankheiten durch Chlamydien |
| A75-A79 | Rickettsiosen |
| A80-A89 | Virusinfektionen des Zentralnervensystems |
| A90-A99 | Durch Arthropoden übertragene Viruskrankheiten und virale hämorrhagische Fieber |
| B00-B09 | Virusinfektionen, die durch Haut- und Schleimhautläsionen gekennzeichnet sind |
| B15-B19 | Virushepatitis |
| B20-B24 | HIV-Krankheit [Humane Immundefizienz-Viruskrankheit] |
| B25-B34 | Sonstige Viruskrankheiten |
| B35-B49 | Mykosen |
| B50-B64 | Protozoenkrankheiten |
| B65-B83 | Helminthosen |
| B85-B89 | Pedikulose [Läusebefall], Akarinose [Milbenbefall] und sonstiger Parasitenbefall der Haut |
| B90-B94 | Folgezustände von infektiösen und parasitären Krankheiten |
| B95-B98 | Bakterien, Viren und sonstige Infektionserreger als Ursache von Krankheiten, die in anderen Kapiteln klassifiziert sind |
| B99 | Sonstige Infektionskrankheiten |

## II.   Neubildungen (C00-D48)

| | |
|---|---|
| C00-C75 | Bösartige Neubildungen an genau bezeichneten Lokalisationen, als primär festgestellt oder vermutet, ausgenommen lymphatisches, blutbildendes und verwandtes Gewebe |
| C76-C80 | Bösartige Neubildungen ungenau bezeichneter, sekundärer und nicht näher bezeichneter Lokalisationen |
| C81-C96 | Bösartige Neubildungen des lymphatischen, blutbildenden und verwandten Gewebes, als primär festgestellt und vermutet |
| C97 | Bösartige Neubildungen als Primärtumoren an mehreren Lokalisationen |
| D00-D09 | In-situ-Neubildungen |
| D10-D36 | Gutartige Neubildungen |
| D37-D48 | Neubildungen unsicheren oder unbekannten Verhaltens |

## III.   Krankheiten des Blutes und der blutbildenden Organe sowie bestimmte Störungen mit Beteiligung des Immunsystems (D50-D90)

| | |
|---|---|
| D50-D53 | Alimentäre Anämien |
| D55-D59 | Hämolytische Anämien |
| D60-D64 | Aplastische und sonstige Anämien |
| D65-D69 | Koagulopathien, Purpura und sonstige hämorrhagische Diathesen |
| D70-D77 | Sonstige Krankheiten des Blutes und der blutbildenden Organe |
| D80-D90 | Bestimmte Störungen mit Beteiligung des Immunsystems |

## IV.   Endokrine, Ernährungs- und Stoffwechselkrankheiten (E00-E90)

| | |
|---|---|
| E00-E07 | Krankheiten der Schilddrüse |
| E10-E14 | Diabetes mellitus |
| E15-E16 | Sonstige Störungen der Blutglukose-Regulation und der inneren Sekretion des Pankreas |
| E20-E35 | Krankheiten sonstiger endokriner Drüsen |
| E40-E46 | Mangelernährung |
| E50-E64 | Sonstige alimentäre Mangelzustände |
| E65-E68 | Adipositas und sonstige Überernährung |
| E70-E90 | Stoffwechselstörungen |

## V.   Psychische und Verhaltensstörungen (F00-F99)

| | |
|---|---|
| F00-F09 | Organische, einschließlich symptomatischer psychischer Störungen |
| F10-F19 | Psychische und Verhaltensstörungen durch psychotrope Substanzen |
| F20-F29 | Schizophrenie, schizotype und wahnhafte Störungen |
| F30-F39 | Affektive Störungen |
| F40-F48 | Neurotische, Belastungs- und somatoforme Störungen |
| F50-F59 | Verhaltensauffälligkeiten mit körperlichen Störungen und Faktoren |
| F60-F69 | Persönlichkeits- und Verhaltensstörungen |
| F70-F79 | Intelligenzstörung |
| F80-F89 | Entwicklungsstörungen |
| F90-F98 | Verhaltens- und emotionale Störungen mit Beginn in der Kindheit und Jugend |
| F99 | Nicht näher bezeichnete psychische Störungen |

## VI. Krankheiten des Nervensystems (G00-G99)

| | |
|---|---|
| G00-G09 | Entzündliche Krankheiten des Zentralnervensystems |
| G10-G14 | Systematrophien, die vorwiegend das Zentralnervensystem betreffen |
| G20-G26 | Extrapyramidale Krankheiten und Bewegungsstörungen |
| G30-G32 | Sonstige degenerative Krankheiten des Nervensystems |
| G35-G37 | Demyelinisierende Krankheiten des Zentralnervensystems |
| G40-G47 | Episodische und paroxysmale Krankheiten des Nervensystems |
| G50-G59 | Krankheiten von Nerven, Nervenwurzeln und Nervenplexus |
| G60-G64 | Polyneuropathien und sonstige Krankheiten des peripheren Nervensystems |
| G70-G73 | Krankheiten im Bereich der neuromuskulären Synapse und des Muskels |
| G80-G83 | Zerebrale Lähmung und sonstige Lähmungssyndrome |
| G90-G99 | Sonstige Krankheiten des Nervensystems |

## VII. Krankheiten des Auges und der Augenanhangsgebilde (H00-H59)

| | |
|---|---|
| H00-H06 | Affektionen des Augenlides, des Tränenapparates und der Orbita |
| H10-H13 | Affektionen der Konjunktiva |
| H15-H22 | Affektionen der Sklera, der Hornhaut, der Iris und des Ziliarkörpers |
| H25-H28 | Affektionen der Linse |
| H30-H36 | Affektionen der Aderhaut und der Netzhaut |
| H40-H42 | Glaukom |
| H43-H45 | Affektionen des Glaskörpers und des Augapfels |
| H46-H48 | Affektionen des N. opticus und der Sehbahn |
| H49-H52 | Affektionen der Augenmuskeln, Störungen der Blickbewegungen sowie Akkommodationsstörungen und Refraktionsfehler |
| H53-H54 | Sehstörungen und Blindheit |
| H55-H59 | Sonstige Affektionen des Auges und Augenanhangsgebilde |

## VIII. Krankheiten des Ohres und des Warzenfortsatzes (H60-H95)

| | |
|---|---|
| H60-H62 | Krankheiten des äußeren Ohres |
| H65-H75 | Krankheiten des Mittelohres und des Warzenfortsatzes |
| H80 H83 | Krankheiten des Innenohres |
| H90-H95 | Sonstige Krankheiten des Ohres |

## IX. Krankheiten des Kreislaufsystems (I00-I99)

| | |
|---|---|
| I00-I02 | Akutes rheumatisches Fieber |
| I05-I09 | Chronische rheumatische Herzkrankheiten |
| I10-I15 | Hypertonie [Hochdruckkrankheit] |
| I20-I25 | Ischämische Herzkrankheiten |
| I26-I28 | Pulmonale Herzkrankheit und Krankheiten des Lungenkreislaufs |
| I30-I52 | Sonstige Formen der Herzkrankheit |
| I60-I69 | Zerebrovaskuläre Krankheiten |
| I70-I79 | Krankheiten der Arterien, Arteriolen, und Kapillaren |
| I80-I89 | Krankheiten der Venen, der Lymphgefäße und de Lymphknoten, anderenorts nicht klassifiziert |
| I95-I99 | Sonstige und nicht näher bezeichnete Krankheiten des Kreislaufsystems |

**X.    Krankheiten des Atmungssystems (J00-J99)**

| | |
|---|---|
| J00-J06 | Akute Infektionen der oberen Atemwege |
| J10-J18 | Grippe und Pneumonie |
| J20-J22 | Sonstige akute Infektionen der unteren Atemwege |
| J30-J39 | Sonstige Krankheiten der oberen Atemwege |
| J40-J47 | Chronische Krankheiten oder unteren Atemwege |
| J60-J70 | Lungenkrankheiten durch exogene Substanzen |
| J80-J84 | Sonstige Krankheiten der Atmungsorgane, die hauptsächlich das Interstitium betreffen |
| J85-J86 | Purulente und nekrotisierende Krankheitszustände der unteren Atemwege |
| J90-J94 | Sonstige Krankheiten der Pleura |
| J95-J99 | Sonstige Krankheiten des Atmungssystems |

**XI.   Krankheiten des Verdauungssystems (K00-K93)**

| | |
|---|---|
| K00-K14 | Krankheiten der Mundhöhle, der Speicheldrüsen und der Kiefer |
| K20-K31 | Krankheiten des Ösophagus, des Magens und des Duodenums |
| K35-K38 | Krankheiten des Appendix |
| K40-K46 | Hernien |
| K50-K52 | Nichtinfektiöse Enteritis und Kolitis |
| K55-K63 | Sonstige Krankheiten des Darms |
| K65-K67 | Krankheiten des Peritoneums |
| K70-K77 | Krankheiten der Leber |
| K80-K87 | Krankheiten der Gallenblase, der Gallenwege und des Pankreas |
| K90-K93 | Sonstige Krankheiten des Verdauungssystems |

**XII.  Krankheiten der Haut und der Unterhaut (L00-L99)**

| | |
|---|---|
| L00-L08 | Infektionen der Haut und der Unterhaut |
| L10-L14 | Bullöse Dermatosen |
| L20-L30 | Dermatitis und Ekzem |
| L40-L45 | Papulosquamöse Hautkrankheiten |
| L50-L54 | Urtikaria und Erythem |
| L55-L59 | Krankheiten der Haut und der Unterhaut durch Strahleneinwirkung |
| L60-L75 | Krankheiten der Hautanhangsgebilde |
| L80-L99 | Sonstige Krankheiten der Haut und der Unterhaut |

**XIII. Krankheiten des Muskel-Skelett-Systems und des Bindegewebes (M00-M99)**

| | |
|---|---|
| M00-M25 | Arthropathien |
| M30-M36 | Systemkrankheiten des Bindegewebes |
| M40-M54 | Krankheiten der Wirbelsäule und des Rückens |
| M60-M79 | Krankheiten der Weichteilgewebe |
| M80-M94 | Osteopathien und Chondropathien |
| M95-M99 | Sonstige Krankheiten des Muskel-Skelett-Systems und des Bindegewebes |

| XIV. Krankheiten des Urogenitalsystems (N00-N99) | |
|---|---|
| N00-N08 | Glomeruläre Krankheiten |
| N10-N16 | Tubulointerstitielle Nierenkrankheiten |
| N17-N19 | Niereninsuffizienz |
| N20-N23 | Urolithiasis |
| N25-N29 | Sonstige Krankheiten der Niere und des Ureters |
| N30-N39 | Sonstige Krankheiten des Harnsystems |
| N40-N51 | Krankheiten der männlichen Genitalorgane |
| N60-N64 | Krankheiten der Mamma [Brustdrüse] |
| N70-N77 | Entzündliche Krankheiten der weiblichen Beckenorgane |
| N80-N98 | Nichtentzündliche Krankheiten des weiblichen Genitaltraktes |
| N99 | Sonstige Krankheiten des Urogenitalsystems |

| XV. Schwangerschaft, Geburt und Wochenbett (O00-O99) | |
|---|---|
| O00-O08 | Schwangerschaft mit abortivem Ausgang |
| O09 | Schwangerschaftsdauer |
| O10-O16 | Ödeme, Proteinurie und Hypertonie während der Schwangerschaft, der Geburt und des Wochenbettes |
| O20-O29 | Sonstige Krankheiten der Mutter, die vorwiegend mit der Schwangerschaft verbunden sind |
| O30-O48 | Betreuung der Mutter im Hinblick auf den Feten und die Amnionhöhle sowie mögliche Entbindungskomplikationen |
| O60-O75 | Komplikation bei Wehentätigkeit und Entbindung |
| O80-O84 | Entbindung |
| O85-O92 | Komplikationen, die vorwiegend im Wochenbett auftreten |
| O95-O99 | Sonstige Krankheitszustände während der Gestationsperiode, die anderenorts nicht klassifiziert sind. |

| XVI. Bestimmte Zustände, die ihren Ursprung in der Perinatalperiode haben (P00-P96) | |
|---|---|
| P00-P04 | Schädigung des Feten und Neugeborenen durch mütterliche Faktoren und durch Komplikationen bei Schwangerschaft, Wehentätigkeit und Entbindung |
| P05-P08 | Störungen im Zusammenhang mit der Schwangerschaftsdauer und dem fetalen Wachstum |
| P10-P15 | Geburtstrauma |
| P20-P29 | Krankheiten des Atmungs- und Herz-Kreislaufsystems, die für die Perinatalperiode spezifisch sind |
| P35-P39 | Infektionen, die für die Perinatalperiode spezifisch sind |
| P50-P61 | Hämorrhagische und hämatologische Krankheiten beim Feten und Neugeborenen |
| P70-P74 | Transitorische endokrine und Stoffwechselstörungen, die für Feten und das Neugeborene spezifisch sind |
| P75P78 | Krankheiten des Verdauungssystems beim Feten und Neugeborenen |
| P80-P83 | Krankheitszustände mit Beteiligung der Haut und der Temperaturregulation beim Feten und Neugeborenen |
| P90-P96 | Sonstige Störungen, die ihren Ursprung in der Perinatalperiode haben |

**XVII. Angeborene Fehlbildungen, Deformitäten und Chromosomenanomalien (Q00-Q99)**

| | |
|---|---|
| Q00-Q07 | Angeborene Fehlbildungen des Nervensystems |
| Q10-Q18 | Angeborene Fehlbildungen des Auges, des Ohres, des Gesichts und des Halses |
| Q20-Q28 | Angeborene Fehlbildungen des Kreislaufsystems |
| Q30Q34 | Angeborene Fehlbildungen des Atmungssystems |
| Q35-Q37 | Lippen-, Kiefer- und Gaumenspalte |
| Q38-Q45 | Sonstige angeborene Fehlbildungen des Verdauungssystems |
| Q50-Q56 | Angeborene Fehlbildungen der Genitalorgane |
| Q60-Q64 | Angeboren Fehlbildungen des Harnsystems |
| Q65-Q79 | Angeborene Fehlbildungen und Deformitäten des Muskel-Skelett-Systems |
| Q80-Q89 | Sonstige angeborene Fehlbildungen |
| Q90-Q99 | Chromosomenanomalien, anderenorts nicht klassifiziert |

**XVIII. Symptome und abnorme klinische und Laborbefunde, die anderenorts nicht klassifiziert sind (R00-R99)**

| | |
|---|---|
| R00-R09 | Symptome, die das Kreislaufsystem und Atmungssystem betreffen |
| R10-R19 | Symptome, die das Verdauungssystem und das Abdomen betreffen |
| R20-R23 | Symptome, die die Haut und das Unterhautgewebe betreffen |
| R25-R29 | Symptome, die das Nervensystem und Muskel-Skelett-System betreffen |
| R30-R39 | Symptome, die das Harnsystem betreffen |
| R40-R46 | Symptome, die das Erkennungs- und Wahrnehmungsvermögen, die Stimmung und das Verhalten betreffen |
| R47-R49 | Symptome, die die Sprache und die Stimme betreffen |
| R50-R69 | Allgemeinsymptome |
| R70-R79 | Abnorme Blutuntersuchungsbefunde ohne Vorliegen einer Diagnose |
| R80-R82 | Abnorme Urinuntersuchungsbefunde ohne Vorliegen einer Diagnose |
| R83-R89 | Abnorme Befunde ohne Vorliegen einer Diagnose bei der Untersuchung anderer Körperflüssigkeiten, Substanzen und Gewebe |
| R90-R94 | Abnorme Befunde ohne Vorliegen einer Diagnose bei bildgebender Diagnostik und Funktionsprüfungen |
| R95-R99 | Ungenau bezeichnete und unbekannte Todesursachen |

**XIX. Verletzungen, Vergiftungen und bestimmte andere Folgen äußerer Ursachen (S00-T98)**

| | |
|---|---|
| S00-S09 | Verletzungen des Kopfes |
| S10-S19 | Verletzungen des Halses |
| S20-S29 | Verletzungen des Thorax |
| S30-S39 | Verletzungen des Abdomens, der Lumbosakralgegend, der Lendenwirbelsäule und des Beckens |
| S40-S49 | Verletzungen der Schulter und des Oberarms |
| S50-S59 | Verletzungen des Ellenbogens und des Unterarms |
| S60-S69 | Verletzungen des Handgelenks und der Hand |
| S70-S79 | Verletzungen der Hüfte und des Oberschenkels |
| S80-S89 | Verletzungen des Knies und des Unterschenkels |
| S90-S99 | Verletzungen der Knöchelregion und des Fußes |
| T00-T07 | Verletzung mit Beteiligung mehrerer Körperregionen |
| T08-T14 | Verletzungen nicht näher bezeichneter Teile des Rumpfes, der Extremitäten oder anderer Körperregionen |
| T15-T19 | Folgen des Eindringens eines Fremdkörpers durch eine natürliche Körperöffnung |
| T20-T32 | Verbrennungen oder Verätzungen |
| T36-T50 | Vergiftungen durch Arzneimittel, Drogen und biologisch aktive Substanzen |
| T51-T65 | Toxische Wirkungen von vorwiegend nicht medizinisch verwendeten Substanzen |
| T66-T78 | Sonstige nicht näher bezeichnete Schäden durch äußere Ursachen |
| T79 | Bestimmte Frühkomplikationen eines Traumas |

| XIX. Verletzungen, Vergiftungen und bestimmte andere Folgen äußerer Ursachen (S00-T98) | |
|---|---|
| T80-T88 | Komplikationen bei chirurgischen Eingriffen und medizinischer Behandlung, anderenorts nicht klassifiziert |
| T89 | Sonstige Komplikationen eines Traumas, anderenorts nicht klassifiziert |
| T90-T98 | Folgen von Verletzung, Vergiftungen und sonstigen Auswirkungen äußerer Ursachen |

| XX. Äußere Ursachen von Morbidität und Mortalität (V01-Y98) | |
|---|---|
| V01-X59 | Unfälle |
| X60-X84 | Vorsätzliche Selbstbeschädigung |
| X85-Y09 | Tätlicher Angriff |
| Y10-Y34 | Ereignis, dessen nähere Umstände unbestimmt sind |
| Y35-Y36 | Gesetzliche Maßnahmen und Kriegshandlungen |
| Y40-Y84 | Komplikationen bei der medizinischen und chirurgischen Behandlung |

| XXI. Faktoren, die den Gesundheitszustand beeinflussen und zur Inanspruchnahme des Gesundheitswesen führen (Z00-Z99) | |
|---|---|
| Z00-Z13 | Personen, die das Gesundheitswesen zur Untersuchung und Abklärung in Anspruch nehmen |
| Z20-Z29 | Personen mit potentiellen Gesundheitsrisiken hinsichtlich übertragbarer Krankheiten |
| Z30-Z39 | Personen, die das Gesundheitswesen im Zusammenhang mit Problemen der Reproduktion in Anspruch nehmen |
| Z40-Z54 | Personen, die das Gesundheitswesen zum Zwecke spezifischer Maßnahmen und zur medizinischen Betreuung in Anspruch nehmen |
| Z70-Z76 | Personen, die das Gesundheitswesen aus sonstigen Gründen in Anspruch nehmen |
| Z80-Z99 | Personen mit potentiellen Gesundheitsrisiken aufgrund der Familien- oder Eigenanamnese und bestimmte Zustände, die den Gesundheitszustand beeinflussen |

| XXII. Schlüssel für besondere Zwecke (U00-U99) | |
|---|---|
| U00-U49 | Vorläufige Zuordnungen für Krankheiten mit unklarer Ätiologie |
| U50-U52 | Funktionseinschränkung |
| U55-U55 | Erfolgte Registrierung zur Organtransplantation |
| U60-U61 | Stadieneinteilung der HIV-Infektion |
| U69-U69 | Sonstige sekundäre Schlüsselnummern für besondere Zwecke |
| U80-U85 | Infektionserreger mit Resistenzen gegen bestimmte Antibiotika oder Chemotherapeutika |
| U99-U99 | Nicht belegte Schlüsselnummern |

# Anhang 2

## Branchen in der deutschen Wirtschaft basierend auf der Klassifikation der Wirtschaftszweige (Ausgabe 2008/NACE)

| | | |
|---|---|---|
| **Banken und Versicherungen** | | |
| K | **Erbringung von Finanz- und Versicherungsdienstleistungen** | |
| | 64 | Erbringung von Finanzdienstleistungen |
| | 65 | Versicherungen, Rückversicherungen und Pensionskassen (ohne Sozialversicherung) |
| | 66 | Mit Finanz- und Versicherungsdienstleistungen verbundene Tätigkeiten |
| **Baugewerbe** | | |
| F | **Baugewerbe** | |
| | 41 | Hochbau |
| | 42 | Tiefbau |
| | 43 | Vorbereitende Baustellenarbeiten, Bauinstallation und sonstiges Ausbaugewerbe |
| **Dienstleistungen** | | |
| I | **Gastgewerbe** | |
| | 55 | Beherbergung |
| | 56 | Gastronomie |
| J | **Information und Kommunikation** | |
| | 58 | Verlagswesen |
| | 59 | Herstellung, Verleih und Vertrieb von Filmen und Fernsehprogrammen; Kinos; Tonstudios und Verlegen von Musik |
| | 60 | Rundfunkveranstalter |
| | 61 | Telekommunikation |
| | 62 | Erbringung von Dienstleistungen der Informationstechnologie |
| | 63 | Informationsdienstleistungen |
| L | **Grundstücks- und Wohnungswesen** | |
| | 68 | Grundstücks- und Wohnungswesen |

| **M** | | **Erbringung von freiberuflichen, wissenschaftlichen und technischen Dienstleistungen** |
|---|---|---|
| | 69 | Rechts- und Steuerberatung, Wirtschaftsprüfung |
| | 70 | Verwaltung und Führung von Unternehmen und Betrieben; Unternehmensberatung |
| | 71 | Architektur- und Ingenieurbüros; technische, physikalische und chemische Untersuchung |
| | 72 | Forschung und Entwicklung |
| | 73 | Werbung und Marktforschung |
| | 74 | Sonstige freiberufliche, wissenschaftliche und technische Tätigkeiten |
| | 75 | Veterinärwesen |
| **N** | | **Erbringung von sonstigen wirtschaftlichen Dienstleistungen** |
| | 77 | Vermietung von beweglichen Sachen |
| | 78 | Vermittlung und Überlassung von Arbeitskräften |
| | 79 | Reisebüros, Reiseveranstalter und Erbringung sonstiger Reservierungsdienstleistungen |
| | 80 | Wach- und Sicherheitsdienste sowie Detekteien |
| | 81 | Gebäudebetreuung; Garten- und Landschaftsbau |
| | 82 | Erbringung von wirtschaftlichen Dienstleistungen für Unternehmen und Privatpersonen a. n. g. |
| **Q** | | **Gesundheits- und Sozialwesen** |
| | 86 | Gesundheitswesen |
| | 87 | Heime (ohne Erholungs- und Ferienheime) |
| | 88 | Sozialwesen (ohne Heime) |
| **R** | | **Kunst, Unterhaltung und Erholung** |
| | 90 | Kreative, künstlerische und unterhaltende Tätigkeiten |
| | 91 | Bibliotheken, Archive, Museen, botanische und zoologische Gärten |
| | 92 | Spiel-, Wett- und Lotteriewesen |
| | 93 | Erbringung von Dienstleistungen des Sports, der Unterhaltung und der Erholung |
| **S** | | **Erbringung von sonstigen Dienstleistungen** |
| | 94 | Interessenvertretungen sowie kirchliche und sonstige religiöse Vereinigungen (ohne Sozialwesen und Sport) |
| | 95 | Reparatur von Datenverarbeitungsgeräten und Gebrauchsgütern |
| | 96 | Erbringung von sonstigen überwiegend persönlichen Dienstleistungen |
| **T** | | **Private Haushalte mit Hauspersonal; Herstellung von Waren und Erbringung von Dienstleistungen durch private Haushalte für den Eigenbedarf** |
| | 97 | Private Haushalte mit Hauspersonal |
| | 98 | Herstellung von Waren und Erbringung von Dienstleistungen durch private Haushalte für den Eigenbedarf ohne ausgeprägten Schwerpunkt |

**Energie, Wasser, Entsorgung und Bergbau**

| **B** | | **Bergbau und Gewinnung von Steinen und Erden** |
|---|---|---|
| | 5 | Kohlenbergbau |
| | 6 | Gewinnung von Erdöl und Erdgas |
| | 7 | Erzbergbau |
| | 8 | Gewinnung von Steinen und Erden, sonstiger Bergbau |
| | 9 | Erbringung von Dienstleistungen für den Bergbau und für die Gewinnung von Steinen und Erden |
| **D** | | **Energieversorgung** |
| | 35 | Energieversorgung |

| E | Wasserversorgung; Abwasser- und Abfallentsorgung und Beseitigung von Umweltverschmutzungen |
|---|---|
| 36 | Wasserversorgung |
| 37 | Abwasserentsorgung |
| 38 | Sammlung, Behandlung und Beseitigung von Abfällen; Rückgewinnung |
| 39 | Beseitigung von Umweltverschmutzungen und sonstige Entsorgung |

**Erziehung und Unterricht**

| P | Erziehung und Unterricht |
|---|---|
| 85 | Erziehung und Unterricht |

**Handel**

| G | Handel; Instandhaltung und Reparatur von Kraftfahrzeugen |
|---|---|
| 45 | Handel mit Kraftfahrzeugen; Instandhaltung und Reparatur von Kraftfahrzeugen |
| 46 | Großhandel (ohne Handel mit Kraftfahrzeugen) |
| 47 | Einzelhandel (ohne Handel mit Kraftfahrzeugen) |

**Land- und Forstwirtschaft**

| A | Land- und Forstwirtschaft, Fischerei |
|---|---|
| 1 | Landwirtschaft, Jagd und damit verbundene Tätigkeiten |
| 2 | Forstwirtschaft und Holzeinschlag |
| 3 | Fischerei und Aquakultur |

**Metallindustrie**

| C | Verarbeitendes Gewerbe |
|---|---|
| 24 | Metallerzeugung und -bearbeitung |
| 25 | Herstellung von Metallerzeugnissen |
| 26 | Herstellung von Datenverarbeitungsgeräten, elektronischen und optischen Erzeugnissen |
| 27 | Herstellung von elektrischen Ausrüstungen |
| 28 | Maschinenbau |
| 29 | Herstellung von Kraftwagen und Kraftwagenteilen |
| 30 | Sonstiger Fahrzeugbau |

**Öffentliche Verwaltung**

| O | Öffentliche Verwaltung, Verteidigung; Sozialversicherung |
|---|---|
| 84 | Öffentliche Verwaltung, Verteidigung; Sozialversicherung |
| U | Exterritoriale Organisationen und Körperschaften |
| 99 | Exterritoriale Organisationen und Körperschaften |

| **Verarbeitendes Gewerbe** | | |
|---|---|---|
| C | **Verarbeitendes Gewerbe** | |
| | 10 | Herstellung von Nahrungs- und Futtermitteln |
| | 11 | Getränkeherstellung |
| | 12 | Tabakverarbeitung |
| | 13 | Herstellung von Textilien |
| | 14 | Herstellung von Bekleidung |
| | 15 | Herstellung von Leder, Lederwaren und Schuhen |
| | 16 | Herstellung von Holz-, Flecht-, Korb- und Korkwaren (ohne Möbel) |
| | 17 | Herstellung von Papier, Pappe und Waren daraus |
| | 18 | Herstellung von Druckerzeugnissen; Vervielfältigung von bespielten Ton-, Bild- und Datenträgern |
| | 19 | Kokerei und Mineralölverarbeitung |
| | 20 | Herstellung von chemischen Erzeugnissen |
| | 21 | Herstellung von pharmazeutischen Erzeugnissen |
| | 22 | Herstellung von Gummi- und Kunststoffwaren |
| | 23 | Herstellung von Glas und Glaswaren, Keramik, Verarbeitung von Steinen und Erden |
| | 31 | Herstellung von Möbeln |
| | 32 | Herstellung von sonstigen Waren |
| | 33 | Reparatur und Installation von Maschinen und Ausrüstungen |
| **Verkehr und Transport** | | |
| H | **Verkehr und Lagerei** | |
| | 49 | Landverkehr und Transport in Rohrfernleitungen |
| | 50 | Schifffahrt |
| | 51 | Luftfahrt |
| | 52 | Lagerei sowie Erbringung von sonstigen Dienstleistungen für den Verkehr |
| | 53 | Post-, Kurier- und Expressdienste |

# Die Autorinnen und Autoren

## Prof. Dr. Bernhard Badura

Universität Bielefeld
Fakultät für Gesundheitswissenschaften
Postfach 10 01 31
33501 Bielefeld

Geboren 1943. Dr. rer. soc., Studium der Soziologie, Philosophie und Politikwissenschaften in Tübingen, Freiburg, Konstanz, Harvard/Mass. Seit dem 7. März 2008 Emeritus der Fakultät für Gesundheitswissenschaften der Universität Bielefeld.

## Karlheinz Bayer

AOK Bayern – Die Gesundheitskasse
Zentrale – Gesundheitsförderung
Stromerstraße 5
90330 Nürnberg

Dipl. Sozialpädagoge (FH), Jahrgang 1962. Seit 1992 Berater für Betriebliche Gesundheitsförderung bei der AOK Bayern. Demografieberater nach INQA. Arbeitsschwerpunkte: Entwicklung, Durchführung und Evaluation von Projekten zum Betrieblichen Gesundheitsmanagement, Arbeitssituationsanalysen und Mitarbeiterbefragungen, gesundheitsgerechte Mitarbeiterführung, Mobbingprävention, betriebliche Suchtprävention.

## Matthias Becker

bao – Büro für Arbeits- und Organisationspsychologie GmbH
Keithstraße 14
12307 Berlin

Geboren 1981. Diplom-Psychologe. Von 2002 bis 2009 Studium der Psychologie an der Universität Potsdam mit dem Schwerpunkt Arbeits- und Organisationspsychologie. Seit 2009 als Berater bei der *bao* GmbH – Büro für Arbeits- und Organisationspsychologie Berlin sowohl im Betrieblichen Gesundheitsmanagement, in der IT-Beratung, der anwendungsorientierten Forschung als auch in der Analyse und Gestaltung von Arbeits- und Organisationsprozessen tätig. Schwerpunkte sind Gefährdungsbeurteilungen und die Begleitung und Durchführung von Seminaren.

## Dr. Ulrich Birner

Siemens AG
Corporate Human Resources – Environmental Protection
Health Management and Safety (CHR EHS)
Wittelsbacherplatz 2
80333 München

Diplom-Psychologe. Seit 2009 Strategie- und Programmmanagement in der Zentralabteilung Environmental Protection, Health Management und Safety bei der Siemens AG. 1988 bis 1993 Promotion und Dozent an der Universität München. Ausbildung als Verhaltenstherapeut und systemischer Coach. 1994 bis 1996 Referent des Vorstands einer privaten Klinikgruppe und anschließend freiberuflicher Berater. Zehn Jahre Principal Management Consultant bei Siemens IT Solutions and Services.

## Klaus Busch

Bundesministerium für Gesundheit
Rochusstraße1
53123 Bonn

Studium der Elektrotechnik/Nachrichtentechnik an der FH Lippe, Abschluss: Diplom-Ingenieur. Studium der Volkswirtschaftslehre mit dem Schwerpunkt Sozialpolitik an der Universität Hamburg, Abschluss: Diplom-Volkswirt. Referent in der Grundsatz- und Planungsabteilung des Bundesministeriums für Arbeit und Sozialordnung (BMA) für das Rechnungswesen und die Statistik in der Sozialversicherung. Referent in der Abteilung „Krankenversicherung" des Bundesministeriums für Gesundheit (BMG) für ökonomische Fragen der zahnmedizinischen Versorgung und für Heil- und Hilfsmittel. Derzeit Referent in der Abteilung „Grundsatzfragen der Gesundheitspolitik, Pflegesicherung, Prävention" des BMG im Referat „Grundsatzfragen der Gesundheitspolitik, Gesamtwirtschaftliche und steuerliche Fragen, Statistik des Gesundheitswesens". Vertreter des BMG im Statistischen Beirat des Statistischen Bundesamtes.

## Prof. Dr. Antje Ducki

Beuth Hochschule für Technik Berlin
Fachbereich I: Wirtschafts- und Gesellschaftswissenschaften
Luxemburger Straße 10
13353 Berlin

Geboren 1960. Nach Abschluss des Studiums der Psychologie an der Freien Universität Berlin als wissenschaftliche Mitarbeiterin an der TU Berlin tätig. Betriebliche Gesundheitsförderung für die AOK Berlin über die Gesellschaft für Betriebliche Gesundheitsförderung, Mitarbeiterin am Bremer Institut für Präventionsforschung und Sozialmedizin, Hochschulassistentin an der Universität Hamburg. 1998 Promotion in Leipzig. Seit 2002 Professorin für Arbeits- und Organisationspsychologie an der Beuth Hochschule für Technik Berlin. Arbeitsschwerpunkte: Arbeit und Gesundheit, Gender und Gesundheit, Mobilität und Gesundheit, Stressmanagement, betriebliche Gesundheitsförderung.

## Mechthild Echterhoff

AOK NordWest
Bakeystraße 19
33330 Gütersloh

Geboren 1965. Diplom-Psychologin, Arbeits- und Organisationspsychologin (BDP), Studium der Psychologie an der EWH Landau und der Universität Bielefeld, Qualifizierung zur Arbeits- und Organisationspsychologin an der Fortbildungsakademie der Wirtschaft (FAW) Köln. Aktuell: Promotion an der Fakultät für Gesundheitswissenschaften der Universität Bielefeld. Seit 1995 Projektkoordinatorin für Betriebliche Gesundheitsförderung bei der AOK Nord-West. Schwerpunktthemen: Führung und Gesundheit, Stressmanagement, Burnout, Konflikte und Mobbing, Demografieberatung, Arbeit und Ergonomie.

## Dr. Claudia Eilles-Matthiessen

Bäckergasse 24
60594 Frankfurt

Studium der Psychologie und Promotion in Frankfurt/Main. Inhaberin der Plan C Kompetenzentwicklung mit den Leistungen: Organisationsberatung, Teamentwicklung, Konfliktmoderation, Führungskräfteentwicklung, Beraterausbildung sowie Workshops zu Schlüsselkompetenzen für (Nachwuchs-)Wissenschaftler/innen; Fachbuchautorin und Lehrbeauftrage für Organisationspsychologie an der Universität Frankfurt.

## Prof. Dr. Jörg Felfe

Helmut-Schmidt-Universität
Holstenhofweg 85
22043 Hamburg

Dr. phil., Diplom-Psychologe. Seit 2010 Professor für Organisationspsychologie an der Helmut-Schmidt-Universität Hamburg, 2006 bis 2010 Professor für Sozial- und Organisationspsychologie und Leiter des Student Service Center an der Universität Siegen, Habilitation 2003, Promotion 1991, Studium der Psychologie in Bochum und Berlin, seit 1993 Praxistätigkeit als Trainer Coach und Berater. Visiting Professor in Portsmouth und Shanghai. Arbeitsschwerpunkte: Führung, Commitment, Personalentwicklung, Diagnostik und Evaluation.

## Dr. Ariane Förster

AOK Bayern – Die Gesundheitskasse
Zentrale – Gesundheitsförderung
Carl-Wery-Straße 28
81739 München

Geboren 1965. Dipl.-Ing. für Arbeitsgestaltung, Betriebswirt (VWA). Berater für Betriebliches Gesundheitsmanagement. Demografieberater nach INQA. Verschiedene Tätigkeitsfelder: Postdoktorandenaufenthalt an der Universität von Alberta in Edmonton (Kanada), Projektmanagement am Lehrstuhl Arbeitsorganisation an der TU Cottbus, Berater zur Verhütung arbeitsbedingter Gesundheitsgefahren bei der AOK für das Land Brandenburg, Teammanager bei der Telegate in der Niederlassung Güstrow, seit 2003 in der Betrieblichen Gesundheitsförderung der AOK Bayern tätig.

## Franziska Franke

Helmut-Schmidt-Universität Hamburg
Postfach 700822
22008 Hamburg

Diplom-Psychologin. Seit 2010 wissenschaftliche Mitarbeiterin an der Helmut-Schmidt-Universität Hamburg, zuvor an der Universität Siegen, der Technischen Universität Dresden, der Martin-Luther-Universität Halle-Wittenberg. Studium der Psychologie an der Martin-Luther-Universität Halle-Wittenberg, Diplom 2005. Arbeitsschwerpunkte: Führung, Gesundheitsmanagement, Commitment, Mitarbeiterbefragungen und Evaluation von Führungskräftetrainings.

## Dr. Ralf Franke

Siemens AG
Corporate Human Resources – Environmental Protection
Health Management and Safety (CHR EHS)
Wittelsbacherplatz 2
80333 München

Senior Vice President und Corporate Medical Director der Siemens AG. Facharzt für Allgemein- und Arbeitsmedizin, seit Februar 2009 bei der Siemens AG, Leitung der Einheit Health Management und seit Juli 2009 Leitung CHR EHS – Environmental Protection, Health Management und Safety. Promotion im Jahr 1992. Facharzt für Allgemein- und Arbeitsmedizin. Nach Abschluss der Ausbildung bei der Bundeswehr seit 1999 in leitenden Positionen im Betrieblichen Gesundheitsmanagement und Arbeitsschutz u. a. bei MTU Aero Engines GmbH und Daimler AG.

## Dr. Christian Gravert

Leiter Gesundheits- und Sozialpolitik
Deutsche Bahn AG
10785 Berlin

Leitender Arzt der Deutschen Bahn AG in Berlin. Arzt für Arbeits- und Allgemeinmedizin und zuständig für die Gesundheit von Mitarbeitern und Kunden. Arbeitsschwerpunkte: Betriebliches Gesundheitsmanagement, Hygiene auf Zügen und in ortsfesten Einrichtungen, Grundsätze der Arbeitsmedizin, verkehrsmedizinische Begutachtung und Behindertenangelegenheiten bei der DB.

## Sabine Gregersen

Berufsgenossenschaft für Gesundheitsdienst und
Wohlfahrtspflege (BGW)
Abt. Grundlagen der Prävention und Rehabilitation
FB Gesundheitsschutz – Psychologie
Pappelallee 35/37
22089 Hamburg

Diplom-Psychologin für Arbeits-, Betriebs- und Organisationspsychologie, Gesundheitsberaterin bei der AOK Lüneburg und Koordinatorin für Betriebliche Gesundheitsförderung in der Landesdirektion Niedersachsen. Seit 01.01.1996 in der BGW mit folgenden Arbeitsschwerpunkten: Referentin im Bildungsmanagement/Führung, wissenschaftliche Mitarbeiterin im Fachbereich Gesundheitsschutz/Psychologie.

## Edgar Grofmeyer

AOK Bayern – Die Gesundheitskasse
Zentrale – Gesundheitsförderung
Prinzregentenplatz 1
86150 Augsburg

Geboren 1962. Studium der Diplom-Sportwissenschaften an der Deutschen Sporthochschule Köln. Studium der Diplom-Wirtschaftswissenschaften an der Albertus-Magnus-Universität zu Köln. Berater für Betriebliche Gesundheitsförderung. Demografieberater nach INQA. Seit 1996 in verschiedenen Feldern der Gesundheitsförderung der AOK Bayern tätig. Aufgabenspektrum: Beratung und Begleitung von Unternehmen im Betrieblichen Gesundheitsmanagement, Erstellung von Arbeitsunfähigkeitsanalysen und Mitarbeiterbefragungen, Moderation von Gesundheitszir-

keln und Workshops, Durchführung und Evaluation von Projekten in den Handlungsfeldern gesundheitsgerechte Mitarbeiterführung, Stressmanagement, Kommunikation, Demografie und mentale Fitness.

## Ludwig Gunkel

AOK Bayern – Die Gesundheitskasse
Zentrale – Gesundheitsförderung
Carl-Wery-Straße 28
81739 München

Diplom-Psychologe, geboren 1953. Berater für Betriebliche Gesundheitsförderung der AOK Bayern, Konzeption und Durchführung von Projekten zum Betrieblichen Gesundheitsmanagement, Schwerpunkt Führung und Gesundheit. Initiator der Mobbing-Beratung München – Konsens e.V., Fortbildungen und betriebliche Projekte zu Konflikt- und Mobbingbewältigung, Trainer für Konfliktmanagement und Teamentwicklung.

## Dr. Dirk Hanebuth

ETH-Zentrum
Institut für Verhaltenswissenschaften
Universitätsstraße 6
CH-8092 Zürich

Wirtschafts- und Organisationspsychologe, Promotion an der ETH Zürich zum Thema Absenteeism, Forschung zu Methoden der Burnout- und Depressionsdiagnostik. CEO der science-transfer GmbH Switzerland, Entwicklung sicherer Diagnostik-Tools für Unternehmensanwendungen. Wissenschaftlicher Mitarbeiter am Swiss Tropical and Public Health Institute Basel.

## Klement Heimerl

AOK Bayern – Die Gesundheitskasse
Zentrale – Betriebliche Gesundheitsförderung
Kronacher Straße 27
96215 Lichtenfels

Studium der Erziehungswissenschaften an der Universität Bamberg, Gesundheitspädagoge an der FH München, sechsjährige Projektarbeit am Zentrum für naturheilkundliche Forschung der Medizinischen Klinik der TU München. Seit 1995 bei der AOK Bayern im Bereich Betriebliches Gesundheitsmanagement. Arbeitsgebiete: Projektorganisation in Betrieben, Analyse durch Gesundheitszirkel und Mitarbeiterbefragungen, Stress-/Burnout-Prävention, Suchtmanagement, gesundheitsförderliches Führungsverhalten, ältere Mitarbeiter, mentale Fitness.

## Detlef Hollmann

Bertelsmann Stiftung
Carl-Bertelsmann-Straße 256
33311 Gütersloh

Geboren 1960 in Gütersloh. Studium der Soziologie. Anschließend berufliche Aufgaben in der Wirtschaft und im Gesundheitswesen. Seit 2001 Mitarbeiter der Bertelsmann Stiftung als Senior Projektmanager im Programm „Unternehmenskultur in der Globalisierung". Schwerpunktthemen und Projekte: Expertenkommission „Zukunftsfähige betriebliche Gesundheitspolitik"; Unternehmensnetzwerk „Enterprise for Health"; Gesunde Arbeitswelten im demografischen Wandel; Niedergelassene Ärzte und Betriebe in Kooperation; Betriebliches Gesundheitsmanagement: Welche Anreize sind für Unternehmen wichtig; Agenda Moderne Personalpolitik.

## Julia Jung

Klinikum der Universität zu Köln
Institut für Arbeits- und Sozialmedizin
Abteilung Medizinische Soziologie
50924 Köln

1999 bis 2003 Studium der Pflege (Diplom-Pflegewirtin) und 2004 bis 2007 Studium Public Health (Master of Science) an der Hochschule Fulda. Nach Abschluss als wissenschaftliche Mitarbeiterin in IMVR, zunächst Mitarbeit in zwei Projekten zur Entwicklung und Validierung von Erhebungsinstrumenten der Versorgungsforschung. Sein 2007 vorwiegend im Bereich Arbeit und Gesundheit, insbesondere betriebliche Gesundheitsförderung (Projekt PäKoNet). Darüber hinaus Lehre an der Medizinischen Fakultät und Arbeit an Fragestellungen der Cologne Smoking Study (CoSmoS).

## Dr. Martin Kaminski

Ewiges Tal 1
35041 Marburg

Jahrgang 1955. Studium der Chemie an der Technischen Universität Karlsruhe. Über 14 Jahre internationale Berufserfahrung als Manager im Quality Engineering, Direktor TQM und Geschäftsleiter Qualität in weltweit tätigen Unternehmen. Seit 1995 unabhängiger Unternehmensberater (proproduction Dr. Kaminski), Auditor und Trainer mit Schwerpunkt Prozess- und Risikoanalyse, Geschäftsprozessoptimierung, Qualitäts- und Gesundheitsmanagement. Im Jahr 2000 Gründung der PRO4-cooperation für weltweite Projekte zur Unternehmensoptimierung. 2008 Initiierung des SCOHS-Arbeitskreises zur Entwicklung des zertifizierbaren Standards für Betriebliches Gesundheitsmanagement „SCOHS".

## Joachim Klose

Wissenschaftliches Institut der AOK (WIdO)
Rosenthaler Straße 31
10178 Berlin

Geboren 1958. Diplom-Soziologe. Nach Abschluss des Studiums der Soziologie an der Universität Bamberg (Schwerpunkt Sozialpolitik und Sozialplanung) wissenschaftlicher Mitarbeiter im Rahmen der Berufsbildungsforschung an der Universität Duisburg. Seit 1993 wissenschaftlicher Mitarbeiter im Wissenschaftlichen Institut der AOK (WIdO) im AOK-Bundesverband; Leiter des Forschungsbereichs Betriebliche Gesundheitsförderung und Pflege.

## Roland Kraemer

REWE Markt GmbH
Domstraße 20
50668 Köln

Diplom-Ingenieur; seit 2006 Funktionsbereichsleiter Gesundheitsmanagement bei der REWE Group in Köln. Konzernweite Zuständigkeit für Arbeitsschutz und Gesundheitsförderung. Tätigkeitsschwerpunkte: Entwicklung von Präventionsfeldern und Beratung zu Gesundheitsmanagementthemen für die verschiedenen Geschäftseinheiten der REWE Group. Transfer des integrierten Gesundheitsmanagementkonzeptes in die dezentralen Organisationsstrukturen des internationalen Handelsunternehmens sowie der Aufbau von Wissen und Kompetenzen in der Fläche. Mitglied in diversen Arbeitsgruppen und Netzwerken (wie ddn, DNBGF, Unternehmen für Gesundheit) sowie in der Selbstverwaltung von Berufsgenossenschaft (Vorstand) und Krankenkasse (Verwaltungsrat).

## Verena Kretschmer

Bundesministerium des Innern
Alt-Moabit 101 D
10559 Berlin

Geboren 1979 in Saalfeld/Saale. 1995 bis 1998 Ausbildung zur Fachangestellten für Bürokommunikation im Bundesministerium des Innern. Derzeit Studentin der Politik- und Verwaltungswissenschaften an der FernUniversität Hagen. Seit 2010 zuständig für den Bereich „Krankheitsbedingte Fehltage und Gesundheitsförderung in der unmittelbaren Bundesverwaltung".

## Annica Lampe

VW Nutzfahrzeuge Hannover
Mecklenheidestraße 74
30405 Hannover

Diplom-Sozialwirtin. 2004 bis 2010 Studium der Sozialwissenschaften an der Georg-August-Universität Göttingen. Seit 2006 selbstständige Kommunikationstrainerin im Bereich der Personal- und Nachwuchsentwicklung. 2008 bis 2010 Diplomandin der Arbeitsgruppe Unternehmenskultur bei Volkswagen Nutzfahrzeuge: Idee und Konzipierung sowie Durchführung der Wertschätzungs-Workshopreihe zur Begegnung des Defizitproblems Lob und Anerkennung. Seit 2010 Personalreferentin bei Volkswagen Nutzfahrzeuge Hannover. Tätigkeitsbereiche: Betreuung des Fertigungsbereichs Lackiererei und Mitglied in der Arbeitsgruppe Unternehmenskultur.

## Sabine Lang

Siemens AG
Corporate Human Resources – Environmental Protection
Health Management and Safety (CHR EHS)
Wittelsbacherplatz 2
80333 München

Diplom-Sportökonomin, seit August 2009 Manager Corporate Health Promotion bei der Siemens AG, Projektmitarbeiterin bei der Entwicklung des konzernweiten Health-Management-Systems. 1993 bis 2009 in unterschiedlichen Funktionen im Bereich internationales Marketing, Kommunikation und Dienstleistungsmanagement tätig.

## Marc Lenze

IFGP – Institut für gesundheitliche Prävention
Wolbecker Windmühle 13a
48167 Münster

Studium der Sozialwissenschaften, Pädagogik und Sportwissenschaften. Inhaber des Instituts für gesundheitliche Prävention (IFGP) in Münster (Gründung 1997 – tätig in verschiedenen Feldern des Betrieblichen Gesundheitsmanagements und in der Demografieberatung). Umsetzung von Modell- und Praxisprojekten in diesen Themenfeldern unter Förderung des Bundesministeriums für Arbeit und Soziales. Tätigkeitsschwerpunkte: Beratung zur nachhaltigen Implementierung von Gesundheits- und Demografiemanagementsystemen sowie Konzeptentwicklung und Umsetzung struktureller Ansätze zur Führungskräfte- und Kompetenzentwicklung zum Umgang mit gesundheitlichen Belastungen im Unternehmen.

## Katrin Macco

International DiaLog College and Research Institute GmbH (IDC)
Diakonie Neuendettelsau
Wilhelm-Löhe-Straße 16
91564 Neuendettelsau

Geboren 1976. Staatl. gepr. Fremdsprachenkorrespondentin. Studium der Sozialwissenschaften in Nürnberg und Lissabon. 2004 bis 2007 Tätigkeit bei verschiedenen Krankenkassen im Bereich Betriebliches Gesundheitsmanagement. 2008 bis 2010 wissenschaftliche Mitarbeiterin im Wissenschaftlichen Institut der AOK (WIdO) im AOK-Bundesverband, Forschungsbereich Betriebliche Gesundheitsförderung. Seit 2010 wissenschaftliche Mitarbeiterin im IDC. Arbeitsschwerpunkte: Organisation und Versorgungskonzeptionen einer älter werdenden Bevölkerung.

## Markus Meyer

Wissenschaftliches Institut der AOK (WIdO)
AOK-Bundesverband
Rosenthaler Straße 31
10178 Berlin

Geboren 1970, Diplom-Sozialwissenschaftler. Nach dem Studium an der Universität Duisburg-Essen Mitarbeiter im Bereich Betriebliche Gesundheitsförderung beim Team Gesundheit der Gesellschaft für Gesundheitsmanagement mbH in Essen. 2001 bis 2010 Tätigkeiten beim BKK Bundesverband und der spectrum|K GmbH in den Bereichen Datenanalyse, Datenmanagement und -organisation. Seit 2010 wissenschaftlicher Mitarbeiter im Wissenschaftlichen Institut der AOK (WIdO) im AOK Bundesverband, Forschungsbereich Betriebliche Gesundheitsförderung. Arbeitsschwerpunkte: Fehlzeitenanalysen, betriebliche und branchenbezogene Gesundheitsberichterstattung.

## Ulla Mielke

Wissenschaftliches Institut der AOK (WIdO)
Rosenthaler Straße 31
10178 Berlin

Geboren 1965. 1981 Ausbildung zur Apothekenhelferin. Anschließend zwei Jahre als Apothekenhelferin tätig. 1985 Ausbildung zur Bürokauffrau im AOK-Bundesverband. Ab 1987 Mitarbeiterin im damaligen Selbstverwaltungsbüro des AOK-Bundesverbandes. Seit 1991 Mitarbeiterin des Wissenschaftlichen Instituts der AOK (WIdO) im AOK-Bundesverband im Bereich Mediengestaltung. Verantwortlich für die grafische Gestaltung des Fehlzeiten-Reports.

## Dr. Franz Netta

Agnesstraße 62
33335 Gütersloh

Geboren 1947. 1. und 2. Juristisches Staatsexamen, Begleitstudium in Wirtschaftswissenschaften, Promotion im europäischen Konzernrecht. 1967 Eintritt bei Bertelsmann als Assistent des Bereichsvorstands HR, Controlling, Revision. Einführung von Mitarbeiterbefragungen (1977) und Mitentwicklung zahlreicher Instrumente der Unternehmenskultur Bertelsmann mit Reinhard Mohn. 1978 bis 1981 Leitung der Zentralen Personalstabsabteilung. 1981 bis 1993 Gründung und Geschäftsführung der ersten Multimedia Firma des Hauses Bertelsmann. 1993 bis 1998 Personalchef für die deutschsprachigen und osteuropäischen Buchclubs und Verlage. Seit 1998 Vice President HR Zentraler Personalbereich, Grundsatzfragen Personal- und Gesundheitspolitik sowie Unternehmenskultur, Leitung der zentralen HR-Servicebereiche. Seit 2005 zusätzlich Vorsitzender des Verwaltungsrates der Bertelsmann BKK.

## Tobias Neufeld

Allen & Overy LLP
Breite Straße 27
40213 Düsseldorf

Berater für nationale und internationale Unternehmen im Individual- und Kollektivarbeitsrecht sowie zu Fragen der betrieblichen Altersversorgung. Arbeitsschwerpunkte: Beratung von Transaktionen und Restrukturierungen, Reorganisation von Betriebsrentensystemen in Betriebsrats- und Tarifangelegenheiten, Gesundheitsmanagement (BGM) und

HR Compliance. Zudem Beratung in arbeitsrechtlichen Sachverhalten mit Schnittstelle zum Insolvenzrecht sowie zum Versicherungsrecht.

## Anja Orthmann

AOK Bayern – Die Gesundheitskasse
Zentrale – Gesundheitsförderung
Mariahilfstraße 39
92318 Neumarkt

Geboren 1965. Nach Ausbildung und Tätigkeit in der neurobiologischen Forschung Studium der Sportwissenschaften an der Deutschen Sporthochschule in Köln und der Arbeits- und Organisationspsychologie an der Universität Dortmund. Projekte zur internen Kommunikation und zu betrieblichen Veränderungsprozessen u. a. bei der Deutschen Lufthansa AG. Seit 2001 Beraterin für Betriebliche Gesundheitsförderung bei der AOK Bayern. Arbeitsschwerpunkte: Betriebliche Gesundheitsförderung, Organisationsentwicklung, Stressbewältigung, Führung und Gesundheit.

## Dr. Rolf Otte

Lehrstuhl für Organisationspsychologie
Emil-Figge-Straße 50
44227 Dortmund

Mitarbeiter am Lehrstuhl für Organisationspsychologie der TU Dortmund sowie bei KPC (Kastner Partner Consulting) und IAPAM (Institut für Arbeitspsychologie und Arbeitsmedizin, Prof. Dr. Dr. M. Kastner). Schwerpunkte: ABO-Psychologie, Persönlichkeitspsychologie, Pädagogische Psychologie

## Barbara Pangert

Albert-Ludwigs-Universität Freiburg
Institut für Psychologie
Engelbergerstraße 41
79085 Freiburg

Diplom-Psychologin. Studium der Psychologie und Betriebswirtschaftslehre an der Katholischen Universität Eichstätt-Ingolstadt. Seit 2006 wissenschaftliche Mitarbeiterin in der Arbeitsgruppe Arbeits- und Organisationspsychologie der Albert-Ludwigs-Universität Freiburg. Arbeitsschwerpunkte: Betriebliche Gesundheitsförderung; Belastung und Beanspruchung von Führungskräften, Bedingungsfaktoren gesundheitsförderlichen Führens, Work-Life-Balance.

## Klaus Pelster

Mercer Deutschland GmbH
Schwanenmarkt 21
40213 Düsseldorf

Leiter des Health Management bei der Mercer Deutschland GmbH. Beratung, Unterstützung und Begleitung von Unternehmen bei der Einführung, Optimierung und Umsetzung von Maßnahmen im Rahmen des Betrieblichen Gesundheitsmanagements. Umsetzung der kundenspezifischen BGM-Konzepte in bundesweiten und internationalen Projekten in Zusammenarbeit mit externen Partnern, internen Funktionsbereichen und Dienstleistungseinheiten. Zuvor Tätigkeit im Institut für Betriebliche Gesundheitsförderung BGF GmbH (Tochterunternehmen der AOK Rheinland Hamburg), zunächst als Teamleiter Ergonomie und später als stellvertretender Geschäftsführer.

## Prof. Dr. Holger Pfaff

IMVR – Institut für Medizinsoziologie, Versorgungsforschung und Rehabilitationswissenschaft der Humanwissenschaftlichen Fakultät und der Medizinischen Fakultät der Universität zu Köln (KöR)
Eupener Straße 129
50933 Köln

Studium der Sozial- und Verwaltungswissenschaften an den Universitäten Erlangen-Nürnberg, Konstanz und Ann Arbor/USA. Zunächst wissenschaftlicher Mitarbeiter bzw. Assistent an der Universität Oldenburg und der TU Berlin. 1995 Habilitation im Fach Soziologie. Anschließende Gastprofessur für das Fach „Technik- und Industriesoziologie" an der TU Berlin. 1997 Übernahme der Professur für das Fach „Medizinische Soziologie" an der Universität zu Köln. Seit 2002 Sprecher des Zentrums für Versorgungsforschung Köln. Vorsitzender der Deutschen Gesellschaft für Medizinische Soziologie (DGMS), Sprecher der Clearingstelle Versorgungsforschung NRW und seit 2006 Vorsitzender des Deutschen Netzwerks Versorgungsforschung (DNVF) e.V.

## Prof. Dr. Jochen Prümper

Hochschule für Technik und Wirtschaft
Verwaltungsgebäude, Raum 428
Treskowallee 8
10313 Berlin

Diplom-Psychologe, 1980 bis 1987 Studium der Psychologie mit Schwerpunkt Wirtschafts- und Organisationspsychologie an der Rijksuniversiteit Utrecht/Niederlande, der EWH-Rheinland-Pfalz (Landau) und der Ludwig-Maximilians-Universität München. 1988 bis 1990 wissenschaftlicher Mitarbeiter an der Ludwig-Maximilians-Universität München, Institut für Organisations- und Wirtschaftspsychologie und im Anschluss 1991 bis 1994 arbeitswissenschaftlicher Leiter eines deutschen Softwarehauses. 1994 Promotion an der Justus-Liebig Universität Gießen und seit 1995 Bekleidung einer Professur für Wirtschafts- und Organisationspsychologie an der Hochschule für Technik und Wirtschaft in Berlin. Schwerpunkte der Forschungstätigkeit: betriebliches und öffentliches Gesundheitsmanagement sowie Einführung und Gestaltung von I&K-Technologien.

## Vicky Radunz

Bundesministerium des Innern
Alt-Moabit 101 D
10559 Berlin

Diplom-Verwaltungswissenschaftlerin; Referentin im Bundesministerium des Innern. Bis Ende 2010 zuständig für Gesundheitsmanagement in der unmittelbaren Bundesverwaltung.

## Gertraud Resch-Becke

AOK Bayern – Die Gesundheitskasse
Zentrale – Gesundheitsförderung
c/o Direktion Rosenheim
Luitpoldstraße 1
83022 Rosenheim

Geboren 1968. Diplom-sportlehrerin (Rehabilitation und Prävention), TU München und Industriekauffrau. Seit 1994 in der Betrieblichen Gesundheitsförderung tätig. Seit 1996 Mitarbeiterin der AOK Bayern, dort seit 1999 Beraterin für Betriebliches Gesundheitsmanagement. Demografieberaterin nach INQA. Arbeitsschwerpunkte: Betriebliches Gesundheitsmanagement, gesundheitsgerechte Mitarbeiterführung, Ressourcen, Betriebliches Stressmanagement, Pflege.

## Petra Rixgens

Arbeitsgemeinschaft Pflege
LIGA der Freien Wohlfahrtspflege im Lande
Rheinland-Pfalz
Bauerngasse 7
55116 Mainz

Geboren 1969. Zunächst als Hebamme in verschiedenen deutschen Krankenhäusern und in der Arabischen Republik Jemen tätig. Danach Studium des Pflegemanagements an der Fachhochschule Münster und Public Health an der Universität Bielefeld. Weiterbildung zur Qualitätsbeauftragten und EFQM-Assessorin. Mitglied der „Initiative für interprofessionelle Qualität im Gesundheits- und Sozialwesen" (InterPro-Q). Wissenschaftliche Mitarbeiterin an der Fakultät für Gesundheitswissenschaften der Universität Bielefeld im Forschungsprojekt „Kennzahlenentwicklung und Nutzenbewertung im Betrieblichen Gesundheitsmanagement". Seit 2008 Geschäftsführerin der Arbeitsgemeinschaft Pflege der LIGA der Spitzenverbände der Freien Wohlfahrtspflege in Rheinland-Pfalz/Pflegegesellschaft Rheinland-Pfalz. Arbeitsschwerpunkte u. a.: empirische Krankenhausforschung, insbesondere Führungsprobleme und Fragen der Interprofessionalität; Sozialkapital von Unternehmen im Produktions- und Dienstleistungssektor.

## Frauke Sanders

VW Nutzfahrzeuge Hannover
Mecklenheidestraße 74
30405 Hannover

Diplom-Sozialwirtin; Studium in Göttingen und Amsterdam mit den Fächern Soziologie, Jura, VWL/Sozialpolitik und Publizistik/Kommunikationswissenschaft. 2001 bis 2007 am Soziologischen Forschungsinstitut (SOFI e.V.) der Georg-August-Universität Göttingen tätig. Seit 2003 mit dem Schwerpunkt im Projekt „Sozialwissenschaftliche Evaluation des VW-Projekts 5000x5000 – Auto 5000 GmbH Wolfsburg". Forschung und Lehre zu Arbeitsorganisation, betrieblicher Qualifizierung, Arbeits- und Industriesoziologie, Interessenvertretung. Mitglied im Vorstand des Soziologischen Seminars und des Fakultätsrats Sozialwissenschaften. Seit 2008 als Fachreferentin beim Betriebsrat Volkswagen Nutzfahrzeuge Hannover mit den Schwerpunkten Arbeitsorganisation, Demografie, Kommunikation, Personalentwicklung, Konzeptentwicklung und Durchführung von Schulungen und Qualifizierungsmaßnahmen sowie Beratung und Unterstützung von Veränderungsprozessen.

## Sonja Scherer

Bäckergasse 24
60594 Frankfurt

Studium der Psychologie, Mitarbeiterin in Forschungsprojekten der Arbeits- und Organisationspsychologie, Trainerin für Erwachsenenbildung; bei international tätiger Fluggesellschaft als Flugbegleiterin und im Bereich Human Factors als Trainerin für Crew Ressource Management tätig; freie Mitarbeiterin bei Plan C Kompetenzentwicklung.

## Helmut Schröder

Wissenschaftliches Institut der AOK (WIdO)
Rosenthaler Straße 31
10178 Berlin

Geboren 1965. Nach dem Abschluss als Diplom-Soziologe an der Universität Mannheim als wissenschaftlicher Mitarbeiter im Wissenschaftszentrum Berlin für Sozialforschung (WZB), dem Zentrum für Umfragen, Methoden und Analysen e.V. (ZUMA) in Mannheim sowie dem Institut für Sozialforschung der Universität Stuttgart tätig. Seit 1996 wissenschaftlicher Mitarbeiter im Wissenschaftlichen Institut der AOK (WIdO) im AOK-Bundesverband und dort insbesondere in den Bereichen Arzneimittel, Heilmittel, Betriebliche Gesundheitsförderung sowie Evaluation tätig; stellvertretender Geschäftsführer des WIdO.

## Heinz Schüpbach

Fachhochschule Nordwestschweiz
Hochschule für Angewandte Psychologie
Riggenbachstraße 16
CH-4600 Olten

Psychologiestudium mit Schwerpunkt Arbeits- und Organisationspsychologie (Abschluss 1979) und Promotion (1985) an der Universität Bern. Anschließend wissenschaftlicher Mitarbeiter am Institut für Arbeitspsychologie (bis 1994) mit Habilitation (1993) an der Abteilung Betriebs- und Produktionswissenschaften der ETH Zürich. Fachstellenleiter am CIM-Zentrum Zürich (1991 bis 1995). 1995 bis 2009 Inhaber der Professur für Arbeits- und Organisationspsychologie an der Universität Freiburg i. Br., jetzt Honorarprofessor an der Universität Freiburg i. Br. Seit September 2009 Direktor der Hochschule für Angewandte Psychologie (APS) an der Fachhochschule Nordwestschweiz (FHNW).

## Susanne Sollmann

Wissenschaftliches Institut der AOK (WIdO)
Rosenthaler Straße 31
10178 Berlin

Studium der Anglistik und Kunsterziehung an der Rheinischen Friedrich-Wilhelms-Universität Bonn und am Goldsmiths College, University of London. 1986 bis 1988 wissenschaftliche Hilfskraft am Institut für Informatik der Universität Bonn. Seit 1989 Mitarbeiterin des Wissenschaftlichen Instituts der AOK (WIdO) im AOK-Bundesverband u. a. im Projekt Krankenhausbetriebsvergleich und im Forschungsbereich Krankenhaus; zuständig für Übersetzungen und das Lektorat des Fehlzeiten-Report.

## Manuela Stallauke

Wissenschaftliches Institut der AOK (WIdO)
Rosenthaler Straße 31
10178 Berlin

Geboren 1984. Master of Science in Public Health and Administration. 2004 bis 2010 Studium der Gesundheitswissenschaften an der Hochschule Neubrandenburg. 2006 bis 2009 wissenschaftliche Hilfskraft mit Tutorentätigkeit im Fachbereich Gesundheit, Pflege, Management. November 2009 bis Mitte 2010 Praktikantin im Wissenschaftlichen Institut der AOK (WIdO) im AOK-Bundesverband im Forschungsbereich Betriebliche Gesundheitsförderung. Seit August 2010 Mitarbeiterin im Backoffice und Forschungsbereich BGF im WIdO. Arbeitsschwerpunkte: Arbeitsunfähigkeitsanalysen, Begleitung des Publikationsprozesses des Fehlzeiten-Reports.

## Prof. Dr. Brigitte Stieler-Lorenz

Core Business Development GmbH
Institut für Produkt- und Prozessinnovation
Mahlsdorfer Straße 39/40
12555 Berlin

Schwerpunkte der Core Business Development GmbH, Institut für Produkt- und Prozessinnovation: interdisziplinäre Forschung, Training und Beratung (technisch, sozial- und arbeitswissenschaftlich, berufs- und betriebspädagogisch sowie wirtschaftswissenschaftlich) an verschieden Projekten der Veränderung von Arbeiten und Lernen mit neuen Medien im Übergang in die Wissensgesellschaft.

## Dr. Sylvie Vincent

Universität Hamburg
Von-Melle-Park 11
20146 Hamburg

Diplom-Psychologin. Studium der Psychologie an der Universität Hamburg. Seit 2007 wissenschaftliche Mitarbeiterin im Bereich Arbeits- und Organisationspsychologie der Universität Hamburg. Promotion zum Thema gesundheitsförderliche Mitarbeiterführung. Arbeitsschwerpunkte: Betriebliche Gesundheitsförderung, Führung und Gesundheit, Frauen und Führung. Beratende Tätigkeit für Organisationen bei Praxisprojekten zur Betrieblichen Gesundheitsförderung.

## Bärbel Wahl

Siemens AG
Corporate Human Resources – Environmental Protection
Health Management and Safety (CHR EHS)
Wittelsbacherplatz 2
80333 München

Seit 2009 Leitung Health Promotion und Health Management System in der Siemens AG. Nach dem Studium der Diplomsportwissenschaft mit Schwerpunkt Prävention und Rehabilitation 1992 bis 2009 verantwortlich für die Gesundheits- und Sportaktivitäten der Siemens AG in Deutschland. Referentin bei Landessportverbänden und Weiterbildungseinrichtungen sowie Lehrbeauftragte der TU München.

## Henriette Weirauch

Wissenschaftliches Institut der AOK (WIdO)
AOK-Bundesverband
Rosenthaler Straße 31
10178 Berlin

Geboren 1985. Master of Science in Arbeits- und Organisationspsychologie mit dem Schwerpunkt Psychologie für Arbeit und Gesundheit. 2006 bis 2010 Studium der Psychologie an der Universiteit van Amsterdam. Seit Januar 2011 Praktikantin im Wissenschaftlichen Institut der AOK (WIdO) im AOK-Bundesverband im Forschungsbereich Betriebliche Gesundheitsförderung.

## Prof. Dr. Andreas Zimber

SRH Hochschule Heidelberg
Fakultät für Sozial- und Verhaltenswissenschaften
Ludwig-Guttman-Straße 6
69123 Heidelberg

Prof. Dr. phil., Dipl.-Psychologe, Jahrgang 1967. 1994 bis 2000 am Zentralinstitut für Seelische Gesundheit in Mannheim in Projekten zur Epidemiologie psychischer Störungen im Alter und Arbeitsbelastungen in der Altenpflege tätig. 2000 bis 2008 freiberufliche Tätigkeit als beratender Psychologe, Schwerpunkte: Personal- und Organisationsentwicklung, Personalauswahl, Führungskräfteentwicklung. Seit 2008 Professor für Wirtschafts- und Gesundheitspsychologie an der SRH Hochschule Heidelberg. Forschungs- und Publikationsschwerpunkte: Mitarbeiterführung und Gesundheit, psychische Belastungen bei der Arbeit, Informationsverarbeitung und Multitasking bei der Arbeit, altersgerechte Arbeitsgestaltung, Betriebliche Gesundheitsförderung.

## Klaus Zok

Wissenschaftliches Institut der AOK
Rosenthaler Straße 31
10178 Berlin

Geboren 1962 in Moers. Diplom-Sozialwissenschaftler, seit 1992 wissenschaftlicher Mitarbeiter im WIdO. Arbeitsschwerpunkt Sozialforschung: Erstellung von Transparenz-Studien in einzelnen Teilmärkten des Gesundheitssystems (z. B. Zahnersatz, Hörgeräte, IGeL); Arbeit an strategischen und unternehmensbezogenen Erhebungen und Analysen im GKV-Markt anhand von Versicherten- und Patientenbefragungen.

# Stichwortverzeichnis

Printing: Ten Brink, Meppel, The Netherlands
Binding: Stürtz, Würzburg, Germany